四川省志

Sichuan Shengzhi

民政志

1986—2005

【第十四卷】

四川省地方志编纂委员会 编

方志出版社
Publishing House of Local Records

图书在版编目（CIP）数据

四川省志. 民政志 ：1986－2005 / 四川省地方志编纂委员会编. — 北京 ：方志出版社，2019.4
ISBN 978-7-5144-3727-0

Ⅰ. ①四… Ⅱ. ①四… Ⅲ. ①四川－地方志②民政工作－概况－四川－1986-2005 Ⅳ. ①K297.1

中国版本图书馆CIP数据核字(2019)第091738号

四川省志·民政志（1986—2005）

编　　者：四川省地方志编纂委员会
责任编辑：陈　效
出 版 者：方志出版社
地址　北京市朝阳区潘家园东里9号（国家方志馆4层）
邮编　100021
网址　http://www.zgfzcb.cn
发　　行：方志出版社图书经销中心
电话（010）67110500
经　　销：各地新华书店
印　　刷：深圳中华商务安全印务股份有限公司
设计制作：成都龙腾天下文化传播有限公司
开　　本：889×1194　　1/16
彩插印张：1
正文印张：23.5
字　　数：647千字
版　　次：2019年4月第1版　　2019年4月第1次印刷
印　　数：0001～2000册
ISBN 978-7-5144-3727-0　　定价：364.00元

领导视察 LINGDAO SHICHA

1993 年春，民政部部长崔乃夫（左三）在四川省人民政府副省长徐世群（左四）、四川省民政厅厅长张荣先（左五）陪同下考察四川基层民政工作

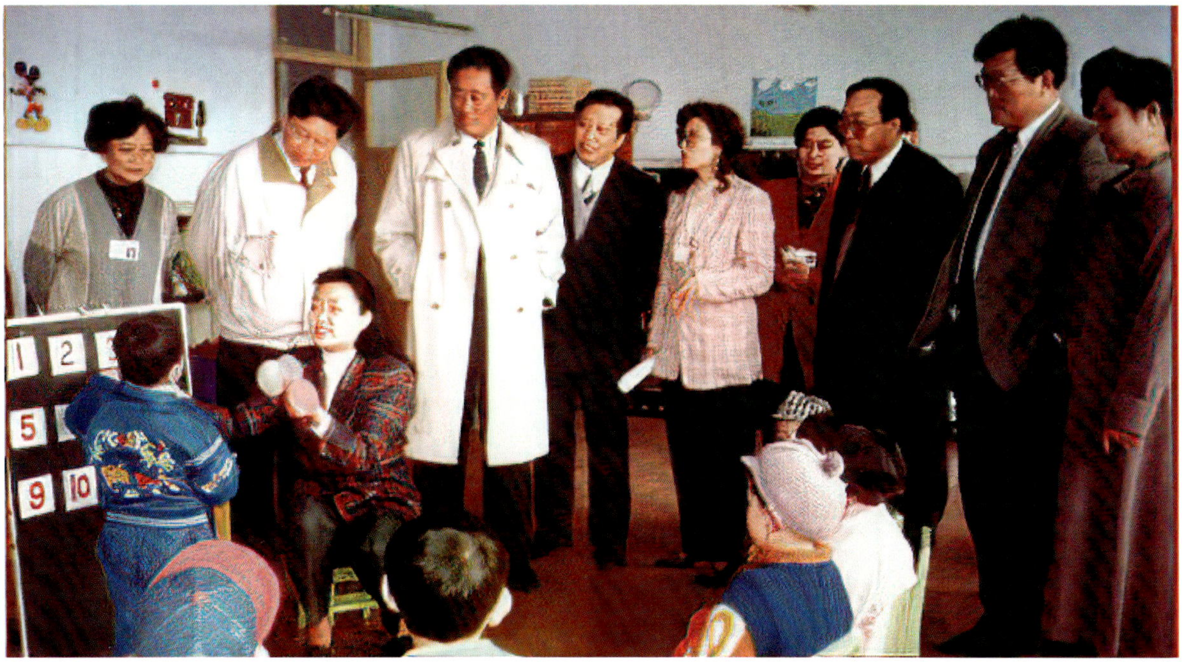

1996 年 4 月 10 日，民政部部长多吉才让（左三）、副部长李宝库（右三）在四川省人民政府副省长欧泽高（左二）、四川省人民政府副秘书长侯更新（右二）、四川省民政厅厅长李洪仁（左四）陪同下，考察成都市儿童福利院

1998 年 12 月，民政部副部长杨衍银（左三）一行到绵阳市、广元市察看灾情，看望受灾群众

1999 年 7 月，民政部副部长徐瑞新（左三）在四川省民政厅领导陪同下，到雅安市、甘孜州等地考察，调查当地民政工作开展情况，并参观学习当年红军英勇奋战的事迹

2000年春节前夕，民政部副部长范宝俊（左二）考察四川省宜宾市儿童福利院

2002年12月，民政部纪检组组长张印忠（右二）在四川省革命伤残军人休养院看望伤残军人

2001年9月30日，中共四川省委副书记、四川省人民政府省长张中伟（左三）在德阳市中江县察看灾情

1996年11月，四川省人民政府副省长欧泽高（左一）在宜宾市慰问孤残儿童

2001 年 10 月，四川省人民政府副省长马开明（右一）在四川省孤残儿童特教班检查教学情况

2002 年 8 月 1 日，四川省民政厅厅长姜保山在凉山州盐源县泸沽湖察看灾后重建时与灾区儿童在一起

2005 年秋，四川省民政厅厅长黄明全（右二）在广元市救助站检查指导工作

重要会议 ZHONGYAO HUIYI

1999 年 3 月，四川、陕西两省联合核界定界工作会议在成都市举行

2002 年 1 月，四川省全面勘界工作总结表彰大会在成都市举行，四川省人大常委会副主任张宗源、四川省人民政府副省长马开明、四川省政协副主席阿称出席会议

2002 年 6 月，全省民政工作会议在成都市召开，中共四川省委副书记、四川省人民政府省长张中伟出席会议并讲话

2004 年夏，四川省人民政府召开全省深化村务公开民主管理工作现场会

2004年底至2005年初，四川省举行第六届村（居）委会换届选举工作。图为2005年春四川省第六届村（居）委会换届选举工作总结会现场

2005年12月，四川省人民政府、中华慈善总会在成都市召开四川慈善大会

民政事业 MINZHENG SHIYE

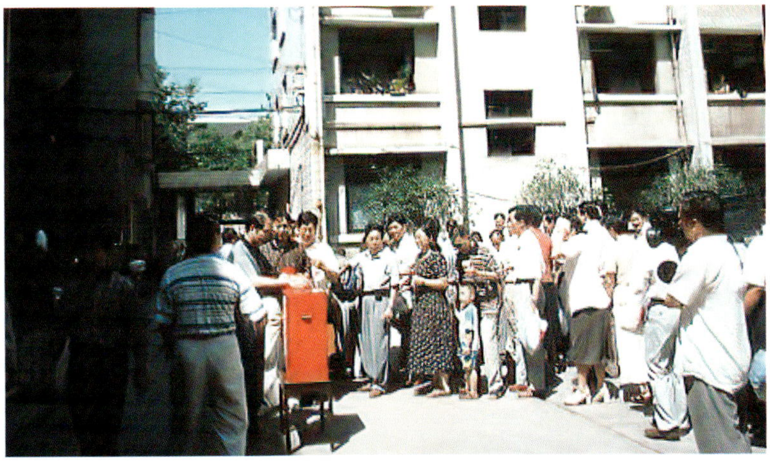

1998 年夏，长江、松花江、嫩江流域洪水成灾，四川省各级民政部门向社会发起“扶贫济困支援灾区”的救灾捐赠活动。图为四川省民政厅机关干部捐款及社会各界群众捐款现场

2002 年 7 月，四川慈善总会接受救世军港澳总部向灾区捐款 99 万元港币

2005 年 7 月，四川省首届慈善·福利彩票助学项目会议召开。图为 2005 四川慈善·福彩帮困助学活动助学金发放仪式现场

1994—2001年，四川省共办理国内公民（含港澳台居民和华侨）收养登记 2669 件，外国人收养登记 830 件。图为外国收养人与四川民政厅副厅长傅金凤（右一）交谈

1999年“九九”重阳节，中共四川省委副书记、四川省人民政府代省长张中伟，中共四川省委副书记、四川省人民政府副省长杨崇汇，四川省政协主席聂荣贵，四川省人大常委会副主任孟俊修为“四川省跨世纪杰出老人”颁奖

1999年3月，四川省民政厅组织省假肢厂职工巡回全省各地，为革命伤残军人更换假肢

2001年6月，四川省老龄委员会办公室在“成都世界乐园”举办“四川省老年文化艺术周”活动

2001 年 3 月 15 日至 4 月 15 日，四川省民政厅组织开展全省殡葬改革宣传活动——四川殡葬改革“星光杯”高校大学生辩论赛

2005 年 12 月 31 日，四川省遂宁市犀牛广场 30 对新人举行集体婚礼

机构建设 JIGOU JIANSHE

四川省复员退伍军人医院

始建于 1951 年的四川省革命伤残军人休养院

2002年6月，四川省革命伤残军人休养院休养员乔迁新居，四川省人民政府秘书长李洪仁等领导到新居做客道喜

2002年6月，四川省民政厅组织机关、直属单位干部职工到四川省革命伤残军人休养院接受革命传统和爱国主义教育

四川省行政区划图（2005）

四川省政区简表

成都市	锦江区 青羊区 金牛区 武侯区 成华区 双流县 金堂县 蒲江县 新都区 温江区 邛崃市 崇州市 大邑县 彭州市 新津县 龙泉驿区 都江堰市 青白江区 郫县
自贡市	自流井区 大安区 贡井区 沿滩区 荣县 富顺县
攀枝花市	东区 西区 仁和区 米易县 盐边县
泸州市	江阳区 纳溪区 龙马潭区 泸县 合江县 古蔺县 叙永县
德阳市	旌阳区 广汉市 什邡市 绵竹市 罗江县 中江县
绵阳市	涪城区 游仙区 江油市 盐亭县 三台县 平武县 北川羌族自治县 安县 梓潼县
广元市	市中区 元坝区 朝天区 青川县 旺苍县 剑阁县 苍溪县
遂宁市	船山区 安居区 射洪县 蓬溪县 大英县
内江市	市中区 东兴区 资中县 隆昌县 威远县
资阳市	雁江区 简阳市 乐至县 安岳县
乐山市	市中区 五通桥区 沙湾区 金口河区 峨眉山市 夹江县 井研县 犍为县 沐川县 马边彝族自治县 峨边彝族自治县
眉山市	东坡区 洪雅县 丹棱县 彭山县 青神县 仁寿县
南充市	顺庆区 高坪区 嘉陵区 阆中市 营山县 蓬安县 仪陇县 南部县 西充县
宜宾市	翠屏区 宜宾县 兴文县 南溪县 珙县 长宁县 高县 江安县 筠连县 屏山县
广安市	广安区 华蓥市 岳池县 邻水县 武胜县
达州市	通川区 万源市 达县 大竹县 宣汉县 开江县 渠县
巴中市	巴州区 南江县 平昌县 通江县
雅安市	雨城区 芦山县 石棉县 名山县 天全县 荥经县 宝兴县 汉源县
阿坝藏族羌族自治州	马尔康县 黑水县 红原县 汶川县 理县 若尔盖县 阿坝县 小金县 壤塘县 茂县 九寨沟县 金川县 松潘县
甘孜藏族自治州	康定县 丹巴县 炉霍县 九龙县 甘孜县 雅江县 新龙县 道孚县 白玉县 理塘县 德格县 乡城县 石渠县 稻城县 色达县 巴塘县 泸定县 得荣县
凉山彝族自治州	西昌市 美姑县 昭觉县 金阳县 甘洛县 布拖县 雷波县 普格县 宁南县 喜德县 会东县 越西县 会理县 盐源县 德昌县 冕宁县 木里藏族自治县
全省总计	18个地级市 3个自治州 43个市辖区 14个县级市 120个县 4个自治县

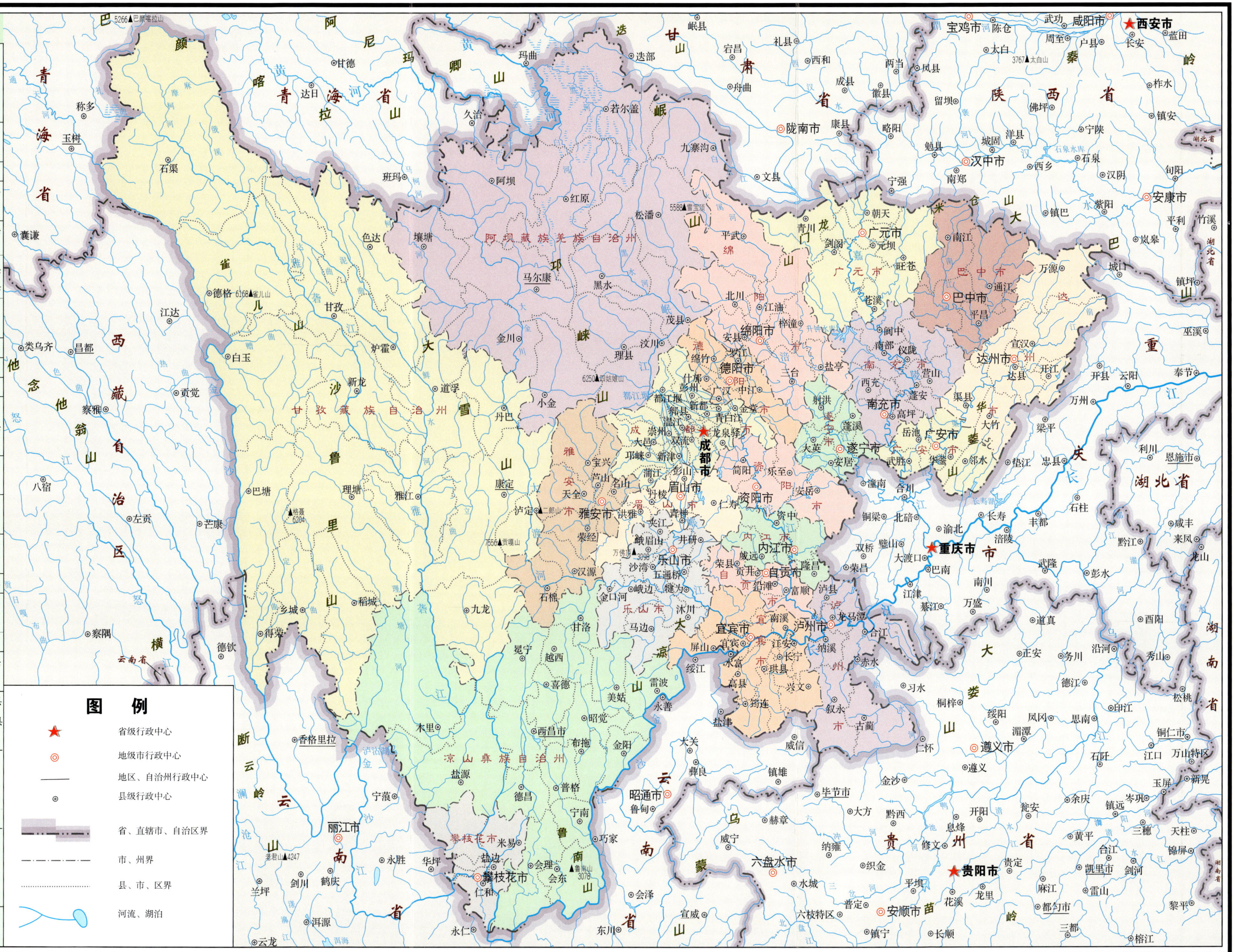

四川省测绘地理信息局

图川审：（2020）54号

四川省地方志编纂委员会成员

主 任 委 员	王 宁			
副主任委员	张为人	朱新华	蔡 竞	杜兰举
	马小彬			
委 员	叶文培	李 酌	高 山	江红英
	宋晓云	张丽萍	李曙光	张澜涛
	吴 成	何晓平	王映松	杨 杉
	赵家栋	张 强	向华全	欧力生
	陈 智	罗亚夫	王孝平	

《四川省志（1986—2005）》
审核委员会成员

主　　任	王　宁			
副 主 任	蔡　竞			
委　　员	马小彬	冯宝运	何晓平	胡品生
	王孝平	谭继和	陈世松	陈廷湘

《四川省志（1986—2005）》
总编、副总编

总　　编	陈建春
副 总 编	赵　行　邓　瑜　陶利辉　熊　倩
	张兆法　高伟明　朱艳林　牛　淼

《四川省志·民政志（1986—2005）》
责任总编、责任编辑

责任总编	陶利辉
责任编辑	高伟明

《四川省志·民政志（1986—2005）》编纂委员会成员

《四川省志·民政志（1986—2005）》初评领导小组成员

负 责 人	廖永康			
成　　员	赵汝鹏	刘　涛	李建平	陶明明
	王绪恩	何晓明	冉敬军	杨成文
	龙　梅	王　奇	林　舸	杨　伟
	张兴才	舒渠丰	舒建明	吴洲春
	杨明元	叶　路	张晓玲	周　哲
	张成平	李海浪	张　涛	李诗著
	江　涛	徐成伟	戴　辉	梁　军
	姜　波	兰永生	管庆旭	

《四川省志·民政志（1986—2005）》
编　辑　室

主　　编	廖永康			
执行主编	赵汝鹏			
副 主 编	崔　卫	戴　静		
编　　辑	黄海莺			
编务人员	孙竹玲	张华德	魏中越	赵　骥
	何　鏐	李可嘉	杨栋熠	黄禹洲
	刘　斌	龙　飞	钟传波	杨　槟
	廖　亮	梅　贞		
特聘人员	聂步兴	吴云波	张克瑄	

《四川省志（1986—2005）》

凡　　例

一、本书编纂工作以马克思列宁主义、毛泽东思想、邓小平理论、“三个代表”重要思想、科学发展观、习近平新时代中国特色社会主义思想为指导，坚持辩证唯物主义和历史唯物主义的立场、观点和方法，全面客观地记述四川省行政区域内自然、政治、经济、文化和社会的历史与现状。

二、本书系中华人民共和国成立后首部《四川省志》续编，总名《四川省志（1986—2005）》，由总类、大事纪述、专志、人物、市（州）概况、附录共93卷构成。各分卷名称为《四川省志·××志（1986—2005）》或《四川省志·××志》（后者为特色志志名），设中英文目录。

三、本书上限一般起自1986年，下限一般截至2005年。对前志未设之分卷或篇章从事物发端写起；对前志漏载、误载的某些事项进行补载、更正；对前志记载后变化不大的某些事项进行简要复载；升格详载具有地方特色的某些事项。

四、本书记述的地域范围以1986—2005年四川省行政区划为准。

五、本书采用述、记、志、传、图、表、录等体裁，以志为主。

六、本书总类卷设序言、凡例、总述、卷目等，为各卷之首，全书之纲。关于自然环境、建置沿革、经济与社会历史发展状况等基本省情在总述中作简要复载或反映。各专志（分卷）根据社会分工和学科分类的实际，按“以类相从”或“突出地方特色”的原则设立，以篇、章、节横分类别，节、目以下纵述史实，立足反映四川省行政区域某一事物（事业、行业）断限期内历史与现状的全貌。人物志卷采用传、录、表诸种表述形式，坚持“生不立传”原则，在世人物的突出事迹以事系人载入相关分卷。人物传统一收入人物志。本书大事记以编年体为主，辅以纪事本末体。为完整记述一些重要事物，保存有价值史料，有些分卷设置了专记。

七、本书使用规范的现代语体文记述，行文严谨、朴实、简洁、流畅。使用规范汉字，用词概念准确，符合现代汉语语法规范。使用的标点符号、数字、计量单位等均按国家规定的统一标准书写。

八、本书使用公元纪年，各卷正文（除引文外）采用第三人称表述；行文涉及机构、会议、文件、职衔、地名等，均按当时称谓；除涉及人名、地名、纪年和简称等项采用括注外，其余采用页下脚注。

九、本书资料来源于文献、档案、报刊、书摘、口碑及实地调查等，所用资料均经各修志部门考证、核实。各分卷数据一般采用省统计局公布的数据，省统计局缺乏的，采用有关部门正式提供的数据。

十、各分卷图片分为前置图片和随文插图，随文插图和表格均以篇为单位依次排序编号；所用地图均以省测绘局审定的为准。

十一、各分卷需要特别说明的事项，均在各分卷的《编辑说明》中注明。

《四川省志·民政志（1986—2005）》
编辑说明

一、本志系首轮《四川省志·民政志》续修志书。本志记载1986—2005年四川省民政事业的发展与变化。为便于读者了解此项事业的连续性，个别事件简要交代来龙去脉。

二、本志记述地域范围以四川省行政区划为准，1997年之前含今重庆市所辖区域。

三、本志共10篇32章87节，64万字。

四、先进集体、先进个人，按省（部）级及以上表彰原则收录并列表记载；有关活动或事件涉及的人物，系副厅级以上领导职务暨受省（部）级及以上表彰者具名记载；革命烈士与爱国主义教育基地均以国家和四川省人民政府批准、公布的名单列表记载。

五、本志名称首次出现用全称，再次出现一般用简称。

六、本志资料来源于四川省民政厅历年文书档案和个别口碑。所有资料经核实后使用。个别篇章参考了1996年12月出版的首轮《四川省志·民政志》。

目 录

第五篇　社会救灾救助

第六篇　社会福利事业

附　录

Contents

概 述

一

四川省位于中国西南，地处长江上游，介于东经92°21′—108°12′和北纬26°03′—34°19′之间，东西长1075公里，南北宽900多公里。东连重庆市（1997年3月14日，八届全国人大五次会议批准设立重庆直辖市），南邻云南、贵州省，西接西藏自治区，北界青海省、甘肃省、陕西省，川藏、川陕、川甘、川渝、川黔、川滇、川青、川鄂8条省界，总长8860.96公里，四川省省级界线长度、界线总条数均居全国首位。四川省面积（重庆直辖后）48.5万平方公里，仅次于新疆维吾尔自治区、西藏自治区、内蒙古自治区和青海省，居全国第五位。地貌东西差异大，地形复杂多样。西部为高原、山地，海拔多在4000米以上；东部为盆地、丘陵，海拔多在1000—3000米之间。全省大致分为四川盆地和川西高原两大部分。自古以来，四川享有“天府之国”的美誉。

四川省于1952年组建四川省民政厅（以下简称“省民政厅”），1970年改为四川省民政局，1980年恢复省民政厅，此后未变。从省到市（地、州）、县（市、区）各级政府均设民政机构，县以下区、乡（镇）设专兼职民政助理员，承办民政业务。

20世纪80年代起，四川省行政区设置除省辖市外，还有相当于地区的地级市和相当于县的县级市。在少数民族聚居区，设有相当于地区的民族自治州和相当于县的民族自治县。类似县级的行政区，还有工农区、市辖区和县级办事处。1986—2005年，四川省多次进行行政区调整，从市（州）行政区变更、县（市、区）行政区变更到乡（镇）建制改革，省、市（地、州）、县（市、区）以及乡（镇）之辖区都有较大变化。1997年3月，第八届全国人民代表大会第五次会议决定批准设立重庆直辖市，重庆直辖市设立后，将原四川省所属的重庆市11区7县3县级市，以及万县市、涪陵市、黔江地区所辖5区16县1县级市从四川省划出，由重庆直辖市管辖。重庆市从四川省划出后，1997年底四川省共辖12个市、5个地区、3个自治州，市辖区34个、县级市18个、县125个、自治县3个，区公所104个，乡3298个（其中民族乡106个）、镇1674个、街道办事处185个。到2005年，四川省共有成都、自贡、攀枝花、泸州、德阳、绵阳、广元、遂宁、内江、乐山、南充、宜宾、广安、达州、巴中、雅安、眉山、资阳18个地级市，阿坝、甘孜、凉山3个自治州，43个市辖区、14个县级市、120个县、4个自治县，2679个乡（其中93个民族乡）、1865个镇、239个街道办事处。

1992年四川省开展勘界工作。截至2005年，四川省共勘定省内县级界线478条、长28944.27公里，共埋设界桩1452棵，埋设三交点桩304棵；勘定乡（镇）界11335条、总长120067.21公里，三交点7510个。省内县界共有478条，全长28944.27公里，占全国县界勘定任务的7%；同时还有11335条、全长120067.12公里的乡（镇）界线。

二

1986—2005年，四川省民政工作成效显著，民政事业长足发展，为全省经济社会发展做出了重大贡献。20年风雨兼程，硕果累累，所取得的辉煌成就，在四川省民政事业发展史上写下了浓墨重彩的一笔。

1986—2005年，是四川省广大民政干部职工呕心沥血、团结奋斗的20年，是四川民政工作和民政管理走向现代化的20年，是各项民政事业飞速发展并取得显著成就的20年。特别是第十次全国民政会议和第十四次四川省民政会议召开后，在中共四川省委、四川省人民政府的领导和民政部的指导下，四川省各级民政部门紧紧围绕党委、政府中心工作和改革、发展、稳定大局，解放思想，锐意改革，奋发进取，推动民政事业全面发展，圆满出色地完成了各项目标任务，有力保障了人民群众的基本生活权益和民主政治权利，为维护社会稳定，促进经济发展和社会进步，实现四川省第二步发展战略目标作出了重要贡献，取得了突出成绩。

行政区划地名管理工作成果丰硕，勘界工作全面完成。1986—1991年，四川省地名管理由民政、建设、公安等部门分别管理，1991年后，四川省地名工作归口民政部门管理。民政部门规范地名管理体制，陆续出台系列地名管理规范文件，地名命名和更名更加科学。1994年以来，四川省行政区划进行了较大调整。1997年3月，八届全国人大五次会议批准设立重庆为中央直辖市，将四川原管辖的重庆市、万县市、涪陵市和黔江地区等4市、地所辖的43个区县（市）划给新的重庆市管辖。全省新设立地级市8个，县级市1个、市辖区11个、县2个，完成了8个县以上行政区划名称更名、13个地县行政区划建制调整、2个市政府机关迁移和3个县政府驻地搬迁的审核报批工作。到1999年底，全省基本完成撤区并乡建（扩）镇及其完善工作，撤销区公所167个，保证了行政区划适时合理稳妥调整，加快了城市化发展步伐。全省共有地级行政区划21个，其中18个地级市，3个民族自治州；县级行政区划180个，其中41个市辖区，14个县级市，122个县，3个民族自治县。初步形成了以特大城市成都为中心，18个地级市、41个市辖区、14个县级市和众多建制镇相配套的城市体系总框架，城市化水平得到大幅提高，资源配置得到优化，极大地促进了四川省经济发展和两个文明建设。

按国家统一部署，结合市、县机构改革，全省21个市、州和绝大多数县（市、区）理顺了地名管理领导体制问题。完成《中华人民共和国地名大辞典》《中华人民共和国古今地名大辞典》和《中华人民共和国政区标准地名图集》四川省部分的编辑、审核工作，组织编纂出版《四川省行政区划标准名称手册》《四川省标准地名图》和《四川省行政区划标准名称汇编》。积极开展城镇建筑物名称管理工作。到2005年底，四川省有20个市（州）及所属县（市、区）对街、巷、楼、门牌实行统一归口管理，全省民政部门完成地名命名13万条，更名1万条。

根据全国勘界工作办公室要求，四川省全面勘界工作经历了1996年开局准备、1997—1998年两年全面展开、1999年攻坚决战、2000年全面收尾四个阶段。2000年12月30日，随着阿坝、甘孜两州之间7条全省最难的边界争议问题的全部解决，四川省勘界工作全部结束。四川省是全国在2000年内按时完成勘界任务的13个省（直辖市）之一，是西部地区率先完成的两个省之一。四川勘界最大的特点是任务最重、难度最大，有省界8条（含鄂川线）、全长近9000多公里，省内县界477条、全长近29000公里。省县两级界线的条数和总长度均居全国首位。四川的边界争议多、难度大。其中川甘线被国家列入全国四大难点线之一。经过5年的工作，困扰各级政府多年的边界争议"老大难"问题得到解决，使边界管理走上了法制化的轨道。

城乡基层自治组织建设成效明显，社会事务管理进一步加强。从1986年起，四川围绕加强社会建设和管理，大力推进农村基层民主政治建设，积极做好社会主义新农村的乡村治理工作。20年来，四川各地在加强基层民主政治建设过程中，认真贯彻《中华人民共和国村民委员会组织法》（以下简称《村委会组织法》）和《中华人民共和国城市居民委员会组织法》，完成了基层群众自治组织民主政治建设的立法基础工作。经反复调查研究论证，在四川省村民自治工作的基础上，省人大常委会审议通过《四川省〈中华人民共和国村民委员会组织法〉实施办法》。各级民政部门大力宣传《村委会组织法》，以尊重农民的民主权利、推动基层民主政治建设为立足点，全面推进村民自治。

从1986年起，四川省各级党委、政府围绕加强社会建设和管理，推进基层民主政治建设，发挥城乡群众自治组织和民间组织作用，增强社会和谐基础。大力推进农村基层民主政治建设，积极做好社会主义新农村的乡村治理工作。全省进一步健全完善乡（镇）政务公开工作的领导体制和工作机制，定期收集乡（镇）政务公开工作信息，及时进行指导和总结推广工作经验。以和谐社区建设为目标，在实践中探索社区建设新路子。全省普遍进行了第三届、第四届村居委会的换届选举工作，2001年又开展了第五届村居委会换届选举工作。

"十五"期间，村民自治组织建设进一步加强，完善了民主选举、民主决策和民主监督机制，建立了村党组织领导的充满活力的村民自治机制，村务公开和民主管理进一步推进，顺利完成全省第六届村民委员会换届选举。全省加强居委会建设，社区建设由中心城市向中小城市推进，开展了示范创建活动，发展了社区服务业，形成与社会主义市场经济体制相适应的社区管理体制和运行机制。选举的民主化、规范化程度不断提高。绝大多数村委会建立了村民会议、村民代表会议制度，制定了村民自治章程和村规民约，建立了村务公开制度，民主决策、民主管理和民主监督水平有所提高。城市居委会建设不断加强，居委会干部的生活待遇和工作条件逐步改善，工作水平进一步提高。全省开展了村（居）民自治示范创建活动和评比表彰村（居）民自治示范单位、培训基层干部的工作。

截至2005年底，四川省各地推行村务公开，以内容、程序、时间、形式、管理、监督六个关键环节为重点，从制度建设入手，加以规范，同时理清政务、村务、财务，强化监督。各地还将财务公开作为重中之重，事前进行财务清理和整顿，要求群众广泛参与。截至2005年底，全省乡（镇）政务公开面达100%，规范化达92%，88.4%的村实行村务公开，66.1%的村民小组实行组务公开；建成全国村务公开民主管理示范单位1个，省级村务公开民主管理示范单位22个。城镇自治组织建设蓬勃发展，建立社区体制。至2005年底，四川省共有各类街道社区服务中心和社区服务站4497个，便民服务网点25372个。

优抚保障工作整体水平提高，双拥工作进一步拓展，退役士兵安置改革成效明显。四川是革命老区、优抚大省，20年来，各级民政部门采取切实措施，加大工作力度，初步解决了优抚对象的"三难"问题，优抚工作整体水平进一步提高，退役士兵安置改革成效明显。

1986年以后，四川省民政部门除按国家有关政策法令，拟定四川省有关优抚保障政策、标准和办法外，还具体承担各类优抚对象的优待、抚恤、补助和国家机关工作人员伤亡抚恤工作，以及烈士褒扬、组织和指导全省拥军优属工作，承担全省拥军优属拥政爱民工作领导小组的有关具体工作。各级民政部门力求将这项工作做得细致、扎实。特别是1999年以来，各地大力开展“爱心献功臣行动”，认真贯彻落实各项优抚政策，省、地、县三级财政增加投入1.28亿元，提高老复员军人定补标准，使其定补标准从每月人均30元提高到70元，投入经费1.8亿元，为6万多户重点优抚对象解决了住房问题。针对在经济转轨、企业改制的新形势下出现的大批革命伤残军人下岗后生活困难等问题，省民政厅联合省财政厅等六厅（局）出台了《关于妥善解决全省部分在职革命伤残军人下岗后生活困难问题的通知》，开展了建立优抚对象抚恤补助标准自然增长机制工作。为加强优抚经费的使用管理，省民政厅印发《关于讲一步加强优抚事业费使用管理的通知》，对优抚事业费的使用作了更加明确的规定，提高了保障能力。

“十五”期间，进一步完善优抚安置保障机制和推进双拥工作。加强优抚工作的社会监督机制，普遍推行优抚政务公开，推行抚恤补助金社会化发放，实行优抚对象抚恤补助金由金融机构代发，保证了优抚补助经费按时逐月足额发放。到2001年，全省普遍实行了优待金以县为单位统筹，筹集资金1.63亿元，优待对象也由义务兵家属扩大到“三属”、在乡伤残军人和在乡老复员军人。截至2005年，县、乡两级优抚政务公开率分别达到100%和98.9%。全省享受国家抚恤补助的重点优抚对象41.2万人，军休干部7000多人，无军籍职工3000多人。烈士陵园、光荣院和优抚医院等优抚事业单位深化改革，增强了自身活力，提高了服务质量和服务实力，圆满完成了烈士褒扬、供养、医疗任务，先后有28处烈士纪念建筑物保护单位被省委、省政府命名为“爱国主义教育基地”，5个烈士陵园被评为全国管理工作先进单位。有20个光荣院被评为国家和省级文明光荣院，省属3所优抚医院有2所成为达标医院。

四川民政部门扎实推进双拥工作，坚持双拥与扶优脱贫奔小康活动相结合、与部队科技练兵和“双争”活动相结合、与促进当地经济发展优化外部环境相结合、与军地互办实事共谋发展相结合，深入开展形式多样的双拥活动。1994年，省民政厅制定《四川省创建双拥模范城（县、区）考核验收实施细则》。全省150个县（市、区）出台相配套的双拥政策。省民政厅对双拥模范城（县）命名管理制度进行了大胆改革，建立了创建模范城与命名活动动态管理、梯次发展的机制，使双拥工作进一步制度化、规范化。同时，双拥工作进一步向基层发展，创造出了智力拥军、科技拥军、岗位拥军等一系列丰富多彩的拥军活动新形式，尤其是“爱心献功臣行动”的开展，更是创造了新形势下双拥工作的新途径。2001年，省委、省政府、省军区召开了全省双拥模范城（县、区）命名大会，命名成都市等78个市及县（市、区）为四川省新一届双拥模范城（县、区），表彰了新津等20个双拥先进市（县、区）、163个双拥先进集体和97名双拥先进个人。

军队退役人员安置工作面健康全面发展。1986—2005年，四川省民政部门按照国家有关政策法规，将妥善安置军队退役人员作为民政的重要工作，认真拟订四川省有关军队退役人员安置的政策、标准和办法，具体承担全省退役士兵（义务兵、士官）、复员干部、伤病残退役军人、移交地方安置的军队离退休干部和军队无军籍退休退职职工安置工作，认真开展退役士兵职业教育与技能培训工作，扎实做好军供站、军休所的建设和服务管理工作，并承担四川省退伍军人和军队离退休干部安置领导小组的有关具体工作。

复员退伍军人安置是一项褒扬性、补偿性的社会保障工作，为加强国防和军队建设，保证军队退役人员得到妥善安置，按照国务院和中央军委颁布的一系列政策法规，四川省专门设置安置机构，结合本地实际，采取多种措施，落实此项工作。1986—2005年，四川省对服现役2年和服役满5年、8年的初级士官中以复员方式退出现役的人员进行了接收安置。安置原则是从哪里来回哪里去，义务兵由原征集的县（自治县）（市、市辖区）的人民政府接收安置。家居农村的由乡（镇）人民政府安排生产和生活，家居城镇的由县级人民政府安排工作或自谋职业。这20年，四川省城镇退役士兵安置工作大体经历了计划安置阶段、市场经济体制下安置制度探索阶段、适应市场经济体制安置制度改革三个阶段。军队离退休人员安置经历了集中安置、多元安置两个阶段。四川省军休安置工作在国家改革的发展中不断走向制度化、规范化。

四川各级民政部门作为具体负责这项工作的职能部门，紧紧围绕支持军队建设这个中心任务，认真履行职责，在拟订退役士兵、复员干部、移交地方政府安置的军队离退休干部和军队无军籍退休退职职工安置政策及计划并组织实施的同时，不断改进传统安置方式，指导退役士兵进行职业技能培训和就业工作。各级民政部门积极探索安置改革新路子，逐步改变了以往的安置模式，面向各种所有制企业和单位安置退役士兵。在引入市场机制，供需见面、双向选择的基础上，进一步探索安置任务有偿转移、扶持自谋职业和到非国有经济单位就业的办法，并研究制定了配套优惠政策和保障措施。成都、攀枝花、宜宾等市结合本地实际，出台了一系列地方政策，拓展了安置渠道，逐步形成了多渠道、多形式安置的新路子。同时，积极鼓励退役士兵自谋职业，退役士兵安置改革稳步推进。到2005年，四川省退役士兵安置“双向选择”达到80%以上，自谋职业安置成为退役士兵安置的主要途径。四川省城镇退役士兵中，自谋职业的比例，由2000年度的4%提高到2005年度的73%。每年安置5万多名退役士兵，1986—2005年全省共接收安置复员退伍军人111.7万人。

军休服务管理水平逐步提高，军休人员政治和生活待遇得到有效保障。军队离退干部安置和服务管理工作步入正轨，军休所规范化建设明显加强。1994年以来，四川共接收第四批、第五批军队离退休干部2192名，加上前三批已累计接收军休干部5481名，同时，接收无军籍职工2704名，军休人员政治、生活待遇得到了全面落实。四川省13个军供站正规化建设得到加强，快速反应能力和保障能力得到提高，圆满完成了新老兵接待、转运和训练部队过往住宿保障任务，并基本完成了峨眉山、成都、广元、内江、攀枝花、西昌军供站的改建任务。

社会救助工作方面，深化救灾体制改革，全面建立城市居民最低生活保障制度，为建立社会救助制度奠定了良好基础。省民政厅按照民政部统一部署，对传统社会救济制度进行了重大改革，逐步探索出一条以建立城市居民最低生活保障制度为主体，以社会互助为辅助，以临时救济为补充，以优惠政策相配套，以村、居委会和基层社区组织为依托的社会救助之路。

四川是一个人口大省，也是一个经济欠发达大省，更是一个自然灾害种类多、灾害发生频繁而自救能力较低的省份。20年来，在民政部和各级党委、政府的领导和关心支持下，救灾救济工作进行了一系列卓有成效的改革。四川的洪涝、旱灾、风雹、低温霜冻、病虫害以及地震等各种自然灾害，给政府特别是民政部门提出了艰巨的救灾任务。四川省民政部门在认真拟定救灾工作政策、建立长效救灾机制的同时，将负责组织、协调救灾工作，组织自然灾害救助应急体系建设，负责组织核查并统一发布灾情，作为自己的工作重点之一，千方百计管理好、分配好中央和省本级救灾款物并监督使用，组织、指导救灾捐赠，帮助灾区群众克服困难。在社会救助方面，以牵头拟订全省社会救助规划、政策和标准，健全城乡社会救助体系，负责城乡居民最低生活保障、医疗救助、临时救助和生活无着人员救助工作为重点，让受助对象度过难关。1997年，四川地方各级财政建立了救灾经费专项预算，基本形成了救灾工作分级管理、救灾款分级负担的救灾工作体制，增加了地方对救灾工作的投入。根据民政部部署，省民政厅把每年10月作为“扶贫济困捐助月”，将扶贫济困送温暖活动引向经常化、制度化轨道；建立了省级救灾物资储备制度，在成都建立了民政部西南地区救灾物资代储点，增强了灾害紧急救助能力；坚持救灾与减灾、救灾与扶贫开发、救灾与开展社会互助相结合，出台了一系列政策，保障了灾民的基本生活，维护了灾区的社会稳定。按民政部、财政部《关于进一步加强救灾款使用管理工作的通知》规定，加强救灾款的监督管理工作，保证救灾款及时、足额到位，使救灾款物切实用到重灾区、重灾民身上。“十五”期间，按城乡统筹、分类指导的要求，加快推进社会救助体系建设，全省社会救助体系的框架初步形成，有效实施灾害紧急救助，年均紧急转移安置受灾群众20万人次，救助受灾群众近1000万人次。

四川省城市居民最低生活保障制度的建立，经历了试点、建制、扩面三个阶段。第一步，1997年7月在彭州市进行试点，总结经验后各市州选择条件较好的县（市、区）进行试点。第二步，1997年12月，省政府印发《关于在全省建立城市居民最低生活保障制度的通知》，1998年3月省民政厅印发《四川省城市居民最低生活保障制度实施暂行办法》，各地按照“政府领导，民政主管，财政出资，部门配合”的原则，积极开展了城市低保建制工作。1998年、1999年，省委省政府在连续两年将这一工作列入为全省人民办实事的目标中，并登报公诸于众，接受人民群众监督。到1999年7月，全省180个县（市、区）全面建立了城市居民最低生活保障制度，提前5个月完成了国务院下达的任务。到1999年底，全省享受城市居民最低生活保障的对象达到11万人。第三步，按照中央、国务院要求，2000—2001年，省政府召开了全省城市低保工作会议，先后下发《关于做好低保提标工作的紧急通知》《关于做好当前城市低保工作的通知》和《四川省城市居民最低生活保障实施办法》，有力地促进了低保工作发展，使四川省城市享受低保的人数由1999年底的11万人上升到2000年底的20.8万人、2001年底的101万人，两年间净增近80万人，基本做到了应保尽保。城市居民最低生活保障标准每月人均104—170元不等。全省建成城市居民最低生活保障信息系统，基本实现了动态管理下的应保尽保。

农村最低生活保障制度建设也得到较快发展，为从根本上解决农村特、贫困户的居住问题，省民政厅从四川实际出发，于1998年开始在农村实施了“安身工程”，到1999年末，共投入资金6.96亿元，修建“安身房”7.3万套、24万余间，解决了28万农村特困贫困群众的住房问题。至2001年底，各地在抓好试点的基础上，进行了积极有益的探索，使四川省89个县（市、区）建立了农村低保制度，超额完成了省政府下达的目标任务。农村“五保”供养和农村特困群众生活救助制度进一步规范，全面启动农村最低生活保障制度和农村医疗救助制度，截至2005年，37.96万“五保”供养对象全部纳入供养，人均年供养金684元。61.9万名农村困难群众享受农村低保，月人均补差16元。农村困难群众95.9万人受到医疗救助。全省有敬老院2774所，床位5.17万张，集中供养五保对象3.4万人。

2005年，城乡医疗救助制度逐步建立，占全省72.4%的131个县（市、区）建立了农村居民最低生活保障制度。农村医疗救助制度全面建立，全省21个市（州）除成都市五城区实施城乡一体化外，176个县（市、区）全部出台了农村医疗救助实施意见，全面建立了农村特困群众医疗救助制度，建立起医疗救助基金。

四川各级政府积极鼓励社会力量兴办社会福利事业，引导社会福利事业走社会化之路，使社会福利事业进一步由国家包办逐步转向国家、社会组织和个人一起兴办，通过发展老年人福利事业、残疾人福利事业、精神病人福利事业、孤儿和弃婴等弱势人群福利事业等，促进全省社会福利事业快速发展。

省民政厅先后制定《四川省社会福利事业“九五”发展计划》《四川省社会福利事业“十五”发展计划》，省政府办公厅下发《关于加快发展社会福利事业的通知》，省政府印发《四川省社会福利机构管理办法》。在坚持办好以城市福利院为主体的国办福利机构前提下，各级民政部门积极鼓励和引导社会力量兴办社会福利事业，走社会福利社会化之路，使社会福利事业进一步由国家包办逐步向国家、集体、个人一起办的方向发展，初步形成了多元化兴办社会福利事业的新局面，社会福利事业迈入新的发展阶段。至2001年，四川省先后有27个社会福利院被评为省一、二级社会福利院（其中国家二级院1个）。同时，在国办福利机构内部深化改革了三项制度，全面推行了管理人员聘任制、服务人员合同制和按劳分配制，提高了管理水平，扩大了服务对象，初步实现了由封闭型向开放型、单纯供养型向供养康复型、救济型向福利型的转变。2001年底，四川省社会力量兴办的福利机构已发展到470多家（含街道居委会办的），常年在院收养人数达5876人。

老龄工作管理体制基本理顺，老龄事业获得新的发展。2000年机构改革后，省级和部分市（州）成立了新的老龄工作机构，归口民政部门，基本理顺了老龄工作管理体制。为认真落实《四川省老年人优待规定》，省民政厅给10万人办理了老年优待证书。各地积极开展多种形式的老年文体活动，丰富了老年人的精神文化生活。全省大力发展老年教育，各类老年大学蓬勃发展。四川认真落实《中华人民共和国老年人权益保障法》（以下简称《老年法》），将《老年法》纳入普法内容。在农村开展了签订《赡养协议书》《敬老保证书》的“双签”工作，把老年人的赡养保障落到了实处；配合司法部门做好老年人的法律援助工作，维护了老年人的合法权益。按照民政部的统一部署，四川大力实施“社区老年福利服务星光计划”，省民政厅确定了成都、自贡、绵阳、宜宾、乐山、南充6个试点城市，首批项目投入资金8709.6万元，计划建设和改造205个老年服务设施，这些社会福利机构是四川省社会保障体系的重要组成部分。

收容遣送法制化、规范化建设取得了明显进展。1995年12月，四川省人大颁布《四川省收容遣送条例》，为做好收容遣送工作提供了法律保障。经有关部门批准，四川省在收容遣送站设立了公安派出所，使收容遣送工作有了安全保障。在做好收容遣送和流浪儿童救助保护工作中，全省共收容遣送中转流浪乞讨人员50万人次。全省有6个流浪儿童救助保护中心，救助保护流浪儿童万余人次。收养登记管理工作规范开展。从1992年民政部承担儿童收养登记工作以来，各级民政部门在无机构、无编制、无经费的情况下，仍十分重视收养登记管理工作，深入开展收养法律法规的宣传教育活动，加强收养登记的业务培训，认真履行登记职责，开展公民“事实收养”调查，查处和纠正违法收养行为，收养登记合格率有了显著提高，切实保障了未成年被收养儿童的合法权益，促进了家庭和睦和社会稳定。8年来，全省共办理国内公民（含港澳台居民和华侨）收养登记7669件。至2005年，实现了城市生活无着的流浪乞讨人员从强制性收容遣送到自愿受助、无偿救助的重大变革，救助管理制度进一步健全，救助管理水平和服务质量不断提高，新建救助管理站14个，迁建5个，改（扩）建56个。

四川强化对福利企业的监督和管理，加快福利企业改革、改组、改制步伐，到2001年底，全省共有社会福利企业1096家，职工34806人。四川省认真贯彻落实国家各项优惠政策，并结合本地实际为福利企业制定相应的扶持保护政策，为福利企业的发展创造了良好的政策环境，2005 年全省减免社会福利企业税金 80665.2 万元。截至 2005 年，四川省福利企业达到 1171 家，职工 42234 人，安置“四残”人员 18509 人。福利企业的发展，为国家减轻了负担，缓解了社会矛盾，促进了社会的安定团结。

“十五”期间，社会福利事业长足发展。大力兴办各类福利服务机构，拓展服务领域，扩大服务对象，提高服务水平，实施“社区老年福利服务星光计划”，建成“星光老年之家”650 多个；启动“残疾孤儿手术康复明天计划”，为 2570 名残疾孤儿实施手术矫治和康复。全省有各类社会福利机构 2990 个，收养 4.6 万人（其中孤儿 6000 人），其中，国有福利机构 92 个，开放床位达 1.2 万张，在院收养总数达 1 万余人。初步建立了以供养机构为载体、以社区为依托、以老年人为重点的社会福利服务体系。2005 年，各级民政部门和救助管理站共接待求助人员 69647 人次，对 65649 人次实施了救助。全省慈善组织建设不断发展，四川省慈善总会加强对各地慈善组织发展的督促和指导工作，截至 2005 年，市（州）慈善会总数达 42 个。慈善总会积极开展一系列的慈善活动，加强与国际慈善机构的交流合作，广泛募集善款，实施慈善救助项目，慈善事业开始了蓬勃发展的新局面，初步形成“政府推动、民间运作、社会参与”的社会慈善格局。民政系统内初步形成以国家兴办的慈善福利机构为示范、社会力量兴办的慈善福利机构为主体、社区慈善福利服务网点为依托的慈善组织体系。四川省慈善总会 1995—2005 年累计接受慈善捐赠款 6500 多万元，接受物资捐赠折合人民币 2300 多万元，开展赈灾、济困、助学等多项社会公益活动，资助、受助群众达 60 万人次。1995 之后四川省慈善总会组织实施的慈善项目近 40 项，四川省民政系统共收到社会捐赠款物计 4.23 亿元，四川省慈善总会累计接收慈善捐赠 1.2 亿元，捐赠物资折合 3000 多万元，受助群众达 100 多万人。1988 年，四川省开始发行福利彩票，其间，从即开型福利彩票到电脑型彩票，福利彩票发行持续高速发展，福利彩票通过改革发行销售方式，得到迅猛发展，为社会福利事业的发展提供了强有力的支持。截至 2005 年底，全省福利彩票销售投注站达 2500 个，2005 年销量突破 10 亿元大关，历史性地首次超过了四川体育彩票。截至 2005 年，四川省共销售福利彩票 172.3 亿元，筹集公益金 70.7 亿元，上缴税金 4.2 亿元，解决 2 万多人就业。

按照中央、国务院和四川省委、省政府的要求，四川省各级民政部门全面加强了对民间组织的监督管理，把民间组织登记管理工作作为维护社会政治稳定的大事，摆在了民政工作的重要位置，以高度的政治责任感和使命感，认真做好民间组织登记管理工作。通过一手抓培育发展，一手抓监督管理，较好地履行了《社会团体登记管理条例》《民办非企业单位登记管理暂行条例》赋予登记管理机关的职责。通过确立双重管理体制，加强民间组织登记管理的法制化、规范化建设，进一步强化了民政部门的行政管理职能，有力地维护了社会稳定，促进了经济和社会的协调发展。

随着行政管理体制改革的深入、市场经济体制的逐步完善和公民民主法制意识的增强，随着经济成分、组织形式、就业方式、生活方式的多样化以及城市化进程的加快，人民群众参与公共管理和公共服务的热情不断提高，民间组织呈现出稳中加快的发展态势。“十五”期间，四川省民间组织管理进一步规范。各级民政部门坚持培育发展与监督管理并重的方针，重点培育发展了行业协会、农村专业经济协会和公益性组织，完成了基金会登记工作，民间组织从单纯的数量增长转向合理布局、优化结构、提高质量的协调发展，成为促进经济社会协调发展的重要力量。在社会团体管理中，省民政厅采取了一系列措施，加强宏观调控，控制社会团体的数量，优化社会团体的结构和布局，提高社会团体的整体素质，严格按条件和程序审批。四川在认真贯彻学习《社会团体登记管理条例》《民办非企业登记管理暂行条例》的基础上，出台了一系列地方性配套政策；在加强管理的同时，积极开展了登记管理机关干部的业务培训和对社会团体负责人、财务人员进行有关社会团体管理的法规宣传教育；对全省社会团体进行了清理整顿和审定换证工作；加大了对非法社会团体的活动和社会团体违法违纪行为的打击查处力度，及时查处社会团体违法违纪行为，维护了社会政治稳定。省民政厅代四川省委草拟了《四川省社会团体思想政治工作条例（草案）》，加强了民间组织党建工作，积极鼓励和支持民间组织参与国家经济建设和其他领域的活动，促进了民间组织的健康发展。在政府机构改革中，各级民政部门加强了民间组织登记管理机关的自身建设，充实了民间组织管理队伍，落实了人员编制和部分办公经费。至2005年，全省登记注册的民间组织达到2.22万个，其中社会团体11642个、民办非企业单位10624个、基金会45个。

全省民政部门认真贯彻1980年修改、补充的《中华人民共和国婚姻法》，规范婚姻管理，改革传统婚俗，提倡新事新办，倡导广大青年晚婚、晚育、计划生育，抓好城乡婚嫁习俗改革，推广“红白事理事会”一类的群众组织经验，各地普遍呈现出男女平等、自由恋爱、婚姻自主的社会主义新风尚。各地认真加强了婚姻法律法规宣传教育、业务培训、依法管理和查处违法婚姻工作，开展了婚姻系列化服务，婚姻登记和服务水平显著提高，治理借婚姻登记搭车收费收到明显效果。县（市、区）婚姻登记实行集中办理进展顺利。同时，婚姻登记管理水平和工作效率不断提高，由手工登记管理逐渐向电脑自动化管理过渡，婚姻管理现代化建设得到发展。全省各婚姻登记管理机关实行了政务公开，婚姻登记条件和程序、收费标准、监督电话实行公开，接受群众监督。1999年全国婚姻登记管理执法检查时，通过抽查，婚姻登记合格率达99%，涉外婚姻登记合格率达100%。1986—2005年，四川省各级婚姻登记机关共依法办理内地居民婚姻登记16335062对，内地居民离婚登记840388对；共依法办理涉外婚姻登记3208对，办理港澳台及华侨婚姻登记29192对，涉外、涉港澳台及华侨离婚登记991对。

按照1985年9月28日《四川省殡葬管理实施办法》规定，凡条件成熟的地方，一律推行火葬。各地按照要求，大力推行火葬、改革土葬，节约殡葬用地，易风移俗，倡导文明、节俭的丧葬新风，取得了显著成绩。公墓管理得到加强。加大了治理乱建公墓、乱埋乱葬的工作力度，一些地方乱建公墓、炒买炒卖墓穴、塔位等违法违规行为得到有效遏制。殡葬事业单位管理和建设得到进一步加强。到2001年底，全省共有殡葬事业单位234个，其中殡仪馆（场）66个，殡仪服务站39个，公共墓地（骨灰堂、塔陵）127个。广汉市殡仪馆被民政部评为“国家二级殡仪馆”。各级财政每年投入上千万元用于推行殡葬改革、更新殡葬设备设施，殡仪系列化服务水平有较大提高。各地把改善生态环境，节省耕地作为殡葬改革工作的重点，使耕地内和铁路、公路两侧的坟头明显减少，为节约耕地作出了积极贡献。1986年四川省火化率仅占12.86%，由于坚持殡葬改革方向，加强殡葬法制建设和殡葬行业管理，到2005年全省火化率达到36.62%。

民政干部队伍素质明显提高，民政部门自身建设进一步加强。全省各级民政部门十分重视民政干部队伍建设。省民政厅和各地开展了领导干部轮岗交流，一批德才兼备的年轻干部走上领导岗位。2000年，省民政厅又进行了机构改革，通过机构改革，不仅明确了职能，精简了机构和人员，而且优化了队伍结构，干部责任感明显提高。初步实现了政府职能、工作方式和工作作风的转变，向建立办事高效、运转协调、行为规范的民政工作管理体制和运行机制迈出重要步伐。在干部培训方面，经过省民政干校和各地不同类型、不同层次培训班的培训，广大民政干部的政治、业务素质和实际工作能力得到较大提高。切实加强了各级民政部门机关党的建设和党风廉政建设，充分发挥党组织的战斗堡垒作用和党员的先锋模范作用，党风廉洁责任制得到进一步落实。1999 年下半年以来，四川省民政厅和各市（地、州）民政局分别开展以“三讲”（讲学习、讲政治、讲正气）为主要内容的党性党风教育，较好地解决了领导班子在党性党风方面存在的主要问题，提高了运用马列主义、毛泽东思想和邓小平理论分析问题、解决问题的能力，领导班子建设大大加强。各级民政部门从 1997 年起深入扎实开展政务公开活动，改进机关作风，提供优质服务，解决了大量群众关心的“热点”“难点”问题，探索并初步建立了“为民、公开、规范、高效”的民政工作运行机制，对推动民政部门自身建设、树立政府良好形象起到了积极作用。20 年来，各级民政部门坚持自力更生，克服各种困难，集中人力物力，新建了一批民政事业基础设施，改造了部分办公场所，更新了办公设备，改善了干部职工的生活条件，单位面貌和职工精神面貌焕然一新。民政宣传、理论研究稳步发展，民政工作信息化进程得到加强。民政信访工作进一步落实了责任制，把许多问题解决在基层，缓解了矛盾，受到了群众的好评。

1986—2005 年，四川民政工作和民政事业发展呈现出社会转型时期的鲜明时代特征：

民政事业社会化程度进一步提高。民政工作的内涵进一步丰富，外延进一步扩大，发展以社区建设、社会福利、彩票业、婚姻殡葬服务业、老龄事业等为代表的社会事业成为民政工作新的重点和突破方向。民政工作的对象由传统的社会特定弱势群体变为普通社会大众。民政事业的参与者和发展力量日益多元化，民政工作的开放程度大为提高，一些原为民政系统或政府部门垄断的老年福利事业、殡葬业等，社会力量所占比重逐年增大。

民政工作法制化进程进一步加快。主要表现为各级民政部门法治意识显著增强，民政法制工作进步较快。通过建立民政法制工作机构，加强法制和执法培训，提高了民政干部的政策法规水平和行政执法能力。通过加快立法进程，出台与民政工作改革与发展相适应的法规和规章，确保了民政工作有法可依、有法必依。通过推行依法行政，实行政务公开，加强执法监督，加强和改进了民政系统的作风建设，探索并建立了民政工作新的运行机制。

民政工作呈现多头并进的发展态势。随着经济发展和社会进步，社会救济、社会福利、优抚安置、社会互助等民政社会保障工作总体水平逐步提高。随着经济市场化程度的提高，人们的生活方式、生活需求和投资主体日益多元化，一些民政工作如社区服务、老龄服务、殡葬服务、婚姻服务等获得了广阔的发展空间和强劲的发展动力。随着西部大开发的推进、地域经济资源的整合和人口流动的加剧等，行政区划、地名管理、民间组织管理、婚姻登记管理、收容遣送等专项社会事务管理工作得到了进一步加强。随着民主政治建设的推进和社会文明程度的提高，基层政权和基层自治组织建设得到了加强，殡葬改革不断深化。

民政工作改革不断深化。从计划经济体制向市场经济体制转变的大环境和传统民政工作的局限性，必然要求民政部门不断深化民政工作改革。这种改革不仅是工作方法和工作手段的更新，更是管理体制和运行机制的变革。通过改革旧的救灾管理体制，使救助能力大大增强。通过改革传统的社会救济制度，使低保工作获得快速发展。通过改革单纯的社区服务，使社区建设蓬勃发展。民政工作信息化趋势日益显现，民政工作信息化步伐加快。

三

1986—2005 年，全省民政系统不断提高各级领导班子的创新能力、凝聚力和战斗力，不断提高民政队伍的整体素质，牢固树立“民本”思想，切实履行维护民利、解决民生、落实民权的基本职责，把维护群众利益作为各项民政事业的根本出发点和落脚点，健全社会救助、社会福利和慈善事业相衔接的社会保障体系，切实把各项社会救助制度落到实处，使困难群众分享改革发展的成果。全省民政工作积累了宝贵的经验，对推进新时期民政工作具有重要的指导意义。

依法行政是四川民政事业发展的根本。四川省历届省委、省政府高度重视民政工作和民政事业发展，切实加强领导；省人大常委会加强民政法制建设。各级政府进一步加强民政工作，为辖区人民脱贫致富，推进民主化、法制化进程发挥积极作用。1986—2005 年，省委（办公厅）、省人大常委会、省政府（办公厅）先后制发相关政策法规，指导民政工作，加快民政事业管理规范化、法制化进程。省委组织部、省委宣传部，省发展计划委（省发展改革委）、省民政厅、省机构编制委员会办公室、省经济体制改革办公室、省建设厅、省国土资源厅、省农业厅等省级部门就民政相关工作联合制发贯彻落实意见、通知。1986 年 11 月，印发《四川省民政事业第七个五年计划》的通知；1987 年 3 月 16 日，印发《关于加强城镇居民委员会建设的通知》；1987 年 6 月 2 日，颁发《四川省地名管理办法》；1989 年 3 月 10 日，颁发《四川省老年人合法权益保护条例》；1989 年 7 月 15 日，颁发《四川省退伍义务兵安置实施细则》；1995 年 12 月 20 日，颁发《四川省收容遣送条例》；1996 年5 月 22 日，印发《关于认真做好全省全面勘界工作的通知》；1996 年 12 月 2 日，印发《关于开展勘定省县两级行政区域界线工作实施意见的通知》；1997 年 10 月 17 日，颁发《四川省公墓管理条例》；1998 年 2 月 18 日，印发《关于在全省农村开展“村务公开，民主管理”工作的通知》；1999 年 7 月 5 日，印发《关于加快勘界工作维护边界地区稳定的通知》；2001 年 9 月 18 日，颁发《四川省城市居民最低生活保障实施办法》；2001 年 2 月 23 日，颁发《四川省社会福利机构管理办法》；2001 年 7 月 21 日，发布《四川省〈中华人民共和国村民委员会组织法〉实施办法》；2003 年 11 月 28 日，颁发《四川省村民委员会选举条例》；2004 年 9 月 24 日，颁发《关于修改〈四川省殡葬管理条例〉的决定》；2005 年 6 月 21 日，印发《关于推进城乡社会救助体系建设的意见》。这些条例、办法、意见、通知在全省各地付诸实践，收到明显实效。

充分发挥职能部门的作用是四川民政事业发展的关键。民政部门作为各级政府主管民政工作的职能部门，在民政工作中具有不可替代的作用。民政部门的职能作用发挥得越好，群众就越支持，民政工作的成效也就越明显。民政部门在履行社会保障职能方面，重点对服役军人家属进行现金与物资优待，对因公牺牲、病故、失踪军人家属和伤残军人进行定期抚恤，对贫困人口和自然灾害进行救济，对鳏、寡、孤、独，无生活来源的人员进行分散或集体供养。与人事劳动部门一道妥善安置复员退伍军人和军队离退休干部。在基层政权建设方面，开展基层政权民主选举和整顿后进村及村（居）民自治活动。在行政管理方面，加强区划调整、地名管理、社团管理、婚姻登记、殡葬改革等工作。

突出民政工作重点是四川民政事业发展的重要途径。一是初步建立城乡社会救助体系。全省民政系统认真贯彻省委、省政府《关于推进城乡社会救助体系建设的意见》，按照城乡统筹、分类指导的要求，加快推进社会救助体系建设，全省社会救助体系的框架初步形成。有效实施灾害紧急救助，转移安置受灾群众，救助受灾群众。农村五保供养和农村特困群众生活救助制度进一步规范，全面启动农村最低生活保障制度和农村医疗救助制度，农村困难群众受到医疗救助。建成城市居民最低生活保障信息系统，基本实现了动态管理下的应保尽保，城镇居民得到了最低生活保障。城市医疗救助试点工作全面开展，实现了城市生活无着的流浪乞讨人员从强制性收容遣送到自愿受助、无偿救助的重大变革，救助管理制度进一步健全，救助管理水平和服务质量不断提高。慈善事业开创新局面，全省慈善组织建设得到突破性发展，初步形成了“政府推动、民间运作、社会参与”的社会慈善格局。二是全面推进村民自治和社区建设。村民自治组织建设进一步加强，完善了民主选举、民主决策和民主监督机制，建立了村党组织领导的充满活力的村民自治机制，村务公开和民主管理进一步推进，顺利完成全省第六届村民委员会换届选举。加强了居委会建设，社区建设由中心城市向中小城市推进，开展了示范创建活动，发展了社区服务业，基本形成与社会主义市场经济体制相适应的社区管理体制和运行机制。三是规范管理民间组织。坚持培育发展与监督管理并重的方针，重点培育发展了行业协会、农村专业经济协会和公益性组织，完成了基金会登记工作，民间组织从单纯的数量增长转向合理布局、优化结构、提高质量的协调发展，成为促进经济社会协调发展的重要力量。四是完善优抚安置保障机制、推进双拥工作。完善优抚保障机制，加强优抚工作的社会监督机制，普遍推行优抚政务公开，推行抚恤补助金社会化发放，实行优抚对象抚恤补助金由金融机构代发，保证了优抚补助经费按时逐月足额发放。推行安排就业与自谋职业相结合的安置办法，退役士兵安置改革稳步推进。军休服务管理水平逐步提高，军休人员政治和生活待遇得到有效保障。扎实推进双拥工作，命名表彰了四川省双拥模范城（县、区）、双拥先进集体和双拥先进个人。五是社会福利事业长足发展。大力兴办各类福利服务机构，拓展服务领域，扩大服务对象，提高服务水平，实施了“社区老年福利服务星光计划”，建“星光老年之家”，启动了“残疾孤儿手术康复明天计划”，为残疾孤儿实施手术矫治和康复。初步建立了以供养机构为载体、以社区为依托、以老年人为重点的社会福利服务体系。福利彩票发行持续高速发展，实现了跨越式增长。六是稳妥调整行政区划。完成了省县两级行政区域界线的勘定任务和城市、县城标准化地名标志设置任务。

1985—2005 年，四川省民政事业取得长足发展，但也存在一些困难和问题，制约了民政事业的进一步发展。一是各级财政对民政事业投入不足，尤其是社会救助需求量大与地方配套资金不足的矛盾十分突出。二是民政事业基础设施建设薄弱，福利院、敬老院、救助站等服务设施、设备不能完全满足民政服务对象的需求。三是城乡社会救助体系建设还需要进一步完善，一些地方还存在配套制度欠缺、工作力量薄弱等问题，各项救助制度的救助标准仍然偏低，救助对象面窄，特别是农村地区贫困群众的五保、低保、医疗救助等问题需要着力解决，以适应社会主义新农村建设的整体要求。四是基层民政力量薄弱，基层民政部门普遍存在工作人员少、工作条件差、工作手段落后等问题，特别是乡（镇）民政组织建设与日益繁重的工作任务很不适应，制约了“为民解困”各项工作深入细致的落实。

第一篇　区划管理

四川省位于中国内陆，具有高原、山地、盆地、丘陵、平原和沼泽等地貌类型。境内江河密布，立体地貌明显。北宋始有四川之名，元朝时期四川设行省。民国 24 年（1935 年）设立成都、重庆两个省辖市。1949 年 10 月中华人民共和国建立后，行政区划以“省·地区（始称专区）·县”三级为基本体制。1980 年开始除省辖市外，还有相当于地区的地级市、相当于县的县级市、工农区。在少数民族聚居区，设有相当于地区的民族自治州和相当于县的民族自治县、市辖区和县级办事处等。1986—2005 年，四川省多次进行行政区调整，规范地名管理，完善界线勘定。

第一章　政区调整

根据人口、地理、交通、物产的客观实际，1986—2005 年四川省多次进行行政区调整，调整后的政区有利管理，促进了经济社会发展。

第一节　四川省政区变更

1985 年四川省辖成都、重庆、自贡、渡口、泸州、德阳、绵阳、广元、遂宁、内江和乐山 11 个地级市，万县、涪陵、宜宾、南充、达县、雅安 6 个地区，阿坝藏族、甘孜藏族和凉山彝族 3 个自治州，万县、涪陵、宜宾、南充、华蓥、达县、雅安、西昌 8 个县级市。截至 1986 年，四川省共辖 11 个地级市，地区 6 个，8 个县级市，32 个市辖区，164 个县，9 个自治县，1 个工农区，1178 个区公所，7932 个乡，123 个镇，253 个街道办事处。1997 年 3 月 14 日，第八届全国人民代表大会第五次会议通过了《关于批准设立重庆直辖市的决定》，决定批准设立重庆直辖市，撤销原重庆市。1997 年 6 月 18 日重庆直辖市正式挂牌成立。重庆直辖市设立后，由国务院依据宪法和有关法律的规定，对其管辖的行政区域的建置和划分作相应的调整。将原四川省所属的重庆市 11 区 7 县 3 县级市，以及万县市、涪陵市、黔江地区所辖 5 区 16 县 1 县级市从四川省析出，由重庆直辖市管辖。重庆市从四川省析出后，1997 年底四川省共辖 12 个市、5 个地区、3 个自治州，市辖区 34 个、县级市 18 个、县 125 个、自治县 3 个，区公所 104 个，乡 3298 个（其中民族乡 106 个）、镇 1674 个、街道办事处 185 个。

2000 年之后随着“市领导县”的体制在政区调整过程中逐步完成，“地区”一级建制即在四川省逐步撤销。截至 2000 年末，四川省共辖 18 个地级市、3 个自治州，40 个市辖区、14 个县级市、123 个县、3 个自治县。经过历年撤地设市、撤县设区、撤乡并镇等一系列的行政机构改革，到 2005 年，四川省共有成都、自贡、攀枝花、泸州、德阳、绵阳、广元、遂宁、内江、乐山、南充、宜宾、广安、达州、巴中、雅安、眉山、资阳 18 个地级市，阿坝、甘孜、凉山 3 个自治州，43 个市辖区、14 个县级市、120 个县、4 个自治县，2679 个乡（其中 93 个民族乡）、1865 个镇、239 个街道办事处。

第二节　市（州）政区变更

1985 年 2 月 8 日，国务院批复：撤销绵阳地区，绵阳市升为地级市，并设立市中区，以原绵阳市的行政区域为绵阳市市中区的行政区域。将原绵阳地区的江油、三台、盐亭、安县、梓潼、北川、平武7县划归绵阳市管辖。撤销广元县设立地级广元市，并设立市中区，以原广元县的行政区域为广元市市中区的行政区域。将原绵阳地区的旺苍、青川、剑阁3县划归广元市管辖。撤销遂宁县，设立地级遂宁市，并设立市中区，以原遂宁县的行政区域为遂宁市市中区的行政区域。将原绵阳地区的蓬溪、射洪2县划归遂宁市管辖。同年2月11日，撤销内江地区，将内江市升为地级市，并设立市中区，以原内江市的行政区域为内江市市中区的行政区域。将原内江市（地）区的内江、乐至、安岳、威远、资中、资阳、简阳、隆昌8县划归内江市管辖。撤销乐山地区，乐山市升为地级市。撤销金口河工农区，将原金口河工农区的行政区域并入乐山市。乐山市设立市中区、五通桥区、沙湾区、金口河区。将原乐山地区的仁寿、眉山、犍为、井研、峨眉、夹江、洪雅、彭山、沐川、青神、丹棱11县和峨边、马边2个彝族自治县划归乐山市管辖。同年6月4日，将宜宾地区的古蔺、叙永2县划归泸州市管辖。9月9日，将南充地区的苍溪县划归广元市管辖。1988年5月18日，将石柱土家族自治县、秀山土家族苗族自治县、黔江土家族苗族自治县、酉阳土家族苗族自治县、彭水苗族土家族自治县从涪陵地区划出，设立黔江地区。1992年12月21日，撤销万县地区及万县市、万县，设立万县地级市，辖原万县地区的开县、忠县、梁平、云阳、奉节、巫山、巫溪、城口8县，新设万县市，设龙宝、天城、五桥3个市辖区。同年10月30日，撤销绵阳市市中区，设立绵阳市涪城区、游仙区。1993年7月2日，设立广安地区，辖原南充地区的华蓥市、广安县、岳池县、武胜县和原达县地区的邻水县。撤销南充地区、南充市和南充县，设立地级南充市，辖原南充地区的南部县、营山县、蓬安县、仪陇县、西充县。新设南充市，设立顺庆区、高坪区和嘉陵区。原南充地区的阆中市由省直辖，省政府委托南充市代管。同年7月5日，设立巴中地区，辖原达县地区的县级巴中市和通江、南江、平昌3县。达县地区、达县市分别更名为达川地区和达川市。达川地区辖达川市、达县、宣汉县、开江县、万源县、大竹县、渠县和白沙工农区。1995年11月5日，撤销涪陵地区、涪陵市，设立地级涪陵市。辖原涪陵地区的垫江、武隆、丰都3县和新设枳城、李渡2市辖区。原涪陵地区的县级南川市由省直管，省政府委托涪陵市代管。1996年，撤销宜宾地区、宜宾（县级）市，设立地级宜宾市和宜宾市翠屏区。宜宾市辖原宜宾地区的宜宾县、南溪县、江安县、长宁县、高县、珙县、筠连县、兴文县、屏山县和新设立的宜宾市翠屏区。1997年5月30日，设立眉山地区。眉山地区辖原乐山市的眉山、仁寿、彭山、洪雅、丹陵、青神6个县。调整后的乐山市辖市中、五通桥、沙湾、金口河4个区，夹江、犍为、沐川、井研4个县和马边、峨边2个自治县，代管县级峨眉山市。1998年2月26日，设立资阳地区。资阳地区辖原内江市的安岳、乐至2个县和代管资阳、简阳2个县级市。调整后的内江市辖市中、东兴2个区和资中、隆昌、威远3个县。同年7月31日，撤销广安地区和广安县，设立地级广安市和广安市广安区。辖原广安地区的岳池、武胜、邻水3县和新设立的广安区，代管县级华蓥市。1999年6月20日，撤销达川地区和县级达川市，设立地级达州市。达州市新设立通川区、以原县级达川市的行政区域为通川区的行政区域，将达县的双龙乡划归通川区管辖。达州市辖原达川地区的达县、宣汉、开江、渠县、大竹5个县和新设立的通川区。

2000年6月14日，撤销眉山地区和眉山县，设立眉山市和眉山市东坡区。眉山市辖原眉山地区的仁寿、彭山、洪雅、丹陵、青神5个县和新设立的眉山市东坡区。撤销雅安地区和县级雅安市，设立地级雅安市和雅安市雨城区。雅安市辖原雅安地区的名山、荥经、汉源、石棉、天全、芦山县、宝兴7个县和新设立的雅安市雨城区。撤销巴中地区和县级巴中市，设立地级巴中市和巴中市巴州区，辖原巴中地区的通江、南江、平昌3个县和新设立的巴州区。撤销资阳地区和县级资阳市，设立地级资阳市和资阳市雁江区。资阳市辖原资阳地区的安岳、乐至2个县和新设立的雁江区，代管原资阳地区的简阳市。

第三节　县（市、区）政区变更

一、撤县设市与县（区）调整

1985年2月4日，撤销华云工农区，设立县级华蓥市，以原华云工农区的行政区域为其行政区域。1986年6月6日，撤销西昌县，将其行政区域并入县级西昌市管辖。1987年7月17日，撤销相当于区一级的成都市黄田坝办事处，将所属行政区域并入成都市西城区。同年7月24日，撤销茂汶羌族自治县，恢复设立茂县。1988年2月24日，撤销江油县，设立县级江油市；撤销广汉县，设立县级广汉市；撤销灌县，设立县级都江堰市。1990年3月24日，将攀枝花市仁和区的红格、安宁、新民、和爱5个乡划归盐边县管辖。同年9月14日，撤销峨眉县，设立县级峨眉山市；成都市将东城区、西城区和金牛区调整为锦江区、青羊区、金牛区、武侯区和成华区。1991年1月12日，撤销阆中县，设立县级阆中市。同年3月29日，将1986年划归富顺县的向尧村、羊石村2个村21个组全部划归宜宾县管辖。同年7月1日，将广元市元坝区的竹园镇和建峰、碾子、七佛、马鹿、白家、金子山6个乡划归青川县管辖；将广元市市中区的普广乡、下寺镇和元坝区上寺乡划归剑阁县管辖。同年7月26日，将理塘县格则乡格木村划归巴塘县波密乡管辖。1992年3月9日，撤销永川县，设立县级永川市。同年8月4日，撤销江津县，设立县级江津市；撤销合川县，设立县级合川市。同年11月11日，将巴塘县的茨巫、白松2个乡和贡波乡的贡波、自桑2个村划归得荣县管辖。同年9月16日，将达县的罗江、蒲家2个镇和魏兴、新村、东岳3个乡划归达县市管辖；将达县市南外镇和西城街道办事处的金华、南坝2个居民委员会划归达县管辖。1993年1月6日，撤销资阳县，设立县级资阳市。同年4月12日，将苍溪县的小新乡划归广元市元坝区管辖。同年7月2日，撤销巴中县，设立县级巴中市。同年7月14日，撤销万源县和白沙工农区，合并设立县级万源市。同年11月18日，撤销彭县，设立县级彭州市。1994年4月5日，撤销简阳县，设立县级简阳市；撤销南川县，设立县级南川市。同年6月6日，撤销邛崃县，设立县级邛崃市。同年6月10日，撤销崇庆县，设立县级崇州市。同年12月27日，调整重庆市行政区划：（1）扩大重庆市市中区、江北区、南岸区、沙坪坝区、九龙坡区、大渡口区、北碚区的行政区域。市中区更名为渝中区。渝中区辖13个街道办事处；江北区辖8个街道办事处和3个镇、1个乡；南岸区辖8个街道办事处和9个镇；沙坪坝区辖13个街道办事处和11个镇、1个乡；大渡口区辖4个街道办事处和3个镇；九龙坡区辖6个街道办事处和11个镇；北碚区辖2个街道办事处和15个镇、2个乡。（2）撤销江北县、巴县，设立渝北区、巴南区。1995年10月27日，撤销什邡县，设立县级什邡市。1996年10月8日，撤销绵竹县，设立县级绵竹市。1996年9月2日，撤销德阳市市中区，设立旌阳区和罗江县。1997年10月31日，调整蓬溪县行政区划，设立大英县。2003年7月6日，撤销北川县，设立北川羌族自治县。同年12月18日，撤销遂宁市市中区，以原市中区的行政区域设立遂宁市船山区和安居区。2005年6月15日，自贡市部分行政区划调整：将大安区的红旗乡，沿滩区的仲权镇、舒坪镇、高峰乡、农团乡、漆树乡和贡井区的荣边镇划归自流井区管辖；将荣县的龙潭镇、桥头镇、五宝镇、莲花镇、成佳镇、白庙镇、章佳乡、牛尾乡划归贡井区管辖；将富顺县的仙市镇、瓦市镇划归沿滩区管辖。截至2005年末，四川省共有14个县级市、120个县、4个自治县。

二、撤县（市）设区

1989年7月7日，撤销内江县，设立内江市东兴区，将市中心的东兴乡、东兴街道办事处和城西街道办事处的桐子坝地片以及原内江县的54个乡、5个镇划归东兴区管辖；将原内江县的四合乡、史家镇划归市中区管辖。同年8月15日，广元市设立元坝、朝天2个郊区，元坝区管辖市中区的元坝、卫子等6个镇和35个乡。朝天区管辖原市中区的朝天、元吉两个镇和27个乡。1992年10月30日，撤销绵阳市市中区，设立绵阳市涪城区、游仙区。1995年12月24日，调整泸州市部分行政区划，将泸州市市中区更名为泸州市江阳区，辖4个街道办事处和8镇6乡；设立泸州市龙马潭区，辖原泸州市市中区的2个街道办事处和5镇6乡；撤销纳溪县，设立泸州市纳溪区，辖原泸州市市中区的1个街道办事处和原纳溪县的8镇5乡。2001年11月15日，撤销新都县，设立成都市新都区。2002年4月14日，撤销温江县，设立成都市温江区。截至2005年末，四川省共有43个市辖区。

三、政府驻地迁移

1986年，重庆市九龙坡区人民政府驻地由李家沱迁至杨家坪。1991年5月3日，盐边县人民政府驻地由健康镇迁至安宁乡大坪地。1992年，云阳县人民政府驻地由云阳镇迁至双江镇青龙嘴。重庆市南岸区人民政府驻地由上新街迁至南坪万寿桥。1995年3月3日，丰都县政府驻地由名山镇迁移至江南乡秀才湾。12月24日，泸县人民政府驻地迁至泸县富集镇，辖16个镇8个乡。1997年6月5日，达县人民政府驻地由达川市荷叶街迁至达县南外街。1999年8月6日，宜宾市人民政府机关驻地由翠屏区中山街142号迁至翠屏区蜀南大道8号。2000年6月27日，安县人民政府驻地由安昌镇迁至花荄镇。同年7月1日，资中县人民政府驻地由重龙镇南上街145号迁至重龙镇成渝中街86号。同年7月6日，剑阁县人民政府驻地由普安镇迁至下寺镇。同年7月13日，自贡市人民政府驻地由自流井区解放路迁至大安区丹桂大街。2001年11月6日，南充市高坪区人民政府机关办公驻地由永荣街44号迁至阳春路1号。同年11月26日，万源市政府驻地由太平镇红旗路17号迁至万源市经济开发区迎宾大道1号。同年12月17日，高县人民政府驻地由文江镇迁至庆符镇。同年12月20日，珙县人民政府驻地由珙泉镇迁至巡场镇。2002年6月10日，芦山县人民政府驻地由芦阳镇旧城区北街9号迁至芦阳镇新城区平安路。同年8月29日，广安市广安区人民政府机关办公驻地由北辰街道办事处人民路迁至洪州大道。同年11月21日，南充市人民政府机关办公驻地由南充市顺庆区涪江路19号迁至顺庆区清泉坝通和路。2003年7月8日，仪陇县人民政府驻地由金城镇迁至新政镇。同年8月1日，德阳市旌阳区人民政府机关办公驻地由德阳市区泰山北路218号迁至市区黄河东路99号。同年8月5日，阆中市人民政府机关办公驻地由阆中市区内东街7号迁至市区长公大道66号。

2004年2月23日，长宁县人民政府机关办公驻地由长宁镇新华街124号迁至长宁镇竹都大道一段166号；彭州市人民政府机关办公驻地由天彭镇政府街迁至天彭镇金彭东路8号。同年9月30日，南部县人民政府机关办公驻地由南隆镇文庙街8号迁至该镇金葫路8号。2005年2月23日，南江县人民政府机关办公驻地由南江镇红星街37号迁至光雾山大道朝阳段6号；雅安市人民政府机关办公驻地由雨城区上坝路89号迁至雨城区汉碑路6号；广汉市人民政府机关办公驻地由雒城镇汉口路102号迁至雒城镇天津路108号。同年4月4日，绵阳市人民政府机关办公驻地由涪城区城郊乡临园路东段76号迁至城郊乡园艺片区迎宾大道。同年4月25日，遂宁市人民政府机关办公驻地由市城区嘉禾东路135号迁至东盛路39号。同年7月6日，名山县人民政府机关办公驻地蒙阳镇县前街3号迁至蒙阳镇茶都大道481号。同年9月23日，平昌县人民政府机关办公驻地由江口镇新平街128号迁至江口镇信义大道268号；泸州市江阳区人民政府机关办公驻地由市府路6号迁至星光路6号；荣县人民政府机关办公驻地由旭阳镇东街106号迁至旭阳镇荣州大道一段1号；彭山县人民政府机关办公驻地由凤鸣镇西街98号迁至凤鸣镇小西街56号。

四、乡（镇）建制改革

1986年，四川省共撤销区公所16个，新建区公所1个；新设、恢复乡建制5个，改建苗族乡4个，改建羌族乡6个；撤销乡建制123个（其中撤乡建镇81个，撤并入镇35个，撤并入他乡6个，农转非后撤乡改建街道办事处1个）；新设镇74个，撤销镇5个；新设街道办事处7个，撤销街道办事处2个。1987年，新建区公所1个，恢复1个。新建乡1个，恢复2个；撤销乡64个（其中撤乡建镇、并入镇的乡59个）。新建民族乡1个，撤销民族乡13个。新建镇28个（其中撤乡建镇27个）。新建街道办事处4个，撤并街道办事处10个。1988年，撤销区公所9个，撤销乡74个（其中撤乡建镇、并入镇70个），新建民族乡5个，新建镇69个（其中撤乡建镇65个），新建街道办事处6个，撤并3个。1989年，撤销区公所31个，恢复乡1个，撤销乡72个（其中撤乡建镇49个，撤并入镇22个），新设镇46个（其中撤乡建镇45个），新设街道办事处1个，撤销街道办事处5个。1990年，撤销区公所2个，新设区公所1个。新设乡1个，改建民族乡1个，恢复乡8个，撤销乡5个（其中撤乡建镇4个，改建民族乡1个）。撤乡建镇4个。新设办事处1个。1991年，撤销区公所1个，恢复区公所1个，设立区公所2个。撤销乡61个，恢复乡5个，设立乡2个。撤乡建镇41个。设立街道办事处2个。1992年，撤销区公所793个；撤销乡3445个（其中撤并民族乡12个）；新建镇890个，撤销镇12个；撤销街道办事处6个。1993年，撤销区公所115个；撤销乡443个，乡改建民族乡3个；新设镇242个；新设街道办事处9个，撤销街道办事处1个。1994年，撤销区公所20个；撤销乡102个，乡改民族乡1个；新设镇87个，恢复乡268个；新设立街道办事处4个。1995年，撤销区公所20个；撤销乡163个，撤销街道办事处2个；新设镇107个，恢复乡240个；新设街道办事处3个。1996年撤销区公所12个；撤销乡39个（其中撤销民族乡2个）；新设镇39个，恢复乡4个；新设街道办事处3个。1997年，撤销乡18个，新建乡114个（其中恢复乡106个）；新建镇26个；新设街道办事处6个。1998年，撤销乡20个，新建乡32个；撤销镇3个，新建镇23个；撤销街道办事处1个，新建街道办事处11个；1999年，撤销10个乡，新建20个乡，新建11个镇。2000年，撤销区公所1个，撤销乡81个；新建37个乡，撤乡建镇86个。2001年，撤销区公所15个，撤销乡134个，撤销镇3个；新建24个乡，撤乡设镇101个。2002年，撤销区公所56个，撤销乡58个，撤销镇2个；新建乡2个，撤乡建镇51个。2003年，撤销区公所32个，撤销乡103个，撤销镇4个；新建乡2个，撤乡建镇1个。2004年，撤销90个乡、52个镇。2005年，撤销239个乡、17个镇。截至2005年底，四川省共有2679个乡（其中民族乡93个）、1865个镇、239个街道办事处。

第二章　地名管理

地名管理包括对自然地理实体名称，行政区划名称，居民地名称，各专业部门使用的具有地名意义的台、站、港、场名称，名胜古迹、纪念地、游览地及企业、事业单位等名称的管理。地名是广泛使用的社会公共文化产品，随着经济社会和交通通讯工具的发展，地名使用增强，加强地名管理是民政部门的职能工作。

第一节　管理体制

根据国务院1986年1月颁布的《地名管理条例》，四川省将地名工作作为一项政治性、政策性、科学性很强的工作，于1987年6月下发《四川省地名管理办法》，对全省地名管理工作进一步规范。此后，四川省大部分市（地、州）、县（市、区）陆续出台地名管理办法。1991年1月，省政府办公厅转发四川省地名领导小组《关于改变地名工作领导体制报告的通知》下发后，四川省各级地名管理机构成建制地划归各级民政部门，加强了对地名工作的领导。

1996年6月，民政部颁布《地名管理条例实施细则》，对《地名管理条例》进行详释和补充。四川省随即加大对地名法制建设的指导力度，及时宣传，推广各地经验，督促推进各地地名管理工作。在省民政厅的指导下，南充市于1998年即出台《南充市（地）名管理办法》，其后又陆续下发《关于进一步加强建筑物名称、楼门牌管理工作的通知》《门牌设置管理办法》《地名标志管理办法》等10多份规范性文件，使地名工作有法可依、有章可循。随后，省民政厅分别于1999年12月、2000年1月、2001年5月编发的《区划地名工作简报》中，转发了彭州市、大邑县、都江堰市《地名管理实施办法》，供省内各地借鉴。

由于历史原因，四川各地街、巷、楼、门等标志由民政部门、建设部门，公安部门等部门分别管理，这种分而治之的管理方式，使标志设置较为混乱。为改变这种状况，自2000年开始，全省民政系统抓住全省政府机构改革这一契机，逐步理顺工作关系，至2005年底，四川省有20个市、州及所属县（市、区）民政部门均对街、巷、楼、门牌实行统一归口管理。

第二节　地名命名与更名

四川省在地名命名与更名工作中，始终遵循政治性、政策性、科学性的统一，努力实现地名命名标准化。

一、科学命名

四川省地名工作归口民政管理后，各地即坚持命名、更名原则，结合本地实际，拓展地名工作为经济建设服务的功能，加强命名的计划性、科学性。对新建城区、旧城改造和新开发区制定命名方案时，注重弘扬和传承当地历史文化，规范通名与优化专名相协调，使命名达到层次化、系列化、标准化。德阳市城市建设中，东西走向的街道以河为名，南北走向的街道以山为名；成都市东部新区结合地处三圣花乡的实际，东西走向的街道以花为名，南北走向的街道以树为名，达到一街一景，既体现命名系列化，又美化了城市环境。

各地在新地名命名工作中，严格把关，规范操作程序。首先广泛征求各界意见，邀请专家学者参与论证，制定命名方案；再经地名领导小组审查通过；最后报请政府正式审批；做到公开、透明。泸州市、宜宾市在新城区建设中，针对街道多、命名量大的实际，曾面向社会发起有奖征集，得到各界踊跃参与，短期内即征集到许多富含文化内涵的地名方案。1991—2005 年，全省完成命名 13 万条，更名 1 万条以上。

二、建筑物命名管理

随着经济建设的发展，城镇建筑物名称中不良文化倾向，封建、低俗及洋名频频出现，“广场无场、商城无城、花园无园”已成笑谈，甚至形成新的精神污染。1998 年，省民政厅根据民政部的要求，决定对城镇建筑物名称进行一次清理整顿，纳入规范管理。由于此项工作涉及多个部门，为此省民政厅与四川省计划委员会、四川省建设委员会、四川省工商行政管理局等部门于 1998 年 7 月联合下发《关于加强城镇建筑物名称管理的通知》，对全省建筑物名称的清理整顿及审批命名等作出具体规定。随后又下发《四川省民政厅关于规范城镇建筑物名称审批命名工作的通知》和《四川省民政厅、四川省建设委员会关于规范城镇建筑物（群）命名标准的通知》等配套文件。

1999 年各市、州在 20 多个县（市、区）开展工作试点，2000 年以后逐步铺开，完善清理整顿、申报登记、审核命名、颁证公告等工作程序。2002 年 3 月，省民政厅、省财政厅、省物价局等部门下发《关于城镇建筑物名称登记收费立项的通知》，以解决基层工作经费问题。经济较为贫困的甘孜州，仅在 2000 年一年内就完成雅江等 4 县建筑物名称清理整顿和审核命名工作，共审核登记建筑物名称 400 余条。至 2003 年底，四川省半数以上的县（市、区）均开展了此项工作。

三、行政区划名称更名

1986—2005 年，四川省乡、镇以上行政区划名称更名的主要有：1987 年四川省经国务院批复同意更名的市、州有 2 个，即 1 月 23 日国务院批复同意渡口市更名为攀枝花市。7 月 24 日国务院批复同意阿坝藏族自治州更名为阿坝藏族羌族自治州。1994 年，绵竹县城关镇更名为剑南镇，广元市元坝区元吉镇更名为大滩镇，江安县梅花镇更名为红桥镇，垫江县双河口镇更名为新民镇。重庆市市中区更名为渝中区。1995 年，泸州市市中区更名为江阳区，1997 年，南坪县更名为九寨沟县。南坪县九寨沟镇更名为漳扎镇，蓬溪县大英镇更名为卓筒井镇。仁寿县于丞乡更名为虞丞乡。2001 年，富顺县城关镇更名为富世镇。武胜县长安乡更名为白坪乡。洪雅县竹菁镇更名为槽鱼滩镇。2002 年，彭州市大宝镇更名为龙门山镇。江阳区石棚镇更名为方山镇。北川县都贯羌族乡更名为贯岭羌族乡。

峨边彝族自治县斯合镇更名为黑竹沟镇。名山县城西镇更名为蒙顶山镇。稻城县日瓦乡更名为香格里拉乡。龙泉驿区文安镇更名为洪安镇。彭州市九陇镇更名为丹景山镇。宜宾县真溪乡更名为新发乡。康定县六巴乡更名为贡嘎山乡。宁南县六城镇更名为白鹤滩镇。2004 年，大邑县天宫庙镇更名为花水湾镇。米易县的挂榜镇更名为白马镇，黄龙彝族乡更名为湾丘彝族乡，联合彝族乡更名为白坡彝族乡。原桃龙羌族藏族乡更名为桃龙藏族乡。武胜县农林乡更名为宝箴塞乡。芦山县仁加乡更名为清仁乡。普格县采乃乡更名为刘家坪乡。2005 年，盐边县岩门傈僳族乡更名为箐河傈僳族乡。岩口彝族乡更名为格萨拉彝族乡。南充市嘉陵区八角乡更名为花园乡。青神县城厢镇更名为青城镇。仁寿县钢铁镇更名为视高镇。彭山县府河乡更名为武阳乡。净皇乡更名为皇陵乡。丹巴县中路乡更名为东女谷乡。乡城县桑披镇更名为香巴拉镇。什邡市两路口镇更名为马祖镇。府河从成都市金牛区洞子口至彭山县江口镇约 97. 3 千米河段更名为锦江。

四、规范政区名称

四川省政区名称中，存在着生僻字、次生僻字、地方读音（方言或古读音）及随意性较大的少数民族语音译问题，影响国内交流和国际交往，且给邮政电信、交通运输、测绘制图、新闻、出版、计算机应用等行业造成诸多不便。2000 年，根据民政部、教育部、语言文字工作委员会下发《关于开展全国政区名称用字读音审定工作的通知》要求，省民政厅、省教育厅、四川省语言文字工作委员会即对此项工作进行安排部署，开始乡以上政区名称审定工作。经过一年多的努力，于 2001 年 9 月按期完成任务。四川省共审核乡以上政区名称 5471 个，共确定生僻字 13 个，使用 17 字次；次生僻字 40 个，使用 261 字次；进一步规范了全省政区名称。同时根据在市场经济条件下地名资源存在一定开发利用价值的实际，自 20 世纪 90 年代开始，成都、绵阳、泸州、宜宾、达州、广安、资阳、雅安等 20 多个市县，对新建街道、桥梁、广场等尝试性地进行有偿命名。绵阳市长虹大道，即由长虹集团出资 2000 多万元修建；泸州市长江起重机大桥拍卖冠名权，亦获冠名费 100 万元；宜宾县山城啤酒广场有偿命名，获冠名费 50 万元。地名更名工作在有利于经济建设，群众又迫切要求更名的条件下，在审核中适当从宽、从快，南坪县更名为九寨沟县，雅安市雨城区下里乡更名为碧峰峡镇，名山县城西镇更名为蒙顶山镇，康定县六巴乡更名为贡嘎山乡，使用当地风景名胜专名，达到借名扬名、振兴经济的目的。

第三节　地名标志设置

地名标志是地名的直观识别物，在较长时间内四川地名标志设置处于无序状态，各地街、巷、楼、门牌多头管理，使地名标志设置极不规范，甚至出现标牌名称与标准地名不一致；地名汉语拼音拼写错误，有的甚至用外文拼写；标牌质地不一，式样杂乱，乃至有路无牌；门牌编码亦存在排列无序，重号、漏号、残缺不全等现象；国道、省道等交通线上的村镇地名标志仍有空白。针对上述情况，自 1996 年开始四川省按照民政部《地名管理条例实施细则》明确的管理职责，主要分三个阶段按线（国道、省道线设标）、点（城市、县城设标）、面〔乡（镇）、农村设标〕的工作步骤，分期分批逐项整治。

一、国道设标

国道、省道设标于1996—1998年进行。1996年3月，省民政厅、省交通厅、省公安厅、省建委等部门按照1995年12月民政部、交通部、公安部、建设部《关于在国道两侧设置地名标志的通知》精神，结合四川实际，提出贯彻意见，将设标工作范围扩大到省道。1997年国道、省道设标工作全面铺开，1998年即告完成。

国道线上的村、镇设置钢筋水泥制作的大型地名标志，重达一吨多，造价上千元。由于省内国道、省道交通线多处于贫困山区，面临“四难”的考验（经费筹集难、设计制作难、运输安装难、维护保养难），各地将此项工作纳入目标任务，多层次、多渠道筹集经费，坚持不在群众身上摊派一分钱。至1998年12月底，四川省8条国道5700公里设标任务全部完成，共设地名标志牌1708块。省级及其以下公路完成设标3298公里，设置地名标志牌1581块。广安市、泸州市、阆中市、苍溪县民政局因此项工作出色，1999年3月被民政部、交通部、公安部、建设部评为“全国国道设标先进单位”。

二、城市设标

根据民政部、交通部、国家工商行政管理局、国家质量技术监督局《关于在全国城市设置标准地名标志的通知》要求，2000—2005年，四川省先后在青神县、眉山市东坡区、雅安市、达州市进行城市设标试点。青神县门牌统一采用新型反光材料制作，街路牌为不锈钢灯箱式，并采用广告招商办法，自筹制作经费。其后有数十家单位前往参观学习，提供了有益经验。2002年5月，将全省设标范围由市扩大到县，有条件的地区则向乡（镇）和农村延伸。设标经费来源主要由各级政府统筹解决；城镇商户本着“谁受益、谁负担”的原则适当收费；新建楼盘由开发商承担经费。街、路牌采用市场运作办法，以广告招商筹集经费。各地同时开展门牌编码工作，本着“排列有序、好找好记、便于查号、有利延伸”的原则，开展编码工作，及时提供当地公安部门使用，为四川省第二代居民身份证换发工作奠定基础。2003年5月，省民政厅分期分批对完成设标工作的市（州）、县（市、区）进行检查验收。至2005年底有158个县（市、区）完成任务，占全省县（市、区）总数的87%；有部分地区将设标工作延伸到乡（镇）和农村，约占全省乡（镇）和农村数的25%，实现城乡设标整体推进。2005年8月成都市、广安市、雅安市被民政部、交通部、国家工商行政管理局、国家质量技术监督局评为全国设标先进城市。

三、乡（镇）村设标

2005年逐步展开乡（镇）、农村设标工作，因地制宜，分类指导，各地结合城乡一体化和新农村建设整体推进，阿坝、甘孜、凉山州等高原贫困地区，由于经济发展滞后，则以交通沿线和旅游地区为重点，量力而行，有序推进。

第四节　地名资料与数据库建设

四川省将编辑标准地名资料，当作为社会服务的一项重要内容，积极参与全国统一组织的地名图书编纂和地方地名资料编辑。1989年底完成《中华人民共和国地名辞典·四川省》卷174万字的编写，1995 年完成《中华人民共和国地名大辞典》四川部分约 60 余万字的编写，均由商务印书馆出版发行。1996 年省民政厅整理、更新和编辑全省标准地名资料，完成《四川省行政区划标准名称手册》的编辑，发行 1 万册；1997 年编辑《四川省标准地名图》，发行 1 万张。1999 年共完成 3 部大型辞典、地名图集、名称汇编的编辑、出版、发行任务，完成《中华人民共和国古今地名大辞典》四川部分约 40 余万字的编写，由上海辞书出版社出版发行；完成《中华人民共和国政区标准地名图集》四川部分的编辑，由星球地图出版社出版发行；完成《四川省行政区划标准名称汇编》，发行 5000 册。2001 年编辑大型工具书《四川省行政区划》，发行 1000 余册。此外还编印了《行政区划与地名文件选编（1949—1999 年）》《行政区划界线地名工作文件汇编（1999—2005 年）》等书。

2003 年 4 月，民政部办公厅下发《关于建立国家地名数据库有关问题的通知》，要求建立国家及省、市（州）、县（市、区）4 级地名数据库，完成 10 类属性数据的入库工作。省民政厅确定在达州市试点，该市落实经费 23.7 万元给各县配备电脑，培训人员，规范操作程序，仅用一年时间完成所属 7 个县（市、区）地名数据库建库任务。2004 年 11 月省民政厅举办地名数据库建设业务培训班，推广达州市经验，使参训人员掌握“地名信息系统”的操作和运用技能。至 2005 年底，成都市开通了四川省第一个地名网站《成都地名网》。

第三章　勘界与管理

为给国家依法实施分级行政管理提供依据，四川省将勘界与管理作为一项重要工作，明确行政区域界线即边界线，避免毗邻行政区域之间的分界线发生分歧。

第一节　界线勘定

一、省界勘定

四川省与周边7个省、直辖市、自治区接壤，有省界7条，加上重庆直辖以前的川鄂线由四川与湖北进行勘界，故四川省实际承担8条、全长8860.96公里的勘界任务，占全国省界勘定任务的17%。

1997年12月，全国勘界工作会议在四川召开。国务委员李贵鲜就勘界工作发表讲话。1998年11月20日至12月10日，为解决四川省与云南省的行政区域界线遗留问题（攀枝花、凉山、甘孜段），省民政厅副厅长三躬木滚带队去昆明与云南方面协商谈判18天，两省勘界办终于达成一致意见，并形成会议纪要。

1999年，省政府将勘定省界工作纳入单项目标管理，不但完成当年民政部下达的川陕、川甘两条省界勘定任务，而且把国家安排在2000年度勘定的川黔界线提前到1999年进行，创造出全国勘界数量的最高纪录。川藏两省区界线勘定是2000年度的任务，四川省与西藏自治区一道，在1996年就开展全线勘定，提前四年完成任务。川黔两省界线亦属2000年度任务，四川省与贵州省密切配合，提前一年完成勘定任务。川陕线在1999年第一季度全面贯通和勘定，是全国当年的首创线，在全国部分省市区勘界会上受到国务院总理朱镕基表彰；川甘线亦在1999年度得以勘定。在川甘线的勘定工作中，为解决两省行政区域界线遗留问题，省民政厅副厅长三躬木滚于12月去兰州与甘肃方面协商谈判12天，两省勘界办终于达成一致意见，贯通全线。

1997年重庆市直辖后，四川省于2000年与重庆市联合进行川渝线的勘定，在4月14日的协商会议上，一举解决所有遗留问题，实现全线认定。同年5月与青海省解决川青线遗留问题；同年7月与云南省协商解决川滇界线遗留问题。

勘界工作中，四川省周边7条省界，全部是两省协商达成一致意见贯通的。全省直接参与勘界的人数达2.4万人，投入专项资金5300多万元，并解决专用车辆和野外作业技术装备。共勘定川藏、川陕、川甘、川渝、川黔、川滇、川青、川鄂8条省界，总长8860.96公里，重庆市划为直辖市后，其中川鄂线1042.5公里，四川省不再管理。

四川省出色地完成勘界工作既定目标，出现一批先进单位和先进个人。省民政厅、巴中市勘界工作领导小组办公室和射洪县民政局，被人事部、民政部授予“全国勘界工作先进集体”荣誉称号；欧泽高、李纯达、蒋明清等9人获得“全国勘界工作先进个人”荣誉称号，并记个人一等功。省政府授予省民政厅等50个单位“全省勘界工作先进集体”称号；省人事厅、省民政厅授予三躲木滚等80人“全省勘界工作先进个人”荣誉称号。

二、县界勘定

四川省的边界，因长期未有明确的行政区域界线划分，无论是省界还是省内县界，部分地段都存在一些争议，故在开发利用自然资源中纠纷频发。1960年，炉霍与壤塘县边界草场即发生争议，且摩擦不断，因边界纠纷发生冲突导致死亡人数达39人；1991年洪雅与汉源县因边界争议，发展为武装械斗，炸毁一座贷款100多万元修建的桥梁；为此，勘界问题被提上日程。

1991年1月，四川省勘界领导小组成立，副省长罗通达任组长，省民政厅、省公安厅、省财政厅、省水利厅、省林业厅、省民族委员会、省国土局、省地矿厅、省物资厅、省测绘局、省畜牧局等为成员单位。省政府办公厅随即下发《关于开展县级行政区域界线勘界试点工作的通知》；1992年3月在以德阳为中心的相邻5个市（州）15个县开展试点，拉开四川勘界帷幕。整个工作分准备、实施和总结三阶段进行。首先到甘肃、新疆等先行试点的省（区）实地考察，汲取经验，制定《四川省县级行政区域界线勘定办法（试行）》《四川省县级行政区域界线勘界测绘技术规定（试行）》《四川省县级行政区域界线勘定试点方案》《勘界文书资料样本》等业务文件。为保证勘界成果质量，根据不同地域类型、不同技术条件，分别采取地形图例读法、网络法、现场测量法等多种形式，选择勘界测绘的最佳方案。

1992年5月3日，勘界人员在绵阳与德阳两市边界线上，埋下具有象征意义的勘界第一桩。勘界试点工作随即在1993年开始，副省长欧泽高出任四川省勘界领导小组组长，办公室设在省民政厅，省边界纠纷办公室主任常泽均兼任办公室主任。

1994—1995年，省民政厅和有关市（州）、县（市、区）的勘界人员一起，实地调查边界20多次，穿梭协调争议10余次，到1996年2月共解决德阳市中区与安县的彭家坝水库争议；绵竹县与安县的土地山林争议、德阳市中区慧觉乡与绵阳市涪城区金峰乡之间的市场坝争议等20多项。除什邡市与茂县边界争议因双方意见分歧很大未能解决外，其他14条界线问题都得到全部解决。这一阶段工作共勘定界线681公里，占计划任务的84%。在此期间中江县用两年半时间，全部勘定与周边7个县（市、区）接壤的407.8公里所有界线，成为全国第一个全部完成勘界任务的县，得到民政部充分肯定。

1996年，增补省民政厅厅长姜保山为勘界工作领导小组副组长，省民政厅副厅长李天久兼勘界办公室主任。1996年底，各市（州）、县（市、区）相继成立勘界领导小组，落实人员、经费、交通工具。县界勘定采取“统一下达任务、分级负责、分步实施”方法，在全省财政紧张的情况下，将每年勘界经费纳入各级财政预算，以保障工作顺利开展。同年四川省勘界领导小组下达全省县界126条、全长8300多公里的勘定任务；其中市、州间县界44条，全长2482公里，当年勘定2086公里，贯通率达84%；市、州内县界全长5860公里，当年勘定3633公里，贯通率为62%。为保证勘界工作的顺利进展，即年起四川省财政共安排1700万元作为5年勘界经费。省政府非常重视勘界工作，每到勘界关键时刻，省政府领导都及时协调，解决各种疑难问题。洪雅、汉源两县的边界争议，是勘界中一个棘手问题，眉山、雅安两地区行署专员都亲自参加协商，主动做自己一方的干群思想工作，使两县之间长达20多年的边界争议得到解决。

1997年初共安排124条近9000公里的勘界任务。到12月实际勘定近8000公里，贯通率达88%。同年7月省政府专门组建3个调处边界争议工作组，到各地开展工作，及时确定10处难点争议裁决方案，共解决73处边界争议，推进了勘界进程。1998年共安排151条、全长9500公里的勘界任务，实际勘定105条、7125公里，贯通率为75%。

1999年四川省勘界任务量虽越来越少，但难度却越来越大，于是将剩余的152条勘界任务全部下达，打响“歼灭战”。为弄清边界地区的实况，许多勘界人员翻山越岭、风餐露宿，克服难以想象的困难，推进勘界工作有序进行。

2000年，按照省委要求，当年计划将21条县界全部勘定。为解决勘界工作中的相关问题，副省长欧泽高专门召集成都、雅安两市和甘孜、阿坝两州一把手进行边界协商；省长张中伟亲自做大邑与芦山、炉霍与壤塘、色达与壤塘、道孚与金川的协调工作，使边界争议得到解决，实现省内县界的全线勘定。2001年9月29日，随着甘孜、阿坝两州之间7条县界的签字认定，全省所有县界勘定工作按时完成。

1995—2001年；四川省共勘定省内县级界线478条、长28944.27公里，共埋设界桩1452棵，埋设三交点桩304棵。勘定乡（镇）界11335条，总长120067.21公里，三交点7510个。省内县界共有478条，全长28944.27公里，占全国县界勘定任务的7%；同时还有11335条、全长120067.12公里的乡（镇）界线。其省、县两级界线长度，界线总条数均居全国首位。占四川省幅员面积62.1%的阿坝、甘孜、凉山三个民族自治州，下辖47个县（市）边界线总长20447公里，占全省省、县两级界线总长的54.5%。勘界工作中，共解决边界争议700多处，并首次以法律形式将县、乡（镇）行政区域界线固定下来。

四川省在勘界工作中，478条县级行政区域界线中有469条由县（市、区）协商解决贯通，9条由省政府裁决贯通。

第二节　界线管理

一、纠纷调处

1978年之后随着经济建设兴起，自然资源利用活动日益频繁，边界纠纷和争议随之增多。1986年色达、甘孜、石渠县与青海省达日、班玛县边界纠纷发生后，依据国务院《行政区域边界争议处理条例》，国务院副秘书长王书名在北京主持调解会，副省长罗通达、省民政厅副厅长姚洪德等参加，共同协调解决。1987年合江县与贵州省赤水县发生边界纠纷，民政部主持调解会议，副省长罗通达、省民政厅副厅长姚洪德等参加。同年甘孜州炉霍县与阿坝州壤塘县发生边界纠纷，省委副书记冯元蔚、副省长罗通达召集两州、相关县四大班子进行实地调解。1989年乐山地区洪雅县与雅安地区汉源县发生瓦屋山边界纠纷，省委书记杨汝岱、副省长罗通达在成都金牛宾馆召集两地区相关县四大班子主要领导进行调解。1992年得荣、乡城与云南省中甸县发生边界纠纷，副省长欧泽高、省民政厅副厅长李天久赴昆明进行调解。

在边界纠纷调处中，针对基层所处地位不同，考虑问题角度不一的情况，始终坚持“有利于各族人民团结，有利于国家统一管理，有利于保护、开发和利用自然资源”和“实事求是、顾全大局、互谅互让”的协商原则，按照“先易后难、核定法定线、勘定习惯线、解决争议线”的具体程序办事。洪雅、汉源两县边界争议，经过调处，从原来的不接触、不协商、不让步、不签字、不执行态度，转变为主动联系、积极协商上来，最终使问题得到解决。雷波、马边、屏山三个县和三个地区交界地带的边界问题，是全省挂名的老大难问题，由于观念转变，双方不到两天就签订了边界协议。成都市龙泉驿区与资阳地区简阳市在龙泉湖段的争议，由于争议区是休闲娱乐的旅游场所，寸土寸金。经协商，两家结成友好市区，共同开发龙泉湖。

二、依法管界

四川省在县界、省界勘定后，将依法管界纳入议事日程。自2003年开始省民政厅组织多个工作组，奔赴川藏、川陕、川黔、渝川、川甘、川滇、川青各省界处的14个市（州）、53个县（市、区）实地踏勘，与相关省（市、区）民政厅（局）密切配合，进行7条省界的首轮联检工作。联检7条共7818.46公里的省界，并检查76个界桩和方位物情况，获取第一手资料。对于因修建、扩建公路受到破坏的渝川、川甘、川藏边界上3个界桩进行原地重竖；因各种原因损坏的7个界桩亦在当年进行修复。针对牧区资源问题引起的纠纷苗头，通过诚恳协商把矛盾消除在萌芽状态。

2004年，勘界工作开始进行174条市州间和304条市州内的县界联检。省民政厅下发《四川省县级行政区域界线联合检查实施办法》，以加强指导，重点督办。2004年联检市（州）间县界37条（占总数的21.76%），市（州）内县界60条（占总数的19.54%）。2005年，联检市（州）间县界36条，市（州）内县界63条。

1998年、2002年为保障勘界成果，尊重历史依据，建好档案资料，省民政厅分别出台《四川省勘界档案管理暂行规定实施细则》和《关于进一步加强勘界档案管理工作的通知》，以规范档案管理。省民政厅和各市（州）、县（市、区）配备资料专柜和档案室，使勘界资料全部入库；乡（镇）勘界档案同时全部入库。省民政厅先后与四川测绘局、省国土资源厅合作，出版《四川省行政区划图》，建立“四川省行政区域界线管理信息系统”。成都、凉山、资阳、广安、攀枝花、广元等市、州行政区划图业已出版发行。

1986年、1997年、2005年四川省行政区划变更情况见表1－1、表1－2、表1－3。

1986年四川省行政区划统计表

表1－1　　单位：个

市（地、州）	县级市	市辖区	县	自治县	工农区	区公所	乡	民族乡	镇	街道办事处
成都市		6	12			12	345		65	70
重庆市		9	12			120	749		86	80
自贡市		4	2			17	159		18	12
渡口市		3	2				76	26	3	19
泸州市		1	5			46	306	9	29	7
德阳市		1	4			12	173		22	5
绵阳市		1	7			57	351	24	41	12

续表 1－1

市（地、州）	县级市	市辖区	县	自治县	工农区	区公所	乡	民族乡	镇	街道办事处
广元市		1	4			38	265	1	31	3
遂宁市		1	2			34	214		18	4
内江市		1	8			71	529		83	5
乐山市		4	11	2		58	508	2	58	6
万县地区	1		9			99	650		43	2
涪陵地区	1		4	5		85	543		39	4
宜宾地区	1		9			60	382	12	21	8
南充地区	2		10			92	617	1	86	4
达县地区	1		11		1	121	705		39	2
雅安地区	1		7			20	176	14	14	3
阿坝藏族自治州			12	1		54	219	15	17	
甘孜藏族自治州			18			83	326	7	15	
凉山彝族自治州	1		15	1		99	679	12	28	7
合　计	8	32	164	9	1	1178	7927	123	756	253

1997 年四川省行政区划统计表

表 1－2　　单位：个

市（地、州）	市辖区	县级市	县	自治县	区公所	乡	民族乡	镇	街道办事处
成都市	7	4	8			129		187	89
自贡市	4		2		15	52		76	10
攀枝花市	3		2			40	24	15	19
泸州市	3		4			59	9	74	7
德阳市	1	3	2			42		110	5
绵阳市	2	1	6			108	18	132	11
广元市	3		4			162	2	93	3
遂宁市	1		3			36		65	5
内江市	2	2	5			109		160	9
乐山市	4	1	4	2	6	124	2	85	4
达川地区		2	5		51	321		54	2
广安地区		1	4			90		84	
宜宾市	1		9			86	13	104	8
南充市	3	1	5			321	1	159	4
巴中地区		1	3		32	244		41	
雅安地区		1	7			113	15	42	4
眉山地区			6			149		68	

续表1－2

市（地、州）	市辖区	县级市	县	自治县	区公所	乡	民族乡	镇	街道办事处
阿坝藏族羌族自治州			13			196	2	26	
甘孜藏族自治州			18			293	7	26	
凉山彝族自治州		1	15	1		525	13	73	5
合 计	34	18	125	3	104	3298	106	1874	185

2005年四川省行政区划统计表

表1－3　　单位：个

市（州）	市辖区	县级市	县	自治县	乡	民族乡	镇	街道办事处
成都市	9	4	6		27		198	90
自贡市	4		2		21		75	11
攀枝花市	3		2		23	13	21	16
泸州市	3		4		49	9	90	12
德阳市	1	3	2		33		129	5
绵阳市	2	1	5	1	134	11	143	19
广元市	3		4		139	2	91	3
遂宁市	2		3		44		68	13
内江市	2		3		24		87	9
乐山市	4	1	4	2	115	2	97	4
南充市	3	1	5		278	1	176	14
宜宾市	1		9		88	13	111	8
广安市	1	1	3		86		86	9
达州市	1	1	5		209	4	102	3
巴中市	1		3		108		64	4
雅安市	1		7		125	16	42	4
眉山市	1		5		59		69	2
资阳市	1	1	2		87		84	4
阿坝藏族羌族自治州			13		194	2	31	
甘孜藏族自治州			18		299	7	26	
凉山彝族自治州		1	15	1	337	13	75	9
合 计	43	14	120	4	2679	93	1865	239

第二篇　城乡基层组织建设

从1986年起，四川省各级党委、政府按照省委、省政府的要求，围绕加强社会建设和管理，推进基层民主政治建设，发挥城乡群众自治组织和民间组织作用，增强社会和谐基础。大力推进农村基层民主政治建设，积极做好社会主义新农村的乡村治理工作。进一步健全完善了乡（镇）政务公开工作的领导体制和工作机制，定期收集乡（镇）政务公开工作信息，及时进行指导和总结推广工作经验。以和谐社区建设为目标，在实践中探索社区建设新路子。

第一章　农村自治组织建设

中华人民共和国成立后，四川农村基层组织建设经历了两次重要变革，《四川省村民委员会选举条例》颁布实施后，四川村民自治全面深化，日趋完善。通过换届选举，一批德才兼备的人进入村委会班子，村级组织在农村的影响力和战斗力进一步提高。四川省各级党委、政府重视农村基层组织建设，通过建立健全村务公开制度，开展村民自治示范活动，加强村干部教育培训、使用管理，农村基层组织成为党和政府抓好农村基层建设的中坚力量。

第一节　村民委员会建设

一、发展概况

四川农村基层组织建设，经历了两次变革。1958 年“人民公社化”运动中，采取“政社合一”体制：农村基层组织为生产队，以社员大会为权力机关；以生产队管理委员会负责行政事务，组织生产，管理集体福利事业。1979 年，广汉县向阳公社率先实行改革，将体制改变为政社分开、政企分开，开始在原生产队范围内建立村民小组。1982 年《中华人民共和国宪法》废除人民公社政社合一体制后，正式明确村民委员会的法律地位。至 1983 年，四川省内逐渐撤销生产大队和生产队，在农村中建立村民委员会和村民小组。1985 年 2 月，省民政厅转发民政部《关于贯彻胡耀邦同志批示对农村基层政权建设工作进行全面调查研究的通知》。1986 年 10 月，省委、省政府下发《关于认真贯彻中共中央、国务院〈关于加强农村基层政权建设工作的通知〉的通知》，提出要在政社分开、建立乡政府的基础上，进一步探索基层政权建设的新路子。理顺党政、政企、条块关系；切实搞好乡、镇政权自身建设；认真搞好镇管村的工作；加强村（居）民委员会的建设。

1988 年 3 月，省政府办公厅下发《关于贯彻执行〈中华人民共和国村民委员会组织法（试行）〉的通知》。4 月，四川省人大常委会办公厅下发《关于宣传贯彻〈中华人民共和国村民委员会组织法（试行）〉的通知》。同月，四川省市（地、州）民政局长会议在温江召开，副省长罗通达，四川省人大常委会副秘书长、政法委副主任孙致孚到会并讲话。省民政厅副厅长姚洪德就学习、宣传、贯彻《中华人民共和国村民委员会组织法》作出部署。

1990 年 7 月，省委办公厅、省政府办公厅《转发民政厅〈关于检查中华人民共和国村委会组织法（试行）实施情况和加强今后工作意见〉的通知》，要求充分认识村委会建设的重要性，切实加强组织领导；实行分类指导，加强村委会建设；继续广泛深入地开展《村委会组织法》宣传贯彻活动；认真做好村干部的培训工作；制定村规民约，加强对村民的思想教育。

1991年5月，《四川省村委会组织法（试行）实施办法》出台，从此四川省内农村开始走上直接行使民主权利、依法开展自治的道路。1998年国家《村民委员会组织法》正式颁布。1999年1月，省委组织部、省委宣传部、省民政厅、省司法厅、省政府法制局联合转发《中组部等五部（办）关于学习宣传和贯彻执行〈中华人民共和国村民委员会组织法〉的通知》，要求各地把宣传贯彻《中华人民共和国村民委员会组织法》作为农村工作的一项重要任务抓紧抓好。2001年，颁布《四川省村委会组织法实施办法》。

2003年10月29日，省民政厅在成都召开"四川省纪念《村委会组织法》颁布实施五周年座谈会"，副省长张作哈出席会议并讲话，省委组织部、省委宣传部，省人大内司委、法工委，省政府办公厅，省民政厅等省级部门有关处（室）的负责人，各市、州民政局长和政权科（处）长，全省村民自治工作先进县（市、区）、乡（镇）、村的代表以及新闻媒体工作人员共80余人参加会议。会议由省民政厅副厅长杜小炎主持。会上，副省长张作哈、副秘书长敖玉明，省民政厅厅长姜保山为获得省级"村民自治模范区"的成都市金牛区和乐山市沙湾区授牌，为"全省村民自治理论研讨会"优秀论文获奖作者颁发证书和奖金。眉山市青神县、达州市大竹县、乐山市五通桥区金粟镇、广安市广安区果山村的代表介绍了他们推进和深化村民自治的工作经验。11月28日，经四川省人民代表大会通过，《四川省村民委员会选举条例》颁布实施。四川村民自治进入全面深化阶段，从形式到内容日趋完善。

二、村委会产生

依据《村民委员会组织法》，村民委员会由有选举权的全体村民以直接、差额、无记名投票的民主选举方式产生。自1988年《中华人民共和国村民委员会组织法（试行）》颁布至2005年，每次换届选举前，省政府均下发《关于做好全省村民委员会换届选举工作的通知》，并召开工作会议进行部署。通过召开现场会、培训会等方式，对各县（区、市）换届选举指导人员进行培训；通过电视、标语、宣传栏等方式，在全社会营造良好的选举氛围；通过走访干部群众、召开座谈会、民主测评、村级财务审计等多种形式，对各村基本情况进行排查，以消除"难点村""重点村"选举中存在的隐患。全省各地按照选举条例要求，执行选举规程，开展选举事务，严格推选村选举委员会成员，并登记选民，提名候选人，召开选举大会，尊重和保障村民的推选权、提名权、选举权、投票权和罢免权，保证选举工作顺利实施。截至2005年底，四川省共建立村民委员会50345个。

1986年10月，四川省选举委员会办公室和省民政厅联合下发《关于做好村民委员会、居民委员会改选工作的通知》，部署村（居）民委员会结合县、乡换届选举进行改选工作。

1989年9月，省民政厅下发《关于在县、乡换届选举中同时改选村（居）民委员会的通知》。1992年7月9日，省民政厅向各市、州民政局下发《关于村居民委员会换届选举工作的通知》，要求各地提高认识，加强领导；严格依法选举；建章立制，照章办事；培训干部，提高素质。

1995年9月，省民政厅下发《关于印发四川省村民委员会换届选举工作实施意见（试行）的通知》。

1998年7月，省政府办公厅下发《关于做好村（居）民委员会换届选举工作的通知》，部署全省第四届村（居）民委员会换届选举工作。要求各地提高认识，加强领导；搞好宣传教育、严格依法选举；建章立制，强化管理，迅速启动工作。8月，省民政厅下发《关于印发四川省村民委员会换届选举工作实施意见（试行）的通知》。

2001 年 4 月 28 日，省政府下发《省政府关于做好村居民委员会换届选举工作的通知》。2003 年 11 月 28 日，四川省十届人大常委会第六次会议通过并颁布实施《四川省村民委员会选举条例》。

2004 年 4 月，省政府下发《省政府关于做好全省第六届村（居）民委员会换届选举工作的通知》。6 月 11 日，省政府召开全省第六届村（居）民委员会换届选举工作会议，对换届选举工作进行全面部署。11 个省级有关部门领导和 21 个市（州）的分管市（州）长、民政局长、政权科（处）长共 80 余人参加了会议。副省长张作哈、四川省人大内司委副主任蒋明政、省委组织部副部长刘毅、省民政厅厅长姜保山分别讲话。会后，各地先后召开换届选举工作会议，将村居民委员会换届选举工作纳入年度综合目标考核，党委、政府领导和民政局及相关部门的工作人员经常深入到乡村督查指导。7 月 22—24 日、8 月 12—14 日省民政厅分别在遂宁市和资阳市召开全省第六届村（居）民委员会换届选举培训，邀请民政部培训中心的老师授课，进行换届选举的实地观摩。各市（州）民政局长、分管局长、政权科长及所辖县（市、区）的民政局长、政权股长 300 余人参加培训。换届选举工作开展过程中，省民政厅编印了《选举工作动态》和 6 万多册《村居民委员会选举工作手册》。在《村居民委员会选举工作手册》中汇集了关于村居民委员会选举的法律法规政策文件，详细解释了选举规程，解答了选举中易出现的问题。2005 年，全省第六届村（居）民委员会换届选举完成。在指导选举的过程中，重点抓了面上工作的推动，选举中新情况、新问题的研究和“难点村”“重点村”问题的解决。同时，积极做好群众有关选举问题的来信来访工作，共接待处理上访信访 120 余件次，化解了村民选举矛盾纠纷，确保了群众的选举权，为全省农村构建和谐村镇、推进社会主义新农村建设奠定了坚实的民主政治基础。

在第六届村委会换届选举中，四川省 51867 个村委会有 51422 个村委会完成换届，占村委会总数的 99.14%，选出村委会主任 51422 名、副主任及委员 162624 名。有 445 个村委会因故推迟换届，其中成都市龙泉驿区（169 个村）、雅安市汉源县（225 个村）经批准推迟进行。通过全省村委会换届选举，使广大群众的民主法制意识进一步增强。据完成选举的村委会统计，本届农村选民总数为 50025844 人，实际登记选民 47718305 人，登记率为 95.39%。其中女性选民 22657175 人，占登记选民的 47.48%。参加选举的选民有 44812656 人，选民参选率为 93.91%。其中直接投票的选民 38292937 人，占登记选民数的 80.25%，委托及函件投票的选民 6519719 人，占 13.66%，参选率比上一届提高了 0.44 个百分点。广大选民不仅参选热情高于上届，而且依法行使选举权的能力明显增强，违法许愿乱拉票的、认为选举与己无关的现象明显减少。随着全省农村经济的逐步发展和村干部待遇的提高，在很多地方，村委会成员的竞选非常激烈。新当选的村委会成员中有 2959 人是非正式候选人，其中主任 756 人。与此同时，选举程序规范化程度明显提高。各地在组织选举中，严格按照法律法规办事，做到法定的程序不能变、规定的步骤不能少，充分体现了民权民意。广大选民对选举工作的程序和新一届村委会班子普遍满意，关于选举问题的信访比往届大量减少。在选举期间，省、市（州）两级接到有关选举问题的来信来访共 800 余件次，其中到省来信来访 70 余件次，比往届大幅降低。在完成换届的村委会中，一次选举成功的村有 48300 个，占 93.93%。在第一次选举中，因程序不合法造成选举不成功的村有 2476 个，因不规范等原因造成选举不成功的村有646 个；村民直接提名村干部初步候选人的村有 38799 个，占完成选举村委会数的 75.45%；通过村民代表会议和全体村民预选确定正式候选人的村有 43709 个，占 85%。通过换届选举，村级班子结构进一步优化。新当选的 214046 名村委会成员中，45 岁以下 133197 人，占 63.05%；新当选的村委会主任中

45 岁以下 31192 人，占 60.65%；新当选的村委会成员中高中以上文化程度 79031 人，占 36.9%，其中大专以上文化程度的 5218 人，占 0.24%；村委会新班子中党员 128456 人，占 60%；妇女 38884 人，占 18.2%；在新当选的村委会主任中有 30262 人连选连任，占 58.85%，其中不少人是当地的致富能手。换届选举后，减少了村组干部职数，减轻了农民负担，减少了财政支出。村党支部书记、村委会主任“一肩挑”有 5443 人，占 10.58%，村“两委”班子其他成员交叉任职有 72203 人，占 44.4%，村委会成员兼村民小组组长有 55307 人。通过换届选举，一批能带富、甘奉献、有威信的人被选进村委会班子，村级组织在农村的影响力和战斗力进一步提高。

三、村干部管理

四川省各级党委、政府重视农村基层组织建设，加强村干部教育培训、使用管理，使之成为党和政府抓好农村基层组织建设的中坚力量。

1987 年 1 月起，贯彻落实省委、省政府《关于加强农村基层组织建设的意见》，加强农村基层组织建设的指导思想和目的要求进一步明确，开始推行镇管村的体制；村一级组织建设得到加强。通过对村民委员会建设的调查，省民政厅于 1990 年 1 月向中共中央组织部、民政部、中共中央政策研究室报送《关于加强村民委员会建设的调查报告》。1991 年 2 月，省委、省政府发文表彰先进村级组织和优秀村干部。2002 年 11 月，四川省村民自治知识培训班在青神县举办，民政部基层政权和社区建设司领导，省民政厅厅长姜保山、副厅长三躲木滚及省有关部门人员到会，11 个市（州）民政局从事基层政权工作的工作人员和部分乡（镇）干部、村委会主任共 150 人参加培训。2004 年，省民政厅对全省 450 余名基层民政干部和村委会主任进行村务公开民主管理培训。从 2003 年起相继制定《村委会会议制度》《村委会工作报告制度》《村委会干部评议制度》，有效规范干部行为，使村干部的管理有法可依，有章可循。

2005 年 7 月，全国村干部廉洁自律督察组到乐山、眉山和成都市督察村干部廉洁自律工作。8 月，省民政厅副厅长杜小炎带领全省市（州）民政局分管基层政权建设工作的副局长、科（处）长；少数民族地区 50 多个县（市、区）分管局长或股长参加在北京进行的中国—欧盟村务管理四川培训班（一期）的学习。9 月，省民政厅在大竹县举办中国—欧盟村务管理四川培训班（二期）。全省 18 个市民政局基层政权建设科（处）长、各县（区、市）民政局分管基层政权工作的同志共 120 多人参加了培训。到年底，全省村委会新老班子工作交接完成，新一届村委会正常开展工作；多数县（市、区）对新一届村委会干部进行了培训，整个村委会工作运转正常。在中国—欧盟项目办的支持下，两期村务公开民主管理业务培训共对 280 余名基层民政干部进行了培训。

2005 年，各地按照村务公开民主管理工作的要求，制定完善了民主评议村干部的相关制度，明确了村干部评议标准、方法、要求及奖惩措施等具体内容。在开展评议工作时，成立由村支部书记为组长，支部成员和村民代表 5—7 人组成的评议工作组，由村支部具体负责本村的民主评议工作。民主评议前，由每个村“两委”成员书面写好自己担任村干部一年来的主要工作成绩，存在问题和今后的努力方向，并填写好民主评议考核表，由村支部书记主持召开村民代表大会，每位村“两委”委员在村民代表会议上进行述职报告，村“两委”成员政绩按优秀、称职和不称职三个档次，采用无记名投票方式进行评议。对评为优秀的给予适当奖励，对评议不称职的，由村“两委”给予黄牌警告，连续两年经评议不称职的，是村委会成员的，乡镇政府或村支部可以提出罢免意见，组织召开村民会议或村户代表会议进行表决罢免；是党员的按党的组织程序进行处理。

第二节 村民自治建设

一、建章立制

从20世纪80年代起，四川省各地把建章立制作为贯彻《村委会组织法》、实行村民自治的关键环节。在各级民政部门的具体指导下，按“民主选举、民主决策、民主管理、民主监督”的总原则，制定了规范干部和村民行为的规章制度。绝大多数村都制订有一套村务管理、财务管理的规章制度，有的村还把这些制度书写规范、整齐地挂在村办公室的墙上。如村规民约，村委会工作制度，村民会议、村民代表议事制度，村干部岗位责任制度，村务、财务公开制度，村民档案管理制度等。有一些地方还制定了乡（镇）政府指导村委会工作，村委会协助政府工作的制度。这些制度的建立和实行，从村民自治运行的多个环节上保障了村民的各项义务与权利，促进了农村基层民主政治建设，受到农民群众的欢迎和拥护。

为使村民会议和村民代表会议成为四川农村基层实现民主决策的主要组织形式，2002年以后各地相继制定了《村民会议和代表会议议事规则》《村民一事一议工作细则》；对村民会议、村民代表会议的程序和规则进行规范，使村里的决策事项通过村民会议或村民代表会“一事一议”，确保村民直接参与村级事务决策的权利。一些地区还出现“民主听政会”“民主活动日”等新形式。

全省各地围绕“四个民主”，从2003年起相继制定《村民自治章程》《村规民约》《村委会会议制度》《村委会工作报告制度》《村委会干部评议制度》，明确村民权利和义务，有效规范干部和村民行为，使村民委员会的管理和自治活动有法可依，有章可循。在民主选举方面，村民委员会和社区居民委员会成员严格依照法律法规，坚持公正、公平、公开的原则，候选人由村民直接提名实行差额、无记名投票，由村（居）民按每任届二年的期限进行换届选举，并当场宣布结果，真正把村（居）民拥护的思想好、作风正、有文化、有本领、真心实意为群众办事的人选进领导班子，组织和带领村（居）民实行村委会和社区居委会自治。在民主决策方面，建立健全村（居）民会议和村（居）民代表会议制度，按照《村委会组织法》和《城市居民组织法》的规定，凡是涉及村（居）民代表会议讨论，按多数人的意见作出决定。在民主管理方面，村民委员会和社区居民委员会依据党和国家的方针、政策、法律法规，结合本地实际，发动全体村（居）民讨论制订村（居）民自治章程、村规民约、居民公约和各种规章制度，使村（居）务管理有章可循、有规可依，使群众和干部的行为得到规范。在民主监督方面，建立健全民主监督机制。凡村委会、社区居委会的重大事项和村（居）民普遍关心的问题，都向村（居）群众公开。村务公开的重点是财务公开。保证村（居）委会的工作和村委会、社区居委会干部的行为，始终置于村（居）民群众监督之下，促进村委会和社区居委会廉政为民，全心全意为群众服务。此外，还建立“两委会”会议记录本、村民代表会议记录本、村民意见建议记录本、调解记录本，以及财务收支账本等，及时记录日常管理活动，完善村委会档案。

截至2005年底，四川省各地推行村务公开，在内容、程序、时间、形式、管理、监督六个关键环节上，以群众最关心、反映最强烈、最容易引发矛盾和纠纷的热点难点问题作为重点，从制度建设入手，规范此项工作。同时理清政务、村务、财务，强化监督。各地还将财务公开作为重中之重，事前进行财务清理和整顿，要求群众广泛参与。

二、村务公开

四川省从1997年起全面开展村务公开工作。同年9月，省民政厅转发《民政部关于进一步建立健全村务公开制度，深化农村村民自治工作的通知》。1998年2月，省委办公厅、省政府办公厅下发《关于在全省农村开展“村务公开，民主管理”工作的通知》。要求各地充分认识“村务公开，民主管理”工作的重要性和必要性；选准公开的内容，增强“村务公开，民主管理”工作的针对性和有效性。同年4月，省民政厅下发《关于进一步推行村务公开、民主管理工作，深化村民自治活动的通知》。2002年4月，省民政厅在成都召开全省乡（镇）政务公开暨村民自治工作座谈会，副省长马开明出席会议并讲话。中共四川省纪委副书记、监察厅厅长向阳到会并讲话。省民政厅厅长姜保山安排部署全省开展乡（镇）政务公开工作，副厅长三躲木滚就进一步提升全省村民自治水平提出具体要求。

2004年7月22—24日、8月12—14日，省民政厅结合换届选举培训就贯彻中共中央办公厅、国务院办公厅《关于健全和完善村务公开和民主管理制度的意见》进行专题学习辅导和全面部署，提出具体要求。11月，省委、省政府下发《关于健全和完善村务公开和民主管理制度的通知》，提出健全和完善村务公开民主管理制度的任务目标及措施。12月初，省民政厅下发《关于学习贯彻〈中共四川省委办公厅、四川省人民政府办公厅关于完善村务公开和民主管理制度的通知〉的通知》，对民政部门贯彻中共中央办公厅、国务院办公厅《关于健全和完善村务公开和民主管理制度的意见》和省委、省政府下发《关于健全和完善村务公开和民主管理制度的通知》文件精神作出部署。同时，全省积极开展村务公开的试点工作，大力培育典型，取得阶段性成果。省政府成立以分管副省长为组长的全省村务公开工作协调小组；各地相继成立以党政主要领导为组长的领导协调机构和办公室。四川省政府制定《关于健全和完善村务公开民主管理制度的目标任务分工》文件，明确相关部门的职责，形成党委、政府统一领导，纪检（监察）、组织、财政、农业、司法、民政、计划生育等部门共同参与，民政部门组织协调的领导体制和工作机制。各市、州根据中共中央办公厅、国务院办公厅《关于健全和完善村务公开和民主管理制度的意见》文件精神和省委、省政府的要求，进一步调整健全工作机构，并就本地如何贯彻落实文件精神作出安排。各地在抓好换届选举的同时，严格按照中央和省委、省政府的要求，建立健全村务公开监督小组和民主理财小组。12月11—12日，在全国村务公开协调小组召开的全国村务公开民主管理工作经验交流会（江苏省太仓市）上，乐山市沙湾区作为14个典型发言单位之一，在会上作了“夯实执政能力基础，提高村民自治水平”的大会发言；彭州市和开江县作书面交流，介绍了推进村务公开民主管理工作的做法和经验，受到全国村务公开协调小组和与会代表的好评。

2005年，调整健全四川省村务公开协调领导小组及办公室，下发全省村务公开和民主管理工作要点，开展宣传活动和督查调研，收集、上报、转发各地村务公开民主管理工作经验材料、信息共30余条，印制宣传单6万多份，下发全省各乡（镇）、街道、村民委员会张贴。进一步健全完善了乡（镇）政务公开工作的领导体制和工作机制，定期收集乡（镇）政务公开工作信息，及时进行指导和总结推广工作经验。同时加大指导乡（镇）政务公开督查力度，先后对17个县（市、区）的乡（镇）政务公开工作进行调研督查。截至2005年底，全省乡（镇）政务公开面达100%，规范化达92%；88.4%的村实行村务公开；66.1%的村民小组实行组务公开。建成全国村务公开民主管理示范单位1个，省级村务公开民主管理示范单位22个。

三、创建村民自治示范县（市、区）活动

按照民政部1990年9月《关于在全国农村开展村民自治示范活动的通知》，省政府于当年12月发出《关于在全省开展村民自治示范活动的通知》，就开展村民自治示范活动的意义、基本内容、标准等作了具体要求。次年起开展示范活动的试点工作。

1994年5月，省民政厅下发《关于转发民政部〈全国农村村民自治示范活动指导纲要（试行）〉的通知》。要求各地提高认识，加强宣传；紧密结合实际，认真抓好落实；抓住村民自治示范活动的重点和关键环节；切实加强指导。彭山县村民自治示范活动成绩突出，于当年10月被省政府授予“村民自治示范县”称号，成为省内第一个村民自治示范县。次年11月，民政部发出关于表彰村民自治模范县（市、区）的决定，四川省彭山县受表彰。

1999年3月，省政府批准双流县、射洪县、青神县、大竹县、绵竹市、乐山市五通桥区、绵阳市涪城区为村民自治示范县（市、区）。2000年1月，省政府批准通江县为村民自治示范县（市）。12月，省政府批准成都市金牛区、苍溪县、遂宁市市中区、西昌市、华蓥市为村民自治示范县（市、区）。同月，省政府批准自贡市沿滩区为村民自治示范区。

2002年初，省委、省政府出台《关于进一步做好村民自治工作的通知》，对进一步完善全省村民自治制度提出了新的工作目标和工作要求。8月，经省政府同意，省民政厅制定下发《四川省村民自治模范单位命名管理办法（试行）》，提出从2003年起村民自治工作的推进方式由创建村民自治示范单位向创建村民自治模范单位转变，使全省村民自治创建工作进入深化和发展新阶段。全省各地广泛开展村民自治模范单位创建活动，积极推动村民自治工作。12月，省政府对沐川县、泸州市龙马潭区创建村民自治示范县（区）的工作进行验收并授牌。

2003年8月，省司法厅、省民政厅联合转发司法部、民政部《关于开展“民主法制示范村”创建活动的通知》。10月，青神县、眉山市东坡区、南充市顺庆区、大竹县、达州市通川区、乐山市五通桥区、宜宾县、双流县、绵阳市涪城区、泸州市龙马潭区、射洪县、通江县等12个县（区）被国家民政部评为全国村民自治模范县（区）。12月，省政府对成都市金牛区、乐山市沙湾区、宁南县创建村民自治示范县（区）的工作进行验收并授牌。2004年12月，邛崃市、攀枝花市仁和区、长宁县和荥经县被省政府验收命名为四川省“村民自治模范县（市、区）”。

2005年，四川省村民自治创模活动向广度和深度发展。全省各级民政部门以村民自治创模活动为载体，以点带面，不断加大《村民委员会组织法》贯彻力度，健全完善各项村民自治民主制度，村民自治工作形成市、州有村民自治示范县，县级有村民自治示范乡（镇），乡（镇）有村民自治示范村的工作格局。6月，中国社工协会乡（镇）委员会举办“全国明星乡（镇）（村）表彰会”，四川省共有25个单位和个人受到表彰。12月，彭州市、绵阳游仙区、武胜县、开江县、广元市市中区、苍溪县、汶川县、炉霍县被省政府命名为村民自治模范县（市、区）。到年底，全省共建成全国村民自治示范县（市、区）12个，省级村民自治模范县（市、区）38个。

第二章 城镇自治组织建设

《城市居民委员会组织条例》颁布后，四川居委会的工作很快恢复起来，仍归民政部门管理。《中华人民共和国城市居民委员会组织法》颁布施行后，四川建立健全了居民委员会工作制度，20世纪90年代初，四川各地普遍开展居民委员会建设示范活动。这些工作促进了居民委员会的自身建设，保证了党和政府的方针、政策以及各项任务在城镇基层的贯彻落实，推动了城镇基层民主制度的向前发展。四川省社区建设工作体系以城区为主体，以社区居委会为依托，以社区组织建设、社区服务、社区文教卫生、社区治安、社区环境为主要内容，以为驻区单位和社区居民服务为重点，以设施服务为基础。至2005年底，四川省社区体制改革基本完成。

第一节 居民委员会建设

一、居民委员会发展概况

从1986年起，四川省各地认真贯彻落实第五届全国人民代表大会常务委员会第十二次会议重新颁布的《城市居民委员会组织条例》和《人民调解委员会暂行组织通则》《治安保卫委员会暂行组织条例》等，使居民委员会工作很快恢复起来，并重新明确居民委员会的建设仍归民政部门管理。1990年1月，《中华人民共和国城市居民委员会组织法》颁布施行。特别是全国第十次、四川省第十四次民政会议召开后，四川省通过广泛深入地开展居民自治示范活动，建立健全了居民委员会的民主选举、民主管理、民主决策、民主监督制度，促进了居民委员会的自身建设，保证了党和政府的方针、政策以及各项任务在城镇基层的贯彻落实，推动了城镇基层民主制度的向前发展。1994年，四川省人民代表大会通过了《四川省〈中华人民共和国城市居民委员会组织法〉实施办法》。1995年，省政府出台加强居民委员会建设的政策，建立居民委员会的民主选举、民主管理、民主决策、民主监督制度，开展居民自治示范活动。至2001年，四川省共建立居民委员会5485个（其中家委会758个）、居民小组36237个，居民委员会成员23209名。

2002年开始建立社区体制，社区户数一般为1000—3000户，当年社区居委会共有4001个。至2005年达到4822个。

1994—2005年四川省居民委员会和社区居委会统计表

表2－1　　单位：个

年　份	居民委员会数	社区居委会数
1994	7593	
1995	7774	
1996	7928	
1997	6047	
1998	6258	
1999	6231	
2000	6279	
2001	5485	
2002		4001
2003		4437
2004		4524
2005		4822

2003—2005年各市州社区居委会统计表

表2－2　　单位：个

市（州）	社区居委会数量		
	2003年	2004年	2005年
成都市	760	760	1040
自贡市	239	254	257
攀枝花市	124	122	129
泸州市	206	222	205
德阳市	328	277	280
绵阳市	362	372	392
广元市	189	186	177
遂宁市	177	189	192
内江市	243	246	249
乐山市	196	216	212
南充市	288	288	288
宜宾市	282	277	278
广安市	171	166	167
达州市	272	292	300
巴中市	136	181	182

续表 2-2

市（州）	社区居委会数量		
	2003 年	2004 年	2005 年
雅安市	53	55	55
眉山市	131	136	135
资阳市	100	114	115
阿坝州	37	36	40
甘孜州	41	41	41
凉山州	102	94	88
合　计	4437	4524	4822

二、居民委员会机构建设

从 1987 年 1 月起，全省各地认真贯彻省政府《关于加强城镇居民委员会建设的通知》和《关于贯彻执行〈中华人民共和国城市居民委员会组织法〉的通知》。省民政厅就学习、宣传、贯彻落实提出具体要求。1992 年 10 月，省民政厅制发四川省居民自治示范居民委员会检查验收评分标准（试行）和验收办法。

1994 年 12 月 1 日，省民政厅向省政府办公厅上报《关于加强城镇居民委员会建设的报告》，说明居民委员会存在的问题，提出意见和建议。12 月 3 日，四川省第八届人民代表大会常务委员会第 12 次会议通过《四川省〈中华人民共和国城市居民委员会组织法〉实施办法》。该办法大量吸收了居民委员会建设的成功实践经验，在居民委员会的规模设置、居民委员会成员资格、选举程序、居民委员会任务、居民会议等内容上有所完善和创新。为使该办法深入人心，省民政厅举行新闻发布会，四川省人大、省政府领导就如何贯彻落实进行了具体部署。为加大宣传力度，省民政厅编辑《居民自治学习宣传材料》并印发各地。各地先后下发学习该办法通知，全省大多数地级以上城市开展了《居民委员会组织法》宣传周活动。各地在宣传贯彻中抓了四个结合，即把贯彻落实《居民委员会组织法》与对照检查居民委员会当前工作相结合；把建立健全居民委员会各项规章制度与改革工作作风相结合；把加强居民委员会班子建设与提高干部素质相结合；各有关部门把搞好本职工作与帮助、支持居民委员会发挥自治作用相结合。通过这些活动，使《居民委员会组织法》在四川省城镇逐步深入人心。

1995 年，省政府再次制发《关于加强城镇居民委员会建设的通知》，制定了加强居民委员会建设的政策措施。各地结合实际，本着便于服务管理、便于资源开发、便于居民自治的原则，对原有居委会体制进行了调整。到 2001 年，四川省居民委员会制度建设进一步完善。绝大多数居民委员会建立健全了选举制度、会议制度、工作制度、学习制度、监督制度、档案管理制度等多方面的制度，实现“以人管事”向“以制理事”的转变。广大居民通过学习贯彻《居民委员会组织法》，充分行使自己的民主权利，参与管理本居住区事务的积极性明显提高，居民的法制意识不断增强。全省居民委员会密切了政府同居民群众之间的关系。居民委员会通过协助政府做好社会保障、维护社会治安、加强对社会事务的管理、做好计划生育等稳定社会秩序，优化社会环境，服务居民群众的各项工作，架起了党和政府与广大居民群众之间沟通的桥梁，从而使党和政府能够通过居民委员会及时倾听到群众的呼声，同时也使居民群众能够通过居民委员会了解、掌握党和政府的方针、政策，实现了上通下联，促进了城市基层各项工作的开展，在推进城镇“三个文明”中发挥了重要作用。

三、居民委员会自身建设

从1987年1月起，全省贯彻落实省政府《关于加强城镇居民委员会建设的通知》，把居民委员会建设作为加强社会主义精神文明建设的首要任务。加强居民委员会的队伍建设，提高居委会干部素质；切实解决居民委员会干部的生活补贴和工作用房问题；各有关部门对居民委员会举办的公益福利事业，在审批场地、办理证照、技术指导、物资供应等方面给予支持和优惠，并酌情减免税收。1995年，省政府下发《关于加强居民委员会建设的通知》，对居民委员会的办公用房、干部补贴、自办经济发展等作了一系列政策规定。2001年，省委办公厅、省政府办公厅《关于贯彻在全国推进城市社区建设的意见的通知》，对居民委员会的自身建设制定了切实可行的措施。

按照省委、省政府的要求，各地切实加强居民委员会的自身建设，城市基层群众性自治组织建设逐步加强。通过民主选举，一大批思想好、作风正、有文化、有本领、真心实意为群众办事的人被选进居民委员会领导班子，使原来的好班子得到巩固，一般的得到加强，软弱涣散的得到调整。省、市（州）、县（市、区）层层抓居委会成员的培训工作。换届选举前后，省政府都要举办专题培训班；居民委员会换届后，各市州、县区大都对居民委员会干部进行集中培训。通过多途径和多形式的工作培训，使居民委员会成员的法律政策水平、业务知识和工作能力逐步提高，成为适应城市管理和建设需要、居民群众满意放心的基层工作队伍。各地在为居民委员会排忧解难方面，做了大量工作。对居民委员会的办公用房、干部补贴等作出一系列政策规定；各级财政加大对居民委员会成员生活补贴和工作经费的解决力度；对退岗而又无其他收入来源的居民委员会成员，有的地方实行了定补或一次性补贴；对被选聘的居民委员会成员，有的地方还实行定补或一次性补贴，并购买了养老、失业、工作和医疗保险，解除了他们的后顾之忧。

为树立典型、激励先进，中央、省制订了表彰办法；各市（州）、县（市、区）也建立了居民委员会干部定期表彰制度，以促进居民委员会工作的开展。1993年12月21日，省民政厅出台《关于表彰全省先进街道办事处、先进居民委员会和优秀村（居）民委员会主任的决定》，经省政府同意，决定对22个街道办事处、82个居民委员会和561名村（居）民委员会主任予以表彰。1994年，省民政厅表彰了全省先进街道办事处22个，先进居委会81个，优秀居委会主任82名。1995年民政部命名了“全国最佳街道”“中国街道之星”“全国模范居民委员会”“全国模范居民委员会主任”，其中四川省受到命名表彰的“全国最佳街道”1个、“中国街道之星”6个、“全国模范居民委员会”8个、“全国模范居民委员会主任”7个。

第二节　社区建设与服务

一、社区服务

自1986年起，全省各地兴办面向社区老年、儿童、残疾人、社会贫困户、优抚对象的社区救助和福利服务，面向社区居民的便利服务，面向社区单位的社会化服务，面向下岗职工的再就业服务和社会保障社会化服务事业，居民委员会自办经济得到快速发展，居民委员会的自我发展能力不断增强，逐步实现社会效益和经济效益同步增长。1987 年起，全省开展社区服务试点工作。1987—1994 年，省民政厅先后组织召开专门会议，研究社区服务工作，确定试点单位。1995 年5 月，省民政厅联合 21 个委厅局下发《关于加快发展四川省社区服务业的暂行规定》，使社区服务工作规范化。此后又先后召开“重庆会议”“南充会议”总结经验，提出发展目标；成立四川省社区服务工作领导小组，省内各地也相应成立领导机构和工作机构。1995—2000 年，社区服务内容从单项逐步发展到多样化服务；在方式上，以无偿服务、有偿服务与低偿服务相结合；服务对象从传统对少数贫困户的救济拓宽到社区需要救助的居民。

2001 年以后，注重在开展社区服务过程中吸纳企业下岗人员，解决部分待业人员、社会闲散人员、低收入退休人员和残疾人参加工作，部分缓解了社会就业矛盾；同时也强化了群众互助意识，创造良好的社会氛围。注重努力拓展社区服务，坚持以人为本、服务居民的原则，把社区服务作为社区工作的基础和核心来抓，不断拓宽社区服务领域，强化社区服务功能。在服务对象上，从传统的救济对象拓宽到全体社区居民，一大批驻社区单位和退休人员成为社区服务的新对象；在服务内容上，从单项服务逐步发展到不断满足居民各种需求的多样化服务；在服务方式上，坚持有偿服务与低偿服务相结合，增强了社区服务的生命力。按照省委、省政府的要求，各地还把开发社区就业岗位作为社区服务重点发展内容，通过完善社区服务功能，大力兴办服务实体和完善服务网点，提供就业岗位，增加社区公益性的保洁、保绿、保安等劳动岗位促进再就业。各地积极开展全国万家社区图书室援建活动，受到社区居民群众和社会各界广泛欢迎。2003 年 5 月 13 日，中共中央总书记、国家主席胡锦涛视察成都市锦江区水井坊社区时指出：“如果全国的社区都像水井坊一样，那我们的基层基础工作就抓得很好了。”

全省农村村民委员会、城市社区居委会认真贯彻省民政厅 2003 年 4 月 30 日《关于充分发挥村（居）委会作用，认真做好“非典”防治工作的通知》，在防治“非典”中，充分发挥积极作用，切实做好城乡困难群众医疗救助工作。按照 6 月 3 日民政部《关于发挥城乡社区组织关心照顾“非典”康复者工作中积极作用的通知》要求，各地充分发挥社区群众性自治组织的作用，将“非典”防治工作与社区服务结合起来，为加强社区防疫工作，探索了路子，积累了经验。7 月 1 日起，四川省贯彻落实民政部《关于进一步做好社区再就业工作的通知》，把社区再就业工作纳入社区建设重要内容，统筹安排，整体推进。

2004—2005 年，社区服务进一步完善。社区卫生、社区文化、社区环境、社区治安、社区就业和社区保障等服务项目普遍开展，各种形式的便民利民服务不断涌现，社区居民看病就医、文化娱乐、治安、就业等需求得到不同程度满足。至 2005 年底，四川省共有各类街道社区服务中心和社区服务站 4497 个，便民服务网点 25372 个。

二、社区建设

1999 年，四川省确定开展社区建设试点工作。针对城市中居委会管辖范围过小，以及村居混杂、资源分割等问题，各地本着便于服务管理、便于资源开发、便于居民自治的原则，对居委会体制进行调整，建设城市社区。社区建设是指在党和政府的领导下，依靠社区力量，利用社区资源，强化社区功能，解决社区问题，促进社区政治、经济、文化、环境协调和健康发展，不断提高社区成员生活水平和生活质量。2000 年，全省社区工作从社区服务进入到社区建设阶段。当年初，在巩固社区服务成果的基础上，选择成都、自贡、绵阳、乐山、南充等市部分城区，开展社区建设试点。2001年，四川省城市社区建设工作在成都、自贡、攀枝花、德阳、绵阳、遂宁、乐山、南充、宜宾、达州等城市的城区全面展开，其他市州选择条件较好、积极性较高的城区（县）进行试点。2002年，四川省全面推开城市社区建设，合理划定社区范围，建立社区自治组织，确定社区建设内容，理顺社区内外关系，健全社区各项规章制度。到2005年，逐步建立起便于管理、便于自治、以块为主、条块结合的社区管理体制，基本形成功能完善、服务规范的工作运行机制，建设了一批经济文化繁荣、环境舒适优美、管理规范有序、服务设施配套、人际关系和谐、社会治安良好的现代文明社区。

2001年5月14日，省委办公厅、省政府办公厅出台《关于贯彻在全国推进城市社区建设的意见的通知》，明确四川省社区建设的发展目标，要求把社区建设纳入全省经济和社会发展计划，改革城市基层管理体制，建立和完善新型社区组织体系，合力推动社区建设事业发展。7月16日，省政府办公厅下发《关于成立四川省社区建设工作领导小组的通知》，副省长马开明任组长，省政府副秘书长唐建军、省民政厅厅长姜保山任副组长，省委组织部等24个部门为成员单位，社区建设的日常工作由省民政厅负责。劳动、公安、文化、卫生、体育、计划生育等部门分别从自身职能出发，先后出台有关社区就业、治安、文化、卫生、体育和计划生育政策文件，为社区建设提供政策依据。11月27日，四川省社区建设工作领导小组印发《四川省社区建设工作领导小组职责》。

2002年1月25日，《四川省城市社区建设五年发展规划（2001—2005年）》经省政府第71次常务会议审议通过，下发《四川省人民政府关于印发〈四川省城市社区建设五年发展规划〉的通知》，明确社区建设基本任务是完善社区组织建设、加强社区工作者队伍建设、加强基础设施建设、拓展社区服务领域、繁荣社区文化、教育、体育事业、发展社区卫生服务、搞好社区计划生育工作、加强社区治安、美化社区环境、加强政府职能转变工作、积极开展创建社区建设示范城活动。6月，省政府在绵阳召开专题会议，整体推进全省社区建设。8月15日，省民政厅下发《关于进一步推进全省城市社区建设工作的通知》。要求全省将社区建设作为未来一个时期城市民政工作的总抓手和重要的基础性工作，切实抓紧抓实。12月，省政府在宜宾召开专题会议，推进社区建设。2003年1月13日，省政府办公厅转发《省民政厅关于在全省开展学四平推翠屏整体推进全省社区建设工作的意见的通知》，要求通过学习活动，不断总结推广全省社区建设先进经验，强化对社区建设重要性的认识，创新全省社区建设新的思路，探索全省社区建设新的方法，充分发挥典型引路、以点带面作用，确保当年全面完成所有城镇居民委员会向社区居民委员会管理体制的转变。6月3日，省委办公厅、省政府办公厅下发《关于调整省社区建设工作领导小组的通知》，省委副书记刘鹏任组长，副省长张作哈任副组长。

由于经济条件制约，四川省社区基础设施普遍简陋，社区的办公用房和活动场地匮乏。省委、省政府高度重视社区基础设施建设，要求把社区基础设施建设纳入当地经济和社会发展规划，与城市建设同步规划、同步改造、同步建设。省政府把社区办公用房和服务用房等基础设施作为社区开展工作、服务居民的有效载体，要求各地每年都安排专项资金，新建和购买办公用房；辅以划拨闲置国有资产，以开发商无偿提供等方式，加快社区基础设施建设步伐。要求各地用3—5年时间，达到每一社区工作用房面积不低于100平方米、公益性服务用房不低于100平方米。2003年，省政府将社区建设纳入重点督办事项。各市（州）每年都安排一定数量的专项资金用于社区基础设施建设，同时广泛开辟渠道，采取划拨闲置国有资产、开发商无偿提供、新建和购买办公用房等方式，加快了社区基础设施建设的步伐。当年重点开展公安、卫生、文化、社保“四进社区”，保证社区建设各项任务落实。从2004年起，司法行政部门开展“热点、难点”问题整治，建立健全街道社区法律服务网络。公安部门改革警务工作运行机制，落实“一区一警”。文化部门制定社区文化建设五年发展规划，提出通过3—5年努力，实现与城市化进程基本相适应的目标。劳动和社会保障等部门分别完善和落实再就业优惠政策。同时，以社区为依托，开展志愿者服务、扶老、助残、救助弱势群体等工作。

2005年2月25日，省委、省政府在成都金牛宾馆召开全省社区建设工作暨表彰会议。省委常委、组织部负责人，省人大常委会副主任王荣轩，省政府副省长张作哈，省政协副主席何志尧，省委副秘书长黄启国，省委组织部副部长王川，省政府副秘书长敖玉明，省民政厅厅长黄明全、副厅长杜小炎，民政部基层政权和社区建设司城市处负责人及各市（州）党委政府分管领导、组织部长、组织科长、民政局长、政权科长，省级相关部门负责人共200余人参加会议。会议总结了前一阶段的工作，部署了下一阶段的任务，张作哈作工作报告。3月17日，省民政厅转发国家民政部、中央文明办、新闻出版总署、广电总局《第三期万家社区图书室援建和万家社区读书活动方案》，要求各地积极申报，扎实抓好社区图书室援建活动。3月25日，省民政厅下发《关于开展“四川省社区建设模范街道（镇）”创建活动的试行意见》，推动社区建设由中心城区向县级城镇发展。4月20日，省委办公厅、省政府办公厅印发《关于清理、调整议事协调机构的通知》，决定撤销四川省社区建设工作领导小组，社区建设工作由省民政厅承担。9月23日，省民政厅下发《关于贯彻全国社区建设工作会议精神的通知》，将国务院副总理回良玉对全国社区建设工作会议的重要批示及民政部部长李学举在全国社区建设工作会议上的讲话印发各地，并提出贯彻意见。在全省推广了宜宾市长宁县、成都市锦江区等地在社区建设方面的有益探索。连续三年大力推动社区图书室援建工作，受到民政部、中央文明办、新闻出版总署、广播电视总局的表彰。各地认真贯彻落实中组部、民政部等《关于进一步做好社区组织的工作用房、居民公益性服务设施建设和管理工作的意见》，多渠道、多形式解决社区的工作用房和公益性服务设施，四川省社区居委会办公用房面积平均达到95平方米，活动用房面积平均达到93平方米。

社区建设发展过程中，各级党委、政府切实加强领导，解决社区建设发展中的重大问题。(1)省委、省政府领导多次深入社区调查研究，明确提出重点解决“有人办事、有地方办事、有经费办事”的要求。各地党政领导将社区建设摆上重要议事日程，作为一项重要工作，常议常抓。(2)社区建设组织领导体制和工作机制逐步健全。省委、省政府分别确定了一名领导分管社区建设，26个省级部门明确了负责人和职责。各市（州）、区（市、县）也加强了对社区建设工作的组织领导，明确了目标任务。(3)各级党委、政府出台了一系列政策和措施。省委、省政府为社区建设专门出台文件，提出推进社区建设的意见，制定五年发展规划，把社区建设纳入四川省社会事业发展的总盘子。各市州也结合本地实际，分别制定相应的政策措施。(4)社区建设纳入省政府重点督办事项。2003年重点督办“有人办事、有地方办事、有经费办事”的“三有目标”的解决；2004年重点督办公安、卫生、文化、社保“四进社区”工作的落实，保证了社区建设各项任务落到实处。

在2001—2005年社区建设发展过程中，省级有关部门紧密结合自身工作实际，积极配合支持，有针对性地开展工作。组织部门针对基层党建工作的新形势，提出加强街道、社区党建工作的新要求。财政部门加大了对社区建设的投入力度，四川省财政在每年列支50万元社区建设专项经费基础上，2004年度、2005年度四川省财政分别安排社区建设专项补助200万元。司法行政部门加大街道社区法治工作力度，积极开展“热点、难点”问题的整治，建立健全了街道社区法律服务网络。公安部门结合工作实际和社会治安状况，改革警务工作运行机制，警务工作前移，狠抓了“一区一警”的工作落实。文化部门制定社区文化建设五年发展规划。提出通过3—5年努力，实现城市社区文化发展与城市化进程基本相适应的目标。卫生、计生、体育、劳动和社会保障等部门分别提出关于发展城市社区卫生服务、加强城市社区计划生育工作、加强城市社区体育事业发展、完善和落实再就业优惠政策的工作意见和要求。工会、共青团、妇联、残联和老龄办等组织以社区为依托，积极开展志愿者服务、扶老、助残、救助弱势群体等工作。驻社区单位积极支持社区建设，为社区捐款、捐物，并将服务设施等资源向社区居民开放，合力推进社区建设的局面初步形成。

截至2005年底，四川省社区体制改革基本完成，建立社区4743个。各社区普遍建立党支部或党总支，新经济组织和新社会组织中建立党组织的步伐加快，社区离退休党员、流动人口党员、下岗失业党员的管理和服务加强，党在城市工作的覆盖面扩大。依法选举社区居委会，制定并完善各项制度，普遍建立了社区居民会议、居民代表会议、协商议事会议等制度，社区工作的制度化、规范化程度进一步提高。各地紧紧围绕社区工作者队伍素质的提高，注重选人机制、用人机制、育人机制和留人机制建设。通过公开招聘、竞争上岗、民主选举等方式，调整充实了社区干部队伍，优化了社区干部结构。使一大批思想好、作风正、能力强、愿意为群众服务的居民走上了居委会工作岗位，四川省共有20834名社区工作者，平均年龄42岁，党员占60%，文化程度高中以上的比例提高到64%，一批年纪轻、有文化、懂管理、乐于在社区奉献的大中专毕业生、复员退伍军人和下岗职工充实到社区工作第一线。为解决社区干部的后顾之忧，各市（州）结合实际，提高了社区干部的待遇。据统计，书记、主任的月平均生活补贴费由过去的不足50元提高到近400元，委员从30元提高到近300元，居委会主任月均生活补助费标准达到374元。一些地方还为社区干部办理了基本医疗保险和基本养老保险，营造了拴心留人的环境。为提高社区干部的工作能力，各地区加强对社区干部的培训，社区干部的基本素质和工作能力普遍得到大幅度提高，社区在城市管理与服务中的作用日益显现，社区干部的作用在基层逐步发挥。全省80%的社区建立了志愿者组织，74%的社区建立了残疾人组织，85%的社区建立了老年人组织，所有社区都有一个以上的社区民间组织。

三、示范活动

20世纪90年代初，四川各地普遍开展居民委员会建设示范活动。1992年，省民政厅先后印发《关于开展创建居民自治示范居委会活动的通知》《四川省居民自治示范居民委员会检查验收评分标准（试行）和验收办法的通知》，对示范活动提出具体的工作目标、示范要求和质量标准。当年，四川省建成居民自治示范区2个，示范街道办事处42个，示范居委会1372个。

2002年6月11日，四川省社区建设工作领导小组印发《四川省社区建设示范城基本标准》。成都市金牛区、彭州市，绵阳市涪城区，乐山市市中区、峨眉山市，南充市顺庆区等6个区（市）被民政部命名为“全国社区建设示范区（市）”。

四川省社区建设工作领导小组2003年4月22日印发《四川省社区建设示范城命名暂行办法》，明确在社区建设工作中成绩突出、具有示范作用，并按照本办法示范城标准，经四川省社区建设工作领导小组检查、评审并报省政府批准的县、市（区）为全省示范城。6月2日，省民政厅下发

《关于做好“四川省社区建设示范城”申报评审工作的通知》，明确做好社区建设示范城的申报、评审工作有关事项。

2003 年 7 月 3 日，省委组织部、省民政厅转发中组部、民政部《关于开展“全国优秀社区工作者”评选表彰活动的通知》。成都市锦江区滨江路社区党支部书记、居委会主任王家惠等 22 位人被中央组织部和民政部评为“全国优秀社区工作者”；成都市金牛区老年协会等 16 个单位，成都市锦江区水井坊街道交子社区邓立强等 24 名个人被中国社会工作者协会评为“全国社区志愿者先进单位和先进个人”。2004 年 9 月 13 日，省委组织部、省民政厅下发《关于表彰全省优秀社区工作者的决定》，决定授予伍华等 200 名同志“全省优秀社区工作者”荣誉称号。

2004 年，在民政部等四部委组织开展的万家社区图书室援建活动中，四川省首批援建社区图书室 859 个，10 余万社区居民参加了社区读书活动。省民政厅及 2 个市、4 个区、8 个街道、9 个社区、7 名个人受到民政部、中央文明办、国家新闻出版总署、国家广播电影电视总局联合表彰，成都市成华区代表四川省在首届全国社区文明风采电视大赛中荣获一等奖及文明风采奖。当年 9 月，省委组织部和省民政厅联合表彰 200 名优秀社区工作者。12 月，省政府授予成都市锦江区、成华区、金牛区、青羊区、自贡市自流井区、攀枝花市东区、泸州市江阳区、龙马潭区、德阳市旌阳区、绵阳市游仙区、遂宁市船山区、乐山市市中区、沙湾区、南充市顺庆区、宜宾市翠屏区、广安市广安区等 16 个城区和成都市高新区为“四川省社区建设示范区”。在省委、省政府 2005 年 2 月 25 日召开的全省社区建设工作暨表彰会议上，表彰了 17 个省级社区建设示范区和 200 名优秀社区工作者。

2005 年，成都市武侯区、广元市市中区、华蓥市、达州市通川区、雅安市雨城区、资阳市雁江区、西昌市等 7 个区（市）被省政府命名为省级社区建设示范区（市）。截至 2005 年底，四川省共有省级社区建设示范城 24 个，市州级社区建设示范街（镇）249 个，县级社区建设示范社区 1417 个。同年，四川省启动了社区模范镇创建活动，并开展和谐社区建设。各地按照省民政厅 3 月 25 日下发的《关于开展“四川省社区建设模范街道（镇）”创建活动的试行意见》，推动社区建设由中心城区向县级城镇发展。当年，省民政厅命名三台县潼川镇、苍溪县陵江镇、宜宾县柏溪镇、珙县巡场镇、石棉县新棉镇、洪雅县洪川镇等 6 个镇为“全省社区建设模范镇”。

四川省城乡基层自治组织数量统计表

表 2－3　　单位：个

年　份	居民委员会	村民委员会
1986	5733	76427
1987	6196	76415
1988	6436	76374
1989	6545	76512
1990	6712	72923
1991	6799	76117
1992	7170	76096
1993	7370	76050

续表 2－3

年 份	居民委员会	村民委员会
1994	7493	76036
1995	7712	76038
1996	7746	75999
1997	5278	54899
1998	5555	54745
1999	5511	54943
2000	5665	55072
2001	4945	55001
2002	4944	54986
2003	4437	54677
2004	4524	53227
2005	4822	50182

第三篇　优抚保障

1986—2005 年，四川省民政部门遵照国家有关政策法令，将优抚保障作为民政事业的重要内容，认真拟订四川省有关优抚保障的政策、标准和办法，并具体承担各类优抚对象的优待、抚恤、补助和国家机关工作人员伤亡抚恤工作，以及烈士褒扬、组织和指导全省拥军优属工作，承担全省拥军优属拥政爱民工作领导小组的有关具体工作。这些工作面宽量大，在各级民政部门的努力下，力争将这项工作做得细致、做得扎实，同时注重研究工作中出现的新情况和新问题，推动了优抚保障工作的与时俱进。

第一章 优待抚恤

1986年之后，四川省的优待抚恤工作坚持以国家《中华人民共和国宪法》（简称《宪法》）《中华人民共和国兵役法》（以下简称《兵役法》）为基本准则，以国务院《军人抚恤优待条例》为核心依据，以民政部、财政部、中国人民解放军总参谋部、总后勤部等国家机关下发的一系列有关加强优待抚恤工作的通知等文件为基础规范，结合四川实际，切实将优待抚恤作为国家和社会依法对军人及其家属为主体的优抚对象实行物质照顾和精神抚慰的一种特殊社会工作，直接服务于军队和国防建设，把优待抚恤当成中国社会保障体系的重要组成部分，其特殊的保障对象为优抚对象，其主要工作是做好烈属、伤残军人、在乡退伍红军老战士、在乡复员军人、带病回乡退伍军人和现役军人家属的抚恤补助优待工作以及国家机关工作人员、人民警察、备战民兵、民工的伤亡抚恤工作。为此，省政府先后制订《四川省军人抚恤优待办法》《四川省拥军优属若干规定》《四川省拥政爱民若干规定》等一系列配套法规，省民政厅、省财政厅、省劳动厅等政府机关根据国家和省政府制定的法规和规定，下发一系列政策解释、执行标准、工作要求等文件，在全省形成内容丰富、涵盖全面的优抚政策执行体系。到2005年，四川省围绕服务军队和国防建设，进一步健全优抚保障制度，完善优抚保障机制，加强优抚工作的社会监督机制，保证优抚对象增长经费的落实和增长标准的兑现。

第一节 优抚政策

中华人民共和国成立后，实行对烈属、因公牺牲、病故军人家属、伤残军人、现役军人及其家属，带病回乡复退军人、退伍红军老战士等优抚对象在政治上、经济上给予优厚待遇的制度。1950年政务院公布《革命烈士家属、革命军人家属优待》《革命残废军人优待抚恤》《革命军人牺牲病故褒恤》《革命工作人员伤亡褒恤》《民兵民工伤亡抚恤》5个暂行条例，四川省优待抚恤工作遵照上述5个暂行条例规定的优抚对象具体实施，其优待抚恤的范围与标准，随着社会经济的发展不断优化和提高。1988年国务院颁布的《军人抚恤优待条例》中，对优抚对象在各方面的优待更加具体地固定下来。1988年修订后的《兵役法》再次对优抚对象优待工作进行了明确规定。2004年国务院、中央军委颁发修改后的《军人抚恤优待条例》，把对优抚对象的义务兵家属优待、医疗优待、交通优待、参观游览优待、教育优待、住房优待、随军家属安置等多方面的优待内容作了具体规定，并根据社会政治经济发展变化，对优待形式和内容进行了调整修改、充实完善，使优抚对象享受的优待更加丰富全面。2005年四川省普遍实行优抚政务公开，推行抚恤补助金社会化发放。完善优抚工作的社会监督机制，推行优抚政务公开，促进优抚政策落实，公布各类抚恤补助标准、享受抚恤补助的对象名单，增加优抚政策的透明度，全省181个县（市、区）和4731个乡（镇、街道）实行了优抚政务公开，其中174个县（市、区）县、乡两级实行优抚政务公开，县、乡两级优抚政务公开率分别达到100%和98.9%，超额完成省政府下达的127个县（市、区）在县、乡两级实行优抚政务公开的目标任务。全省有168个县（市、区）、4046个乡（镇、街道）实行优抚对象抚恤补助金由金融机构代发，保证了优抚补助经费按时逐月足额发放。2005年四川省农村义务兵家属优待金户年均达到1027元，其中最高的达到4900元，最低的为250元；城镇义务兵家属优待金户年均为297元，其中最高的达到1050元，最低的为120元；向全省12624位立功受奖军人的家庭发放奖励金139万元。2005年，四川省重点优抚对象的抚恤补助标准自然增长机制得到较好落实。市、县两级财政共投入自然增长经费2006.6万元，自然增长补助标准最高达到每人每月82元。

1986—2005年四川省优待抚恤工作按照国家的新规定，结合省情，联系实际，始终坚持“思想教育、国家抚恤、群众优待、扶持生产”的方针和“国家、社会、群众”三结合的优抚制度，在国家抚恤的基础上，发挥社会和群众的力量，依靠全社会共同做好优抚工作，保障优抚对象的待遇与国民经济的发展相适应，使优待抚恤标准与人民生活水平同步提高，使优抚对象的生活水平略高于当地群众的生活水平。1986—2005年四川省优抚对象总体呈增长趋势。至2005年12月，全省共有享受国家抚恤补助的重点抚恤对象435930人，与1986年比增长了11.5%。1986—2005年优抚对象增长情况见表3－1。

1986年、2005年优抚对象变化情况表

表3－1　　单位：人

优抚对象类别		1986年	2005年
革命伤残人员		51613	56665
其中	伤残军人	49978	54381
	伤残国家机关工作人员	1061	1410
	伤残人民警察	234	538
	伤残民兵民工	340	336
享受定期抚恤的“三属”人员		48825	35168
其中	烈　属	40021	19595
	因公牺牲军人遗属	2432	7592
	病故军人遗属	6372	7981
享受定期补助的“三红”人员		561	12326
其中	在乡退伍红军老战士	561	300
	在乡西路红军老战士		952
	红军失散人员		11074
享受定期补助的在乡复员军人		190726	219090
享受定期补助的带病回乡退伍军人		99163	112681

第二节　优抚措施

一、建立机制

（一）开展试点

1998年，省委办公厅、省政府办公厅下发《关于进一步加强优抚工作的通知》，要求各地结合实际制定具体办法，随着当地财政收入的增长，增加优抚经费投入，逐步建立优抚补助标准随人民生活水平提高而同步提高的自然增长机制，保障优抚对象的生活水平达到或略高于当地人民群众的平均生活水平。2000年，省民政厅选择德阳市的绵竹市、绵阳市涪城区、资阳市、宜宾市翠屏区、成都市青白江区、会理县、邛崃市、天全县、苍溪县、彭州市、炉霍县、攀枝花市东区、西区、仁和区、米易县、盐边县共16个县（市、区）进行试点，各试点地方政府在深入调查研究、广泛征求意见的基础上制定了优抚对象抚恤补助标准自然增长制度。

（二）建立制度

2001年6月12日，四川省双拥工作领导小组第十次全体成员会员会议召开，会议要求省财政厅、省民政厅认真研究解决伤残军人等重点优抚对象的生活补助问题，建立有效的自然增长机制，保障他们的生活水平随着社会经济的发展有所提高。根据此次会议精神，2001年9月29日，省民政厅为省政府代拟了《四川省人民政府关于建立优抚对象抚恤补助标准自然增长机制》的文件。2001年12月29日，省政府办公厅正式下发《关于建立优抚对象抚恤补助标准自然增长机制的通知》，明确从2002年1月起，优抚对象抚恤补助标准在国家和省政府规定的基础上，随当地经济发展和人民生活水平同步提高。凡享受定期抚恤的烈属、因公牺牲军人家属、病故军人家属（以下简称“三属”）、在乡革命伤残军人和享受定期补助的在乡退伍红军老战士、在乡西路红军老战士、红军失散人员（以下简称“三红”）、在乡复员军人、带病回乡退伍军人均纳入抚恤补助标准自然增长范围。对享受在乡定期抚恤补助标准的优抚对象，每年以各县（市、区）统计部门公布的上年度农民人均纯收入增长额（与前年比较）为基数，按不低于20%的比例增长；对享受城镇定期抚恤标准的“三属”，每年以各县（市、区）统计部门当年公布的上年度职工平均工资增长额为基数，按不低于5%的比例增长。上述对象中的孤儿、孤老的抚恤补助标准自然增长比例略高于此标准。各类优抚对象所占基数的比例由各市、州结合当地的实际确定。优抚对象抚恤补助标准自然增长所需经费按属地原则，由市（州）、县（市、区）财政列入预算解决。四川省财政对个别优抚对象较为集中，财政特别困难的地区，通过财政转移支付适当补助。2005年四川省重视优抚数据更新工作，加强优抚经费管理，为全省5万多名残疾人员换发了新证，并针对带病回乡退伍军人定补工作中出现的身份确定不清、乡（镇）擅自扩大定补面的情况，对享受定补的带病回乡退伍军人进行清理，重新确认身份，完成全省重点优抚对象数据更新工作。对2004年中央和省级安排的优抚事业单位专项维修补助经费、在乡“三红”人员建房专项补助经费使用情况进行跟踪检查，确保各项专项补助经费落实到位。

（三）执行效果

至2003年4月底，四川省21个市（州）的181个县（市、区）全部相继出台建立优抚对象抚恤补助标准自然增长机制文件，结合当地实际制定具体办法，形成完善的优抚对象抚恤补助标准自然增长机制。至此四川省优抚对象抚恤补助标准的增长由阶段政策性增长转变为随人民生活水平的提高而自然增长。从2005年1月1日起在中央普遍提高“三红”“三属”残疾军人、在乡复员军人等重点优抚对象定期抚恤补助标准的基础上，四川省回乡务农抗战老战士等在乡复员军人的定期生活补助标准，从提标前的每月不低于90元提高到135元，回乡抗战老战士的定补标准提高到每月180元。2005年四川省各级财政共追加预算资金900多万元，共下拨中央和省财政安排的各种优抚经费65202.46万元，比2004年增加27596.09万元，增长73.38%。各级财政共投入住房补助经费2942.3万元（市、县投入经费2350.7万元），解决优抚对象住房困难5155户（新建2218户、维修改造2869户）；投入医疗补助经费2734.4万元，解决优抚对象医疗难111887人次；投入生活困难补助经费1883.4万元，解决优抚对象生活困难一次性补助63874人次。

1986年、2005年四川优抚对象抚恤补助标准增长情况见表3－2－1、表3－2－2。1986年、2005年四川省省级和市（州）县（区）抚恤经费投入情况见表3－3。

1986年、2005年优抚对象抚恤补助标准表（一）

表3－2－1　　单位：元

年标准	特等（一级）		一等（三级）			二等甲级（五级）			二等乙级（六级）			三等甲级（七级）		三等乙级（八级）	
	因战	因公	因战	因公	因病	因战	因公	因病	因战	因公	因病	因战	因公	因战	因公
1986年	774	722	702	668	668	498	458	458	404	376	376	252	252	212	212
2005年	10080—11200	9600—10080	7280—960	6600—8400	6000—7800	5600	5040	4560	4480	4200	3600	3360	3000	2240	1920

1986年、2005年优抚对象抚恤补助标准表（二）

表3－2－2　　单位：元

年标准	在乡退伍红军老战士	烈属		因公牺牲军人家属		病故军人家属		在乡复员军人
		城镇	农村	城镇	农村	城镇	农村	
1986年	420—600	360—480	240—300	360—480	240—300	300—420	180—240	144—300
2005年	9600	4200	2640	3900	2520	3600	2340	1620—2160

1986年、2005年省级和市（州）县（区）抚恤经费投入情况表

表3－3　　单位：万元

年　　度	1986年	2005年
省级和市（州）县（区）投入经费	5307.70	27824.20

二、资金统筹

1986年后，四川省优抚金统筹经历了由社会群众、单位缴纳到由地方财政支付，由乡（镇）统筹到以县统筹的发展过程。随着改革开放的深入和社会主义市场经济体制的逐步建立，以及以乡（镇）统筹办法在实践过程中所不可避免的不完善，越来越不能适应优抚工作的发展需要。为了解决这一突出矛盾，采取在国家投入的基础上，充分发挥群众优待的重要补充作用，大胆改革拓宽资金渠道。1989 年，四川省在达州大竹县率先实行义务兵家属群众优待金以县为单位社会统筹，将统筹渠道扩展到党政机关、社会团体、企事业单位、个体工商业者和其他城市居民，使群众优待从农村延伸到城市，实现全社会均衡负担优待金。为进一步扩展优待金以县为单位社会统筹，自 1991 年开始，四川省各级党委、政府把优待金统筹方式的改革作为一件大事，纳入各级政府目标管理，作为创建双拥模范城（县）的重要条件，实行一票否决。1999 年，全省按照修改后颁布的《兵役法》和省委、省政府的要求，加大优待金统筹方式的改革力度，各地在实行义务兵家属群众优待金以县为单位社会统筹的同时，通过社会募集、单位捐赠、优抚结余经费转入等方式，相继建立了用于解决优抚对象的特殊困难拥军优属保障资金，到 2001 年四川省有 174 个县（市、区）实行了优待金以县为单位社会统筹，占总数的 97%，年筹集优待金达 1.63 亿元，优待对象由义务兵家属扩大到“三属”“三红”、革命伤残军人、在乡老复员军人和带病回乡退伍军人以及奖励在部队立功的人员。有 85 个县（市、区）建立拥军优属保障资金，筹集资金 1307 万元。仅 1994—2001 年间，优待金统筹总量达到 10.38 亿元。2002 年，随着农村税费改革在四川省全面推行，四川省在总结双流、安岳、万源三个农村税费改革试点县（市）经验的基础上，及时向省税费改革领导小组办公室提交了《关于优抚费和五保经费测算工作有关问题的通知》，四川省按照农村税费改革的要求，决定义务兵家属和其他优抚对象的优待金由县为单位社会统筹改为地方财政转移支付解决。当年四川省农村义务兵家属优待金标准最高的为每个 5490 元/年（成都高新区），城镇义务兵家属优待金最高的为每个 1500 元/年（宜宾长宁县和珙县），2005 年全省义务兵家属 74027 户，优待金标准平均达到每个 840 元/年，与 1981 年四川省初始的农村义务兵家属年户平优待金 55.7 元的基础上增长了 15.1 倍。

三、扩大范围

20 世纪 80 年代以后，有相当一部分烈属、残疾军人、在乡老复员军人等重点保障的优抚对象，普遍进入老龄化阶段，处于特殊困难时期，需要通过群众优待对他们实行分层次、全方位的保障。1998 年省委、省政府办公厅下发《关于进一步加强优抚工作的通知》，进一步明确各地继续执行义务兵群众优待以县统筹制度，要求各地“社会统筹的优待金，除兑现义务兵家属的优待外，对国家重点保障后生活仍有困难的烈属、伤残军人和在乡老复员军人给予适当优待。自此享受优待的对象由服现役义务兵家属扩大到烈属、残疾军人和在乡老复员军人。

四、突破难点

1949 年中华人民共和国成立后，各级党委、政府十分重视和关心各类优抚对象的生产、生活问题，逐步提高各类优抚标准。到 1990 年，随着中国经济持续快速增长，人民生活水平不断提高，奔小康步伐加快，重点优抚对象由于自身年龄增长和历史欠账的原因，在经济转轨、社会转型的过程中处于相对边缘化，生活、住房、医疗等方面的困难越来越突出（以下简称“三难”）。除了国家政策扶持解决外，亟需全社会关怀和照顾。为解决“三难”问题，1998 年 12 月省委办公厅、省政府办公厅下发《关于在全省开展“爱心献功臣行动”的通知》，要求各级党委、政府以高度的政治责任心和历史责任感，提高认识，加强领导，建立责任制，把这项工作纳入当地国民经济和社会发展总体规划，做到有部署、有措施、有检查。各地从 1999 年起争取用 3 年时间，通过“爱心献功臣活动”，基本解决重点优抚对象的“三难”问题，使他们的生活水平不低于当地群众的平均生活水平，实现有住房，无危、漏房；医疗状况得到根本改善，与全省人民共享改革开放和经济发展成果，幸福地安度晚年。全省各级党委政府针对优抚重点难点问题，积极深化改革，探索各种途径，采取有力措施，使制约优抚发展的瓶颈问题不断得到突破。

1999 年全省各类优抚对象 340 余万人，其中有在乡“三红”“三属”、革命伤残军人以及在乡老复员军人等重点优抚对象 37 万人。各级党委、政府在开展“爱心献功臣行动”中，以政府为主导，社会各界为依托，充分发动全社会积极参与，经过全省军民的共同努力，使 287316 名重点优抚对象解决了“三难”问题。其中 38259 户优抚对象解决了住房难，于 1999 年中华人民共和国成立 50 周年国庆节前搬进了新居。78232 名重点优抚对象解决了治病难；28 万余名在乡复员军人和带病回乡退伍军人大幅度提高了定补标准。

第二章　烈士褒扬

中华人共和国成立后，褒扬烈士、弘扬烈士的献身精神，优抚优待烈士遗属，一直是党和国家的一项重要工作，以此纪念烈士在保卫国家安全、保护国家财产、集体财产和公民生命财产安全而英勇牺牲的伟大精神，为后人树立学习的楷模。通过对烈士的褒扬，对烈士进行颂扬和纪念，教育、鼓舞和激励社会全体成员发扬烈士献身精神，为社会发展与人民事业做出贡献。四川各级民政部门作为烈士褒扬工作的主管部门，认真组织对烈士的评定，开展对烈士遗属的抚恤优待，对烈士纪念设施的保护，对烈士事迹编纂和宣传工作，通过兴建、保护烈士纪念设施，采取多种方式保障烈士遗属生活水平随人民群众生活水平提高而提高，利用多种媒介宣传烈士事迹，弘扬烈士精神，开展各种烈士纪念活动，使烈士褒扬工作收到良好效果。

第一节　追功授誉

1980年以前，评定烈士（简称评烈，下同）的范围主要面向的是因战牺牲的革命军人、革命工作人员、民兵、民工。1980年国务院颁布《革命烈士褒扬条例》后，评烈的范围从过去的革命军人、革命工作人员、参战民兵、民工拓展到了全体人民，即凡中国人民只要符合革命烈士条件，经法定机关批准，均可称为革命烈士。随后评烈范围拓展到在备战飞行训练或在执行试飞任务中牺牲的部队飞行人员，参加处置突发事件、执行军事演习、空降和导弹发射训练、参加武器装备科研试验牺牲的人员。1986—2005年四川辖区每年都涌现一批保卫国家和人民安全、参加社会主义建设、舍己救人、忘我牺牲的英雄人物。为缅怀他们的英雄业绩，给广大群众树立学习的榜样，省政府根据他们的英勇无畏精神，批准他们为革命烈士。1986—2005年省政府批准的烈士名录见附录。

第二节　英烈宣传

一、英烈史料编纂

为颂扬烈士精神，各级党委政府以“褒扬烈士，教育群众”为主题，利用大众传播媒体编辑烈士史料、宣传烈士事迹。其主要形式有图片、报纸、刊物、广播、电视、电影、戏剧等。编纂的烈士事迹具有新闻性、知识性、趣味性、多样性。1986—2005年四川省各级民政部门以抢救史料的积极姿态，采取多种形式，搜集、整理出一大批革命烈士资料，广泛开展烈士事迹编纂工作。由省民政厅建立的烈士事迹档案宗卷61卷，出版著名烈士档案220多个，出版有关烈士图书、画册3000余册。1985年完成编印的《四川省革命烈士英名录》，收入12.7万名革命烈士。1986年省民政厅编辑出版《革命烈士资料集萃》《巴蜀英烈》（画册）。1992年撰写著名烈士辞条2000余条，其中有1050条著名烈士辞条被编入《中华英烈大辞典》。1988年省民政厅创办了《巴蜀英烈》季刊，共编辑出版了36期，发行3.6万册，发行至12个省、直辖市、自治区，被中共中央政策研究室、中国革命历史博物馆、军事博物馆、军事科学院和北京、上海、天津、南京、广州、四川图书馆收藏。四川省各级民政部门单独或与党史、文化宣传等部门联合编辑出版书刊20多种，成都、宜宾民政部门与文化部门合拍“十二桥烈士”“赵一曼”烈士事迹电视剧。1997—2001年撰写并向国家民政部报送《中华著名烈士》丛书四川籍著名烈士事迹129篇，36万多字。各地民政部门广泛收集整理烈士遗物资料，并将遗物陈列在烈士纪念建筑物内展览。

二、英烈基地建设

烈士纪念设施一直作为爱国主义教育的主要阵地，发挥着“褒扬烈士，教育群众”的功能。截至1985年，四川省共新建、扩建、修葺烈士纪念建筑物409处，其中重庆市49处，成都市31处，自贡市6处，渡口市7处，泸州市23处，德阳市7处，绵阳市9处，广元市11处，遂宁市4处，内江市46处，乐山市21处，达县地区15处，万县地区11处，涪陵地区24处，黔江地区17处，宜宾地区34处，南充地区15处，雅安地区11处，阿坝州23处，甘孜州22处，凉山州23处。1986年之后四川省各烈士纪念设施保护单位纷纷向社会免费开放或优惠开放。主动走出去，与企业、厂矿、学校等单位结成共建对子。组织报告团，去各地巡回报告，充分发扬爱国主义教育基地的作用。1995年为利用烈士纪念设施进行爱国主义教育，省民政厅下发《贯彻民政部〈关于确定爱国主义教育基地和加强烈士纪念建筑物建设通知〉的通知》，确定成都十二桥烈士墓共28处烈士纪念建筑物为省民政厅第一批爱国主义教育基地。1996年10月国家教委、民政部等印发《关于命名和向全国中小学推荐百个爱国主义教育基地的通知》，四川省共有5处纪念馆和陵园名列其中，分别是朱德同志故居纪念馆、中国工农红军强渡大渡河革命纪念地、重庆歌乐山烈士陵园、重庆红岩革命纪念馆、黄继光纪念馆。1997年10月，省委宣传部根据中央和省《爱国主义教育实施纲要》的精神，颁发了《四川省爱国主义教育基地管理办法》，全省各地按照这一要求，研究和确立了行之有效的管理措施。1998年5月省委、省政府公布成都理工学院博物院、王建墓博物馆为第二批省级爱国主义教育基地。在省部级相继命名一批爱国主义教育基地后，四川各地根据当地烈士纪念建筑物实际情况，分别确定了本级爱国主义教育基地，并把烈士纪念建筑物建设纳入当地贯彻执行《爱国主义教育实施纲要》规划和城市建设总体规划。坚持以国家投入为主，辅之以多渠道筹集资金，做好烈士纪念建筑设施的建设和维修。与此同时采取多种形式培养造就一支具有较高水平的管理和讲解队伍，以搞好烈士事迹的陈列布展，不断充实陈列参展内容，提高陈列参展水平。省民政厅为此十分重视革命烈士纪念建筑物保护单位讲解员的培养，以提高他们的讲解水平，增强爱国主义教育效果。2005年9月，省民政厅选送了南充烈士陵园的罗军、吴海英、杨丽；川陕革命根据地红军烈士陵园的陈亮；高县李硕勋烈士纪念馆的严茂、李定红；遂宁市烈士陵园的蔡洁、杨婕；乐山市井研县烈士陵园的夏梦共9名讲解员参加民政部举办的全国英烈机构讲解员大赛复赛和培训。在2005年12月全国英烈机构讲解员大赛中，遂宁市烈士陵园蔡洁、高县李硕勋烈士纪念馆的严茂、李定红等三位参赛选手获得好成绩。

1995—1998 年，国家教委、民政部、省委、省政府、省民政厅公布的在川爱国主义教育基地名单见表 3－4、表 3－5、表 3－6。

省民政厅公布第一批爱国主义教育基地名单一览表（1995 年 4 月）

表 3－4

名　称	地　址	名　称	地　址
成都十二桥烈士墓	成都市	宜宾市烈士陵园	宜宾市
杨闇公烈士陵园	潼南县	李硕勋烈士纪念馆暨高县烈士陵园	高　县
富顺县烈士陵园	富顺县	宜宾县烈士陵园	宜宾县
泸州市烈士陵园	泸州市	长宁县烈士陵园	长宁县
合江县烈士陵园	合江县	达川市烈士陵园	达川市
苍溪县烈士陵园	苍溪县	李家俊烈士陵园	万源市
沐川县烈士陵园	沐川县	通江县王坪烈士陵园	通江县
洪雅县烈士陵园	洪雅县	石棉县烈士陵园	石棉县
丹棱县烈士陵园	丹棱县	名山县烈士陵园	名山县
库里申科烈士墓	万县市	金川县烈士陵园	金川县
彭咏梧烈士陵园	奉节县	炉霍县烈士陵园	炉霍县
南充烈士纪念馆	南充市	丁佑君烈士陵园	西昌市
涪陵市烈士陵园	涪陵市	会理县烈士陵园	会理县
酉阳县烈士陵园	酉阳县	西昌市烈士陵园	西昌市

全国中小学百个爱国主义教育基地在川名单一览表（1996 年 10 月）

表 3－5

名　称	地　址
朱德同志故居纪念馆	仪陇县
中国工农红军强渡大渡河革命纪念地	
重庆歌乐山烈士陵园	重庆市
重庆红岩革命纪念馆	重庆市
黄继光纪念馆	中江县

说明：1996 年 10 月，国家教委、民政部等印发《关于命名和向全国中小学推荐百个爱国主义教育基地的通知》，公布了在四川的英烈基地名单

省委、省政府公布第二批省级爱国主义教育基地名单一览表（1998年5月）

表3－6

名　　称	地　址
成都理工学院博物院	成　都
王建墓博物馆	成　都
丁佑君烈士铜像暨纪念馆	乐山市
夹江手工造纸博物馆	乐　山
罗世文烈士史料陈列馆	内江市
内江市烈士陵园	内江市
苍溪红军渡纪念馆	广元市
三星堆博物馆	德阳市
石棉县烈士陵园	雅安地区
朱德总司令和五世格达活佛联谊塑像纪念馆	甘孜州
金川县革命烈士陵园	阿坝州
茂汶羌族博物馆	阿坝州

第三节　悼念祭扫纪念日活动

中华人民共和国成立后，四川省各地秉承民间对已故前人缅怀和纪念的传统习俗，选择在春节、清明、中元或已故者诞生与离世的祭日期间，以扫墓、献花篮、点蜡烛和燃放烟花爆竹以及开追悼会、座谈会、研讨会、瞻仰生平事迹等各种方式，缅怀革命先烈的业绩，达到追怀前人、激励当代的目的。

一、清明节扫墓

1949年之后，四川各地为缅怀为中华人民共和国的诞生而献出宝贵生命的革命先烈，利用“清明”这个祭奠逝者、寄托哀思、缅怀先人的传统节日，开展祭扫革命烈士墓，瞻仰革命烈士纪念建筑物等活动。为搞好此项活动，各级民政部门每年在清明节到来之前，都出面组织，提出具体要求。2004年省民政厅发出《关于清明节期间开展纪念革命烈士活动》的通知，对搞好清明祭扫活动做出具体部署，全省21个市（州）民政局根据通知精神，结合本地实际情况，作出具体安排，使纪念活动形式多样，收到良好的社会效果。

二、抗美援朝纪念日活动

在中国人民解放军建军60周年纪念日、中国人民志愿军抗美援朝出国作战50周年纪念日等重大历史纪念日，四川省各级党委、政府都要组织隆重的纪念活动。2000年为切实开展好中国人民志愿军抗美援朝出国作战50周年纪念活动，省民政厅下发了《关于切实做好中国人民志愿军抗美援朝出国作战50周年纪念期间优抚工作的通知》，要求各级民政部门认真组织志愿军老战士、烈属参加的不同形式的座谈会，请志愿军老战士作报告，开展爱国主义教育，增强广大群众建设有中国特色社会主义的理想信念和维护祖国统一，维护社会稳定的责任感和使命感，振奋精神，扎实做好本职工作。同年 10 月 23 日，由省政府和四川省军区领导，带队前往新繁休养院慰问志愿军伤残休养员。24 日省委，省政府在成都金牛宾馆俱乐部召开四川省纪念中国人民志愿军抗美援朝出国作战 50 周年座谈会。省委、四川省人大、省政府、四川省政协、成都军区空军、四川省军区、武警四川省总队、民主党派、老志愿军英模代表及志愿军烈士家属代表、志愿军老战士代表、现役军人代表、社会各界代表等近 100 人参加了座谈会。

三、烈士诞辰纪念日活动

1986 年之后，四川各级党委、政府举行了一系列著名革命烈士诞辰纪念活动，包括杨闇公、赵一曼、黄继光、邱少云等。2003 年 3 月 13 日上午，余泽鸿烈士 100 周年诞辰纪念大会在宜宾市长宁县隆重举行，来自中央、省、市、县（区）的各界代表、余泽鸿亲属和当地学生群众共 5000 余人参加纪念大会。四川省人大常委会副主任刘永顺等出席纪念大会并讲话，余泽鸿烈士的家人、生前战友在大会上发言，并敬献花篮。会后瞻仰了余泽鸿烈士纪念馆。

第四节　英烈纪念建筑物保护管理

一、分级管理

中华人民共和国成立后，各地为纪念中华人民共和国建国前后革命烈士专门陆续修建的烈士陵园、烈士纪念碑、亭，纪念塔、祠，纪念雕塑，纪念堂、馆等建筑设施，一律列为烈士纪念性建筑物保护单位。各级民政部门和纪念性建筑物设施单位加强对纪念性建筑物设施的保护和管理。1986 年，四川省由国家民政部门管理的烈士陵园 44 个，分散的革命烈士建筑物 188 处，烈士公墓 100 多处。1986 年 10 月民政部、财政部下发《关于对全国烈士纪念建筑物加强管理保护的通知》，明确烈士纪念性建筑物分级管理体制，1987 年 8 月省政府批转省民政厅、省财政厅《关于贯彻民政部、财政部〈关于对全国烈士纪念建筑物加强管理保护的通知〉的报告》，要求各级民政部门对烈士纪念碑、馆、烈士陵园和烈士公墓，加强领导，制定保护措施，积极为社会主义精神文明建设服务。1986—2001 年国务院先后 4 次批准、公布全国重点烈士纪念建筑物保护单位，其中在四川 9 处。1987—1998 年省政府先后 3 次批准、公布四川省重点烈士纪念建筑物保护单位共 17 处。

1986—2001 年国务院批准、公布全国重点烈士纪念建筑物保护单位在川名单见表 3－7、表 3－8、表 3－9、表 3－10。1987—1998 年省政府批准，公布四川省重点烈士纪念建筑物保护单位名单见表 3－11、表 3－12、表 3－13。

第一批全国重点烈士纪念建筑物保护单位在川名单一览表

（1986 年 10 月 15 日，国务院批准、公布）

表 3－7

名　　称	修建时间	地　　址
自贡市烈士陵园	1984 年	自贡市
张自忠烈士陵园	1942 年	重庆市

第二批全国重点烈士纪念建筑物保护单位在川名单一览表
（1989 年 8 月 20 日，国务院批准、公布）

表 3－8

名　　称	修建时间	地　　址
王坪烈士陵园	1934 年	通江县

第三批全国重点烈士纪念建筑物保护单位在川名单一览表
（1996 年 3 月 31 日，国务院批准、公布）

表 3－9

名　　称	修建时间	地　　址
邱少云烈士纪念馆	1959 年	铜梁县
杨誾公烈士陵园	1987 年	潼南县

第四批全国重点烈士纪念建筑物保护单位在川名单一览表
（2001 年 4 月 30 日，国务院批准、公布）

表 3－10

名　　称	修建时间	地　　址
南充烈士陵园	1992 年	南充市

第一批四川省重点烈士纪念建筑物保护单位名单一览表
（1987 年 7 月 20 日，省政府批准公布）

表 3－11

名　　称	修建时间	地　　址
雅安烈士陵园	1955 年	雅安市
名山县烈士陵园	1951 年	名山县
丁佑君烈士陵园	1951 年	西昌市
长宁县烈士陵园	1958 年	长宁县
合江县烈士陵园	1955 年	合江县
通江县王坪烈士陵园	1984 年	通江县
库里申科墓	1958 年	万县市
李家俊烈士纪念碑	1983 年	万源县

第二批四川省重点烈士纪念建筑物保护单位一览表

（1995 年 2 月 22 日，省政府批准公布）

表 3－12

名　称	修建时间	地　址
杨闇公烈士陵园	1987 年春迁建	潼南县
邱少云烈士纪念馆	1959 年	铜梁县
绵阳市烈士陵园	1955 年	绵阳市
宜宾县烈士陵园	1982 年	宜宾县
高县李硕勋烈士纪念馆暨烈士陵园	1955 年	高　县
酉阳县烈士陵园	1967 年	酉阳县

第三批四川省重点烈士纪念建筑物重点保护单位一览表

（1998 年 4 月 21 日，省政府批准公布）

表 3－13

名　称	修建时间	地　址
南充革命烈士陵园	1992 年	南充市
遂宁市烈士陵园	1988 年	遂宁市
洪雅烈士陵园	1959 年	洪雅县

二、纪念物修建

（一）刘伯坚烈士纪念碑

刘伯坚烈士是四川省平昌县龙岗乡人，是中国共产党早期革命斗争的主要领导人之一。1935 年 3 月，时任红五军团政治部主任的刘伯坚，在江西仁凤地区作战，与项英、陈毅分路突围，不幸受伤被俘。在狱期间，坚贞不屈，视死如归，写下《带镣行》《移狱》《月中月夜》等英雄诗篇，其高风亮节、气贯长虹的革命气节力透纸背，3 月 21 日在江西大余县英勇就义，时年 40 岁。20 世纪 70 年代末，中共平昌县委即组织力量收集刘伯坚烈士生平事迹，并多方奔走，申请在烈士的故乡平昌县城修建刘伯坚烈士纪念碑，该碑于 1983 年 12 月破土动工，此举得到中央领导的支持。1983 年邓小平书写了“刘伯坚烈士纪念碑”的题词。中央领导叶剑英、聂荣臻、陆定一等书写了“刘伯坚烈士永垂不朽”的题词。1986 年 10 月刘伯坚烈士纪念碑落成，中共中央政治局委员、中央军委常务副主席兼秘书长杨尚昆代表中共中央、国务院、中央军委参加落成典礼。

（二）南充革命烈士纪念馆

四川省南充地区是朱德、邓小平、罗瑞卿和民主革命家张澜的故乡，是第二次国内革命战争时期川陕革命根据地的重要组成部分。

1926 年在中国共产党的领导下，南充地区的革命斗争风起云涌。刘伯承、于江震、张逸民、李汛山、王璞等同志，先后在这里组织过震动全川的“顺泸起义”“升保起义”“西区游击战”“老观起义”“三堆石起义”“华蓥山起义”。1933年徐向前、李先念等在这里领导苏区军民浴血奋战3年之久，相继解放了阆中、仪陇、营山、南部、蓬安的全部或一部分，并先后建立了阆中、仪陇、营山、南部、长胜、德丰县和中法市等县市苏维埃政权，在中国现代革命史上谱写了光辉的篇章。

在长期的革命斗争中，南充人民作出了巨大的牺牲和贡献。全区有70000多人先后参加土地革命战争、抗日战争和解放战争。中华人民共和国成立后有大量优秀儿女参加中国人民解放军。全区共有28848名革命军人，革命工作人员、人民群众在争取民族解放、保卫祖国和建设祖国中光荣牺牲，用鲜血和生命写下了可歌可泣的不朽篇章。这些革命烈士中，有黄花岗七十二烈士之一的秦炳烈士，四川省军委书记、红六军军长李鸣珂烈士，江西九江地委书记、赣北特委书记林修杰烈士，中共江东特委书记杨人杰烈士，四川省委员会、重庆市委书记杨仁叔烈士，四川省委员会、重庆市（地）方执行委员会工委书记王璞烈士，华蓥山起义的杨玉框、杨奚勤、杨汉秀烈士，成都十二桥殉难的姜乾良、杨伯恺烈士，志愿军虎胆英雄彭良义烈士共100多知名人士。

为缅怀革命先烈的丰功伟绩，对广大人民群众和青少年进行爱国主义教育，经南充地区行政公署申请，在南充市西山风景区修建“南充革命烈士纪念馆”。1991年10月12日，南充地区行政公署得到省政府办公厅致函：省政府同意在南充市西山风景区修建“南充革命烈士纪念馆”。南充烈士陵园于1992年8月动工兴建，1994年落成，占地面积150亩，建有革命烈士纪念碑、烈士资料陈列室、国家领导人题字碑林等主要建筑设施。1996年8月16日，经省政府批准，南充革命烈士纪念馆更名为南充烈士陵园。

（三）李硕勋烈士纪念馆

李硕勋烈士是四川省高县庆符镇人，1919年参加革命，早期全国学运领袖，中央军委委员，红七军政委。曾任浙江省委军委书记、江苏省委军委书记、广东省委军委书记等职，南昌起义时任红25师党代表。1931年7月赴海南主持召开军事会议时被捕，同年9月16日在广东琼州（今海口市）被国民党杀害。全国解放后，朱德、邓小平、聂荣臻、郭沫若、吴玉章、周士弟等领导先后题词缅怀李硕勋烈士。

1993年11月18日，省政府致函宜宾地区行政公署，省政府同意在高县马鞍山风景区修建“李硕勋革命烈士纪念馆”。李硕勋烈士纪念馆占地15亩。1994年12月李鹏总理偕夫人朱琳到馆视察，1995年初将其母赵君陶（李硕勋烈士的妻子）的部分遗物捐赠给李硕勋纪念馆。2000年2月25日，省政府致函宜宾市人民政府，省政府同意李硕勋烈士纪念馆从高县文江镇柳湖公园迁至高县庆符镇硕勋公园内。迁址后，李硕勋烈士纪念馆暨高县烈士陵园更名为李硕勋烈士纪念馆。

（四）王坪烈士陵园

王坪烈士陵园，原名王坪红军烈士墓，地处通江县沙溪区沙溪乡王坪村。王坪曾是红四方面军总医院所在地。第二次国内革命战争时期，王坪及其附近的廖坪等处先后埋葬了3330名烈士遗体。其中，王坪1250名，廖坪520名，大城寨78名，谭家梁215名，李家坝122名，河坎上235名，谭坪83名，彭家岩67名，庞家场648名，陈家山60名，莫家山42名。1934年冬红四方面军总医院为褒扬革命烈士，在王坪烈士墓区建立了一座纪念碑。碑高3.87米，碑身竖刻着总医院政治部主任张琴秋题写的“红四方面军英勇烈士之墓”，碑前有一石供桌，左右两侧安放着用石头雕刻的两门迫击炮，碑后有38个牌位，牌上镌刻着红10师参谋主任吴展、红11师参谋主任吴鸣鹤等38名师团级干部的英名。1951年王维舟、余洪远曾率中央慰问团到此扫墓。1982年4月，中共中央政治局委员、中共中央军委副主席、原红四方面军总指挥徐向前元帅为烈士墓亲笔写了“学习革命先烈不怕艰苦困难，献身革命精神，为实现祖国的四个现代化而奋斗”的题词。同年红军烈士墓及墓碑被列为四川省文物保护单位。1985 年省民政厅根据通江县人民政府的报告，同意将红军烈士墓扩建为通江县王坪烈士陵园。1987 年 8 月省政府将通江县王坪烈士陵园列为省级烈士纪念建筑物重点保护单位。1989 年 8 月，国务院批准王坪烈士陵园为全国重点烈士纪念建筑物保护单位。王坪烈士陵园建立时间较早，由于各种原因，纪念性建筑物修建得较少，一大批烈士墓因没有妥善保护，年久失修而濒临消失。20 世纪 90 年代，王坪烈士陵园开始大规模维修。

2002 年 8 月 1 日，民政部致函省政府，同意将王坪烈士陵园更名为川陕革命根据地红军烈士陵园。

三、设施管理

（一）管理模式

四川省县以上烈士纪念设施保护单位，根据其规模大小，设有管理所、办等管理机构，设有专职管理工作人员，事业身份，财政供养。以保证革命烈士纪念设施保护工作的落实。省民政厅根据省委、省政府和国家民政部下发的一系列有关加强革命烈士纪念建筑物设施管理的文件，及时转发上级文件，适时开展检查指导。1995 年 4 月，省民政厅在西昌市召开全省烈士纪念建筑物管理工作改革与发展研讨会，探讨进一步解放思想，深化内部改革，扩大对外开放，及时研究经济体制转换过程中，革命烈士纪念建筑物管理工作出现的新情况，努力探索新途径、及时解决新问题，全面促进管理工作的新发展。

（二）清理整顿

1990 年 6 月省民政厅根据民政部通知要求，对全省革命烈士纪念建筑物进行一次普查，向民政部填报了《革命烈士纪念建筑物登记表》，全面掌握了建筑物的建筑规模、保护级别、未保护单位、管理单位、建立机构等情况，为加强管理提供了翔实可靠的第一手资料。2002 年 12 月，省民政厅对全省烈士纪念建筑物管理保护单位进行了一次重点调查研究。针对存在的问题，要求各级民政部门从讲政治的高度，加强对革命烈士纪念建筑物的管理，进一步建立和完善地方各级管理体制，依法管理保护革命烈士建筑物设施，守好、管好、用好革命烈士纪念建筑物这块阵地，避免烈士陵园被挤占现象发生。2005 年，针对泸州市烈士陵园等优抚事业单位管理工作中出现的问题，省委、省政府主要领导及时作出批示，省民政厅举一反三，对全省优抚安置事业单位开展清理整顿以促进优抚安置事业单位规范管理。同年 3 月，省民政厅下发《关于进一步加强优抚事业单位管理工作的通知》，要求烈士纪念建筑物管理保护单位严格执行民政部《革命烈士纪念建筑物管理保护办法》和有关规定，对烈士纪念建筑物加强管理保护和维修，做到无破损、无锈蚀，烈士档案、实物、文字资料、图片、骨灰等保管完好有序，使革命烈士纪念场所形成庄严、肃穆、优美的环境和气氛，为社会提供良好的瞻仰和教育场所。同年 4 月，省民政厅下发《关于进一步认真彻底清理整顿烈士陵园等优抚安置事业单位的通知》，对进一步清理整顿作出全面具体安排，要求坚决清理整顿烈士陵园内的非烈士墓。以清理整顿工作为契机，将烈士陵园内的非烈士墓迁出或采取其它方式与烈士墓区隔离，维护烈士陵园的特殊地位。

第三章　拥军优属

双拥工作即拥军优属和拥政爱民工作的简称。它产生于革命战争年代，是中国人民和人民军队在长期的革命斗争和建设事业中形成的光荣传统，对中国新民主主义革命的成功和社会主义建设的发展起到了重要作用。在进入社会主义现代化建设新的历史时期，进一步做好拥军优属拥政爱民工作，加强军政军民团结，对于维护国家长治久安，保证中国改革开放的顺利进行，实现社会主义现代化建设的宏伟目标，对于建设现代化、正规化的革命军队都具有十分重要的意义。

四川位于祖国西南腹地，是中央实施西部大开发战略的省区之一，具有人口多、出兵多、驻军多、优抚对象多等特点。四川具有双拥工作优良传统和广泛群众基础。

四川省在拥军优属工作上主要是广泛进行全民国防教育和双拥宣传，增强全民国防观念；为军队选送优质兵员，协助中国人民解放军建设强大国防；支持军队革命和建设，帮助军队完成作战和训练任务；保护军事设施，尊重和爱护军队；接受并妥善安置军队转业和离退休干部、复员退伍军人和残疾军人，做好随军家属就业；做好现役军人、残疾军人、复员退伍军人和烈士遗属、因公牺牲家属、病故军人家属的优抚优待工作；维护军人及其家属合法权益，妥善处理军民矛盾和纠纷；开展创建双拥模范城（县）和军民共建社会主义精神文明活动。1997 年 8 月，省政府印发《四川省拥军优属若干规定》，1998 年 5 月，四川省双拥工作领导小组办公室下发《关于贯彻执行〈四川省拥军优属若干规定〉具体问题的解释的通知》。自此四川拥军优属工作走上制度化，规范化轨道。2005 年省委、省政府、四川省军区召开“四川省双拥模范城（县、区）命名电视电话会议”，命名表彰 86 个新一届四川省双拥模范城（县、区）、163 个双拥先进集体和 97 名双拥先进个人。各地认真贯彻会议精神，组织实施全国军民共建社会主义精神文明活动，部署全省开展“援建军营图书室，共建学习型军营”系列活动，13 个市和 6 个省级单位援建军营图书室 73 个。2005 年全国双拥办在成都举办了全国双拥工作理论研讨会。

第一节　双拥机构

1991 年四川省成立拥军优属、拥政爱民工作领导小组。四川省双拥工作领导小组由省长任组长，省委一位副书记、省政府一位副省长任常务副组长，四川省军区政委任副组长，有 29 个省部委厅局和部队领导任成员。领导小组下设办公室，办公室主任由省民政厅厅长担任，四川省军区政治部一名副主任、省民政厅一名副厅长、四川省军区秘群处处长任副主任，另设一名双拥办专职副主任，工作人员 6 人，办公地点设在省民政厅。此后随领导成员变动，随时调整补充，始终保持领导小组组织健全。

1991 年 9 月 17 日，四川省双拥领导小组第一次全体会议通过决议，确定四川省双拥领导领导小组及办公室职责、省双拥工作领导小组联络员职责、省双拥领导小组成员单位职责、省级各部门双拥工作共同职责和四川省双拥工作领导小组成员单位职责。

一、四川省双拥工作领导小组的职责

统一指导、协调全省的双拥工作，研究解决双拥工作中涉及全省性的问题，制定有关政策和法规；协调处理军地关系中的一些重大问题；组织交流情况，推广先进经验考核、审查、评选、表彰省级双拥模范城（县）和双拥先进典型，推荐、申报国家级双拥模范城（县）；承办省委、省政府、省军区交办的有关双拥工作事项。

二、四川省双拥办的职责

组织、协调指导全省双拥工作，调动各方面的积极性，形成整体合力；及时与职能部门协商处理双拥工作的实际问题；检查、督促各地双拥工作，调查研究，总结经验，及时发现和研究带倾向性的问题；收集掌握全省双拥工作情况，搞好总结和规划；承办领导小组交给的各项工作，当好参谋。

三、四川省双拥工作领导小组成员单位共同职责

确定本系统、本部门承办双拥工作的机构（处、室），确定专人负责此项工作，并确定一名处级干部作联络员同省双拥办联络；根据法律、法规和党的优抚安置政策，制定本部门、本系统拥军优属的具体措施办法；认真组织本部门开展拥军优属活动，并积极参加单位驻地的双拥活动；认真做好本部门、本系统烈军属、伤残军人，转业复员退伍军人的优抚安置工作。帮助他们解决生活、治病、住房及子女就业、入学、入托等方面的实际困难；每年十一月底向省双拥工作领导小组书面报告拥军优属工作情况及下一年度的工作安排。

四、四川省双拥工作领导小组联络员职责

协助省双拥工作领导小组成员组织、协调、指导本系统本单位开展双拥工作，履行成员单位双拥工作的职责，发挥职能作用；认真做好联络工作，协助领导抓好本系统本单位双拥工作制度和规划的制订与落实，随时收集和掌握本系统本单位开展双拥工作的情况；协助领导检查、督促本系统单位落实优抚安置政策，搞好调查研究，解决好单位内部双拥工作带倾向性的问题；协助领导妥善处理好本系统单位发生的军地矛盾和军民纠纷，并将处理情况及时上报省双拥办；每季度向省双拥办反馈本系统本单位双拥工作信息一条，每年不少于 4 条；每年 10 月底前向省双拥工作领导小组书面报告本系统本单位年度双拥工作的总结；承办双拥办和单位领导交给的双拥工作各项任务，当好参谋和助手。

从 1994 年以来，四川省政府先后两次调整省双拥工作领导小组，组长由省长担任，省政府一名副省长和省军区政委任副组长，29 个厅（局）领导担任双拥工作小组成员。双拥工作领导小组下设办公室，并实行军地合署办公。做到了人员编制、办公地点、办公经费、工作车辆的四落实。双拥组织机构的建立健全，加强了双拥工作的领导，军地齐抓共管，形成了整体合力。至 2002 年，四川省县以上双拥工作领导小组 203 个，拥军优属服务组织 19 万个，使双拥组织机构和工作制度从机

关、乡镇、街道、部队团体、大中型企业到农村村组、商店、学校、连队等普遍建立了双拥组织服务小组，形成了遍布城乡、纵横交错的双拥网络，使双拥工作真正落实到基层。各地双拥工作坚持了领导小组会议制度、军地互访制度、议事制度，领导定点联系驻军制度，检查总结表彰制度。在全省形成了党政军民齐抓共管、层层抓落实、全社会广泛参与创建双拥模范城（县、区）活动的生动局面。

第二节 慰问活动

中华人民共和国成立后，四川各地每逢春节、元旦和重大节日，均开展对烈、军属和革命有功人员的慰问活动，并逐渐成为四川人民的光荣传统。1985—2005 年这项活动从未停止，且不断将活动搞得丰富多彩，四川省将元旦、春节期间，变成全省人民的“双拥月”，将“八一”建军节，变成全省人民的“双拥周”，向烈、军属和革命有功人员赠送鲜花、礼品和慰问信、慰问金，许多地方还举行狮舞、演出等隆重仪式，向烈、军属和革命有功人员表示敬意、慰问和祝福。为开展这些活动，省民政厅每逢重大传统节日，都要根据当时的时代背景，下发通知，对慰问活动作出安排部署。要求在全省搞好宣传教育，努力营造拥军爱民的浓厚氛围；抓好优抚安置政策的检查落实工作，把好事办好、实事办实；开展好军民联谊活动，不断增进军政军民鱼水情谊。通过开展一年一度的传统节日和重点慰问活动，密切了军政军民关系，丰富了拥军优属、拥政爱民的内涵，促进了军政、军民团结。

除开展好传统节日慰问活动外，四川省还多次组织慰问团，深入革命老根据地和云南前线进行重点慰问。在革命老根据地，慰问团详细了解当地人民群众的生产、生活情况，帮助他们解决实际困难。在云南前线，慰问团深入营房、战地，通过和广大官兵促膝谈心、举行联欢等多种活动，密切了军民、军政关系，使广大官兵看到了祖国人民的重托。1987 年 1 月，四川省第二次（第一次系 1985 年）赴云南前线慰问团，由副省长谢世杰任团长，省政府办公厅副主任李定邦、省民政厅纪检组长冯秉昭、四川文化厅副厅长钱来忠、四川省妇联副主任罗彤、宜宾地区行署副专员段志华为副团长，一行 46 人，先后慰问云南前线各个集团军、12 个师级单位、14 个团级单位和部分前沿阵地连队、前方医院指战员。1989 年 2 月组成第三次赴云南前线慰问团，由副省长蒲海清为团长、省民政厅副厅长朴泰江、省政府副秘书长傅力贤、省委办公厅副主任孙前、省人事局副局长王锡文、省文化厅副厅长尹福昌为副团长，一行 50 人慰问了云南前线部队 49 个单位。慰问团向烈士墓致献花圈，并多次召开慰问大会，散发慰问信、慰问品，举行多场电影和文艺演出。

1989 年 9 月，省委、省政府派出以省长张皓若为团长的赴革命老根据地慰问团。慰问团分三路赴平昌、巴中、南江、天全、芦山、宝兴、荥经、雅安、汶川、茂县、松潘和南部等 12 个县、16 个区、乡（镇）和 2 个藏族羌族村寨的革命老根据地进行了慰问。以省委、省政府、成都军区名义向雅安、阿坝两地州有革命老根据地的 15 个县赠送了锦旗。还瞻仰、参观了刘伯坚烈士纪念碑、茂县烈士陵园，朱德故居，川陕革命根据地博物馆和即将落成的红军长征纪念碑以及红军时期的重要革命历史遗址、红军标语等革命文物。

1992 年 9 月，省委、省政府派出以副省长罗通达为团长的赴甘孜州革命老根据地慰问团，慰问团在泸定、康巴进行慰问活动后，分别由罗通达、杨世喜率领，分两路赴丹巴、道孚、炉霍、新龙、甘孜进行了慰问。以省委、省政府、成都军区名义向甘孜州有革命老根据地的7个县赠送了锦旗。还瞻仰、参观了红军抢夺泸定桥纪念馆，道孚、新龙革命烈士陵园，朱德总司令与格达活佛会见的白利寺等红军时期的重要革命历史遗址和纪念建筑。

第三节　拥军建设

一、办理实事

四川人民和各级政府长期坚持为部队办实事，将为部队办实事作为义不容辞的职责，形成了巴蜀儿女血脉相传、根深蒂固的美德。1993年，成都市为军队第四批离退休干部建房征地减免各种费用2800多万元，并解决400多人因征地出现的生活安置问题。是年，成都部队执行“939”任务进驻阿坝地区，阿坝州为此成立了37个军民协调领导小组，抽出工作人员600多人，藏族群众牵着牛羊，捧着哈达、美酒慰劳解放军，地方党委、政府和人民群众像当年迎接红军那样迎接执行任务的部队，再现了革命老区人民对子弟兵的一往深情。1994年四川各地办起一批“双拥”实体，军地合作开发项目190个，有力促进了军地建设与发展。1995年省委、省政府在双拥工作中，突出“办实事、讲实效”，为部队排忧解难。是年四川各地为支持部队基础设施建设投入资金2500万元，为部队解决粮油差价补贴2300万元，为部队减负各种税收、杂费2000万元，妥善安置随军家属3760人，解决军属住房困难6000户，为现役军人家属配偶调整工种班次3800人次，解决部队子女入学入托15600人，基层拥军优属服务组织为广大优抚对象做好事12万件。1996—1997年，为配合部队科技强军战略，四川各级党委大力开展科技拥军、智力拥军活动，广泛开展送图书、送技术、创建军营图书阅览室，派专家、学者进军营传授科技知识技术，建立“两用人才”培训基地，帮助部队解决科技练兵中的难题，积极支持部队建设。

在为部队办实事方面，1998—1999年四川各地着重抓了4个方面的工作。（1）对部队官兵实行“六免费”“三优先”。具体内容为凡部队官兵进公园、上厕所、坐市内公共汽车、参观旅游景点、停大、小汽车免费；上医院挂号、诊断、住院优先。（2）主动配合部队搞好军事训练战备值勤等任务，每逢部队举行军事演习，驻地领导和人民群众都要迎送和慰问，为部队除路障、修车辆、腾房子，从交通、场地、物资等方面给予大力支持。（3）积极为部队解决粮油、水电、燃料、道路通信、营建等困难，仅1998年德阳市投资100多万元帮助驻军修建了一条运送重武器的“三重级”道路。隆昌县投资240万元为武警中队新建一座“双拥楼”。广元市为驻地部队各项建设投入达270万元。（4）各地、各部门结合自身职责，对军队干部子女的入学、升学以及随军家属调动给予大力支持。对优抚对象医疗等方面给予优惠或减免。

2000年7月28日，省委召开“八一”拥军会，会上，省委副书记、省长张中伟就军区提出需要地方政府解决的关于人武部基础设施建设问题，关于把金沙江至石棉路段纳入川藏交通线整治共10个问题讲了处理意见。拥军会后，张中伟召集成都市和省级有关部门领导对军区提出的问题进行专题研究，提出要求，落实责任人，由四川省政府副秘书长王东洲就此项工作落实情况进行督查，要求各有关部门克服困难，把解决好驻川部队提出的问题作为加强军政军民团结，为部队办实事的一项重要政治任务抓紧抓好，尽快落实。截至2001年5月底，军区提出的10个问题得到解决。

2002年，各级人民政府把支持部队搞好后勤保障社会化工作作为双拥的主要内容，积极支持部队后勤保障改革。各地将部队后勤保障社会化纳入本地统一规划，作为社区服务的主要内容。截至2005年四川省各级财政和有关单位共投入资金近2.6亿元，用于部队的营房、民兵训练基地、武器仓库建设，并免收征地费6500多万元。划拨土地1360余亩为部队建立“菜篮子”基地、训练场地、文体场地，拨款补助部队官兵生活费1.15亿元。各地还投入科技拥军费1658万元，为部队送电脑、送科普书籍、送科技知识。普遍设立“军工奖”，对在部队立功受奖的川籍官兵进行奖励。成都市结合元旦春节、“八一”慰问走访部队期间，根据部队反映，拨款4210多万元，帮助解决军区机关南营门扩建和大院供电、居民搬迁以及邛崃77171部队迁建营区和维修凤凰山进出军营的道路。许多地方对部队干部子女的入学升学实行“加分制”和不收高价等办法。攀枝花、自贡、泸州、德阳、宜宾、资阳、绵阳等地对随军家属未安排就业的，由政府拨款给予每人每月100—200元生活补助，攀枝花市对36名自愿自谋职业的随军家属每人给予一次性1万元的经济补助。

二、权益维护

20世纪90年代之后，随着改革开放的逐步深入和社会主义市场经济秩序的建立，涉及侵犯军人及其家属等优抚对象合法权益的事件不断发生。为搞好拥军优属工作，有效维护军人军属的合法权益，1993年四川省各级双拥机构深入工矿、企事业单位，了解优抚对象合法权益的保障情况。成都、重庆、自贡、泸州、万县、德阳、广元、内江、乐山、雅安、绵阳、宜宾、南充等10多个市、地对大中型企业拥军优属工作进行详细的调查了解，就优抚对象在工作、住房、劳保、福利、子女入托、入学、就业的情况与有关方面给予协调，以保证他们的合法权益，并根据四川各地的实际情况，制订了《军人抚恤优待条例》等地方性法规。在涉及侵犯军人及其家属等优抚对象的合法权益案件逐年增加的情况下，2002年3月，四川省双拥领导小组、四川省高级人民法院为坚决贯彻全国双拥领导小组、最高人民法院《关于重视解决部队官兵涉法问题维护军人及其家属合法权益的通知》精神，切实维护部队官兵及其家属等优抚对象的合法权益，促进社会稳定和部队全面建设，结合四川实际，作了认真部署。此后四川省高级人民法院、四川省军区政治部下发《关于在全省县级人民法院建立维护军队和军人军烈属合法权益工作机制的意见》。至2005年底，四川省集中从快依法处理了一批遗留的涉法案件，有效地纠正了个别地方有法不依、执法不严的现象，维护了军人及其家属的合法权益。

三、共建文明

自1994年开始，四川省各地坚持“共建、共育、共利”的原则，按照“同呼吸、共命运、心连心”的总体要求，广泛开展共建文明城市、文明街道、文明行业、文明片区活动。共建活动的开展，经历由结成对子共建到系统共建、片区共建的转变，共建领域不断拓展。在共建初期阶段，各地各部队推出了“军民共建文明川藏运输队”“成渝高速公路文明示范路”等一批先进典型和示范点。1996年，四川省农业银行系统与四川省武警部队开展的“共建文明行业活动”，受到中共中央宣传部和中央军委总政治部的表彰。2000年，峨眉山、乐山大佛、九寨沟等著名风景旅游区分别与当地驻军结对共建，成为极具时代特色和整体水平的典型。2002年，四川省交通厅、四川省公安厅与四川省军区联合开展了“军警民共建成雅高速公路文明示范路活动”，得到中央军委总政治部、成都军区和省委、省政府的肯定。宜宾市开展“美好家园”，巴中市开展“文明村镇”，自贡市在农村开展“四热心、四帮助”等为载体的双拥活动，进一步深化了双拥工作在基层的发展。2005 年 6 月省民政厅转发民政部《关于在全国开展“援建军营图书室、共建学习型军营”系列活动的通知》，要求各地和省级有关单位按照通知要求，加强领导，尽快确定援建单位（个人），落实经费和受援部队，并在 2005 年 7—8 月，将援建单位（个人）所购书籍送达各受援部队，帮助其建立或扩大图书室。截至 9 月 14 日，四川省各市（州）和省级 5 个厅局向受援部队单位购买了共计 73 套书籍，每套 500 册。一些市（州）、县（区）在当地购买了 21600 册书籍，于“八一”建军节前赠送给了部队。

为推动共建精神文明活动的深入开展，四川省对共建活动中涌现出的先进单位和先进个人进行了表彰。2005 年 3 月四川省双拥工作领导小组表彰了 17 个共建文明先进单位，8 名先进个人。同年 7 月，中共攀枝花市委宣传部、泸州老窖股份有限公司、东方电机厂、乐山市国家税务局、巴中市民政局、四川省眉山师范附属小学、四川省凉山彝族自治州会理县红旗区工作委员会以及成都市成华区青龙街道办事处副主任陈道勇、四川省珙县玉和乡西洋村村民李宗秀、四川省小角楼酒业有限责任公司董事长、总经理何成盛被表彰为全国军民共建社会主义精神文明先进单位和先进个人。

截至 2005 年，四川省在军民共建社会主义精神文明先进单位和先进个人活动中，省委、省政府、四川省军区进行了第一届至第八届双拥模范城（县、区）命名表彰，命名双拥模范城（县、区）120 个（含重庆 16 个），“爱国拥军模范”7 名（含重庆 2 名），表彰“双拥先进市、县（市、区）”60 个，“双拥先进单位”415 个，“双拥先进个人”343 名。

第四章　优抚事业单位管理

中华人民共和国成立后，由国家兴办、民政部门管理的优抚医院和光荣院两大类特殊社会福利机构的优抚事业单位，体现了党和政府对国家功臣及广大优抚对象的关怀与照顾，是政府优抚工作的重要载体。优抚事业单位收治了大量孤、老、病、残优抚对象，为照顾优抚对象，推动军队和国防建设，促进社会和谐做出了巨大贡献。1986—2005 年四川省优抚事业单位坚持为优抚对象服务的宗旨，逐步扩大优抚对象的供养和医疗服务范围，提高管理水平，优化服务质量，扩展服务功能，锻炼人员队伍，发挥自身职能，为特殊优抚对象筑起一个有效的养老、医疗服务平台，成为民政部门文明建设和行风建设的窗口。

第一节　优抚事业单位

一、优抚医院

四川省有革命伤残军人休养院（医院）、四川省革命伤残军人大邑休养院，四川省复员退伍军人医院（精神病院）共 3 所省级直属医院，有富顺县安康康复卫生所（富顺县复退军人精神病疗养院）、江油市优抚医院（精神病医院）、遂宁市优抚医院（民康医院）、达县利民医院、南充市优抚医院（身心医院）、宜宾市优抚医院、平昌县革命伤残军人医疗所、资阳市优抚医院共 8 所市、县级直属优抚医院或疗养所。四川省的优抚医院是中华人民共和国成立后，国家为安置和照料部分重残军人、解决好带病回乡或患有严重慢性病的复员军人的医疗问题，兴办的一批荣誉军人学校、教导院和休（疗）养院发展而来。1982 年 2 月民政部颁发《革命残废军人休养院管理工作暂行办法（草案）》《复员军人慢性病疗养院管理工作暂行办法（草案）》《复员、退伍军人精神病院管理工作暂行办法（草案）》。根据上述管理办法，优抚医院是专为残废军人、带病回乡复员退伍军人、患严重精神病的复员退伍军人进行医疗康复的场所，担负着对优抚对象实施特殊医疗保障的任务。优抚医院分为三个类别，即革命伤残军人休养院、复员军人慢性病疗养院、复员退伍军人精神病院。

二、光荣院

四川省的光荣院是 1958 年一些地方兴办的烈属养老院（光荣敬老院）发展而来的，当时的烈属养老院（光荣敬老院）的任务是集中供养孤老烈属，使他们的生活得到更好的照料，安享晚年。1982 年国家民政部颁发《光荣院管理工作暂行办法（草案）》，规定光荣院接收自愿入院的优抚对象是孤老烈属、孤老退伍红军老战士，孤老残疾复员军人，未满 11 周岁的烈士遗孤和患有残病生活无法自理、家中无人照顾的烈士子女。2005年底四川省共有光荣院29所，其中市级直属3所，分别是广元市光荣院、德阳市光荣院、广安市光荣院，县（区）级直属27所，分布在自贡市荣县、泸州市纳溪县、绵阳市江油市、广元市旺苍县、广元市青川县、广元市苍溪县、遂宁市船山区、内江市市中区、乐山市夹江县、乐山市峨眉山市、乐山市五通桥区、南充市营山县、南充市阆中市、达州市达县、达州市宣汉县、达州市开江县、达州大竹县、达州市万源市、巴中市巴州区、巴中市通江县、巴中市南江县、巴中市平昌县、雅安市荥经县、雅安市汉源县、眉山市东坡区、眉山市洪雅县、资阳市雁江区。

第二节　优抚工作管理

一、优抚医院管理

（一）硬件设施

四川省省级直属的四川省革命伤残军人休养院、四川省革命伤残军人大邑休养院、四川省复员退伍军人医院（精神病院）3所优抚医院，建于20世纪50年代，是中华人民共和国成立初期的荣誉军人学校改建而成。其他的市、县级优抚医院多建于20世纪60—70年代。1986年后四川省优抚医院在中央和省、各地党委政府的高度重视下，先后投入19730.2万元加强基础设施建设，维修和改建休养楼、门诊楼145633平方米；购置价值4173万元的医疗设备859件（套），有力地改善了医疗条件；添置1386万元卫生、取暖、文化等生活设施，不断改进了休养生活条件；投入1203万元绿化美化院区，创造了休养医疗良好环境。仅2000年四川省优抚医院购置价值1万—10万元一件的医疗设备64件，价值10万元以上的医疗设备12件。为改善四川省革命伤残军人休养院、四川省革命伤残军人大邑休养院、四川省复员退伍军人医院（精神病院）住院优抚对象的医疗、休养条件，2001年省民政厅投资1446万元，新建门诊楼、休养楼19223平方米，维修、改造旧房10000平方米。2005年优抚医院基本情况见表3－14。

2005年优抚医院基本情况一览表

表3－14　　　　单位：张、人

项目单位	隶属	地　址	医院等级	床位		工作人员	科室设置
				休养	治疗	在职	
四川省革命伤残军人休养院（医院）	省民政厅	四川省新都县新繁镇（龙藏寺）	二级乙等综合医院	300	200	371（其中正式在编313）	院办公室、院党委办公室、医务处、荣军管理处、总务处、人教科、计财科、保卫科、离退休干部管理科、信息质量检查科、内科、外科、康复科、脑血管科、门诊部、中药配方部
四川省复员退伍军人医院	省民政厅	四川省崇州市元通镇长寿街21号	二级甲等精神病专科医院	250（治疗休养床位）		200	院办公室、人事保卫科、后勤服务中心、医务科、门诊部（2个）、住院部、财务科、护理部、党委办

续表 3－14

项目单位	隶属	地　　址	医院等级	床位		工作人员	科室设置
				休养	治疗	在职	
四川省革命伤残军人大邑休养院	省民政厅	四川省大邑县安仁镇苏场	无	80	40	95	院办公室、人教科、医务处、财务科、后勤科、护理部

省政府和省民政厅一直关心重视优抚医院的外部环境建设，自 20 世纪 50 年代开始，优抚医院的外部环境得到不断改造和优化。2003 年 2 月，为解决好四川省革命伤残军人休养院休养员进出道路畅通、安全问题。省民政厅、四川省交通厅根据张中伟省长的指示，启动了新犀公路（新都区新繁镇四川省革命伤残军人休养院至郫县团结镇）改造建设工程，2004 年 3 月全线建成通车。该工程全长 5.76 公里，新征地 151.559 亩，工程包括路基、路面、伤残军人专用道、交通安全、绿化等工程，累计投资 3317 万元。新犀路改造建设后，使休养院的周边环境得到改善，方便了伤残军人的出行和当地群众生活，改善了当地的投资环境，促进了地方经济发展。

（二）待遇

四川省优抚事业单位自成立之日起，其各种待遇一直得到党和政府的关心照顾，并随着经济社会的发展不断提高。1993 年 11 月，省政府决定：凡是中央或省出台的有关行政机关、事业单位干部职工的福利性待遇、补贴，并明确由财政开支的，特、一等伤残军人同样享受。1994 年 9 月，省民政厅、四川省财政厅根据民政部、财政部《关于提高省荣军休养院休养员生活补助费标准的通知》精神，规定按本地社会平均工资的 30%、25%、20% 的幅度提高四川省荣军休养院休养员的生活补助标准；并规定：本地社会平均工资负增长时，休养员生活费不作调整。自此建立了休养员生活补助费随国民经济发展的增长而自然增长的机制，保证了休养员生活标准逐年提高。1994 年、2005 年休养员生活补贴及增长情况见表 3－15。

1994 年、1995 年休养员生活补贴及增长情况一览表

表 3－15　　　　单位：元/月

时　间	中华人民共和国建国前入伍	抗美援朝前入伍	1954 年 10 月以后	其余在院休养员
1994 年	92.0	77.0	62.0	
2005 年	280.2	233.6	186.8	140.1
1994 年与 2005 年之比实际增长额	188.2	156.6	124.8	

（三）规范服务

1．建章立制

1986 年之后，四川辖区的优抚医院经过不断充实完善，普遍建立了各类人员岗位责任制，完善了医疗、行政、财务、后勤等各项规章制度，管理工作走上了规范化轨道。2000 年 3 月，省民政厅印发《四川省革命伤残军人休养员（医院）行政后勤人员、医护人员、休养员守则》，自此各优抚医院行政后勤人员、医护人员为切实履行职责、搞好管理与服务，有了行为准则。休养员按照守则规定，认真配合行政后勤人员、医护人员的管理与服务，为建立和谐的休养环境创造了条件。

2．提升服务质量

1986 年之后四川省各优抚医院结合硬件设施的改善，对外大树形象，对内开展练兵，着眼服务质量，扩大服务范围，各优抚医院在完成优抚对象收治任务的前提下，扩大服务范围和功能，充分发挥自身优势，创办一些有特色的专科。四川省革命伤残军人休养院主动与华西医大、四川省医院等医疗院校挂钩，采取请进来、送出去、专家讲、自己讲、自办班等多种形式，加强对职工的理论和专业知识学习。至 2005 年，全院 160 名专业技术人员中，参加自学高考、自学外语、考读学位和计算机等级考试的占 75% 以上，初步形成了一支业务素质强、有特色的医务队伍。四川省革命伤残军人大邑休养院为提高职工文化素质和专业技术业务水平，定期邀请省、市级专家教授到医院讲学指导，先后派出医护人员 50 余人次到省、市级医院进修学习。同时为鼓励在职职工参加各类专业学习，制定了《在职职工业余自学对口专业和脱产自费学习对口专业的规定》《职工进修学习和短期培训的规定》《职工撰写学术论文或参加院外学术活动的规定》。至 2005 年有 30 余人取得了大专以上文凭，在各类医学刊物上发表论文 30 余篇。四川省复员退伍军人医院把“精医求存”放在重要位置，制定了《业务技术发展规划》《医护人员自修对口专业的奖励办法》《护理人员带薪自费脱产学习对口专业的规定》，平均每年参加培训、进修、自费学习、科研项目调查的人次达 50 余人次，医院职工的文化程度由 1994 年的中专 31 人、大专 11 人、大学 3 人，增加到 2005 年的中专 65 人、大专 29 人、大学 7 人。医院通过每年主办一次“成都市医学会大查房”、协办“心理卫生协会学术年会”、与四川医科大学协作进行“阿尔采莫氏病”流行病学调查、技能操作演练等院内外学术交流，造就了一批技术过硬的骨干队伍。1994—2005 年共发表各类论文 110 篇，其中国家级刊物 10 篇、省级刊物 36 篇。各优抚医院充分发挥设施、人才和技术等资源优势，以向社会开放医疗服务为主，开办了各类专科门诊、专科病房，形成了优抚休养院在完成收治任务的同时，大力开展对青少年进行革命传统和爱国主义教育，年接待受教育者万余人次，对促进社会主义精神文明建设做出了贡献。1998 年被中共成都市委、成都市政府授予“文明单位”称号。优抚事业单位通过深化改革，不仅增强了自身活力，而且提高了服务质量和实力，圆满完成了供养、医疗任务。

3．创建优秀单位活动

1990 年，为落实国家民政部关于加强优抚医院科学管理的要求和《关于开展优抚医院“达标”和“创优”活动的通知》《优抚医院“达标”和“创优”考评细则》《优抚医院“达标”和“创优”考评办法》，省民政厅指导各级民政部门认真组织实施创建优秀单位活动，各优抚医院纷纷加强管理服务工作，涌现了一批先进单位。四川省革命伤残军人休养院（医院）加强医德医风教育，提高廉洁行医自觉性，深入开展政风行风评议，完善政风行风监督机制，落实便民服务措施，努力提高服务质量，于 1997 年和 2004 年先后获得全国拥军优属先进集体、全国民政系统文明示范窗口单位、全国巾帼文明岗单位、全国行风建设先进单位。

二、光荣院管理

（一）基础设施建设

1989 年，中央对光荣院开始给予专项补助，地方相应增加光荣院建设的投入，不断完善光荣院的住房、设施、设备。1999 年，四川省在广泛开展“爱心献功臣”活动中，光荣院建设取得长促进步，落后破损的面貌大为改观，生活条件极大改善。2000 年，四川省启动了光荣院危房改造工程，对全省光荣院进行分类排队，从中选择地理位置好、基础条件好、管理人员素质好、有发展前途的光荣院作为重点扶持对象，力争上档次、上规模、上水平，形成一批有示范作用的光荣院，使之成为光荣院中的骨干，以适应长远发展的需要。各地加大对光荣院改造危旧房屋、完善服务设施的力度。经过全省上下不懈努力，全省基本完成光荣院危房改造任务。至 2005 年，四川省共 29 所光荣院，编制床位 1256 张，时有床位 905 张，工作人员 293 人，其中在职人员 213 人，聘用人员 80 人。

（二）生活保障

四川省各级党委、政府高度重视光荣院建设和管理工作，想方设法提高住院老人的生活保障水平。不断提高在院人员供养标准，为住院孤老优抚对象办理“五保”待遇，并将孤老优抚对象纳入新型农村合作医疗和大病医疗救助体系，医疗费用实报实销。各光荣院紧紧围绕“老有所养、老有所医、老有所为、老有所乐”的办院宗旨，立足自身条件，紧密结合当地实际，狠抓光荣院职工素质，强化班子建设，完善规章制度，规范服务管理，通过发展院办经济提高老人生活保障待遇，切实为供养对象提供饮食、生活必需品、住房、医疗、娱乐、精神关怀、清洁安全等服务。除大力改善伙食、补贴医疗费缺口外，还向老人发给零用钱，同时，对生活不能自理的集中供养对象实行全日制护理，并配备拐杖、轮椅或者其他辅助器具。另外，不定期安排物质文化生活、开展有益于身心健康的文体休闲活动，光荣院集中供养老人的衣、食、住、行、娱、医等均得到较好保障。

（三）达标、创建活动

为落实民政部《关于开展创建“文明光荣院”活动的通知》及考评细则。1990 年四川省各光荣院普遍开展“创建文明光荣院活动”，推动光荣院管理规范化、科学化、标准化进程。1993 年巴县光荣院、夹江县光荣院、达县光荣院、广元市光荣院、平昌县光荣院，被民政部表彰为全国文明光荣院。广元市光荣院发扬再接再厉的良好作风，狠抓行风建设，将行风建设纳入院务工作的重要日程，使行风建设贯穿于各项工作之中，受到同行的称赞与效仿。2004 年，广元市光荣院的经验被四川各地光荣院推广。

第四篇　军队退役人员安置

1986—2005年，四川省民政部门遵照国家有关政策法规，将妥善安置军队退役人员作为民政的重要工作，认真拟订四川省有关军队退役人员安置的政策、标准和办法，具体承担全省退役士兵（义务兵、士官）、复员干部、伤病残退役军人、移交地方安置的军队离退休干部和军队无军籍退休退职职工安置工作，认真开展退役士兵职业教育与技能培训工作，扎实做好军供站、军休所的建设和服务管理工作，并承担四川省退伍军人和军队离休退休干部安置领导小组的有关具体工作。安置工作面宽量大社会影响大，在各级民政部门的辛勤工作下，力争将各项工作做得细致扎实，同时注重研究工作中出现的新情况和新问题，推动安置工作的健康全面发展。

第一章　复员退伍军人安置

复员退伍军人安置工作包括对退伍义务兵、转业复员士官、复员干部以及伤病残士兵的接收安置。四川省各级民政部门将安置工作作为一项体现国家责任，帮助复员退伍军人实现由“兵”到“民”转变的社会化过程对待，当成是对退伍义务兵、转业复员士官、复员干部以及伤病残士兵的褒扬性、补偿性的社会保障工作做好促落实，以实现退役军人与社会需求之间的最佳组合，使退役军人获得生存必须的社会安全和政治必须的相对优待，维护军队强大的战斗力，保证国家职能的充分发挥。四川省的复员退伍军人接收安置工作，随着国家用工制度改革和社会保障制度的建立，经历了一个与时俱进的过程。

第一节　退伍义务兵安置

一、安置政策

四川省依据《中华人民共和国兵役法》《退伍义务兵安置条例》《国务院中央军委批转民政部、总参谋部关于退伍义务兵安置工作随用工单位改革实行劳动合同制意见的通知》《国务院关于进一步做好城镇退役士兵安置工作的通知》以及国务院、中央军委年度退伍工作的通知和国家民政部有关做好退伍义务兵接收安置工作的通知精神，1986—2005 年，四川省对服现役 2 年和服役满 5 年、8 年的初级士官以复员方式退出现役的人员进行了接收安置。

四川省对退伍义务兵接收安置按照从哪里来、回哪里去的原则，义务兵由原征集的县（自治县)、市、市辖区的人民政府接收安置。家居农村的由乡（镇）人民政府安排生产和生活，家居城镇的由县级人民政府安排工作或自谋职业安置。自谋职业安置的，由当地人民政府给予一次性经济补助，并给予政策上的优惠。城镇退伍军人待安置期间，由当地人民政府按照不低于当地最低生活水平的原则发给生活补助费。服现役期间荣立二等功以上奖励的和服现役期间因战、因公致残被评为 5—8 级残级等级的农村退役士兵，享受城镇退役士兵接收安置待遇。机关、团体、事业单位，不分所有制性质的组织形式，均按照国家有关规定接收安置退伍军人的义务；军龄和待分配的时间计算为连续工龄，享受与所在单位职工同等待遇，入伍前是机关、团体、企事业单位正式职工的，允许复工复职；义务兵退出现役后，报考国家公务员、高等院校和中等专业学校，按照有关规定予以优待；国家组织退役士兵免费参加职业技能培训。

1986—2005 年四川省城镇退役士兵安置工作经历三个阶段。

计划安置发展与维持阶段（1986—1992 年）。1978 年国家推进经济体制改革，1992 年中共十四大宣布建立社会主义市场经济体制的改革目标。这一时期中国农村土地承包制度改革取得很大成功，城市国有企业改革风起云涌，国有经济从“绝对优势”变为“为主”，国有企业开始进行用工制度、工资制度、保险制度改革。在这种形势下，安置工作从顺利走向阻力。一方面指令性安置任务仍然能够完成。虽然企业退出行政体制，但政府依然掌握着国有企业的就业指标，企业自主权扩大并没有改变政府对大部分社会资源的控制，以及单位对政府的依赖，单位负责人由国家任免。这种依赖关系使退役士兵指令性安置任务在政府的压力下仍然得以完成。由于城镇退役士兵由政府安排工作，在社会就业竞争强烈的背景下，通过当兵能够“曲线就业”，成为许多城镇青年的首选，导致许多城镇一度出现“当兵热”。另一方面退役士兵安置工作开始出现阻力。由于政府开始转变职能，企业的独立性逐渐显示出来，随改革统包统配的就业制度和企业的新招工人统一实行劳动合同制这一政策的实施，劳动者开始作为生产力要素进入市场，使政府指令性安置力度趋于弱化，企业实行劳动合同制，取代了全民所有制时期的就业终身制。从 1993 年开始，退役士兵安置逐步实行劳动合同制。由于固定工和全民所有制身份打破，随企业破产倒闭或实行竞争上岗，服过兵役的职工下岗现象开始出现，因此退役士兵不满的情绪开始滋生。

市场经济体制下安置制度探索阶段（1992—1999 年）。这一时期国有经济“为主”的态势减弱，局部地区非国有经济占有主要地位，国营企业职工逐渐减少，就业主要依靠非国有经济单位。政府逐步放权，不再大包大揽，城镇退役士兵指令性安排工作的方式开始寻求新的突破，安置工作面临的困难越来越大，突出的特点是指令性安置受制于制度规定。录用公务员时必须在规定编制限额内经公开考试，择优录用，事业单位实行公开招聘，竞争上岗，优胜劣汰。现代企业享有经营自主权，人、财、物不受政府控制。随着市场经济体制发展，许多单位无力接收退役士兵。政府可调控就业岗位短缺。政府机构职能转变，人员数量裁减，新增岗位有限，录用方式改为公开招考。事业单位按照“优化结构，减员增效，增强活力”的原则进行改革，财政实行工资总额包干制则有效遏制了其招用新人的意愿。国有企业数量大减，并在推进改革中减员增效，能够安置退役士兵的岗位越来越少，就业空间不断压缩，就业竞争更为激烈。企业安置效果越来越差。指令性安置退役士兵虽然步履重重，但考虑到国防和军队建设的重要性和特殊性，地方政府不得不继续向国有企业安置退役士兵，很多国有企业迫于压力，虚以应付，“接收不上岗”“在职不上岗”“同岗不同酬”“边安置边下岗”等现象大量存在。终身用工制被全员劳动合同制取代。随市场化劳动关系取代行政化劳动关系，一些退役士兵被推向市场，加之他们缺乏市场竞争能力，带有“身份制”“铁饭碗”庇护而形成的“优越感”已没有，同时由于社会保障制度不健全，退役士兵自身地位下滑，自我评价降低。农业户籍退役士兵安置面临困难。在农业收益较低的情况下，农业户籍退役士兵开始不愿返乡务农。返乡的退役士兵难以像过去那样在政治、经济上取得发展。个别人提出与城镇退役士兵享有同等安置待遇。

适应市场经济体制安置制度改革阶段（2000—2005 年）。2000 年之后，社会主义市场经济体制不断完善，经济与社会改革向纵深发展。劳动者就业压力越来越大，随国企改革深化，下岗职工人数不断增加，社会发展处于矛盾凸显期。这一时期，退役士兵安置工作不得不在困境中突围：大力推进多渠道、多形式安置工作改革。开始实行岗位安置和自谋职业相结合的办法。退役士兵自谋职业安置和到非国有单位就业的人数开始增加。到 2005 年，四川省退役士兵安置“双向选择”达到 80% 以上，自谋职业安置成为退役士兵安置的主要途径。四川省城镇退役士兵中，自谋职业的比例，由2000年度的4%提高到2005年度的73%。

二、安置措施

1986—2005年，省委、省政府成立的四川省退伍军人和军队离退休干部安置领导小组，该机构随部分成员工作变动，及时调整补充，以加强对此项工作的领导。

在接受安置退伍军人工作中，四川省坚持走政府调控促进安置落实的路子，各级党委、政府站在维护改革发展稳定大局、促进国防和军队现代化建设的高度，十分重视退役士兵安置工作，坚持把这项工作作为讲政治、顾大局的一件大事，纳入当地国民经济和社会发展总体规划，同创建双拥模范城（县）、评选精神文明单位等活动结合起来，建立和完善分级管理和目标管理责任制，加强组织领导，不断强化行政手段。各级主要领导亲自抓、主动抓、总负责；分管领导具体负责，亲自协调。省政府、省军区根据四川省经济社会发展状况，每年都要专门发出通知，要求各级政府、各部门和各单位切实做好退役士兵的安置工作。全省每年都要召开安置领导小组会议、退役士兵安置工作会议，部署安置任务，研究有关问题，提出具体要求。各地按照属地化管理原则，及时下发安置文件，召开安置会议，制定具体方案，在摸清当地各种安置资源状况的基础上，科学合理地制定安置计划，以政府名义向用人单位下达安置任务，并普遍采取一次性投档办法，由党委、人大、政府、政协领导和组织、人事部门联合向用人单位投送退役士兵档案，用强硬的行政措施确保城镇退役士兵第一次成功就业。在安置计划内，许多地方本着公平、公正、公开的原则，实行“双向选择、供需见面，公开考试、择优录用”的办法，并向退役士兵和接收单位公开安置政策、安置计划、安置程序和安置结果，增强安置工作的透明度，缓解供需双方的矛盾。各地普遍成立以党政领导牵头的安置工作领导小组，不断强化安置工作的督导检查，及时了解和掌握安置工作的情况，研究解决工作中出现的问题；对无故拖延、拒绝接收或完不成安置任务的部门和单位，给予通报批评，责令限期改正，并追究领导者和有关人员的责任。各级民政、人事、财政、劳动保障、卫生等有关部门各司其责、各负其责地抓好安置政策的落实，形成互相支持、密切配合，齐抓共管的局面，使安置工作做到有计划安排、有分析研究、有督促检查。

为做好退伍军人安置工作，四川省各级党委、政府的退伍士兵安置工作围绕经济建设这个中心和改革开放这个大局，服务于国防和军队建设这一主题，与时俱进，不断改革安置方式。1989年7月15日，省政府发布《四川省退伍义务兵安置实施细则》，从政策、原则和方法上对此项工作作了16条详尽规定，要求退伍义务兵安置工作必须贯彻从哪里来回哪里去的原则和妥善安置、各得其所的方针。退伍义务兵安置工作，在地方各级人民政府领导下进行。地方各级人民政府和地区行政公署可根据安置工作的情况设置退伍军人安置机构或指定工作人员负责办理退伍义务兵安置的日常工作。退伍军人安置机构设在民政部门。人民武装、计划、劳动、人事、公安、粮食、财政、教育、卫生、交通等有关部门应当协助民政部门做好退伍义务兵的接收安置工作。安置工作所需经费，由各级财政拨出专款解决。

1990年5月14日，为保证《细则》的执行更具有准确性和统一性，省民政厅下发《关于执行四川省退伍义务兵安置实施细则若干具体问题的解释》。

1999年，省政府下发《关于执行〈中华人民共和国兵役法〉几个具体问题的通知》，规定城镇退伍义务兵待分配期间，由接收安置地政府按照不低于当地最低生活水平的原则，按月发给生活补助费。发放时间从安置当年1月1日起，到安置就业止。其中属单位拒绝接收或接收后未安置上岗的，从政府退伍军人安置办公室开出行政介绍信当月起，由接收单位以不低于本单位职工月平均工资的标准，按月发给生活补助费。不服从组织分配的不发生活补助费。同时鼓励城镇退伍义务兵和转业志愿兵自谋职业。城镇退伍义务兵和转业志愿兵自谋职业的，由本人提出书面申请，经当地人民政府退伍军人安置办公室批准，义务兵由安置地政府按本地区职工年平均工资的2—4倍发给一次性经济补助费，志愿兵按本地区职工年平均工资的3—5倍发给一次性安家补助费。对有接收安置任务的单位，个别难以落实当地政府指令性分配计划且自愿提供经济补偿的，经安置地政府严格审批，在交纳有偿转移金后，可免除相应的安置任务。具体标准可按每少接收安置1名城镇退伍义务兵或转业志愿兵交纳3万—5万元有偿转移金执行。有偿转移金作为预算外资金纳入同级财政专户，实行收支两条线管理。有偿转移金只能用于自谋职业的城镇退伍义务兵和转业志愿兵一次性经济（安家）补助费或转移给有能力接收城镇退伍义务兵和转业志愿兵的单位。为确保城镇退伍义务兵和转业志愿兵安置工作顺利进行，机关、团体、企事业单位，不分所有制性质和组织形式，都有按照国家有关规定安置城镇退伍义务兵和转业志愿兵的义务。对完不成安置任务的单位，当年不得评为精神文明和双拥模范单位。对拒绝接收安置退伍军人，或有其他妨害安置工作行为的单位，由县级人民政府责令改正，并可处以罚款，对直接负责的主管人员和其他直接责任人员，依法予以处罚。接受处罚的单位仍要完成安置任务。

1995年3月11日，及时纠正退伍军人安置工作中的偏差，四川省退伍军人和军队离退休干部安置领导小组办公室、四川省公安厅下发《关于严禁为农村籍现役军人办理非农业户口及有关问题的通知》，对一些地方违反国家和四川省现行户口迁移政策的规定，以各种名目为部分农村籍现役军人办理非农业户口。增加农村籍现役军人的家庭经济负担，给退伍安置工作带来许多问题和困难等情况，规定凡征集入伍的公民，当地户口管理机关必须按照《中华人民共和国户口登记条例》的有关规定，及时注销其户口。严禁为农村现役军人办理非农业户口。农村籍现役军人在服役期间，对各地违反规定以各种名目为农村籍现役军人在服役期间办理了非农业户口的，退伍后，各市、州、县人民政府，各地区行政公署不得将其纳入城镇退伍军人的安置计划，各级退伍安置部门不得为其办理安排工作手续，按社会待业人员对待。对农村籍现役军人在服役期间，凡其父母不符合国家和四川省的有关政策规定，办理非农业户口的，退伍后，一律不得按家庭变迁处理，仍回原入伍时户口所在地农村落户安置。要求各地严格执行国家和四川省的户籍管理政策和国务院、省政府关于退伍安置政策法规规定，认真做好退伍军人安置工作，确保四川省退伍军人安置工作的顺利进行。在整个安置工作中，坚持多措并举、以促进安置工作落实。为帮助和扶持退役士兵实现就业，各级党委政府积极创造安置条件，不断优化安置环境，针对城镇化进程步伐加快，非农业户口兵员征集比例逐年增高的实际，为减少安置的任务。从2002年起，在全省统一实行“优待安置证”制度，对规范优待安置政策，控制城镇兵征集比例起到明显作用，使每年全省需要安置的城镇退役士兵比实行“优待安置证”制度前减少了。同时充分挖掘和使用高校教育资源，鼓励退役士兵参加各类成人教育，完成学历学习，实现退役士兵的“大学梦”，拓宽安置渠道。各级政府和民政部门坚持从用人单位和退役士兵两方面做工作，不断优化安置工作的外部环境，注重做好用人单位的宣传工作。结合国际国内形势，针对安置工作面临的新情况、新问题，采取各种形式，向全社会特别是用人单位广泛深入地宣传人民军队的丰功伟绩，宣传退役士兵安置工作的重要性，宣传现行安置法律法规和各地做好退役士兵安置工作的经验，使各单位、各部门增强国防观念和拥军爱国观念，更加重视退役士兵的安置工作，使社会各界都来关心、支持退役士兵的安置工作，形成党政领导重视、用人单位配合全社会参与的良好社会氛围。注重做好退役士兵的管理教育和职业技能培训工作。采取走访、座谈等方法，抓好退役士兵待分配期间的教育管理，有组织地对退役士兵进行光荣传统、遵纪守法、家乡形势、安置政策等教育，引导他们树立与社会主义市场经济相适应的择业观，正确对待安置改革，体谅国家困难，服从政府安排。通过各级各类学校和培训机构，召开培训会、举办短期培训班、开展学历教育等多种形式，将文化学习与实用技能传授、思想教育与政策宣传结合起来，普遍对城镇退役士兵进行免费职业技能培训，增强他们的择业竞争能力，鼓励自谋职业。2002 年，四川省军安领导小组专题研究退役士兵自谋职业问题，省政府为此专门召开全省退役士兵安置工作电视电话会议，重点部署退役士兵自谋职业工作，省政府办公厅下发《关于城镇退役士兵自谋职业有关问题的通知》，明确自谋职业的补助标准、经费来源、优惠政策等问题，规范和完善自谋职业的措施和办法。为有效促进退役士兵自谋职业工作，各地采取四种形式积极筹措经费，以确保城镇退役士兵自谋职业补助金按时足款发放，即财政全部负担。根据自谋职业退役士兵的实际人数和所需经费，由当地财政列入预算，如数核拨；实行安置任务有偿转移，不足部分由当地财政解决；社会化筹集，不足部分由当地财政解决；基本上由社会化方式筹集，一般以县（市、区）为单位，面向有工资收入的职工和个体工商户，按每人每年基本工资总额的 0.5%—1%、个体工商户每户每年 30—50 元标准收缴。自谋职业的补助标准，各地根据当地实际结合退役士兵服役年限，立功受奖等情况，制定具体标准。2002 年补助经费最高的是攀枝花、德阳市及成都市五城区，义务兵为 18000 元。当年全省共发放自谋职业一次性经济补助费 4600 余万元，待安置期间生活费 950 余万元。随着国民经济增长，自谋职业补助金的筹集全部由地方财政解决，纳入财政预算，由财政核拨，其标准随着地方经济增长而增长。同时四川各地将自谋职业的退役士兵确定为再就业扶持对象，直接办理“再就业优惠证”，享受下岗失业职工再就业的各项优惠政策；通过社区促进就业，定期向自谋职业退役士兵发布就业趋势分析和预测，提供就业政策咨询等；在当地现有的比较规范的劳动力市场中开设退役士兵专门窗口，为自谋职业的退役士兵提供就业中介服务；政府负责免费对退役士兵进行一次职业技能培训，提高城镇退役士兵自谋职业的能力。

2004 年 3 月，为拓宽退伍军人自谋职业渠道，四川省采取高校统考加分办法，为他们创造有利条件，四川省大学中专招生委员会、省民政厅下发《关于做好可享受高校照顾的自谋职业的城镇退役士兵，立功受赏的退役军人等考生的加分资格审核工作的通知》，规定“自谋职业的城镇退役士兵，在服役期间荣立三等功的退役军人，可在其统考成绩总分的基础上增加 10 分投档，荣立二等功（含）以上或被大军区以上单位授予荣誉称号的退役军人，可在其成绩总分的基础上增加 20 分投档”。烈士子女退役士兵高考享受加分和上述人员相同。

1986—2005 年四川省通过各级党委、政府和民政部门的努力，连年完成了年度退伍义务兵接收安置任务。

第二节　志愿兵（士官）安置

一、安置政策

按照《中华人民共和国兵役法》《中国人民解放军士官退出现役安置暂行办法》《国务院关于进

一步做好城镇退役士兵安置工作的通知》和国务院、中央军委批转国务院“双退”领导小组、民政部、总参谋部《关于志愿兵转业实行集中交接意见的通知》以及国务院、中央军委年度退伍通知精神，1986—2005年四川省对服现役满12年以上，服现役期间荣立二等功以上奖励的，因战、因公致残被评为五级至八级残级等级的，并选择转业的志愿兵（士官），进行了接收安置。

转业士官属于城镇安置对象，与其他在城镇安置的退役士兵统称为城镇退役士兵。城镇退役士兵的安置政策适用于转业士官。转业士官区别于义务兵，保证优先较好安置。转业士官实行集中交接，每年由民政部和总参谋部下达转业移交计划，各省按计划审查档案，接收安置。转业士官退出现役后，原则上回入伍时户口所在地的县（市）安置。因国家或者军队建设需要，服现役期间因家庭常住户口所在地变动的，结婚满2年等原因可异地安置。农村入伍符合转业条件的士官，本人要求并经批准做复员安置的，允许落户城镇户口。

二、安置措施

1986—2005年，省政府、四川省军区每年都专门发出通知，要求各级政府和部门，按照属地化管理原则，制定具体安置方案，要求各级政府将接收安置转业士官与接收安置退伍义务兵结合起来，加强行政调控，一同安排部署，一同督促检查。在摸清当地安置资源的基础上，合理制定安置计划，以政府名义向用人单位下达安置任务，普遍采取一次性投档，以行政措施确保就业。同时要求强化行政手段，确保城镇退伍士兵和转业志愿兵安置工作顺利进行。机关、团体、企事业单位，部分所有制性质和组织形式，都有按照国家有关规定安置城镇退伍兵和转业志愿兵的义务。对完不成安置任务的单位，对拒绝接收安置退伍军人，或有其他妨害安置工作行为的单位，由县级人民政府责令改正，并可处以罚款，对直接负责的主管人员和其他直接责任人员，依法予以处罚。接受处罚的单位仍要完成安置任务。

为鼓励转业士官自谋职业，省政府对自谋职业的转业士官给予了更加优惠的政策。自谋职业的转业士官，不仅与退伍义务兵一样享有自谋职业的优惠政策，而且还提高了自谋职业一次性经济补助标准。2005年服役满12年的转业士官补助，最高的地方达到7.7万元。1999—2005年全省转业士官自谋职业补助经费共支出7亿元以上。1986—2005年四川省接收安置转业士官基本情况见表4－1。

1986—2005年四川省接收安置转业志愿兵（士官）基本情况统计表

表4－1　　　　单位：人

年　份	接收安置人数	年　份	接收安置人数
1986	8053	1994	4279
1987	2451	1995	4937
1988	3232	1996	5260
1989	3798	1997	4673
1990	3124	1998	4762
1991	3281	1999	3912
1992	3274	2000	6750
1993	3967	2001	3525

续表 4－1

年 份	接收安置人数	年 份	接收安置人数
2002	2892	2004	2327
2003	2548	2005	955
合 计	78000		

第三节 伤残士兵安置

一、安置政策

依据《伤病残军人退役安置规定》《军人抚恤优待条例》《国务院中央军委关于做好部队退伍义务兵伤病残士兵安置工作的通知》《国务院、中央军委批转民政部总参谋部等部门关于进一步做好伤病残义务兵退伍和安置工作意见的通知》《关于滞留军队伤病残士兵退役安置工作有关问题的通知》以及民政部、总参谋部《关于做好患精神病义务兵和初级士官退役移交安置工作有关问题的通知》精神，1986—2005 年四川省对在服役期间因战、因公、因病致残且被评定了残疾等级或者士官因病经医学鉴定为基本丧失工作能力后退出现役，也包括因慢性病等疾病不适宜继续服役而退出现役的士兵进行了安置。

义务兵一至四级残疾退役后，由国家供养终身，五至十级退伍后，按照退役士兵相关规定予以安置并享受相应抚恤待遇。士官因战、因公致残一级至四级的，或者因病医疗期满经医学鉴定为基本丧失工作能力的，作退休安置，但患精神病的初级士官除外；士官因战、因公致残符合条件、自愿放弃退休安置的，可以选择国家供养。士官因战、因公致残被评为五至十级残疾的，按照士官退役相关规定予以接收安置。由于伤病残士兵退役、移交涉及军地多个部门，关系退役士兵切身利益，民政部门等军地相关部门对滞留部队伤病残士兵进行集中移交。

二、安置措施

四川省各级民政部门本着为军队分忧，对伤病残士兵负责的态度，当好政府参谋，加强与部队和各有关方面的沟通和协调，1986—2005 年对列入接收计划或符合接收条件的伤病残士兵，千方百计地予以接收安置。2000—2001 年为解决历年滞留部队伤病残士兵的退役安置问题，四川省根据民政部、总参谋部的统一安排，一次性接收特等、一等伤病残义务兵 59 名，在全国率先完成接收任务，个别在军队滞留时间长达 20 多年的伤残义务兵也得到妥善安置，受到移交部队的好评。

（一）住房保障

伤残退役士兵国家供养分为集中供养和分散供养两种方式。符合集中供养条件的送入伍地荣誉军人康复医院休养；入伍地无荣誉军人康复医院的，由邻近省荣誉军人康复医院接收。不符合集中供养条件或者虽符合集中供养条件，但本人自愿回家休养的，实行分散供养。特等、一等伤残退役义务兵分散供养需建（买）房的，由入伍地或者配偶居住地的县（市）人民政府与退役伤残义务兵本人商定建（买）房地点，负责在一年内完成建（买）住房，并组织入住。所需经费，由中央财政根据各地实际接收人数，按每人4万元的标准安排补助经费，不足部分由地方财政解决；住房自理的，将中央财政拨付的建房经费按标准发给本人。

分散供养的一至四级残疾初级士官和义务兵建（购）房经费保障标准按照安置地县（市）经济适用住房价格（没有经济适用住房的按照普遍商品房价格）和60平方米建筑面积确定，中央财政按照规定标准给予补助，不足部分由地方财政解决，其中初级士官按照有关规定领取住房补贴，住房补贴与中央财政补助之和不足购（建）房经费标准的，由地方财政按购（建）房标准补齐。

（二）医疗保障

地方政府接收安置伤病残退役士兵，有工作单位的，参加本单位职工社会医疗保险统筹，无工作单位的由地方政府给予一定数量的补助。为切实保障残疾军人的医疗待遇，1986—2005年四川省依据民政部、财政部、劳动和社会保障部2005年12月印发的《一至六级残疾军人医疗保障办法》，结合四川省实际，制定了《四川省一至六级残疾军人保障实施办法》，规定残疾军人按照属地原则，结合当地城镇职工基本医疗保险有关规定，参加残疾抚恤关系所在统筹地区城镇职工基本医疗保险，并在此基础上享受残疾军人医疗补助。有工作单位的残疾军人随单位参加城镇职工基本医疗保险，按规定缴费。无工作单位的残疾军人参加城镇职工基本医疗保险，以当地上年度在岗职工平均工资作为缴费基数。所在单位无力参保的、无工作单位的残疾军人由残疾抚恤关系所在地县级以上民政部门统一到医疗保险经办机构办理参保缴费手续。其单位缴费部分，经当地劳动和社会保障、民政、财政部门共同审核确认后，由财政安排资金；其个人缴费部分由民政部门代收后一并缴纳。残疾军人参加医疗保险个人缴费确有困难的，由所在单位帮助解决；单位无力解决的、无工作单位的残疾军人，经残疾抚恤关系所在地劳动和社会保障、民政、财政部门共同审核确认后，由残疾抚恤关系所在地的财政安排资金。残疾军人在参加城镇职工基本医疗保险的基础上，享受医疗补助。医疗补助是对一至六级残疾军人的补充医疗保障，各地结合实际，研究制定具体补助办法，

医疗补助所需资金由残疾军人残疾抚恤关系所在地民政、劳动和社会保障、财政部门根据本地经济和社会发展水平、财政负担能力、残疾军人医疗费实际支出和原医疗保障水平等因素测算，经同级财政部门审核确定后，列入当年财政预算。

1986—2005年，四川省共接收特等和一至四级伤残退伍军人519人，五至八级伤残军人14655人。1986—2005年四川省接收安置伤病残军人基本情况见表4－2。

1986—2005年四川省接收安置伤病残军人基本情况统计表

表4－2　　　　单位：人

年份	接收人数	
	一至四级	五至八级
1986	30	1108
1987	18	761
1988	23	947
1989	19	1111
1990	30	1060

续表 4－2

年份	接收人数	
	一至四级	五至八级
1991	42	1005
1992	34	1184
1993	27	1196
1994	18	999
1995	29	997
1996	13	823
1997	20	530
1998	30	402
1999	18	476
2000	34	401
2001	25	225
2002	20	269
2003	28	445
2004	25	190
2005	36	526
合计	519	14655

第四节 复员干部安置

干部复员是军队干部退出现役的一种渠道，复员干部安置是指国家和社会对军队办理复员手续、退出现役的干部在工作、生产和生活上的扶持和帮助。1993 年前，干部的复员安置主要是针对刑满释放又不具备转业条件的军队干部。1993 年国家民政部等军地 9 部门联合下发《关于做好军队干部复员安置工作的通知》，对新时期干部复员接收安置政策作出了规定。对符合中国人民解放军《现役军官服役条例》《文职干部暂行条例》规定的退出现役条件，本人自愿作复员安置，以及犯有严重错误丧失干部条件不宜作转业安排，又不具备退休条件的军官和文职干部，按照干部退出现役的批准权限办理干部复员的审批手续。凡自愿复员的干部，须由本人提出书面申请。自愿复员的干部，可回原籍县（市、区）或入伍时户口所在地，也可到配偶所在地；对确有实际困难需要到其他地区安置的，按照国家和当地政府接收军队转业干部的规定执行。自愿复员的干部，除自愿回农村者外，均落非农业户口，迁入地户口登记机关凭县（市、区）以上退伍军人安置办公室的证明办理审批落户手续。

对复员回农村的干部，有条件的地区，在乡（镇）企业安排适当工作；在乡（镇）企业不能安排的，按规定划给责任田（山）、自留地（山）或安排承包其他生产经营任务。复员干部就业后的待遇，按照享受所在单位同工龄、同工种、同岗位人员待遇的原则确定。复员干部的军龄计算为本单位的连续工作年限和投保年限。复员干部配偶是正式职工的，可随同干部一起调动，当地政府应予分配工作。随军无工作的家属可随同前往，符合就业条件的，由劳动部门介绍就业。随同复员干部调动工作的配偶，凭县（市、区）以上劳动、人事部门同意调入的证明，随军无工作的家属，凭县（市、区）以上退伍军人安置办公室的证明及所附的随迁家属名单，由当地公安机关办理落户手续。复员干部的住房，原则上由录用单位按照解决本单位职工的住房办法优先给予解决。对复员干部个人修建私有住宅的，享有与转业干部同等的优惠待遇。中央财政根据当年军队干部复员计划，按每人3000元的标准在国防支出中安排专项经费，用于解决复员干部的安置及一些特殊困难补助。被判过刑的复员干部仍按1989年公安部、民政部、劳动部、人事部、工商行政管理局、总政治部《关于军队刑满释放干部安置问题的通知》规定执行。

1986—2005年，四川省共接收安置复员干部2640名。1986—2005年四川省接收安置复员干部基本情况见表4－3。

1986—2005年四川省接收复员干部基本情况统计表

表4－3　　　　单位：人

年　份	接收人数	年　份	接收人数
1986	16	1996	223
1987	10	1997	180
1988	20	1998	203
1989	16	1999	300
1990	18	2000	328
1991	10	2001	282
1992	4	2002	168
1993	44	2003	139
1994	99	2004	198
1995	250	2005	132
合　计	2640		

第五节　军地人才开发

军地两用人才是指中国人民解放军干部战士经过军事、政治、文化、体能和民用技能等方面的培训，成为具有保卫祖国和生产建设两套本领，军队和地方都能发挥作用的“有理想、有道德、有文化、有纪律”的社会主义新人。这是一项以军队培养为基础，地方开发使用为目的的综合性工作。军地两用人才的培养和开发使用工作是国家对退役士兵就业扶持政策的重要组成部分，其任务就是根据当地经济发展情况，立足当地，积极帮助军地两用人才施展才华，在资金、项目、技术信息等方面给予必要的扶持、指导、管理和服务，大力鼓励两用人才创办第三产业，进入乡（镇）企业，兴办经济实体和联合体，使军地两用人才成为国家社会主义两个文明建设的一支生力军。

1980年10月，民政部召开的全国军队退休干部和退伍军人安置工作会议明确安置工作的重点在农村。自此四川省开始通过安排专项经费用于农村退役士兵安置，着力开展扶持两用人才开发使用工作。农村退役士兵数量大，回乡遇到住房、生产、生活、医疗等困难较多。做好两用人才开发使用工作，对于做好农村退伍士兵安置工作具有重大意义。1986年2月，国务院、中央军委批转民政部、总政治部《关于全国开发使用退伍军人两用人才现场经验交流报告》后，四川省开发使用两用人才工作进入一个巩固完善和发展提高的新阶段。

一、安排部署

四川省各级党委、政府十分重视开发使用退伍军人两用人才工作，并把这项工作作为支持部队建设、振兴当地经济的一项重要内容。1986年9月，省政府、省军区下发《关于广泛开展使用退伍军人两用人才工作的通知》，要求各地统一思想，提高认识，加强领导，建立健全服务机构，加强调查研究，认真做好规划。各地在调查研究、摸清底数的基础上，结合实际，制定开发使用退伍军人两用人才规划，用科学的办法，实行目标管理。同时拓宽开发使用渠道。各地根据实际情况和经济建设要求，结合本人特长，发挥本地优势，因人因地制宜，多层次、多渠道地开发使用退伍军人两用人才。实行部队地方配合，搞好定向培养和技术补训。对回到地方的退伍军人两用人才中专业不对口、技术不过关的，各级民政、武装等部门，密切配合，积极创造条件，采取各种办法进行调整或补训，以便发挥他们的作用。

1987年4月1—7日，成都军区在某集团军召开“一体化教育训练现场经验交流会”。中央军委副主席杨尚昆到会并做指示。全国人大常委会副委员长廖汉生，民政部和总参谋部、总政治部、总后勤部领导，省委、省政府有关部门及部分市、县的领导出席会议。会议总结交流开展一体化教育训练，培养和开发使用两用人才的经验，观看了某集团军两用人才的军事技能和民用技术现场表演，参观了重庆市协助步兵某师开办的职业技术培训学校。驻川部队在川各级单位、政府的帮助下，在全军较早开展培养两用人才工作，且取得较好的成绩和成功的经验。

1989年9月，省民政厅、四川省军区政治部转发《民政部、总政治部关于印发全国培养和开发使用军地两用人才福建现场经验交流会议纪要的通知》的通知，要求把全省开发使用两用人才工作提高到一个新水平，进一步提高认识，加强领导；从实际出发，拓宽开发使用渠道；加强再培训，促进开发使用；加强联系，搞好共育；抓好典型，推动全面。

1993年11月，省政府、四川省军区召开全省开发使用退伍军人两用人才的经验交流暨表彰会，对全省开发使用退伍军人两用人才工作作出部署。副省长欧泽高出席会议，会议要求全省各级党委、政府进一步提高认识、加强领导，切实对这项工作给予关心支持，为开发使用退伍军人两用人才创造良好的社会环境，会后各地根据实际，及时调整主攻方向，制订短期目标和中长期规划，采取措施优化开发使用环境，推动退伍军人两用人才的开发使用。各市（地、州）注重总结交流经验，表彰先进，树立典型，推动开发使用工作，将此项工作纳入目标管理。《四川省民政事业发展十年规划和“八五”计划纲要》、各级政府《农村工作责任目标》和年度评选民政工作、双拥工作先进县（市、区）的考核范围都有关于退伍军人两用人才开发使用工作的内容。省民政厅、四川省电视台联合摄制5集反映四川省退伍军人两用人才先进个人和开发使用退伍军人两用人才先进集体典型事迹的电视专题片，大张旗鼓地宣传，在社会上引起很大反响。全省各地纷纷落实兑现优惠政策。许多地方由当地政府发文，要求工商、税务、劳动、人事、金融等有关部门在项目审批、资金信贷、办理证照、招聘录用等方面给予优先照顾，大力支持两用人才开发使用，不少地方的安置部门将当地人才需求信息及时函告给部队，便于部队有针对性地培养人才，促进两用人才培养和开发使用工作的良性循环。一些地方政府大力支持驻军培养两用人才工作，在培养场地、师资、教材、技术等方面提供方便，开展军地共育活动，为部队和地方培养合格人才。乐山市政府开展科技拥军、智力拥军和文化拥军活动，仅2000年就为当地驻军某师培养军地两用人才5600人，受到部队官兵好评。

二、组织实施

（一）组建机构

四川省为推动退伍军人两用人才开发使用工作，切实加强组织领导，建立健全开发服务机构。至1993年底，全省有县以上退伍军人两用人才开发服务机构230余个，许多乡、镇建立健全开发服务机构，形成上下有机构、左右有联系、层层有人管的开发服务网络。绵阳、泸州、广元、德阳等市相继成立退伍军人两用人才实体型开发机构。1994年5月，绵阳市依托优抚互助促进会，组织各区、市、县集资建立绵阳市两用人才开发实业总公司。省民政厅及时在全省宣传他们的做法和经验。该公司先后自办和联办4个经济实体。内江市成立退伍军人两用人才培训开发服务中心，经内江市组织人事部门批准为自收自支的事业单位，该中心举办城镇退伍军人培训班，对城镇退伍军人待业期间的教育起到积极作用。各地两用人才开发服务机构积极创办经济实体，为两用人才开发使用工作筹措资金，建立开发基地，普遍开展向部队提供人才市场需求信息，向社会提供退伍军人两用人才储备情况，向退伍军人提供市场需求和科技信息，组织实用技术培训，向各用人单位推荐录用退伍军人两用人才等服务工作。这些措施对引导退伍军人两用人才积极投身地方经济建设和精神文明建设做出了贡献。

（二）开发使用

四川省地广人多，自然条件差异大，交通、信息闭塞，经济发展不平衡，各地坚持从实际出发，因地制宜，走出一条多形式、多层次、多渠道、全方位的开发使用路子。在大中城市及其郊区，社会劳动力需求量大，开发使用的主渠道是推荐介绍农村退伍军人两用人才进城进厂务工。同时利用交通便利、商品经济发达的优势，鼓励退伍军人两用人才参与市场竞争，兴办第三产业，从事各种生产经营活动。1992—1993年，南充顺庆区有95%的农村退伍军人在企业务工或从事经商。成都、重庆两市城区及近郊农村退伍军人全部被开发使用。在自然条件差、交通闭塞、经济发展缓慢，而退伍军人人数众多的盆周山区，各地主要是引导农村退伍军人立足农村，发展种植、养殖业。广元、万县、南充、达川、巴中等地开发使用的重点放在鼓励农村退伍军人扎根农村，扶持退伍军人发展庭院经济，通过种植经济农作物，养殖禽畜勤劳致富，回到农村的退伍军人多数成为发展当地经济的带头人。在劳动力富余的地方，开发服务机构把退伍军人两用人才推向劳动力市场，组织引导退伍军人外出打工。乐山、绵阳、遂宁、内江、南充、广元、达川等地与10多个省、直辖市、自治区建立联系，每年都有上万名农村退伍军人到沿海、沿边和内地大中城市务工。一些地区还组织退伍军人两用人才跻身国际劳务市场，到国外从事工程建设。在农村基层政权建设中，充分发挥退伍军人两用人才的作用。各地在招聘乡（镇）干部、充实调整村组干部时，优先选择录用退伍军人两用人才。甘孜、阿坝、凉山等少数民族地区，农村退伍军人两用人才成为基层干部的主要来源，不少退伍军人两用人才担任基层干部后，经过培养锻炼，走上市、县领导岗位。德阳市为搞好军地两用人才的开发使用，实行征兵、共育、安置“一条龙”的办法，其经验受到各地重视。

三、安置成效

1986—2005年，四川省退伍军人两用人才开发使用工作共接收安置退伍军人两用人才88220人，开发使用71494人，开发使用率达81%。

1988年，内江市有2805名退伍军人两用人才进入乡（镇）企业务工，其中有216人担任厂长、经理，16人成为企业家。两用人才成了企业骨干，市中区白马酒厂厂长、退伍军人古兴良严格治厂，积极发挥在厂退伍军人的作用。入厂17名退伍军人中有6人担任副厂长或科长。1987年该厂产值达573万元，创税利33万元。内江市通过对军地两用人才的开发使用，共向乡和乡以下输送基层干部3113人。使两用人才成了农村干部队伍中的新生力量。全市有2529名退伍军人两用人才成为各类专业户和市农村商品生产的强大生力军，威远县新场镇退伍军人李强，在部队参加广州军区后勤部《黄金时代》杂志社举办的养猪技术函授班学习，退伍后仅半年时间就出售肥猪28头，提供商品肉5000多斤。

四、表彰先进

1986—2005年，为鼓励更多的复原退伍军人建功立业，成才报国，四川省各级党委、政府运用召开优秀复退军人表彰大会和利用“八一”庆祝活动以及每年元旦、春节慰问活动对优秀复退军人进行表彰，奖励。南充地区行政公署及新津县、南江县、荣县、广汉市、巴县、古蔺县、威远县、昭觉县人民政府，以及涪陵市大同乡夏光文、绵阳市市中区赵代富、射洪县大于乡彭少清、长寿县渡舟乡邱森林于1988年12月分别被民政部、总政治部表彰为全国培养和开发使用军地两用人才先进单位、先进个人。

第二章　军队离退休人员安置

军队离退休人员安置是军队对符合离退休条件的军队干部、士官和无军籍职员职工，按规定移交给政府安置的人员，统称“军休人员”。军休人员移交政府安置管理，简称“军休安置”。军休安置是民政部门的一项重要业务，是国家对军队离退休干部、退休士官和无军籍退休退职职工实行的一项特殊社会保障。主要任务是负责军队离休退休干部的接收安置、“两个待遇”（政治待遇、生活待遇）的落实和服务管理等工作，具有政治性强、保障要求高、社会影响大的特点。军休工作是军队现代化正规化建设顺利开展的重要条件，关系全军干部队伍的稳定和部队士气，关系着广大军队离退休干部的切身利益，是保障军队建设和促进社会和谐稳定的大事。1986—2005 年，四川省军休安置工作在国家改革的发展中不断走向制度化、规范化。

第一节　接收安置

四川省军休安置工作依据国家下发的一系列文件精神，军休安置工作经过了两个发展阶段。

第一阶段：集中安置阶段。时间为 1980—2000 年。1980 年初，为配合改革开放战略的实施，军队开始进行大规模的精简整编。根据精简整编的总体部署，需要有几十万军队干部退出现役，除大部分作转业安置外，还有相当一部分要作离休退休安置。为了把这部分军队退役干部安置好，1980 年中共中央发出《关于妥善安排军队退出现役干部的通知》（以下简称《通知》）。在《通知》中，中共中央把军队离休退休干部的安置管理任务交给了民政部门，要求民政部门设立办事机构，先办理军队退休干部的接收安置工作，同时积极创造条件，做好接管军队离休干部的准备。1980 年，民政部全国军队退休干部和退伍军人安置工作会议后，四川省开始大批集中接收安置军队退休干部。为了把军队离职休养干部安置好，1982 年，国务院、中央军委发出关于军队执行《国务院关于老干部离职休养制度的几项规定》的通知，规定对已移交政府安置的退休干部，符合新的离休条件的，由所在地政府负责改办离休，不再回部队，由当地政府按地方离休干部负责管理。1983 年，国务院办公厅发出《关于军队离休干部移交地方管理问题的通知》，规定军队离休干部移交地方后由民政部门管理。1984 年，中央下发《国务院、中央军委批转民政部、总政治部关于做好移交地方的军队离休退休干部安置管理工作的报告的通知》，统一了军休干部的待遇政策，规范了军休干部的安置办法（实行批次计划安置），明确了政府各部门的工作分工。四川省各级民政部门根据《国务院、中央军委批转民政部、总政治部关于做好移交地方的军队离休退休干部安置管理工作的报告的通知》精神，学习借鉴军队的经验和做法，开始探索建立军休干部休养所对军休干部进行安置管理。1994 年，四川省根据国家有关政策，对1993年10月移交政府安置的军队退休干部的生活待遇与离休干部一样开始执行军队统一的项目和标准。

第二阶段：多元安置阶段。2001—2005年，随着国家和军队的改革不断深化，经济社会情况发生深刻变化，军休干部住房保障方式改革迈出实质性步伐，军休干部安置管理情况与1980—2000年在质和量上有显著的差异。为适应新形势完成新任务，2004年中共中央办公厅、国务院办公厅、中央军委办公厅下发《关于进一步做好军队离休退休干部移交政府安置工作的意见》，对军休干部安置管理政策进行了重大调整；进一步放宽军休干部的安置去向，改“大集中小分散”安置办法为分散的多元化安置办法，对军休干部实行住房补贴和货币补差相结合的住房货币化保障办法，医疗保障从公费医疗改为医疗保险，服务用车由配置专门用车改为发放交通费，服务方式由单一的国家保障改为国家保障和社会化服务相结合。这个文件的出台，标志着军休工作进入多元化、多样化、社会化发展的新阶段。

1986—2005年，四川省每年召开军休安置工作会议，要求各地切实把军休干部接收安置工作作为创建“双拥”模范城的重要内容，列入地方政府重要议事日程。各地紧紧围绕军休干部接收安置工作，加强领导，周密计划，突出难点，狠抓重点，采取有力措施，注重检查落实，做到年初有计划、有部署，年中有检查、有督促，年末有汇报、有总结，确保接收安置工作的顺利进行。对有接收安置任务的地方和单位，合理调整、配置服务管理机构，及时下拨有关经费，督促服务管理机构配备好领导班子、工作人员和工作用车，建立和健全各项规章制度，抓紧建好军休干部安置用房和附属设施，保障接收安置工作的需要。同时采取点面结合、以点带面的方法，对接收安置任务重、困难多的地区，深入实地调查了解情况，帮助分析和解决问题，促进重点地区和单位接收安置任务的完成。四川在军队离退休人员安置工作中，与移交部队主动协调、配合共同做好接收安置工作，采取深入移交部队做工作、主动协调解决有关问题、及时调整配备服务管理机构和人员、组织力量现场办公，建立月报制度等措施，充分调动部队与地方、军休人员与工作人员的积极性，加快了接收安置进度，提高了安置质量，圆满完成了各批次、各年度接收安置任务，做到了军队、地方和军休干部“三满意”。对军队承建后移交地方的军休所，各地及时组织有关单位按照国家规定进行检查验收，对需要改进和完善的项目提出处理意见，督促建设单位及时进行整改，以保障军休干部按时进住和移交。同时各级安置部门积极配合部队，做好军休干部的思想工作，帮助部队解决移交安置中的疑难问题，使军休干部愉快地到地方报到，办理移交。在四川省安置任务最重的成都市，针对多数军休干部集中安置在由军队承建的住房这一情况，省、市安置部门会同军地部队有关部门，认真研究和制定交接办法，采取提前审档的做法，发现档案缺失、遗漏、差错的，及时通知部队补充、更正，成功地实施了军休干部集中交接，加快了接收安置进度。各地坚持按计划、按任务接收，坚决按政策规定办事。凡是列入接收安置计划、交接条件成熟的军休人员，都想方设法予以接收；未列入计划和个人自行联系的军休人员，则一律不予接收；接收过程中，坚持移交部队、地方安置部门和军休人员“三见面”制度，避免出现遗漏、遗留问题。

1992年前对无军籍职工安置，采取零星接收、分散安置的方式。1992年国家民政部、国家劳动人事部等5部门发出《关于进一步做好军队无军籍退休退职职工的安置工作的通知》后，改为成批交接、分散安置。四川省无军籍职工接收安置工作任务重、难度大、条件差，矛盾突出。各级民政部门认真贯彻执行国家有关政策规定，想方设法，克服困难，积极为部队排忧解难，较好地完成了无军籍职工接收安置任务。

凡有接收安置任务的地方，政府和民政部门专门召开会议，专题研究无军籍职工接收安置问题，制定切实可行的工作措施，采取灵活多样的交接方式，在人力、物力、财力等方面给予大力支持，保证接收安置工作的顺利进行。针对无军籍职工移交地方后，部分地方性补助补贴难以落实、医疗费超支难以解决、安置管理工作缺乏手段等问题，各级安置部门，主动协调财政、社保、医疗等有关部门，争取理解和支持，为接受安置无军籍职工创造良好条件，提供有力保障，并采取军地有关部门面对面办公的方式，发现问题随时交换意见。在交接工作中，军地共同组成交接小组，深入部队基层了解情况，宣传政策，解问答疑，介绍地方服务管理情况，消除移交对象的担心和顾虑。对一些有特殊困难的移交对象，军地双方共同按照有关政策规定及时协商解决办法，使移交对象自愿移交安置。地方安置部门在办理人事供应关系、户口关系转移手续时，尽量为部队有关部门和无军籍职工提供快捷、方便的服务。

各级安置部门在深入学习文件，明确接收安置范围、条件和对象，吃透精神的基础上，严格交接程序，牢牢把关，不搞变通，不打“擦边球”。不属于接收安置范围的，一律不予以接收。移交前，在审定安置去向、个人档案、退休费标准的同时，有条件的地方坚持走家串户，了解移交对象的住房、户籍等家庭情况。移交时，仔细审查接转供给清单、介绍信、“三联单”、组织行政关系，实行移交单位、接收单位和退休职工“三见面”，并签订交接协议书。移交后，及时落实退休费发放、医疗保障、组织生活等日常管理，做到了移交、安置、管理不脱节。

第二节　住房保障

一、住房建设

成批建设军休干部住房始于1981年。第一、第二批住房由城建部门统建。第三批住房采取民政部门承建，城建部门统一建设，军休干部自建、自购、军地共建、换建等多种形式建设。从第四批起，就地安置的军休干部住房建设，原则上由地方政府承担，并继续采用多种形式，鼓励军休干部自建、自购住房、维修私房和家属单位帮助建房等。四川省地方政府承担的建房任务，主要由民政部门完成。第四、第五批军休干部，全省共建住房2543套，其中军队承建1408套、地方承建1030套。从2001年起，第五批以后的军休干部离开部队时，由部队解决经济适用房或发给本人住房补贴，地方政府不再负责解决住房。为了使军休干部尽快得到安置，四川省地方各级政府和军队各级对建房工作十分重视，采取了一系列措施，以保证军休干部住房建设如期完成。包括：对建房方式进行改进，由政府统建的单一形式改为政府建、军队建、自建、代建、购买商品房、军地共建等多种形式，调动社会各个方面的积极性；调整建房分工任务，由民政部门负责军休干部住房的建、管、用，各级民政部门层层签订责任书，保证经费落实、任务落实；实行公开招标，引进竞争机制，明确责、权、利，保证建房质量；按照国家下达的建房任务和规定标准，保质保量如期完成，附属设施按规定范围和比例修建；对军队承建和军地共建的住房，按照国家规定和军地双方认可的设计标准和要求，组织检查和验收；考虑军休所的长期发展，建设一定数量的生产经营场所；部分地区在修建第四批军休干部住房时，结合第五批安置任务，将第四、第五批住房一并规划征地，统一设计安排，由施工单位垫资修建，加快建房工作进度。

二、住房改革

住房制度改革是国家经济体制改革的重要组成部分。1993 年民政部、财政部、总政治部下发《关于移交政府安置的军队离退休干部住房制度改革问题的通知》，明确军休干部的住房改革，原则上按照军队房改的有关规定执行。1994 年，四川省根据民政部、财政部、总政治部《关于移交政府安置的军队离退休干部住房改革实施办法》，进行了房源调查；1995 年和 1996 年分别完成了第一步和第二步提租；1998 年根据国家民政部等 5 部门《关于出售移交政府安置的军队离退休干部住房的实施办法》，对售房的范围和对象，产权界定、优惠政策、价格和收入、售房工作的组织实施以及售房后的维修和管理等问题做出了规定，并采取以会代训的形式对有关人员进行了培训，为顺利完成军休干部住房出售奠定了良好的基础。在售房工作中，既严格执行住房出售的各项政策和原则，又积极争取财政、房改办和军队等部门给予最优惠的政策，以保证售房工作的公正、合理，照顾军休干部的切身利益。住房制度改革得到了军休干部的理解和支持。四川省 1—3 批军休干部住房的售房工作启动于 1998 年 11 月，经历了准备、布置、实施及总结四个阶段，于 1999 年 6 月基本结束。四川省共出售军休干部住房 2247 套，面积 16 万平方米，回收售房资金 2818 万元。自此四川省安置的军队离退休干部住房制度改革，原则上与军队在职干部执行统一政策；国家、军队、个人合理负担；实行住房补贴、货币补差结合的办法，稳妥推进住房分配货币化、管理社会化，突破了制约接收安置速度的“瓶颈”，实现了军休干部建房经费向住房补贴的转变。

第三节　服务管理

军休干部服务管理工作，是民政部门根据国家有关规定对移交地方政府安置的军休干部晚年生活组织管理、服务协调的活动。其主要任务是：落实军休干部政治、生活待遇，开展适合老年人特点的活动，发挥军休干部的作用，组织开展生产经营活动，加强干休所的规范化、制度化建设等。为适应服务管理工作的需要，国家拨专款修建服务附属设施，配备工作人员和工作用车，建立了军休服务管理机构—军休所（站、中心）。军休所（站、中心）作为承担服务管理工作的事业单位，是军休干部生活和休息的场所，是国家为军休干部提供物质保障的载体。服务管理工作作为军休安置工作的重要内容，是军休干部最关心的问题。1986—2005 年，四川省各级安置部门牢记全心全意为军休干部服务的宗旨，努力把服务管理工作落到实处，不断提高服务管理水平。

一、落实待遇

四川省各级民政部门以落实政治待遇、生活待遇为重点，积极做好服务管理工作。各地为军休所发送文件、军休干部看文件、听报告、出席重要会议、参加当地重大活动等形成制度。各级安置部门及时传达和执行有关军休安置工作的政策规定，积极向上级反映军休干部的意见和建议，做到了上情下达、下情上传。1994 年，根据中共中央、国务院、中央军委批准的《关于调整移交政府安置的军队离退休干部和退休志愿兵生活待遇实施办法》的规定，军休干部的生活待遇调整为按照军队规定的项目和标准执行，基本理顺了军休干部的个人生活待遇。1986—2005 年安置在四川省的军休干部各种生活待遇，都能保证及时准确兑现。不少地方在机关干部工资不能按时兑现的情况下，千方百计地保证军休干部生活费及时、足额发放。军休干部的医疗费超支问题，是长期困扰服务管理工作、影响军休干部稳定的一个难题。在各级财政十分困难的情况下，各地每年都对军休干部医疗费给予补助，医疗超支问题基本得到解决。自2005年起省级财政每年预算安排1000万元以上，用于落实军休干部及家属、遗属的医疗和生活补助。

二、服务管理模式

20世纪80年代初的军休服务管理模式，是在计划经济条件下形成的。随着社会主义市场经济体制的不断发展和完善，军休服务管理方式与国家改革发展不相适应的矛盾日益突出。改革旧的服务管理模式是适应军休安置形势和任务的需要。各地结合实际，进行了一些有益的探索和尝试。在人员配备上，试行一所多点改革，采取只下拨经费、不下达编制的办法，缩减工作人员，提高工作效率；在车辆配备上，坚持按标准配车，并采取减免养路费、对军休干部发放交通费、限制私人用车等措施，缓解用车矛盾，节约经费开支；在内部管理上，部分军休所试行物业管理办法，对所内房屋建筑、设备设施、环境卫生等，按照市场经济模式管理，使军休所环境得到较大改善。军休所休养设施面向社区，服务群众，门球场免费向社区开放，卫生所对外门诊，对社区60岁以上老人优先、优价、优质服务，受到社区群众的好评。同时，省民政厅每年都要组织至少两批军休干部和工作人员疗养，分片区举办门球赛，定期举办门球决赛。各军休所坚持开展钓鱼、门球、棋类、书法、绘画等适合老年人的活动，有条件的地方组织军休人员到外地、外省参观学习，促进军休干部的身心健康，丰富他们的晚年生活。四川省军休干部先后有数百人次在民政部和各级、各部门组织的书法、绘画、征文、文艺表演活动和门球、棋类比赛中获奖。

各地从转变观念入手，加大组织协调力度，以军休所与社区共建为载体，积极引导军休干部“走出庭院、融入社区”，服务管理社会化改革取得初步成效。广元市军休所积极开展军休干部“走出庭院、融入社区”活动，与所在地的翠屏社区、陈家壕社区开展文明社区共建活动。军休干部组成讲师团，经常应邀到学校、机关、企事业单位进行公民道德教育，国防教育。不少地方还组织军休干部对青少年进行爱国主义教育，为地方修书编志，参加“爱心献功臣”行动、街道居委会工作，协助维护社会治安和市场管理等社会公益活动，受到了地方党委、政府和人民群众的赞扬和尊敬。2005年四川省有1000多名军休干部在社会上发挥作用，为“三个文明”建设作出了新贡献。

为搞好军休所的各项工作，四川省各军休所成立军休干部管理委员，让军休人员直接参与管理，积极为军休所文明建设献计献策。军休干部管理委员会是军休人员“自我教育、自我管理、自我服务”的议事组织，是联系所行政领导和军休人员的桥梁和纽带，军休干部管理委员会成员从军休干部中民主选举产生，其主要职责是：协助所领导和所党支部搞好干休所工作，参与所内民主管理，支持所建设。民主管理中做到参与不干预，议事不决事，维护所内建设发展的大局，发挥好“参谋、协调、监督”的作用；做好军休人员的联系工作，经常了解军休人员对所建设发展的各种意见、建议、要求，经常了解军休人员思想、生活、身体健康等方面的情况，并及时向所领导反馈，维护好军休人员的合法权益；积极发挥“自我教育、自我管理”的作用，做好军休人员的思想稳定工作，按照党的政策规定在“合情、合理、合法”的原则下，做好政策解释和说服、引导等工作；教育军休干部珍惜荣誉，发扬革命传统，保持革命晚节，敢于向不良思想倾向和行为作批评；积极配合单位做好精神文明建设工作，教育引导军休人员遵纪守法，认真执行所内各项规章制度，主动化解和协调工休、邻里、家庭、离退休人员之间的矛盾；积极开展创建“文明楼组”“五好家庭”“文明市民”等活动；参与所内创建标准化军休所工作及创建文明单位和所内各种重大事项的研讨工作；积极出谋划策，集思广益，征求军休人员的意见，努力搞好所内各项建设工作。

第四节　教育管理

2001 年 10 月 26 日，省民政厅下发《关于加强移交地方政府安置的军队离退休干部教育管理工作的通知》，要求对军休干部加强教育管理。

四川省采取有效措施加强军休干部的政治理论学习，有计划地组织军休干部认真学习马列主义、毛泽东思想、邓小平理论和江泽民同志关于“三个代表”等重要论述，学习国家的法律法令和军队的有关规定，使广大老干部把加强学习作为终身任务，自觉做到活到老学到老、改造到老。特别注意引导军休干部加深对辩证唯物主义和历史唯物主义的学习理解，抵制封建迷信、伪科学和各种错误思潮的侵蚀，始终保持清醒的头脑，不断增强政治敏锐性和鉴别力。教育中，注意研究和掌握军休干部思想变化的特点和规律，增强教育的针对性和有效性。教育着重围绕改造世界观、保持革命晚节进行，内容少而精，形式灵活多样，方法简便易行。同时围绕党和政府的中心工作，发挥军休干部的作用，重点发挥他们的干部教育、反对邪教、思想政治工作、关心下一代、党风廉政建设、国企改革、西部大开发、科教兴川、社区建设、农村工作及其救灾、扶贫等方面的参谋咨询作用。对军休干部中发生的一些突出问题，及时提醒大家吸取教训、引以为戒。教育军休干部正确对待自己的荣誉，正确对待自己的历史，恰如其分地评价自己和以健康的心态对待别人。大力宣传军休干部中的先进典型和先进事迹，激励和鼓舞广大军休干部珍惜历史荣誉，保持高尚情操，自重、自省、自警、自励，做到思想常新、理想永存。各军休安置机构定期分析军休干部的思想状况，认真研究带有苗头性、倾向性的问题，提出对策，妥善解决；经常走访军休干部，了解思想情况，掌握思想动态，做好教育疏导工作，坚持开展谈心活动，主动听取军休干部的意见，沟通思想，化解矛盾，加深感情。凡是政策允许范围内的事，只要是能办到的，都尽可能办好。鉴于管理和执行政策的特殊性，有些调资政策部队已经落实而移交地方安置的军休干部尚未落实时，及时向军休干部讲清原因，说明进展情况，做到上情下达，增进理解。主动向党政领导反映军休干部服务管理工作中的困难，争取党政领导对军休工作的支持，解决干休所和军休干部生活中的一些实际困难，落实好政治、生活两个待遇，不断提高服务质量。

经常教育军休干部坚决执行党中央、国务院、中央军委的指示要求，严格落实省、市、州和干休所的有关制度规定，切实做到正确理解和自觉执行党的路线、方针、政策，不信谣、不传谣。不参加非法组织，不与社会上的非法组织、非法刊物和政治上有问题的人发生联系，不擅自与国外、境外政治倾向不好的人员交往。不参加带有宗教迷信色彩、宣传唯心论和各种伪科学的组织与活动，不为此类组织与活动提供场所和条件。除地方党委和政府统一组织和部署外，不参与任何游行示威活动；不参加各种静坐和聚集活动。反映问题按正常渠道，不组织和参与集体上访、请愿活动，不跨单位、跨地区组织串联、写联名信。不为政治背景不清、政治倾向不好的场所、书刊、影视作品等题词、作序，不为其提供各种形式的帮助。严格执行阅文规定，遵守保密纪律。不违反政策法规从事经商活动，不参与任何形式的非法集资。本人及配偶、子女有关重大事项包括外出疗养、旅游、探亲及时报告。

按照组织健全、职责明确、制度落实、活动经常的要求，加强军休干部党组织的建设。党组织经常了解军休干部的情况，积极组织开展思想政治工作，使老干部的生活、学习、活动等始终处于干休所党组织的管理之中。严格组织生活制度，定期过好组织生活，勇于开展批评和自我批评，及时发现和解决问题，保持党内生活的原则性和战斗性。党支部成员、党小组长切实负起责任，做好工作，要求军休干部积极参加组织活动，自觉接受党组织的教育监督。对违反党规党纪者，无论是老干部还是工作人员，都必须按规定该处分的处分，该处罚的处罚，做到在党组织内不允许有特殊党员存在。各级民政部门和干休所领导、干部、职工都坚持树立为军休干部服务的思想，寓管理于服务之中，坚决克服重服务轻管理或以服务代替管理的现象。教育工作人员全心全意为军休干部服务，组织丰富多彩的老年人喜闻乐见的文体活动，使广大军休干部生活愉快、健康长寿、安度晚年。干休所是直接管理军休干部、为军休干部服务的机构，各级民政部门的党委（党组）重视干休所党组织建设，选好配好领导班子，加强工作指导，为他们开展工作创造良好条件。加强干休所管委会的建设，充分发挥他们在教育管理老干部中的参谋、桥梁和助手作用，配合干休所搞好军休干部的教育和管理工作。

四川省各级民政部门和军休所通过加强社会转变时期的军休干部教育管理工作，各军休干部都较好的保持了政治思想上的坚定性和遵纪守法的自觉性，有的还成为机关、学校、社区、企业的政治辅导员，受到社会广泛赞誉和尊重。

第五节　军休服务管理机构

四川省共有军休服务管理机构 136 个。其中军休所 118 个，军休服务中心 8 个，军休服务站 10 个（以下统称为军干所）。各地按照民政部《军队离退休干部休养所暂行规定》和《四川省关于加强军队离退休干部休养所思想政治工作的意见》《四川省军队离退休干部休养所标准化建设单位评定标准》和《四川省军队离退休干部休养所标准化建设单位评定办法》，从组织建设、思想建设、制度建设、队伍建设和基础设施建设各个方面，加强军休所的建设与管理，积极开展达标创建活动，不断提高服务管理水平，促进了军休所全面建设，涌现了一批服务一流、管理规范、环境优美和军休干部满意的军休所和先进典型。1994—2005 年四川省有 51 名军休干部、17 名军休工作人员、16 个军休服务管理单位受到民政部和总政治部表彰；30 名军休干部、30 名军休工作人员、10 个军休服务管理单位受到了四川省退伍军人和军队离休退休干部安置领导小组的表彰；109 名军休干部、55 名军休工作人员和 47 个军休服务管理单位受到省民政厅和四川省军区政治部表彰。先后有 5 个军休所被民政部命名为“和谐军休家园”，30 个军休所被省民政厅命名为“军队离退休干部休养所标准化建设单位”、5 个军休所被省民政厅命名为“军队离退休干部休养所标准化建设示范窗口单位”。

第三章 军供保障

军供保障任务主要以军供站为依托，靠军供站具体组织落实。军供站是人民政府完成军用饮食供应保障任务的组织机构和战备设施。组织体系是由各省、自治区、直辖市人民政府根据军队的要求设置，受地方政府领导，代表当地政府和人民群众接待与支援过往部队，是地方政府拥军支前的窗口，其编制性质为国家事业单位。管理体制是民政部门具体负责，人民解放军派驻铁路、交通部门军代表办事处进行业务指导。服务对象是直接为过往部队服务，是军队后勤工作的延伸和重要补充。军供站具有饮食服务业的设备和业务，其中心任务是保障过往部队的膳食、饮用水供应。在这一前提下，实行平战结合，开展综合利用，为社会服务。军供站在国家和平建设时期，继承和发扬“拥军支前”的光荣传统，坚持“为部队服务、为国防建设服务”的宗旨，在人民解放军执行战备、训练、防务转移、卫戍边陲、平定叛乱、抢险救灾、支援国家建设和新老兵运输过程中，为过往部队提供良好的饮食饮水等供应保障，被誉为过往部队的“军人之家”。军供站在接待、供应和服务工作中直接体现党和政府以及广大人民群众对子弟兵的关怀与爱护，是密切军地、军民关系，连接军政军民关系的桥梁和纽带。军供站根据供应任务和能力的大小，分为一级、二级、三级。

第一节 军供站规划布局

四川省各军供站在发展过程中，根据部队和国防建设的需要，在铁路沿线先后完成了10个军供站的改建、迁建、扩建工程，新建了2个军供站，初步形成了地域布局合理，军供保障有力的格局。至2005年，四川省有铁路军供站14个，其中一级站1个，二级站13个，分布于成都火车北站和6条铁路干线上，分别是成都火车北站1个（成都军供站），宝成线2个（广元、绵阳军供站），成昆线4个（峨眉山、西昌、普雄、攀枝花军供站），襄渝线3个（广安、达州、万源军供站），成渝线2个（内江、隆昌军供站），达成线1个（南充军供站），内昆线1个（宜宾军供站）。14个军供站中成都军供站为一级军供站，隶属于省民政厅直接管理，其余13个军供站均为二级军供站分别由所在地市、州民政局管理，业务上受省民政厅和成都军区军事交通运输部门的指导，其军供保障范围从88公里至230公里不等。

一、成都军供站

成都军供站始建于1952年5月，总站位于成都火车北站，占地面积8333.3平方米，分站位于火车东站，占地面积5400平方米。总站和分站均地处四川省交通要道，是西南地区最大的军工保障枢纽。保障区域分布成都市区及周边167公里铁路沿线。建站后曾先后承担了抗美援朝、中印边境自卫还击作战、中越边境自卫还击作战等重大战争军事保障任务。和平时期承担了进出川新老兵在成都的集结和食宿保障，新老兵中转及途经成都地区的外训、演习部队的供应保障以及平时抢险救灾、维护稳定、战备演练等过往部队的饮食保障供应。

二、绵阳军供站

绵阳军供站始建于1956年，位于绵阳市迎宾路，占地面积6000平方米，主要承担宝成铁路线上德阳至小溪坝125公里区间范围内过往部队的军用饮食供应保障。

三、广元军供站

广元军供站始建于1956年，原址处于下西火车站。1992年下西火车站迁至上西火车站。为方便军供，军供站随迁至上西火车站南侧500米。迁建后的军供站位于广元市上西中兴街，占地面积7300平方米。广元地处四川北部，是进出川的交通要道，为历代兵家必争之地，战略地位重要。建站后曾先后承担了抗美援朝归国志愿军，中越边境自卫还击作战轮战部队及和平时期部队战备训练，新兵入伍，老兵退伍，国防科研等过往部队的饮食供应保障。

四、峨眉军供站

峨眉军供站始建于1965年，位于峨眉山市桂花桥镇燕岗火车站西侧，占地面积4662平方米，是成昆铁路上重要交通枢纽。建站后曾先后承担了抗美援越，中越边境自卫还击战、轮战、拉萨戒严、西昌卫星发射等过往部队的饮食供应保障。

五、普雄军供站

普雄军供站始建于1971年，是由当年修建成昆铁路时临时工房改修而成。因长期未予以翻修，军供设施落后，加之选址不当，地处地震多发带。省民政厅于2002年决定将该站实施迁建。迁建后的军供站，位于凉山彝族自治州越西县普雄镇，占地面积5333平方米，海拔2250米，年平均霜冻期180天以上，年均气温8.5℃，是成昆线上海拔最高、气候最恶劣，条件最艰苦的铁路军供站，是川滇之间部队南来北往的必经之地，是成都军区重要的军供站之一。供应范围230公里，建站后曾先后承担战时和平时过往部队及装、卸载训练部队的饮食供应保障。

六、西昌军供站

西昌军供站始建于1970年，位于凉山彝族自治州西昌马道镇，占地面积5631平方米，地处西南战区成昆铁路线中段，战略位置十分重要，供应范围100公里。建站后曾先后承担中越边境自卫还击作战、轮战及“9·11”军训等过往部队的饮食供应保障。

七、攀枝花军供站

攀枝花军供站始建于1970年，位于攀枝花市金沙江大道东段，占地面积2000平方米，是进出川、滇两省的交通咽喉要道，具有重要的地理位置，供应范围144公里。建站后曾先后承担了1978—1985年支援老山前线运输任务和1986年“707”运输任务以及其他过往部队的饮食供应保障。

八、内江军供站

内江军供站始建于1965年，位于内江市中区铁站街，占地面积4000平方米，保障范围140公里，是西南地区较早建立的国家二级军供站之一。由于成渝铁路、内昆铁路、隆泸铁路途经内江境内，使内江军供站成为四川省仅次于成都军供站的第二大交通枢纽，在整个西南地区的军事交通中起着承上启下的重要作用。建站后曾先后承担了中印自卫还击战，中越边境自卫还击战及平时新老兵运输、部队调动、训练、国防施工，抢险救灾过往部队的饮食供应保障。

九、隆昌军供站

隆昌军供站始建于1984年，位于隆昌县跃进街，占地面积4300平方米，主要担负隆昌县、泸州市及所属的古蔺、纳溪、叙永、合江等县市（区）每年的新兵转运和泸州工兵团，隆昌高炮团每年的战备演习以及平时过往部队的饮食供应保障。

十、广安军供站

广安军供站始建于1973年，位于广安市广安区前锋镇，占地面积6000平方米。建站后主要承担中越边境自卫还击战、轮战、战备演习和反恐维稳等过往部队的饮食供应保障。

十一、达州军供站

达州军供站始建于1972年，位于达州市通川区朝阳西路，地处襄渝、达成、达万三条铁路的交汇点，建站后曾先后承担铁道兵国防施工，中越边境自卫还击战作战部队进出川新老兵和部队调防、外训、抢险救灾等过往部队的饮食供应保障。

十二、万源军供站

万源军供站始建于1972年，位于万源市太平镇青沟路，占地面积3086平方米，地处川、陕、渝三省（市）接合部，是重点枢纽站，建站后常年承担着长征运载火箭押运部队和新老兵运输、部队训练、抢险救灾等过往部队的饮食供应保障。

十三、南充军供站

南充军供站始建于2002年，位于南充市顺庆区铁昌路，地处达成铁路交汇点。建站后主要承担进出川新老兵运输部队调防、外训、抢险救灾过往部队的饮食保障。

十四、宜宾军供站

宜宾军供站始建于1979年。为提高军供能力，宜宾军供站于2002年进行新建。新建的军供站位于宜宾市翠屏区大运村观音湾，占地面积3456平方米，地处宜宾火车站外2公里，建站后曾先后承担新老兵运输、部队训练、调防等过往部队的饮食供应保障。

第二节　接待保障

一、应急方案

各军供站为过往部队提供饮食供应保障的基本要求是“优质、快速、准确、安全、保密”，特别是在“饮食安全、保密安全”方面有更高更严的要求。为切实做好现代战争条件下的军供工作，省民政厅于2002年1月4日下发了《关于军供站应急供应方案编制有关问题的通知》，各军供站按此要求，制定了应急供应方案，平时经常组织应急供应方案实施演练，从定点供应到多点全天候供应，从一般保障到快速保障。其中成都军供站军供应急供应方案从基本情况、应急情况分析、组织机构和人员保障、物资保障、车辆保障、军供食谱、供应方式、食品化验等8个方面，制定了详尽举措。

二、供应质量

四川省各军供站在供应过往部队饮食过程中，做到因时、因地、因人制膳，既保证饭菜数量，又讲究质量，实现了从满足于吃饱到科学制膳、营养制膳。为提高供应质量，各级人民政府投资购进现代化餐饮制作和运送设备。1986—2005年四川省不断加大经费投入，先后购买了现代化灶具、运送车辆，培训专业技术人员，各军供站基本配备了等级厨师和等级服务师。从1989年起，各军供站改变过去大锅饭、大盒菜、大桶汤的供膳方式，将炒菜入盘上桌；且可供应首长饭、病号饭、清真饭。与此同时改善服务态度，克服各种困难，千方百计满足部队需要，做到态度和蔼、接待热情、服务周到、供应及时，受到过往部队的高度赞誉，一些军供站被过往部队誉为“军人之家”“军队的好后勤”“军队的坚强后盾”。

四川省各军供站完成了一系列重要的军供服务。1985年12月5—12日，陆军某集团军赴滇对越轮战，途径广元、绵阳、成都、燕岗、普雄、金沙等地，由7个军供站陆续接待过往部队。1986年5月6日至6月14日，入滇轮战部队某集团军和汽车某团班师回防，途径金江、普雄、西昌、燕岗、成都、绵阳、广元、内江、永川、重庆等地，有10个军供站先后接待过往部队。1985—1988年攀枝花市军供站在人员少、设施差、任务重的情况下多次完成中越边境自卫还击战轮战部队的饮食供应任务。在每次接受军供任务后，攀枝花市人民政府都专门召开军运接待供应工作联系会议。攀枝花军分区、武警攀枝花市支队、攀枝花市计经委、市民政局、市公安局、市财政局、市商业局、市粮食局、市卫生局、市防疫站、市食品公司、市糖酒公司、市烟草公司、市蔬菜公司、军代处以及铁路、电力等有关单位负责人参加会议。会议要求各有关单位和部门发扬团结协作精神，在物资供应、供电供水、安全保密、饮食卫生、官兵伙食补贴等方面，各负其责、优质服务，确保军运供给任务的圆满完成。在军供期间，中共攀枝花市委、攀枝花市人民政府、攀枝花军分区的主要领导孙本先、谭辉章、杨象熙、王正康等到军供站迎送过往部队指战员。1985—2005年，攀枝花市军供站接待供应军列1700多列60余万人次，为过往部队补贴伙食费、医药费和其他费用20余万元，先后收到部队镜匾12个，锦旗40面，表扬感谢信110多件。

三、平战结合

1989年，民政部、总后勤部颁布《军运饮食供应管理办法》（以下简称《办法》），正式确定军供站开展平战结合，综合利用。该《办法》规定：军供站在保证完成军供任务的前提下，实行平战结合、可以利用现有设施，为部队服务，为社会服务。四川省各军供站在完成军供任务的基础上，充分利用现有设施设备，对外开展营业性服务。对外营业性服务项目主要是：因地制宜、对外开办招待所、门面出租、餐饮、承办酒席、站内停车场对外开放、有偿服务。营业的盈利，主要用于改造站容站貌，添置设施设备、补贴过往部队生活和改善职工福利，在一定程度上缓解了经费不足矛盾，促进了军供站自身建设与发展。1986—2005年四川省各军供站对外营业性收入不断增长。

第三节 军供站建设

一、安排部署

1986年，四川省为落实民政部、总后勤部于1985年转发的《军供站正规化建设要求》，在各军供站普遍开展了正规化建设活动。经过10年努力，取得显著成就。1995年，在落实民政部、总后勤部正式颁发的《军供站正规化建设规定》过程中，四川省各军供站遵照该规定的具体内容，就正规化建设指导思想，原则和目标，军供站工作中心和重点、平战结合、综合利用、考核标准，军供具体操作规程等方面作出明确界定。1997年8月，省政府办公厅在转发省民政厅关于进一步加强军供站建设意见的通知中，强调加强军供站正规化建设，要求各军供站坚持为部队服务，为国防建设服务、为经济建设服务的宗旨，认真执行《军用饮食供应站供水站管理办法》，按照《军供站正规化建设规定》要求，落实各类人员工作职责，建立健全各项工作制度，制定出紧急情况下的人员组织和军供物质保障预案。同时制定并落实严格的学习制度，加强对职工的形势教育、国防教育和职业道德教育，增强广大干部职工的事业心和责任感。通过业务培训，提高广大干部职工的科学管理水平和实际操作能力。2004年9月，为落实民政部、总后勤部印发《军用饮食供应工作正规化建设规定》(以下简称《规定》)。《规定》在“总则”中对军用饮食供应工作正规化建设的宗旨和目标作出明确规定：军用饮食供应工作正规化建设，必须遵循为国防建设服务、为部队服务的宗旨，按照“巩固、完善、发展、创新”的方针，以完成军用饮食供应任务为中心，以提高军用饮食供应保障能力为重点，努力实现设施完善，设备先进，训练有素，管理科学，反应快速，保障有力的目标，不断提高军用饮食供应工作正规化建设水平。《规定》还印发了3个附件：即《军用饮食日常供应工作程序》《军用饮食应急供应工作程序》《军用饮食供应工作正规化建设考核评比标准》。至此，四川省各军供站根据规定，结合自身实际，普遍建立健全了以岗位责任制为中心的各项规定制度，严格科学管理，实现了军供工作制度化、程序化、标准化、有效地提高了军供工作的整体管理水平和服务质量。

二、检查评比

省民政厅加强对各军供站正规化建设的检查指导，总结经验，典型示范。1999年8月，省民政厅根据成都军区联勤部、军区交通运输部《关于组织军供站正规化建设检查评比的通知》要求，组织两个检查组，依据民政部、总后勤部对军供站正规化建设的有关规定和标准，对四川省各军供站正规化建设进行了检查。通过检查，四川省军供站中有11个站达到了合格标准，具体分为四类：第一类为成绩突出的成都、达川、攀枝花和西昌军供站。第二类为成绩比较突出的普雄、广元和万源军供站。第三类为合格单位，即绵阳、广安和宜宾军供站。第四类为基本合格单位，即隆昌军供站。检查中针对有关问题，从四个方面提出了进一步加强军供站正规化建设的意见：切实加强对军供工作的领导。要求各级政府把军供工作作为一项重要工作，真正把军供站的建设和管理摆上重要议事日程，切实加强领导。要求主管部门加强对军供工作的具体指导，给政府当好参谋，积极争取地方党政领导和有关部门的关心、重视和支持，帮助军供站解决一些实际问题。各地把争取军供站的发展纳入当地经济和社会发展规划，以促进军供事业全面发展。巩固正规化建设成果，要求各军供站在“巩固、完善、发展、创新”上下功夫，进一步完善规章制度，严格按照《军供站正规化建设规定》，逐一对照，缺的补，差的改，不统一的统一，不完善的完善，一项一项地抓好落实。检查中存在的问题较多的军供站，要采取有效措施，限期改变面貌，尽快达到要求。在改革中求发展，认真研究军供工作出现的新情况、新问题，把正规化建设推上一个新台阶。加强军供基础设施的改造和建设。要求各军供站及主管部门，积极争取当地计划、财政的较多投入，加强军供站硬件建设。要求统筹规划，突出重点，有计划、有步骤地更新、添置一些作业设备，改善作业条件，提高军供保障能力。要求正在改造的军供站抓紧施工进度，加强质量监督检查，保质保量地完成改造任务。要求拟新建和迁建的军供站积极协调，抓紧时间做好施工前期准备工作。要求进一步抓好军供队伍建设。各军供站加强形势教育、国防教育、宗旨教育和职业道德教育，进一步增强广大干部、职工的国防观念；加大劳动力、人事和分配制度的改革力度，形成人员能进能出、干部能升能降、奖金能高能低的充满生机和活力的新机制。采取不同形式继续抓好各类人员的业务培训，不断提高干部的组织计划能力和职工的实际操作能力。抓好作风建设，养成令行禁止、雷厉风行的良好作风，建立一支召之即来、来之能供的不穿军装的军事后勤保障队伍。通过开展军供站正规化建设活动，四川省涌现了一批先进单位，受到上级表扬。1999 年四川省有 3 个军供站被评为“全国军供站正规化建设先进单位”，受到民政部、总后勤部表彰。2000 年，有 4 个军供站被评为“西南战区军供站正规化建设先进单位”，受到四川等 4 省（自治区、直辖市）民政厅（局）和成都军区联勤部联合表彰。2004 年，有 4 个军供站被评为“全国军供工作正规化建设先进单位”，省民政厅安置处被评为“军供工作正规化建设成绩显著单位”，受到民政部、总后勤部表彰。

第五篇　社会救灾救助

四川省省域辽阔，地理、气候条件复杂，自然灾害发生频繁，是全国自然灾害严重的省份之一。其自然灾害的特点是种类多、发生频繁。除了现代火山活动导致的灾害和海洋灾害外，其余自然灾害在境内均有发生。洪涝、干旱、风雹、冰雪灾、低温冷冻灾害、山体滑坡、泥石流、病虫害、森林草原天然火灾几乎每年都有发生，地震灾害多次出现。20 世纪 50 年代四川盆地仅发生水灾 4 次，到 20 世纪 80 年代连年发生水灾；春旱从 20 世纪 50 年代的 3 年一遇，到 20 世纪 80 年代 10 年 8 旱；伏旱从 20 世纪 50 年代的 5 年一遇，到 20 世纪 80 年代连年发生。四川省因自然灾害每年平均死亡近 180 人，倒塌房屋 15 万间以上，农作物受灾面积 5000 万亩以上，农业直接经济损失近 100 亿元。1986—2005 年，四川洪涝灾害以 1998 年、2001 年、2004 年、2005 年最为严重；地震灾害以 2001 年 2 月、5 月甘孜雅江县、凉山州盐源县先后发生的 6 级和 5.8 级破坏性地震为最大；旱灾以 2000 年 12 月至 2001 年 8 月的“冬、春、夏”连旱为最大。

自然灾害频发使政府民政部门救灾任务十分艰巨。在省委、省政府领导下，省民政部门认真制定救灾工作政策，建立长效救灾机制，重点负责组织协调救灾工作、组织自然灾害救助应急体系建设、组织核查并统一发布灾情。同时组织指导救灾捐赠，千方百计管理好、分配好、监督好中央和省本级救灾款物，帮助灾区群众克服困难。在社会救助方面，以牵头拟订全省社会救助规划、政策和标准，健全城乡社会救助体系，负责城乡居民最低生活保障、医疗救助、临时救助和生活无着人员救助工作为重点，提高受灾群众的生活信心，帮他们度过生活难关。

第一章　自然灾害救助

1986—2005年，四川省每年发生的各种类型不同程度的自然灾害给灾区群众造成诸多困难和痛苦。仅2005年，四川省21个市州165个县（市、区）3140万人不同程度受灾，因灾死亡262人，紧急转移安置73.6万人；农作物受灾面积2349万亩，绝收面积324万亩；损坏房屋44.47万间，倒塌民房10.77万间。因灾造成直接经济损失124.13亿元，其中农业直接经济损失57.15亿元。各级政府积极组织抗灾救灾，解决群众疾苦。灾情发生后，中共中央、国务院十分关心，国务院副总理曾培炎、回良玉，国务委员华建敏等多次对四川省救灾工作做出指示。民政部常务副部长贾治邦率国务院工作组到灾区视察灾情、慰问受灾群众，帮助解决救灾工作中存在的困难。各级民政部门按照《四川省自然灾害救灾应急预案》，认真做好受灾群众吃、穿、住、饮用水、医疗等救助工作，保证受灾地区在24小时内各项救助措施到位。民政部安排救灾资金2.61亿元，调运救灾帐篷5000顶，救济受灾群众1200万人次。由于各级政府高度重视、组织到位、措施得力，救灾成效明显，如倒塌农房至2005年12月底完成恢复重建9.86万间，占应重建总数的91.5%，2006年春节前基本完成恢复重建。

第一节　灾　情

一、洪涝

1986—1989年，每年夏秋之间，四川常多暴雨，盆地西、盆地西北和盆地东北常出现较大范围的区域性暴雨，发生严重洪涝灾害。1989年，四川省出现明显的暴雨天气15次，因暴雨遭受洪涝灾害的共有17个市（地、州）、137个县（市、区）、4008个乡（镇），受灾人口3319.94万人，因灾受伤74512人；死亡大牲畜88637头；倒塌房屋33.51万间，损坏房屋71万间；农作物受灾面积3313.27万亩。成灾面积1490.01万亩，绝收面积267.9万亩；直接经济损失25.64亿元。7月7—11日，四川省东、北部发生历史罕见的特大暴雨，以南充、重庆、达县、万县、涪陵等地（市）的39个县（市、区）为中心，涉及全省85个县（市、区），给人民群众的生命财产造成巨大损失。此次暴雨导致的洪涝灾害使全省85个县（市、区）、2321个乡（镇）、14434个村不同程度受灾，受灾人口1791.4万人，因灾受伤12257人；倒塌房屋21.78万间，损坏房屋51.7万间；农作物受灾面积1323.2万亩，成灾859.3万亩，绝收193.1万亩；冲毁农田114.5万亩；死亡大牲畜7.85万头；直接经济损失21.6亿元。暴雨造成山地灾害发生频繁。全省10多个市（地、州），100多个县发生山地灾害数十万处，死亡775人，直接经济损失达10亿元。南充地区发生山地灾害4.4万处，造成

274人死亡，直接经济损失达1.37亿元。其中，华蓥市溪口镇青龙嘴，7月10日13时30分发生特大山崩，裂面长达7公里，垂直高度600米，垮塌土石方约100万立方米，将山脚下的6个单位和2个村民组的房屋、财产以及220人全部深埋。

1990年，四川省共发生大暴雨14次。7月份，嘉陵江上游出现特大洪水，青衣江洪水超保证水位，涪江洪水超警戒水位；7月5—6日，广元市3区、4县持续30小时普降暴雨，雨量为130—240毫米，局部地区达到250毫米，加之陕西宁强、略阳及甘肃文县一带降大暴雨，造成嘉陵江水位徒涨，发生与史载最大洪水的1857年同级特大洪水，新店子水文站洪峰流量达12900立方米/秒，水位超保证水位3.02米。广元市受灾严重：10人死亡，1000多人受伤；24.7万亩农作物被淹，5万亩水稻、4万亩玉米被毁，48万亩玉米被大风吹倒折断，损失粮食产量7360万公斤；蔬菜、蚕桑、水果等经济作物和经济林木严重减产；200多家企业停工停产；农房被淹1.68万间，造成危房8500多间，4300户2万多人一度无家可归；48个大小城镇被淹，120多条街道进水，相当部分工业、商贸、机关、学校、邮电、交通、医疗卫生单位一度处于洪水围困之中。全市直接经济损失4.12亿元。7—9月，岷江、沱江洪水超保证水位，造成许多地方洪涝成灾，川西到川南遭受暴雨洪涝灾害的有20个地（市、州）、161个县（市、区）。其中，受灾人口1813万余人，因灾死亡354人；倒塌房屋13.6万间；农作物受灾面积达1500余万亩，成灾面积达731万亩，损失粮食3.3亿公斤；死亡大牲畜4.13万头。直接经济损失达30亿元。

1991年，四川省先后发生12次区域性暴雨天气过程。从5月下旬开始，共有21个市（地、州）的147个县（市、区）5800多个乡（镇）不同程度受灾。其中：受灾人口2946.84万人，因灾死亡583人；倒塌房屋21.15万间；农作物受灾面积2803.33万亩，成灾1264.67万亩；死亡大牲畜15.05万头。直接经济损失30多亿元。8月8—9日，宜宾、泸州、乐山、达县、万县、南充、雅安等12个市（地）的部分地方先后出现强暴雨天气过程，降雨量在50毫米以上的有66个县（市、区），其中100—200毫米的有23个县（市、区）。暴雨致使长江干流和大渡河、青衣江、岷江、渠江、金沙江等江河水位猛涨、洪水泛滥成灾，给人民群众生命财产造成严重损失。此次暴雨洪涝灾害，造成四川省81个县（市、区）、2277个乡（镇）不同程度受灾：受灾人口1350万人，因灾死亡287人、受伤11666人；倒塌房屋11.85万间，损坏房屋23.6万间；农作物受灾面积1210.7万亩，其中成灾730.7万亩，绝收120多万亩；损失粮食产量12.37亿公斤；死亡大牲畜4.5万头。直接经济损失30亿元。灾情最重的宜宾地区遭受了中华人民共和国成立以来罕见的特大洪水袭击。由于境内连降暴雨，加上金沙江、岷江上游许多县普降暴雨，该地区江河水位急剧上涨，三江洪水汇集，两度肆虐宜宾，全区有355个乡（镇）不同程度受灾。受灾人口206万人，因灾死亡54人、受伤6000多人；倒塌房屋1.7万间，损坏房屋近8万间；农作物受灾面积180万亩，其中成灾110万亩、绝收16万亩，损失粮食产量2亿公斤；直接经济损失达9.12亿元。

1992—1995年，四川暴雨、洪涝灾害频繁，给人民生活和生命财产造成极大损失。1995年，四川省共出现8次大的降雨过程，阿坝州及川东、川南部分地方降雨偏多，盆地东部、南部及其他地方暴雨频繁。全省183个县（市、区）2258万人遭受洪水灾害。因灾损坏房屋210多万间、倒塌房屋20万间；死亡人506人；农作物受灾面积1755万亩，成灾面积900万亩，绝收面积180万亩。造成直接经济损失70亿元。8月9日20时至8月14日8时，四川省出现了一次由西向东移动的阻塞性强降雨过程，其降雨强度之大、江河水位涨幅之高、受灾范围之广、损失程度之重，仅次于

1981年7月特大洪灾。其中9日20时至11日20时，盆地西部的成都、德阳、绵阳、乐山、雅安5地（市）发生严重的阻塞性暴雨天气过程，沱江上游、涪江上游、青衣江、岷江中游普降大暴雨和特大暴雨。降水50毫米以上的有54个县，其中降雨100—200毫米19个县，降雨200—400毫米10个县，降雨400毫米以上3个县，处于暴雨中心的绵竹、什邡、彭县、平武、北川、安县、都江堰市、郫县、温江、崇庆、新津等，降雨量高达200—600毫米，降雨最大的绵竹清平和天池二站，过程降雨量分别为673毫米、672毫米。8月11日20时以后，雨区从川南、川东移动，至14日8时，遍及全省23个地（市、州）。在此次高强度暴雨袭击下，沱江上游支流湔江、石亭江、绵远河的洪水超过中华人民共和国成立后的最大洪水。沱江金堂县三皇庙站流量7650立方米/秒，为中华人民共和国成立后第二大洪水。这次洪灾使成都、德阳、绵阳、乐山、雅安、内江、遂宁、自贡等11个市（地）的64个县（市、区）1228个乡（镇）255.2万户952.9万人不同程度受灾。其中：被洪水围困31万人，紧急转移24.1万人；农作物受灾640万亩，成灾358万亩，绝收56.7万亩；损失粮食产量12.1亿公斤，损失现粮560万公斤；因灾倒塌房屋9.6万间、损坏房屋28.8万间；有16.7万人无家可归；因灾死亡127人，失踪121人，因灾伤病1300多人；死亡大牲畜2.36万头；冲毁桥涵426座、江河堤防179公里、公路路基720多公里；损坏中小型水库14座、机电泵站676座、水电站88座等。直接经济损失24.5亿元。

1996年，四川省多次出现区域性暴雨天气过程，局部性的洪涝和山地灾害造成灾区损失严重。全省185个县（市、区）遭受暴雨洪涝和山地灾害，受灾人口1780万人，因灾死亡359人，紧急转移21万人；倒塌房屋8.8万间，损坏房屋30.72万间；农作物受灾面积1600万亩，成灾780万亩，绝收130万亩；直接经济损失达40亿元。7月26—28日，川西部分地区暴雨成灾，过程降雨50毫米以上的有42个县，洪雅县最大降雨达454毫米。成都、德阳、绵阳、乐山、雅安等市（地）受灾，其中乐山、成都、雅安3市、地损失严重。全省受灾县（市、区）26个、乡（镇）270个，受灾人口172万人，因灾死亡33人；倒塌房屋3700间，损坏房屋1.3万间；农作物受灾面积120万亩，成灾68万亩，绝收11万亩，损失粮食产量0.9亿公斤，死亡大牲畜8700头。直接经济损失5.9亿元。

1997年，四川共发生11次较为明显的降雨天气过程，造成不同程度的洪涝灾害。4月21日，盆地内首次出现较大范围的降雨天气过程，降雨中心绵阳、德阳、成都等普降大到暴雨，有15个县（市、区）降雨超过50毫米，成都龙泉驿区最大达110.8毫米。5月14—15日，有16个县（市、区）降暴雨，内江资中县降雨量达113毫米。6月26—28日盆地西部、南部以及西部高原的凉山州、阿坝州部分地方出现区域性暴雨天气过程，全省降雨50毫米以上有36个县，其中降雨100—300毫米的有14个县。7月16—19日，部分地区大到暴雨，过程降雨50毫米以上的有36个县，万源、通江、宣汉等县鉴于100毫米以上。8月13—15日，盆地西部和西部高原地方出现区域性暴雨过程，过程降雨50毫米以上有53个县，降雨100—300毫米的有16个县，处于暴雨中心的北川县降雨达387.1毫米。全省有19个市（地、州）均不同程度遭受暴雨洪涝和山体灾害，受灾县（市、区）141个，乡（镇）204个，人口1119.3万人，一度被洪水围困5.16万人，紧急转移5.69万人；进水城镇86个，积水城镇62个；损坏房屋32.24万间，倒塌房屋4.18万间；死亡388人，其中山地灾害造成死亡266人；农作物受灾面积931.5万亩，成灾面积462.45万亩，绝收面积93万亩，造成粮食减产52460万公斤，损失现粮3600万公斤，死亡牲畜7.63万头。洪灾和山地灾害造成的直接经济损失达29.67亿元。6月26—28日，盆地西部及南部的自贡、成都、内江、乐山、德阳、绵阳、雅安等市（地）以及西部高原的凉山州、阿坝州部分地方出现了一次区域性暴雨天气过程，主雨区在自贡、成都、内江西南部和德阳、绵阳2市北部，全省降雨50毫米以上的有36个县，其中降雨100—300毫米的有14个县，釜溪河流域普遍24小时降雨200—300毫米，自贡站过程降雨314.8毫米，24小时降雨301.1毫米，荣县221毫米、威远191毫米，均为中华人民共和国成立后最大值。由于此次降雨强度大，沱江支流釜溪河、威远河、旭日河出现中华人民共和国成立后最大洪水，釜溪河自贡站6月27日出现最高水位290.41米，相应流量2830立方米/秒。这次暴雨洪涝主要给自贡和内江两市造成严重损失。自贡市市区滨江路、五星街、檀木林街等10余条繁华商业主街大道积水成河，全市128个乡（镇）10个街道中受灾110个乡（镇）、10个街道。城乡共倒塌房屋19302间，造成严重危房和损坏的房屋共168287间，房屋倒塌和损坏直接经济损失约8000万元。全市约10万人因灾缺粮。全市农作物受灾面积130.65万亩，绝收面积8.15万亩。家禽、家畜死亡7.4万头（只）。全市农村直接经济损失达4.2亿元。内江市重灾户10413户、38577人，特重灾户5132户、18736人；农作物受灾面积116.2万亩，成灾面积46.8万亩，绝收面积3.1万亩，因灾减产和损失粮食4万吨；损坏房屋8414间；因灾死亡11人，伤29人；死亡大牲畜81头。直接经济损失1.82亿元。6月初，美姑县乐约乡连降暴雨，6月5日凌晨，该乡发生特大山体滑坡，部分转化为泥石流，这次灾害给乐约乡木乃火、巴哈、扎拉古、洛嘎4个村人民群众的生命财产造成惨重损失。灾害造成16个村民小组的307户1527人受灾：失踪147人，死亡3人，重伤2人，轻伤21人；损坏房屋307间；损坏耕地6555亩；四大牲畜死亡4048头；100余户农民无家可归。直接经济损失达1523万元。

1998年，四川省21个市（地、州）133个县（市、区）发生暴雨，其中日降雨量达100毫米以上的有68个县（市、区）。7月3—7日的暴雨过程，双流、温江两县雨量分别达327.9毫米和445.4毫米，均为两县有气象记录后的最大值。9月16日剑阁县8个多小时内最大降雨量达到355毫米，为历史罕见。截至9月底，全省21个市（地、州）有175个县（市、区）受灾，受灾乡（镇）5832个次，受灾人口2995万人。因灾死亡488人、失踪33人、受伤2353人；死亡牲畜49.91万头（只）；损坏房屋67.2万间，倒塌房屋23.7万间；农作物受灾面积2667万亩，成灾面积1162.9万亩，绝收面积253.9万亩，有74.1万亩耕地被毁坏；有21座县城、561个场镇进水被淹；一度被洪水围困46.26万人次，紧急转移安置40.15万人，有19.12万人无家可归。8月19日8时至21日8时，四川省发生了一次从盆地西北到东北的大暴雨天气过程。绵阳、广元、德阳、成都、资阳、遂宁等市（地）。在两天的降雨过程中，有35个县（市、区）降雨50毫米以上，有17个县（市、区）降雨100毫米。安县、北川、江油、青川4县（市）雨量分别为343.5毫米、316.5毫米、300.6毫米和234.9毫米。受大暴雨的影响，涪江、沱江、嘉陵江出现了大洪水。绵阳涪江桥水文站20日16时42分出现洪峰水位98.66米，超出保证水位1.66米，相应流量9190立方米/秒；中游射洪站21日6时洪峰水位330.42米，超保证水位2.42米，相应流量17300立方米/秒，下游遂宁南北堰21日7时洪峰水位107.42米，超保证水位1.42米，相应流量17600立方米/秒。嘉陵江广元昭化站21日2时洪峰水位465.10米，超保证水位2.10米，相应流量16900立方米/秒；苍溪县亭子口站21日12时洪峰水位393.64米，超相应流量17400立方米/秒。此次灾害主要发生在涪江中上游、嘉陵江上中游、沱江中游。绵阳、南充、资阳、德阳、成都、遂宁、广元7市（地）有34个县（市、区）727个乡（镇）698万余人受灾。进水县（区）5个（顺庆区、阆中市、南部县、盐亭县、朝天区），进水场镇179个；一度被洪水围困31695人，转移安置71500人，因灾死亡33人，受伤698人，失踪8人；损坏房屋143048间，倒塌房屋38352间；农作物受灾面积329.9万亩，减产粮食4.45亿公斤，损失现粮126万公斤。灾害造成的直接经济损失达221.1亿元。

1999年，四川省共发生8次较为明显的降雨过程。6月12日8时至14日14时，绵阳、德阳、内江、自贡、宜宾、广元等市（地）出现一次大到暴雨过程，过程雨量50毫米以上的有30个市（县），降雨100毫米以上有10个县，北川擂鼓站雨量达336毫米。6月下旬，省内出现持续性降雨过程，主要在大渡河、雅砻江中游、金沙江中游。大渡河和金沙江的一些支流出现了大洪水。8月8日22时至9日14时，盆地西部出现大暴雨过程，主雨区在乐山、雅安、眉山三市地。此次是全省1999年强度最大的区域性暴雨过程，在16个小时的降雨内，雨量50毫米以上就有36个市（县），其中夹江站雨量高达310毫米。8月14日20时至16日8时，盆地西部出现暴雨过程，过程降雨50毫米以上的有46个市（县）。9月12日20时至14日14时，省内大部分地区出现中到大雨、部分暴雨大暴雨过程，降雨50毫米以上的有60个县，荣县新桥站雨量达200毫米。由于多次降雨影响，雅砻江中游、沱江支流绵远河，大渡河、金沙江支流参鱼河、黑水河、则木河、岷江支流亦出现大洪水。在8月14—15日的暴雨过程中，绵远河汉旺场站从起涨流量50立方米/秒，涨至洪峰流量2620立方米/秒；沱江三皇庙站洪峰流量4500立方米/秒。1999年，暴雨洪涝诱发的较大山地灾害全省有45处；因灾死亡71人；143个县（市、区）受灾，受灾县次达到224个，受灾乡（镇）3480个次；受灾人口832.99万人次，因灾死亡151人，失踪15人；死亡牲畜5.04万头（只）；损坏房屋16.56万间，倒塌房屋2.48万间；农作物受灾面积645.6万亩，成灾面积333.9万亩，绝收面积61.5万亩，有11.55万亩耕地被破坏；有1座县城、42个场镇进水被淹；一度被洪水围困4.74万人次，紧急转移1.58万人次。直接经济损失达19.31亿元。

2000年，四川省共有107个县（市）出现暴雨，22个县（市）出现洪涝灾害。6月24—28日、7月11—16日、8月15—18日，达州市北部、巴中市大部、广元市南部、南充市北部、绵阳市南部出现3次局部洪涝过程，由于降雨范围广、雨量大，引发洪涝、滑坡、泥石流等灾害，造成人员伤亡、基础设施受损、房屋倒塌、耕地被毁，给工农业生产和人民群众生命财产造成严重损失。全省有17个市（州）127个县（市、区）3163万人受灾，成灾人口1571万人，因灾死亡155人、失踪19人，死亡大牲畜15万头（匹、只），损坏房屋32万间，倒塌房屋15万间，农作物受灾面积3197万亩，成灾面积1496万亩，绝收面积255万亩，损失现粮1.51亿公斤，影响粮食产量5亿公斤。造成直接经济损失36.1亿元，其中农业经济损失15.2亿元。是年洪灾中，达州市万源县、宣汉县、达县、达州市通川区、大竹县、开江县和泸州市古蔺县受灾尤为严重。洲河黄金站洪峰水位42.46米，超警戒水位2.4米，流量3530立方米/秒，渠江三汇站洪峰水位260.27米，超警戒水位1.51米，流量19100立方米/秒，渠县城区洪峰水位250.87米，变幅高达19.21米，超警戒水位0.87米。此次洪灾使达州市7个县（市、区）的288个乡（镇）1875个村198.7万人受灾，重灾45.6万人。达州市通川区、达县县城、宣汉县城、开江县城、渠县县城5个城市进水被淹。61个区乡场镇进水、积水，洪水围困群众1.48万人，进水、淹没、损坏房屋38712间54.5平方米，其中倒塌房屋5363间，因灾死亡5人、失踪8人、伤139人，造成直接经济损失高达5.31亿元。泸州市古蔺县在继6月5日遭受暴雨灾害后，6日再次遭受特大暴风雨袭击，导致古蔺县发生严重山地灾害。

最大降雨量达130.7毫米，最大风力达8—9级，持续时间长，引发大量泥石流和山体滑坡。此次灾害涉及全县20个乡（镇）214个村1408个组（社）39948户163787人。成灾20个乡（镇）208个村1376个组（社）39047户160092人。倒塌房屋4585户11545间。因灾死亡46人、重伤8人、轻伤69人，死亡大牲畜1462头。毁坏农田42035亩。造成永久性毁地1200亩，无处安身的受灾群众3621人，直接经济损失1.42亿元。

2001年，四川省共有113个县（市）出现暴雨天气，40个县（市）出现洪涝。全省暴雨主要出现在8月，盆地西部偏多，东北部和东南部偏少，结束迟。较大区域的暴雨过程出现4次。全省洪涝灾害主要出现在7月、8月、9月。主要分布在广元、绵阳、德阳、成都、眉山、乐山、雅安、自贡8市大部，巴中、南充、广安、内江、凉山5市（州）的个别县（市）。7月26—29日、8月16—20日、9月18—21日有31个县市出现较大区域洪涝过程，涝期大部在3—5天，过程降雨量大部分150—250毫米。

2002年6月8—13日，川中东北地区区域性暴雨致使遂宁、南充、巴中、广元、绵阳等12个市灾损严重。四川省暴雨洪涝灾害造成2311.69万人受灾，成灾157.25万人，因灾死亡126人，紧急转移安置13.83万人，3.25万人无家可归；农作物受灾面积2212.35万亩，成灾面积1218.6万亩，绝收面积230.4万亩；倒塌房屋7.63万间，损坏房屋49.99万间；10个县城进水被淹；死亡大牲畜4.4万头（匹、只）；水利、交通、通信等基础设施遭受不同程度的破坏。直接经济损失40.5亿元，其中农业直接经济损失24.51亿元。

2003年，四川省有114县（市）发生暴雨，共353站次。有27县（市）出现洪涝。年内全省大暴雨有38县（市）。暴雨出现1—3天有76县（市），4天及以上38县（市），其中雅安12天，北川10天，名山、宣汉9天，洪涝灾害主要分布在巴中市，雅安、绵阳、南充、遂宁、乐山、成都、凉山6市（州）的部分地方，以及绵竹、彭山、剑阁、遂宁、邻水、筠连、万源县（市）。8月25日晚8时30分至26日凌晨1时许，雅安市雨城区大部范围内和荥经县部分地区遭受特大暴雨天气过程，不到5小时降雨量达到228毫米，是该市自1939年气象建站后有记录中的第三次特大暴雨。这次强降雨天气过程造成雨城区、荥经、名山等山区62个乡（镇）的241个村及6个社区共计10.9万户35.1万人不同程度受灾。山洪暴涨引起的山体严重滑坡共造成23人死亡、被掩埋和冲走。灾害造成城乡居民房屋垮塌112户492间，损坏房屋1570间，造成直接经济损失近亿元。汛期丹巴县发生特大泥石流3次，6月26日晚至次日凌晨，全县普降大到暴雨，降水量达22.2毫米，境内5条河流河水猛涨，大部分沟壑水位暴涨，引发特大洪水泥石流灾害。7月1日、7月11日，再次发生泥石流灾害，共造成丹巴县17个乡的139个村4368户19493人受灾，因灾死亡38人、失踪26人、伤82人，房屋倒塌1015间，造成274人无家可归，农作物受灾面积14323亩、成灾面积7659亩、绝收面积1335亩，损失粮食产量118.54万公斤，死亡牲畜832头（匹、只）。造成直接经济损失1.45亿元。

2004年，四川省共有99个县（市）出现暴雨，19个县（市）出现洪涝。暴雨从4月6日开始到11月9日结束。其中7月、8月、9月有20个县（市）日雨量出现100毫米以上的大暴雨，其中渠县9月3日日雨量达272.9毫米，是2004全省日雨量之最。暴雨出现1—3天的有80个县（市），4—5天的有14个县（市），天全和万源两县（市）6天，达州、宣汉和开江3县7天，是全省暴雨日数最多的县（市）。全年暴雨洪涝灾害造成2310万人受灾，因灾死亡164人、失踪42人、死亡大牲畜67550头，农作物受灾面积1547.4万亩、成灾面积670.2万亩、绝收面积151.05万亩，减少粮食产量164.53万吨，损失现粮23.91万吨。直接经济损失93.81亿元，其中农业损失37.22亿元。

2005年，四川省共有110县（市）出现暴雨，40县（市）出现洪涝。暴雨从4月8日开始到10月6日结束，主要出现在7月、8月，部分在6月、9月，个别在4月、5月、10月。有41县（市）日雨量出现1—3天100毫米以上的大暴雨天气，其中绵竹市6月30日的日雨量达184毫米，暴雨出现1—3天有65县（市），4—5天有29县（市），6—9天有16县（市），峨眉、平昌两县（市）达9天，全省因暴雨洪涝灾害造成2847万人受灾，因灾死亡133人、失踪36人，死亡大牲畜56213头，农作物受灾面积1243.8万亩、成灾面积632.4万亩、绝收面积173.55万亩，减少粮食产量100.98万吨，损失现粮12.16万吨。直接经济损失90.27亿元，农业损失46.69亿元。6月28日至7月8日，达州、广元、广安、巴中、绵阳、乐山、成都、眉山、雅安、德阳、宜宾、泸州、自贡、凉山、攀枝花等15个市（州）普降暴雨和大暴雨，万源、青川、通江等6个县（市、区）超过300毫米，万源市旧院镇最大雨量达461.5毫米。7月8日16时，洪峰经过达州城区水位达286.47米，超警戒水位6.47米。此次灾害共造成898.92万人受灾，紧急转移安置42.86万人，因灾死亡66人、失踪30人，死亡大牲畜1.75万头，损坏房屋12.2万间，倒塌房屋5.25万间，农作物受灾面积425.11万亩、成灾面积221.32万亩、绝收面积50.59万亩，减少粮食产量32.55万吨。造成直接经济损失达40.99亿元，其中农业经济损失19.89亿元。

2005年，四川发生山体滑坡、泥石流等山地灾害7次。其中以发生在8月8—10日攀枝花北部的盐边、米易出现的山体滑坡、泥石流以及8月11日晚泸定县海螺沟地区出现的泥石流灾害较为严重。8月8—10日攀枝花北部的盐边、米易出现强降雨天气过程，引发严重的滑坡、泥石流等灾害，造成28个乡（镇）64020人受灾，12人死亡，1人失踪，14人伤，农房倒塌，农田被毁。造成直接经济损失7767万元。8月11日晚，泸定县海螺沟地区因短时强降水引发严重的群发性山洪泥石流灾害，有522户6341人受灾，农作物受灾面积2020.5亩，冲毁耕地1300.5亩，粮食损失770吨，冲毁房屋249间，造成直接经济损失16994.78万元。

二、旱灾

1986—1988年，每遇冬春两季，四川省雨量偏少，出现干旱，尤以西南山地最为显著。每遇盛夏，盆地东长江河谷地区伏旱较多。干旱给农业生产造成较大损失，直接经济损失105904.418万元。

1989年，四川省的干旱灾害主要是发生在川东部分地方的伏旱灾害。重庆、遂宁、万县、涪陵、黔江、南充、达县等7个市（地）的55个县（市、区）不同程度遭受干旱灾害，受旱农作物面积1748万亩，占栽种面积的53.8%，其中绝收面积79.2万亩。7月上旬川东发生特大暴雨洪涝灾害之后，涪陵、黔江、万县、南充、重庆等5市（地）紧接着出现连晴高温、基本无雨或少雨天气，伏旱逐步发展，持续30天以上，一般气温达37℃，最高气温达39℃。8月以后扩展到达县、遂宁等7个市（地）的55个县（市、区），受旱面积发展为1748万亩。干旱较重的涪陵地区受旱在30天以上，全区4县1市的264个乡（镇）285万人不同程度受灾，受灾面积达268万亩，占栽种面积的59.5%，损失粮食产量3500万公斤以上。经济作物受灾面积达36万亩，占播种面积的2/3，损失产值达千万元以上。万县地区有60个区的415个乡（镇）受旱；农作物受旱面积173.2万亩，占旱区播种面积的46.1%；9.26万人和2.1万头大牲畜饮水困难。

1990年，四川省干旱灾害受灾范围广，以川东、川东南的夏伏秋连旱最为严重。全省遭受旱灾有17个市（地、州）的121个县（市、区）3430个乡（镇），受灾人口4400万人；农作物受旱面积6257.6万亩，成灾面积3429万亩，绝收面积836.3万亩；损失粮食产量17.42亿公斤；直接经济损失10亿元。7—9月，川东、川东南的涪陵、黔江、万县、达县、南充、重庆、泸州、自贡、宜宾、内江等10个市（地）的88个县（市、区）发生旱灾，其中万县、黔江、涪陵、达县4个地区的部分县灾情特别严重。万县地区东部的巫山、奉节、巫溪、云阳等县持续时间长达100天以上。

1991年，四川干旱继1990年川东、川东南地区严重伏旱灾害后延续发展。干旱发生范围较广，全年冬干、春旱、夏旱、伏旱殃及18个市（地、州）的160个县（市、区），受灾人口达4000万人；900余万人和800多万头大牲畜饮水困难；3100多万亩农作物受灾，成灾1142万亩，绝收30多万亩。直接经济损失近10亿元。1990年11月至1991年4月，四川省大部分地区平均气温比常年同期偏高1℃左右，降雨量较常年同期偏少。入春以后旱情进一步发展，多数溪河断流，部分塘、埝干涸。发生春旱的地区有广元、绵阳、南充、遂宁、达县、重庆、宜宾、泸州、万县、黔江、涪陵、内江、雅安、乐山、自贡、德阳、凉山等17个市（地、州）的123个县（市、区），受灾人口3500万人，其中885万人和775万头大牲畜饮水困难，农作物受灾面积1000万亩、成灾700万亩。南江县44.3万人饮水困难，占全县人口总数的86%；巴中县41万人、48万头大牲畜饮水困难。5月中旬以后，泸州、广元、南充、绵阳、宜宾、雅安、凉山等市（地、州）的部分县（市、区）特别严重。5月份盆地内有17个县（市、区）总降雨量均不足40毫米，出现春旱连夏旱的情况。

1992—1994年，四川各地均遭到程度不同的春干、伏旱、秋燥和冬季少雨的袭击，粮食减产，人畜饮水亦遇到严重困难，直接经济损失170566.11万元。

1995年，四川干旱灾害主要发生在广元、巴中、绵阳、达川、德阳、南充、广安、内江、万县、遂宁、自贡、宜宾、乐山、重庆、成都、攀枝花等16个市（地）的104个县（市、区），时间主要在3—5月。全省有12906条溪河断流，有14.88万处塘、库、埝干涸，有443个场镇缺水，有1181.86万人、1242.65万头牲畜饮用水困难，有16.47万人因旱中暑发病。3月1日至5月30日，四川盆地总降雨量较历史同期平均值偏少2—4成，川北的广元、绵阳、德阳、巴中、广安5市（地）及南充、达川两市（地）的部分地区偏少5—8成。到5月22日，四川省仅栽水稻2200万亩，不到应栽面积的一半，比上年同期少栽200多万亩。达川地区已栽31万亩稻田中有20多万亩断水，45万亩秧母田中有21万亩断水开裂；广安地区有18万亩已栽稻田脱水，6万亩秧母田开裂。全省已播的2200多万亩玉米，绝大部分受旱严重，其中800多万亩出现萎蔫、死苗。全省已栽的150多万亩棉花大部分受灾，仅南充市已栽28万亩棉花中有一半缺窝少苗。因旱全省有864万人、893万头牲畜饮水困难。巴中地区109万人、111万头牲畜严重缺水，31个场镇靠远距离送水维持生活，435所中小学因严重缺水影响正常的教学秩序。

1996年6月上旬开始，四川盆地北部和中部降雨明显偏少，日照偏多，气温偏高，加剧了干旱对农作物的危害。全省有12个市（地）、92个县（市、区）发生夏旱，受灾人口2800多万人，有320万人和280万大牲畜饮水困难。全省有20多万亩稻田未能栽上秧，已栽的4500万亩稻田中，断水面积达600多万亩，其中开裂的稻田达320万亩；栽播的2660万亩玉米，有1100多万亩严重受旱，其中出现萎蔫的玉米面积达600多万亩；红薯、棉花作物不同程度受到影响。全省干旱造成直接经济损失达26亿元。重灾区广元市因旱灾死亡3人，63个乡（镇）人畜饮水困难。

1997年干旱是四川各类自然灾害中发生面积最大、持续时间最长、危害程度最重的灾害。春旱初始于3月1日，结束于4月上旬，范围小、旱期短。夏旱集中在5—6月，南充、广元、巴中、遂宁、绵阳、达川、广安、乐山、德阳等9个市（地）的69个县（市、区）受灾面积较大。全省农作物受灾面积1100万亩，成灾面积403万亩，有290万人、287万头牲畜饮水困难。伏秋连旱主要发生在7—9月，主要分布在盆地中部、北部和东南部。全省大春作物受灾面积1800万亩，有671万人、740万头大牲畜不同程度饮水困难，直接经济损失60亿元，占各种自然灾害损失的2/3。旱灾以伏秋连旱为主，是中华人民共和国成立后仅次于1972年的第二大旱灾年，属于严重伏旱年。广元、南充、巴中、广安、遂宁等市地旱情最为突出。干旱区域大、持续时间长，全省共有83个县（市、区）出现伏旱或伏秋连旱，发生面积遍及四川盆地。旱期持续30天以上的有51个县（市、区），南部县长达74天。1月1日至10月20日，全省179个县（市、区）有127个县（市、区）降水偏少，有26个县（市、区）破历史最小值，有29个县（市、区）为历史最小极值的第二、第三位。

1998年，全省有116个县（市、区）出现旱情，成灾的有84个县（市、区），干旱持续30—39天的有40个县（市、区），40—60天的有53个县（市、区）。四川干旱发生面高达2561.73万亩，造成1157.47万人、1142.16万头牲畜饮水困难；全省小春受旱面积达2078万亩，小春粮食减产1.5亿公斤。5月中下旬，凉山、南充、宜宾、攀枝花等部分地区遭受夏旱，受灾面积418.79万亩，有277.47万人、252.16万头牲畜饮水困难。

1999年1月上旬至2月下旬，四川省131个农业县（市、区）降雨量比常年同期平均值偏少的有124个，偏少3成以上的有109个，偏少5成以上的有100个，全省普遍遭受冬干春旱。全省农作物受灾面积达1565.7万亩，其中重旱515.5万亩。干旱造成全省656.3万人、724.6万头牲畜饮水困难。6月上旬，四川省大部分地区降雨偏少，在131个农业县（市、区）中偏少的有104个。巴中、达川两地遭受较重夏旱，农作物受灾面积158万亩，成灾面积83万亩。8月上旬，盆地东部遭受伏旱灾害，农作物受灾面积272.8万亩，成灾面积56.1万亩。

2000年4月下旬后，四川省大部分地区气候异常，盆地大部分地区气温偏高，降雨偏少，日照显著偏多，蒸发量是同期降水量的近10倍，持续时间长、范围大、程度重。盆地内大部分地区发生夏旱，绵阳、德阳、成都、乐山、内江、自贡、眉山、资阳、南充9市尤为严重，旱期长达44—52天。

2000年是中华人民共和国成立后继1969年、1994年之后发生的第三大夏旱年，导致全省2312万人受灾，成灾1167万人，粮经作物受旱面积达2342万亩，成灾面积971万亩，绝收面积267万亩。造成经济损失达22.5亿元，其中农业经济损失18.3亿元。南充市受旱尤为严重，该市夏旱高温提4月中旬即发生，比历年同期提早近1个月。在4月11日至5月15日的34天中，南充市总降雨量为14.6—42.3毫米，比历年同期偏少64%—85%，同期平均气温为19.8℃—20.9℃，比历年偏高1.22.3℃，同期日照数为166.1—247.4小时，比历年同期偏多20%以上。全市9个县市区，县县遭灾，481个乡（镇），乡乡遭灾，仪陇、阆中、南部、西充等县市尤为严重。此次旱灾给南充市群众生活和农业生产带来巨大困难，大春栽管异常困难，骨干产业损失严重，人畜缺水矛盾突出，全市101个乡（镇）的1231个村、25.5万户、41.4万人及42.9万头牲畜饮水困难，全市缺水的场镇达61个。

2001年1—8月，四川盆地大部分地方降水量偏少，气温持续偏高，导致堰塘干涸、河流断流，川东北及川中重旱区不少树木干死，田土开裂，作物枯焦，旱区干旱时间长达200多天，其中30多个县在280天以上。73个县发生春旱，80个县发生夏旱，61个县发生伏旱，其中有37个县是冬干、春旱、夏旱、伏旱“四连旱”。旱区降水比历年同期偏少4—9成，气温比历年同期偏高1℃—4℃。7月，四川主要江河水量比多年平均值偏少40%—80%，出现罕见的主汛期无汛情的情况，导致长江水位出现历史上最低值。7月，四川省水利工程蓄水仅36.8亿立方米，比上年同期少蓄19.9亿立方米，占计划的48%。重旱区95%的塘堰、90%的小水库干涸，大部分溪河断流。大春农作物受灾面积4887万亩，占总面积的53%，成灾面积2597万亩，绝收面积744万亩，农业经济损失约50亿元左右。全省556万人、589万头牲畜饮水困难。

2002年6月26日至7月25日，四川盆地大部分地区出现连续高温、少雨天气。降水量比历史同期偏少3—9成。绵阳、南充、遂宁、巴中、达州等9个市降水量偏少7—9成，有20个县降水量偏少程度居中华人民共和国成立后历年同期最低。50个县（市）发生伏旱。全省农作物受旱面积达1675.05万亩，成灾面积423万亩，绝收面积58.05万亩。

2003年，四川省71个县（市）发生春旱，时间从3月1—5日开始，大部分地区3月30—31日或4月11—16日结束。旱期降水大部分地区与同期相比偏少30%—60%。共有76个县（市）出现夏旱，主要分布在宜宾、泸州、自贡、乐山、德阳、遂宁、南充7市，成都、绵阳、内江、资阳、眉山5市大部，雅安、广元两市部分地方及平昌县。旱期在20—29天的有45个县（市），在30—39天的有25个县（市），40天以上的有6个县（市）。旱期降水量大部分地方在20—65毫米，比常年同期偏少60%—80%。伏旱天气主要分布在泸州、自贡两市，宜宾、德阳、资阳3市大部，成都、南充、绵阳、内江4市部分地方，以及仁寿、大竹、射洪、广元、邻水6县（市），共43个县（市）。旱期大部分在30天以内，在30—39天有10个县（市），40天以上有内江、合江、古蔺、南溪4县（市）。

2004年，四川盆地先后有64个县（市）发生冬旱，旱期最长的达69天。有41个县遭受夏旱，旱期大多在22天左右。6月28日以后，四川省大部发生伏旱，尤其以盆地中部、北部及南部旱情发展迅猛，全省有53个县遭受伏旱，旱期30天以上的有13个县。全年农作物受旱面积1033.8万亩，受灾面积437.29万亩、成灾面积350.1万亩、绝收面积87.2万亩，因旱损失粮食产量5.47万吨，经济作物损失3.9亿元，全省有97.7万人、100.3万头牲畜因旱饮水困难。

2005年，四川省盆地区共有17县（市）出现了春旱，主要分布在盆地北部等地方。有41县（市）出现夏旱，主要分布在德阳、遂宁两市，广元、绵阳、南充3市大部，以及巴中、广安、资阳、雅安、乐山、宜宾等市的部分地方，大部分地方旱期在20—29天。有23县（市）出现伏旱，主要分布在绵阳、德阳两市大部，成都、达州、泸州等市个别地方，旱期在20—27天。2005年旱灾范围小、时间短、旱情轻，全年干旱造成405.68万人受灾，农作物受灾面积475.2万亩、绝收面积39.3万亩，减少粮食产量16.19万吨，损失现粮0.55万吨，直接经济损失7.58亿元，农业损失7.55亿元。

三、风雹

1986—1989年，四川省山谷丘陵地区常因气候聚变，出现插花性风雹灾害，对农作物造成较大损失，个别地方危及到房屋与人畜安全。1989年4月、7月、11月，四川遭受罕见的大风、冰雹灾害，其中4月份灾情最重。全省除阿坝、甘孜、凉山三州外，其余18个市（地）的112个县（市、区）3623个乡（镇）均不同程度地受到风雹灾害危害，受灾人口3288.1万人，因灾死亡160人、受伤7773人，死亡大牲畜6980头；农作物受灾面积1897.2万亩，成灾面积936.9万亩，毁坏农田4.48万亩；损失粮食产量7.88亿公斤；倒塌房屋19.94万间，损坏房屋198.28万间。直接经济损失16亿元。泸州、自贡两市受灾最为严重，4月19日0时至1时和20日0时至2时，10—12级大风夹着密集型冰雹和暴雨，横扫泸州市全境和自贡市大部分地方，最大风速40米/秒，雹粒最大的有15公斤，密度为每平方米900多粒。遭灾之处，房屋倒塌、人畜伤亡。即将成熟的小春庄稼毁于一旦，刚刚种下的大春庄稼荡然无存，公共设施严重毁坏，水、电、气、通信一度中断，学校停课，工厂停产。这次特大风雹灾害，全省有105个县（市、区）的3480个乡（镇）受灾，受灾人口3099.42万人，因灾死亡157人、受伤5567人，其中重伤718人；倒塌房屋19.6万间，损坏房屋174.1万间；小春农作物受灾面积1785.99万亩、成灾883.78万亩，损失小春粮食产量7.9亿公斤、油菜籽产量9600万公斤。直接经济损失15亿元，泸州、自贡两市即达13.7亿元。

1990年，四川省的风雹灾害主要发生在3—7月，尤其以7月为重。全省遭受风雹灾害的有14个市（地、州）的67个县（市、区）968个乡（镇）。受灾农作物面积904万亩，损失粮食产量4000万公斤。直接经济损失1亿元。5月1日傍晚至3日凌晨，盆地内30多个县（市、区）遭受大风袭击，有26个县（市、区）风力达7级。三台、盐亭、西充、广元市中区、巫溪、万源6个县（区）瞬时最大风力达8级；涪陵地区的武隆、涪陵、丰都、垫江4县最大风力达10级，雹粒直径2—3厘米，密度每平方米500粒以上，农作物受到一定程度损失。绵阳市三台县损失小麦产量560万公斤，油菜籽产量430万公斤。

1991年3月到8月，四川省的风雹灾害频繁发生。全省有18个市（地、州）的110个县（市、区）2700个乡（镇）不同程度受灾，受灾人口1500多万人，因灾死亡194人、受伤7632人；倒塌房屋7万多间，损坏房屋66.62万间；农作物受灾面积1145万亩，其中成灾611万亩、绝收97万亩。直接经济损失19亿元。6月4日，盆地自东向西发生大范围的大风、冰雹天气过程，此次风雹灾害涉及全省13个市（地、州）61个县（市、区）。受灾人口1098.98万人，因灾死亡46人、受伤1220人；倒塌房屋1.82万间，损坏房屋58.62万间；农作物受灾面积950.31万亩，其中成灾面积282.46万亩、绝收面积41.66万亩，损失粮食2.93亿公斤；死亡大牲畜1185头。直接经济损失3.36亿元。

1992—1995年，四川省部分地区遭到风雹袭击。仅1995年5月上旬至6月中旬，四川省遭受6次大范围的大风冰雹袭击。绵阳、万县、宜宾、达川、阿坝、乐山、巴中等8个市（地、州）的31个县（市、区）受灾。全省农作物受灾241万亩，成灾130万亩、绝收60万亩；损失粮食产量1.5亿公斤；损坏房屋36.1万间；受伤2083人、死亡6人。直接经济损失4.54亿元。5月9日和5月12日、13日，万县、达州、黔江、绵阳、宜宾5市（地）的18个县（市、区）的部分地方遭受长时间大风、冰雹袭击，万县市5月12日风雹灾害持续达10个半小时，一般地区受灾时间均在20分钟以上，最长达40分钟。冰雹密集颗粒大，并夹有8级大风。受灾最严重的万县市，有7个县（区）的11.18万户38.1万人受灾，粮食作物受灾面积51万多亩，损失粮食产量5000多万公斤，损坏房屋6.2万户21.79万间，伤1560人，死亡大牲畜907头、家禽4.8万只，有7673户2.3万人无家可归。直接经济损失1.7亿元。

1996年四川省大风冰雹主要发生在5月。分别为5月2日，万县、涪陵地区受到大风、暴雨袭击，过程降雨量，涪陵152毫米，万县90毫米，风力7—8级，造成街道被淹，46万人受灾，农作物受灾面积20余万亩，房屋垮塌上千间，死亡6人，受伤15人，直接经济损失750万元；5月18日广元市遭受雷雨冰雹灾害，全市18个乡镇受灾，15万亩小麦倒伏，房屋倒塌200余间，56人受伤；5月25—27日，云阳、开县、巫溪、城口和奉节5县（市、区），5小时降雨量100毫米，风力7级，21.8万人受灾，农作物受灾面积29.9万亩，损失粮食5000万斤，损坏耕地1250亩，房屋倒塌258间，死亡2人，受伤28人，直接经济损失7500万元。

1997年四川省大风冰雹主要发生在3—8月。其特点是零星分散，局部受灾，虽范围广，但面积不大。四川省几乎每个市（地、州）都有不同程度的受灾。四川省遭受大风、冰雹灾害的有115个县（市、区）的1412个乡（镇）8531个村85211个社816.4万人，农作物受灾面积638万亩，成灾面积228万亩，损坏房屋21.6万间，倒塌房屋5万余间，因灾死亡26人，直接经济损失74561万元。

1998年4月22—24日，由于强对流天气影响，四川成都、德阳、内江、南充、眉山、自贡、广元、广安、雅安、凉山、阿坝等11个市（地、州）的31个县（市、区）不同程度地遭受大风、冰雹袭击，因灾死亡4人、伤73人，损坏房屋5.3万间，倒塌房屋1200间。直接经济损失4.21亿元。

1999年，四川大风冰雹分散零星，局部受灾。主要有三次较大灾害：4月10下午，泸州市古蔺县、叙永县部分乡（镇）遭受大风冰雹袭击，两县共有24个乡（镇）的306个村、1818个社、59851户、238776人受灾，因灾死亡1人、伤81人。有62949间农房、93所学校校舍受损，小春作物受灾面积20.27万亩、成灾面积17.25万亩、绝收面积5.17万亩。直接经济损失4790万元。7月28日，盆地出现较大范围的大风冰雹天气过程，全省有14个市（地）的50个县（市、区）的764个乡（镇）430万人受灾，因灾死亡18人、伤477人，死亡大牲畜1550头，损坏房屋19.83万间，倒塌房屋1.26万间，农作物受灾面积332万亩，绝收14.1万亩，直接经济损失3.39亿元。11月29日，攀枝花市盐边县、米易县、仁和区和东区部分乡（镇）遭受冰雹袭击，造成全市4个县（区）的22个乡（镇）79个村461个社18864户78750人受灾。直接经济损失3886万元。

2000年，四川省因大风冰雹造成农作物受灾面积501.4万亩，成灾面积285.9万亩，绝收面积59.1万亩，因灾死亡41人，死亡大牲畜5699头，损坏房屋14.84万间，倒塌房屋6.82万间，造成直接经济损失8.76亿元。8月11日16时30分开始，南充市嘉陵区、高坪区、西充县遭受持续时间长达1个小时的大风、冰雹袭击，最大风速10级，最大雹径20毫米，并伴有强降雨。全市有17个乡（镇）的136个村1070个社2.02万户6.88万人严重受灾。因灾受伤8人，死亡大牲畜494头，农作物受灾面积10.62万亩，损坏房屋5200间，倒塌房屋628间，有164户农民无家可归。

2001—2004年，四川省部分地区遭到程度不同的风雹袭击，仅2004年四川就出现6次大风、冰雹等天气过程。4—5月，四川发生强对流天气过程，时值小春作物成熟、收获期和大春作物播种、移栽时期，此次自然灾害给农业生产造成了严重的危害和损失。农作物受灾面积435.89万亩、绝收面积14.28万亩，经济损失2亿元。7月19日，绵阳、成都、雅安、资阳、内江、南充、广元、遂宁、巴中、甘孜等市（州）出现大范围冰雹、大风天气。降雹过程造成1人死亡，农作物受灾面积10.5万亩、绝收面积0.842万亩。经济损4406.83万元。

2005年4—5月，四川盆地、川西南山地农区出现较为频繁的大风、冰雹等强对流灾害性天气，给当地人民生命财产和农业生产带来严重危害。其中，4月8日，盆地内发生大风和冰雹、暴雨天气过程。南充、达州、遂宁、绵阳、巴中、广元、广安、宜宾、泸州、自贡10市的20县（市）风力达7级以上，瞬时最大风速出现在兴文县，达26米/秒；乐山、达州、宜宾、广安、泸州5市的10县（市）降了暴雨；乐山、宜宾、达州、广安、南充、雅安6市的部分地方降了冰雹。这次大风冰雹灾害导致全省14个市（州）70个县（市、区）600万人受灾，死亡15人，失踪1人，损坏房屋279277间，倒塌房屋12090间，紧急转移安置群众71093人，造成直接经济损失8.7亿元。

四、地震

四川省龙门山中南段、鲜水河、安宁河流域、雷马屏地区均属地震断裂带，多次出现地震灾害。

1989年，四川省发生3级及以上地震76次，其中5级及以上的地震14次，6级及以上的5次，最大的为6.7级。这些地震主要发生在巴塘、小金、石棉、重庆市江北区、理塘等县（区）。4月16日和25日、5月1日至4日、7月21日巴塘县连续发生罕见震群型地震，3月1日、9月22日小金县发生强烈地震，11月20日重庆江北发生5.2和5.4级地震。全省遭受地震灾害的有11个县（区）、120个乡（镇）；受灾人口47.21万人，因灾死亡13人、伤404人；死亡大牲畜7874头；倒塌房屋6.35万间，损坏房屋39.88万间；农作物受灾面积4000亩。直接经济损失6.5亿元。4—8月，巴塘县发生5级以上地震8次，其中6级以上4次，两次6.7级地震的范围在巴塘断裂带东面，长约40公里，宽约20公里之内，震源深度在10—20公里之间，震中烈度为8度，呈由北向南椭圆形放射递减。波及理塘、白玉、得荣、乡城、稻城等县，使这些县不同程度受到损失。这次长时间的震群型地震使6县的23个乡（镇）20余万人受灾，因灾死亡8人、伤93人；倒塌房屋5.26万间，损坏房屋23.74万间；农作物受灾面积4000亩；死亡大牲畜2000余头。直接经济损失2.97亿元。

1990年，四川省共发生2.5级以上地震892次，最大震级5.2级。7月13日和8月4日，乐山市金口河区两次遭受4.8级和5.2级中强地震袭击，震中分别在该区境内的金河镇和区政府所在地和平彝族乡。地震所诱发的洪水、滑坡、泥石流等次生灾害，造成该区滑坡29处、泥石流1300多处、垮塌1.1万处，1911户农房地基下陷，其中倒塌424户。在一系列次生灾害中，有4人死亡，1800亩耕地被毁，农作物受灾面积4.5万亩，粮食减产180万公斤；直接经济损失1850万元。

1991年，四川省境内发生地震2次。2月18日17时06分，阿坝州小金县两河乡（北纬31°38′、东经102°16′）发生5.2级地震。这次地震中，有3867人受灾，直接经济损失548万元。宜宾市筠连县境内4月24日12时11分、15时33分、26日8时33分先后发生3.8级、2.3级、2.0级地震。使该县部分房屋受到不同程度损失。全县有9个乡的16074人受灾，因灾造成危房525间。

1995年，四川省发生4级以上地震11次，4月26日发生在沐川、马边两县的5.1级地震属当年最大，其震中位于北纬29°01′，东经103°42′的沐川县杨村、凤村、舟坎、武圣等乡一带。造成10个乡（镇）的11210户45844人不同程度受灾，倒塌房屋2756间、损坏房屋32466间，直接经济损失6400万元。

1996年，四川境内发生地震2次。2月28日19时21分，宜宾地区宜宾县东北部永兴、白花镇一带发生里氏5.4级地震。此次地震波及到邻近的宜宾市和自贡市的富顺县、沿滩区、荣县，30个乡（镇）近40万人不同程度受灾，因灾死亡1人、伤45人；倒塌和严重损坏房屋7846间，损坏房屋80112间。因灾直接经济损失1.12亿元。12月21日16时39分，甘孜州白玉县、巴塘县之间发生5.5级地震。此次地震震中位于白玉县沙马乡，震中裂度7度，造成白玉、巴塘、新龙等县35个乡（镇）57632人受灾，直接经济损失18665万元。

1998 年，在云南省宁蒗县与四川省盐源县交界处先后发生 5.3 级、5.2 级、5.1 级、6.2 级地震各 1 次。10 月 2 日 20 时 49 分发生 5.3 级地震，震中位于北纬 27°12′、东经 100°54′。随后发生 5.2 级地震，造成震区 3 个乡（镇）的 5275 户 26965 人受灾，直接经济损失 526 万元。11 月 19 日 19 时 31 分和 38 分，该区再次发生 5.1 级和 6.2 级地震，盐源县有 5 个乡（镇）8780 户受灾，受灾人口 51000 人，有 4700 人无家可归。因灾死亡 1 人，重伤 23 人，轻伤 464 人，倒塌房屋 322 户，造成严重危房 2658 户，一般危房 2301 户。造成直接经济损失 6154 万元。

2001 年 2 月 14 日、23 日，四川省甘孜州雅江县—康定县连续发生 5.8 级和 6.0 级地震。5 月 24 日，凉山州盐源县、木里县境内发生 5.8 级地震。3 次地震使 7 个县的 34 个乡（镇）的 9.61 万人受灾，2.16 万人无家可归；死亡 4 人，受伤 193 人；损坏房屋 15.99 万间，倒塌房屋 1.71 万间；农作物受灾面积 15330 亩，成灾面积 14580 亩，毁坏耕地 1275 亩。造成直接经济损失 2.93 亿元。

2002 年 8 月 8 日，四川省甘孜州新龙县发生 5.3 级裂度 7 度的中强地震。造成新龙、理塘、白玉 3 县 16 个乡（镇）30778 人受灾，成灾 20895 人，9 人受伤，3200 人无家可归；倒塌房屋 10946 间，损坏房屋 23606 间。通信、交通、桥梁等基础设施不同程度受损。直接经济损失 5298.7 万元。

五、低温冰冻

1986—1989 年，四川省山谷丘陵地区，冬春之间常因气候骤变，出现低温霜雪天气，农作物生长与人畜越冬均受到影响，其中尤以甘孜、凉山、阿坝等高寒地区最为严重。

1990 年，四川省部分地区在 1—6 月和 11—12 月遭受低温雨雪冰冻灾害，特别是高原雪灾比较严重。全省有 10 个市（地、州）的 50 个县（市、区）受灾，受灾农作物面积 216 万亩，成灾面积 133 万亩，损失粮食 4000 万公斤，死亡大牲畜 33 万多头，直接经济损失达 7000 万元。4—6 月，甘孜、阿坝、凉山 3 州发生大面积严重雪灾。甘孜州 18 个县有 15 个县遭受雪灾，全州因灾死亡牲畜达 23.5 万头。理塘县先后 10 次遭受冰雪灾害，在 3—5 月的雪灾中，有 6 个牧业乡的 28 个村 2116 户牧民的 21.7 万头牲畜受灾，因灾死亡牲畜 6.6 万头，毛垭区有 100 多户牧民的牲畜死绝。阿坝州继 1—4 月低温冰雪灾害之后，5 月 2—3 日又普降大雪，气温骤降，酿成严重雪灾。全州 13 个县有 9 个县遭到不同程度的危害，尤以小金、金川、马尔康、阿坝、松潘等县受灾严重。全州牲畜因灾死亡 96780 头，部分村、社牲畜死亡率高达 35%。凉山州的 12 个县 5 月 3 日普降大雪，积雪厚达 10 厘米以上。大雪后连续发生霜冻，致使玉米、豆类作物冻死，全州有 62.8 万人受灾，农作物受灾面积达 94.3 万亩，成灾面积 57 万亩，冻死牲畜 2000 多头。

1991 年，四川省低温雨雪冰冻灾害主要发生在 4 月下旬到 5 月上旬和 8 月上旬。这两个时段全省的平均气温异常偏低，全省旬平均气温较常年同期偏低 2.2℃—6.6℃，盆地大部分地区偏低 5.0℃—6.6℃，低温冰冻给农作物和牧业生产造成严重损失。全省有 12 个市（地、州）的 70 个县（市、区）不同程度受灾，受灾人口 169 万人；农作物受灾面积 167.66 万亩，其中成灾 114.46 万亩、绝收 13 万亩。直接经济损失达 1.4 亿元。5 月上旬，盆地内出现低温天气过程，部分地方日均气温降到 13℃—15℃。全省有 11 个市（地、州）的 70 个县（市、区）不同程度受灾。损失水稻总达 700 万公斤，仅此一项的直接经济损失达 1400 万元。

1992—1995 年四川省部分地区遭遇低温雨雪冰冻灾害袭击，尤以阿坝、甘孜、凉山三州损失较重。1995 年阿坝、甘孜、凉山三州均遭受低温雪灾。阿坝州 2 月下旬至 4 月上旬平均气温比历年平均值低 2.5℃，甘孜州 2 月中旬以后，部分地方连降中到大雪，7 个县受灾严重，低温雪灾造成大牲畜死亡31万头。阿坝州先后发生5次强降雪过程，日最大降雪量达26毫米，牧区平均积雪深度达10厘米以上，有的地方达50厘米，局部地方1米以上，积雪日数达21天，阿坝、若尔盖、红原、壤塘、松潘、黑水、金川、马尔康、小金等9个县受灾严重，造成大牲畜死亡21万头。

1996年，四川省有23个市（地、州）不同程度遭受低温雨雪冰冻灾害。甘孜州的石渠、色达、德格、白玉、炉霍、理塘、甘孜、道孚9个县遭受特大雪灾。此次特大雪灾造成甘孜州石渠、色达、德格、白玉、炉霍、理塘、甘孜、道孚9个县101个乡（镇）不同程度受灾。受灾人口18万人，因灾冻死55人，冻伤、雪盲3.7万人；死亡牲畜31万头（只、匹），其中，大牲畜14万头；损坏帐篷3400顶。直接经济损失5.6亿元。

1997年1—3月，凉山、攀枝花、雅安、甘孜等市（地、州）遭受严重的低温和雪灾。全省有24个县（市、区）的409个乡（镇）80.54万人遭受低温和雪灾。农作物受灾面积94.6万亩、绝收面积10.7万亩；毁坏房屋2646间。直接经济损失1.52亿元。2月5—19日，凉山州出现强降温天气过程。西昌、德昌、会理、会东等县（市）气温接近0℃或低于0℃，布拖、昭觉、木里、普格等0℃以下的日数达15天以上，并多次普降大雪，积雪厚达15—60厘米。低温造成全州17个县（市）的358个乡（镇）受灾，农作物受灾面积84.8万亩，死亡大牲畜48596头，倒塌毁坏房屋2300余间，直接经济损失7500万元。

1998年1—4月，甘孜、阿坝、宜宾、广元、雅安等5个市（地、州）的24个县（市、区）发生冰雪灾害。共有387个乡（镇）54.2万人受灾，因灾死亡1人、伤病2585人，死亡牲畜11万头（只、匹），农作物受灾面积95.67万亩，成灾面积32.2万亩，绝收面积4万亩。

1999年，甘孜、凉山、攀枝花等市（州）先后不同程度地遭受雪灾和低温冷冻灾害。甘孜州石渠县自1998年10月至1999年1月先后降雪13次，有6个乡（镇）受灾严重，造成雪盲者达2381人，冻伤者1289人，冻饿死亡牲畜14145头。德格县2月以后连遭大雪袭击，有37个乡的54个村3550户18810人受灾，死亡各类牲畜2.3万头，直接经济损失1800万元。色达县自3月10日后出现持续低温降雪天气，17个乡（镇）受灾，死亡25人。凉山州有17个县（市）的217个乡（镇）受灾，死亡牲畜6720头。攀枝花市1月上旬开始遭受冷温冷冻和雪灾袭击，有13个乡（镇）的63个村5.21万人受灾，农作物受灾面积3.31万亩、成灾面积2.7万亩、绝收面积0.64万亩，直接经济损失2068万元。

2000年初，甘孜、阿坝、凉山和攀枝花市遭受雪灾和低温冻害。共有30个县（市、区）的326万人受灾，因灾死亡7人，冻伤和发生疾病4000多人，冻死大牲畜5.7万头，粮经作物受灾面积343万亩，直接经济损失3.28亿元。3月上旬至4月上旬，甘孜、阿坝两州再次遭受雪灾袭击，甘孜州最大降雪量达34.2毫米有15个县128个乡（镇）25万人受灾，冻伤和雪盲6425人，因灾死亡3人，死亡各类牲畜27万头（只、匹），造成直接经济损失3.4亿元。阿坝州有8个县42个乡（镇）6万多人受灾，死亡各类牲畜13万头（只、匹），直接经济损失1.5亿元。

2001—2005年，四川省甘孜、阿坝、凉山三州和其他部分地区遭受低温雨雪冰冻灾害。仅2005年甘孜、阿坝两州就有34个县461个乡（镇）受灾，受灾人口41万，损坏房屋1700间，死亡大牲畜25万头，直接经济损失超过2亿元。

六、病虫害

1986—1990年，四川省因气候影响，农作物及森林病虫害比较严重。病害重于虫害，小春作物受灾重于大春作物。仅1990年全省年农作物发生病、虫、草、鼠害面积共28839.25万亩次。雅安等部分地区小春作物病虫害蔓延，乐山、德阳、雅安、南充、甘孜等市（地、州）部分县农作物程度不同地受到危害。南充地区小麦纹枯病的病株率达63.2%—79.2%，下湿田、两季田、半旱式水厢田上的小麦病株率高达100%；乐山市小春作物病虫发生面积达117.6万亩，占种植面积的36.8%；内江市简阳县小麦纹枯病发生面积比上年同期增加4倍多；遂宁市以白粉病为主的小麦病虫发生面积占种植面积的53%，油菜病虫害发生面积占种植面积的44%。

1991年，四川省农作物病虫害的发生种类多，数量大。小麦蚜虫、白粉病、锈病严重发生，赤霉病、纹枯病、麦蜘蛛、稻飞虱、稻瘟病和螟虫大面积发生，稻飞虱田间发生危害比常年早15—40天。四川省19个市（地、州）、102个县（市、区）发生稻飞虱，面积达1293万亩，为常年发生面积的2.2—3.7倍。从7月初至8月下旬历时50多天，白背、褐飞虱两种病虫害混合发生，增加了防难度。1—3月，达县、乐山、南充、内江、成都、遂宁、涪陵、宜宾、凉山等9个市（地、州）小麦病虫害较重。四川省小春作物病虫害发生面积占播种面积的50%以上，小麦病虫害共发生5548.76万亩，油菜病虫害共发生1095.93万亩。

1992—1995年，四川省部分地区发生农作物病虫害和森林灾害，小麦蚜虫、赤霉病和水稻稻瘟病、稻飞虱等迁飞性害虫和流行性病害发生严重。仅1995年各类农作物病虫害发生面积1.53亿亩次，实际损失粮油产量6亿公斤。

1996年，四川省大小春农作物病虫灾害突出，小麦条锈病大流行，病害小麦435万亩，是前4年平均发病的14倍。小麦赤霉病发生面积超过1000万亩，仅锈病、赤霉病造成的损失占小麦总损失的70%，四川省丘陵、山区的玉米大小斑病发生面积209万亩，水稻纹枯病发生1400万亩。水稻二化螟发生面积3800万亩，三化螟发生400万亩。玉米螟虫发生510万亩，棉铃虫发生130万亩。四川省病虫发生面积1.46亿亩次，防治面积1.49亿亩次。

1997年，四川省农作物病虫鼠害发生严重。病虫害发生面积1.2亿亩次，防治面积1.18亿亩次，农田鼠害发生面积4032万亩，灭鼠面积3105万亩。小麦赤霉病发生面积861万亩，产量损失11.5%；小麦条锈病在攀西地区流行，盆地内中等发生，发病面积253万亩；白粉病在川南发生，面积达446万亩；油菜菌核病全省发生358万亩。水稻螟虫全省发生面积3105万亩次；稻飞虱全省发生面积155万亩；玉米螟发生面积508万亩。

1998年四川省农作物病虫发生面积1.25亿亩次；农田鼠害发生面积4500万亩；农田草害发生5500万亩。四川省小麦蚜虫发生面积992万亩，小麦赤霉病虫发生358万亩；锈病在攀枝花、凉山两市（州）发病面积59.1万亩。全年小春病虫发生面积3656万亩次。大春作物病虫害以稻螟虫、稻瘟病和稻飞虱为主。四川省110个县发生叶瘟310万亩；稻螟虫发生面积3450万亩，棉铃虫发生面积179万亩；稻杆潜蝇发生面积128万亩。水稻病虫发生面积5872万亩次。

1999年四川省农作物病虫鼠害严重发生。全年病虫发生面积1.20亿亩次，防治面积1.18亿亩次；农田鼠害发生面积4200万亩。小春作物病害突出。小春条锈病全省大流行，川西北、川中发病面广、病害重，川南亦呈上升趋势，全省共发生961万亩。白粉病全省发生面积834万亩。赤霉病全省发生面积334万亩。麦蚜发生面积1629万亩，麦蜘蛛发生面积435万亩，油菜蚜虫发生面积605万亩，油菜菌核病发生面积180万亩。大春作物发生稻瘟病395万亩，叶瘟302万亩，稻飞虱发生面积115万亩，水稻螟虫发生面积3034万亩，稻苞虫发生面积156万亩，水稻纹枯病发病面积

1340万亩，玉米螟虫发生面积439万亩，棉铃虫发生面积124万亩。稻赤斑黑模蝉仅宜宾市就有10万亩，夜蛾科害虫全省发生面积11.24万亩。

2000年，四川省农作物病虫发生面积1.36亿亩次，防治面积1.2亿亩次。农田鼠害发生面积3810万亩次，农田灭鼠3141.6万亩次。灾变性病害发生突出。全省有19个市（州）、90个县（区、市）发生叶瘟，发生面积150余万亩，化苗1000亩以上。条锈病发病面积599.85万亩。赤霉病发生面积达533.8万亩。局部区域虫害偏重。稻飞虱主要发生在达州、泸州、广安、宜宾南部，纵卷叶螟在达州的大竹、达县、开江、宣汉等地局部成灾；稻苞虫在盆周山区大发生，实际损失粮食6159.7吨。

2001—2004年，四川省部分地区农作物遭受病虫鼠害袭击，影响粮食产量公斤。仅2004年小麦锈病和赤霉病迅速侵染蔓延。水稻稻瘟病、稻飞虱、螟虫、稻曲病和玉米螟虫、玉米纹枯病在农区偏重发生。穗颈病和稻曲病在盆周稻区较大面积发生，对水稻的产量和品质形成产生不利影响。

2005年，小春作物病虫害以小麦“两病”为主。小麦锈病呈现发病早、病点多、感病品种多、菌源基数大的特点。小麦赤霉病，由于小麦穗花期相对十分集中，增加了麦穗收病菌侵染的几率。盆地田坝麦区的小麦受危害程度比丘陵坡台麦区严重，田坝小麦平均有2—4个小穗受侵染，1—2个小穗坏死。大春作物病虫害以水稻稻瘟病和螟虫最为突出。水稻螟虫在各稻区危害最为严重。盆周地区水稻叶瘟大发生，严重影响水稻产量。

第二节　受灾群众生活救助

四川省自然灾害频繁，不少地区多次遭受地震、大风、冰雹、洪涝、低温、干旱危害，给国家和人民生命财产造成重大损失。面对严重的自然灾害，1986—2005年，四川省民政系统采取多种有效措施，做好受灾群众生活救助。

一、查灾慰问

1986—1989年，四川多次发生洪涝、干旱、风雹和低温霜冻等自然灾害，灾害发生后，四川省各级人民政府组织人员，领导带队，前往灾区开展查灾和慰问活动，投入大量人力、物力、财力，号召和依靠广大干部群众积极抗灾、救灾。1989年四川巴塘县大地震、泸州市和自贡市特大风雹灾、南充地区和重庆市一些地方暴雨洪涝灾害发生后，省委、省政府组织慰问团深入重灾区，慰问灾区群众，了解灾情。省民政厅多次组织工作组，深入灾区，调查和核实灾情，了解灾区群众疾苦，及时帮助灾区群众解决生活困难。

1990年，省民政厅先后派出17个救灾工作组赶赴重灾地区查灾核灾，慰问灾区群众，帮助灾区开展生产自救，指导乡、村发放好救灾款物，检查救灾款的使用情况，发现问题，就地帮助解决。

1991年4月初，根据气象部门自然灾害发展趋势预测，省民政厅及时召开各市（地、州）民政局长会议，全面研究部署1991年救灾救济工作，要求灾害多发地区民政部门把救灾救济作为首要工作切实抓好，做好防范。入汛后，省民政厅多次发出文件和电报，要求各级民政部门深入一线，调查了解情况，及时查灾、核灾、报灾，妥善安排好受灾群众生活，采取有效措施，组织受灾群众生产自救，确保灾区人心稳定，防止出现受灾群众外流、乞讨等非正常现象。

1992—1995年，各种自然灾害发生后，省委、省政府及时作出部署，进行查灾和开展慰问活动，各级民政部门和相关单位积极行动，采取措施，把救灾工作放在首位，帮助群众战胜困难。仅1995年省民政厅先后派出31个工作组51人次，行程3.5万公里，专题核查灾情。3月，省民政厅在大竹县召开全省救灾救济工作座谈会，5月，在南充市召开川北地区春荒救济工作座谈会，部署全年救灾救济工作，具体了解、指导重灾区工作。

1996年，省民政厅领导随同国务院赴四川灾区工作组及省委、省政府慰问团一道深入重灾区慰问灾区干部群众，指导抗灾救灾工作，保证受灾群众得到救助。

1997—1999年，四川省开展形式多样的慰问活动。仅1999年省民政厅先后派出20多批工作组深入重灾县、市、区核查灾情，慰问受灾群众；并及时下拨救灾款物，妥善安排受灾群众生活。

2000—2003年，各种灾情发生后，省委、省政府在灾情发生后及时作出部署，组织力量前往灾区了解灾情，帮助群众抗灾、救灾，战胜困难。仅2003年省民政厅先后派出97个工作组分赴各重灾区，慰问受灾群众，指导基层做好救灾工作，为基层排忧解难。

2004年，灾情发生后，省民政厅及时向灾区派出55个工作组，深入灾区第一线慰问受灾群众，指导受灾地区民政部门做好救灾工作。

2005年，省民政厅先后单独派出63人次参加省委、省政府工作组深入灾区查看灾情，慰问受灾群众。在2006年春节、元旦前走访慰问特困群众14.31万户、31.46万人，发放慰问金2321.11万元，各种慰问品折款996.31万元。

二、灾情通报

四川省各级民政部门把灾情通报作为自己的重要职责。1986—1989年，每当灾情发生后，均组织人力深入灾区，掌握灾情，将有关情况及时上报，争取国家支持。1989年，省民政厅采取派人深入重灾区调查灾情，准确掌握灾情，及时向民政部、省委、省政府和有关部门反映，并多次到民政部汇报灾情，请求支持。通过这些工作，得到了民政部的大力支持，帮助灾区群众解决生活上的实际困难。

1990年，进入汛期以后，省民政厅建立24小时值班制度，密切与各地联系，掌握灾情，及时向民政部、省委、省政府和省级有关部门报告灾情，让上级了解灾情，以得到支持。

1991年，在原有灾情值班制度的基础上，建立灾情通报制度和灾情汇报制度，与各市（地、州）民政局组成灾情信息网络，沟通联络渠道。是年，省民政厅共发《灾情简报》14期，向民政部发传真电报23次，及时反映、汇报四川自然灾害发生、发展情况和抗灾救济工作动态，为省委、省政府和民政部指挥抗灾救灾提供依据。

1992—1995年，四川省各级民政部门及时上报有关灾情，为各级领导制定抗灾、救灾措施提供第一手资料，争取到国家和社会的支持。仅1995年省民政厅共出《灾情简报》27期，向民政部报灾情、荒情报告20份，代拟省政府文件向国务院报告灾情8次。

1996年，针对汛期突发自然灾害频繁的情况，省民政厅和各级民政部门严格汛期值班制度，做到每当有较大灾情出现，省民政厅和灾区各级民政部门的工作人员都及时赶赴灾区第一线，查核灾情，慰问灾区干部群众，指导抗灾救灾工作。同时及时收集和整理灾情向上级报告，向有关部门通报，是年，省民政厅全年出《灾情简报》23期、《情况通报》4期，为省委、省政府和民政部了解和掌握灾区情况、制定及实施有效的救灾措施提供了较为翔实的材料。

1997年，省民政厅重点抓汛期的救灾值班，坚持每日电台联络考勤，争取到四川省财政的支持，补助各县（市、区）民政救灾设备经费，并培训人员，提高了民政系统的救灾能力。

1998年，省民政厅拟报《灾情报告》35期，先后派出30多个工作组，深入全省20个市（地、州）的70余个县（市、区）查灾核灾，慰问受灾群众，促进了灾区的社会稳定。

1999—2001年，四川省各级民政部门及时上报灾情，为领导制定抗灾、救灾方案提供了依据，使抗灾、救灾工作有序进行。2001年3月12日，省民政厅组织召开全省春夏荒救济工作会议，全面部署救灾救济工作。5月1日开始，四川省各级民政部门实行24小时救灾值班制度，保证灾情及时上报和救灾工作指令及时下达。省民政厅先后派出40多批次工作组深入重灾县市核灾查灾，慰问受灾群众，指导督促救灾工作的落实。

2002—2004年，四川省各级民政部门每遇灾情均深入现场，了解和核实灾情，并将掌握情况及时上报。2004年省民政厅共编写《灾情报告》77期，及时向省委、省政府和民政部报告灾情，争取中央对四川省救灾工作的帮助和支持。

2005年，省民政厅编发《灾情报告》57期，实行零报告制度，各级民政部门做到第一时间深入灾区查灾核灾，第一时间上报灾情报告信息，第一时间调运救灾储备物资，第一时间将救灾款物发放到受灾群众手中。

三、政府救济

1986—1989年，每当各种自然灾情发生后，按照省委、省政府部署，省民政厅均将救灾物资和款项及时下拨到受灾群众手中。仅1989年省民政厅先后向灾区下拨自然灾害救济款6315万元，帮助10.6万多户灾区群众新建住房40多万间，给500多万名灾区群众解决口粮、衣、被、生活用具等方面的救济，有效保障了灾区群众的基本生活，维护了灾区社会稳定。

1990年9月，省民政厅在大竹县召开旱灾严重的达县、万县、涪陵、黔江、南充等地区的民政局长会议，专门研究灾区开展生产自救、帮助解决灾区群众吃饭等重大问题。会后向万县、达县、涪陵、黔江、南充、泸州等6个市（地）增拨救灾款720万元，及时解决受灾群众开展生产自救、吃饭、治病等应急问题。为帮助受灾群众恢复生产，重建家园，省政府向国务院递交了请求拨给四川省自然灾害救济款的报告，与此同时，四川省先后4次前往民政部汇报灾情，得到了民政部大力支持。是年，省民政厅先后拨给灾区救灾款8182万元，帮助受灾群众修建住房，购买口粮，购置衣被和开展生产自救。

1991年7月27日，省民政厅组织召开各市（地、州）民政局长电视电话会议，强调发放救灾款物要始终坚持“专款专用、重点使用”原则，重点发放对象是重灾区无自救能力的贫困户、五保户、烈军属、特重受灾群众，用于解决他们因灾造成的吃、穿、住、医困难，特别要帮助“双缺”（缺粮、缺钱）户解决好修复住房和购买口粮问题。会议提出“拨款及时，对象准确，张榜公布，迅速落实到户”，规定“不准挤占，不准截留，不准优亲厚友”，以杜绝贪污、挪用救灾款物行为，保持民政部门清正廉洁形象。

1991—1994年，为贯彻落实1991年四川省市（地、州）民政局长电视电话会议精神，四川民政厅采取追踪检查、接受审计部门审计、接受社会监督等措施，及时将救灾款物发放到灾区，支援灾区人民抗灾自救，重建家园。从检查和各级审计部门审计情况看，全省各地对自然灾害救济款和捐赠款物的使用比较好，基本做到了发放及时、对象准确、账目清楚、群众满意。

1995年，四川省下拨救灾款13388.83万元，其中用于受灾群众生活口粮救济7061.27万元，受灾群众倒房修复补助2768.93万元，购买衣被690.3万元，临时紧急转移安置受灾群众381.73万元，受灾群众治病370.01万元。年内四川21个市（地、州）181个县（市、区）列救灾科目款3511.82万元，支2951.59万元。救灾款数额的增加，对弥补四川救灾经费不足和保证受灾群众生活、稳定社会起到了积极作用。

1996年，四川甘孜州石渠等县遭受严重雪灾、低温霜冻灾害，省民政厅接报后，向省委、省政府和民政部及时报告灾区情况、先后向灾区下拨救灾款550万元。同时，参加省委、省政府组织的向灾区空投救灾物资工作；将省级机关向灾区捐赠的12万件衣服、经费和由民政部调运的10万件衣服及时运送到灾区。

1998年，面对严重的自然灾害，四川各地把解决好受灾群众的吃饭、穿衣、住房、治病等问题作为救灾工作的头等大事。各级民政部门协助当地政府通过腾公房、借私房、投亲靠友和搭建临时窝棚等多种途径紧急转移安置受灾群众。各地组织机关和企事业单位，对口联系重灾乡（镇），扶持灾区群众生产自救，通过以工代赈、群众互济、储粮会供粮、政府救济等多种渠道解决受灾群众吃饭问题。对于房屋倒塌和严重损坏而一时无法恢复的，采取投亲靠友、邻里相帮或搭建临时简易房屋等多种形式妥善安置，确保灾区人心安定，社会稳定。是年，洪涝灾害发生后，省民政厅及时下拨救灾款13976万元，其中下拨中央特大自然灾害救济费13400万元，省级自然灾害救济事业费576万元，下拨救灾捐赠款10790.84万元。调拨救灾专用帐篷480顶，将全省接收的226.01万件衣被、民政部调拨的252640床棉被和兄弟省市向四川灾区捐赠的732.4万件衣被及时调拨给全省19个缺少御寒衣物的地区。

1999年，共下拨救灾款、救灾捐赠款13971万元，分发救灾物资34.76万件，使670多万受灾群众得到生活救济，6万多间住房得以恢复重建。

2001年，四川山地、洪涝灾害发生后，受灾地区各级政府迅速成立由政府领导负责，民政、水利等有关部门参加的受灾群众转移安置领导小组，对处于危险地段的受灾群众实施紧急转移安置，使20.28万人的生命财产安全得到了保障。是年，省民政厅先后下拨救灾款2.289亿元，救灾捐赠款433万元，紧急调运救灾专用帐篷780顶。德阳、绵阳、广元、眉山市借省专储粮大米5083.2万公斤、小麦797万公斤用于帮助群众顺利度荒，缓解了缺粮困难。

2002年，四川省各级财政安排救灾资金达7451.42万元。

2003年，省民政厅会同四川省财政厅下拨救灾资金14664万元。各市（州）、县（市、区）累计投入冬令救济资金4033.6万元，安排救济粮16511吨，向灾区紧急调拨350顶救灾帐篷和冲锋舟、衣物等救灾物资，基本保证了受灾群众“有饭吃、有衣穿、有水喝、有住处、有医疗”。

2004年，荒情（春荒、冬令）期间，四川省共发放受灾群众救助卡400余万张，解决了1172余万人困难群众缺口粮问题，确保了灾区贫困地区群众生活不出问题。是年，省民政厅先后组成11个工作组分别深入全省21个市（州）所属的67个县（市、区）156个重灾乡（镇）和部分农户家中，对群众生活安排、灾后恢复重建、救灾资金到位、借粮度荒、基层核发救灾资金的程序、受灾群众救助卡发放等工作的落实情况进行全面检查，确保各项救济措施落到实处。

2005年，中央和四川省财政共下拨救灾资金3.11亿元。其中，民政部安排四川省救灾资金2.61亿元，调运救灾帐篷5000顶；四川省财政安排救灾资金8682万元，发放救灾捐赠款3104万元；市（州）、县（市、区）财政投入救灾资金2.45亿元。在春荒、冬令期间，四川省共发放受灾群众救助卡316万张，救助困难群众1200万人次。

四、社会捐赠

1986—1989年，四川省多次遭受各种自然灾害，每次灾情发生后均得到社会各界的同情与支持，缓解了因灾发生的暂时困难。1989年，省民政厅成立了救灾捐助办公室专抓救灾捐助工作。大力发动机关、事业单位和个人捐助资金和物资支援灾区。全年动员省级机关及其所属事业单位和个人捐赠资金210万元、粮票25万公斤、衣服20万余件；解放军驻蓉部队捐助资金50万余元、粮票7.76万公斤、衣服6万余件、价值6万多元的药品、汽油100吨。这些捐赠资金、物资及时全部分发给灾区，为灾区群众恢复生产、重建家园和解决生活困难起了很大作用。

1990年，为做好救灾捐赠工作，省民政厅成立救灾捐赠接收办公室。民政厅直接接收省级机关和社会人士捐赠的人民币16.06万元、粮票19.9852万斤、衣服63265件；省内各级民政部门接收捐赠款644.55万元、粮票134.69万斤、衣服7091件。这些救灾捐赠款物都及时分发到灾区，帮助受灾群众排忧解难。

1991年，四川省号召党政机关、企事业单位、社会团体以及各界群众踊跃捐款捐物帮助灾区缓解因灾发生的困难。省民政厅根据中共中央办公厅、国务院办公厅《关于进一步开展向灾区捐赠活动的通知》精神和民政部、省委、省政府的有关指示，在7月中旬成立救灾捐赠接收办公室，从有关处室抽出16人负责救灾款物的接收、发放工作。截至10月25日，共接收国内、国外、境外团体和个人捐赠款1234万余元人民币、粮票21.6万余公斤以及价值人民币423.3万元的物资。

1996年，根据中共中央办公厅、国务院办公厅《关于转发〈民政部、国务院扶贫开发领导小组关于在大中城市经常性捐助活动支援灾区、贫困地区的意见〉的通知》精神和民政部等九部委关于开展“扶贫济困送温暖”捐助活动的通知精神，省民政厅、四川省扶贫领导开发小组等8个省级部门下发通知，配合全国于10月在全省开展此项工作，此次活动共向灾区和贫困地区募集衣服420万件（其中浙江省支援237余万件）、人民币6.5万元，共有280余万贫困群众得到了衣被救济，对其安全越冬起到积极作用。

1998年，四川省民政部门共收到救灾捐赠人民币8231.96万元；各级民政部门共接收捐赠物资折款5146.5万元；其他折款895.28万元。省民政厅将全省接收的226.01万件衣被、民政部调拨的252640床棉被和兄弟省市向四川省灾区捐赠的732.4万件衣被及时调拨给全省19个缺少御寒衣物的地区，基本上解决了受灾群众的御寒衣被问题。

1999年，根据民政部统一部署，四川在全省13个大中城市开展“扶贫济困送温暖”活动，共筹集衣被90万件、人民币29万元以及接收的浙江对口支援的144.76万件衣被，并及时调拨给缺少御寒衣被的三州及雅安、乐山、宜宾、南充等地（市），使130万贫困群众享受了衣被救济，基本上解决了受灾群众生活问题。

2001年2月，四川甘孜州发生地震灾害后，省民政厅共接收捐赠款373.81万元和价值200万元的衣被、食品等物资，支持了甘孜州抗震救灾和倒房恢复重建工作。为开展好一年一度的“扶贫济困送温暖”捐助活动，省民政厅及时在全省组织开展了省级机关救灾捐赠工作，共接收救灾捐赠款2606.3万元，价值3000万元的粮食、化肥、种子等捐赠物资，并接收民政部安排浙江省对口支援的238万件衣被。全省建成经常性社会捐助接收站41个、经常性社会捐助接收点342个；有6个市

（州）、7个县建立起为经常性捐助工作配套的仓储设施。

2003年，四川省级机关捐款39.6万元，捐赠衣物14.3万件，用于解决阿坝、甘孜、凉山三州贫困地区群众缺衣问题。年内全省各级民政部门共接收捐赠款617万元、捐赠衣被163万件，使100多万群众得到及时救助。全省建成经常性社会捐助接收站62个、经常性社会捐助接收点1933个。

2004年，省民政厅共组织接受捐赠款2833万元，捐赠衣被350万件，其他物资价值2863多万元。同时在全省建立"慈善超市""爱心超市""爱心互助超市"31家，收到捐赠款物210万元，资助城市困难群众25132人。

2005年10月和12月，省民政厅组织实施"扶贫济困送温暖"捐助活动和以"冬衣暖人心"为主题的"送温暖、献爱心"捐助活动，全省共募集捐款3362万元、衣被230余万件，近300万城乡困难群众受益。是年，各地不断探索经常性社会捐助的新形式、新路子，建立起"慈善超市""爱心超市""爱心互助超市"67家。

五、国际援助

1989年，省民政厅及时将巴塘地震、泸州特大风雹灾和川东地区的洪涝灾情向民政部作报告，民政部将四川省遭受自然灾害的情况向国际社会作了通报，引起国际社会的关注。一些外国政府和国际组织迅速向四川省灾区提供援助。联邦德国政府、英国政府、日本政府、澳大利亚政府、苏联红十字会、欧洲共同体委员会、联合国粮食计划署、联合国救灾署和开发计划署、无国界医生组织等向四川省灾区提供救灾物资、资金共计折合人民币2000多万元。省民政厅将国际社会援助的救灾资金、物资分发给重灾地区，帮助7万多灾区群众解决了口粮、衣被等问题，为3563户灾区群众重建住房10655平方米，建医院6所，同时还有公路、桥梁等公共设施。

1990年，广元部分地方遭受特大洪水灾害，省民政厅迅速将灾情向民政部作了报告，并请求国际援助。民政部把四川广元市遭受损失情况向国际社会作了通报，很快得到英国政府捐款10万美元。省民政厅将英国政府的捐款拨给广元市洪灾严重的朝天区、市中区、元坝区，帮助受灾群众重建家园。

1986—2005年旱灾情况见表5－1，1986—2005年洪涝灾情见表5－2。

1986—2005年四川省旱灾情况统计表

表5－1

年份	受灾人口（人）	因灾死亡人口（人）	因灾伤病人口（人）	被困人口（人）	饮水困难人口（人）	紧急转移安置人口（人）	农作物受灾面积（亩）	农作物成灾面积（亩）	农作物绝收面积（亩）	因灾死亡大牲畜（头）	直接经济损失（万元）
1986	7918215	2	18	—	1018127	—	1008290	618225.9	57671.06	73	64212.920
1987	4130166	3	252	—	906906	35487	748270	492608	90855.9	4810	24491.689
1988	3550211	—	28	—	842028	3637	240426.6	238538.7	72172	—	17199.309
1989	14687400	1	781	—	4127225	5692	1165333	647699	52800	223	20670.480
1990	44000000	3	21	—	9492046	24832	4171733	761333	27533	122	101306.330
1991	40196082	—	294	—	9091860	—	2066677	327200	35131.2	—	99286.770

续表 5－1

年份	受灾人口（人）	因灾死亡人口（人）	因灾伤病人口（人）	被困人口（人）	饮水困难人口（人）	紧急转移安置人口（人）	农作物受灾面积（亩）	农作物成灾面积（亩）	农作物绝收面积（亩）	因灾死亡大牲畜（头）	直接经济损失（万元）
1992	4148350	—	2509	—	210398	4600	383347. 1	221318. 9	17335. 5	54	32404. 24
1993	6613087	—	68	—	1031200	27667	532494. 3	375959. 4	47920. 5	—	42447. 33
1994	11716874	—	51	—	1836149	31467	950317. 6	556917	110524. 5	408	115714. 54
1995	11818600	—	1139	—	11604510	24833	1825370	1237294	35990. 7	997	60714. 89
1996	28001224	3	65	—	3202225	661	1521122	1119027	46141. 1	1808	264943. 00
1997	45377580	—	331	—	9617597	—	1934578	1221491	59350. 4	5548	600124. 00
1998	44560040	4	2511	12200	11574760	4198	1707820	1420733	142341. 4	9180	652540. 33
1999	43484119	—	109	5216	6563975	5326	1043800	831743. 8	343667	1215	625464. 96
2000	23120162	—	165	15600	11673245	8654	1561333	647333	178000	2890	225000. 00
2001	19488379	—	9884	22754	5560000	20765	3258000	1731333	496000	5237	499362. 30
2002	4393127	—	1770	87	689352	620	1116700	282000	38700	1927	39120. 75
2003	6275338	—	1786	—	1386501	72000	331917. 1	197838. 6	28853	44950	67120. 89
2004	1815838	—	150	—	977166	—	689200	233400	58130	3051	37056. 04
2005	4056800	—	1816	—	350302	25	316800	47251	26200	92	75800. 00

1986—2005 年四川省洪涝灾害情况统计表

表 5－2

年份	受灾人口（人）	因灾死亡人口（人）	因灾失踪人口（人）	因灾伤病人口（人）	被困人口（人）	饮水困难人口（人）	紧急转移安置人口（人）	农作物受灾面积（亩）	农作物成灾面积（亩）	农作物绝收面积（亩）	倒塌房屋间数（间）	其中倒塌居民住房间数（间）	倒塌居民住房户数（户）	损坏房屋间数（间）	因灾死亡大牲畜（头）	直接经济损失（万元）
1986	3636343	137	—	489	1316	5005	26331	211540. 63	144249. 43	25662	22875	31045	10045	86400	860	26971
1987	3813826	58	—	5145	4000	14400	9555	466887. 758	291826. 78	34202. 188	30000	24655	14680	116388	3060	39289
1988	4486430	186	—	920	3060	198844	78252	397355. 32	241264. 56	59128. 83	44109	20995	11390	81872	3868	41233
1989	33199496	1126	—	74512	1700	162857	3282240	2208847	993340	178600	335100	286440	98130	717720	13909	256400
1990	18134550	351	3	384	4164	—	2222423	1068637	487334	84804	136040	124979	38609	384232	29916	303165
1991	29468400	583	—	1223	15042	469	3322008	1868887	843113	131191	211500	200007	60797	585639	150500	309404
1992	3954797	102	6	1363	509	—	6443	247531. 93	145504. 78	28345. 48	26725	28830	8040	177985	32040	57262
1993	6360035	124	23	532	31611	19921	62668	389297. 914	253575. 42	47286. 27	26560	17854	10138	100723	8171	91874
1994	5301898	67	2	448	32	512	8497	384900. 21	244863. 8	71354. 3	19665	10787	5058	43122	3738	89448

续表 5－2

年份	受灾人口（人）	因灾死亡人口（人）	因灾失踪人口（人）	因灾伤病人口（人）	被困人口（人）	饮水困难人口（人）	紧急转移安置人口（人）	农作物受灾面积（亩）	农作物成灾面积（亩）	农作物绝收面积（亩）	倒塌房屋间数（间）	其中倒塌居民住房间数（间）	倒塌居民住房户数（户）	损坏房屋间数（间）	因灾死亡大牲畜（头）	直接经济损失（万元）
1995	22588101	506	3	1696	3543	1021	2134586	1172493.54	600241.29	120137.87	202267	196404	56913	2137423	9245	691602
1996	17801887	359	3	1186	4713	21763	2122238	1064994.63	522268.67	86163	88524	83528	26740	307268	2855	408587
1997	11193000	388	—	1775	48991	693773	2140475	620917	308348.81	62366.22	41852	38650	9072	322488	9012	296677
1998	29956460	488	33	2353	59050	808332	3460972	1774297.14	775266	169267	237134	216751	67856	672408	499102	790552
1999	8329869	151	15	3044	3585	340504	1238478	430400.94	222594.75	40968.4	24785	23254	9506	165671	10105	193136
2000	31637284	155	19	3591	3038	115901	2557125	2131333	997333	166652.52	149174	124581	41517	320615	17150	361058
2001	10017421	110	7	36387	12786	442009	57544	804721.58	321133.57	98025.67	53733	29121	25360	122309	8078	345399
2002	23116900	126	1	2975	10732	218597	1383459	1474900	812497.54	153600	76300	70387	21781	499900	54928	404971
2003	22673540	163	5	2671	6874	998335	1145790	687632.94	437579	107302.7	49215	37401	14549	152832	7131	285138
2004	23106781	164	42	28577	183920	174604	1545154	1031600	446800	100700	144313	111399	39478	254810	48907	938186
2005	28470000	133	36	9759	104965	46027	1395319	829200	421600	115700	122377	103176	43212	234544	216824	902700

第二章　社会救助

中华人民共和国成立后，党和政府一直将社会救助作为一项重要政策。各级民政部门作为具体落实这一政策的职能部门，将社会救助摆在具体体现社会主义优越性的高度对待。1986—2005 年，四川省各级政府相继出台一系列政策，对社会救助提出具体要求和工作任务。2005 年 6 月 21 日，省委、省政府下发《关于推进城乡社会救助体系建设的意见》，按照城乡统筹、分类指导的要求，以健全灾害应急救助体系建设、完善城市最低生活保障为基础，抓紧建立农村最低生活保障制度，落实农村五保供养政策，完善城市流浪乞讨人员救助制度，推行建立和完善城乡医疗救助制度，以教育、住房、就业、司法等专项救助为辅助，以社会互助为补充，多渠道增加社会救助投入。截至 2005 年底，全省 21 个市（州）和 80% 的县（市、区）完成建制工作，一些地方初步搭建与社会救助工作相适应的工作平台，为社会救助工作发展打下了基础。

第一节　医疗救助

20 世纪 70 年代起，四川省农村普遍建立有合作医疗机构，除大病外社员一般病情的诊断与治疗全部免费。后来实行医改，诊断、治疗、药费大幅度提高，使患者无力承受。为解决这一矛盾，国家相继出台一系列医改政策，以解决群众看病难的问题。

2004 年 4 月，经省政府同意，省民政厅、省卫生厅、省财政厅下发《关于在我省实施农村医疗救助的意见》，该意见从实际出发，对建立农村医疗救助的有关政策作了进一步明确和细化，2004 年四川省共筹集农村医疗救助基金 8017.3 万元。

2005 年，全省 176 个涉农县（市、区）全部出台农村医疗救助实施意见，并建立了医疗救助基金，自此四川省农村医疗救助制度全面实施。

2005 年，按照《国务院办公厅转发民政部等部门关于建立城市医疗救助制度试点工作意见的通知》和《中共四川省委四川省人民政府关于推进城乡社会救助体系建设的意见》精神，《四川省人民政府办公厅转发省民政厅等部门〈关于开展城市医疗救助制度试点工作意见〉的通知》，规划用 3 年时间完成城市医疗救助制度建设工作，自此四川省全面启动建立城市医疗救助制度。各级民政、卫生、劳动、财政等相关部门从框架构建、全面推广、规范运作三个方面入手，认真部署、精心组织、密切协作，形成“政府领导、民政主管、部门协作”的运行机制。

2005 年，四川首批启动了城市医疗救助试点县（市、区）60 个。同时各地制定和规范、完善了医疗救助申请审批程序、财务管理制度、档案管理制度，合理确定了救助对象范围、救助标准和医疗救助定点医院、定点药房以及优惠减免措施。各地在实践、探索的基础上，对医疗救助实施办法不断进行修订和完善，使城乡医疗救助制度人性化。在救助方式上普遍资助低保对象、“三无”对象和农村“五保”对象，参加城镇居民基本医疗保险和新型农村合作医疗。在农村和城镇居民基本医疗保险试点地区，全额或部分资助低保对象参加城镇居民基本医疗保险，为困难群众筑起抗击医疗经济风险的防线。部分地方对低保对象中的特殊疾病、重症病人和“三无”对象通过发放一定额度的医疗救助卡等形式实施门诊救助，解决了这部分困难群众的基本医疗需求。对大病住院的对象按照定额或一定比例予以补助。通过加大救助比例或慈善援助的方式，对困难群众难以承受的个人负担部分实施特别的救助。在救助方法上，各地在确保救助基金安全和满足基本救助对象基本医疗需求的基础上，在降低或取消起付线、扩大救助范围、提高救助标准、简化救助程序、吸纳社会参与等方面，进行了很多有益的探索。广安区对患重病大病的贫困户家庭一律免收门诊费，取消住院起付线，增加住院期间20%报销比例，入院治疗的封顶线达到1.2万元。成都市启动城区16家社区惠民药店，对低保对象实行零利润供药，对2790名低保对象慢性病患者，实行成本价供药。地奥集团等12家药品生产企业为此提供了25个品种的零利润药品，不少药还将定期或不定期地开展免费赠送。成都市开发了城乡医疗救助管理系统，开创了城乡医疗救助信息化管理的先例。在开展城乡医疗救助中，逐年加大财政投入，设立医疗救助基金专户。

2005年，城乡医疗救助制度逐步建立。农村医疗救助制度全面建立，全省21个市（州）除成都市五城区实施城乡一体化外，176个县（市、区）全部出台了农村医疗救助实施意见，全面建立了农村特困群众医疗救助制度，建立起医疗救助基金，共筹集资金1.13亿元，资助78.5万农村五保对象和特困群众参加农村合作医疗，全年发放救助金6160万元，救助农村困难群众95.9万人。积极抓好城市医疗救助试点工作，首批60个试点县（市、区）先后出台了医疗救助试行办法，中央财政补助1790万元城市医疗救助资金，四川省财政安排了600万元城市医疗救助资金，各地财政列支1141万元，对城市患病困难群众6641人实施了医疗救助，共支出城市医疗救助金429.5万元，平均每人救助647元。

第二节　流浪乞讨人员救助

一、收容遣送

中华人民共和国成立后，四川省大部分市（地、州）都设立了收容游艺和流浪人员的机构。1950—1985年，四川省共收容中转各种游艺与流浪人员3214535人次。1986年至2003年7月，根据国务院《城市流浪乞讨人员收容遣送办法》，四川省各级民政部门对城市流浪乞讨人员实行收容遣送，全面履行民政部门协助公安机关对城市流浪乞讨人员进行收容、管理、教育、遣送回原籍和对无家可归的被收容人员进行安置的行政管理职责。

（一）建立制度

国务院《城市流浪乞讨人员收容遣送办法》和民政部、公安部《城市流浪乞讨人员收容遣送办法实施细则（试行）》施行后，为推进地方性法规建设，依法做好四川的收容遣送工作，省民政厅、省人大法工委、省政府法制局、省公安厅、省财政厅等相关单位人员，赴上海、福建、广东、云南等省市及省内重庆、达川、乐山、广元、内江等地考察，收集法制资料和开展调查研究，于1995年5月完成了《四川省收容遣送条例（草案送审稿）》。此后经多次修改形成《条例（草案）》，并报送省政府。1995年9月29日，省政府第44次常务会议讨论，同意将《条例（草案）》提请四川省人大常务委员会审议。条例起草小组按照省政府常务会议的决议，将《条例（草案）》提交四川省人大法制委员会，1995年12月20日，四川省第八届人民代表大会第18次会议通过了《四川省收容遣送条例》。

（二）建立机构

1．公安派出所

1980年后，随着各地农村大量剩余劳动力不断涌入城市务工，“三无人员”（即无合法证件、无经济来源、无固定居所的人员）不断增多。其中有一些有偷盗、抢劫、行骗、吸毒、拐卖人口等违法犯罪行为的人。为解决收容遣送工作管理手段问题，依据《四川省收容遣送条例》，1997年，省民政厅、省机构编制委员会、省公安厅、省人事厅、省财政厅向各市（地、州）编办、公安局、人事局、财政局下发《关于收容遣送站设立公安派出所有关问题的通知》（以下简称《通知》）。依据《通知》精神，成都、广元、乐山、雅安、泸州、达州、南充、宜宾等市（地）政府（行署）和渠县、南部、简阳等人口较多的县级人民政府，先后在本级政府管辖的收容遣送站设立了公安派出所。公安派出所按照公安机关招收、录用干警的条件和程序，在收容遣送站职工中录用了公安干警。收容遣送站设立的公安派出所，接受当地上级公安部门的领导，协助收容遣送站工作人员做好收容、审查、遣送和站内治安管理工作；依法收缴被收容遣送人员携带的危禁物品，依法将收容遣送人员中的犯罪嫌疑人员移送司法机关。

2．寻人服务中心

1997年，省民政厅建立了四川省寻人服务中心。省内一些较大城市建立的分中心在四川省寻人服务中心的领导下开展工作。寻人服务中心利用收容遣送站收容外流人员的信息和公安机关管理的人口信息，以电视、广播、报刊、杂志等新闻媒体为工具，为走失亲人的家庭提供寻找走失亲人的服务。

3．流浪儿童救助保护中心

1996—2001年，在省民政厅指导下，成都、绵阳、广元、乐山、达州、南充等市收容遣送站在站内试办了流浪儿童救助保护中心。站内设立的流浪儿童救助保护中心，负责救助、保护收容遣送人员中的流浪儿童。为提高收容遣送工作人员救助、教育、保护流浪儿童的工作能力，省民政厅出面在NGO组织——英国救助儿童会聘请了英国救助保护流浪少年儿童的专家，在成都市举办了一期救助保护流浪儿童的教师培训班，培训班上外国专家就救助保护、教育、矫治流浪少年儿童的具体做法进行了认真的讲解，全省各流浪儿童救助保护中心具体从事救助保护流浪儿童工作的40多名教师参加了培训，为流浪儿童救助保护中心开展救助保护流浪儿童工作打下了基础。

4．务工不着人员服务中心

2001年，省民政厅对成都市九眼桥劳务市场进行了多次调查。获悉每年到成都市劳务市场找工作的人员有300多万人，农闲高峰期每天达10000多人。根据成都市九眼桥劳务市场提供的信息，调查组对该市寻求工作机会人员的情况进行了分析，5月30日，在劳务市场找工作的5000多人，其中有250多人是城镇人员，约占进场人数的5%；有4750多人是农村人员，约占进场人数的95%，每天能找到工作的约有450人，约占进场人数的9%，找不到工作的人员有4500多人，约占进场人数的91%。在调查研究掌握情况的基础上，省民政厅指导成都、广元、绵阳等流动人口较多的城市在收容遣送站设立了“务工不着人员救助服务中心”。务工不着人员救助服务中心，对务工不着的特困人员实施临时救助。成都市收容遣送站在九眼桥劳务市场管委会综治办设立了“民政救助点”，对务工不着的特困人员实施临时救助。创新了收容遣送制度。

1986—2003年四川省城市生活无着的流浪乞讨人员收容遣送情况见表5-3。

1986年至2003年7月31日收容遣送人数统计表

表5-3　　　　单位：人次

年　度	全省全年救助人数	说　　明
1986	58245	其中重庆市收容遣送16303人次
1987	63447	其中重庆市收容遣送16063人次
1988	53197	其中重庆市收容遣送13382人次
1989	52864	其中重庆市收容遣送12508人次
1990	41974	其中重庆市收容遣送10768人次
1991	35400	其中重庆市收容遣送7888人次
1992	19635	其中重庆市收容遣送2325人次
1993	28090	其中重庆市收容遣送4063人次
1994	27194	其中重庆市收容遣送4853人次
1995	32987	其中重庆市收容遣送4719人次
1996	40800	其中重庆市收容遣送5613人次
1997	37561	重庆市已为直辖市
1998	45208	
1999	69625	
2000	86621	
2001	85213	
2002	89138	
2003	57103	8月，收容遣送制度改为救助管理

二、救助管理

（一）流浪乞讨人员救助管理

中华人民共和国成立后，四川省各级人民政府相继接管了解放前遗留下来的收容供养机构，并对这些机构进行了一系列的改造整顿，改善被收养人员生活待遇，规定主、副食、医药及其他费用标准，使被收养人员结束了中华人民共和国建国前的悲惨命运。组织被收养人员成立民主管理委员会，确定生活、生产和学习制度，对6周岁以上的收养儿童进行六年制小学教育，购置文娱设备，开展有益身心的文体活动。2003 年 7 月，为贯彻执行国务院《城市生活无着的流浪乞讨人员救助管理办法》（以下简称《救助管理办法》）、民政部《城市生活无着的流浪乞讨人员救助管理办法实施细则》（以下简称《实施细则》），省民政厅积极协调做好前期准备工作。7 月 29 日，省民政厅、省财政厅、省机构编制委员会办公室向各市（州）民政局、财政局转发财政部、民政部、中央编委办《关于实施城市生活无着的流浪乞讨人员救助管理办法有关机构编制和经费问题的相关通知》（以下简称《通知》），要求各市（州）结合当地实际，认真贯彻执行《通知》精神，认真解决救助管理站的人员编制及人员配备问题，将救助流浪乞讨人员的经费纳入政府财政预算；在 2003 年 12 月前，成都、自贡、攀枝花、泸州、德阳、绵阳、广元、遂宁、内江、乐山、南充、宜宾、广安、达州、雅安、资阳、甘孜、阿坝、凉山等 19 个市（州）收容遣送站依照法定程序向当地机构编制部门申请完成改为救助管理站的工作；县级收容遣送站的变更及增设事项，由省政府统筹规划；在省政府未调整县级收容遣送站之前，原各收容遣送站依照《救助管理办法》及《实施细则》的有关规定，对本行政区域内的的流浪乞讨人员实施救助。2003 年 7 月 31 日，省民政厅在成都组织召开了全省各市（州）人民政府副市长、秘书长、民政局长参加的贯彻施行国务院《救助管理办法》、民政部《实施细则》的救助管理工作会议。省政府分管民政工作的副省长张作哈在会上作了讲话，要求全省各级人民政府，认真贯彻执行国务院的《救助管理办法》和民政部的《实施细则》，按照国务院《救助管理办法》和民政部《实施细则》的相关规定，认真做好救助管理工作。2003 年 8 月 25 日，省民政厅向各市（州）转发了《民政部部长李学举在全国贯彻〈救助管理办法〉工作会议上的讲话》，要求各市（州）民政部门结合当地实际，认真学习、贯彻施行国务院《救助管理办法》和民政部制定《实施细则》。2003 年 10 月 17 日，依据国务院《救助管理办法》、民政部《实施细则》，省民政厅向各市（州）民政局制定下发《四川省救助管理工作暂行规范》。《暂行规范》结合四川救助管理的实际，从对城市生活无着的流浪乞讨人员的救助原则、救助对象的界定、救助内容、受助人员每月的伙食标准，受助人员进站程序、站内管理、规章制度、出站管理、区域救助协作、无家可归人员安置等方面作了补充完善。

（二）救助管理网络体系建设

2004 年 7 月，为做好省内外流浪乞讨人员的救助管理工作，方便救助管理机构与省外救助管理机构的联系，按照民政部的要求和四川省流浪乞讨人员救助工作的发展需要，省民政厅根据全省现有救助管理站的人员配备、设施设备和各辖区公路、铁路、航运交通与地理位置等情况，结合各救助管理站开展救助管理工作的实际，确定了成都市、广元市、达州市、宜宾市和凉山州救助管理站为跨省救助管理站，承担特殊困难救助对象的跨省接送任务。成都市救助管理站负责接送重庆、西藏、广东、海南等省（直辖市、自治区）的特殊困难救助对象；广元市救助管理站负责接送陕西、河南、河北、北京、天津、辽宁、新疆、青海、甘肃、宁夏、内蒙、山西、吉林、黑龙江等省（直辖市、自治区）的特殊困难救助对象；达州市救助管理站负责接送湖北、湖南、江西、江苏、福建、安徽、浙江、山东、上海等省（直辖市）的特殊困难救助对象；宜宾市救助管理站负责接送贵州、广西、云南等省（自治区）特殊困难救助对象；凉山州救助管理站负责接送云南、广西等省（自治区）的特殊困难救助对象。自贡、攀枝花、泸州、德阳、绵阳、遂宁、内江、乐山、南充、巴中、雅安、眉山、资阳、阿坝、甘孜等市（州），按照省民政厅的要求先后建立了市、州级救助管理站，简阳、南部、渠县、仁寿、中江、江油等 100 万人口以上的大县（市）亦建立了救助管理站。部分有条件的救助管理站在站内设立了相对独立的流浪未成年人救助保护机构。各市（州）和县（市、区）救助管理站负责本行政区域内的流浪乞讨人员的救助管理工作和流浪未成年人的救助保护工作。至2005年底，四川省各市（州）和县（市、区）建立的救助管理站、流浪未成年人救助保护中心，基本形成了救助流浪乞讨人员的救助机构网络，方便了生活无着的流浪乞讨人员的救助。为方便流浪未成年人与流浪未成年人救助保护机构的联系，省民政厅、共青团四川省委，在全省救助管理系统开通了12355青少年维权服务热线。各市（州）和县（市、区）凡遇到临时生存危机的未成年人，只要拨打12355青少年维权服务热线电话，就能够得到及时救助，使他们的合法权益得到保护。各级民政部门、救助管理站和流浪未成年人救助保护中心，依法开展对流浪乞讨人员（包括流浪未成年人）的救助管理工作。2003年，全省救助流浪乞讨人员57103人次，2004年全省救助流浪乞讨人员58932人次，2005年，全省救助流浪乞讨人员79117人次，把党和政府对特殊困难群众的关怀落到了实处。

（三）创建“四川省救助管理文明单位”

2004年7月，为提升救助管理站的基础设施建设和救助管理工作人员的管理水平，省民政厅向各市（州）民政局制定下发《省民政厅关于开展创建“四川省救助管理文明单位”活动的通知》，要求在全省民政系统，开展创建“四川省救助管理文明单位”活动，并规定创建“四川省救助管理文明单位”活动的评比内容及标准。评比的内容从依法行政、规范管理、设施建设、安全管理、行风建设、申报评比程序及奖励办法作了详细的量化规定；评比以100分为评定标准。各救助管理站对照评分标准从5个方面首先进行逐项自评，自评达到85分的，将书面材料报同级民政部门；同级民政部门接到申报报告后，对评分得到85分以上的救助管理站，将复查意见及申报单位的申报材料逐级上报省民政厅，省民政厅收到市、州民政局申报单位创建工作检查验收请示后，派出创建活动验收工作小组，对申报单位的创建工作进行逐项验收评分，验收评分达到85分以上的，报经省民政厅厅长办公会通过后，在全省民政系统通报表彰，授予“四川省文明救助管理站”奖牌，并以“以补代奖”的方式对达标救助管理站给予物质奖励。四川省救助管理文明单位的评选每2年进行一次，实行动态管理。对通过验收达标授牌的救助管理站，在2年后的复查中未达标者，收回“四川省文明救助管理站”奖牌。各市（州）民政部门和救助管理站积极投入“四川省救助管理文明单位”创建活动。成都、广元等几个较大城市的市、州管辖的救助管理站经过创建活动，达到了创建活动规定的标准。2005年12月23日，省民政厅授予成都市救助管理站、绵阳市救助管理站、广元市救助管理站、乐山市救助管理站和凉山州救助管理站为“四川省救助管理文明单位”，如期完成省政府下达的创建3个省级“救助管理文明单位”的工作目标。各级民政部门和救助管理站共接待求助人员69647人次，对65649人次实施了救助。救助工作得到民政部的高度评价，并在全国推广。

（四）建立救助管理评价制度

省民政厅于2005年6月向各市（州）民政局制定下发《四川省救助管理工作评价制度（试行）》，救助评价制度规定对全省各级救助管理站，按照《四川省救助管理文明单位评比暂行办法》规定的五个方面内容，每半年作一次工作评价，对查找的问题与不足，制定措施，明确责任，限期整改。对存在的重大问题，按程序及时上报民政主管部门。

第三节 五保供养

《一九五六年至一九七六年全国农业发展纲要》规定，对农村中丧失劳动能力、无依无靠、无生活来源的孤老残幼人员，由集体实行保吃、保穿、保烧（燃料）、保教（使儿童和少年受到教育）、保葬的五保制度。享受五保待遇者称五保户，其中有人照顾者实行分散供养，无人照顾者设敬老院集体供养。1985 年，四川省有分散供养的五保户 240882 人，集体补助 3772.2 万元，设敬老院 2903 个，供养五保户 20580 人，集体补助 446.7 万元。1994 年，为贯彻落实国务院《农村五保供养工作条例》（以下简称《条例》）和《农村敬老院管理暂行办法》（以下简称《办法》），四川省各级党政领导重视和支持农村五保供养和敬老院建设工作，将五保供养工作列入议事日程，纳入各级政府考核目标。在贯彻和落实好《条例》和《办法》的同时，通过电视、广播、报刊等新闻媒体的宣传，促进农村五保供养政策的落实。四川省各级民政部门积极发挥职能作用，争取各级领导支持，重点加强对农村五保供养和敬老院管理建设工作的指导，研究五保供养和敬老院管理中出现的新情况、新问题，及时提出可行措施和办法。至2000 年，四川省纳入供养的五保对象22.8 万人，集中供养2.2 万人，集中供养率9.6%，五保供养平均标准为每人 550 元/年，集体供给粮食 284 公斤折款为450 元，合计人均供养标准1000 元/年。供养金来源主要是乡（镇）统筹或村组提留公益金。部分散居五保供养对象和大部份敬老院以耕地、院办经济和家庭副业收入作为补充。随着农村税费改革的深化，五保供养从农民互助共济体制转向国家财政供养为主，集体保障、土地保障和社会帮扶为辅的社会保障体制。针对这一历史性转变，为了确保五保对象的生活，2004 年四川省各级民政部门根据民政部的部署，对所辖五保对象逐户逐人进行认真调查核实，在全面掌握情况的基础上，省民政厅向省政府作了专题报告。省领导高度重视，要求各级政府对五保供养工作做到“三落实”，即责任落实、政策落实、投入落实。同年 10 月省政府下发《省政府办公厅关于切实做好农村五保供养工作的通知》（以下简称《通知》），明确要求各地建立规范的五保对象审批制度，将所有农村五保对象全部纳入供养范围；合理确定五保供养标准，确保五保供养对象日常生活需要。各地政府按照不低于当地一般村民生活水平的原则，以县为单位统一制定五保供养标准。《通知》要求各地认真落实五保供养资金，加强五保供养资金监督管理。2005 年，省政府把五保供养工作列为为民办实事目标。全省37.96 万五保供养对象全部纳入供养，并全部纳入农村医疗救助范围，做到五保供养经费统一由县级财政管理，按月足额发放。全省五保供养金人均年标准达到684 元以上，人均月发放标准超过57 元。分散供养的五保对象住房条件得到改善，全年新建和改造危房3.12 万户、6.65 万间。从1 月1 日起，四川省五保供养人员基本生活费（不含住房方面的费用）统一收到县级管理，统一按月发放。县级政府建立五保供养人员基础信息数据库，在此基础上建立五保供养专账和专户。同时以省政府下达目标任务和重点督办事项等为契机，对全省五保供养工作提出“进一步规范五保供养审批程序，明确五保供养金筹措渠道，加大敬老院建设资金的投入，逐步改善五保供养人员的生活条件”的新要求。各地在搞好敬老院管理建设的同时，努力发展院办经济，提高敬老院生活水平。在创收上做文章，做到因地制宜、因院制宜、因时制宜，根据人力、物力、财力，突出发展农副业项目，实行农工贸并举，注重经济实效。利用房前屋后种植粮食、蔬菜，满足本院需要和对外销售。

发展养殖业，利用空闲土地养猪、养牛、养羊，增加敬老院收入，改善农村五保供养对象生活。2005 年，四川省有 2600 余所敬老院办起了各种形式的经济实体，占敬老院总数的 90%，年收入达 8000 余万元，从院办经济收入中用于农村五保供养对象生活和院内改造经费达 2000 余万元。

第三章 城乡低保

城市居民最低生活保障制度简称城市低保，是政府对城市贫困人口按最低生活保障标准进行差额救助的新型社会救济制度。农村居民最低生活保障制度简称农村低保，是政府对农村贫困居民按最低生活保障标准实施差额救助的制度。第十次全国民政工作会议后，四川省城市居民最低生活保障工作围绕党和国家的中心工作，努力开拓进取，在解决社会问题、调节社会矛盾、促进社会公平，依法维护和保障人民群众的基本生活权益、维护社会稳定，促进四川经济发展中做出了贡献。

城市低保通过建立完善管理体系，开展低保对象调查摸底，开展低保资金管理使用执法检查等工作，推进了低保工作发展，做到了低保对象应保尽保。农村低保从20世纪80年代开始探索试点，对农村贫困户和五保户实行定期或不定期的临时救济，到2000年3月全省城乡居民最低生活保障工作座谈会在成都市温江县召开，逐步探索和走出了一条城乡一体化的最低生活保障制度路子。

第一节 城市低保

中华人民共和国成立初期，为医治战争创伤，安定人民生活，稳定社会秩序，促进国民经济恢复发展，四川各级人民政府对失业人员、贫民兴办临时救济，解决他们的生活问题。仅1950年年关，成都市发放临时救济金10260万元（旧币）折合大米9.5万公斤。随着社会主义经济建设不断发展，城镇贫民就业和参加生产自救门路增多，生活稳定，社会临时救济人员相应减少。临时救济对象多是因病、死亡、生育发生困难的群众。1974—1982年，四川省临时救济892935人次，发放救济款10131065元，平均每年救济99200人次，发放救济款112万元。1986年之后，随着城市经济体制改革，下岗和失业人员逐年增多，解决这部分人的生活困难，建立城市最低生活保障制度，成为政府的任务。2005年省委、省政府将做好城市低保应保尽保工作纳入为民办实事目标，进一步完善城市最低生活保障制度。四川省各级民政部门按照省委、省政府的要求，于年内完成城市低保信息系统建设，实现低保工作规范化、动态化管理。并组织开展全省低保对象数据普查工作，建成由省、市（州）、县（市、区）、街道（乡、镇）、社区居委会五级互联互通、资源共享、标准统一的网络信息系统，实现低保基础数据信息化、低保服务便民化、统计分析和决策科学化、业务监管智能化、资金管理规范化，四川省低保工作全面步入信息化轨道，成为全国第一个率先完成低保信息数据库建设工作的省（除民政部试点的天津市和甘肃省外）。民政部常务副部长贾治邦、省长张中伟，副省长张作哈等领导先后视察低保信息管理系统，给予高度评价。按照省委、省政府的要求，省民政厅对符合城市低保条件的征地农转非人员应保尽保工作进行了安排部署。至12月底全省符合城市低保条件的征地农转非人员24.37万人全部纳入城市低保，提前完成了省委、省政府提出的征地农民应保尽保目标任务。是年，四川省城市低保对象158.5万人，12月人均补差达64.2元，累计月人均补差61.1元，保障人数较2004年底增加7万人，累计月人均补差较2004年提高1.8元，全省共支出城市低保资金11.22亿元，较2004年增加支出1.02亿元。其中中央专项补助资金7.72亿元，省本级投入1亿元，市县两级专项投入2.5亿元。

一、确立制度

城市居民最低生活保障制度是对传统社会救济制度的重大改革，是社会主义市场经济条件下有中国特色的社会保障体系的重要组成部分。建立城市居民最低生活保障制度，是中共十五大和《中华人民共和国国民经济和社会发展“九五”计划和2010年远景目标纲要》提出的一项重要任务，是保证国有企业改革顺利进行的基本配套措施。城市居民最低生活保障制度保障的对象包括三种人员：无生活来源、无劳动能力、无法定赡养人或抚养人的城市居民；领取失业金期间或失业保险期满未重新就业，家庭人均收入低于当地最低生活保障标准的居民；在职人员、下岗人员、退休人员中，在领取工资或最低工资、基本生活费和退休金后，其家庭收入仍然低于当地最低生活保障标准的居民。具体保障标准由各地按照当地基本生活必需费用和财政承受能力，实事求是地确定。保障资金由地方各级政府列入财政预算。在此基础上各地完善配套政策，发动社会力量，开展社会互助、扶贫济困等活动，并在可能的情况下对保障对象在有关方面给予必要的照顾。

二、逐步推广

1994年第十次全国民政工作会议后，在省委、省政府的领导下，在民政部的指导下，四川省城市居民最低生活保障工作紧紧围绕党和国家的中心工作，“上为中央分忧，下为百姓解愁”，全省民政系统低保工作人员努力开拓进取，取得了一些突出进展和成就，在解决社会问题、调节社会矛盾、促进社会公平，依法维护和保障人民群众的基本生活权益、维护社会稳定，促进四川经济发展中做出了贡献。

（一）发展历程

四川省城市居民最低生活保障工作的发展，主要经历了试点建制、提标、扩面三个阶段。

试点建制阶段。1994年，国务院召开的第十次全国民政会议上，民政部提出“对城市救济对象实行按当地最低生活保障标准进行社会救济”的改革目标，并部署在东部沿海地区进行试点。1995年上半年，上海、青岛、厦门、福州、大连、广州等6个城市相继建立了这项制度。1997年9月2日，国务院颁布《关于在全国建立城市居民最低生活保障制度的通知》，要求各地在1999年底以前在全国所有城市建立城市居民最低生活保障制度。标志着全国建立城市居民最低生活保障制度工作全面推开。根据国务院的通知精神，四川省城市低保工作于1997年7月在成都彭州市（县级市）进行试点，在试点取得经验的基础上在全省推开。为认真贯彻国务院《关于在全国建立城市居民最低生活保障制度的通知》（以下简称《通知》）精神，省委、省政府把解决城市贫困人口的生活困难，建立城市居民最低生活保障制度列为议事日程。1997年12月，省政府下发《关于在全省建立城市居民最低生活保障制度的通知》，1998年3月，省民政厅下发《四川省城市居民最低生活保障制度实施暂行办法》，要求各地认真学习、深刻领会国务院《通知》精神，充分认识建立城市居民最低生活保障制度的重大意义，统一思想，坚定信心，采取有力措施，按照国务院的要求，如期建立城市居民最低生活保障制度。1998—1999 年，省委、省政府连续两年将建立城市居民最低生活保障制度列入为全省人民办 10 件实事的目标，纳入目标管理，强化政府行为。省长张中伟、副省长欧泽高亲自协调建制中的难点问题，深入基层调查研究，指导建制工作。省民政厅深入基层狠抓落实。各市、州人民政府，对建立城市居民最低生活保障制度工作非常重视，列入议事日程，纳入目标管理，绝大多数市、州成立了由主要领导挂帅，民政、财政、劳动、人事、统计、工会等部门组成的领导小组，研究决定和协调建制工作中遇到的重大问题。部分地方设立城市居民最低生活保障工作机构，并落实事业编制和低保工作经费。攀枝花、宜宾、乐山、德阳、自贡、成都等地在组织领导、资金落实等关键环节，党政一把手亲自过问，分管领导具体抓，为建制提供了组织保障。在建立城市低保制度的过程中，四川省坚持低标准起步，合理确定保障标准和保障对象。为摸清城镇贫困人口底数，各级民政部门本着认真负责的态度，组织大量人力，深入调查摸底。在保障标准的制定上，普遍坚持低标准起步原则，既考虑群众基本生活需求，起到保障贫困居民最低生活的目的，又考虑财政承受能力，便于政府决策实施。在保障对象确定上，各地反复调查摸底，把生活确实困难的对象搞准确，真正发挥最低生活保障最后一道“安全网”作用。四川省的城市居民最低生活保障工作，在国务院和民政部的关心支持和省委、省政府的高度重视下，各级民政部门克服困难，扎实工作，财政部门密切配合，齐抓共管，经过两年的艰苦努力，于 1999 年 7 月在全省 180 个县（市、区）全面建立了城市居民最低生活保障制度，提前 5 个月完成国务院下达的建制任务。1999 年底，四川省享受城市居民最低生活保障的对象总数为 16 万人。

提高标准阶段。1999 年，为落实中共中央、国务院《关于转发〈国家发展计划委员会关于当前经济形势和对策建议〉的通知》和《国务院办公厅转发劳动和社会保障部等部门关于做好提高三条社会保障线水平等有关工作意见的通知》精神，9 月 5 日，省政府召集全省市州政府领导和财政、民政、劳动等部门负责人在成都召开落实中央文件精神会议。9 月 6 日上午，省民政厅按照省政府的要求及时向各市（地、州）下发《关于做好低保提标工作的紧急通知》，就提标工作中的一些政策作出明确规定，并及时与财政厅协商，制定资金分配方案，于 9 月 7 日将中央和省级补助的提标资金及时下拨到各市州。各级民政部门对提标工作非常重视，从讲政治的高度把低保提标工作作为 9 月份的中心工作，一把手亲自挂帅，按照省民政厅的统一部署，特事特办，急事急办，全力以赴，确保了 9 月 15 日前将低保提标资金发放到保障对象手中。此次保障对象的保障标准普遍提高 30%。由于提标工作完成及时，四川省民政部门受到民政部和省委、省政府领导的充分肯定。

扩大范围阶段。四川省城市居民最低生活保障工作自 1997 年开展后，共经历了两次大范围的低保对象扩面工作。1999 年 10—12 月，根据中办和国办文件精神，四川省在完成对低保对象提标工作之后，要求各地狠抓低保扩面工作，把应保未保的低保人员全部纳入保障范围，提高全省的低保覆盖率。这次扩面工作使全省低保对象增加了 10 万人；2001 年 9 月 18 日，全国城市低保工作会议召开后，省政府于 9 月 27 日召集各市州政府领导、财政、民政、工会等部门负责人在成都召开了全省城市低保工作会议，省委常委甘道明、副省长马开明出席会议并讲话。会议要求各市州立即开展大范围的低保对象扩面工作，在 10 月 20 日前将所有符合低保条件的城市贫困居民全部纳入低保范围，实现应保尽保。通过这次低保扩面工作，四川省新增低保对象 103.5 万人，总人数达到 131.5 万人。

（二）实施举措

1. 完善管理体系

从1997年起，四川省每年都将最低生活保障工作列入目标管理，成立由一把手挂帅的城市居民最低生活保障工作领导小组，狠抓工作落实，并由一名副职领导具体负责。为了使低保工作一开始就走规范化路子，四川省充分发挥街道、居委会的管理职能，建立了省、市（州）、县（市、区）、街道、居委会五级管理网络，形成较为完善的配套管理体系。同时各级民政部门十分注意队伍建设，对基层民政、街道和居委会干部普遍进行业务培训，使从事低保工作的人员掌握政策，了解程序，明确方法，提高业务素质。省、市（州）两级民政部门按照民政部要求，建立城市居民最低生活保障信息系统，2002年底投入使用，实现省、市（州）联网，确保最低生活保障工作的科学化、精细化管理。

2. 调查摸底

按照2000年7月全国民政厅（局）长会议关于开展城市低保对象摸底调查的要求，省民政厅对会议精神的贯彻落实十分重视，在2000年8月全省民政局长会上及时进行了传达，要求各级民政部门增强做好城市最低生活保障工作的紧迫感和责任感，把调查摸底工作作为7—12月民政工作的一件大事。在整个调查摸底工作中，各地严格按照民政部和省民政厅的统一部署和要求，投入大量人力、物力开展大规模、大范围、跨系统的城市低保对象摸底调查工作。对全省中直、省属企业、资源枯竭矿山、关闭破产企业以及其他符合城市低保条件的人员进行了比较详细的调查。摸底调查结果统计：四川省符合城市低保条件的人员共计108万人，占四川省非农业人口（1507.7万人）的7.17%。所调查的数据与省城调队抽样调查的低收入家庭人数（据省城调队抽样调查，全省城市居民家庭月人均收入低于100元以下的低收入人口占城镇人口数的6.6%，为99.46万人）基本一致，为领导和政府决策提供了可靠的依据。

为准确掌握全省低保工作的情况，省民政厅根据低保工作面临的新情况，从建制开始，就有重点、有目的地加强对城市低保工作的调查研究。先后组织18批62人次的工作组，对21个市（州）110个县（市、区）的城市低保工作进行调研。并就全省低保工作有关情况先后向国务院及民政部、省委、省政府、四川省政协等有关部门写了二十多次专题报告，得到了民政部、省委、省政府、四川省政协主要领导的高度重视和有关部门的大力支持。省委、省政府主要领导和分管领导分别在报告上作了重要批示。在2000年8月7日和2001年1月10日召开的全省社会保障工作会议上，省长张中伟要求各地党政领导按照《城市居民最低生活保障条例》依法行政，及时将所需低保资金足额纳入预算。2000年，省政府除财政年初预算内安排的低保资金500万元外，还把上年各地因未完成经济增长任务而扣发的目标责任奖奖金214万元、省长预备金300万元，充实到城市低保资金中。省委、省政府领导对低保工作的高度重视，为实现城市低保对象全覆盖奠定了良好的基础。

3. 完善制度

四川省城市低保工作开展后，省政府民政主管部门高度重视规范化管理，根据中央有关文件精神，结合四川省工作实际，先后下发了规范全省城市低保工作的一系列有关文件。四川省各地根据国务院和省政府《通知》精神及《条例》要求，结合当地实情，在深入调研的基础上，制定并下发关于建立和实施城市居民最低生活保障制度的实施方案、实施细则和保障金管理办法，对保障标准、保障对象范围、资金来源及其使用管理、居民收入计算。保障金的申请、审批、发放程序等一系列问题，作了明确、详细的规定，具有较强的可行性和可操作性，为工作的顺利开展提供了政策依据，并利用广播、电视、报刊等新闻媒体广泛宣传，使党和政府的政策家喻户晓。

4. 严格管理

各地在审批保障对象的程序上，坚持一个“严”字，由个人申请、居委会核实、街道办事处审核，县（市、区）民政局审批，层层严格把关，并统一印制表、册、证，建立低保户档案；在确定保障对象时，坚持一个“细”字，对需要保障的人员张榜公布，听取群众意见；在核实家庭人均收入上，尽量做到一个“准”字，尽可能核准申请人家庭收入情况；在保障对象的管理上，坚持做到一个“动”字，实现动态管理，坚持每半年核查一次保障对象的收入情况，根据保障对象收入变化情况，使保障对象有进有出，形成动态化的管理机制；在保障资金的管理上，坚持一个“明”字，由民政部门编造预算，财政部门核资，街道办事处发放，审计部门监管，保证低保资金的专款专用，确保资金发放到保障对象手中。

为严格城市居民最低生活保障制度，四川坚持“政府领导、民政主管、财政出资、部门配合”的原则，齐抓共管，形成合力。各级民政部门积极唱好“主角戏”，在调查摸底工作中，全局总动员，深入困难企业和街道办事处，走街串户，把保障对象核准；在保障标准的制定上，与财政、物价等部门密切配合，从贫困居民的最低生活需求和当地财政状况出发，制定切合实际的保障标准；在保障资金的筹措上，与财政部门密切配合，积极主动地向党委、政府汇报工作，想方设法争取资金，确保最低生活保障工作到位，资金到账，保障到人。

5. 执法检查

2000—2001年，按照监察部、劳动和社会保障部、民政部、财政部关于对社会保障资金开展执法检查的通知精神，省民政厅、省监察厅、省劳动保障厅、省财政厅密切配合，认真开展对低保资金的执法检查。在执法检查中，采取先由各市地州自查，提交书面报告，再由省监察厅、省劳动保障厅、省财政厅、省民政厅四部门组织联合检查组进行抽查。在抽查中，检查组采取明察暗访、听汇报、查看账目，走访低保对象，征求各方意见等方法，重点对成都、绵阳、南充、遂宁、自贡、广安、眉山、乐山、广元等16个市的28个县（市、区）进行了核查。由于严格检查、严格把关，各地在低保资金的管理使用上，坚持了专账管理，专款专用，规范操作，没有发生违规违纪现象。

6. 总结表彰

2000年3月7—9日，省民政厅在温江县召开全省城乡居民最低生活保障工作座谈会。各市（州）主管低保工作的局长、科（处）长，共50多人参加会议。宜宾市翠屏区、遂宁市射洪县等5个城乡居民低保工作一体化的县（市、区）代表在会上作了经验介绍。省民政厅厅长姜保山、副厅长李刚分别就全省1999年度城乡低保工作进行了总结，对2000年全省低保工作提出了具体要求和部署。为了表彰先进，树立典型，2000年11月27—29日，省民政厅在洪雅县召开全省先进集体、先进个人表彰会。对全省1997年即开展的城市低保工作情况进行了认真总结，对低保工作存在的突出问题进行了深入剖析，对下一步城市低保工作的主要任务作了具体部署。对27个先进集体、42名先进个人给予了表彰。自贡市大安区等3个先进集体和个人作了经验介绍。

7. 应保尽保

2001年，省民政厅按照国务院、民政部和省委、省政府关于进一步规范完善城市低保制度的指示，有重点地抓了低保工作的立法，低保对象大范围扩面，争取中央资金支持及宣传报道工作。是年9月，省政府办公厅下发《关于做好当前城市低保工作的通知》，以省长令出台《四川省城市居民最低生活保障实施办法》，省民政厅、省总工会下发《关于积极做好企业特困职工家庭成员的最低生活保障工作的通知》，并重点抓了华蓥、广旺、芙蓉等关停破产企业困难职工的低保工作。按照监察部、民政部、财政部、劳动和社会保障部对社保资金检查的通知要求，对全省低保资金，开展了执法大检查。在加大城市低保工作力度的同时，针对四川实际，两次向国务院递交请示，向中央争取低保资金14572万元，全省低保对象在2000年12月底20.7万人的基础上，2001年新增城市低保对象110.8万人。

第二节　农村低保

中华人民共和国成立后，为保证农村困难群众基本生活需要，让他们有饭吃、有衣穿，不挨饿、不受冻，充分体现社会主义制度的优越性，自20世纪50年代开始，国家即对农村困难群众有不同程度的照顾和救济。1950年，川东23个县发生饥荒，缺粮人口达1388123人，川南仅少数民族居住的山区缺粮人口18万人，川北仅南充、西充5县缺粮人口达66000人，各行署根据内务部和西南民政部有关救灾指示，及时拨出救济粮，解决群众吃饭问题。在长期救济工作中，党和政府采取临时救济和定期救济方式，千方百计解决困难群众的口粮问题、寒衣问题、住房问题。2005年，农村低保作为一项制度在农村全面启动，是年，四川省21个市州、134个县（市、区）初步建立农村居民最低生活保障制度，其中成都、攀枝花、德阳、泸州、广安、甘孜6个市（州）全部实施农村（牧区）居民最低生活保障制度。全省共安排资金1.24亿元，29.8万户、61.9万名农村困难群众享受农村低保，人均月补差16元。

一、确立制度

农村居民最低生活保障制度主要内容包括：保障标准的确定、保障对象的审批、保障资金的来源和实施救助的方式。保障标准由县级人民政府制定颁布。标准制定的主要依据有：维持当地农村居民最低生活必需品的数量和物价；贫困户年人均消费水平；当地农民年人均收入水平；地方财政和集体经济的承受能力；国家统计局测算公布的贫困线等。根据以上情况，经过综合平衡，最后确定当地农村居民的年人均最低生活保障标准。保障对象是具有当地农业户口，家庭年人均收入低于当地最低生活保障标准的农村居民，包括无劳动能力、无生活来源、无法定赡（抚）养人的未成年人和老年人，以及因疾病、残疾或其他原因造成生活特别困难的农村居民。保障资金在中央财政没有设立农村居民最低生活保障资金专项科目前，一般由县、乡和村集体分级负担。保障对象的审定程序由保障对象向村委会提出申请，填写申请表，村委会核实，村民代表会议通过并张榜公示，乡（镇）审核，报县（市、区）民政部门审批。

二、逐步推广

（一）探索试点

从20世纪80年代开始，四川省农村社会救济工作即对农村贫困户和五保户实行定期或不定期的临时救济，在一定程度上缓解了他们的暂时困难，但保障水平普遍偏低，只能解决临时的生活困难问题，为解决这些矛盾，一些地方开始探索农村社会保障问题。一方面实行农村定期定量救济，保证农村贫困户的基本生活；另一方面探索乡（镇）统筹补助办法，提高对农村贫困户的保障能力。这些措施为全省进一步探索农村社会保障制度奠定了基础。

1996年，为贯彻第十次全国民政会议精神，在农村初步建立起与经济发展水平相适应的层次不同、标准有别的社会保障制度后，四川省在成都市彭州市开展了农村居民最低生活保障制度的探索和试点。1997年11月，成都市政府专门下发《关于积极推进农村最低生活保障制度工作的通知》，推广彭州市经验，将农村最低生活保障制度纳入为民办实事的目标。1998年12月，成都市所有的区（县、市）全部建立了农村最低生活保障制度，保障标准为年人均600—1000元。彭州市率先在四川省对农村传统救济制度中实施了改革，要求乡、村对生活在最低生活保障线以下的贫困户实施救助，使贫困户的基本生活水平达到最低生活保障线。

（二）扩大试点

在彭州市探索试点的基础上，2000年3月，全省城乡居民最低生活保障工作座谈会在成都市温江县召开，会议要求各地在做好城市居民最低生活保障工作的同时，逐步探索和走出一条城乡一体化的最低生活保障制度路子。把农村居民最低生活保障工作列入各级党委、政府的重要议事日程，在探索农村居民最低生活保障制度的过程中，借鉴城市居民最低生活保障制度的成功做法，坚持低标准起步，重在建制，建立和实施农村居民最低生活保障范围。各地纷纷行动起来，在各级党委、政府的领导和支持下，各级民政部门提高认识、统一思想，及时进行部署，把建立和实施农村最低生活保障制度作为为贫困群众办实事和促进社会稳定的“民心工程”“德政工作”。成都、德阳、乐山、巴中等地在组织领导，资金落实方面，遵循“急事急办，特事特办”的原则，从人力、物力、财力上给予大力支持，各地形成政府牵头、民政主管、部门配合、社会参与的局面，为在全省逐步扩大农村居民最低生活保障制度奠定了基础。

三、工作成效

截至2002年12月，四川省建立和实施农村居民最低生活保障制度的有89个县（市、区），成都市、攀枝花市、德阳市、乐山市、广安市、巴中市、眉山市、资阳市全部建立和实施了农村居民最低生活保障制度。有4万余户、12万余农村贫困对象得到了最低生活保障，占全省农业人口的0.18%；2005年6月，《中共四川省委、四川省人民政府关于推进城乡社会救助体系建设的意见》决定从2005年下半年开始，用3年时间在全省建立起规范完善的农村居民最低生活保障制度。2005年8月，省民政厅、省财政厅联合下发《关于在全省启动和建立农村居民最低生活保障制度的通知》，对农村低保的对象确定和保障标准，农村低保申请、审批程序和保障资金发放办法等提出统一要求。2005年12月，占全省72.4%的131个县（市、区）建立了农村居民最低生活保障制度，在保障对象上，首先将因病、因残、因灾导致家庭丧失主要劳动力和难以维持日常基本生活的农村困难家庭纳入保障范围；在制度建设上，各地结合实际和实践经验制定当地农村居民最低生活保障暂行实施办法或细则，抓好农村低保政策法规建设，逐步健全、完善农村低保管理制度和审批程序，加强农村低保工作的制度化、规范化管理；在资金投入上，省、市（州）、县（市、区）将农村低保资金纳入财政预算，逐年加大投入，2005年四川省各级财政共安排农村低保资金1.04亿元。

第六篇　社会福利事业

社会福利事业是国家、社会组织或个人举办的，为老年人、残疾人、慢性精神病人、孤儿和弃婴等弱势人群提供托管、养护、康复、特殊教育等服务的社会福利服务机构。是由民政部门进行行业归口管理的社会福利事业单位。

四川省社会福利事业是在20世纪50年代初期接收、整顿和改造旧中国留下的“救济院”“慈善堂”“教养院”等慈善机构的基础上建立起来的。1994年第十次全国民政会议后，广大社会福利事业单位进一步深化改革，扩大开放，逐步完成了从封闭型、救济型、单纯供养型向开放型、福利性、供养康复型的转变。为适应社会主义市场经济体制建立和人口老龄化的新形势，满足人民群众日益增长的社会福利服务需要，各级政府积极鼓励社会力量兴办社会福利事业，引导社会福利事业走社会化之路，使社会福利事业进一步由国家包办逐步转向国家、社会组织和个人一起兴办，促进了四川省社会福利事业的快速发展。到2005年四川省福利企业达到1154家，职工42234人，安置“四残”人员18509人。

第一章　儿童福利事业

中华人民共和国成立后，国家十分重视和关心儿童的生存、保护和成长。残疾孤儿因其生理、心理等方面的疾病和缺陷，成为儿童中需要特别关爱和特殊照顾的弱势群体。1986 年之后，四川省各级政府及相关职能部门注重流浪儿童及孤儿救助，采取积极措施加强救助管理工作。通过建立健全儿童福利设施，实施康复工程、“明天计划”，切实保障了残疾孤儿受教育的权利。同时探索儿童福利事业社会化之路。

第一节　设施建设

1987 年和 1993 年，四川省先后争取到民政部与联合国儿童基金会合作项目的援助，建立了成都、梓潼两个残疾儿童康复培训中心，集收养、教育、康复、医疗、培训、科研、社区服务于一体，并以此为骨干，辐射全省，推动了四川省福利事业单位残疾儿童康复事业的发展。四川省福利事业单位残疾儿童参训率达 90% 以上，显效率达 85% 。

1988 年，联合国援助四川建立了一个伤残儿童康复工作者培训中心。中心设立在成都市儿童福利院内，承担着四川及西南地区的康复工作医护人员的培训任务，增加了残儿康复病床，满足了社会需求。

1996 年，内江市儿童福利院和宜宾市儿童福利院被列为民政部、中募委（中国社会福利有奖募捐委员会）全国 100 个福利事业单位基础设施改造项目单位。是年，四川省正式启动“残疾孤儿康复工程”。1997 年 4 月，经民政部批准，成都市人民政府与国际 SOS 儿童村组织合作在温江县建成了中国第五所 SOS 儿童村。该 SOS 儿童村的主要任务是收养西南地区的孤儿。同年 5 月，省民政厅、省财政厅、省计委等 6 部门联合转发国家 6 部委《关于进一步发展孤残儿童事业的通知》，要求以床位数为指标，将发展孤残儿童福利事业纳入全省国民经济和社会发展计划，并就孤残儿童生活教育、医疗、康复等提出多项优惠政策。

2001 年，省政府根据国务院办公厅《关于加快实现社会福利社会化意见的通知》精神，结合四川实际，对儿童福利事业相关政策做了明确规定：对收养的（包括社会福利机构在社区和居民家庭中分散寄养的）就读于小学、初中的孤儿，免收杂费和住宿费；对被高中（职业高中）、技校、中专、高等学校录取的孤儿，免收学杂费、住宿费；对考入普通高等学校的孤儿，学校要协助其申请国家助学贷款，优先安排勤工助学岗位，并根据实际情况给予困难补助，保证他们不因经济困难而辍学。对收养的具有劳动能力的孤残人员，应采取措施，推荐就业。

2001年3月，省民政厅制定下发《四川省社会福利事业“十五”发展计划》，提出在“十五”期间60%以上的地级市建立一家综合性儿童福利机构；农村90%以上的乡（镇）建立起以“五保”老人为主要对象，同时面向所有老年人、残疾人和孤儿提供福利服务的社会福利机构。

到2002年，四川省民政系统共有7所儿童福利院，67所城市综合社会福利院，常年集中收养、收治孤残儿童和弃婴1504名；SOS国际儿童村组建了15个家庭，集中收养2—6周岁孤儿120名，并为100名残疾儿童实施了“残疾孤儿康复工程”手术。此外还指导各地通过发展社区服务业，在街道建立了59个残疾儿童寄托所，收托残疾儿童1200多名。

四川省社会福利机构，绝大部分都建立了特教班，每年有近700名残疾儿童接受不同程度的特殊教育，其中400多名被输送到普通幼儿园、小学就读。57个弱智学校每年为2000多名残疾儿童提供特殊教育。福利院、儿童福利院的健康孤儿入学率达100%，视力、语言残疾孤儿入学率达95%以上，智力残疾孤儿入学率达85%以上。

2004年1月，省民政厅下发《省民政厅关于加强对社会福利机构病残儿童赴国（境）外接受医疗手术管理工作的通知》，要求按照民政部、财政部等6部委《关于进一步发展孤残儿童福利事业的通知》和省民政厅、省财政厅等6厅局《转发民政部等六部委〈关于进一步发展孤残儿童福利事业通知〉的通知》要求，积极救治病残儿童，加强管理，从严审批出国（境）医疗手术。同年6月22日，省民政厅办公室发出《关于协助增加SOS儿童村经费的函》，要求成都市民政局结合实际，加大宣传力度，动员社会力量，逐步增加对SOS儿童村的经费投入。9月省民政厅向各市（州）民政局发出《关于向成都SOS儿童村选送孤儿的通知》，面向全省21个市州及云、贵、渝招收孤儿27名。

2005年，成都SOS儿童村共有6周岁以下、父母双亡、身体健康、智力正常的健康孤儿165名。针对全省孤儿数量较大，很多孤儿初中毕业后再教育和就业难的问题，省民政厅决定在四川省民政干部学校举办面向全省福利机构内孤残儿童的普通中专学历教育和职业技能培训班。2005年7月14日，省民政厅下发《关于进一步规范社会福利机构接收弃婴（弃童）有关手续的通知》，就四川省弃婴（弃童）现象严重，各地接收弃婴（弃童）程序不规范统一的问题做出相关通知，各市（州）、县（市、区）民政部门举办的儿童福利院、设儿童部的综合性社会福利院负责承担本辖区弃婴（弃童）的收养任务，集体办敬老院和其他类型的社会福利机构原则上不接收弃婴（弃童）；自7月1日起，社会福利机构接收弃婴（弃童），统一使用由省民政厅印制下发的《四川省社会福利机构接收弃婴（弃童）审批表》；承担弃婴（弃童）收养任务的社会福利机构必须建立集体户口，并在弃婴（弃童）入院1个月内及时办理其入户手续。11月，省民政厅按照民政部通知要求，对全省福利机构儿童养育工作情况进行了汇报。四川省儿童福利院床位2467张，各地政府高度重视孤残儿童福利事业的发展，切实完善对孤残儿童的管理，加强财政投入，落实6部委规定的儿童福利机构数量；适当提高孤残儿童养育人头经费；专项划拨家庭寄养经费；适当下达一定额度的孤残儿童就业岗位刚性指标。12月，省民政厅转发民政部《关于支持社会力量兴办社会福利机构的意见》，要求各地根据实际贯彻实施。采取多种形式从政策和资金等方面鼓励和支持社会力量兴办福利机构，各类慈善机构通过社会募捐所筹集的慈善资金，可用于兴办社会福利机构，资助社会办福利机构改善设备条件和补贴生活困难的老人、残疾人、孤儿和弃婴的生活、照料服务等费用。这些政策的出台进一步促进了儿童福利机构的发展。1986—2005年四川省社会儿童福利院基本情况见表6-1。

1986—2005 年四川省社会儿童福利院基本情况统计表

表 6－1

项目 年度	单位数（个）	职工人数（人）	医护人员（人）	年末固定资产原值（万元）	床位数（张）	少年儿童（人）	婴幼儿童（人）
1986	6	187	107	99.60	528	153	123
1987	6	187	109	168.90	548	174	203
1988	6	190	105	223.70	502	209	165
1989	6	195	97	265.60	550	238	158
1990	6	197	45	271.90	572	253	163
1991	6	206	59	1256.30	610	429	87
1992	6	219	55	348.60	610	322	89
1993	6	223	87	686.70	657	390	114
1994	6	225	32	1022.70	649	292	190
1995	6	227	43	1297.00	765	307	207
1996	7	246	80	1352.60	886	276	399
1999	6	198	44	1439.00	821	744	
2000	8	200	44	2287.40	1147	949	
2001	8	230	80	2175.00	1271	1096	
2002	8	203	48	2369.80	1311	1161	
2003	10	229	52	2627.10	1436	1213	
2004	11	271	71	5674.40	1919	1574	
2005	11	242	58	5510.40	1752	1656	

说明：1. 1996 年前含重庆市；
2. 1997 年、1998 年数据缺失

第二节 项目实施

中华人民共和国成立后，国家十分重视和关心儿童的生存、保护和成长，将儿童视作国家和民族的未来。残疾孤儿因其生理、心理等方面的疾病和缺陷，成为儿童中需要特别关爱和特殊照顾的弱势群体。

残疾孤儿大多数生活在各级政府举办的儿童福利院、社会福利院等福利机构中。各类福利机构收养的孤儿、弃婴数量逐年增加，1986 年四川省社会儿童福利院收养的儿童 357 人，到 2005 年增加到 1656 人。

2004 年 5 月，民政部在西安召开全国“星光计划”总结表彰暨“明天计划”启动工作会议，正

式宣告连续三年在全国实施“残疾孤儿手术康复明天计划”（简称“明天计划”），为城乡各类福利机构中0—18岁具有手术适应症的残疾孤儿进行手术矫治和康复，使他们恢复健康的同时也恢复对生活的自信。此后四川省共为4377名孤残儿童实施了手术矫治和康复，为其顺利回归社会、回归家庭创造了条件，切实维护了孤残儿童的根本权益。6月，为了确保“明天计划”顺利实施，按照民政部的总体部署，省民政厅决定成立“残疾孤儿手术康复明天计划”领导小组及办公室。领导小组包括四川省慈善总会、四川省民政康复医学会、四川省福利彩票发行管理中心等单位负责人，主要负责“明天计划”的组织领导和指挥协调；领导小组下设办公室，设在省民政厅社会福利处，具体负责这项计划的规范化管理、日常运作和监督检查。6月28日，省民政厅在成都召开全省“星光计划”总结表彰暨“明天计划”启动工作会议，四川省“明天计划”领导小组成员、各市州民政局局长或分管局长、福利科（处）长共50余人参加了会议。会议对四川省“明天计划”工作作了全面部署。此次会议标志着四川省“明天计划”正式启动。7月，省民政厅根据民政部《残疾孤儿手术康复明天计划“项目管理暂行规定》，结合实际制定下发《四川省“残疾孤儿手术康复明天计划”项目管理实施细则》，对“明天计划”手术康复对象、费用报销范围、三年规划制定、体检手术定点医院、年度计划的制定和报批、手术康复的实施、手术康复费用的结算、手术康复的监督公布等作了详细规定。8月，省民政厅经过调查分析，向民政部上报了四川省“明天计划”三年规划方案。截至2004年5月，四川省各类福利机构中0—18周岁的具有手术适应症的残疾孤儿1396名，在三年内需手术康复的残疾孤儿2676名，民政部资助四川省实施“明天计划”经费4002.46万元，四川省本级配套资金1715.34万元。

根据四川省“明天计划”三年规划，省民政厅制定了年度“明天计划”规划。规划在2004年度手术康复的残疾孤儿899人，共需经费1998.5万元，四川省本级安排福利公益金599.55万元，申请民政部资助1398.95万元。省民政厅、四川省卫生厅在《关于组织实施“明天计划”工作有关问题的通知》中，公布了调整后的“明天计划”领导小组及办公室成员名单，并对手术定点医院、手术类型、手术康复对象作了明确规定：要求手术定点医院应是市（州）级以上的儿童专科医院、设有儿科的综合性医院，具有三级医疗卫生资质的儿童医院或综合性医院；手术类型分成八大类：普外科、骨科、口腔科、耳鼻喉科、眼科、脊柱神经系统、先心病、泌尿外科；手术对象必须严格筛查，确保是残疾孤儿。9月，省民政厅下发《关于确定“明天计划“体检手术定点医院的通知》，确定四川大学华西医院等25家医院作为全省”明天计划“体检手术”定点医院。10月，省民政厅根据四川省财政厅《四川省省级卫生事业财政专项资金管理暂行办法》的通知精神，结合各地实际人口及上报的2004年度“明天计划”手术康复计划人数，将2004年度“明天计划”省本级专项预算资金（福利资金）460万元具体分配至全省有关的11个市。11月18—19日，四川省“明天计划”暨涉外收养工作会议在广元召开。会议传达了民政部全国“明天计划”工作会议精神，通报全省“明天计划”情况，安排部署下一步工作。

2005年1月，省民政厅、省卫生厅转发民政部、卫生部《关于做好“残疾孤儿手术康复明天计划”实施工作的通知》，要求各市州民政局、卫生局严格按照通知要求，统一思想，紧密配合，认真落实“明天计划”，切实做好残疾孤儿的手术康复工作。3月省民政厅根据自贡、德阳、广元、遂宁、宜宾、广安市和凉山州“明天计划”进展情况和申请，分别对其追拨“明天计划”专项经费30万元、20万元、50万元、50万元、30万元、20万元、20万元，并要求七市（州）严格按照规定，专款专用，将追加经费用于孤残儿童手术康复。截至5月31日，四川省共实施手术康复1170例，达2004年度计划899例的130%，共发生费用1371.03万元，按照部、省经费比例，申请民政部拨付剩余经费393.27万元。6月18—20日，四川“明天计划”开展情况由中央电视台新闻频道“明天计划”专题片拍摄组完成。7月，省民政厅制定了《四川省“残疾孤儿手术康复明天计划”项目管理实施细则补充规定》，进一步简化“明天计划”的操作程序，提高工作效率。补充规定手术经费按五官科、先心病、外科及矫形康复四大类分类计算，各地年度计划经费按照四大手术康复类型进行上报和预算；从2005计划年度起，各地孤儿手术前后，不再填写《“残疾孤儿手术康复明天计划”手术康复申报表》和《“残疾孤儿手术康复明天计划”术后康复及结账表》，只需在术后上报《残疾孤儿手术康复备案表》。7月25日，遂宁市民政局、广元市民政局、凉山州民政局、雅安市民政局、绵阳市民政局、甘孜州民政局、阿坝州民政局、成都市民政局、德阳市民政局、巴中市民政局，被省民政厅表彰为全省“明天计划”2004计划年度先进单位。11月，省民政厅对全省“明天计划”启动时确定的31家定点医院进行认真清理，取消了其中8家不具备三级医疗资质的医院定点医院资格。同时结合全省实际，对2005年度“明天计划”工作有关问题进行了规定和强调，要求高度重视手术质量，严把定点医院资质关；做好体检筛查工作，提高年度计划的科学性；加强经费管理；材料规范，档案齐全。

四川省“明天计划”体检手术合格定点医院见表6－2。

四川省“明天计划”体检手术合格定点医院一览表

表6－2

市（州）	医院名称	类　型	隶属部门	等级
省级定点医院	成都瑞德心血管病医院	专科医院	成都市卫生局	三级
	成都市第三人民医院	综合	省卫生厅	三甲
成都市	成都市儿童医院	儿童医院	成都市卫生局	三乙
	成都市儿童医院	儿童医院	成都市卫生局	三乙
	四川大学华西医院	综合	卫生部	三甲
	四川大学华西口腔医院	口腔医院	四川大学	三甲
自贡市	自贡市第四人民医院	综合	自贡市卫生局	三乙
攀枝花市	攀枝花市中心医院	综合	攀枝花市卫生局	三甲
泸州市	泸州医学院附属医院	综合	省卫生厅	三甲
绵阳市	绵阳市中心医院	综合	绵阳市卫生局	三甲
	绵阳市四〇四医院	综合	绵阳市卫生局	三乙
德阳市	德阳市人民医院	综合	德阳市卫生局	三甲
广元市	广元市人民医院	综合	广元市卫生局	三乙
遂宁市	遂宁市人民医院	综合	遂宁市卫生局	三甲
内江市	内江市第一人民医院	综合	内江市卫生局	三乙
	内江市第二人民医院	综合	内江市卫生局	三乙

续表 6－2

市（州）	医院名称	类　型	隶属部门	等级
乐山市	武警四川总队乐山医院	综合	武警四川总队	三乙
南充市	川北医学院附属医院	综合	四川省卫生厅	三甲
宜宾市	宜宾市第二人民医院	综合	宜宾市卫生局	三甲
	宜宾市第一人民医院	综合	宜宾市卫生局	三乙
达州市	达州市人民中心医院	综合	达州市卫生局	三甲
雅安市	雅安市人民医院	综合	雅安市卫生局	三乙
凉山州	凉山州第一人民医院	综合	凉山州卫生局	三乙

第三节　流浪儿童及孤儿救助

四川省各级政府及相关职能部门注重流浪儿童及孤儿救助，1986 年之后采取积极措施加强救助管理工作。

2004 年，四川省认真贯彻落实国务院《城市生活无着的流浪乞讨人员救助管理办法》、民政部《城市生活无着的流浪乞讨人员救助管理办法实施细则》与《中华人民共和国未成年人保护法》《中华人民共和国预防未成年人犯罪法》《四川省未成年人保护条例》以及《联合国儿童权利公约》等法律法规及国际儿童公约，坚持依法行政、规范管理，救助保护残疾、吸毒、街头患病等各类流浪少年儿童共计 11648 人次。

2004 年，被救助保护的流浪少年儿童，因生活困难而乞讨的占 45. 6%，遭家庭遗弃的占 9. 5%，受虐待而离家出走的占 11. 5%，破损家庭失去母爱、父爱而流浪乞讨的占 15. 4%，其它原因的占 18%；来自农村的占 82. 8%，城镇的占 17. 2%；男性占 81. 7%，女性占 18. 3%；6 岁以下占 5%，7—13 岁占 33. 8%，14—16 岁占 61. 2%；文盲占 24. 5%，小学文化占 51. 2%，初中占 24. 3%；向路人乞讨为生的占 45. 5%，以抢窃、偷盗为生的占 25. 2%，捡垃圾为生的占 14%，靠卖“艺”为生的占 9. 3%，以其他方式为生的占 6%。

经民政部门和救助管理站工作人员教育、矫治后由工作人员专程送回流浪少年儿童的流出地，使他们中的绝大部分都安全地回到家庭，回到学校，回到监护人身边；无家可归的，及时送当地福利院进行安置，保护了他们的合法权利。

SOS 儿童村和福利院对孤儿的救助和抚养。四川省人口众多，孤残儿童绝对数量大，尤其是弃婴呈现逐年递增的趋势。为做好孤残儿童福利工作，至 2004 年由政府投资兴办的城市社会福利机构计 89 家，其中儿童福利院 11 家，综合性福利院 61 家，精神病人福利院 17 家。动员和鼓励社会力量投资举办了 444 家民办福利机构。此外，还在国际 SOS 儿童村协会的支持下，兴建了中国成都 SOS 儿童村（组建了 15 个家庭，收养孤儿 135 名），以及与英国救助会合作，建立了自贡市儿童福利院（组建了 10 个家庭，收养了 60 名社会孤儿）。2004 年度，包括 2275 家农村敬老院在内，全省共有儿童收养床位近 3000 张，常年在院收养孤残儿童 2221 人。在上述收养儿童中，各类残疾儿童占

85%，弃婴占98%，女婴占80%。此外各地还在街道建立59个残疾儿童寄托所，收托残疾儿童1200多名。

实施康复工程，收养与康复并重。按照民政部的统一部署，从2004年开始，省民政厅在全省范围内组织实施“残疾儿童手术康复明天计划”。从2004年至2006年3年间，全省计划投入资金6000多万元，为3600多名残疾孤儿实施手术康复。成都、梓潼、宜宾三个残疾儿童康复培训中心，集收养、教育、康复、医疗，培训，科研、社区服务于一体，并以此为骨干，辐射全省，有效推动了全省福利事业单位康复事业的发展。据统计，全省社会福利事业单位残疾儿童参训率达90%以上，显效率达85%，使他们恢复或补偿了功能。

切实保障残疾孤儿受教育的权利。全省儿童福利院、综合性福利院基本上都开办了院内特教班，80%以上孤残儿童接受了不同程度的特殊教育，健全儿童100%就近进入普通幼儿园、小学就读。社会福利机构中适龄健全儿童入学率达100%，视力、听力、语言残疾儿童人学率达85%，智力残疾儿童入学率达60%以上。

探索儿童福利事业社会化之路。为迅速缓解日益增长的残疾孤儿和弃婴给福利机构带来的收养、收治压力，适应社会福利社会化的需要，省民政厅选择部分社会福利机构进行家庭寄养这一新的儿童养育模式的尝试。到2004年度，分散寄养在社会上各家庭的孤残儿童达到600多名。

2005年，省民政厅拟定《四川省家庭寄养管理办法》，并下发《四川省民政厅关于进一步规范社会福利机构接收弃婴（弃童）有关手续的通知》，统一弃婴、弃童入院审核程序，规范审批程序，这一举措为200多名孤儿和弃婴找到家庭，其中105名被国外家庭收养。为解决全省孤残儿童的学历和技能培训，省民政厅投入90万元福利资金，在省民政干部学校举办四川省孤残儿童中专班，第一期有100名孤儿在校接受专业技能学习和培训，为他们毕业后就业奠定了基础。

第二章　老龄工作

中华人民共和国成立后，随着经济和科学技术的发展，生活水平、医疗卫生条件的改善，死亡率大幅度下降，人口得到迅速发展。20世纪下半叶，中国总人口增加了130%，老年人口增加了210%，至2002年，四川老年人口达960万，占人口总数的10.24%。1980—1999年，中国人口年龄结构基本上完成从成年型向老年型的转变过程。可以说，从20世纪80年代到21世纪初，在短短的几十年间，中国完成人口年龄结构向老年型的转变。由于老年人口的大量增加及对经济社会发展产生的深刻影响，使老龄化问题成为中国的一个重大社会问题，解决人口老龄化问题已成为党和政府紧迫而重大的战略任务，老龄工作逐渐成为党和政府工作的一项重要内容，这项工作直接关系到社会的发展，又同社会工作紧密相关。20年来，老龄工作在党和政府的领导下，得到了切实加强。全省老龄工作在省委、省政府的领导下，在有关部门的大力支持下，全省老龄工作迅速发展，多次受到全国老龄工作委员会办公室、中国老龄协会和省领导的好评。

第一节　机构建设

一、机构情况

机构和队伍建设是做好老龄工作的组织保证。1982年3月，经国务院批准，“老龄问题世界大会中国委员会”成立。1982年7月，老龄问题世界大会中国委员会代表中国政府出席了在维也纳召开的老龄问题世界大会。1982年老龄问题世界大会通过《维也纳老龄问题国际行动计划》，中国老龄工作在老龄问题世界大会之后逐步展开。1982年10月20日，经国务院同意将老龄问题世界大会中国委员会名称改为中国老龄问题全国委员会，委员会由21个部位的领导同志担任委员，聂荣臻为名誉主任，于光汉为主任。全国从上到下，老龄工作机构、老年群众组织和团体逐渐发展起来。为了迎接人口老龄化的挑战，适时开展老龄工作。1984年9月，四川省老龄问题委员会正式成立（简称省老龄委），由省劳动人事厅代管。

1999年10月，为加强老龄工作的领导，中共中央、国务院决定成立全国老龄工作委员会，由中共中央政治局常委、国务院副总理李岚清任主任，委员会由民政、劳动、计委、教育、司法、财政、人事、文化等23个部门组成，下设办公室，办公室设在民政部。这样就形成了具有能协调各涉老部门，制订老龄工作重大方针政策，全方位开展老龄工作的组织机构。

2000年8月，在四川省级机关进行的机构调整中，原省老龄委由挂靠省劳动厅改为设在民政厅。2001年3月19日，省政府办公厅下发《四川省人民政府办公厅关于成立四川省老龄委工作委员会的通知》，成立由23个单位组成的省老龄工作委员会，作为省政府主管全省老龄工作的议事协调机构，主任为省委副书记、副省长蒋巨峰，第一副主任为副省长张作哈。省老龄工作委员会办公室（简称省老龄办）设在民政厅，省老龄办是省老龄工作委员会的办事机构，负责处理日常工作。经过多年的努力，全省老龄工作机构普遍建立，形成网络。21个市（州）和180个县（市、区）全部建立了办事机构，配备了专职干部。4580个乡镇、街道办事处，95%建立了工作机构。

经过20年的不断探索和调整，四川各地老龄工作机构逐步建立和健全，机构和队伍建设及人员素质的提高，开创了四川老龄事业发展的新局面。

二、政策法规

老龄工作必须以相应的政策与法规为基础和依据，做老龄工作，发展老龄事业，解决老龄问题，改善老年人生活，都需要通过制订和实施政策来实现。老龄工作千头万绪，有许多具体工作要做，如宣传、组织、教育、维权、服务等，这些工作也都是在实施和执行某一项政策，所以，政策是推动老龄工作前进的一把钥匙。把实施政策作为老龄工作的中心任务，就确定了政策在老龄工作中的地位和重要性。

1982年，国家决定成立中国老龄问题全国委员会，提出“老有所养、老有所医、老有所为、老有所学、老有所乐”的工作目标。标志着老龄工作已正式纳入党和政府的议事日程，老龄工作作为一项社会工作开始启动。

1984年8月，全国老龄工作会议在北京召开。参加这次会议的有28个省、直辖市、自治区和国务院有关部门、科研机构、群众团体。中央政治局委员王震代表党中央、国务院向大会做了重要讲话。

1989年10月9日，第二次全国老龄工作会议在北京召开。会前和会议期间，中共中央总书记江泽民和国务院副总理田纪云听取了全国老龄工作汇报，并出席会议做了重要讲话。这次会议认真贯彻党的十三大报告和七届人大二次会议政府工作报告中关于老龄工作的指示精神，总结了过去五年的老龄工作，分析了当前老龄工作面临的形势，明确了老龄工作的战略目标、指导方针和基本任务。

省老龄委成立宣教组，后又改为宣传教育处，主要负责全省老龄政策法规及爱老敬老宣传工作。各市（州）、县（市、区）从本地实际出发建立老龄宣传通讯队伍，省老龄委先后举办了6期专职干部培训班，培训人员800多人次，这批干部，既是老龄工作的骨干，又是老龄宣传的骨干。

针对部分青年人的敬老意识淡薄和侵犯老年人权益的案件时有市（州）发生等问题，省老龄委先后组织4个工作组，历时两个多月，深入6个市（州），20多个县（市、区），近80个乡镇、企业、街道，比较全面地调查了全省市（州）敬老爱老状况及存在的问题，在此基础上，起草《四川省老年人权益市（州）保障条例》（以下简称《条例》），1989年始，全省大规模地开展了3次宣传，之后每年各地都利用元旦、春节、重阳敬老日和国际老人节等掀起宣传《条例》的热潮。

1994年12月，国家计委、民政部等部门联合制订《中国老龄工作七年发展纲要（1994—2000年）》，这是中国第一个老龄事业发展纲要，对老龄工作的健康发展具有重要的指导意义。

1996年8月29日，八届全国人大常委会第二十一次会议，通过了《中华人民共和国老年人权益保障法》（以下简称《老年法》），这是中国第一部保障老年人权益的基本法律，其制订和实施为亿万老年人安度晚年提供了切实的法律保障，标志着老年人权益保障工作从此走上了法制化的轨道，同时也为老龄工作的深入开展提供了法律依据。

1996年9月8日，全国宣传贯彻《老年法》座谈会之后，根据省老龄委主任办公会议的建议，省政府成立宣传贯彻《老年法》协调领导小组，下发《省政府办公厅关于贯彻〈中华人民共和国老年人权益保障法〉的通知》，对宣传贯彻《老年法》的工作进行安排部署。全省各地把宣传贯彻《老年法》纳入“三五”普法规划。一些市（州）还利用贯彻《老年法》的机会，结合当地侵犯老年人合法权益的案件及时进行处理、结案，切实维护老年人的合法权益。1997年，全省共处理涉老案件2708件，其中赡养案件1694件，财产纠纷案件782件，虐待案件198件，遗弃案件34件。1998年10月，省高级人民法院根据省贯彻《老年法》协调领导小组的意见，向全省各中级法院下发《加强涉老案件审理的通知》，要求各级法院对侵犯老《赡养协议书》和《敬老保证书》工作，并由当地的基层组织监督执行，使老年人的合法权益得到全面保障。

2000年，中国人口年龄结构进入老龄化，国家更加重视老龄问题，成立以李岚清副总理为主任和由24个党、政、军、群部门组成的全国老龄工作委员会，负责协调和领导全国的老龄工作。

2000年8月，中共中央、国务院下发《关于加强老龄工作的决议》，决议中强调要充分认识加强老龄工作的重大意义，提出老龄工作的指导思想、原则和目标，要求要切实保障老年人的合法权益、发展老年服务业、采取有效措施加快老龄事业发展。这是中国第一个以中共中央、国务院名义下发的关于老龄工作的文件，是开展老龄工作、发展老龄事业的纲领性的文件。

2001年，国务院正式颁布实施《中国老龄事业发展“十五”计划纲要（2001—2005年）》，这是落实中央《决定》和全国老龄工作会议精神的重大举措。老龄事业“十五”计划纲要的颁布、实施对推动中国老龄事业的发展具有重要意义，纲要提出“十五”期间改善老年人经济供养、医疗保健、照料服务、精神文化生活和维护老年人合法权益的具体奋斗目标，全面落实“六个老有”，提高老年人口的生活质量，将老龄事业推向一个新的发展阶段。

1986—2005年期间，随着中国人口老龄化发展态势的日趋明显，老龄政策与法规进入快速和全面的发展时期，政府有关部门和地方颁布了一系列有关老龄方面的法律、法规和政策。到2005年，中国已初步形成包括综合性、专项性、地方性在内的比较完整老龄政策与法规体系。一系列老龄政策的颁布与实施，对促进老年福利、卫生、文化、教育、体育等事业的发展，对不断提高和改善老年人的生活水平和生活质量，对保障老年人的合法权益，对加强老龄工作和解决中国人口老龄化所面临的问题，对推动中国的经济建设和社会发展都起到了重要作用。

三、老龄科研

老龄科学研究，为四川综合治理老龄问题提供依据。省老龄委所属的调研处负责全省的老龄科研工作的规划、指导和管理。1989年，四川成立省老年学学会，至2002年有团体会员7个，个人会员234人。

1985年起，围绕老有所养、老有所为和城市社区为老服务等问题，省老龄委组织专家学者和老龄工作干部深入基层调查研究，并在此基础上先后召开10次理论研讨会。这些会议的论文和调查报告，有的汇编成书，有的在《全国老龄工作》《老龄论坛》等刊物上发表，有的还被全国和国际老龄问题的研讨会选用。

四川省是一个农业大省，农村老年人口占全省老年人的80%以上，面对庞大的农村老年群体，1990年四川组织3个工作组，深入到5个市（州），12个县（市、区）的广大农村开展调查研究，在调查研究的基础上，及时召开“大足会议”，会后工作组向省政府上报《关于进一步加强农村老龄工作的意见》。

1991年，四川完成联合国援助中国的P22项目“老年人供养体系的研究”在四川的调查。1998年，根据中国老龄科研中心的安排，四川省组成17个调查组，对全省14个市，55个县（市、区）的高龄老人情况进行了调查，整个调查历时三个月，完成问卷1022份，其中百岁老人470份，90至99岁老人265份，80至89岁老人287份。2000年，四川承担全国老龄工作委员会办公室交办的“中国城乡老年人口状况调查”的工作，在四川省7市、8区、4县、16个街道、16个乡镇、50个居委会、50个行政村展开调查。为完成这次调查任务，四川成立调查领导小组，培训50名调查员，入户调查工作从11月下旬开始，12月中旬结束，共完成问卷1008份，按时完成了调查任务。

1996年，省老年学学会与四川大学华西医科学院联合举办了“96成都老年学学术研讨会”，美国凯司西储大学老年医学中心主任科瓦、英国曼彻斯特大学附属老年医院院长鲍尔等参加会议，并作了学术交流。1998年10月，省老年学学会与四川大学华西医科学院联合飞举办了四川老年学学术研讨会，美国、加拿大、香港等国家、地区的专家教授和国内的专家、学者、老龄工作者围绕老年医学、老年社会学、老年教育学等课题，展开了广泛的学术交流。

第二节　老年服务

一、服务设施建设

老年人的社会保障和社会福利是发展老龄事业和改善老年人生活最基本的保障。中华人民共和国成立后，民政部门在城市建立社会福利院，对无劳动能力、无生活来源、无赡养人和抚养人，或赡养人和抚养人确无赡养能力的“三无”老年人进行收养。据1964年统计，中国城市共有养老院733所，收养老人7800人。在农村建立了敬老院，对“三无”老年人实行以保吃、保穿、保住、保医、保葬为内容的“五保”供养制度。据1972年统计，全国共有敬老院7175所，收养对象不足10万人。四川省各级政府接管了遗留下来的收容供养机构，其中收养孤老残疾者，称为生产教养院。

四川省人口众多，人口老龄化速度较快，1982年，全省60岁以上的老年人为736万人，约占总人口的7.4%，到1990年增加为955万人，约占总人口的8.9%。人口老龄化带来了老人生活服务、医疗康复服务、精神服务等一系列的社会服务工作。

到1985年，四川省采取多层次、多渠道、多形式和中小型相结合举办社会福利事业单位，共收养扶助孤老22254人，其中国家收养2987人，集体供养1599人，国家救济与群众包护17688人。1986年，四川省有社会福利院50所、床位5478张，在院老年人2601名。

20世纪90年代以来，劳动和社会保障部、卫生部、民政部等部门制订和实施了城镇企业职工社会养老保险、医疗保险、城市居民最低生活保障制度以及失业保险，初步形成了社会保障的基本框架。随着人口老龄化的发展，各级政府把社区养老服务事业纳入国民经济和社会发展总体规划，制订社区养老服务事业发展的近期和远期规划，有步骤地增加投入，积极配合有关部门，兴办老年活动场所，发展老年福利事业。

1991年，四川省有95个县（市、区）的128个街道、138个镇开展社区服务工作，实行社区服务与城镇扶贫相结合，以城镇扶贫为突破口，推动社区服务发展。1992年，省民政厅下发《关于印发一九九二年四川省民政工作要点的通知》，要求加强城市福利事业工作，突出抓好社区服务，把社区服务作为城市民政工作的重点，纳入城市建设发展总体规划。根据社区服务“立足民政、适当外延”的原则，将重点放在为老人、残疾人、优抚对象、贫困户服务和便民利民服务。根据需要增加服务内容，建立综合设施和服务组织，扩大设施覆盖面，提高服务队伍的素质和管理、服务水平，积极探索社区服务多种形式。年内四川省办各类社区服务设施1.1万多个，改变过去城区区以下没有社会福利设施的状况，成都、重庆、内江、南充、万县等市地集中一定财力、物力创办了一些综合性强、档次较高、功能齐全的社区服务中心，增强了社会服务功能。

1994年10月，四川省召开第十四次民政工作会议，会议要求在已有的21个市（地、州）、170个县（市、区）、601个街道兴办社区服务设施9000个（其中社区服务中心200个）基础上，通过努力到1999年，在城市逐步建立起立足民政、面向社会、以社区服务为重点的社会福利和服务体系。市、地政府、行署驻地所在的县（市、区）及县级市建立起城市社区服务中心，全省80%以上的街道办事处兴办社区服务中心，70%以上的城镇建有社区服务设施。

1996年，城市社会福利事业单位采取有力措施，改善办院条件，床位利用率达到80%，创收较1995年同期增长4%。同年3月，省民政厅制定颁发《四川省社区服务示范城区标准》，按照标准全省初步建成社区服务“示范城区”2个，社区服务设施达到6500个。

1997年4月，四川省人民政府办公厅印发《四川省社区服务业“九五”发展规划》，要求大中城市80%以上的街道办事处（城镇）兴办（改造）一所多功能养老设施。1998年，省民政厅、省建委下发《关于加强社区服务设施规划建设的通知》，要求各社区内每2万—3万户、8万—10万人设立一处老年公寓。同年2月，省民政厅印发《四川省社会福利事业单位三年发展规划》，要求全省平均每年新建5所、改（扩）建10所社会福利机构。为认真落实建设部、民政部《关于发布行业标准〈老年人建筑设计规范〉的通知》要求，1999年四川省兴办各类社区服务设施，到2000年全省各类社区服务设施达到9332个，新都县、万源市和平昌县被四川省人民政府命名为社区服务示范城区。

2001年3月，省民政厅制定下发《四川省社会福利事业“十五”发展计划》，要求2001—2005年全省每个县（市、区）至少建立一家国有城市社会福利机构；城市街道一级建立一家容纳30名以上老人的养老机构；城市各种所有制形式的社会福利机构床位数，每年以18.2%左右的速度递增，到2005年达到42595张，平均每1000名老人拥有福利收养床位19张左右。四川省各级民政部门根据民政部的统一部署，在全省实施“社区老年福利服务星光计划”，建设一大批小型分散、功能完善的社区老年人福利服务设施，进一步满足广大老年人的社会福利服务需要。到2001年，全省各类城市老年人福利服务设施达2838个，老年人寄托所26个，老年人康复站99个。各类老年人社会福利机构开设床位15922张，常年在机构内收养老年人9288人。

1994—2002年四川省通过各种渠道共投入2亿多元资金，用于城市老年人社会福利机构和服务设施建设。这些老年福利机构和服务设施，为维护老年人的基本生活权益，帮助他们实现老有所养、老有所医、老有所乐，从容应对人口老龄化社会的全面到来发挥了重要作用，受到广大老年人的赞誉。

2004 年 11 月 30 日至 12 月 1 日，根据《四川省城市社会福利事业单位等级考评办法》，省民政厅对峨眉山市社会福利院进行等级评审。采取听汇报、看现场、查资料、现场考试、召开座谈会等形式，对福利事业单位的整体水平进行逐项检查、综合评估。到 2005 年，四川省社会福利院增加到 68 所，床位数增加到 8155 张，在院老年人增加到 4633 名，随着服务对象的多元化和业务范围扩大，自费人员呈逐年增多趋势。

2005 年 4 月，省民政厅组织部分社会福利事业单位的专家和业务骨干，在乐山市修订了《四川省城市社会福利事业单位等级评定标准》。

二、星光计划

2001 年，为应对人口老龄化的现状和趋势，加快老龄事业的发展，推动社会福利社会化进程，四川省根据民政部要求，通过发行福利彩票筹集福利资金，用于资助城市社区的老年人福利服务设施、活动场所和农村乡（镇）敬老院建设，即为“社区老年福利服务星光计划”（简称“星光计划”）。

6 月 19 日，省民政厅转发民政部《关于印发〈“社区老年福利服务星光计划”实施方案〉的通知》，要求各地因地制宜，组建强有力的工作班子，制定“星光计划”三年规划，贯彻落实“星光计划”。6 月 27 日，省民政厅办公室下发《关于成立四川省“社区老年福利服务星光计划”办公室的通知》，决定成立四川省“社区老年福利服务星光计划”办公室。该办公室由省民政厅厅长姜保山任主任，省民政厅副厅长王宇坤任副主任。8 月，省民政厅制定《四川省“社区老年福利服务星光计划”三年规划》。规划用 3 年时间建设一大批小型多样、功能配套、方便适用、星罗棋布的社区老年人福利服务设施，逐步在全省形成城市街道有服务中心、居委会有站点，农村县（市）有中心、乡（镇）有敬老院，辅之以少量示范性、综合性老年人社会福利机构的社区老年人福利服务设施网络。其具体建设任务是新建社区居委会老年人福利服务站点 3105 个，改造 854 个；新建街道老年人福利服务中心 373 个，改造 71 个；新建农村乡（镇）敬老院 1342 个，改造 1335 个；新建具有一定规模的县以上老年人社会福利机构 215 个，改造 67 个。项目总投资 204105. 65 万元，其中地方政府财政投入 68035. 325 万元，社会力量及其他方面投入 27214. 13 万元，自筹资金 40821. 195 万元，省及以下福利资金资助 24000 万元，申请部级福利资金资助 44035 万元。在资金投入上，确保 80% 的福利资金用于“星光计划”，逐步建立以社会筹资为主、政府资助为辅的多层次、多途径的社会福利事业投资机制。9 月，省民政厅转发民政部《关于“星光计划”启动工作的安排意见》，要求按照意见贯彻执行“星光计划”，强调在实施过程中统一规划，因地制宜；广泛筹资，确保投入；专款专用，发挥实效；提高认识，加强领导。11 月，省民政厅转发民政部《关于印发〈“星光计划”设施标识和福利彩票资助项目标识制作手册〉的通知》，要求凡是福利资金资助的“星光计划”项目设施，包括建筑物和室外活动场所必须设置统一标识。

2002 年 2 月，省民政厅厅长姜保山在首批“星光计划”工作进展情况汇报会上对全省首批“星光计划”进展情况做了总结汇报，对下一步工作提出意见和建议。四川省首批“星光计划”项目共 205 个，重点是社区居委会和街道办事处老年福利服务设施和活动场所建设，首先在成都市实施，同时选择绵阳、自贡、乐山、南充、宜宾 5 个城市进行试点，并于 5 月份竣工。要求各地提高认识，加快首批“星光计划”建设进度，把“星光计划”与老年工作、社区建设、城市低保结合起来，充分体现“老有所养、老有所医、老有所教、老有所学、老有所为、老有所乐”。5 月，为规范“社区老年福利服务星光计划”项目的实施与管理，省民政厅制定印发《四川省“星光计划”项目实施管理暂行办法》，对“星光计划”项目申报、项目审定、资金拨付、项目验收、项目服务与管理等情况做了明确规定，使“星光计划”工作有章可循、有据可依。各市（州）也制定一套行之有效的项目管理办法和工作制度，确保“星光计划”顺畅实施和高效运转。自贡市在项目实施过程中，始终坚持“六统一”，即统一规划、统一建筑设计、统一建筑色调、统一基本服务功能、统一标识、统一资金管理。7 月，省民政厅在成都召开第二次全省“星光计划”工作会议，总结首批“星光计划”试点的成功经验，对第二批“星光计划”项目的工作进行了安排部署。第二批“星光计划”在全省 21 个市（州）全面开展，重点是市（州）政府所在地的中心城市和部分有条件的县城。7 月 12 日，省民政厅下发《四川省民政厅关于对 2001 年福利资金管理使用情况开展专项执法监察的通知》，强调各地民政局纪检监察部门加大对“星光计划”专项资金监督力度，对挤占、挪用“星光计划”专项资金的部门和单位进行严肃处理，省民政厅派出由厅纪检监察和业务处室组成的两个检查组对成都、自贡、绵阳、宜宾、乐山、南充等城市的“星光计划”专项资金的使用情况进行检查，并对检查结果进行总结，提出改进措施和意见。10 月 30—31 日，省民政厅在南充市组织召开“星光计划”现场经验交流会议。成都、绵阳、南充等市分别介绍各自的做法和先进经验。

2002 年下半年，四川省开始实施第二批“星光计划”，到 2003 年 6 月全省共投入资金 9607.81 万元，建成第二批“星光老年之家”224 个，房屋建筑总面积达 108727 平方米。其中社区老年福利服务站 145 个，街道老年福利服务中心 79 个，比最初计划的 217 个超出 7 个，占原计划的 103.22%，基本覆盖全省主要中心城市的大部分社区，全面超额完成第二批“星光计划”各项建设任务，达到预期目标。随即省民政厅召开星光计划工作会议，总结全省第二批“星光计划”实施情况，对第三批“星光计划”工作进行安排部署。第三批“星光计划”的实施重点转向县（包括县级市）政府所在城镇老年福利设施和场所的建设上，同时兼顾一部分乡（镇）敬老院的改扩建，为县城镇和农村的老年人提供一批综合性、多功能的福利服务设施和场所。四川省第三批“星光计划”实施方案规划兴建“星光计划”项目 221 个，其中社区老年福利服务站 110 个，街道老年福利服务中心 14 个，乡（镇）敬老院 16 个，社会福利院 81 个，新建房屋面积 77990 平方米，改造 73190 平方米。

2004 年 4 月，省民政厅上报《关于“社区老年福利服务星光计划”三年总体实施情况的报告》，对全省 2001—2004 年的“星光计划”实施情况做了总结。全省共投入“星光计划”专项资金 30309.53 万元，建设项目 658 个，建筑面积 250933 平方米，基本覆盖全省中心城市大部分社区，达到预期目的。6 月 23 日，省民政厅下发《关于表彰全省“星光老年之家”先进单位和实施“星光计划”先进个人的决定》，对在“星光计划”实施过程中成绩显著的成都市金牛区沙河源社区服务中心等 27 家单位和成都市成华区民政局基层政权科姚蓉等 27 人予以通报表彰。6 月 28 日，省民政厅在成都召开全省“星光计划”总结表彰暨“明天计划”启动工作会议。各市（州）民政局局长或分管局长、福利科（处）长参加会议。省民政厅厅长姜保山和副厅长王宇坤在会议上发表讲话，对全省“星光计划”三年实施情况作了全面回顾和总结，并对“明天计划”作了安排部署。

1986—2005 年四川省城市养老服务机构（社会福利院）基本情况见表 6－3，四川省“星光计划”三年（2001—2004）实施情况见表 6－4。

1986—2005年四川省城市养老服务机构（福利院）统计表

表6－3

年度＼项目	单位数（个）	年末职工人数（人）	医护人员（人）	年末床位数（张）	年末在院人数（人）	老人（人）	按性质分		
							优抚对象（人）	“三无”对象（人）	自费人员（人）
1986	50	1429	医务119 护理526	5478	4246	2601	60	3859	327
1987	50	1436	医务119 护理579	5474	4296	2577	93	3761	442
1988	53	1445	医务128 护理576	5522	4218	2511	54	3659	505
1989	54	1430	医务136 护理608	6004	4286	2783	233	3364	689
1990	54	1460	511	6252	4477	2748	47	3674	756
1991	55	1481	456	6029	4886	3145	186	3722	978
1992	56	1478	466	6279	4986	2798	63	3815	1108
1993	58	1536	509	6407	5004	3218	59	3799	1146
1994	58	1516	550	6512	4919	3103	60	3687	1172
1995	61	1559	500	6905	5228	3190	42	3541	1645
1996	65	1590	525	7116	5394	3227	44	3740	1610
1997	49	1064	391	5073	3983	2917	164	2576	1243
1998	51	1101	402	5544	4243	3101	89	2882	1272
1999	54	1110	451	5953	4529	3365	209	2806	1514
2000	58	1172	466	6507	4768	3517	92	3020	1656
2001	67	1197	456	6985	4889	3631	65	3158	1666
2002	60	1155	443	7395	5059	3807	178	3174	1707
2003	62	1188	408	7534	5075	3788	100	3138	1837
2004	61	1166	378	7812	5422	4164	90	3378	1954
2005	68	1233	420	8155	5809	4633	56	3429	2324

说明：1997年前数据含重庆市

2001—2004年四川省“星光计划”三年实施情况统计表

表6－4　　单位：个、万元

批次	项目实施数量					资金投入状况					
	项目完成总数	其中				投资总额	其中				
		街道设施	社区居委会设施	乡（镇）敬老院	老年福利机构		当地政府财政投入额	自筹金额	社会力量投入额	地方福利资金资助额	部级福利资金资助额
第一批	213	55	150			8709.60	3078.00	2381.30	296.30	954.00	2000
第二批	224	79	145			9607.81	2471.48	3473.33	774.00	889.00	2000
第三批	221	14	110	16	81	11992.12	4490.32	3000.40	1596.90	574.50	2330
合计	658	148	405	16	81	30309.53	10039.80	8855.03	2667.20	2417.50	6330

三、老年服务社会化

解决养老问题的途径主要是采取国家、社会、家庭和个人共同负担的原则。1986—2005 年，为适应社会主义市场经济体制建立和人口老龄化的新形势，满足人民群众日益增长的社会福利服务需要，四川省各级政府积极鼓励社会力量兴办社会福利事业，引导社会福利事业走社会化之路，使社会福利事业由国家包办逐步向国家、集体、个人一起办的方向发展，初步形成多层次、多功能的社会福利保障网络。

1993 年 2 月 23—26 日，四川省市（地、州）民政局长会议在成都召开，会议强调，社会福利要坚持走社会化道路，提倡社会福利社会办。城市社会福利事业单位要继续深化改革，开展多种形式的有偿服务和创收，立足“三无”对象，向社会服务方向发展。1994 年后，四川省各级民政部门根据人口老龄化的需要，采取统筹规划、分类指导，广泛筹资、加大投入，政策扶持、规范发展等措施，推进社会福利社会化，促进老年人社会福利事业的健康发展。

1998 年，为加快推进社会福利社会化，在成都市被列为全国 13 个社会福利社会化试点城市之一后，省民政厅选择条件较好的绵阳、宜宾两市作为试点，以加快在全省推进这一工作。

2000 年 6 月，宜宾市被列入全国社会福利社会化示范城市，同年 12 月，省民政厅在江油市召开“全省社会福利社会化工作座谈会”，在总结成功经验的基础上，对全省社会福利社会化工作做了全面部署，社会福利社会化正式在全省范围内普遍展开。

2001 年 3 月，四川省人民政府发布《四川省社会福利机构管理办法》，规定社会福利机构的兴办条件、申办程序、权利和义务，明确诸如基建立项、优惠供地、城市建设和房屋建设收费减免、院办经济实体税收优惠等一系列扶持保护政策。4 月，四川省人民政府办公厅下发《关于加快发展社会福利事业的通知》，要求各级人民政府在制定国民经济“十五”计划中，把社会福利事业纳入当地国民经济和社会发展计划，并在建设资金、基础设施建设用地、水电供应和通讯等方面予以统筹安排或给予政策扶持。同时首次明确规定福利机构收养“三无”对象，可以申请同级人民政府给予适当补助；社会福利机构可以接受国内外组织和个人捐赠，经当地民政部门批准，可以公开向社会募集款。这些政策的出台极大地调动了社会各界兴办社会福利事业的积极性。9 月，省民政厅在成都组织召开部分城市参加的社会福利社会化座谈会，对全省社会福利社会化工作进行回顾和总结，交流各地经验，研究社会化开展过程中出现的新问题，提出新的目标和要求。

2002 年，四川省社会力量举办的城市社会福利事业机构发展到 407 所，在职职工 911 人，开设床位 8937 张，在福利院收养各类服务对象 5876 人，社会力量举办的福利机构逐步成为四川省社会福利事业的重要组成部分。

2003 年，四川省鼓励各方面力量投资兴办社会福利机构，民办福利机构在部分地方涌现。全省各类非国有福利机构发展到 400 多家，年末在院收养老人 6500 多名。特别是通过资助兴建仪陇县净城安乐养老院和简阳龙泉湖老年康乐中心，开始了福利事业“民办公助”的初步尝试。

2005 年 5 月，省民政厅下发《关于开展养老服务社会化示范活动的通知》，对全省城市养老服务社会示范活动开展的指导思想、基本方式、基本标准、指导原则、基本要求等作了明确说明。通知要求：地方政府把老年福利服务事业发展规划纳入当地经济和社会发展计划；贯彻落实国务院办公厅《关于加快实现社会福利社会化的意见》，制定出台促进老年社会福利事业发展的优惠政策；把养老服务尤其是“三无对象”和低保对象的养老服务提到议事日程。在各级政府的统一领导下，采取以城市市辖区和县级市为单位，先试点，后推广；同时以大中城市举办的各类养老机构为单位，开展示范活动。通过示范活动，探索建立养老服务社会化体系的思路和途径，以点带面，全面推进社会福利社会化进程；建立以国家、集体投入为主导，以社会力量投入为新的增长点，以居家养老为基础，以社区老年福利服务为依托，以老年福利服务机构为骨干的老年福利服务体系。6 月，省民政厅在各市（州）推荐的基础上，综合考虑各地经济发展水平、当地政府重视程度和社会福利事业发展状况等因素，确定成都市成华区和成都市第二社会福利院等 6 个单位为四川省开展养老服务社会化示范活动试点单位。8 月，省民政厅根据民政部《关于开展养老服务社会化活动的通知》《关于确定首批全国养老服务社会化活动试点单位的通知》精神，确定成都市成华区和成都市第二社会福利院等 14 个单位为四川省首批开展养老服务社会化示范活动试点单位。12 月，省民政厅转发民政部《关于支持社会力量兴办社会福利机构的意见》，要求各地结合实际，认真贯彻实施。意见对支持社会办福利机构的意义、基本原则、政策等作了明确说明，强调采取多种形式从政策和资金等方面鼓励和支持社会力量兴办福利机构。四川省作为人口大省和农业大省，是典型的“未富先老”地区。为应对人口老龄化，按照民政部统一部署，2005 年，四川在全省范围内开展了养老服务社会化示范活动，以进一步加快发展养老服务业，促进养老服务向产业化迈进并首批确定 14 个试点单位，开展养老服务社会化工作。成都市成华区被列为全国首批养老服务社会化示范活动试点城区。是年，四川省 60 岁以上的老年人达到 1126 万人，占全省总人口的 12.87%，率先步入人口老龄化社会行列。其中按年龄段分，60—64 岁为 477 万人，65—79 岁为 533.1 万人，80—99 岁为 115.2 万人，100 岁及以上老人为 3088 人，后两类即为高龄老人，占老人总数的 10.3%；按居住方式分，独居老人为 73 万人，只与配偶居住的老人为 330.7 万人，养老机构住养老人为 15.2 万人，其他方式居住的老人为 706.7 万人，前两类即为“空巢老人”，占老人总数的 38.5%。其居家养老为主的养老方式与社会养老服务的矛盾十分突出，50% 的死亡人是在家中，且三分之二是老人，37% 的人是死亡在医院。“空巢”、高龄和带病老人中需要长期照料护理与社会所能提供的服务存在一定差距。而国家福利机构建设相对滞后，西部地区对机构集中养老的需求难以满足。

2005 年，四川省各类非国有福利机构 400 多个，在院收养老人 7000 名。城市国有、民办养老机构床位数合计 15176 张，占全省老年人总数的 1.3‰，其中收养“三无”老人 8308 人，占全省“三无”老人总数的 22.47%。2005 年，四川省财政拨款 400 万元，各级地方财政共配套专项资金 5471 万元，以加大敬老院的基础设施建设。四川省部分市州利用撤乡并镇后的闲置资产，改造为设施齐全的敬老院。2005 年四川省开展养老服务社会化示范活动试点单位见表 6－5，2005 年四川省首批养老服务社会化示范活动试点单位见表 6－6。

2005 年四川省开展养老服务社会化示范活动试点单位情况表

表 6－5

地　区	示范县级单位	试点福利院
成都市	成都市成华区	成都市第二社会福利院
自贡市	自贡市自流井区	—
广元市	—	广元市市社会福利院
乐山市	—	乐山市五通桥区福利院
宜宾市	翠屏区	—
合　计	3	3

2005年四川省首批养老服务社会化示范活动试点单位情况表

表6-6

地　区	示范县级单位	试点福利院
成都市	成都市成华区	成都市第二社会福利院
自贡市	自贡市自流井区	自贡市社会福利院
泸州市	—	泸州市社会福利院
绵阳市	绵阳市涪城区	绵阳市社会福利院
广元市	—	广元市社会福利院
内江市	—	内江市第一社会福利院
乐山市	—	乐山市五通桥区福利院
	—	乐山市夕阳红老年公寓
南充市	—	南充市第二社会福利院
宜宾市	宜宾市翠屏区	—
凉山州	—	凉山州德昌福利院
合　计	4	10

四、老年协会

基层老年人协会作为基层老年群众组织，是在中国特定的历史条件和背景下，顺应时代发展和老年人需要而产生的，是老年人进行自我管理、自我服务、自我教育、自我娱乐、自我保护的组织形式。1987年、1988年、1990年四川省先后3次召开专题会议，研究发展基层老年人协会问题。为推动四川省基层老年人协会的发展，省老龄委经过几年的调查研究，1990年，向省政府上报了《关于进一步加强农村老龄工作的意见》，省政府办公厅很快转发全省，要求各地要有领导、有步骤地建立老年人协会，并加强管理，帮助他们解决工作上的困难。

1992年，为加强对基层老年人协会的管理，省老龄委又制订下发《四川省基层老年人协会章程》（以下简称《章程》）和《四川省老年人协会六条标准》（以下简称《标准》）。对基层老年人协会的性质、任务、领导、会员的权利义务、组织机构、经费管理、活动场地、规章制度等作了明确规定，特别强调指出："基层老年人协会是在基层党组织和行政机构领导下，在当地老龄委员会具体指导下的老年群众组织。"《章程》和《标准》的制订下发，使基层老年人协会的工作和活动有了明确的规范。

1992年在绵阳、1996年在达州和宜宾召开了全省基层老年协会经验交流会，总结工作交流经验，取长补短，推动发展。各地根据几次会议精神和下发的《章程》《标准》，狠抓基层老年人协会的自身建设。各基层老年人协会在组织方面，普遍建立会员组、宣教组、调解组、文体组、财会组、代书组等，在制度方面，普遍建立会议、学习、走访、行管、财经、调解、帮教、慰问、送葬等制度。使之真正做到自管自治，自我教育，自我服务，自我娱乐，自我保护。至2002年，四川共有基层老年人协会2.8万个。

第三节　老年福利

20世纪80年代初，老龄工作者提出“老有所养、老有所医、老有所学、老有所为、老有所乐”的工作目标，并列入1996年颁布的《老年法》。为把“五个老有”的目标落到实处，推动老龄事业的规范化建设，国家计委和中国老龄协会等10个部委制订《中国老龄工作发展纲要（1994—2000）》，随后又制定《中国老龄事业发展“十五”计划纲要（2001—2005年）》。2000年8月，《中共中央国务院关于加强老龄工作的决定》又增加“老有所教”的内容，使老龄工作的目标更加符合老年群体的实际。四川各级党委、政府积极行动，认真研究贯彻落实这些政策法规，根据本地实际制订了老龄事业的中、长期计划，并纳入当地国民经济和社会发展计划付诸实施，有力地推动了老龄事业的发展。

老年优待。从1994年起，省里每年给每位百岁老人发放60元的生活补助。从2001年4月起，将百岁老人的生活补助增加为每人每月100元。全省各医院普遍建立老年门诊、设立老年病床。截至2001年底，全省共建有老年病医院、门诊部570余个，有老年病床3000多张，方便了老年病人的治疗。从1996年起，成都、绵阳、自贡、宜宾、广元、南充、泸州、德阳、乐山、甘孜等市（州）先后出台了对高龄老年人实行优待的政策。在各地开展对老年人优待服务的基础上，省政府于2001年3月批准印发《四川省优待老年人规定》，对60岁以上的老年人进行优待，制发“四川省人民政府老人优待证”。老年人凭证可以享受免费进公园等10多项优待。

老有所乐。1988年，省老龄委与有关部门联合拍摄反映老年人生活的三集电视剧《夕照情》。1990年、1999年、2001年重阳节都录制了重阳敬老文艺晚会，向全省播放。

1997年，开展评选“健康百岁老人”的活动，并举办“千岁宴”授牌仪式。这次活动，从当年全省938位百岁老人中，由各地推荐50名健康百岁老人候选人，再由省里选10名百岁老人代表到成都参加宴会，接受金牌。1998年，省老龄委与有关单位联合，在全省开展“十佳敬老儿女”的评选表彰活动，并在四川电视台演播大厅举办“十佳敬老儿女”颁奖暨电视文艺晚会。1999年元旦，省老龄委会同有关部门联合举办99国际老年人年敬老爱老大行动，组织1000名中学生和1000名老年人结对敬老联谊活动。10月，为弘扬当代老年人的历史功绩，在中华人民共和国50周年和国际老年人年之际，省老龄委与有关部门联合开展“四川省跨世纪杰出老人”活动，此项活动历时7个月，自下而上层层推荐，共评选出100名跨世纪杰出老人。同年，经省政府第28次常务会议研究确定，以省委、省政府的名义向全省1083名百岁老人每人赠送一台长虹牌彩电，财政支出130万元。

至2002年，四川已拥有老年活动中心（室、站）14万个，省老龄委先后与省老年人体协共同举办4届省老年人运动会，5次全省性的老年文艺会演。2001年，在成都世界乐园成功地举办了“四川省老年文化艺术周”活动。2001年底，省老龄办与《晚霞旅行社》共同组织“爱我中华北京红色之旅”活动，来自全省各地的2200多名老年人参加，铁路部门为此安排两个专列。整个活动组织严密，没有发生任何问题，安全返回。

老有所学。1985年7月1日，省老龄委创办《晚霞报》，发行量10多万份。1989年1月，省老龄委将原《老龄工作简报》改为《老龄工作通讯》，每月一期。还先后编辑出版《老人与社会》《老龄工作手册》《人口与发展》《老龄文件汇编》《夕阳红系列手册》等书籍。

老有所教。由于历史原因，老年人文盲和半文盲比例很高。1983年起，各地重视老年教育事业，创办老年大学。四川省第一所老年大学于1985年6月成立。此后，在各级老龄工作部门的努力下，四川省老年大学（学校）得到飞速发展。1985年召开全国老年大学经验交流会，到1989年已经发展到900余所，先后参加学习的有近20万人。1992年，省政府批转《四川省“八五”期间老年事业规划》，明确规定“把老年教育列入成人教育序列”。1998年，省政府印发《四川省“九五”期间老年教育事业发展规划》，提出“九五”期间老年教育的奋斗目标。随着全省老年教育的发展，1989年5月10日，成立四川省老年大学协会，主要负责交流办学经验，互通信息，推动老年教育健康发展。省里还先后3次召开老年教育工作会议，总结工作，交流经验，表彰先进。随着农村经济的发展和农村老龄工作的深入，农村老年学校也有了相应发展，截至2000年底，全省农村乡镇老年学校已超过300所，这些学校结合农村的实际，普遍开设了种植、养殖等课程，深受广大农村学员的欢迎。农村学员通过学校教育，增长了新知识，掌握了新技能，在发展种植业、养殖业、加工业和发展庭院经济方面有了一技之长，从而走上科技兴农、科学致富的道路。截至2001年底，全省有各类老年大学（学校）589所，在校学员8万余人，毕业学员180万人。

20年来，在党和政府的领导下，四川广大老龄工作者围绕老有所养、老有所医、老有所为、老有所学、老有所乐、老有所教的奋斗目标，配合党政有关部门，动员社会力量，开展老龄工作，全面发展老龄事业，经过不懈努力，使老年保障、福利、卫生、文化、教育、体育、科研、服务等事业有了长足发展，为促进社会主义物质文明和精神文明建设做出了贡献。

第三章　精神病人福利事业

1986年后，四川开始加强精神病人福利院建设，根据全国第二次精神卫生工作会议精神，探索从单一国家包办向国家、集体一起办的管理体制转变；从集中收养向依靠社会力量，实行群防群治群管为主转变；从单纯供养向供养与康复相结合转变；从社会救济型向社会福利型转变。

第一节　机构建设

精神病人福利院是以社会上无依无靠、无生活来源、无法定义务抚养人和赡养人的“三无”精神病人为主要收治对象的社会福利机构。

1986年，四川省共设有精神病人福利院18所，职工1080名，医务人员251名，护理人员470名，提供床位2956张，在院病人2807名，其中“三无”精神病人612名，自费病人873名。1990—1993年，四川省精神病院共收治精神病患者27045人，其中民政对象4338人，占16%，自费病人占84%。

1993年，省民政厅在条件较好的精神病院开始试点，进而在全省所有社会福利事业单位组织推行以提高管理水平和服务质量为宗旨的等级达标活动，初步形成操作程序化、考核标准化的福利事业单位内部管理模式。

1994年4月，省民政厅命名内江市资阳精神病院、达川地区大竹精神病院和南充市营山精神病院为四川省一级城市社会福利事业单位。同年12月，资阳精神病院被民政部命名为首批国家二级福利事业单位。这些新型的福利事业单位，在全省整个社会福利事业体系中发挥着骨干和示范作用。

1994年8月，省民政厅向民政部上报《关于四川省民政系统精神病院发展情况的报告》，对四川省民政系统精神病院自民政部漳州会议和湘潭会议后的工作情况作了全面总结，对下一步的工作作了安排部署。四川省各级民政部门重视所属精神病院领导班子建设，按照“四化”的要求把那些热爱福利事业，求实创新，懂管理、会经营、能协调并具有一定专业水平的人员提拔到领导岗位上来，改变了领导班子干部年龄大、文化低，专业水平缺乏的状况。至2000年，四川省有15所精神病院，领导班子平均年龄为45岁，全部具有大专以上文化程度，除一人是党政干部调入外，其余全部具有中级以上技术职称。同时，从制度、培训上加强精神病院领导班子的建设，全省精神病院领导干部中，具有大专文化以上的23人，占36.5%，主治医师职称以上的138名（其中高级职称15名），平均年龄43岁；制定《四川省城市福利事业单位等级评定标准》《等级考评办法（试行）》和《职业道德规范》，加强职工队伍建设和精神病院的规范化、科学化管理；深化改革，引入竞争机制，完善医院管理体制，使医院工作制度化、管理规范化、考核数字化；康复、教学科研全面发展，初步形成一支康复、教学、科研相结合的医疗专业技术队伍，以药物、心理、劳动、娱乐“四结合”疗法为主要内容的康复活动，在精神病院普遍开展，90%以上的精神病人接受了各种康复医疗和功能训练，有效率达80%以上；采取多种形式筹集资金改善办院条件，自我发展能力逐步增强。

到2001年，四川省共有精神病人福利院15所，职工1197名，医护人员817名，床位3181张，在院病人2550名，其中“三无”病人644名，自费病人1554名。

1994—2002年，四川省各精神病院采取请进来、送出去的方式对医务人员进行业务培训。省民政厅先后举办10期医疗、护理培训班，重点对各院的业务骨干进行系统培训。1997年10月、1999年5月，先后在眉山县分别组织举办了福利事业单位主治医师培训班和主管护师培训班，通过培训，提高了全省福利事业单位的医护质量。截至2002年，四川省民政系统15所精神病院内90%以上的医务人员都接受过不同方式的再培训，专业技术人员占职工总数的80%以上。与此同时，省民政厅组织编写《民政精神病院工作制度与医疗护理常规》《四川省城市社会福利事业单位各类人员职责》，各院对照标准，对医护人员进行基本知识、基本技能、基本操作的强化训练，促进了精神病院整体医护水平的提高。1994—2002年，四川省民政系统向精神病院共投入资金8000万元，新建和维修改造房屋50多万平方米，完成最后4所远离城区的精神病院的搬迁。既改善了收养、收治人员的生活环境，又解决了职工的后顾之忧。四川省各级民政部门和各精神病院，遵循“坚持开放，深化改革、拓展领域、提高效率、增强活力、全面发展”的方针，推行专业化、医院化管理，不断提高管理水平和医护质量，走“以精神科为主，多种服务并举”的发展道路，加快了四川省精神病人福利事业的发展。初步形成以精神病人福利院为资源中心、社区康复站为依托、家庭康复病床为基础的民政系统精神卫生预防、治疗、康复网络，为依法保障“三无”精神病人的基本生活权益发挥了重要作用。

2005年4月，省民政厅组织部分社会福利事业单位的专家和业务骨干，修订《四川省城市社会福利事业单位等级评定标准》。10月22—25日，根据新的评定标准，省民政厅组织力量，对江油市精神病院、三台县精神病院、遂宁市民康医院进行等级评定复审。11月8—22日，组织对资阳精神病院、泸州市精神病院、泸县康复医院、宜宾市康复医院、自贡市康复院、达州市民康医院、广安精神病院、南充市身心医院、雅安市精神病院、成都市精神病院进行等级评定复审。1986—2001年四川省精神病人福利院基本情况见表6－7。

1986—2001年四川省精神病人福利院基本情况统计表

表6－7

项目 年度	单位数（个）	年末职工人数（人）	医护人员（人）	年末床位数（张）	年末在院人数（人）	按性质分（人）			按年龄分		
						优抚对象	“三无”对象	自费人员	老人（人）	青壮年（人）	少年儿童（人）
1986	18	1080	721	2956	2807	322	612	1873	368	2417	22
1987	18	1100	762	3198	3066	324	588	2154	505	2533	28
1988	18	1133	810	3319	3239	341	557	2341	523	2666	50
1989	18	1151	810	3452	3254	457	638	2159	711	2494	49

续表 6－7

项目 年度	单位数（个）	年末职工人数（人）	医护人员（人）	年末床位数（张）	年末在院人数（人）	按性质分（人）			按年龄分		
						优抚对象	“三无”对象	自费人员	老人（人）	青壮年（人）	少年儿童（人）
1990	18	1188	804	3620	3405	475	632	2298	672	2646	26
1991	19	1228	821	3822	3496	546	617	2333	480	2008	12
1992	20	1274	849	3893	3465	534	627	2304	564	2840	56
1993	20	1339	911	3903	3478	523	749	2206	625	2698	18
1994	20	1407	1004	4180	3600	296	750	2554	741	2498	38
1995	20	1435	1066	4020	3330	326	889	2115	561	2456	29
1996	20	1470	1097	4078	3141	196	791	2154	669	2375	30
1997	15	1138	850	3254	2605	200	588	1817	682	1862	61
1998	15	1189	874	3263	2663	336	641	1686	837	1804	22
1999	15	1142	849	3040	2507	200	704	1603	810	1645	52
2000	15	1187	825	2969	2528	261	739	1528	858	1659	11
2001	15	1197	817	3181	2550	352	644	1554	1015	1496	39

说明：1997 年前数据含重庆市

第二节　收容治疗

1986 年，根据全国第二次精神卫生工作会议精神，四川省总结城市社会福利事业单位整顿改革经验，探索从单一国家包办向国家、集体一起办的管理体制转变；从集中收养向依靠社会力量，实行群防群治群管为主转变；从单纯供养向供养与康复相结合转变；从社会救济型向社会福利型转变。通过探索与实践，仅成都市精神病院就收养自费病人 410 人，对外门诊高达 22000 人次，经济收入 10 万余元。同年 11 月，省民政厅下发《关于坚决制止城市社会福利事业单位发生收养人员非正常死亡的通知》，要求各地民政局加强对城市社会福利事业单位的领导，在精神病院注意清除和收存好木棒、砖头、铁器等物，以免发生意外；进一步建立健全岗位责任制为中心的各项规章制度；切实加强对收养人员的护理工作，根据不同收养对象的病情、年龄、身体及生理状况，实行分级护理：对病状严重的精神病人，卧床不起、生活不能自理的老人及婴幼儿作为护理工作的重点，实行一级护理，对病情处于不稳定状态的精神病人和行走不便、病情较重、生活需要半护理的老人及残疾儿童实行二级护理，对病情处于基本稳定状态的精神病人和一般老人、儿童实行三级护理。

1987 年 4 月，针对有的城镇精神病人长期流落街头，无人过问，影响社会治安，群众反映强烈的情况，省民政厅下发《关于做好社会“三无”精神病人收治工作的通知》，要求各地民政部门立即对流落街头的社会“三无”精神病人进行认真地检查清理，凡属“三无”对象，应及时收入精神病院治疗，凡属有家的，要通过当地政府责成其家属切实把病人照管起来，防止他们到处流浪，没有精神病院的市（地、州）、县（市、区）收容的“三无”精神病人，可将病人送往临近市（地、州）、县（市、区）民政部门办的精神病院治疗，对收入精神病院的“三无”精神病人，各院应按照民政部关于《城市社会福利事业单位管理工作条例》有关规定加强管理，实行养、治结合，积极进行药物、文娱、劳动和教育的综合治疗，努力提高疗效。是年，四川省民政系统有近200个优抚、社会福利事业单位的医务人员开展了对精神病、各种慢性疾病、伤残肢体和盲聋哑的康复研究。为加强康复人才的培养，发展民政康复医学，特成立四川省民政康复医学研究会。5月7—9日，省民政厅在成都召开四川省民政康复医学研究会成立暨学术交流会议。9月，四川省各地以街道为主体，居委会为依托，发动和组织社区内的成员，逐步建立各种服务网络，开展互助活动，为人们提供物质生活和精神生活的各种社会福利和社会服务。其中包括为精神病人提供服务的服务设施。

到1988年，四川省城市社区服务共有精神病人工疗站4个，收治精神病人267人，设立精神病人看护组250个，看护精神病人424人。

全省各民政精神病院，在民政部门领导和卫生部门指导下，注重加强领导班子建设，充实医护力量，提高业务水平，强化医院管理，改善医院条件，在保证收治民政对象的前提下，挖掘潜力，收治社会病人，拓宽服务领域，使精神病院从封闭型转为开放型，从救济型转为福利型，从单纯的收养转变为救治与康复并重，医疗、护理、管理水平不断提高，取得了良好的社会效益和经济效益，受到政府和群众的好评。

1990—1994年，全省19所民政精神病院职工总数1372人，比1998年的1148人增加229人，增加20%。有医护人员1071人，占职工总人数的78%，比1989年的72%上升6个百分点，主治医师职称以上的有138名（其中高级职称15名），平均年龄43岁。63名领导干部中大专文化以上的有23人，占院级领导干部总数的36.6%；各民政精神病院筹集资金1125万元，实施新建和维修改造项目7.3万平方米，收治民政服务对象和社会精神病患者27045人，创办第三产业，纯收入3658万元，用于改善医院基础设施条件。贯彻实施《四川省城市福利事业单位等级评定标准》，促进医院标准化建设。13个民政精神病院被评为县级以上先进集体或精神文明先进单位，254名职工被评为县以上优秀党员或先进工作者，资阳市精神病院院长魏成光荣获民政部“孺子牛”奖称号。

2003年11月21—22日，由四川省民政康复医学会精神卫生专业委员会组织、乐山市精神病院承办的精神卫生专业管理与学术研讨会议在乐山召开。各精神病院院长、四川省民政康复医学会精神卫生专业委员会成员参加会议，就民政系统精神病院的医疗事故处理、经济效益、人力资源管理等方面问题进行了探讨。

第四章　残疾人福利事业

中华人民共和国成立后，党和政府十分重视残疾人的权益保障和就业，并明确残疾人就业实行集中和分散相结合的方针，制定优惠政策和扶持保护措施，多渠道、多层次、多形式地安排残疾人就业。四川残疾人数较多，1988 年 7 月，省民政厅组建四川省残疾人联合会，各级民政部门办福利企业的同时，大力提倡街道、乡（镇）、企业、机关、团体、事业单位办福利企业或劳动服务公司，安排残疾人和本单位职工的残疾子女就业，不仅为国家减轻了负担，维护了广大残疾人的合法权益，而且为缓解社会矛盾，促进社会安定团结发挥了重要作用。残疾人入学、就业、全面参与社会生活的前提是康复，康复是残疾人这一特殊群体的迫切需求。通过系统康复和特殊教育，培养了残疾人尤其是儿童生存能力和职业能力。

第一节　残疾人安置

四川省针对残疾人数较多的具体情况，1986 年 4 月，省民政厅印发省盲人聋哑人协会制定的《四川省盲人按摩院（所）管理试行办法》（以下简称《试行办法》），要求各地结合实际贯彻执行。《试行办法》对盲人按摩院（所）的性质、任务、管理等做了明确规定，为盲人按摩事业更好的发展提供了依据。盲人按摩院（所）是有收入的社会福利事业单位。其主要成员为具有一定医学基础知识（具有按摩员以上卫生技术人员水平）、会按摩、有劳动能力的盲人和懂医疗、会管理并热爱盲人按摩事业的健全人。到 1988 年，四川省共有盲人按摩诊所（医院）53 所，职工 540 名，其中残疾人 284 名，占职工总人数的 52.6%。其中全民所有制盲人按摩诊所（医院）4 所（重庆、成都、涪陵、宜宾各 1 所），安置残疾人 68 名，集体所有制盲人按摩诊所（医院）49 所，安置残疾人 216 名。

1988 年 7 月，省民政厅组建四川省残疾人联合会，由全省各类残疾人代表和残疾人工作者组成，既代表残疾人共同利益，维护残疾人合法权利，又为残疾人服务，同时承担政府委托的任务，动员社会力量，推进残疾人事业。

在各级民政部门办福利企业的同时，大力提倡街道、乡（镇）、企业、机关、团体、事业单位办福利企业或劳动服务公司，安排残疾人和本单位职工的残疾子女就业。鼓励残疾人组织办经济实体，扶持残疾人集体或个体开业。同时在原料、资金、产品销售等方面给福利企业必要的优惠和保护；机关、团体、企事业单位分散安排残疾人就业，方便残疾人，有利于他们融于社会中，能使他们充分发挥所长，在巩固现有的盲人按摩医院（诊所）的同时，新建一批盲人按摩机构，并通过多种途径发展盲人按摩；企事业单位、机关、团体在录用大专院校、中专、技校毕业生时，坚持对残疾学生一视同仁，对于适宜他们的工作岗位，给予优先录用机会；在农村，则因地制宜，通过多种形式，扶持残疾人参加养殖业、种职业和家庭手工业等多种力所能及的劳动。乡、镇、村兴办福利企业，吸收残疾人参加劳动。

1990 年 11 月，四川省成立四川省残疾人事业领导小组。领导小组由副省长罗通达任组长，省民政厅厅长、省残联主席张荣先任副组长，以加强对残疾人事业的领导，鼓励残疾人劳动就业，实行集中与分散相结合的方针，采取优惠政策和扶持保护措施，多渠道、多层次、多种形式，使残疾人劳动就业逐步普及、稳定、合理。并对残疾人福利性企业事业组织和城乡残疾人个体劳动者，实行税收减免政策，在生产、经营、技术、资金、物资、场地等方面给予扶持。

1991 年，四川省共有城镇社区服务设施 6733 个，分散安置残疾人就业 2143 人，其中有 439 名个体户；到 1996 年城镇社区服务设施发展到 9269 个，共分散安置 21030 名残疾人就业，其中有 12964 名个体户。社区服务设施的发展为残疾人提供了更多的就业机会，有利于他们融入社会，充分发挥所长。

1998 年 10 月，省建委、省民政厅、省残联转发建设部、民政部和中国残联《关于贯彻实施〈方便残疾人使用的城市道路和建筑物设计规范〉若干补充规定的通知》，对无障碍设施的设计规范作出明确规定，并要求各地严格按照建设部发布的《关于做好城市无障碍设施建设的通知》，要求切实有效地建立无障碍设施，为残疾人参与社会生活创造条件。

在国家制定的包括减免税在内的一系列政策扶持下，2001 年，四川省各级民政部门一手抓发展，一手抓规范，通过强化对福利企业的监督和管理，加快福利企业改革、改组、改制步伐，会同有关部门认真贯彻落实国家制定的扶持保护政策，使四川省福利生产沿着正确的方向健康发展，残疾人集中就业人数逐年增加。到 2005 年，四川省社会福利企业发展到 1071 家，有职工 41129 人，其中安置残疾职工 20802 人，实现销售收入 66.26 亿元。四川省福利企业的迅速发展，不仅为国家减轻了负担，维护了广大残疾人的合法权益，而且为缓解社会矛盾，促进社会安定团结发挥了重要作用。

1986—1989 年四川省盲人按摩诊所（医院）基本情况见表 6－8，1991—1996 年四川省城镇社区服务安置残疾人基本情况见表 6－9，1994—2001 年四川省福利企业安置残疾人基本情况见表 6－10。

1986—1989 年四川省盲人按摩诊所（医院）基本情况统计表

表 6－8

项目	年度	单位数（个）	职工人数（人）	其中残疾人数（人）					年末按摩人员数（人）	门诊人次数（人次）	年末固定资产原值（万元）
				合计	盲人	聋哑人	肢体残疾	智力残疾			
全民所有制	1986	4	105	69	63	1	4	1	36	172453	47.0
	1987	4	106	68	62	1	4	1	62	147916	51.6
	1988	4	102	68	62	1	4	1	63	103904	127.4
	1989	4	—	68	62	1	4	1	—	—	—
集体所有制	1986	33	304	177	158	4	15	—	174	409880	840.8
	1987	49	351	223	189	11	22	1	206	473	135.3
	1988	49	338	216	186	7	23	—	197	333693	139.2
	1989	—	—	183	160	2	21	—	—	—	—

1991—1996 年四川省城镇社区服务安置残疾人基本情况统计表

表 6－9

单位：个、人

年度＼项目	城镇社区服务设施	分散安置残疾人就业	
		总人数	其中个体户
1991	6733	2143	439
1992	8946	2018	831
1993	6139	9783	3970
1994	5938	8817	3986
1995	10666	24319	13993
1996	9269	21030	12964

1994—2001 年四川省福利企业安置残疾人基本情况统计表

表 6－10

单位：个、人

年度＼项目	福利企业单位数	年末残疾职工数	时间＼项目	福利企业单位数	年末残疾职工数
1994	3190	29065	2000	1151	13641
1995	3270	31581	2001	1096	15074
1996	3305	32548	2002	974	13184
1997	1925	16833	2003	966	13574
1998	1667	16910	2004	1026	21293
1999	1348	15462	2005	1071	20802

第二节　残疾人康复

一、治疗康复

1987 年 4 月，根据国务院通知，经省政府批准，四川省进行了中华人民共和国成立以来第一次残疾人抽样调查。调查的对象是常住人口中患有视力残疾、听力语言残疾、智力残疾、肢体残疾、精神病残疾等五类残疾人，包括同时患有这五类中两类或两类以上的综合残疾人，共五类六种残疾人。调查显示四川省有残疾人的家庭约 492. 5 万户，五类六种残疾人约有 563. 8 万人，他们的状况亟待改善，得到治疗康复，同健全人一样参与社会生活是他们的首要希望。

1987 年四川省民政系统有近 200 个优抚、社会福利事业单位的医务人员开展了对精神病、各种慢性疾病、伤残肢体和盲聋哑的康复研究。为加强康复人才的培养，发展民政康复医学，5 月 7—9 日，省民政厅在成都召开四川省民政康复医学研究会成立暨学术交流会议。

20世纪80年代末，根据国家《残疾人保护法》有关规定，四川省有组织、有计划、成规模地开展残疾人康复工作，以白内障复明、儿麻后遗症矫治和聋儿听力语言训练三项抢救性康复工程为突破口，此后连续实施三个残疾人事业五年计划纲要。残疾人康复服务项目逐步增加，业务领域不断拓展，康复机构从无到有，专业队伍由小到大，工作体系、业务格局、运行机制日臻完善，康复服务能力逐步提高，初步形成“政府综合组织协调，职能部门运作为主，充分发挥社区功能，实行全方位社会化参与”的康复工作体系。在残疾人康复事业中，涌现出成都市青羊区残疾人康复工作办公室、重庆市残疾人康复工作办公室、自贡市残疾人康复工作办公室、内江市残疾人康复工作办公室、达县地区人民医院、蓬溪县人民政府、省民政厅、省人民医院眼科、甘孜藏族自治州三项康复工作办公室、盐亭县民政局等10个先进单位，雷喻义等20名先进个人，1993年10月受到中国残联等部门表彰。

1998年2月，四川省建设委员会、省民政厅下发《关于加强社区服务设施规划建设的通知》，要求每8万—10万人设一处残疾人收托所，包括教学训练设施、康复娱乐活动设施和康复门诊。

1988—2000年，中央及省、地三级财政共投入残疾人专项康复经费3687万元，其中中央320万元，省级1777万元，市（州）级1590万元，基本保证项目实施需求。其间四川省共有51万残疾人得到不同程度的康复，形成了一定的康复服务能力，为残疾人康复事业的持续发展奠定了基础。其中有26万白内障患者重见光明；12500名7周岁以下聋儿配戴助听器接受听力语言训练能够开口说话，结束了“十聋九哑”的历史；四川省在覆盖1500万人口的19个县（市、区）推行“社会化、综合性、开放式”精神病防治康复，使9万名重症精神病患者得到治疗和康复；完成儿麻后遗症及其他肢体残疾矫治手术6.1万例，为农村贫困残疾人减免费用安装中国自行研制开发的普及型假肢688例，使众多肢残者改善功能，回归社会；7.9万名肢体残疾者、智力残疾儿童就近得到社区家庭康复训练；通过配用助视器，进行视功能训练，6535名低视力者走出朦胧世界；广泛宣传麻风病“可防、可知、不可怕”，完成麻风病畸残康复需求调查统计工作；提供上百个品种、近13万件用品用具，帮助残疾人改善功能；872万名新婚育龄妇女、孕妇、0—2岁婴幼儿服用碘油丸，有效地预防了因碘缺乏造成的智力残疾发生。

1996—2000年，四川省先后与瑞典政府、南京爱德基金会、加拿大奥机托（四川）听力器械有限公司、美国“心连心”慈善组织等合作实施了智残儿童预防与康复训练项目、社区康复训练项目、聋儿语训项目；与国际狮子会联合实施“视觉第一中国行动”白内障手术复明项目。1996—2000年，四川省残疾人康复工作取得显著成绩，17万残疾人功能得到改善，生活质量有了较大提高。

1997年11月，与加拿大奥机托（四川）听力器械有限公司达成合作意向，在全国率先创造性地实施企业与政府参与合作的模式，以优惠价格向残联语训机构内的贫困聋儿提供高品质助听器实施“听力助残”行动。

1997年7月1日至2002年6月30日，四川省残疾人工作协调委员会与国际狮子会携手开展以白内障手术复明和预防保健教育为主要内容的“视觉第一中国行动”第一期合作项目。

至2001年，四川省共施行117291例白内障复明手术，超额8291例完成任务，使白内障患者通过手术摆脱黑暗，走向新生活。为更加有效地推动防盲治盲工作，让更多的白内障患者重见光明，四川省按照国际狮子会、卫生部和中国残联的部署，从2002年7月1日起开展“视觉第一中国行动”第二期合作，施行白内障复明手术153000例，并为其中贫困者减免医疗手术费用，有效控制白内障致盲。

2002年9月30日，省政府残疾人工作协调委员会对在1996—2001年期间致力于残疾人康复工作并做出突出贡献和取得显著成绩的先进市县、先进集体和先进个人进行了表彰。授予成都市金牛区等24个市（县、区）“四川省残疾人康复工作先进市（县、区）”称号；授予自贡市第一人民医院等36个单位“四川省残疾人康复工作先进集体”称号；授予安春华等59人“四川省残疾人康复工作先进个人”称号。

根据《国务院办公厅转发卫生部等部门关于进一步加强残疾人康复工作意见的通知》精神，2002年10月11日，省政府办公厅下发《关于进一步加强残疾人康复工作的通知》，对四川省残疾人康复工作的总体目标、基本原则、主要措施等作了具体要求，经过3年努力，至2005年四川省残疾人康复工作达到预定目标，在城市和中等以上发达地区的农村，有需求的残疾人特别是残疾儿童，70%得到康复服务；在经济欠发达地区的农村达到50%。基本原则是以残疾人的基本需求为重点；坚持政府主导和社会参与相结合的社会化工作方式；实施重点工程与提供普遍服务相结合；因地制宜，开拓创新。主要措施是完善康复工作体系，提高康复服务水平；积极推进社区康复，把康复服务引入家庭；对贫困残疾人康复提供特殊帮助；加大经费投入，开发社会资源，确保残疾人康复任务的完成；加强专业队伍建设，提高人员素质；开展宣传教育，做好残疾预防。同时要求各部门积极发挥职能作用，落实责任，共同做好残疾人康复工作。

二、特殊教育

1989—2001年，根据国家教委等部门《关于发展特殊教育的若干意见》要求，省民政厅开展特殊教育工作。通过特殊教育承担对残疾儿童实施义务教育的重任，完成系统康复和培养残疾儿童生存能力和职业能力的过程，并依托特殊教育学校实现教育资源共享，充分发挥特殊教育学校在残疾人教育康复和职业培训的作用。经过10余年的实践，积累了经验。2002年12月5日，根据第三次全国特殊教育工作会议和《国务院办公厅转发教育部等部门关于“十五”期间进一步推进特殊教育改革和发展意见的通知》精神，省政府结合四川省实际下发《关于推进特殊教育改革和发展的意见》，要求切实普及残疾儿童少年义务教育，进一步完善以“特殊教育学校为骨干，以普通学校附设特殊教育班和随班就读为主体”的特殊教育发展格局；坚持特殊教育经费以地方政府投入为主的原则，加大投入力度，改善办学条件，其中要求民政部门根据福利彩票的发行情况，尽可能增加投入，用于特殊教育事业和资助家庭困难的残疾儿童生活；加强教师队伍建设，提高特殊教育师资素质，将乐山师范学校并入乐山师范学院的特殊教育师资部相应升格为特殊教育师资大专班，两所示范院校的特殊教育专业从2003年秋季开始招生；根据国家要求建立残疾儿童少年义务教育目标责任制，各部门共同努力推动特殊教育事业进一步健康发展，其中民政部门组织儿童福利机构和社区服务机构为残疾儿童少年提供指导、咨询等服务。

在开展特殊教育中，四川省各地按照政策，结合自身实际采取各种举措，切实保障特殊教育的顺利施行。德阳市规定每位盲童入学每学年（按10个月计算）市财政补助1200元，盲童所在县（市、区）财政补助1200元，市教育助学基金和市残疾人福利基金各补助160元，不足部分由学生家长负担。家庭确有困难的盲童所在县（市、区）民政部门给予补助，千方百计保证适龄盲童接受义务教育。遂宁市规定各县（区）民政局对在校视残儿童纳入社会救济，每生每月给予生活困难补助50元。成都市规定新建一所特教学校，由教育局补助30万元，新建特殊教育中心补助5万元，开办一个特教班补助2000—4000元，并要求区（市）县加倍配套资金；同时对从事特殊教育的干部教师实行特殊教育岗位补贴。

四川省儿童福利机构，绝大部分都建立了特教班，每年有近700名残疾儿童接受不同程度的特殊教育。此外还在社区建立了200多个特教班，57个弱智学校，每年为2000多名残疾儿童提供特殊教育。福利院、儿童福利院的视力、语言残疾孤儿入学率达95%以上，智力残疾孤儿入学率在85%以上。

2003年3月14日，省教育厅、省民政厅、省残联下发《关于表彰四川省“九五”期间特殊教育先进县（市、区）和先进工作者的决定》，授予什邡市等27个县（市、区）“四川省‘九五’期间特殊教育先进县（市、区）”称号；授予万斌等96人“四川省‘九五’期间特殊教育先进工作者”称号。同时通报了获得教育部、民政部、中国残联表彰的全国“九五”期间特殊教育先进县（市、区）和先进工作者名单。先进县（市、区）即内江市威远县、巴中市巴州区和绵阳市涪城区。3月20日四川省第三次特殊教育工作会议召开，总结交流1995—2000年开展特殊教育工作经验，安排部署2001—2005年的特殊教育工作。

四川省从20世纪80年代中期设立特殊教育专项补助费，10多年共投入省级特教补助专款1000多万元，国家补助700多万元，全部用于各级特教学校和特教班建设，推动了特教事业发展。到2001年，四川省有特殊教育教职工1230名，比1990年670名增加83.6%。至2002年底，四川省共有特殊教育学校69所，比1990年34所增加102.9%，在校生14616人，比1990年1500余人增加874.4%。三类残疾儿童少年入学率为74.8%，同期全国普通儿童少年义务教育入学率为99.1%。同时各地开展特殊教育改革，不断探索特殊各地教育办学模式，走出一条把科学文化教育、职业技术培训、康复训练、健康心理教育、社会就业安置紧密结合的路子。绵阳市涪城区特教校、南充市特教校的毕业生每年全部安排就业，受到用人单位欢迎，残疾孩子家长踊跃送孩子上学，取得可喜教育效果。

第五章 社会福利企业

1986—2005年，为安置具有一定劳动能力的残疾人集中就业，四川各地开办了一批社会福利性质的特殊企业。通过举办社会福利企业，有效解决残疾人就业、改善和提高社会特殊困难户生活水平，并为国家创造财富，为社会保障事业增加积累，促进社会安定团结和精神文明建设。国家通过对社会福利企业给予政策扶持和保护，使福利企业得到生存和发展，其性质是对有劳动能力的残疾人实行的一项特殊的社会保障政策。

第一节 政策扶持

1985年，省政府批转《四川省民政厅关于进一步保护扶持社会福利生产的请示的通知》，要求各地加强对社会福利生产的保护扶持，把社会福利生产纳入社会发展总体规划。切实解决社会福利生产的产、供、销问题；发挥大、中型企业的优势，地区计委（计经委）要组织国营大、中型企业进行对口支援，帮助福利企业进行技术改造；福利企业用于技术改造、设备更新的资金，主要靠企业不断提高经济效益解决，民政部门和各级财政部门、银行应给予扶持；社会福利企业的税收，国家给予特殊照顾，按财政部和国家税务总局以及四川省的有关规定办理；各级人民政府要加强对盲聋哑残疾人员就业安置工作的领导，坚持国家和社会相结合、以社会为主的方针，通过多种渠道逐步解决有一定劳动能力的残疾人员的就业问题；为了提高福利企业的素质，人事、计划部门要根据社会福利企业的需要，每年分配给适当数量的大、中专毕业生。同年4月，省计经委、省民政厅、省财政厅、中国人民银行四川省分行、省物资局转发国家计委、国家经委等六单位《关于进一步保护和扶持社会福利生产的通知》，要求各地按照通知精神，结合本地区实际，对社会福利生产给予必要的扶持和帮助，落实各项保护政策，使社会福利生产在经济体制改革中得到更好的巩固和发展。

1987年5月，省民政厅转发中国人民银行四川省分行《关于对民政部门福利工厂贷款给予优惠利率的批复》，规定民政部门举办的城乡社会福利工厂贷款的优惠利率，按流动资金、固定资产贷款相应档次的基准利率下浮20%。重庆市各级民政部门狠抓社会福利生产保护扶持政策的落实，对过去出台的政策进行了全面检查清理落实，从多方面帮助福利企业解决缺资金、缺材料、缺能源等困难。并决定从1989年起每年拨出50万元作为扶持发展福利生产的专项基金。

1994年5月，省民政厅转发民政部《关于转发财政部、国家税务总局〈关于企业所得税若干优惠政策的通知〉和〈关于对福利企业、学校办企业征税问题的〉的通知》，要求各地协助福利企业落实好优惠政策。通知规定对民政部门举办的福利生产企业减征或者免征所得税。2003年6月，四川省财政厅、四川省物价局转发财政部、国家计委《关于不同意收取社会福利企业（机构）证书工本费的复函》，规定社会福利企业（机构）证书工本费由省财政安排经费解决，各级民政部门不再收费。

四川省坚持落实国家制定的各项优惠政策，并结合本地实际为福利企业制定相应的扶持保护政策，为福利企业的发展创造了良好的政策环境，促进了社会福利企业的发展。2005 年四川省社会福利企业减免税基本情况见表 6－11。

2005 年四川省社会福利企业减免税基本情况统计表

表 6－11　　　　单位：人、万元

序号	地　区	企业合计	职工总数	残疾职工数	实际纳税总额	减免税总额
1	成　都	298	10775	4916	22127. 3	19396. 2
2	自　贡	168	4931	2202	4182. 9	5137. 6
3	攀枝花	44	2576	1192	7369. 1	8304. 3
4	泸　州	36	1027	471	530. 2	768. 6
5	德　阳	100	3912	1778	11508. 6	12566. 8
6	绵　阳	66	1530	708	1407. 6	1600. 7
7	广　元	33	760	354	1268. 3	1272. 7
8	遂　宁	10	216	110	91. 9	48. 3
9	内　江	126	3427	1582	4246. 6	4557. 2
10	乐　山	46	1638	757	2448. 6	2651. 2
11	南　充	20	768	370	306. 4	230. 3
12	眉　山	31	2096	973	1429. 4	1711. 9
13	宜　宾	36	4800	2356	4098. 4	11260. 9
14	广　安	7	406	198	436. 2	402. 0
15	达　州	59	2762	1269	6578. 1	6501. 9
16	雅　安	6	176	86	50. 3	1685. 0
17	巴　中	6	137	68	128. 5	116. 4
18	资　阳	53	2555	1150	1074. 6	1144. 1
19	凉　山	14	349	168	323. 2	406. 9
20	省　级	12	376	166	849. 4	902. 1
合　计		1171	45217	20872	70455. 7	80665. 2

第二节 生产与管理

四川省的社会福利生产，起步于20世纪50年代的一批生产自救组织。20世纪80年代得到进一步发展。

1988年，省民政厅转发民政部《关于对社会福利企业进行全面清理整顿的通知》，要求各级民政部门参照农村救灾扶贫福利企业清理整顿方法，对城镇社会福利企业进行全面清理整顿，整顿的重点是摸清企业的基本情况，明确企业的性质；端正办厂方向；检查利税的管理使用；清理冒牌企业。1989年7月，省民政厅转发民政部《关于进一步抓好社会福利企业清理整顿工作的通知》，要求各地按照规定理顺福利企业性质和隶属关系；上够企业生产人员中的残疾职工，一般不得少于50%，最低必须达到35%；调整充实、加强领导班子；搞好企业内部经营承包责任制，建立健全各项规章制度，加强企业利税的管理使用；严肃处理贪污、舞弊等问题；开展双增双节活动。

1989年，四川省城市社会福利企业坚决贯彻治理整顿和深化改革的方针，面对市场变化情况，及时采取相应措施，朝着治理整顿方向发展，四川省1013个城市福利企业，1989年完成总产值（营业额）32354.29万元，实现利税2772.78万元，分别比上年增长11.09%、12.09%。各地严格控制投资规模，狠抓调整和整顿，提高产品质量和企业素质。乐山市利民保健用品厂，在资金十分紧缺的情况下，紧中求活，少中求好，不断开发日化系列产品，全年完成产值250万元，实现利税36万元。四川省城市福利企业通过清理整顿，清理冒牌企业50个，约占总数的4.93%，初步理顺了归口管理关系，端正了办厂方向，企业管理逐步制度化，企业素质普遍提高。

1991年4月，省民政厅、省税务局转发《民政部、国家税务局关于深入开展社会福利企业清理整顿工作的通知》，要求各地成立由民政、税务部门组成的联合验收小组，负责对本辖区内的各种类型的福利企业进行清理整顿的验收工作。对验收合格的企业，凡残疾人员占生产人员总数比例达到35%以上的，由县（市、区）以上（含县、市、区）民政部门发给“四川省社会福利企业证书”；残疾人员占生产人员总数比例未达到35%的企业，属城镇的发给“民政经济实体证书”；属农村的发给“救灾扶贫经济实体证书”。

四川省城乡扶贫福利企业在深化改革中，1991年开始向“以管理为主，稳步发展”的阶段转变，并开始“质量、品种、效益”年活动，强化管理，狠抓技术进步，提高效益。四川省城乡扶贫福利企业完成产值10.2亿元，首次突破10亿元大关，实现利税7973万元，超额完成计划指标。其中城市社会福利企业产值5.34亿元，利税4173.1万元，分别比上年增长39.2%和32.3%；农村救灾扶贫福利企业产值4.87亿元，利税3800万元，分别比上年增长52.8%和41.8%。

1992年，四川各地贯彻全省扶贫福利生产工作会议精神，坚持“以加强管理为主，稳步发展为辅”的方针，坚持深化福利企业改革，转换经营机制，对仍实行事业单位企业管理的福利企业进行转企试点，待取得经验后逐步推广。同时重视建立城市社会福利企业发展基金和农村救灾扶贫福利企业发展基金，加强对重点企业的扶持。加快技改步伐，提高产品质量，增强企业的竞争能力和发展后劲。是年，四川省城乡扶贫福利企业共完成产值15.3亿元，利税1.24亿元，提前3年完成“八五”计划所确定的产值、利税目标。其中农村扶贫福利企业完成产值7.1亿元。利税6599万元，城市福利企业完成产值（含营业额）8亿多元，实现利税5790多万元。

1993年3月11日，省民政厅、省计委、省财政厅等9个厅局印发《四川省社会福利企业管理暂行办法》，对社会福利企业的性质、权利和义务、管理等作了明确规定，把福利企业管理工作纳入正规化、规范化、科学化的轨道。4月13日，省民政厅、省税务局根据民政部、国家税务局有关文件规定，结合四川实际，印发《四川省社会福利企业年检认证实施办法》，建立起对福利企业实行统一的年检和认定制度，进一步加强了全省社会福利企业的监督管理。12月，四川省社会福利、救灾扶贫企业达2689个，职工人数达7.3万多人，其中安置残疾人2.3万多人，产值（营业额）和利税均有大幅度增长。其中有10家企业分别进入全国民政系统500家最大经营规模和500家最佳经济效益福利企业行列。一些地区的社会福利、救灾扶贫企业成为当地经济建设生力军。

1994年11月，省民政厅、省国税局、省地税局下发《关于我省新办社会福利企业审批有关问题的通知》，规定1994年1月1日以后新办的社会福利企业须报省民政厅、省国税局、省地税局检查确认，以加强对社会福利企业的管理。新办社会福利企业的主办单位按照《四川省社会福利企业管理暂行办法》的规定上报有关材料，并填写《四川省社会福利企业审批表》，送当地县（市、区）民政、国家税务、地方税务部门审查核实。经审查核实凡符合社会福利企业条件的，由县（市、区）民政局将《四川省社会福利企业审批表》报市（地、州）民政局汇总上报省民政厅，经省民政厅、省国税局、省地税局检查确认后，由省民政厅发给《社会福利企业证书》。当地国家、地方税务局部门凭《社会福利企业证书》，办理减免税手续，并按有关规定返还增值税。

四川省各级民政部门为努力适应“两个根本性转变”（经济体制从传统的计划经济体制向社会主义市场经济体制转变；经济增长方式从粗放型向集约型转变）的需要，加强对社会福利、救灾扶贫企业的指导、管理和服务工作，狠抓技术改造，调整产品结构，提高产品质量，增强市场竞争力，社会福利、救灾扶贫企业的两个效益有了进一步提高。1996年1—6月，四川省社会福利、救灾扶贫企业共完成产值（含营业额）19.24亿元，实现利税1.61亿元，分别比1995年同期增长15.55%和26.01%。8月15日，省民政厅、省国税局、省地税局转发民政部、国家税务总局《关于统一换发〈社会福利企业证书〉的通知》，要求凡在1995年12月31日前领取了《社会福利企业证书》，并通过年检的企业，以及从1996年1月1日起经审核批准新办的社会福利企业，均须统一换发《社会福利企业证书》。换证工作由省民政厅组织实施，从8月30日起至10月底结束。新证书实行全国统一格式，由省民政厅统一印制。同时要求各地把此项工作与严格检查清理假冒福利企业结合起来，凡不符合福利企业条件的企业一律不予换发证书。1997年1月，省民政厅、省国税局、省地税局下发《关于我省社会福利企业1996年度年检的通知》，要求各地在1月1日至4月30日期间，按照相关规定和要求对社会福利企业进行1996年度检查。

四川省社会福利企业适应建立社会主义市场经济体制的需要，通过“三改一加强”（改制、改组、改造，加强管理），逐步向建立现代企业制度目标迈进。到1999年底，四川省福利企业发展到1348家，其中民政部门举办的441家，社会举办的907家，共有职工41054人，安置残疾职工15462人，年销售（营业）收入22.7亿元，实现利税2.1亿元。

2000年，四川省各地把福利企业的改革同改组、改造、加强管理结合起来，按照建立现代企业制度的要求，对福利企业的管理体制进行改革，使经营机制不活的情况得到初步扭转。全年福利企业完成产值24亿元，实现利润2亿元，取得较好的社会效益和经济效益。同年6月，省民政厅、省国税局、省地税局转发《民政部、国家税务局关于统一换发〈社会福利企业证书〉的通知》，要求在7月1日至10月31日期间，对全省1999年12月底以前领取《社会福利企业证书》，且年检合格的所有社会福利企业，以及从2000年1月1日起，经审核批准新办的各类社会福利企业进行统一换证。新证书有效期从2001年1月1日到2003年12月底，有效期3年。同时要求各地要把换证工作和严格清理假冒福利企业工作结合起来。

2001年12月，省民政厅下发《关于认真贯彻民发〔2001〕337号通知精神切实做好福利生产管理机构稳定工作的通知》，要求各地遵照执行民政部转发财政部、国家计委的《关于公布取消部分涉及乡（镇）（集体）企业负担的行政事业性收费项目暨做好相关工作的通知》，在取消社会福利生产管理费后，要求各级民政部门继续认真履行对本地区社会福利生产的指导、管理和监督检查职能，保证福利生产管理工作正常开展，促进福利生产健康有序发展。是年，四川省社会福利企业发展到1096家，有职工34806人，其中安置残疾职工15074人，实现销售收入27.76亿元，创利税2.45亿元。

四川省社会福利企业在国家政策的指导下，经过了一系列的改革和发展，企业的经营思想、经营方式、经营机制都有了新的转变，企业的活力得到进一步增强，企业实体有了一定的发展，整体实力有所增强，经济结构发生较大变化，初步形成多种经济成分并存的新格局。截至2002年，四川省有社会福利企业974家，职工32155人，安置残疾人13184人，年销售收入（营业额）325711万元，实现利润18199.8万元，实现税收16308万元（其中退税13613万元），取得较好的经济效益和社会效益。同时四川省社会福利企业存在一系列问题：生产经营机制不活，以国有、集体所有制为主体，股份制比例不足20%；生产规模小，生产效率低。成都市10人以下的福利企业有56个，占企业总数的18%，有的企业只有4个人，产品科技含量低，企业效益差，20%的福利企业亏损；企业退税不及时，造成企业流动资金不足，扩大再生产困难；发展不平衡，全省的福利企业，成都、自贡、内江三市就占了一半，广安、巴中两市不足10家，甘孜、阿坝两州为空白；残疾职工工资普遍偏低。

2003年，省民政厅、省国税局、省地税局对2002年全省的1131家福利机构进行年检，其中合格1099家，取消32家。同时审批新办福利机构109家；根据民政部、国家税务总局要求，换发《社会福利企业证书》1208本；对成都、德阳的部分福利企业进行检查和调研，并撰写出《浅论社会福利企业改革与发展步伐》的调研文章。

根据国家政策和《四川省福利企业年检认证实施办法》，2004年3月，省民政厅组织对2003年度的全省社会福利企业进行年检认证。通过对社会福利企业一年一度的年检认证，加强社会福利企业的监督管理，端正福利企业办厂方向，维护和保障福利企业和残疾人合法权益，严肃国家税收政策，保证福利企业持续稳定健康发展。面对新办福利企业规模逐渐增大，所经营产品的技术含量、附加值、利润率提高的情况，四川省各级民政部门调整管理思路，从源头和细节上加强管理和监督，加强与当地政府和税务部门沟通联系，形成合力共管。成都市民政局与地税局建立联络制度，每月坚持对企业安置残疾人的详细情况进行了解，互通信息，杜绝残疾人多单位重复登记使用的现象。同时借省民政厅统一换发福利企业证书的时机，对所有福利企业逐个摸查，与税务部门一同对未按规定使用残疾人的福利企业进行及时处理。自贡市民政局福利生产管理办公室充分发挥其管理职能，联合税务部门，通过年检认证、随机抽查、行政监督、舆论宣传、群众举报、福利企业资料信息共享相结合的办法，严格认证标准和条件，加大对社会福利企业的监管力度，坚决打击和清理假冒福利企业，堵塞漏洞，确保合格的福利企业依法及时享受退税的优惠政策。

1986—2005年四川省社会福利企业基本情况见表6－12。

1986—2005年四川省社会福利企业（民政部门）基本情况统计表

表6－12　　　　单位：个、人、万元

年份	合计						国有				集体			
	单位数	职工人数	残疾职工人数	销售（营业收入）	纳税总额	利润总额	单位数	职工人数	残疾职工人数	利润总额	单位数	职工人数	残疾职工人数	利润总额
1986	2429	58389	13890	—	—	1637.0	250	15529	5297	587.1	2179	42860	8593	1049.9
1987	2356	58000	9410	—	—	2293.7	239	11298	4705	880.9	2117	46702	4705	1412.8
1988	2356	69909	21202	—	—	3358.1	489	26827	10002	1468.0	1867	43082	11200	1890.1
1989	2174	57206	17916	—	1109.0	3357.1	538	21330	6910	1680.0	1636	35876	11006	1677.1
1990	2069	34599	18761	—	1019.2	3096.8	429	18682	6606	1180.2	1640	35917	12155	1916.6
1991	2121	59870	20176	—	1350.6	4109.1	492	22959	7972	1660.5	1629	36911	12204	2448.6
1992	2262	64549	22639	—	2249.1	6367.1	507	23867	8359	2729.6	1755	40682	14280	3637.5
1993	2793	73879	25421	—	—	7995.6	589	25944	8395	3015.1	2204	47935	17026	4980.5
1994	3187	83458	29691	—	—	10088.4	575	26137	9794	4324.8	2612	57321	19897	5763.6
1995	3267	86552	31581	—	—	11356.2	597	25933	8777	3392.2	2670	60619	22804	7964.0
1996	3302	84744	9475	—	—	14493.2	595	25667	8753	4593.2	2707	59077	722	9900.0
1997	1924	44635	16832	245783.0	8362.0	6526.4	447	13961	5054	1623.6	1477	30674	11778	4902.8
1998	1666	46128	16910	254306.0	9398.3	7171.1	375	13156	4480	2102.0	1291	32972	12430	5069.1
1999	1348	41054	15462	226993.0	12329.0	7761.6	441	15989	5980	3390.7	907	25065	9482	4370.9
2000	1151	36174	13641	258667.0	12312.6	—	—	—	—	—	—	—	—	—
2001	1096	34806	15074	277641.3	13137.4	11385.1	—	—	—	—	—	—	—	—
2002	974	32155	13184	325711.0	16308.8	18199.8	—	—	—	—	—	—	—	—
2003	966	29822	13574	282329.3	15436.3	13061.2	—	—	—	—	—	—	—	—
2004	1026	43034	21293	745594.5	94197.3	24027.9	—	—	—	—	—	—	—	—
2005	1071	41129	20802	662596.4	55439.3	32711.5	—	—	—	—	—	—	—	—

说明：1997年前数据含重庆市

第六章　福利彩票

1988年，四川省开始发行福利彩票，从个别试点到全面开花、从靠行政命令促发行发展到运用市场手段经营彩票、从单一票种发展到多票种、从不被群众理解接受发展到广大群众熟悉并参与购买，四川福彩在不断探索创新中快速稳健发展，到2005年，四川省共销售福利彩票172.3亿元，筹集公益金70.7亿元，上缴税金4.2亿元，解决2万多人就业，为四川社会福利事业、慈善事业、公益事业作出重要贡献。1988—2005年，四川福彩事业坚持“扶老、助残、救孤、济困、赈灾”发行宗旨，坚持“公开、公平、公正”原则，坚持取之于民用之于民理念，在探索中前进，在创新中发展。四川福彩是四川民政福利事业的重要组成部分，购买福利彩票是广大群众值得信赖的健康的精神娱乐方式。四川福彩的管理体制按各市（州）福利彩票发行管理机构的功能和名称演变，总体趋势是对市（州）福利彩票发行机构的管理逐步从以市（州）民政局管理为主，发展演变为以省福彩中心垂直管理为主。管理手段逐步从以行政命令为主，发展演变为以市场手段为主、以行政手段为辅。

第一节　彩票发行

一、福彩发行

1987年12月22日，省政府批准成立四川省社会福利有奖募捐委员会筹备组，同时确定在攀枝花、绵阳两市开展福利有奖募捐活动试点。1988年7月7日，四川省推出首批社会福利奖券共400万元，在成都、自贡、德阳等近10个地、市发行。同年8月，四川省社会福利有奖募捐委员会正式成立。在此期间由于彩票作为一个新生事物，群众对其知之甚少，购买十分谨慎，彩票发行初期发展速度相对缓慢，年销量呈慢速稳步增长态势。经过各级民政部门和彩票发行工作人员的大力宣传发动，使社会各界逐渐认识到国家发行福利彩票的意义和作用，由不甚理解到踊跃参加。1995年，四川省共发行福利彩票2.4亿元。成都市曾创造单天销售即开型福利彩票2000万元的成绩。内江、南充、乐山、德阳、自贡、达川、宜宾、绵阳等9市（地）当年福利彩票销量均超过1000万元。1996年，四川省共发行福利彩票3.47亿元。自贡、泸州、德阳、绵阳、内江、乐山、达川等7市（地）销量突破2000万元。1997年，随着对即开票发行工作规律的认识逐步深入，四川省彩票发行工作进入快速发展阶段。尤其是即开票大奖组销售方式的成功运用，推动了彩票事业快速发展。在推出电脑型彩票以前，四川省福彩在与体育彩票公平竞争的过程中一直占明显优势。发行即开型彩票，在广大群众中树立起福利彩票良好的社会形象。1998年12月23日，四川省机构编制委员会办公室同意四川省社会福利有奖募捐委员会办公室增挂四川省福利彩票发行中心牌子，实行一个机构、两块牌子，负责组织、指导四川省福利彩票发行。2000 年 1 月 28 日，四川省推出“巴蜀风采”电脑福利彩票。初期玩法为 36 选 7。电脑福利彩票的推出，标志着四川省福利彩票发行工作进入一个新的历史阶段。由于与即开型彩票相比电脑彩票具有发行方式更科学、发行范围更广泛、能实现连续销售、奖金更具吸引力等特点和优势，故推出电脑彩票大大加快了四川省福利彩票的发行步伐。2002 年，改革福彩系统内部管理体制，成立 19 个受省中心直接领导的市（州）网点管理站。初期由于电脑彩票与即开型彩票存在显著区别，广大群众和彩票发行系统的同志对其都有一个逐步认识、掌握规律的过程。在电脑型福利彩票推出的初期，四川福彩经历了一个不断克服各种困难和挑战，曲折前进的发展过程。2002 年是四川电脑福利彩票销量最低的一年，年仅销售 5700 万元。2003 年完成电脑票技术系统全热线升级；同年 2 月 16 日全国联销“双色球”在四川成功上市销售。2004 年以后，四川福彩事业进入了快速、稳健发展阶段，年销量逐年快速增加。2005 年，四川省福利彩票发行按照强化管理、完善体制、更新理念、创新形式、规范站点、稳步推进福利彩票发行销售的思路，全面启动福利彩票发行管理 ISO 9001 国际质量认证管理体系，实行程序化、标准化管理，不断提高福利彩票发行管理水平，完善福利彩票发行管理体制；科学合理配置市场资源，扩大销售网络规模，升级更新销售系统，确保销售发行安全。是年，四川省福利彩票销售投注站达到 2500 个；创新彩票品种发行和销售形式，扎实抓好福利彩票新品种的营销推广，加强营销宣传，扩大彩民群体，重点强化 3D 游戏新彩票品种的销售发行推广，稳步推行“中福在线”试点销售工作，使双色球和 3D 彩票等主力品种销售同步大幅度增长，年销售总量达到 10.6 亿元，首次突破 10 亿元大关。省民政厅获得民政部福彩组织工作一等奖，筹集福利公益金 3.5 亿多元，销售量和公益金比 2004 年增长 132%；省本级共安排福利资金 4000 万元，比 2004 年省本级筹集安排福利彩票公益金 2316 万元增长 72.71%。

二、福彩管理

1987 年 12 月 22 日，省政府批准成立四川省社会福利有奖募捐委员会筹备组，1988 年 8 月，四川省社会福利有奖募捐委员会正式成立。社会福利有奖募捐委员会由副省长牵头挂帅、各相关厅局单位主要领导担任委员会委员，该委员会下设办公室具体承担福利彩票各项业务工作。四川省成立社会福利有奖募捐委员会及下属办公室后，各市（州）先后设立本市（州）社会福利有奖募捐委员会及办公室，负责组织当地社会福利彩票的发行、管理。1998 年在四川省社会福利有奖募捐委员会办公室增设四川省福利彩票发行中心牌子，实行一个机构、两块牌子。2002—2004 年，四川省各市（州）电脑福利彩票发行实行网点管理，各市（州）网点管理站负责当地电脑福利彩票的销售网点管理，以当地市州民政局管理为主。2005 年，省民政厅下发《关于进一步加强福利彩票发行和管理工作的意见》，对四川福彩的发行管理体制作出重大调整。各市（州）先后在原网点管理站的基础上成立福利彩票发行分中心，“实行以省为主，条块结合，双重管理的领导体制，形成分工明确、职责清晰、配合协调、高效运转、规范安全的管理体系。”四川福彩对垂直管理体制相配套的收入分配机制、工作机制有力推动了福利彩票发行工作。省中心按照“预算管理、分级核算、自负盈亏、奖惩逗硬”的管理原则先后制定出台《市州分中心薪酬管理制度及实施办法》《分中心主任绩效评价与管理制度》《分中心主任 KPI 指标评价》。这些管理制度的制定和实施，丰富和完善了垂直管理体制，使垂直管理体制的优势得到充分发挥。

1998—2005 年四川省福利彩票销售与筹集公益金基本情况见表 6－13。

1998—2005 年四川省福利彩票销售与筹集公益金基本情况统计表

表 6－13　　单位：万元

年　份	销售额	公益金
1998	17793	4384
1999	31239	7809
2000	55473	16642
2001	19000	5700
2002	13806	4832
2003	28635	10022
2004	45672	15985
2005	106713	37349

第二节　资金管理

国家通过发行社会福利彩票筹集更多的社会福利资金，以实现“扶老、助残、救孤、济困”的目的，促进为老年人、残疾人、孤儿服务的社会福利事业的发展。

社会福利资金的使用和管理，按照财政部、中国人民银行、民政部颁布的《社会福利资金使用管理办法》执行。任何部门、单位和个人，不得以任何理由截留或挪用，并定期向社会公布其收入和使用情况，接受公众监督。社会福利资金纳入财政预算外管理，实行分级使用原则和评审、审批程序。社会福利资金的分配和投放，由各级民政部门的办公、计财、社会福利、救灾救济、社会事务、优抚以及彩票发行机构组成评审委员会对资助项目进行评审。各级福利彩票发行和销售机构，接受国家审计署驻民政部审计局和同级审计机关对福利彩票发行、销售及有关经济活动的审计监督。省、自治区和直辖市民政部门的审计机构对福利彩票的有关经济活动进行审计监督。

1992 年，四川省共筹集福利资金 785 万元，截至 1993 年 2 月投入 300 多万元，资助 80 个社会福利项目，取得较好的经济效益和社会效益。2000 年，四川省共销售福利彩票 5.54 亿元，筹集福利资金 1.66 亿元，是 1988 年之后福利彩票发行销售最好的一年。为管理好彩票资金，四川省福彩中心采取措施，加强对财会人员的培训，定时查账核对，杜绝违反财务管理和账目混乱现象。

2002 年 7 月 12 日，省民政厅下发《关于对 2001 年社会福利基金管理使用情况开展专项执法监察的通知》，并于 9 月中旬派出由省民政厅纪检监察和业务处室组成的两个检查组对成都、自贡、绵阳、宜宾、乐山、南充等城市的“星光计划”专项资金和福利资金的管理使用情况进行检查，对检查结果进行总结，提出进一步改进和完善社会福利资金管理使用工作的措施和意见。

2003 年 12 月 26 日，省民政厅转发民政部《关于进一步加强社会福利彩票发行费、公益金管理使用工作的意见》，要求各市（州）民政局严格按照意见要求认真贯彻执行。意见强调严格执行的相关文件有《国务院关于进一步规范彩票管理的通知》，财政部、民政部《社会福利资金使用管理暂行办法》、财政部《彩票发行与销售机构财务管理办法》、民政部《关于社会福利基金筹集、管理与使用规定的通知》及省民政厅《关于社会福利资金筹集、管理与使用规定》。要求各地加强规章制度建设，规范福利彩票发行费、公益金的管理和使用；按照有关规定，对市（州）、县（市、区）社会福利彩票发行机构的财务管理进行专项检查，形成书面报告；各地民政局纪检监察部门加大对福利资金的监管力度，对那些挤占、挪用、不按规定或超范围使用福利资金、公益金和发行费的现象进行严肃处理并制定整改措施；增加福利资金、发行费使用的透明度，定期向社会公布资助项目和福利资金的使用情况，接受有关部门的行政监督和社会舆论监督、群众监督。

2004年2月，省民政厅对四川省21个市（州）的福利彩票发行费、公益资金管理使用情况进行认真自查，包括“星光计划”专项资金和部、省级福利资金管理使用情况，福利资金管理使用制度建设和措施。为严格执行收支两条线政策，对福利资金管理使用做到专户储存、专项管理、合理安排，省民政厅和各级民政部门结合本地实际制定《社会福利资金管理使用办法》和《“星光计划”项目实施管理暂行办法》等规范性文件，对福利资金的使用和管理作了详细规定，使社会福利资金使用和管理工作走向规范化、科学化。

根据省本级福利彩票公益金使用预算和全省福利事业的发展需要，按照民政部统一部署和《四川省“明天计划”三年规划》总体安排，2004年9月，省民政厅申请核拨2004年省本级福利彩票公益金，决定动用省本级福利彩票公益金600万元，配套“明天计划”实施并资助部分福利事业单位。同年12月省民政厅厅长办公会议研究决定，将省本级彩票公益金200万元拨给绵阳市、遂宁市、宜宾市、凉山州，用于其新建、改造等项目，要求各地专款专用，并及时汇报资金使用情况。

2005年5月8日，省民政厅下发《关于进一步加强福利彩票公益金使用管理工作的通知》（以下简称《通知》），强调进一步规范福利彩票公益金管理使用，确保福利彩票公益金管理有序、使用合规。《通知》要求严格界定福利彩票公益金的使用范围，严禁违规使用；按时拨付和使用福利彩票公益金，不得滞留积存；建立福利彩票公益金管理使用备案制度；加强对福利彩票公益金使用情况的监督管理。同年6月，省民政厅向民政部上报《关于2005年度福利彩票公益金安排计划的报告》。根据四川省福彩中心预测，2005年度四川省可发行福利彩票5亿元，预计筹集公益金7500万元。按照《四川省社会福利事业“十五“发展计划和2010年远景规划》确定的发展目标。2005年度四川省将在做好国有社会福利机构危房改造，完善其收养、收治条件基础上，集中力量资助福利机构空白县（市、区）兴建一批国有社会福利机构，发挥其示范、辐射作用。同时拿出一部分资金资助民办福利机构建设，加速推进社会福利社会化进程，积极稳妥地做好“明天计划”实施工作。同年9月，省民政厅在各地自查的基础上对2004年福利彩票公益金的使用情况进行抽查，向民政部上报《关于2004年福利彩票公益金使用情况的报告》。2004年度四川省共得到民政部福利彩票公益基金资助947.46万元（其中用于“明天计划”370万元），省本级筹集福利彩票公益金2316万元（其中用于“明天计划”460万元，农村医疗救助200万元，“民办公助”试点40万元），市（州）筹集3754.28万元。共资助项目271个（其中部级资助28个，省本级资助106个，市州资助137个）。在管理和使用福利彩票公益金工作中，四川省严格遵循福利彩票“扶老、助残、救孤、济困”宗旨，切实做到专款专用；及时拨付福利彩票公益金。省民政厅不定期对各地福利彩票公益金管理使用情况进行专项抽查，切实加强对福利彩票公益金的监管力度。并加强工作指导，理顺福利彩票公益金管理体制。通过省民政厅督促，内江市从2005年6月1日开始将福利彩票公益金的管理由市募捐办移交给内江市社会福利救济科管理。

2005年，四川省共发行福利彩票10.67亿元，筹集公益金3.73亿元，利用福利彩票公益金资助项目442个（其中，部级福利彩票公益金资助37个，省本级资助211个，市州资助231个）。2000—2005年，四川省共销售福利彩票26.93亿元，筹集福彩公益金8.984亿元，主要资助为老年人服务的“星光计划”和为孤残儿童手术的“明天计划”。共资助446个项目，增加床位2662张。所有福利资金均严格按照规定专款专用，真正做到了每笔公益金真正为老年人、残疾人、孤儿和弃婴等特殊困难群体服务。

2004年四川省本级福利彩票公益金分配方案见表6－14，2004年度四川省福利彩票公益金使用情况见表6－15，2001—2005年四川省福利彩票公益金筹集使用情况见表6－16。

2004年四川省本级福利彩票公益金分配方案一览表

表6－14　　单位：万元

地　区	单　位	补助理由及项目	金　额
绵阳市	平武县社会福利院	危房、搬迁	30
遂宁市	射洪县社会福利院	新建	30
宜宾市	珙县社会福利院	新建	50
凉山州	州精神病医院	医技楼危房改造	30
省本级	省“明天计划“办公室	残疾孤儿手术康复配套经费	400
	省肢体伤残康复中心	新建康复楼添设施	60
合　计			600

2004年度四川省福利彩票公益金使用情况统计表

表6－15　　单位：个、万元

地区＼指标	资助金额					资助项目
	部级资助项目	部明天计划	省明天计划	省级资助	市(州)资助	
成都市	—	—	30	170	1123.20	省6个；市12个
自贡市	—	30	15	55	89.00	部1个；省3个；市4个
攀枝花	—	—	20	50	426.00	省2个；市4个
泸州市	7	—	15	50	113.50	部1个；省4个；市3个
德阳市	35	20	15	50	116.50	部2个；省4个；市1个
绵阳市	50	40	25	120	247.00	部2个；省6个；市8个
广元市	—	50	25	85	233.00	部1个；省6个；市14个
遂宁市	25	50	25	130	48.50	部2个；省9个；市7个
内江市	57.79	—	20	55	206.07	部2个；省3个；市23个

续表 6－15

地区＼指标	资助金额					资助项目
	部级资助项目	部明天计划	省明天计划	省级资助	市(州)资助	
乐山市	70.10	—	20	110	168.00	部 3 个；省 7 个；市 9 个
南充市	20	—	20	120	151.00	部 1 个；省 8 个；市 6 个
眉山市	—	—	15	40	100.00	省 3 个；市 1 个
宜宾市	20	30	20	140	259.00	部 2 个；省 5 个；市 21 个
广安市	—	20	20	35	83.57	部 1 个；省 3 个；市 4 个
达州市	1.30	20	30	85	79.00	部 1 个；省 4 个；市 4 个
雅安市	50	40	20	95	50.50	部 2 个；省 5 个；市 5 个
巴中市	—	20	25	55	22.93	部 1 个；省 3 个；市 1 个
资阳市	141.57	—	30	55	96.50	部 2 个；省 3 个；市 1 个
阿坝州	10	—	20	75	3.48	部 1 个；省 6 个
甘孜州	—	—	20	30	2.72	省 3 个；市 1 个
凉山州	89.70	20	30	115	134.78	部 3 个；省 8 个；市 8 个
省本级	—	30	—	136	—	省 5 个
合　计	577.46	370	460	1856	3754.28	部 28 个；省 106 个；市 137

2001—2005 年四川省福利彩票公益金筹集使用情况统计表

表 6－16

年度	福利彩票销售总额（元）	筹集福利资金总额（元）	其中省本级使用（万元）	资助项目（个）	增加床位（张）
2001	187923826	28188573	1064.00	52	814
2002	138067700	20710155	1080.00	41	280
2003	286358860	42953829	1002.00	36	451
2004	456726606	68508990	2316.00	106	795
2005	1067000000	160050000	3999.65	211	322
合　计	2136076992	320411547	9461.65	446	2662

第七章　慈善义举

四川省慈善总会是由四川省内外热心慈善事业的社会各界人士、企事业单位、慈善组织和有关社会团体自愿参加的全省性社会团体。宗旨是发扬人道主义精神，弘扬中华民族扶贫济困传统美德，广泛动员社会力量，开展多种形式的慈善募集活动和救助工作，接受国内外各种形式的慈善捐助，帮助社会上的孤老、孤儿、受灾群众和其他有特殊困难的群体和个人，为推动社会公平进步，促进精神文明建设服务。四川省慈善总会把筹集资金放在头等重要的位置，在筹集资金过程中，坚持“自愿捐赠、不搞摊派”原则，充分发挥慈善总会领导、顾问、理事作用，多形式筹措资金，取得较好效果。

第一节　慈善组织

1995年7月7日，四川省慈善总会第一次会员代表大会在成都召开，四川省政协主席聂荣贵、省人大常委会副主任王叔云、省政协副主席罗元俊、省老领导廖伯康出席大会。会议由原省民政厅机关党委书记王仁远主持，省民政厅厅长、四川省慈善总会筹备组组长李洪仁作筹备工作报告。大会通过《四川省慈善总会章程》；选举产生第一届理事会理事、常务理事、会长、副会长、秘书长。副省长欧泽高当选为四川省慈善总会第一届会长；分别聘任聂荣贵、廖伯康为名誉会长；省人大、省政府、省政协和省级相关部门领导担任高级顾问、顾问。

1996年10月9日，四川省慈善总会在成都召开理事扩大会，总结四川省慈善总会成立后的工作，部署新的任务，增补省民政厅厅长姜保山为本会理事、常务理事、常务副会长，副教授杨淑琴为本会理事、常务理事、副会长。

1998年7月，四川省慈善总会在成都召开3周年纪念大会，省委副书记、省长宋宝瑞出席大会并讲话。

2004年2月10日，四川省慈善总会在成都召开第二次会员代表大会。会议由省政府秘书长李洪仁主持，会议通过四川省慈善总会《工作报告》《财务工作报告》《关于修改章程的说明》，选举产生新一届理事会成员。副省长张作哈当选为四川省慈善总会第二届会长；分别聘任省委书记、省人大常委会主任张学忠，省委副书记、省长张中伟，省政协主席秦玉琴为名誉会长。省委、省人大、省政府、省政协和省直相关部门领导担任高级顾问、顾问。

2005年2月，省慈善总会在成都召开常务理事会，总结总会换届后的工作，部署新的任务，增补省民政厅厅长黄明全为本会理事、常务理事、常务副会长。同年6月，为适应社会经济形势发展需要，促进四川省慈善事业和四川省慈善总会的快速发展，经省民政厅党组研究决定，成立四川省慈善总会办公室筹备组（以下简称筹备组），承担四川省慈善总会的日常工作。此后在省民政厅的领导下，在社会各界的大力支持和全体同志的共同努力下，开展一系列的慈善活动，加强与国际慈善机构的交流合作，广泛募集善款，实施慈善救助项目，在社会各界引起强烈反响。

2005 年 12 月 19 日，由省政府和中华慈善总会共同主办的四川慈善大会暨2005 四川慈善发展高层论坛（以下简称大会暨论坛）在成都召开。大会暨论坛分两个部分：上午举行四川慈善大会，下午举行慈善发展高层论坛。全国政协副主席黄孟复专程到川出席大会并作讲话，中华慈善总会和省委、省人大、省政府、省政协等“四大班子”主要领导出席大会并讲话；全国人大常委会副委员长蒋正华和民政部先后致贺信、贺电；会上对四川省2005 年度四川“十佳”慈善企业和“十佳”慈善之星给予表彰并向在“扶贫济困送温暖捐助活动”中表现突出的6 家捐赠单位代表颁发了荣誉证书；慈善企业代表和慈善事业受益者代表分别作了发言；会议发出《四川省慈善组织行业自律倡议书》《企业界“携手慈善·共创和谐”倡议书》《四川慈善宣言》。在下午的慈善发展高层论坛上，副省长、四川省慈善总会会长张作哈致辞。来自境内外的15 位专家学者、慈善组织负责人和企业界代表分别就“社会和谐与慈善组织建设”“企业社会责任”两个主题进行了精彩的演讲，内容丰富，论述精辟，给人启迪。来自国家发改委宏观经济研究院的研究员丁元竹和省委党校副校长郭伟在论坛上作点评。2005 年，为推动四川省慈善事业进一步发展，各级党委政府把慈善事业纳入国民经济和社会发展规划，制定和完善加快慈善事业发展的政策措施，初步形成政府推动慈善事业发展的格局。引导民间运作、社会参与，使社会捐助力度逐步增大。大力弘扬社会互助新风，广泛发动社会力量参与社会慈善救助，开展社会捐助活动，鼓励企业、个人和其他社会团体创办民间慈善机构，发展壮大慈善组织队伍。四川省民政系统慈善组织达到40 多家，红十字会200 多家。民政系统内初步形成以国家兴办的慈善福利机构为示范、社会力量兴办的慈善福利机构为主体、社区慈善福利服务网点为依托的慈善组织体系。四川省慈善总会加强对各地慈善组织发展的督促和指导工作。截至2005 年底，成都、广元、乐山、南充、巴中、遂宁、广安、雅安、凉山9 个市（州）建立了慈善会，成都市青羊区、邛崃、绵竹、射洪县等部分县（市、区）亦建立了慈善组织。与此同时四川省慈善组织网络建设得到加强，发展会员单位近40 个。四川省慈善总会注重办事机构各项制度建设，逐步建立健全岗位责任制、目标管理责任制，使日常管理工作规范化、制度化、公开化，工作效率不断提高。

第二节　慈善募集

1995—2005 年累计接受慈善捐赠款6500 多万元，接受物资捐赠折合人民币2300 多万元，开展赈灾、济困、助学等多项社会公益活动，资助、受助群众达60 万人次。所接受的善款，根据总会宗旨和工作目标，把筹集的资金全部用在救助人身上，受到政府领导和群众好评。

1995—2005 年四川省慈善总会接收捐赠基金基本情况见表6－17。

1995—2005 年省慈善总会接收捐赠资金基本情况统计表

表 6－17　　　　单位：元

年　份	接收善款	年　份	接收善款
1995	407160.00	2001	450300.00
1996	33000.00	2002	1388718.82
1997	1034450.00	2003	3000217.00
1998	1643981.10	2004	2605583.60
1999	406789.40	2005	9765756.30
2000	10000.00		

第三节　慈善项目

1995 年之后，四川省慈善总会组织实施的慈善项目近 40 项，其范围遍及社会生活的各个领域。各地开展多种形式的捐助活动，四川省民政系统共收到社会捐赠款物计 4.23 亿元，四川省慈善总会累计接收慈善捐赠 1.2 亿元，捐赠物资折合 3000 多万元，受助群众达 100 多万人。特别是在四川慈善大会期间，省慈善总会、省工商联、省民政厅、省国资委联合组织“扶贫济困送温暖”捐助活动，取得明显成效，受到政府领导和群众好评。2005 年四川省各级慈善组织积极实施阳光医疗救助工程、爱心助学工程、赈灾救助等活动，协助实施微笑列车、格列卫工程、光彩事业等系列救助活动。积极拓展国际合作，引进香港宏施基金、世界宣明会等国际慈善组织慈善资金 900 余万元。

一、赈灾救济

在历年抗洪抢险期间，四川省慈善总会组织募捐资助灾区，为受灾群众紧急提供大量的食品、药品、衣被、粮食等生活必需物资。特别是在 1998 抗洪、2003 年非典、2005 年初印度洋海啸灾害期间发挥了重要作用。在恢复生产、重建家园中，帮助贫困山区受灾群众和贫困户修建新房、发展养殖业、种植业、植树造林等，使他们增加收入，摆脱贫困。其间争取国际慈善组织援助资金达千万元。受益受灾群众达 10 万人。2004 年 7 月至 2005 年 6 月，鉴于四川省部分地区受灾严重，四川省慈善总会积极向境内外的慈善机构发出号召，争取到香港宏施慈善基金总价值 716 万元捐赠物资。2005 年 1 月 10—13 日，在雅安市雨城区和凉山州德昌县分别举行 18000 件衣物及 37500 公斤大米发放仪式，受助群众达 2 万多人。2005 年 6 月 11—16 日，分别在德阳、雅安、乐山、自贡、宜宾五市举行“香港宏施慈善基金捐赠衣物发放仪式”。受益五保户达 5 万余人。香港宏施慈善基金总干事刘妙玲一行在当地民政干部陪同下走访五保户，了解他们的生活、住房情况，考察各地五保户房屋建设相关情况，并同总会有关负责人一起就下一步资助五保户建房有关事宜交换意见。

2005 年，达州等市遭受水灾，受四川省慈善总会的邀请，国际救援组织世界宣明会紧急救援主任梁慧美一行 3 人，于 2005 年 7 月 13—16 日赴四川省宣汉县、夹江县等地考察灾情、走访受灾严重的宣汉县普光、黄金两镇和夹江县三洞镇，给灾区的孩子发放慰问品。经过实地考察，世界宣明会确定向宣汉和夹江灾区提供大米和棉被救援计划。8月22—29日，世界宣明会中国办事处紧急救援主任梁慧美、助理紧急救援主任康琛一行7人在总会人员陪同下，分别前往夹江县和宣汉县灾区进行救灾物资发放。此次捐赠物资总计折合人民币196万元，其中夹江县受灾群众发放20万公斤赈灾大米，价值50万元人民币，受助群众1.33万人；向宣汉县受灾群众发放39万公斤赈灾大米，价值100万元人民币，受益群众1.33万人，并给宣汉县5300户受灾群众每户发放1床棉被，总价值46万元人民币。同时世界宣明会与四川省慈善总会协商决定捐赠30.7万元人民币，用于宣汉县90户受灾群众重建房屋。

二、安老助学修桥

四川省慈善总会成立后，所募资金完成一批公益福利项目设施建设。资助社会福利院、敬老院、残疾人康复中心、荣军医院、乡村学校、医院等650个单位，为他们添置冰箱、彩电、床柜、衣被、多功能治疗罐等内部设施，对部分福利机构的房屋进行改造或扩建，改善他们的生活条件。为雅安、内江市福利院解决接送老人交通工具问题。为朱德元帅故乡仪陇县新建慈善爱心桥69座，为邓小平故乡广安市以及雅安市宝兴县、彭州市葛仙山镇新建希望小学各1所。根据四川省各地教育救助的要求，四川省慈善总会筹措专项助学金等善款，为北京京桥大学助学活动，推荐四川省贫困山区全免或半免就读学生45人，参与澳门科大的爱心助学项目，共为澳门科技大学推荐全免大学生5人。先后资助各类贫困学生共计500余人，其中残疾大学生23人，贫困大学生430人。2005年7月，省慈善总会、省民政厅、共青团四川省委、省教育厅、省福彩中心共同发起首届“放飞梦想，托起四川希望的明天”——2005四川慈善·福彩帮困助学活动，共筹集帮困资金200万元，每人一次性支付5000元的助学金，共救助省400名贫困学生。此次活动受到社会各界广泛关注，产生良好的社会影响。开展省“失学女童”调查工作，为省21个市（州）贫困地区小学生捐赠新华字典1万册。实施烛光工程，为贫困地区的乡村学校建立图书室，改善教学设备和环境，四川省有61名贫困地区农村中小学优秀教师荣获教育部、中华慈善总会首届“烛光奖”，有84名贫困教师得到中华慈善总会每人500元的生活补贴。

三、医疗救助

实施国际“微笑列车”项目。通过绵阳市中心医院、泸州医学院附属医院、达州市第二人民医院、川北医学院附属医院、武警四川总队乐山医院、凉山州第二人民医院6家定点医院和各市州民政部门的共同努力，为四川省2000名孤儿、贫困唇腭裂患者免费实施矫治手术，取得良好社会效果。由于四川地域辽阔，特别是凉山、甘孜、阿坝地区唇腭裂患者就医路途远，加之原来确定的定点医院布局不太合理，为缓解这一矛盾，让更多的贫困唇腭裂患者得到手术矫治，经中华慈善总会及美国“微笑列车”项目办公室及专家组考查，新增雅安市陆军37医院、内江市第一人民医院作为“微笑列车”定点医院。为保证项目在四川省的顺利实施，成立以省民政厅厅长、省慈善总会常务副会长担任组长的四川省实施“微笑列车”项目工作领导小组，把该项目纳入民政工作的重要内容，列入目标管理，制定实施计划，加大工作力度。各定点医院成立医疗保障领导小组，并开设“微笑列车”绿色通道，为唇腭裂患者提供一流服务。先后4次召开全省“微笑列车”项目工作会议，统一思想，部署任务。为帮助一些地方无力支付前往定点医院手术的往返路费及医疗麻醉保险费问题，省民政厅专门下发解决配套经费的文件。巴中、达州等市向当地政府写出专题报告，争取专项补助经费，为贫困唇裂患者解决到定点医院治疗的往返路费和生活补贴。“微笑列车”项目的实施，得到党和政府的充分肯定和支持，受到广大人民群众热裂欢迎，给贫困唇腭裂患者减轻了痛苦，给贫困家庭带来了福音。

实施“格列卫”项目。该项目是由瑞士诺华公司资助与中华慈善总会合作的全球援助项目，为城镇低保户、农村特困户患有慢性髓性白血病、胃肠道间质肿瘤的患者实施免费药物治疗，四川省自2003年启动此项工作到2005年9月，四川省慈善总会对31名适应症患者进行了资质核查，最终四川省有21名贫困患者获得免费药物资助。

四、扶贫济困

1995—2005年，四川省慈善总会和各地慈善组织结合元旦、春节和发生重大自然灾害，及时进行救助与慰问，仅2004年“两节”期间，四川省各级慈善组织开展形式多样的扶贫济困送温暖活动，共支付善款近200万元，使3000名贫困人口得到救助。

第七篇　民间组织登记管理

在民政部门登记管理的民间组织，包括社会团体、民办非企业单位和基金会在内的不以营利为目的的社会组织。其职能主要是从事社会服务、社会中介、社会管理和社会公益事业。随着行政管理体制改革的深入、市场经济体制的逐步完善和公民民主法制意识的增强，经济成分、组织形式、就业方式、生活方式的多样化以及城市化进程的加快，人民群众参与公共管理和公共服务的热情不断提高，民间组织呈现出稳中加快的发展态势。

第一章 社会团体登记管理

社会团体是公民行使结社自由权利的产物。中华人民共和国成立后，宪法确定的自由结社原则，为广大人民群众的结社活动提供了可靠的政治保证。

根据国务院颁布实施的《社会团体登记管理条例》，1990 年，省民政厅设立了社团管理处，从事社团等民间组织的登记管理工作。1998 年，国务院《民办非企业单位登记管理暂行条例》颁布实施后，社团管理处在 2000 年的机构改革中改称为民间组织管理处（对外称“四川省民间组织管理局”），业务增加民办非企业单位的登记管理工作。

按照中共中央、国务院和省委、省政府有关加强民间组织工作的精神和要求，结合实际，四川省各级民政部门认真开展民间组织的登记管理工作，在优势行业、重点行业、新兴行业培育发展自主协调、自律管理的新型行业协会 491 个，在农村扶持从事科技推广和应用的农村专业经济协会 550 个，大力培育利用社会资源、开展各项社会公益、慈善事业的公益性民间组织，以及为社区服务、解决社区群众生活困难的民间组织，完成基金会的换证工作，清理全省民办社科研究机构。登记注册的民间组织 22273 个，其中社会团体 11618 个、民办非企业单位 10611 个、基金会 45 个。由于各级民政部门加强对民间组织的培育发展与登记管理，在各级民政部门登记管理的社会团体、民办非企业单位、基金会等民间组织遍布教育、科技、文化、卫生、劳动、民政、体育、环保、行业中介、农村专业经济等各个领域，广布城乡，涉及社会生活方方面面。初步形成门类齐全，层次不同，覆盖广泛的民间组织体系。民间组织在参与四川社会经济建设，激发社会活力、促进社会公平、倡导互助友爱、疏缓就业压力、反映公众诉求、推进公益事业、化解社会矛盾、解决贸易纠纷、促进科教兴国等方面发挥作用。

第一节 社会团体登记

社会团体的登记包括：成立登记、变更登记、注销登记三种。社会团体采取分级登记体制。即民政部登记全国性社团和跨省（市）社团；省（市、区）民政厅（局）登记全省性社团和跨市（地、州）社团；市（地、州）民政局登记全地区性社团和跨县（市、区）社团，县（市、区）民政局登记县级性社团及其以下社团。

中华人民共和国成立后，四川省开始有在各级民政部门登记的社会团体。20 世纪 50 年代为贯彻执行 1950 年 9 月政务院制定的《社会团体登记暂行办法》和 1951 年 3 月内务部制定的《社会团体登记暂行办法实施细则》，四川省即开始对社会团体的登记。当时社团登记的主要任务是搞好清理和登记，经过3年多的工作，除个别地区外，基本清除了国民党反动派遗留在四川的反动团体，同时对符合当时社会需要的人民群众团体、学术研究团体、社会公益团体、文艺团体和宗教团体进行依法登记，确立它们的法律地位，并对它们的合法权益予以保护，使社团走上健康发展轨道。

1954年，第一部《中华人民共和国宪法》载明公民具有结社自由权利。此后历次宪法都作了同样的规定，为社团登记工作提供了法律依据。1968年内务部撤销后，较长时期没有专门的社团登记机构，此项工作由各级党、政部门审批。

20世纪70年代后期至80年代初，各类社团迅猛发展，为了保证社团组织发展的有序性，国务院于1989年颁布《社会团体登记管理条例》，对各类社团的成立条件、登记程序作了明确规定，将社团登记工作纳入法制化轨道。

根据国务院《关于清理整顿社会团体的通知》精神，1991年1月起，四川省对全省社团进行清理整顿和复查登记工作。1997年根据国务院办公厅《转发民政部关于清理整顿社会团体意见的通知》精神，按清理整顿的要求、标准，严格审查。四川省各级各类社团14198个，经过清理整顿，换证登记9255个〔其中全省性社团709个，市（地、州）社团8546个，县（市、区）及其以下社团6015个〕，撤销3424个，合并457个，限期整改及因其他原因未办理登记手续的1062个；分别占总数的65.18%、24.12%、3.22%、7.48%。1997—2000年省、市、县三级共注销、撤销社会团体6465个。同时着重培育适应社会主义市场经济体制需要的社会团体，新审批成立社会团体2000个。四川省社会团体总数，由1997年的16845个，下降到2000年的10380个，数量减少31%；形成优胜劣汰的运行机制，虽然社会团体数量有所下降，但结构、布局、种类趋于合理，质量有了进一步提高。

随着四川省农村经济的快速发展，2000年之后农民自发组织的或农村能人带头的、企业（公司）牵头的、基层政府引导的多层次、多类型的农村经济合作组织不断发展壮大。为了准确了解掌握农村经济合作组织的现状，规范农村经济合作组织的登记管理，促进农村经济合作组织的健康发展，2002—2003年，四川各级民政部门会同农业、水产、畜牧、水利等有关部门组成调研组，在四川范围对各类农村专业经济组织的数量、发展现状和分布情况进行全面的摸底排查。2003年6月，省民政厅、省农业厅、省水利厅、省水产畜牧局、省林业厅、省科协等6部门联合下发《关于加快四川农村专业经济协会登记管理和培育发展工作的通知》，明确农村专业经济协会培育发展和登记管理的指导思想、优惠政策、管理办法、发展措施、组织落实等，并印制3万多册宣传资料发放各级有关部门和各个乡村，同时通过电视、电台、报刊等新闻媒体进行广泛宣传，以推动四川农村专业经济协会的发展。2003年，省民政厅下发《关于农村专业经济合作组织登记问题的通知》，各地在坚持《社会团体登记管理条例》基本精神基础上，从本地区的实际出发，积极采取有力措施，适当放宽农村专业经济协会登记条件，简化登记程序，从资金、技术、人才等方面给予扶持。乐山等地抓跟踪调查，召开现场经验交流会，充分发挥典型导向作用，有力促进农村专业经济协会健康发展。使农村专业经济协会逐步成为农村产业结构调整的有效载体和生力军。以农村技术能手牵头、以技术合作为主要特征，以发展商品经济为目的的新型的技术经济合作组织——农村专业技术协会（以下简称“农技协”）。坚持“民办、民管、民受益”的原则和“自愿、平等、互助、互利”的方针，以利益为纽带，以信息交流、技术服务、销售服务为载体，通过协会章程协调协会和会员之间的利益，形成风险共担、利益共享的运行机制。在推进农业产业化，繁荣农村经济，加快奔小康进程中，引导农民建立新的农业社会化服务体系和贸工农一体化的产业化经营方式，形成联合与合作。在实现农业向商品化、专业化、现代化转变等方面进行积极探索和大胆实践，促进农业科技的推广和进步，推动农业产业化经营，增加农民收入，促进农村三个文明建设等方面做出突出贡献，2005 年四川省农村合作经济组织达 14000 多个，经社会组织登记管理机关登记注册的农村专业经济协会 3200 多个。

通过宣传、培育、发展和优化，到 2005 年四川省登记注册社会团体 11520 个，其中专业性 3213 个，行业性 3343 个，学术性 2835 个，联合性 2129 个。

第二节　社会团体管理

一、常规管理

1990 年，省民政厅设立社团管理处，从事社团登记管理工作。此后加强对全省社会团体的登记管理，其登记注册的各级各类社会团体，涉及政治、经济、科技、文化、教育、卫生、体育等各个领域。负责人由社会团体民主选举产生，工作人员面向社会招聘；经费来源于会费、有偿服务收入、企业赞助、政府拨款和其他收入；工作任务主要有调查研究、信息交流、行业自律、考察培训、技术咨询、产品宣传、行检行评。由于各级民政部门贯彻执行中共中央、国务院的战略决策，切实落实民政部有关民间组织管理的工作部署，按照“一手抓培育发展，一手抓监督管理”的基本方针，在省委、省政府领导下，较好地履行了《社会团体登记管理条例》赋予的职责。

按照中共中央办公厅、国务院办公厅《关于加强社会团体和民办非企业单位管理工作的通知》要求，1996 年，四川省确立了重点发展行业协会、商会和公益性社会团体，从严控制业务宽泛、不易界定的社会团体，禁止设立气功功法类、特定群体类、宗族类、不利于民族团结以及与国家法律法规相悖的社会团体的工作思路，从宏观上把握正确的结社导向。各级民政部门加大宏观调控力度，对那些徒有其名、活动很少、名存实亡和危害社会稳定、违法违纪的社会团体，坚决予以注销和查处、撤销。

1997 年 6 月，四川省根据国务院办公厅《转发民政部关于清理整顿社会团体意见的通知》精神加强对社会团体的清理整顿工作。针对社会团体清理整顿工作涉及面广、政策性强、情况复杂的特点，各地都举办工作人员培训班，加强工作力量。清理整顿期间，认真贯彻中共中央办公厅、国务院办公厅《关于进一步加强民间组织管理工作的通知》精神，各地党政领导组织学习，研究具体贯彻意见下发专门文件部署工作。党政领导的重视，为社会团体清理整顿工作的顺利开展起到重要保证作用。各级民政部门积极与业务主管单位联系配合，及时通报情况，协调解决有关问题，并将清理整顿工作和机构改革结合起来，调整社会团体结构，大力发展行业协会、商会等社会中介组织。整个清理整顿工作，由于民政部的具体指导和省委、省政府的高度重视以及有关部门的密切配合，按清理整顿的要求、标准，严格审查把关，保证清理整顿工作的质量，清理整顿社团工作开展顺利。

在审查和审定工作中，各地坚持依法行政、从严把关。对达不到法定条件的，或内部管理混乱未能正常发挥作用的社会团体，限期整改或办理注销登记；对党政机关领导兼任社会团体负责人职位和社会团体负责人年龄超过规定标准的，按规定审批和调整；对业务宽泛或相同相似的社会团体进行合并；对政治上有问题或严重干扰社会经济秩序的社会团体予以撤销；对非法社会团体予以取缔。各级民政部门密切注意非法社会团体的动向，与有关部门密切配合，做到发现一个取缔一个。仅1998—1999年四川省共查处取缔非法民间组织201个。与此同时，成都、绵阳等地出台发展行业协会文件，加大扶持力度，其他地方亦制订相关培育扶持政策。同时，各地利用登记管理手段，优化行业协会结构，重点扶持帮助优势行业、重点行业、新兴行业和与国际经济接轨密切相关的行业协会。至2005年四川省新登记行业协会1300个，四川省行业协会发展呈现良好态势，自下而上建立的行业协会逐步得到发展，行业协会在反倾销、维护市场秩序等领域发挥着应有的作用。

1990—2005年，四川省各级民间组织登记管理机关每年或两年组织社会团体负责人、财会人员培训班，对社会团体进行以《社会团体登记管理条例》和社会团体管理政策为主要内容的教育培训。社会团体召开年会，会员代表大会，登记管理机关均派员予以指导、监督，促进社会团体工作人员素质提高和行为规范。

二、重点整顿

在坚决打击非法社会团体的活动和及时查处社会团体的违法违纪行为中，1990—2005年，四川省民政部门与有关部门配合，建立综合治理和快速反应机制，努力消除不安定因素和隐患，取缔“四川省奇石联谊会”“四川省川师大校友会”“四川省大学生联盟”非法民间组织，查处“四川省经济发展促进会专家工作委员会”“浙江省乐清市四川商会”等社团的违法违纪行为。初步形成以登记管理机关为主、业务主管单位和有关部门配合，民间组织、人民群众和新闻媒体参与，集“预警、服务、管理、协调”四位一体的覆盖全省的社会团体监管网络。共查处各种违法民间组织279个，对373个擅自设立社会团体分支机构、代表机构的民间组织依法进行处罚，对1831个有违纪行为的民间组织定为年检不合格，并对1746个年检不合格的民间组织予以撤销登记。对于非法民间组织和民间组织的违法活动，各地做到发现一起，查处一起，决不手软。1990—2005四川省共取缔非法民间组织143个。

2000年，在省委、省政府的领导下，四川省各级民政部门贯彻中共中央、国务院和省委、省政府的工作部署，成立以厅（局）主要领导为组长的处理对社会有危害的气功组织领导小组，并抽调精干人员组成办事班子，克服人手少、经费不足等困难，会同体育、卫生、公安等有关部门，对气功类社团进行排查。不少地方充分发挥民政部门管理社区的优势，发动街道、居委会的同志摸清情况，经过反复排查，列出主要气功辅导站点负责人及重要骨干名单，取得准确的第一手资料。各地民政部门与公安部门密切配合，在摸清对社会有危害气功类社团情况的基础上，制定清理整顿实施方案，为取得专项清理整顿工作的全面胜利打下坚实基础。清理整顿期间，四川省各级民政部门和业务主管单位密切配合，形成工作合力。为做好全省性气功类社团清理整顿工作，省民政厅专门召开由有关业务主管单位负责人参加的协调会，听取他们对气功类社团的情况介绍和清理整顿的设想，研究问题，达成共识。通过清理整顿，四川省共注销、撤销气功类社团202个，其中全省性气功类社团7个。全省气功类社团清理整顿工作运行有序，效果明显，形势稳定，未出现任何社会矛盾。

2000年，四川省在社会团体管理中注重抓法制建设，与有关部门配合制定配套的地方性法规，出台社会团体印章管理、票据管理、兴办实体、会费收取标准等方面的配套政策。省民政厅下发《关于重新确认社会团体业务主管单位的通知》，重新确认社会团体的业务主管单位，各市（州）、县（市、区）据此制定相应规定，确保业务主管单位的职责落到实处；在此基础上，要求业务主管单位确定具体分管社会团体的处室和人员，建立联络员制度，完善登记管理机关和业务主管单位双重管理体制。

2004 年，针对四川省社会团体面广量大、层次不一、情况复杂的特点，省民政厅、省委政研室两次组织调查组，对全省大部分市和一些县的社会团体的党建工作进行调查摸底；在调查摸底基础上，草拟《四川省社会团体思想政治工作条例（草案）》，草案对登记管理机关、业务主管单位和社会团体在社会团体党组织建设和思想政治工作方面提出明确要求，以进一步推动社会团体党建工作的深入开展。按照中央要求，2005 年对社会团体提高自律水平和实现社会监督的有效形式进行了有益的探索。在社会团体管理中，督促社会团体建立以章程为主的内部管理制度，健全会员或会员代表大会、理事会、监事会制度，完善民主决策、财务、重大事项报告和接受捐赠公示制度，并把上述内容作为社会团体年检合格与否的一条重要标准，从而使社会团体自我管理、自我约束、自我发展切实得到实现，促进社会团体个体自律，提高社会团体的适应能力和竞争能力。同时，加强登记管理机关机构建设，增加人员编制，配置必要的设备，加快以数据统计、信息采集、综合分析为主要内容的民间组织管理计算机系统的建设和民间组织评估机构与评估体系的建立，为公众查询民间组织信息，发挥社会监督作用奠定坚实基础。

各地在加强社会团体管理工作中，贯彻中组部、民政部有关社会团体党的建设工作的规定，将社会团体党组织建设作为一项重要工作，结合实际进行探索。

在中央实施西部大开发战略的新形势下，2001 年号召社会团体科技兴川，做好“西部”文章，举办各种研讨会、经验交流会，为实现四川跨越式发展目标献计献策，使社会团体真正成为党和政府的参谋助手。

针对社会团体自身人才、技术优势，倡导社会团体面向社会，根据自己的宗旨和任务开展社会化服务，实现经费自给，更好地发挥社会团体中介组织作用。组织社会团体参与重大活动，为社会发展服务。在安排下岗职工再就业过程中，社会团体充分发挥科技优势、信息优势，主动为下岗职工再就业牵线搭桥，举办安置下岗职工再就业供需见面会，深受下岗职工欢迎；在抗洪救灾斗争中，社会团体积极行动，为灾区人民捐款捐物，体现了中华民族的团结互助精神；在扶助贫困学生的“一号工程”中，全省教育基金会一心为“工”，为贫困学生提供资金达2000 多万元；四川省医学会组织专家教授进行义诊活动，帮助患者减轻病痛。为引导社会团体为经济建设和社会服务，促进社会团体扩大影响，进一步发挥社会团体的中介作用，四川省利用媒体、报刊等各种形式大力宣传，扩大社会团体的社会影响，倡导良好社会风气。各地在加强对社会团体正面引导的培育过程中，注意发掘先进，树立榜样，典型引路。一些地方建立每年评比、表彰先进社会团体、优秀社会团体工作者制度，对在经济建设和社会发展中作出较大贡献的由政府给予奖励，经过正面引导培育，一批在两个文明建设中有突出贡献的社会团体不断涌现。

第二章　民办非企业单位登记管理

民办非企业单位是企业事业单位、社会团体和其他社会力量以及公民个人利用非国有资产举办的，从事非营利性社会服务活动的社会组织。它是在社会主义市场经济发育过程中逐渐发展和壮大起来的，主要分布在教育、劳动和社会保障、体育、卫生、科技、文化、民政和社会中介服务等行业，是社会主义现代化建设一支不可缺少的力量，在经济社会发展中发挥着重要作用。

1998年，国务院颁布实施《民办非企业单位登记管理暂行条例》以前，对民办非企业单位的登记管理是各部门自行审批、自行管理，其法律地位没有明确。《民办非企业单位登记管理暂行条例》颁布实施后，民办非企业单位接受业务主管单位和登记管理机关双重管理。国务院民政部门和县级以上地方各级人民政府民政部门是本级人民政府民办非企业单位登记管理机关；国务院和县级以上地方各级人民政府有关部门、国务院或者县级以上地方各级人民政府授权的组织，是有关行业、业务范围内民办非企业单位的业务主管单位。

四川民办非企业单位从发展初期作为政府职能的补充，逐步提升为承接政府社会服务职能的重要组成部分。成为连接政府、企业、市场和个人的桥梁。四川省民办非企业单位的快速发展，为构建和谐社会、促进四川经济社会建设做出突出贡献。

四川启动民办非企业单位复查登记工作后，省民政厅遵循“民间组织培育发展与监督管理并重”的方针，按照国务院《民办非企业单位登记管理暂行条例》和相关政策法规，加强与民间组织业务主管单位协作，坚持依法登记、严格监管、优质服务，促进四川民办非企业单位健康发展。但由于有的地方领导认识和重视程度不够，典型引导和社会舆论宣传不力，加之民办非企业单位相关的扶持政策法规滞后等，从整体上看，四川省民办非企业单位还存在数量虽多，质量尚差，法人治理结构落实不力等问题。

第一节　民办非企业单位登记

为落实民政部《关于开展民办非企业单位复查登记工作的意见》和民政部在广东肇庆召开的民间组织管理工作会议精神，省政府办公厅于2001年4月5日发出《省政府办公厅关于开展民办非企业单位复查登记工作的通知》，决定对所有在2001年3月底之前，由各业务行政主管部门审批成立的各类民办非企业单位进行登记复查。此后，省民政厅开展民办非营利性机构进行登记复查工作。在省政府和各地政府的重视和支持下，经过各级民政部门与业务主管单位的共同努力，自3月20日开始到9月底，四川省民办非企业单位复查登记工作全部结束。在复查登记工作中，全省共受理民办非企业单位复查登记申请7986起，经过严格审查，登记注册的民办非企业单位共计7887个，其中法人1262个，占总数的16%；合伙473个，占登记总数的6%；个体6231个，占登记总数的79%。按民办非企业单位所属行业划分：教育5521个，占登记总数的70%；卫生1420个，占登记总数18%。从民办非企业单位的规模上看，注册资金3万元以下的5284个，占总数的67%；注册资金3万—5万元的2366个，占登记总数的30%；注册资金5万元以上的237个，占登记总数的3%。在通过登记的民办非企业单位中，符合建立基层党组织的民办非企业单位395个，建立了党的基层组织的占44%。

在复查登记工作启动前，为更好地完成对民办非企业单位的复查登记工作，四川省各级民政部门组织学习《民办非企业单位登记管理暂行条例》和与民办非企业单位登记与管理工作有关的政策、法规，开展调查研究，借鉴外省试点经验，主动与政府相关部门协调，分别与教育、劳动、卫生、体育、科技、民政部门签署复查登记的双边文件，对全省民办非企业单位复查登记工作做了统一安排，精心部署，为民办非企业单位复查登记工作在全省范围内展开奠定基础。

2001年3月25日，省政府在成都市召开由各市（州）分管领导、民政局长以及具体负责民办非企业单位复查登记工作的人员和省级各业务主管部门、相关部门的领导参加的全省民办非企业单位复查登记工作会议。副省长马开明在会议讲话中，强调民办非企业单位统一归口登记管理工作对社会稳定、经济发展的重要性和必要性，要求各级政府提高认识，切实加强对民间组织管理工作的领导，加强民间组织管理队伍的自身建设；在民办非企业单位复查登记工作中，各部门要密切配合，各司其职、各负其责，努力工作。省民政厅厅长姜保山、副厅长李钢分别从不同的角度对四川省民办非企业单位复查登记工作提出具体要求，强调各级民政部门要充分认识民办非企业单位统一登记管理的意义，认真学习有关政策法规，克服畏难情绪，坚持原则，严格把关，切实做好民办非企业单位的复查登记工作，按时完成四川省的民办非企业单位复查登记任务。会后，各市（州）相继以市（州）政府名义下发关于开展民办非企业单位复查登记工作通知，并结合当地实际情况，与有关业务主管部门签署具体开展民办非企业单位复查登记工作的双边文件，制定复查登记工作方案，建立联络员制度。大多数地方成立以市长或分管副市长为组长，各业务主管部门领导组成的民办非企业单位复查登记工作领导小组，下设办公室协调各部门之间的关系，以加强对民办非企业单位复查登记工作的领导，及时解决复查登记工作中出现的实际困难，确保全省的民办非企业单位复查登记工作的顺利展开。

在复查登记阶段，为准确掌握四川省民办非企业单位的数量、分布、结构和特点，民政部门进行了全方位的摸底调查。在此基础上，借鉴外省经验，与有关部门协商，确定复查登记的具体对象，要求政策法规明文规定的不得以营利为目的、利用非国有资产举办民办机构必须参加复查进行民办非企业单位登记；政策法规未明确定性的，利用非国有资产举办的从事公益活动的民办非营利机构，自愿选择登记。同时主动与业务主管单位密切配合，指导符合登记条件的民办非企业单位完成自查和登记申报工作。严格按照《民办非企业单位登记管理暂行条例》规定，对申请登记的民办非企业单位提交的材料进行严格审查，对其举办资产来源、性质、份额以及民办非企业单位的名称、章程、业务范围和民办非企业单位的法人或负责人资格重点把关，对界定不清楚的暂缓登记，对名称不符合《民办非企业单位名称管理暂行办法》有关规定的，发给有效期一年的民办非企业单位登记证书，要求限期改名；对组织制度不健全民办非企业单位，要求健全完善其组织规章制度。

在民办非企业单位复查登记工作中，省民政厅深入各市（州）了解当地民办非企业单位复查登记工作的进展情况，督促地方政府关心支持民办非企业单位的复查登记工作。经过各方面努力，不少市县在财政十分困难的情况下，解决部分工作经费，充实工作人员，使四川省民办非企业单位登记管理工作真正做到有人办事、有钱办事。在复查登记工作中，省民政厅利用《四川省民政信息》及时将各地民办非企业单位复查登记进展情况以及工作中存在的问题向全省通报，派工作组到各地督促指导，并针对复查登记管理工作中遇到的问题，分别在宜宾和绵阳召开民办非企业单位复查登记片区工作会议，交流经验，及时解决工作中出现的问题，统一思想，正确把握复查登记工作的尺度。

2001 年 11 月下旬，省民政厅由厅长带队组成 4 个工作组对各市（州）民办非企业单位复查登记工作的情况进行验收，并走访部分业务主管行政部门和民办非企业单位，结合检查验收的情况对全省民办非企业单位复查登记情况进行总结，表彰民办非企业单位复查登记工作开展得好的先进单位 25 个，先进个人 30 人。通过表彰先进，树立典型，促进了四川省民办非企业单位登记管理工作的健康发展。

第二节　民办非企业单位管理

为加强对民办非企业单位的管理，四川省采取对民办非企业单位实行业务主管单位和登记管理机关双重负责的管理体制，即业务主管单位对民办非企业单位负责人事管理、思想政治工作、党的建设、财务和人事管理、研讨活动、对外交往、接受捐赠、按章程开展活动等事项。各级民间组织登记管理机关依法开展对民间组织的登记审批工作，加强与业务主管单位等相关部门协作，依法查处违法和非法民办非企业单位。督促指导民办非企业单位解决自律机制不健全，法制观念淡薄，组织行为不规范，信用缺失等问题，并通过对民办非企业单位年检和建立信用评估机制，促使民办非企业单位规范运作、健康发展。四川省政府在民间组织登记管理机构编制、人力、财力方面，尤其是民间组织执法队伍建设方面给予政策支持，解决民间组织登记管理机关力量薄弱问题。

2002 年 3 月，省民政厅专门发文，要求各级民政部门积极争取当地党委、政府和有关部门支持，将培育发展民间组织纳入党和政府的一项重要工作和目标管理，全面规划，统筹安排，综合协调。大力宣传民办非企业单位在广泛提供社会服务、构建和谐社会、促进四川经济社会发展中的作用，提高全社会对民办非企业单位民间非营利组织性质的认识，提升民办非企业单位的社会公信力和社会公益形象。通过采取具体、有力的措施，为民办非企业单位创造良好发展的政策法制环境。培育各类配合政府机构改革，承担政府转移职能的具有中介性质的民办非企业单位；鼓励发展科技创新、科技应用的民办非企业单位；培育发展一些社会需要，与人民生活密切相关的文化、教育、科技、卫生、体育、劳动保护等方面的民办非企业单位。扶持为社区服务，解决社区群众的生活困难的民办非企业单位。通过发挥这些民办非企业单位的特长和服务活动，帮助政府解决人民生活中遇到的实际问题，使民办非企业单位在建立城乡社会化服务体系和构建和谐社会中发挥作用。

2002 年 5 月，省民政厅向省委、省政府及省级有关部门提出建议，从立法和政策上解决民间组织票据使用、税收优惠、人事工资、社会保障不配套的问题，进一步明确政府相关部门作为民办非企业单位业务主管单位的法定职责及不作为的处理办法，明确涉外民间组织的登记管理职能，制定民办非企业单位监管和罚则等具体实施办法；省民政厅、省财政厅、省税务局等部门就民间组织票据、税收优惠事宜进行专门调研，向省政府提出实行《四川省民间组织专用票据》的建议。

2005年，为落实民政部《关于开展民办非企业单位自律与诚信建设活动的通知》要求，省民政厅党组召开党组会议进行专门研究部署，组织省民政厅以及各市（州）民政局有关领导和民间组织管理干部、省教育厅、省劳动和社会保障厅、省科技厅、省文化厅、省体育局等部分业务主管单位代表以及民办非企业单位的代表共50多人参加了全国民办非企业单位自律和诚信建设活动新闻发布会的视频会议，对四川省开展民办非企业单位自律与诚信建设活动进行专门部署；为加强对活动的领导，确保活动取得良好成效，省民政厅成立厅长为组长，分管厅领导为副组长，民间组织管理局有关人员以及各地级市民政局分管领导为成员的四川省民办非企业单位自律和诚信建设活动领导小组，各市民政局相继成立以局领导为组长的领导小组。结合四川实际，省民政厅及时制定《四川省开展民办非企业单位自律和诚信建设活动工作方案》，与省教育厅、省劳动和社会保障厅、省科技厅、省文化厅、省体育局等6个业务主管单位联合下发《关于开展民办非企业单位自律与诚信建设活动的通知》，明确活动的指导思想、主要内容、方法步骤以及各部门的职责分工，要求四川各地结合实际制定实施方案，加强部门合作，调配工作力量，落实工作经费，全面开展民办非企业单位自律与诚信建设活动。

2005年“3·15”前夕，四川省在成都举行四川民办非企业单位自律与诚信建设活动启动仪式和承诺签字仪式，省民政厅、省教育厅等12个业务主管单位的领导及有关人员、各地级市民政局领导、民间组织管理科（室）的科长（主任）和各级民办非企业单位代表共150人出席启动仪式。会上传达了全国民办非企业单位自律和诚信建设活动新闻发布会精神，并结合实际就如何广泛开展好自律与诚信建设活动做了动员讲话，同时宣布《关于开展民办非企业单位自律与诚信建设活动的通知》，南充希望高中等30家发起单位向全区民办非企业单位发出了积极参与自律与诚信建设活动的倡议并得到了积极的回应，业务主管单位、登记管理机关、民办非企业单位的代表分别作了发言，100多个民办非企业单位代表在横幅上庄严签字承诺，要参与自律与诚信建设活动，不断加强自身建设。启动仪式后，四川省各级民政部门层层召开动员会，或以专题会议形式，或以新闻发布会形式，或结合启动仪式，开展民办非企业单位真情回报社会的大型公益活动。成都市、绵阳市举行了大型广场公益服务活动为开场，雅安市以民间组织文艺晚会活动为开场，简阳市、巴中市以新闻发布会形式为开场展开活动。民办非企业单位自律与诚信建设活动在四川省各地迅速开展，全省95%以上的民办非企业单位以不同方式、不同内容、不同程度地参与到自律与诚信建设活动中来，活动面涵盖了各市（州）、县（市、区）。

四川各地在开展活动中，注意加强对民办非企业单位开展活动的具体指导，要求各民办非企业单位采取各种措施，利用各种方式参与到活动中来，并取得实效。省本级印制了1万多份《倡议书》以及民办非企业单位响应倡议回复书，下发给全省各民办非企业单位，并在社会上广为张贴宣传，四川省民间组织管理局在四川省民间组织信息网站上设置意见箱，同时着重检查、规范民办非企业单位的广告发布行为等，受到社会和公众的普遍欢迎；成都市按照民政部要求，有计划、有步骤地开展民办非企业单位章程修订工作，全市共有1653家民办非企业单位修订了章程，占登记总数的97%；达州市依照民间非营利组织会计制度规定，要求各民办非企业单位重新修订完善相关自律机制制度，着重在建立公开、透明的财务信息披露制度方面加以完善；内江市、自贡市、宜宾市组织医疗义诊、电脑家电维修、烹饪技艺表演、文艺节目演出等专场活动，为社会提供免费优质服务，真情回报社会。通过一系列活动，使民办非企业单位增强社会责任感和公益意识，自觉遵守职业道德，讲求信誉、规范行为、公平竞争，同时使社会和公众对民办非企业单位有了新的认识，全面提升民办非企业单位的社会形象。南充希望高中在全校师生中全面开展自律与诚信教育活动，并筹集资金220多万元，资助贫困学生456人，其中全额资助生426人，树立了热心公益、真情回报社会的良好形象。宜宾重阳老年公寓以服务社会为己任，坚持以老人为本，公益先行原则，建立起以制度规范自律，实现自我约束、自我管理、自我服务、自我发展，自觉接受社会监督的自律与诚信建设机制，提高了老年公寓的社会公信力，产生良好的社会效益和经济效益。开业不足两年，入住老人312人，入住率达90%，创造了四川老年公寓的最高入住率。

2005年8月27日，为确保活动开展取得实效，省民政厅民间组织管理处会同业务主管单位制定《四川民办非企业单位自律与诚信建设活动检查验收评分标准》，召开四川省民办非企业单位自律与诚信建设活动座谈会，征求民办非企业单位对评分标准以及活动的意见和建议，及时查找存在问题、总结经验，推动活动的深入开展。2005年11月，省政府在成都金牛宾馆召开全省民间组织工作会议，表彰110个先进民间组织。民政部副部长姜力、副省长张作哈到会并讲话。与此同时，四川组织全省民办非企业单位开展自律与诚信建设活动，举行倡议和诚诺宣誓、规范章程、建立信息披露制度、开展公益活动回报社会、建立健全财务制度。组织民办非企业单位深入福利院、工厂、学校、军营、街道、监狱开展公益活动。2005年，四川省民办非企业单位响应民政部号召，立足实际加强自律与诚信建设，向社会广泛开展“提供优质服务，真情回报社会”主题公益活动达26561次，服务社会弱势群体及广大群众3357万人次，免费（或以成本为收费标准）、低于成本价服务2118万人次，产生直接社会效益近3亿元。

第三章　基金会登记管理

基金会是专门从事公益活动的民间组织，利用自然人、法人或其他组织捐赠的财产，以从事公益事业为目的，按照《基金会管理条例》成立的非营利性法人组织。既提供各阶层参与公共管理的机会，又体现社会关爱精神，有助于增强社会凝聚力。基金会分为公募、非公募两类。以推动公益事业发展为宗旨，通过募捐、再资助过程，帮助社会财富进行再分配。所关注的领域有保护环境、科教文卫、扶贫济困、帮残助弱等。

中国人民银行、民政部于1999年9月17日发出的《关于做好社团基金会监管职责交接工作的通知》中明确指出：根据国务院有关社团基金会由民政部门统一管理的决定，中国人民银行将基金会的审批和监管职责全部移交民政部门，标志着基金会作为社会组织被列入民政管理工作对象。

第一节　基金会登记

1988年，根据国务院《基金会管理办法》，四川省陆续登记了14个基金会。当时的基金会在四川省民政部门登记，归中国人民银行四川分行管理，属于社团法人。

2004年，《基金会登记管理条例》颁布实施后，四川省先后成立8家非公募基金会，原始基金总额3000余万元，年公益支出近1000万元。

至2005年，四川省登记的基金会共45家，其中公募基金会37家，非公募基金会8家。在奖教助学、支持科研事业、社会慈善、扶贫济困、残疾人福利等方面做出贡献。教育基金会数量分别占公募基金会的73%和非公募基金会的18%，每年平均募集资金上百万元，为十余万困难学生上学提供了资助。四川省扶贫基金会每年募集捐赠资金、物资均有数千万元，在提高贫困地区教育、卫生水平方面产生积极效果。成都大熊猫繁育研究基金会，长期资助大熊猫繁育研究，帮助研究基地取得多项世界领先科研成果。四川省青少年发展基金会，长期资助建设希望小学，资助农村贫困生入学。

第二节　基金会管理

1999年9月，中国人民银行、民政部发出《关于做好社团基金会监管职责交接工作的通知》，明确基金会的审批和监管职责移交民政部门；但在2004年《基金会登记管理条例》实施前，四川省基金会一直作为社团的一部分进行管理。

基金会复查登记是在业务主管单位预审的基础上，审核原始资金数目与来源，保证其数目准确，来源清白。年检作为一种监督管理手段，每年通过公告、寄发通知、电话联系等方式，督促基金会按时参加年检，如实填写年检报告书，及时了解和掌握基金会的运作、基金的募集、开展公益活动、内部管理、基础设施保值增值等情况。

社团管理中分离出来的基金会管理，具有灵活性和独立性。自 2004 年《基金会登记管理条例》颁布后，四川省即开展基金会登记注册工作；此后按照年检办法进行年检。基金会、境外基金会代表机构，规定在每年 3 月 31 日前，向登记管理机关报送上年度工作报告，接受年度检查。在每年规定的时间内，基金会将其经过注册会计事务所审计的审计报告、符合民间非营利组织会计制度要求的财务报告以及开展募捐、接受捐赠、开展公益活动、提供资助等活动情况和人员机构变动情况如实报给登记管理机关。所有参加年检的基金会，皆按照格式文本填写所有内容，经业务主管单位审核同意后报省民政厅进行年检。年检中发现问题者与不参加年检者，根据不同情况进行处罚。年检结论分为合格、基本合格、不合格三类，并向社会公布，接受公众监督。

基金会作为法定信息公布义务人，须主动将相关信息向社会公开，以接受捐赠人和社会公众的监督和质询。公募基金会组织募捐活动的信息，开展公益资助项目的信息，由基金会自主选择媒体，予以公布。

2005 年，基金会复查登记工作过后，通过不断实践、总结经验，逐步完善对基金会的监督管理工作，不断提高基金会的公信力，使四川基金会管理工作的管理和服务水平更加适合基金会的发展需要。

在对基金会的培育发展与日常监督管理上，四川民政管理部门首先把好登记关，确保每一个基金会拥有发展壮大、服务公益的良好先天条件。在业务主管单位预审的基础上，审核基金会的原始资金数目与来源，保证数目准确、来源清白。其次把好年检关，通过公告、寄发通知、电话联系等方式，督促基金会按时参加年检，如实填写年检报告书。由于人手相对缺乏，日常事务较多，登记管理机关对民间组织的日常活动开展情况、基金运作情况不易实时掌握。通过年检了解和掌握基金会的管理、运作、基金的募集、保值增值，开展公益活动情况，同时加大基金会信息公布办法的落实力度，通过信息公布，使捐助人与社会大众能对基金会进行监督。通过信息公布提高基金会的知名度与公信力，提高基金会在社会公益事业上的地位和声誉，促进基金会良性、有序的发展，并为基金会良好运转与发展营造良好的外部环境。通过与业务主管单位的沟通、协调，使业务主管单位认识到基金会在构建和谐社会中的重要作用，帮助解决基金会成立过程中找业务主管单位难的现象。加强与税务、财政部门的联系，保证基金会、捐赠人与捐赠企业能享受到税收优惠，提高社会各界参与公益事业的积极性。

第八篇　婚姻登记管理

1950年，中华人民共和国中央人民政府颁布《中华人民共和国婚姻法》，确立男女平等、婚姻自由、一夫一妻的新型婚姻制度，自此彻底砸碎了旧中国包办、买卖婚姻、男尊女卑的腐朽制度。随着社会发展变化，1980年经过修改、补充的《中华人民共和国婚姻法》颁布。四川省认真贯彻国家婚姻法，规范婚姻管理，改革传统婚俗，提倡新婚新办，各地普遍呈现出男女平等、自由恋爱、婚姻自主的社会主义新风尚。

第一章　婚姻登记

婚姻登记是婚姻管理工作中的一项十分重要的内容，它对保护合法的婚姻关系，维护妇女儿童和老人的合法权益，保障社会主义婚姻家庭制度的实施具有重要意义。四川省各级民政部门婚姻管理工作主要职责和任务是：拟定婚姻登记管理和婚姻习俗改革的地方法规、规章和政策，制定婚姻服务机构管理办法；主管婚姻登记工作，办理婚姻登记（包括国内公民与外国人、港、澳、台地区居民、华侨、出国人员的婚姻登记）；归口管理国内婚姻介绍机构；承办婚姻登记案件的行政复议工作；出具婚姻关系证明（夫妻关系证明、解除夫妻关系证明）；依法处理违法的婚姻行为；宣传婚姻法律法规，倡导文明婚俗等。自全国第十次民政会议以来，特别是 1994 年 2 月 1 日经国务院批准，民政部发布实施《婚姻登记管理条例》后，四川省婚姻登记工作进入了一个新的发展时期。

第一节　婚姻法宣传

1987 年 2 月，省委宣传部、省精神文明办公室、省民政厅、共青团四川省委、省妇联、省计生委、省司法厅、省文化厅联合发出《关于在我省农村引导群众建立红白喜事服务组的通知》，号召各地积极破除婚丧陋习，树立文明新风。在党委、政府的领导下，各地各部门齐抓共管，紧密配合，做了大量工作，使红白事理事会的建立由点到面逐渐扩展。是年，四川省有 88 个县（市、区）的 1033 个乡（镇）的 8580 个村（居）委会及机关、企事业单位建立了红白事理事会组织，取得了明显实效。1988—1989 年，四川省结合建立红白事理事会群众组织，印发专辑，采取层层培训的办法，培养了近 30 万名红白事理事会的骨干。通过这支队伍对广大群众进行婚姻方面的法制宣传，使群众了解结婚的法定条件、登记程序、禁止结婚规定，提高了群众知法、懂法、守法、用法的自觉性。在建立红白事理事会的地方，均贯彻执行了《婚姻法》《婚姻登记办法》，清查和处理了非婚同居和早婚的现象，改变了红白事大操大办、铺张浪费的不良倾向。其间为落实国家计生委、民政部、司法部、全国妇联《关于认真贯彻执行〈婚姻法〉，严禁违法婚姻的通知》要求，四川省深入广泛宣传《婚姻法》《婚姻登记办法》，要求党员、团员、干部起模范带头作用，倡导广大青年晚婚、晚育、计划生育，抓好城乡婚嫁习俗改革，推广“红白事理事会”一类的群众组织经验，杜绝违法婚姻。

根据民政部、中共中央宣传部、司法部、国家计生委、文化部、广播电影电视部、中国人民解放军总政治部、中华全国总工会、共青团中央、全国妇联《关于开展宣传〈婚姻法〉活动的通知》要求，1990 年，省民政厅结合实际，有针对性地在全省范围内开展了“婚姻法宣传月活动”。这次

《婚姻法》宣传月活动重点从实行婚姻自由，禁止侵犯公民婚姻自主权，实行一夫一妻，禁止重婚、纳妾；要求结婚依法办理登记，结婚必须达到法定婚龄，禁止近亲结婚，禁止麻风病、性病等患者结婚，从实行计划生育、夫妻对共同财产有平等的处理权，父母有抚养未成年子女的义务入手，通过《婚姻法》宣传教育，使广大群众认识到贯彻执行婚姻法对于保护公民合法权利、促进婚姻家庭稳定的重要意义和作用，提高了广大人民群众遵法守法、依法办事和抵制违法行为的自觉性。宣传活动中，成都市19个区（市）县出动宣传车151辆次，广播台（站）播送专题节目4160次，书写大小标语56965条，办墙报、板报专栏2958期，设宣传咨询点（站）65个，宣传教育面达90%以上。攀枝花市广播、电视、电影、文艺团体等有计划地集中播放了一些和婚姻道德、家庭关系等相关的优秀影视作品，同时组织一批艺术团体为群众演出了婚姻家庭方面的文艺节目。各县（区）、乡（镇）、村（居）民委员会利用有线广播、文化站、版报、专栏、标语，采取群众易于接受的形式，进行了深入广泛的宣传。有线广播覆盖面小的乡组织干部包村包户，以切实做到婚姻法律知识家喻户晓，不留死角。攀枝花日报刊登了《婚姻法》知识竞赛试题，广大群众积极参加，收到答卷几千份。通过评委评审，评出一等奖10名，二等奖20名，三等奖50名，为获奖者颁发了奖品。

为贯彻国家关于婚姻的法律法规，1991—2003年，四川省开展了一系列宣传教育活动。包括1991年大力宣传民政部、司法部、共青团中央、全国妇联《关于在广大青年中开展破除婚姻陋俗树立文明新风的倡议书》；1992年大力宣传国务院办公厅转发民政部等部门下发的《关于婚姻登记管理制止早婚早育意见》。同时，结合对《婚姻法》《婚姻登记办法》和禁止早婚早育、提倡晚婚晚育的宣传教育，各婚姻登记管理机关坚持严格依法办理婚姻登记，基本杜绝给不到婚龄的当事人违法登记现象。2001年，大力宣传中宣部、中央文明办、民政部等10个部门发出的《关于广泛深入开展婚育新风进万家活动的意见》。四川省民政部门结合学习宣传、贯彻实施新的《婚姻法》，在婚姻登记和有关工作中，进一步普及婚前教育，积极宣传科学、文明进步的婚育观念，并配合卫生部门宣传计划生育和生殖健康知识。

2004—2005年，四川省各地民政部门结合婚姻登记工作，进一步加强对《婚姻法》《婚姻登记办法》的宣传，坚决制止在婚姻登记中搭车收费现象，依法规范婚姻登记管理工作。

第二节　内地居民婚姻登记

1986—2005年，在执行1980年9月10日第五届全国人民代表大会第三次会议通过的《中华人民共和国婚姻法》第六条的明确规定，即“结婚年龄，男不得早于二十二周岁，女不得早于二十周岁，晚婚晚育应予鼓励”的同时，根据该婚姻法第五十条之规定“民族自治地方的人民代表大会有权结合当地民族婚姻家庭的具体情况，制定变通规定”，甘孜、阿坝、凉山三州和个别自治县的立法机关对婚姻法中的法定婚龄作了变通规定。《四川省甘孜藏族自治州施行〈中华人民共和国婚姻法〉的补充规定》《阿坝藏族羌族自治州施行〈中华人民共和国婚姻法〉的补充规定》《凉山彝族自治州施行〈中华人民共和国婚姻法〉的规定》以及《峨边彝族自治县施行〈中华人民共和国婚姻法〉的补充规定》《马边彝族自治县施行〈中华人民共和国婚姻法〉的补充规定》均明确表明：结婚年龄，男不得早于20周岁，女不得早于18周岁。以上地区均以男20周岁，女18周岁作为本地区的最低婚龄，这些规定仅适用于上述地区内各少数民族以及与少数民族结婚的汉族。

1992 年，根据国家物价局、财政部《关于发布民政系统行政事业性收费项目及标准的通知》精神，省物价局、省财政厅、省民政厅制定了《四川省婚姻登记收费管理办法》，规定办理结婚登记、离婚登记，收取《结婚证》《离婚证》证书费每对 9 元；办理《夫妻关系证明书》和《解除夫妻关系证明书》（仅限于遗失、损毁《结婚证》《离婚证》者）收取证书费每对 9 元；婚姻当事人所在单位或村（居）民委员会出具由民政部门统一制发的《婚姻状况证明》，每张收取工本费 0.2 元。

根据国家计划委员会、财政部、农业部《关于涉及农民负担部分收费项目修改意见的通知》中增加婚姻证书（结婚、夫妻关系证明）使用简装本的规定，自 1993 年起四川执行简装本每对 2 元，由婚姻当事人自愿选择。1999 年在全国婚姻管理执法大检查中，四川省婚姻登记合格率达 99%。2004 年 7 月 27 日，省民政厅下发《省民政厅办公室关于再次重申启用新式婚姻登记证的通知》指出，按照民政部《关于启用新式婚姻登记证等问题的通知》规定，全国各婚姻登记机关自 2004 年 7 月1 日起在办理婚姻登记时不再使用旧式婚姻登记证（含简装结婚证），四川省执行此项规定。是年，省民政厅婚姻登记处及成都市金牛区民政局婚姻登记处等 11 个单位，被民政部表彰为“全国先进婚姻登记机关”。成都市武侯区民政局婚姻登记机关登记员李琼等 17 人，被民政部表彰为“全国优秀婚姻登记员”。

2005 年，四川省共办理国内居民婚姻登记 538604 对，国内婚姻登记合格率达 99%，违法婚姻登记查处率达 100%，保障了婚姻当事人婚姻自由。1986—2005 年，四川省各级婚姻登记机关，共依法办理内地居民婚姻登记 16335062 对，内地居民离婚登记 840388 对。1985—2005 年四川省内地居民婚姻登记情况见表 8 - 1。

1986—2005 年四川省内地居民婚姻登记情况统计表

表 8 - 1　　单位：对

年 份	国内结婚登记	国内离婚登记	年 份	国内结婚登记	国内离婚登记	年 份	国内结婚登记	国内离婚登记
1986	996151	16511	1993	956834	37375	2000	470351	39011
1987	1089887	19228	1994	972569	39121	2001	459283	45287
1988	1020431	23205	1995	972148	41257	2002	429116	49834
1989	1068282	26282	1996	911039	44284	2003	402654	57919
1990	1056508	29206	1997	593968	33540	2004	448280	91031
1991	1046121	29958	1998	559783	33678	2005	405707	99681
1992	1033466	33065	1999	544394	37097			

第三节　涉外婚姻登记

20 世纪 80 年代之后，随着四川居民与港澳台地区及世界各国的交往日趋频繁，此类通婚情况逐渐增多。根据国务院和国家有关部门对涉外、涉港澳台、华侨和出国人员婚姻登记规定。结合四川实际，1985 年 1 月，省民政厅发布《关于颁发婚姻登记专用章的通知》，指定重庆、成都、自贡、渡口、泸州、德阳市民政局承办本市管辖范围内的中国公民同外国人的结婚登记；绵阳、内江、南充、涪陵、万县、达县、宜宾、乐山、雅安市（地）民政局办理所在地区各县、市的中国公民同外国人的结婚登记；甘孜、阿坝、凉山州民政局办理本州范围内的中国公民同外国人的结婚登记。上述婚姻登记机关所需的婚姻登记专用章（钢印）由省民政厅统一刻制。根据《华侨同国内公民、港澳同胞同内地公民之间的婚姻登记的几项规定》，国外华侨，港澳台居民同四川居民的婚姻登记，仍由国内（内地）一方当事人户口所在地县级民政部门办理，所需的婚姻登记专用章（钢印）由省民政厅统一刻制。

针对涉外、涉港澳台、华侨和出国人员婚姻登记涉及的法规多，政策性较强，婚姻当事人情况复杂等特点以及民政部婚姻管理司关于涉外婚姻登记实行电脑管理化的要求，省民政厅于 1992 年 5 月决定将上述婚姻登记机关分别设置在省民政厅和成都、重庆两个计划单列市。省民政厅婚姻登记处负责办理四川省居民与外国人，以及港澳台居民、华侨和出国人员的婚姻登记，成都市和重庆市民政局婚姻登记处，分别负责办理所辖区域居民与外国人、港澳台居民、华侨和出国人员的婚姻登记。1992 年 10 月 12 日，省民政厅根据《中国公民同外国人办理婚姻登记的几项规定》《华侨同内地公民、港澳同胞同内地公民之间办理婚姻登记的几项规定》《关于台湾同胞与大陆公民之间办理结婚登记有关问题的通知》和卫生部、民政部《关于婚前健康检查问题的通知》规定，下发《关于对涉外含港澳台地区婚姻当事人进行婚前健康检查的通知》，要求涉外含港澳台地区婚姻双方当事人在申请结婚登记时，必须进行婚前健康检查。为纠正婚检中出现的巧立名目和“搭车”收费现象，省民政厅指定成都市锦江区妇幼保健所为涉外（含港澳台地区）婚姻登记的婚姻当事人婚前健康检查定点医院。婚姻当事人擅自在其他医院检查视为无效。

1997 年 6 月 18 日重庆被设为中央直辖市后，四川只有成都市民政局和省民政厅办理涉外、涉港澳台、华侨和出国人员的婚姻登记。为加强出国人员的婚姻登记管理，四川省坚持以民政部、外交部 1997 年 5 月发布的《出国人员婚姻登记管理办法》为准则，由省民政厅指定的县级以上人民政府的民政部门为出国人员婚姻登记机关。1999 年，在全国婚姻管理执法大检查中，四川省涉外、涉港澳台及华侨婚姻登记合格率达 100%。2000 年 1 月，省民政厅在《关于转发民政部外交部发布〈出国人员婚姻登记管理办法〉通知的通知》中决定，考虑到出国人员登记数量较少，不另行指定出国人员婚姻登记管理机关，由省民政厅直接办理。2003 年 10 月 1 日，省民政厅决定，成都市民政局不再办理涉外婚姻登记，四川辖区居民同外国人结婚统一由省民政厅办理。即日根据新的《婚姻登记条例》，强制婚检被取消，办理结婚登记的当事人可自愿选择是否进行婚检。2005 年，办理涉外、涉港澳台华侨婚姻登记 2426 对。1986—2005 年，四川省各级婚姻登记机关，共依法办理涉外婚姻登记 3208 对，办理港澳台及华侨婚姻登记 29192 对，涉外、涉港澳台华侨离婚登记 991 对。1986—2005 年涉外、涉港澳台，华侨及出国人员婚姻登记情况见表 8－2。

1986—2005 年涉外、涉港澳台、华侨及出国人员婚姻登记情况统计表

表 8－2　　单位：对

登记时间（年）	涉外结婚登记	涉港澳台华侨结婚登记	涉外、涉港澳台华侨离婚登记	登记时间（年）	涉外结婚登记	涉港澳台华侨结婚登记	涉外、涉港澳台华侨离婚登记
1986	8	49	1	1988	33	65	1
1987	22	63	1	1989	40	138	2

续表 8－2

登记时间（年）	涉外结婚登记	涉港澳台华侨结婚登记	涉外、涉港澳台华侨离婚登记	登记时间（年）	涉外结婚登记	涉港澳台华侨结婚登记	涉外、涉港澳台华侨离婚登记
1990	59	244	2	1998	157	1910	36
1991	96	489	9	1999	133	2283	50
1992	94	556	15	2000	185	2561	55
1993	109	1162	23	2001	256	2743	79
1994	130	1558	33	2002	227	2261	78
1995	146	2020	35	2003	328	2431	114
1996	227	2523	45	2004	469	2196	175
1997	108	1752	36	2005	459	2149	201

第四节　婚姻登记管理

政府职能部门（民政部门）依照法律、法规和有关政策对婚姻行为进行指导、监督和规范的婚姻登记管理，是一项十分重要的社会行政事务管理工作，它对保护合法的婚姻关系，维护妇女儿童的合法权益，保障社会主义婚姻家庭制度的实施具有重要意义。

一、依法行政

（一）建章立制

1988 年 6 月，为执行民政部颁布的《婚姻登记办法》，经省政府批准，省民政厅发布《四川省婚姻登记办法实施细则》，对《婚姻登记办法》的具体贯彻措施进行了细化。到 1994 年，全国第十次民政会议召开后，四川省婚姻管理工作开始了一个新起点。根据《中华人民共和国婚姻法》和《婚姻登记管理条例》的规定，结合四川省的实际，省民政厅草拟了《四川省婚姻登记管理实施细则》，报请省政府批准，于 1996 年 2 月 5 日由省政府发布实施。在实施细则中，进一步明确办理婚姻登记规定，增加对未达到法定婚龄就结婚的婚姻当事人的经济处罚措施，明确婚姻证件管理的权限。同时废止 1986 年省政府制定的《四川省婚姻登记办法实施细则》。以省政府名义和省民政厅名义相继出台的一系列婚姻登记管理政策，对进一步加强婚姻登记管理，保证全省婚姻登记工作依法、有序开展，创造了良好的条件。各级民政部门按照《四川省婚姻登记管理实施细则》等地方性法规，办理婚姻登记、补发婚姻登记证和出具婚姻登记记录证明，切实维护当事人合法权益。婚姻登记机关普遍实行政务公开，将办事程序、收费标准、投诉渠道、反馈要求等公布于众，自觉接受社会监督，并建立首问责任制、一次性告知制、限时办结制、个案处理制、人数激增应急制等各项规章制度，确保婚姻登记法律法规的有效落实。

（二）证件管理

根据《婚姻登记管理条例》和民政部办公厅《关于严禁购买使用伪造的婚姻证件的通知》规定，为加强四川省婚姻登记证件管理，防止违法婚姻登记发生，1995 年 1 月，省民政厅在《四川日报》头版发布《四川省民政厅关于加强婚姻证件管理的公告》（以下简称《公告》）。《公告》指出，凡在四川省境内办理婚姻登记所使用的婚姻证件，统一由省民政厅印制、发放，并在发证机关栏处套印“四川省民政厅婚姻登记专用章”。婚姻登记管理机关必须按照省民政厅的规定领取婚姻证件。自公告之日起，公安、司法、外交、计生等部门及各国驻华使、领馆在办理身份确认、公证、外交认证、发放准生证及签证等事务时，一律凭省民政厅统一印刷、发放的婚姻证件确认当事人的婚姻关系。

1996 年 9 月，民政部更换了 1992 年版婚姻证件内芯水印，在婚姻证件上加注省别简称，增加国籍栏，省级民政部门不再在婚姻证件上套印省民政厅（局）婚姻登记专用章，同时统一规范国内和涉外、涉港澳台华侨和出国人员婚姻证件。为规范婚姻证件的管理，杜绝非法印制和非法购买伪造婚姻证件，保证婚姻登记管理工作顺利进行，1997 年 8 月，省民政厅向市（州）民政局下发《关于印制、发放婚姻证件的若干规定》，明确婚姻证件证书的印制、申领及婚姻证件印制、发放工作的监督检查，切实维护婚姻证件的严肃性。同时，省民政厅加大对各地购买使用非法婚姻证件的查处力度，1998 年通报批评了部分市县购买使用非法婚姻证件的情况。按照民政部要求，2004 年 7 月，省民政厅向各市（州）民政局下发《省民政厅关于启用新式婚姻证件的紧急通知》，要求从 2004 年 7 月 1 日起，各婚姻登记机关在办理婚姻登记工作中停止使用旧式婚姻证件，启用新式婚姻证件。

（三）执法培训

1988 年，省民政厅提出民政部门对婚姻工作实行目标管理，建立婚姻工作人员岗位责任制。四川省各级民政部门按照省民政厅的规定，坚持每年至少一次对婚姻登记管理人员进行执法培训，以保障婚姻登记人员熟练掌握婚姻工作的各项法律法规和具体政策。为加强婚姻登记员队伍建设，省民政厅强调各个乡（镇）、街道办事处在更换婚姻登记员时，应征得县（市、区）民政部门同意，婚姻登记员经培训合格后持证上岗，才能进行婚姻登记执法工作。

（四）执法检查

1986—2005 年，四川省各级民政部门坚持婚姻登记执法检查，及时纠正和查处违法婚姻登记，以保障当事人合法权益。1988 年，为贯彻《全国破除婚姻陋习、促进社会主义精神文明建设经验交流会》精神，及时开展全省性的突击查处，并在清查处理的基础上健全制度，注意抓好经常性的检查工作。1999 年，四川省民政部门根据民政部统一部署，进行中华人民共和国成立以来规模最大、范围最广的婚姻登记执法大检查，从当年 3 月开始，到 8 月结束。主要采取婚姻登记机关自查和民政部门抽查的形式，对全省婚姻登记管理机关 1998 年婚姻登记、婚姻服务与收费、使用规范化证件以及开展政务公开情况进行了执法检查。全省 5000 多个婚姻登记管理机关自查率达 90% 以上，各级民政部门抽查率平均达 63%，共查处和纠正 848 起违法登记事件，维护了婚姻登记的严肃性。

（五）信息化建设

1998 年 7 月，为加强婚姻登记管理信息系统建设，提高婚姻登记管理水平和工作效率，省民政厅与各市（地、州）民政局共同筹资为各市（地、州）民政局婚姻登记管理工作配备了电脑及婚姻登记管理系统软件，同时要求各市（地、州）在此基础上继续采取措施，指导、督促县（市、区）民政局配备必要的设施设备，加快婚姻登记管理办公自动化进程。2001 年 3 月 16 日，省民政厅下发《四川省民政厅办公室转发民政部办公厅关于进一步加快婚姻登记管理系统软件应用通知的通知》，要求各市（州）民政局进一步提高认识，加快婚姻登记管理办公自动化建设工作，以市（州）为单位做好婚姻登记管理系统软件的征订工作。2004 年 7 月，省民政厅转发民政部办公厅《关于启用新版国内婚姻登记信息系统的通知》，要求各市（州）民政局结合当地实际情况和经济能力，选择适合本地的婚姻登记管理软件，推进婚姻登记的信息化建设，提高工作效率。

二、登记改革

1980 年、1986 年，国家两部婚姻登记行政法规对婚姻登记机关的设置均作出规定。1980 年 11 月11 日，民政部发布的《婚姻登记办法》规定：办理婚姻登记的机关，在城市是街道办事处或区人民政府；在农村是人民公社管理委员会、镇人民政府。距离婚姻登记机关路程较远、交通不便的地方，县（旗）人民政府可以委托就近的有关基层单位办理婚姻登记工作。1985 年 12 月 31 日，国务院批准并由民政部 1986 年 3 月 15 日发布的《婚姻登记办法》第三条规定：办理婚姻登记的机关，在农村是乡、民族乡、镇人民政府，在城市是街道办事处或区人民政府、不设区的市人民政府。在 20 世纪 80 年代，民政部门虽然主管婚姻登记工作，但并不设置婚姻登记机关承担具体登记任务。

20 世纪 90 年代，随着改革开放不断深入，婚姻管理任务越来越重，婚姻登记管理体制亦暴露出一些问题。1994 年 2 月 1 日，民政部发布《婚姻登记管理条例》，废止了 1985 年的《婚姻登记办法》，从法规上对婚姻登记管理工作进行了重大调整，明确了婚姻登记机关“在城市是街道办事处或者市辖区、不设区的市人民政府的民政部门，在农村是乡、民族乡、镇的人民政府”。1994 年，《婚姻登记管理条例》虽对婚姻登记机关的设置进行了调整，但受历史影响，工作之初，县（市、区）民政部门仍较少设置婚姻登记机关。街道办事处、乡、镇一级婚姻登记机关的登记人员有相当一部分由其他部门的人员兼任，业务不熟悉，出现搭车收费、人情登记、不严格按照法律要求办理登记的情况时，民政部门难以行使监督纠正职责。鉴于这些问题，为理顺工作关系，加强婚姻登记执法力度，减少违法婚姻登记的发生，民政部开始倡导城市积极创造条件，本着方便群众、利于婚姻管理的原则，逐步向相对集中登记管理过渡。省民政厅从 1994 年起开始大力倡导县（市、区）、乡（镇）两级办理婚姻登记，鼓励行政区域较小、交通便利的县，推进相对集中办理婚姻登记。1996 年发布的《四川省婚姻登记管理实施细则》第五条规定“农村在有利于管理和方便群众的条件下，民政部门经县级人民政府批准，可以按照自然区域设置婚姻登记站，开展集中办理婚姻登记的试点工作。”省民政厅鼓励有条件的地方，由县级民政部门按自然区域设置若干婚姻登记处，集中（或相对集中）办理辖区内的婚姻登记。集中或相对集中办理婚姻登记处的设置，由县民政局根据有利于工作、方便群众的原则，按自然区域设置。婚姻登记人员由县民政局统一招募、统一进行业务培训、统一管理，经考核合格后，再持证上岗办理婚姻登记。1997 年，省政府办公厅在转发省民政厅《关于坚决制止借办理婚姻登记搭车收费的通知》中，进一步明确了县民政部门可根据实际情况，逐步推行县、乡（镇）两级办理婚姻登记，此举极大地调动了县级民政部门实行集中登记管理的积极性。各地民政部门因地制宜开展婚姻登记管理体制改革，1999 年，乐山市在沙湾区、五通桥区、峨眉山市和井研县推行集中婚姻登记，取得良好效果，为四川省进一步开展婚姻登记体制改革积累了经验，较好地解决了婚姻管理和婚姻登记脱节的问题，便于民政部门对婚姻登记人员进行统一培训及管理，有利于提高其业务素质和登记质量，防止违法婚姻的发生，杜绝其他部门借婚姻登记“搭车”收费屡禁不止等问题。四川省自实行集中或相对集中婚姻登记后，婚姻登记质量明显提高，违法登记大大减少，全省婚姻登记合格率始终保持在 99% 以上。至 2001 年底，四川省有 50 个县

（市、区）实行了县、乡（镇）两级婚姻登记管理。

从规范管理，方便群众，提高登记质量，降低行政成本出发，2003 年，省民政厅合理设置了全省婚姻登记机关。对经济发达、交通方便、人口相对集中的县（市、区），普遍实行集中或相对集中登记；对地域宽广、人口稀少、交通不便的地区，则采取相对集中登记的做法，由中心乡（镇）人民政府办理辖区及周边乡（镇）的婚姻登记。到 2005 年，全省共有婚姻登记机关 2459 个，其中省、市级婚姻登记机关 2 个，县级民政部门婚姻登记机关 165 个，开发区等单列区域婚姻登记机关 5 个，乡（镇）人民政府婚姻登记机关 2287 个。共有婚姻登记员 3041 名，其中从事涉外、涉港澳台居民及华侨婚姻登记工作的登记员 4 名。

三、规范收费

1986—1993 年，四川省不少地方借婚姻登记搭车收费和乱收费现象十分突出，成为群众投诉的焦点和媒体关心的热点。省民政厅按照民政部关于制止借婚姻登记搭车收费、乱收费，切实减轻群众负担的精神，在纪检监察部门的支持配合下，多次发文重申严禁借婚姻登记搭车收费、乱收费。1994 年 2 月，省民政厅、省财政厅、省物价局联合下发《关于重申严禁借办理婚姻登记搞搭车收费的通知》，要求全省各地充分认识禁止“搭车”收费的重要性，加强对婚姻登记人员的法制教育，保证婚姻登记机关自身不搞“搭车”收费项目，并对一些要求“搭车”收取各种费用及推销物品的部门坚决予以拒绝。严格按照标准收取婚姻证件费。开展婚前教育，不得收取培训费，婚前教育教材由群众自愿购买，不得强行销售。1997 年 7 月，针对四川省部分地方搭车收费屡禁不止现状，经过充分调查研究，省民政厅向省政府提交《关于坚决制止借办理婚姻登记搭车收费的报告》，提出治理搭车收费的具体办法。1997 年 8 月，省政府办公厅转发省民政厅《关于坚决制止借办理婚姻登记搭车收费的通知》，使全省搭车收费现象得到有效遏制；1998 年 9 月，为了进一步贯彻中央关于切实减轻农民负担工作的通知精神，四川省纪委、省监察厅、省农业厅、省民政厅发出《关于再次重申严禁借办理婚姻登记搭车收费的通知》，采取有力措施，加大力度查处搭车收费问题。1999 年 3—8 月，四川省婚姻登记管理机关和各级民政部门按照民政部规定开展婚姻登记管理行政执法检查。根据各市（地、州）的情况报告及省厅的实地走访了解，四川省婚姻登记管理机关基本制止了借办理婚姻登记搭车收费，严格按照《四川省婚姻登记收费管理办法》规定，每对婚姻登记只收取 9 元费用。开展婚姻服务的婚姻登记管理机关，坚持群众自愿、便民利民的原则，注意区分婚姻登记行政执法与婚姻服务的界限，杜绝强行搭售婚庆用品行为，避免增加婚姻当事人经济负担。

2001 年 6 月 25 日，省民政厅下发《四川省民政厅关于再次重申严禁借办理婚姻登记搭车收费的通知》，强调把制止搭车收费，提高到维护党和政府形象，促进农村社会稳定的高度来认识；深入开展政务公开、优质服务、树文明新风活动；正确处理登记与服务的关系，坚持自愿的原则开展婚姻系列服务。

2001 年 12 月，省民政厅部署全省婚姻登记收费情况的清理整顿工作，对各地存在的搭车收费和乱收费行为进行了处理，督促各婚姻登记机关严格实行省政府制定的婚姻登记收费公示制度。2004 年 5 月，省民政厅下发《关于转发民政部〈关于严格制止借婚姻登记乱收费的通知〉的通知》，结合四川省实际，提出贯彻意见。

第二章 婚介服务

20世纪80年代末至90年代初，婚姻中介服务机构在各地陆续兴起，无序发展，没有主管部门的监督管理。1995年，四川按照中央要求，将婚姻介绍归口民政部门管理，民政部门要对国内婚姻介绍活动进行指导、管理和监督。1996年12月，省民政厅转发民政部《关于加快发展民政婚姻服务业的意见》，四川各地民政部门开展了不同规模、层次不等的婚姻服务，不少民政局成立专门的婚姻服务机构，满足了广大婚姻当事人婚庆服务的需要，也促进了婚俗改革和婚事新办、婚事简办的新风尚。

第一节 婚姻介绍

20世纪80年代末至90年代初，专门为达到法定婚龄的无配偶者择偶进行牵线搭桥的信息中介服务机构在各地陆续兴起后，处于无序发展状态，没有专门法律法规、政策的约束，没有主管部门的监督管理。1995年，为贯彻国务院办公厅《关于加强涉外婚姻介绍管理的通知》中关于国内婚姻介绍归口民政部门管理，民政部门要对国内婚姻介绍活动进行指导、管理和监督，凡申请成立国内婚姻介绍机构的，由省（自治区、直辖市）民政厅（局）负责审批，严禁国内婚姻介绍机构和其他任何单位、组织和个人成立涉外、涉港澳台华侨婚姻介绍机构，从事或变相从事任何形式的以营利为目的的涉外婚姻介绍活动；电视、广播、报刊等新闻媒体不得播放或刊登涉外征婚广告，其他任何单位和个人也不得张贴或散发此类广告等有关规定，省政府办公厅转发《省民政厅、公安厅、工商行政管理局关于加强涉外婚姻介绍管理意见的通知》，重申国务院办公厅的规定。省民政厅根据上述两个文件规定精神，结合四川实际，出台《四川省民政厅关于加强婚姻介绍机构管理的实施意见》，对设立婚姻介绍机构进行统一规划，提出规范婚姻介绍机构的审批、管理和监督措施。

按照民政部要求，1995年，省民政厅及时采取措施，部署落实全省婚姻介绍机构清理整顿工作。各地民政部门会同公安、工商部门对婚姻介绍机构进行清理整顿，取缔非法从事涉外婚姻介绍机构；对未经审批成立的婚姻介绍机构予以停业整顿，限期履行报批手续。通过集中清理整顿，使四川省婚姻介绍机构逐步由无序发展向规范管理转变。民政部门在管理中，要求婚介所查验征婚者的身份证、户口簿、学历证书等证件；有婚史的征婚者须出示离婚证明或丧偶证明，如实填写个人信息登记表；对征婚者的档案妥善保管，保护个人隐私。

2001年9月，省民政厅下发《四川省民政厅关于委托办理婚姻介绍机构设立审批事项的通知》，委托市（州）民政局代为办理婚姻介绍机构的审批事项，以解决原有体制中审批与监管分离的问题。

同时要求各地开展婚姻介绍机构的清理整顿工作，合理规划婚姻介绍机构的设立，严格审批，切实加强指导、管理和监督，切实维护征婚当事人的权益。截至2001年底，四川省共审批成立国内婚姻介绍机构150个。

2002年11月，国务院实行行政审批制度改革以后，发文取消了民政部门对成立国内婚姻介绍机构的前置审批权，成立婚姻介绍机构不需要先到民政取得许可证，只需直接到工商部门申请工商登记或到民政部门申请民办非企业登记。

第二节　婚姻服务业

婚姻系列服务是随着社会的进步和人们的物质文化生活水平的提高，人们对婚姻服务需求的日益增长而兴起的，它是婚姻登记管理体制改革的必然结果；是破除婚姻陈规陋习，移风易俗，倡导科学、文明、健康的婚姻习俗和生活方式，促进社会主义精神文明建设的需要；也是更好地为婚姻当事人服务，满足不同层次婚庆消费的需要。1996年12月，省民政厅转发民政部《关于加快发展民政婚姻服务业的意见》（以下简称《意见》），开始引导各级民政部门成立婚姻服务机构，开展婚姻服务。要求全省各市（地、州）民政局加大领导力度，充分发挥优势，健全婚姻服务网络，完善婚姻服务机构，拓宽服务领域，提高服务水平，扩大婚姻服务市场。

民政部门开展婚姻服务，服务对象主要是办理婚姻登记的当事人，服务主体的特定性，决定了婚姻服务机构必须严格依法开展婚姻系列服务，划清行政执法与婚姻服务、婚姻服务与乱收费的界限。《意见》明确开展婚姻服务的指导思想，确立开展婚姻服务的原则：一是登记执法与婚姻服务分开的原则，二是依法服务的原则，三是自愿原则，四是促进婚姻登记管理的原则，五是先城市后农村，因地制宜的原则。

《意见》下发后，四川省各地民政部门，尤其是开展集中婚姻登记管理的县（市、区）民政局积极创造条件，开展了不同规模、层次不等的婚姻服务，全省有20多个县（市、区）民政局成立专门的婚姻服务机构。满足广大婚姻当事人婚庆服务的需要，也促进了婚俗改革和婚事新办、婚事简办的新风尚。

1997年之后，自贡市4个市辖区民政局逐步开展婚姻登记工作，依托婚姻登记，开展婚姻服务、照相、复印、出售婚庆用品。

但是，在民政部门开展婚姻服务的同时，一些地方的婚姻服务机构存在不尊重婚姻当事人意愿强行搭售物品的现象，引起群众的不满。2000年以前，德阳全市各婚姻登记机关婚姻服务开展较少，且不规范，搭车收费、乱收费现象比较严重，群众反映比较强烈。2001年8月17日，省民政厅下发《四川省民政厅关于规范婚姻服务管理的通知》（以下简称《通知》），明确各地在开展婚姻服务时应当坚持的基本原则和应该落实的具体措施，同时应加强婚姻服务人员的培训、考核和管理，建立婚姻服务人员培训考核制度。《通知》再次重申了开展婚姻服务的指导思想和基本原则，明确指出开展婚姻服务不是民政部门应尽的职责，也不是上级民政部门下达的任务，各地应当结合实际，量力而行，并对规范四川省婚姻服务采取了具体的措施：一是婚姻服务必须公开，这是民政系统政务公开的延伸，也是深化“政务公开、优质服务、树文明新风活动”的体现，婚姻服务机构在开展服务时，必须将服务项目、服务内容和收费标准张贴在醒目位置，向社会公开，接受婚姻当事人的监督；所有婚姻服务中销售的婚庆用品，必须公开摆放，并由婚姻当事人自主选择和选购。二是婚姻服务场所与婚姻登记办公室分开，充分体现婚姻登记与婚姻服务分开的原则。三是婚姻当事人在接受服务时应当签署意见，体现婚姻服务的自愿原则。四是严禁婚姻服务机构为其他部门或单位代收任何费用或代售任何物品。五是加强资金、票据管理，规范票据使用。同时还对加强婚姻服务从业人员的管理提出了具体意见，民政部门要加强婚姻服务从业人员的培训、考核和管理。

2003 年 10 月 1 日起，自贡市 6 个区县民政局均可办理婚姻登记，除乡（镇）婚姻登记处外，区县民政局婚姻登记处都有婚姻服务的情况，提供婚姻服务的机构不是婚姻登记处，而是一些婚姻服务机构，如婚姻家庭协会、婚姻服务公司等，提供服务能严格按照要求，与婚姻登记在人员、场地和收费方面实行“三分开”。

第三章 婚俗改革

四川省是一个多民族省份，各民族聚居区，有着丰富多彩、千姿百态的民族婚俗，但这些传统婚俗有的已经逐渐不能适应社会的发展和人们观念的转变。20世纪90年代开始，在民政部门的提倡和引导之下，四川城乡婚俗逐渐改革，出现了一些婚嫁新风。

第一节 传统习俗

一、汉族婚俗

四川汉族传统婚礼的很多仪式即婚俗均体现中国人向往“天地人和谐”的哲学和人们祈福迎祥的文化心理。川东、川西、川北、川南汉族婚俗既有传统共性，亦带各自地方特色。它关系到结婚双方当事人和两个家族的事，通过一系列仪式反映婚姻的庄重内涵，以引起当事人和亲戚朋友对婚姻本身的重视。

四川农村旧式婚俗中，结婚前需找风水先生看日子，选择结婚日子被称看“期辰”，看好“期辰”后就是筹备办结婚酒席的事宜。正式结婚那天叫做“正酒”，“正酒”前一天叫做“起媒”。起媒那天，附近的乡亲都会来给结婚这家帮忙。婚礼一般有一个总管，专门负责迎亲摆酒等事宜。

“正酒”那天早晨，迎亲队伍出发，男女各12名，还有唢呐队，一路吹吹打打。到了新娘家后，迎亲队伍会坐在坝子里准备好的围桌边，桌上摆些水果，糖果、瓜子、花生，迎亲队伍会边吃边等新娘子起程。

新娘家摆的酒是早饭，新娘要在酒席上给长辈来宾磕头和敬酒，新娘的妈妈常会因为舍不得女儿出嫁，躲在房间里哭。磕完头敬完酒，新娘就启程了，这时的迎亲队伍手里会多些新娘的小样嫁妆，大样的嫁妆是早些时日就已经搬去婆家了。来到婆家后，新娘会被新郎方的婆姨搀起扶到堂屋的家神龛位前。

随后进行“拜堂仪式”，一拜天地，二拜父母，三是夫妻对拜。两位新人都要给双方父母磕头，并改口称对方父母为爸和妈。双方父母要给新人红包，以示祝福。磕头结束后，新人入婚房换衣服，音乐热闹地响起，外面就开始摆酒席了，菜一个一个送到桌子上，坝子里常常一摆就是十几、二十几张桌子，有几个专门负责加饭的人端着饭盆来回地走着。新人房间里换好衣服后，就出来敬酒，专门有一个长辈带着两位新人，向他们介绍应该如何称呼客人。

酒席结束后，就会由新郎这边的小弟或小妹，或是亲戚家的小孩子端上一个装着菜和饭的大托盘到新房中给新娘，新娘会给送饭人钱，以示吉利和感谢。饭后给新娘倒茶的小孩子也会得到新娘送出的红包。

晚上，新娘新郎的同学或是朋友、亲戚们常常会闹洞房。让新郎新娘玩很多游戏。常常到了晚上十一二点钟闹玩的人才会散去。

四川汉族传统婚俗主要由说媒、议婚（提亲）、定亲、送节礼、定日子、过大礼、迎亲、送嫁、拜堂、婚宴、谢媒、闹房、回门等组成。其中迎亲、摆礼、婚宴、闹洞房则是婚娶中的高潮。

（一）迎亲

迎亲最为热闹，一般由媒人同行。男家在大门上贴“红双喜”，挂红灯笼。贴红色双喜字。结婚时无论男方还是女方都要剪大红“囍”字贴在门上、堂屋、新房之中和嫁妆上，寓意新婚夫妇互敬互爱、吉祥如意、白头偕老。

新郎早晨出门前，会到堂屋给天地上香，新郎上前磕三个头，这时鼓乐齐鸣，鞭炮震响，旨在驱逐妖邪。在汉族婚俗里，一般是早晨迎新娘，晚上摆喜宴。迎新娘要在天不亮就去，新娘被接到男方家时，已经天色微明，逐渐亮起来。这就有越走越明、越走越亮的寓意，也是亲人对新人今后生活的一种美好祝福和希望。

（二）摆礼

摆礼是将亲朋好友送的礼物摆在堂屋或大厅堂内，让诸亲百客观看。表明这对新人的结合拥有很多的祝福。这一婚俗，在四川各地均很盛行，宾客送来的保温瓶、缝纫机，都会很郑重地摆出来。

20 世纪 80 年代初开始，城里人出现了结婚要有“三大件”的流行趋势。最初的“三大件”是手表、自行车、缝纫机。到了 20 世纪 80 年代后期，“三大件”的内容逐渐变为电视机、冰箱、洗衣机、录像机一类的家用电器。

（三）婚宴

婚宴是婚礼期间为答谢宾客举办的隆重筵席。婚宴包括“花夜酒”和“正席宴”。“花夜酒”又叫“吃花夜”，即在大婚日前一天晚上举办，这天晚上有一个“拴新郎”和“拜家神”仪式，第二天中午正席，俗称“吃九碗”，取长久之意。菜品中必备酥肉、墩子和髈，俗称“三大炮”。三道大菜之间必间隔 1—2 个热菜，如夹沙糯米饭、爆皮、肉丸子汤等。上菜时掌盘人手执托盘高声叫唱：“恭喜发财，酥肉端来”“墩子、墩子，早生贵子”“恭喜发财，大髈端来”。怕汤水溅到客人身上就喊：“拐子！”最后一道菜喊：“恭喜发财，整（喝）红蛋酒又来。”

（四）闹洞房

也叫“逗媳妇”“吵房”。汉族民间流传说“过门媳妇，三天不分大小”。无论长辈、同辈、小辈都可以到新房中祝贺新娘新郎，嬉戏皆无禁忌，不管怎样闹，新郎新娘都不能生气或态度不好，直到闹房者满意而去。在汉族传统婚俗中闹洞房是文雅的，说说恋爱经过而已，后来就要新人一起吃苹果，借着油子可以让新人不小心亲到一起，大家可以起哄。这种被社会允许的亲昵，是参与闹洞房亲友最好的娱乐节目。到 20 世纪 90 年代婚礼开始进入酒店，中午喜酒一喝、红包一送，部分宾客就离开了。下午客人们打完麻将吃过饭就各自散场，基本上不会有晚上再到新人新房去闹洞房的情况。

二、四川少数民族婚俗

四川省是一个多民族省份，有 55 个少数民族，其中有彝、藏、羌、苗、回、土家等 14 个世居少数民族。四川是全国最大的彝族聚居区（主要分布在凉山州、乐山市、攀枝花市）、第二大藏族聚居区（主要分布在甘孜州、阿坝州和凉山州的木里县）和唯一的羌族聚居区（主要分布在阿坝州的汶川县、理县、茂县和绵阳市的北川县、平武县）。民族自治地方主要有甘孜藏族自治州（辖18个县）、阿坝藏族羌族自治州（辖13个县）、凉山彝族自治州（辖17个县市，其中包括木里藏族自治县），马边彝族自治县、峨边彝族自治县和北川羌族自治县等。另外四川尚有按民族县对待的米易、盐边、平武、石棉、乐山市金口河区、攀枝花市仁和区、宝兴、兴文、汉源9个县（区），还有108个民族乡。在四川境内各民族聚居区，有着丰富多彩、千姿百态的民族婚俗。

（一）凉山布拖县彝族婚俗

布拖县彝族位于凉山彝族自治州东南部，境内山水相连，布拖东、南两面是汹涌的金沙江，隔江与云南相望。布拖是凉山彝族地区的腹心地带。布拖彝族婚礼从说媒、订婚、求婚、迎亲，到举行婚礼，都具有浓郁的民族风情和鲜明的地方特色。

1．说媒订终身

彝族中有“一个人一生中未当过一次媒人，死后到阴间将失明”之说，因此谁都愿意当媒人。而那些德高望重、能说会道的人往往具有优势。看好哪两家有般配子女且门当户对，便从中说媒凑合。待双方父母有同意的意思表示后，安排男女双方见面，双方都满意后，同饮约定婚事酒，使周围的人都明确双方的特殊关系。

2．订婚仪式

彝语叫做“吾让木”。彝族谚语云：“祖灵可戏，婚事不可戏”，一旦举行了定婚仪式，双方便不得再反悔婚约了。订婚，双方各举行一次，女方家是受礼者，先举行，且要比男方家隆重。订婚时，男方家将邀约几个男性亲戚和邻里好友来女方家做客。女方家的姑娘们早已贮好水严阵以待，待他们一靠近便向他们泼去一瓢瓢清水，客人则须表现得勇猛、顽强，用衣服蒙着头，迎着“暴风骤雨”勇往直前，冲破姑娘们的一道道防线，猛冲进屋，姑娘们则会紧追不舍，尾随进屋，直到把来客一个个泼得像落汤鸡才肯罢休。泼够玩够了以后，主客便一起坐到火塘边相互寒暄，主人拿出酒来让客人饮个痛快，随后便开始杀猪宰羊款待宾客。第二天吃了早饭客人就回去，届时主人家要给每位客人赠送一点钱，俗称“卡巴”。其中媒人和女婿要单独给，数目比其他客人的要多些，同时主人家还会让客人们带一块烤羊饼和一块猪前脚肉及几瓶酒给亲家，男方回到家后即把肉煮熟，连同烤羊饼和酒均分给邻里亲友一起吃，不能独享。

3．求婚之夜

男方家派两位聪明勇敢的人，带去一只小猪及新娘婚服礼金到新娘家，陈明求婚之来意。女方村子里的姑娘们则贮水以待，到处设置障碍，向他们泼水、抹锅烟，直到把他们两个弄得狼狈不堪才肯罢休。这一夜出嫁姑娘平时相好的女友都要携带鸡蛋、糖果、荞饼等来向她道别，女家要杀猪宰羊招待。大家互诉衷肠，各道离愁别绪，通宵达旦地唱哭嫁歌。

4．新娘踏上嫁程路

婚礼那天早晨，新娘由一个表兄弟辈的年轻人背到门外一张竹笆上坐下，由一位子孙满堂的老妇用酒和炒食为其祝福，然后给新娘换上彩裙，将她的头发披散下来。一切准备就绪后，娘家给迎亲的小伙子和背新娘的小伙子各赠送一些钱作为礼物，送亲的队伍便开始出发。彝家山寨，山高路远，一路上，背新娘的伴郎累得汗流浃背，喘息不止，新娘的陪伴——伴娘就在地上铺上事先准备好的新草席和毛毯，让新娘坐地休息，待伴郎喘过气来，又继续上路。新娘必须在太阳落山前背回男家。

5. 别具一格的婚宴

送亲的队伍到达新郎家附近时便停下来休息。新郎这边男女老少都前来迎接。男方家便派一个能说会道的人带上少许钱和烟、酒、一点盐巴、一张羊皮，向客人请安、敬烟、敬酒。然后送亲的队伍这边又派几个精壮小伙子前往新郎家“抢肉吃”。这些小伙子来到新郎家门前，走到掌管分发肉食的人跟前站定，男方这边的姑娘们则站列在对面，严阵以待，等负责分肉的刚把一篮子热气腾腾的肉递到小伙子手中，姑娘们便一拥而上，把小伙子们团团围住，拚命抢夺他们手里的肉，小伙子们则极力反抗，护住手里的肉，不让她们抢去，一时间他们混战一处，扭成一团，欢笑声、呐喊声、助威声交织在一起，惊天动地，气氛异常活跃。这一切结束后，新娘和迎亲的队伍才进屋。进屋后，先给大家敬酒，然后才进餐，晚餐是用篾条串成的一串串烤肉和荞饼，新娘也有一份。这天晚上不能给客人喝汤，意为不能让新娘像水一样流走。晚饭后，主客一同喝酒、赛歌、对谚语、猜谜语等，往往闹个通宵达旦，兴尽方休。第二天，吃完早饭，新娘便同送亲的人一道回娘家，男家要送一块猪前脚肉和一坛酒、一块烤荞饼，让新娘带回去，给新娘的舅舅、叔叔和兄弟各赠送一只羊或同等数额的钱财，送给媒人一定数额的酬金，其他送亲的客人也会得到一定的礼金。

（二）甘孜藏族婚俗

甘孜藏族青年男女通过节日，要坝子、庙会、转经、跳锅庄、对山歌等形式来结交异性朋友，有的地方至今还流行着顶毪衫、抢头帕等古老风俗。

顶毪衫 顶毪衫是青年男女追求婚姻自由的一种表达方式，它体现了藏族人民对幸福生活的渴望和追求。毪衫为羊毛编织而成，厚实保暖，经久耐用，美观大方。在月色明媚的夜晚，藏族小伙子们三五成群，每人披上一件毪衫邀约到相好的姑娘家去对歌。姑娘们也相约一群，坐在锅庄边，等待小伙子们的到来。小伙子若要进入姑娘家必须过三关，即藏獒关、歌唱关、防羞辱（防打、防水）关。守门的藏獒通常体型健硕，凶猛无比，小伙子要有手段方能避之而入，躲在锅庄外楼梯下，变换着嗓音，把一首首情歌献给自己心爱的姑娘。在对歌时若碰上不如意的小伙子，姑娘会用水和炭灰将其赶出，这时候小伙子只好用毪衫来抵挡。若姑娘爱上了这个小伙子，便会邀小伙子进入锅庄，喝着咂酒，吃着干果，边吃边对歌。通过歌声来传情达意，互诉爱慕之情。

抢头帕 抢头帕是藏族地区一种独具特色的择偶方式。每当藏寨庆典或集会，年青人便会身着节日盛装，跳起欢快的锅庄舞，作为未婚男女选择对象的机会。当青年男子对姑娘产生好感时，即使是陌生人，也可以抢去她们的头帕作为初次交谈、赴约的信物。头帕多用十余种彩色丝线绣上美丽的山水鸟兽以及其他各种吉祥的图案。头帕的四个角上各坠一丝穗，色彩绚丽，样式美观。男子依姑娘头帕所绣的花纹及式样来判断姑娘的个性及才能，因而姑娘们绣头帕时，总是使尽刺绣技艺，一则为了戴上好看，二则为吸引意中人。头帕被抢去后，女子则要讨回，这时男子常把姑娘引到僻静处。如果姑娘对男子无意，则会找出各种借口讨回头帕，并请求对方谅解，这时男子也会把头帕还给她。男子抢头帕时绝不能对女子有丝毫粗鲁的行为，否则会受到人们的讥笑和谴责，而且其他知情的姑娘以后都不会与他往来了。女方初次赴约，会请上几位同伴，待男女双方两人加深了解后，如果双方都有意，则由家庭出面为他们商定婚姻大事。

甘孜藏族婚娶，普遍按求婚、定婚、结婚的程序进行。首先由男方家媒人向女方家正式提出求婚。女方家同意后，提出需多少彩礼，双方进行商议，男方家择一吉日由家长或亲属送去彩礼，本地称“莫仁”。

男女双方同意婚事后，双方家长一起去寺庙烧香敬佛，请喇嘛高僧选择吉期。结婚那天鸡叫头遍，母亲和伴娘为新娘穿戴好，伴娘必须按卦意由双方家各自在亲友中找，需是父母健在，属相于新娘相合。男方派兄弟或亲友到女方家迎亲，近则步行，远则骑马。到了女方家，入坐款待酒食后，迎亲人员要在坐席上留下哈达或现金以谢女方家的盛情款待。女方家要为迎送亲人员装上牛肉、酒、麻花、糖果，以备途中享用。新娘由伴娘陪伴，向父母兄弟姐妹一一告别，父亲或兄长给新娘脖子上戴上哈达，以祝吉祥。男方家看见迎亲马队将至，立即到村口迎候，在家门前烧一堆火，新娘由伴娘扶下马，双脚落在垫好的白毡上，白毡旁边放有一桶清水，象征两人的婚姻像清水一样清洌甘甜。新娘进门、上楼、入房，都在领路人手持彩箭、领唱指点下进行。当晚全寨人皆参加婚礼，赠送哈达及礼物，唱歌、跳舞、喝酒。众人尽情嬉闹至深夜方归。新娘在男方家住一宿，（牧区一般住3天）。第二天新娘返家前，先要到男方家经堂和村里各敬香处烧香敬佛。吃过早饭，同迎送人马返家。新娘回家时间不等，少则三五天，多则半年，然后再择一吉日由长辈或兄弟1—2人将新娘及陪嫁一同送往男家。甘孜城乡一般陪嫁以金银首饰、珊瑚项链、现金、衣物和粮食为主，牧区陪嫁以牛马为主。陪嫁一般大于彩礼2—4倍，但也有彩礼大于陪嫁的。如男方家有时会为新娘制一整套本地称“扎朵玛”的传统服饰，费用少则几万元，多则十几万元，主要视男方经济条件而定。

（三）羌族婚俗

四川羌族订婚时须经三道程序，首先“开口酒”，即许口酒。当男女还未成年时，男方请媒人到女方家说亲，如对方同意则由家长提出一定时间，男方到女方家办酒席宴请，名“开口酒”。酒席上女方提出聘金数目，双方议定，表示订婚初步成功。数月后，男家去女家备酒席招待近亲，称“小定酒”，此时要送上些彩礼，置于神台之上，以示庄重。“大定酒”上，两家具体商定结婚日期，男方要大宴宾客，款待女方亲朋，此时男方根据议定交清聘礼，特别要备一份银子奉送岳母，在整个订婚过程中，姑娘不得露面，藏于房内或亲友家中。

结婚有“女花夜”“正宴”及“谢客”三道仪式。“女花夜”，由女方备酒两坛，招待前来庆贺、送礼的客人，男女各一坛，大家跳舞、唱歌庆贺。“正宴”即正式娶媳妇，男方备马前来迎亲，一匹新娘乘骑，另两匹伴娘骑。新娘穿着特制的红嫁衣，脚穿由家嫂做的红绣花鞋，由兄弟背出大门上马。父母将平日为新郎做的鞋、袜等塞进背兜，让女儿带到男家。拾掇停当，乐队吹起唢呐相送，送亲者背箱柜前行，热热闹闹送新娘出嫁。途中如经过亲戚家门，则由亲戚摆设茶席、糕点、水果等招待。到男家村寨，炮手放三声火枪，全寨人齐集迎接新娘。新娘下马后，新郎即在门口撒米于地，厨师提雄鸡宰杀，洒鸡血于大门上。新郎新娘入洞房后，设在露天坝子的盛大宴会便开始。贵客们边吃边喝，边歌边舞，先唱“赞新娘”的酒歌，歌词内容是赞颂新娘的美貌，后唱“赞新郎”，称颂新郎人品端正、精明能干。人们一直歌舞到深夜，甚至天明。第二天，主人再备两席“谢客”，整个仪式才结束。婚后第三天，新郎同弟兄背酒肉送新娘回娘家，新郎住一两日，新娘得住数日甚至数月，才由丈夫接回。

（四）四川回族婚俗

回族婚俗主要有迎亲、念“依查补”、闹洞房等。新人婚期由双方父母共同协商，请阿訇（回族穆斯林对主持清真寺宗教事务人员的称呼）按伊斯兰教历选择吉日。阿坝州金川回族多选择两个日期，由女方确定一个。松潘回族在择定婚日时，由阿訇和媒人送开斋礼（聘礼）到女方，包括盐、茶、果、面、24个大馍馍，梳头羊一对、衣料和化妆品等。迎亲一般由男方弟妹承担，兄长不可出面。迎亲宜早不宜迟，通常天亮之前就将新娘接走。新娘家送亲队由其哥姐弟妹组成。由一位有福气的妇女铺床，口念吉言，在床上撒喜果。新娘头上搭红绸盖头，扶上花轿，抱一小男孩坐怀里，称为“押轿”。花轿起程不吹打，不放鞭炮，一直抬到男家。新娘由人扶进新房，脱鞋坐于床角。新郎揭下新娘盖头后，新娘才穿鞋坐在床边。20世纪90年代后接新娘开始不用花轿而用汽车，米易县回族的新娘被接到门口时，新郎要围着车转一圈，然后将新娘和送亲人迎进大门。当新娘迎进男家时，请阿訇坐上方，新郎、新娘席地而跪，桌上放着红色的“喜果”和《结婚证》。阿訇随即念经赞美安拉促成幸福婚姻；然后问新郎“你愿娶她为妻吗?”新郎说“格波来概勒丹（我同意娶她）”。又问新娘“你愿嫁给他吗?”新娘则说“打丹（我愿意）”。于是阿訇宣布新郎新娘正式结为夫妻。仪式结束后，阿訇抓起桌上喜果，撒给新郎新娘，这时围观者无论男女老少，都争抢喜果，以多得者为荣。随后便宴客、闹洞房。西昌回族闹洞房，过去流行“闹糖茶”。由新郎、新娘共端茶盘敬客，客人可向新娘出一难题，或让新娘唱歌跳舞。

（五）凉山宁南县布依族婚俗

布依族普遍实行一夫一妻制，青年男女之间交往比较自由，未婚男女可以利用节日、外出劳动等机会，聚集在一起对歌，表达爱慕之情，如男方同意，就可以盟誓订下终身。随着时代发展，布依族的婚姻演变为自由恋爱和媒人说合相结合。青年男女相恋后，父母也同意，男子家要准备一坛酒及香、纸、糍粑（糍粑必须有12个，10个送女方父母，2个送媒人）等礼物送到女方家。女方家以之祭家神，并请来家族长者、亲友一同喝酒，商议亲事，俗称“吃罐酒”，宣告双方正式订婚。姑娘的头发也要从中间分开编辫，表示已经许配人家。之后，女方要选择日子，带上礼品到男方家“敬家神”，称为“喜口茶”；并将姑娘的生辰八字开给男方，共同商定结婚的有关事宜。婚前，要请人选好结婚日期，称为“开庚”。

结婚的前一天，男方要请一个能说会唱的“押礼先生”（亦称“迎亲先生”），带着礼物一道到女方家迎娶。女家要用板凳或人将迎亲者拦在大门外，对歌、说“四言八句”、喝酒，“押礼先生”输了要罚酒一杯，赢了才放行，如此三关，才能进屋“敬家神”。

新娘出嫁的前夜须哭嫁，有的姑娘在嫁离娘家前要以唱歌的形式哭三天，内容多为叙述父母生下她后如何艰难将其抚育成人，自己是如何舍不得离开父母、兄弟、姊妹及其他亲人，并骂男方来接亲者（当然是假骂）。哭嫁时，平时与新娘要好的同村姊妹会前来陪伴，并在次日跟随新娘兄弟、亲属去送亲。

迎亲时，新娘要手持一张新手巾，以示辟邪，常常坐轿或坐滑竿，随着社会进步改为步行。

新娘到达夫家之后，亦须通过院子门、堂屋门、卧房门等三道大门。新郎家的亲友会在每道门口设置障碍，每经过一道门口，新娘家亲人会被新郎家两个会唱歌的亲友拦住对歌。如答唱不起，就拦住不让进屋。送亲者对歌要使夫家满意后，才让其通过。但新娘要先到邻居家暂时休息后，才被请进男方家堂屋拜堂。

开宴时，送亲者不与其他客人混坐，主人要以双份菜招待他们。席间，送亲者与其他客人对歌联欢。晚间的“闹新房”更是别具一格。新郎、新娘晚饭后新房灯亮的时刻，祝贺新婚之喜的亲朋好友便来到新房向新娘“要荷包”，布依族的“闹新房”便开始了。荷包是新娘事先在娘家就准备好的，数量根据估计的贺婚人数而定。这种荷包，是用双色布做成的，大小和桃子差不多。荷包上要用彩色线绣上花，“狗牙瓣”纹样是最常用的花纹。荷包口上用红绒穿着，荷包里装着枣子、花生和桂元，象征着祝贺新娘早生贵子。“要荷包”的男女老少都得唱《荷包歌》。《荷包歌》有两大类：一类以月份为主，按月唱下去；另一类以劳动内容为主唱着劳动歌，唱与种棉花、纺纱、织布有关的歌词。一般是2人一组齐唱或一主唱一帮腔。新娘从内容到歌唱技巧都要认真地“审听”，合格者才能得到荷包，同时，还要唱一首《多谢歌》才能告别新房离去。每次的“要荷包”贺新婚，参加庆婚的至少有数十人，多时可达上百人。

婚庆期间送亲者一般要住3天或6天才回家。婚后3天、7天或1个月时，新娘回门，礼品中也必须有12个糍粑，分别献给双亲和媒人。婚后3年内，出嫁的女儿都要回娘家拜年，12个糍粑亦为礼品中不可或缺之物。

第二节　婚嫁新风

20世纪90年代开始，四川城市居民所采用的婚礼仪式，从单一的“一拜天地、二拜爹娘、夫妻对拜、共入洞房”的中国传统汉室婚礼，发展到中西式婚礼并存，不少年轻人开始选择婚庆公司对婚礼予以组织策划。大城市现代婚礼中，常用迎亲车队迎接新娘，车辆多取双数或“6”的倍数。婚车往往采用鲜艳的绸带和鲜花进行装点。鲜花的造型也很别致，有的摆出心型，也有的摆出“LOVE”的字样。更有的新人把“奔驰”“宝马”车都“请”上场为婚礼助阵。

婚车至女家后，新郎与女方家人见面问候后，手持鲜花献给新娘，随后将新娘背下楼再抱上婚车。婚礼一般安排在酒店举行，新人的婚纱照被放大摆放在酒店门口，奢华的鲜花拱门烘托出浪漫喜庆的氛围。贺喜礼品大多简化成现金，封在红包里，外面写上祝福的语言和送礼人的名字。签到的时候顺手奉上红包，由专门人士登记在册。婚典仪式包括主婚人、证婚人致贺词，新人父母讲话，新郎新娘交换戒指，新人开香槟、切蛋糕、喝交杯酒等。仪式完毕后宾主开始起筷，新人再一桌桌地向大家敬酒。

21世纪初，随着婚庆公司职业婚礼策划人的介入，千篇一律的婚礼不再受青睐，办一场时尚、别致的个性化婚礼成了许多年轻新人的首选。婚庆公司在婚礼的形式、内容、主题方面不断推陈出新，中西结合式婚礼、韩式婚礼、草坪婚礼、庄园婚礼、沙滩婚礼、水下婚礼、游轮婚礼、田园婚礼、山顶婚礼等等个性化婚礼开始得到新人的亲睐。

2005年1—6月，成都新人结婚平均花费达12万元。而对稍高端的结婚人群来说，上述价格至少要翻2—3倍。而在结婚新人中，一半以上的费用由父母“埋单”。拍一次婚纱照要3000—12000元，买珠宝要10000元左右，办酒席一桌500—2000元，请婚庆公司要9000—15000元左右，蜜月旅游需要1万—5万元不等，这还只是按照平均标准计算出的“大件”开销，倘加上其他一些“细枝末节”的开支，费用则更为惊人。

随着用于结婚花费的步步攀升，部分新人及家长开始意识到，婚礼的花销高并不一定代表着婚礼的品位高，很多盲目的攀比，不必要的浪费，使婚礼被赋予了很多不必要的形式和噱头，扭曲了它存在的真实意义。举办既富有传统文化内涵又兼具现代文明特征的新式婚礼，成为很多新人的愿望。在政府相关部门支持推动下，四川各地举办了多次集体婚礼。2005 年 12 月 31 日，遂宁船山区民政局联合区妇联、区共青团及金玫瑰婚庆礼仪中心为 30 对新婚夫妇举办了遂宁市首届集体婚礼，5000 余名群众在遂宁犀牛广场充当了此次集体婚礼的见证人。婚礼中 30 辆崭新一色的出租车和 60 余名身着喜庆制式服装的青年迎亲队伍，浩浩荡荡，气势恢宏，隆重喜庆。在婚礼焰火礼花中，区民政局分管领导庄重地给新人们颁发了结婚证，同时还宣读了祝词，使新人们感到无比激动和幸福。

除了集体婚礼以外，越来越多的时尚新人摈弃了传统的婚宴婚礼，选择轻松、浪漫的旅游结婚，把旅游结婚当成一场享受浪漫、增长见识的机会。每年的结婚旺季，城市内各旅行社接待的新婚夫妇不少。国内的三亚、丽江、杭州、桂林、青岛、厦门、九寨沟，国外的法国、巴厘岛、夏威夷、马尔代夫等，成了新人们旅游的热门选择。

第九篇　殡葬管理

中华人民共和国成立后，四川省各级人民政府遵照国家制定的殡葬改革方针政策，逐步进行殡葬改革，多次召开专题会议，总结殡葬工作经验，部署工作，表彰殡葬改革工作中涌现的先进单位和先进个人。1985 年 9 月 28 日，省政府发布的《四川省殡葬管理实施办法》规定，凡条件成熟的地方，一律推行火葬。1986—2005 年，省民政厅认真贯彻执行国务院和四川省殡葬管理法律法规和政策，坚持殡葬管理工作的方针，指导全省各级民政部门和殡葬服务单位，推进殡葬管理工作不断地向纵深发展。

第一章 殡葬改革

为革除丧葬陋习，倡导文明节俭办丧事，促进社会主义精神文明建设，四川省大力推行殡葬改革，将殡葬改革作为“破旧俗、树新风”的社会变革内容，坚持推行遗体火葬，节约丧葬用地，保护生态环境和土地资源。1986 年四川省火化率仅占 12.86%，由于坚持殡葬改革方向，加强殡葬法制建设和殡葬行业管理，到 2005 年达到 36.62%，比 1986 年增长近 3 倍。2005 年，省民政厅召开全省殡葬管理工作座谈会，指导督促各地推进殡葬改革，积极稳妥地推进殡葬执法工作，加大执法监督力度，逐步规范殡葬行业管理秩序，纠正殡葬违法违规行为。开展殡葬行业价格管理专项执法监察和社会事务执法检查，保障殡葬改革坚持正确的方向。与此同时，省民政厅、省物价局联合下发《四川省殡仪服务价格管理暂行办法》，纠正一些地方收取火化保证金等违规行为，查处一些地方不规范的殡葬执法行为，使公墓不规范经营管理行为逐步得到纠正，逐渐消除了一些公墓存在的大墓现象和不注重绿化的现象。

第一节 传统丧葬习俗

一、汉族丧葬习俗

汉族有停丧、做道场、穿孝服、撤帐出煞，引魂开路、送葬、建造坟墓、遗体棺材土葬等传统的丧葬习俗。亲人去世后，丧家要请“阴阳生”（专以星相、占卜、相宅、相墓等为业，在丧葬中经办选择吉日、看“风水相墓”等事务者）选择、决定处理遗体下葬前停放时间、出殡时间及下葬时间等事务。停丧，是将遗体停放在家中，用两条长木凳支起一张木板床，木板床上垫上白布或黑布，将遗体放在垫有白布或黑布的木板床上，盖上白布或黑布，头向屋内、脚朝门外。在木板床下用一只碗装上桐籽油或油菜籽油，用一根灯草放在油中点燃照一盏“地灯”。死者遗体停放至出殡，“地灯”昼夜不能熄灭。其间，丧家邀请“戏班”（死者生前信奉佛教者，邀请高僧）为死者“超度”，也称“做道场”。“戏班”到丧家后，要详细了解死者生前的情况，梳理、编纂死者生前的“功德”，用“固定曲调”为死者“歌功颂德”。“戏班”唱戏、敲打乐器的声响均有丧葬习俗的固定格调。“戏班”的其中一人，一边敲锣打鼓，一边歌唱死者生前的“功德”，死者子女（一般是儿子）头围白布制作的孝帕，身穿白布制作的孝服，双膝跪在死者遗体脚前，随着敲打的锣鼓声和歌唱声，按道场阶段要求向死者磕头，表示对逝者的忠孝。“戏班”唱累了、死者子女向死者遗体磕头累了，都休息一会儿，“戏班”又继续唱，死者子女又继续向死者遗体磕头，直至出殡。撤帐出煞，引魂开路，是停丧结束、出殡习俗。阴阳生选用一只健壮的红公鸡，杀出公鸡的鲜血，围绕停放遗体的木板床一周，将公鸡的鲜血撒在木板床周边的地上，死者亲属随即从木床上抬下死者遗体出门，阴阳生同时将杀得半死的公鸡随死者遗体扔出门外，表示引死者灵魂上路。送葬。送葬有“戴孝”和固定排列队伍的习俗。送葬晚辈都要头围白布制作的孝帕、身穿白布制作的孝服。送葬队伍的排列，一般是死者的儿子手端死者遗像排在送葬队伍的最前面（指送终），其次是4名或8名肩抬土漆黑色棺材的人跟在死者儿子之后，与死者亲近的人跟在抬棺材的后面，死者其他亲人及生前好友，依与死者生前远近亲情和生前友好程度依次往后排列，持幡的、撒“买路钱”的，放鞭炮的，敲锣打鼓的相继随后排列。送葬队伍一边走一边给死者撒“买路钱”（用草纸或白纸做成、表示死者灵魂使用的冥币）。送葬的人越多，声势越大，表示死者的后人越兴旺。建造坟墓。“阴阳生”根据“风水”选择建造坟墓的地点。坟墓占用土地少则10多平方米，多则20多平方米，更多的有100多平方米。家庭经济条件越好，建造的坟墓越豪华。棺木土葬。棺木，也称棺材，一般用柏木或其他木材做成，一副棺材约需用上好木材0.7至1个多立方米。死者遗体装入棺材一同用土掩埋。

二、民族地区丧葬习俗

藏族传统的遗体处理习俗，有塔葬、火葬、天葬、水葬、土葬等方式。塔葬，仅限于活佛等人，这类人员死亡后，将尸体放在金制或银制的塔内填充香料，供人崇拜。火葬，限于一般人员和上层喇嘛。天葬为一般死者的遗体处理方式。人死亡4天后，将遗体运至天葬场，请佛教高僧“操度”后，天葬师将遗体的肉用刀具分割成小块，引来老鹰食用。老鹰将遗体的肉及内脏吃完后，天葬师将遗体的骨头全部砸碎、拌以糌粑，再作为老鹰的食物，供老鹰食用。水葬，一般是传染病死者和夭折儿童的遗体的通常处理方式。处理的方法是将遗体用刀具切成几大块抛置在河中，任其飘流。土葬，藏族土葬一般只针对凶杀死亡、犯罪罪犯或麻风病患者。藏族土葬遗体与汉族土葬遗体不同，汉族土葬遗体是将遗体装入棺材用土掩埋，而藏族土葬遗体不用棺材。将遗体放在土洞中，然后覆盖上泥土。彝族处理遗体的习俗。彝族人去世后，选择吉日火葬。于火化之日，邀请亲朋好友前去吊唁。去吊唁的亲朋好友牵着家中的牛、赠送礼物去遗体火化地，在火化地杀着牛，用大锅煮熟，一边吃着牛肉一边送别死者。遗体火化后，将骨灰撒入河中或火化的地方；将灵位供于幼子家中，3年后，选择吉日送灵超度。羌族人去世后，传统的处理遗体方式，有火葬、土葬、岩葬。凶杀死亡和得传染病死亡者进行火葬处理，其他人员去世后，较为普遍的是进行土葬。土家族人去世后多用火葬，但盛行土葬。回族人去世后，多数是请掌教阿訇主持葬礼，从速土葬。回族人土葬遗体一般不用棺材。土葬遗体之前，用水将遗体从头至脚洗三遍，再用白布包裹遗体，将遗体放在土坑内，然后用土填实，地面筑成长方鱼脊形墓堆。

三、改革丧葬陋习

殡葬改革是国家一贯倡导的一项社会改革，是移风易俗，体现社会文明进步的一个重要标志，是社会主义精神文明建设的重要内容和阵地，对进一步推进中国现代化进程和建立科学、文明、健康的生活方式具有重要意义。殡葬改革的主要内容和任务是改革封建的、落后的葬礼葬俗和葬式葬法，建立文明的、科学的、进步的社会主义殡葬礼仪制度。具体地讲即是推行火葬，改革土葬，推进丧葬习俗改革。从1994年起，殡葬改革工作逐步回升，推行火葬工作局面也有所改观，并逐步进入快速发展时期。1994年以来，全省火化遗体数量和火化率从缓步增长到快速增长。

由于各地地理条件及文化、交通、经济、社会文明发展程度的差异，四川省长期存在土葬改革区。因此土葬和丧葬习俗改革是四川省殡葬改革工作中又一重要任务。1994 年以来，四川省重点在土葬改革区以利用山区地形地貌特征和当地自然条件，因地制宜地推行竹棺岩墓或小坟小墓，集中指定埋葬等少占地或不占地的土葬遗体管理方式，倡导新的丧葬风俗。南充市仪陇县根据当地多山坡，耕地少，人口多、竹子多的实际情况，创造性推广了“竹棺岩墓”土葬遗体的方式，不占耕地，丧事节俭、文明，也节约了土地资源，保护了环境，较好地解决了死人与活人争地的矛盾，受到了民政部的充分肯定，在 1997 年全国第三次殡葬工作会议上对仪陇县的竹棺岩墓作法和经验进行了交流和推广。截至 1997 年底，全县共建有各类农村公益性墓地 3176 处，岩墓 3.44 万个，葬入遗体 3.42 万具，节约千余亩土地。广元、巴中等市部分山区县也开展土葬改革，破除封建迷信，铲除大坟大墓，规划、建立为当地村民服务的农村公益性墓地，规范了土葬遗体方式。

各地根据四川省政府的规划部署和省民政厅的要求开展“三道两区”乱埋乱葬专项治理，成乐、成雅高速公路沿线及城区的乱埋乱葬治理取得显著成效，成绵、成渝（四川段）高速公路沿线及城区的治理也在探索中进行。1998 年 5 月，成乐高速公路沿线的夹江县在乐山市委、市政府的支持下，率先开展“三道两区”乱埋乱葬专项治理的试点，还耕还林地 6 亩，使高速公路沿线可视区内无坟墓。2001 年雅安市抓住省人大执法检查的机遇，适时开展了“两道两区”乱埋乱葬治理。

1999 年，为落实国务院《殡葬管理条例》《四川省殡葬管理条例》，省民政厅、省民委、省卫生厅向各市（地、州）民政局、民（宗）委办、卫生局转发《民政部等三部（委）关于国务院〈殡葬管理条例〉中尊重少数民族习俗规定的解释的通知》，要求各地严格执行殡葬法规政策，尊重少数民族的丧葬习俗，改革陈旧落后的丧葬陋习。根据国家殡葬法规、政策规定，回族、维吾尔族、哈萨克族、柯尔克孜族、乌孜别克族、塔吉克族、塔塔尔族、撒拉族、东乡族和保安族等 10 个少数民族的土葬习俗应予尊重。在火葬区死亡的这些民族人员遗体可进入当地允许土葬遗体的民族公益性公墓内安葬。当地如无民族公益性公墓，但死者亲属愿意土葬遗体的，可向当地民族事务部门提出申请，并经民政部门同意在就近的土葬改革区遗体公墓土葬。至 2005 年，除少数民族外，大多数人逐渐摈弃了“披麻戴孝”“超渡亡灵”等一些陈旧落后和带封建迷信色彩的丧葬习俗；祭奠亲人胸佩白花、臂戴黑纱，播放挽歌、哀乐，写挽词挽联，献花圈，文明、节俭办丧事等社会主义文明、新式的丧葬悼念方式基本形成。

第二节　推行火葬

中华人民共和国成立后，特别是 20 世纪 50 年代末国家倡导实行火葬以来，殡葬管理工作的任务、内涵和特征发生了明显变化，推行火葬，加强火葬管理是殡葬管理的核心环节和重要任务。其基本特征主要反映在社会性、公益性、服务性、特殊性和政府对丧葬习俗改革中的强制性。四川省殡葬管理工作在省委、省政府的领导下，在民政部的指导和各级民政部门的努力下，始终坚持推行火葬，改革土葬，破除封建迷信和丧葬陋习，提倡文明节俭办丧事的方针和指导思想，通过认真贯彻落实全国第十次民政会议精神和全省第十四次民政会议精神，深入推进殡葬改革和殡葬事业的发展，使殡葬管理工作取得了长足的进步。特别是 1997 年国务院《殡葬管理条例》、省人大修订的《四川省殡葬管理条例》和颁布的《四川省公墓管理条例》实施后，全省各地以全国、全省殡葬工作会议为契机，狠抓执法，严查违法丧葬行为，大力提高火化率水平，殡葬管理工作的规范化、法制化水平有了较大的提高，社会群众的殡葬改革意识增强，破除丧葬陋习和封建迷信、文明节俭办丧事的社会新风尚逐渐形成，促进了四川省城乡社会主义精神文明建设。

一、法制建设

1994 年四川省着手殡葬管理地方法规建设。在四川省人大内司委的支持下，由省民政厅民政处牵头，着手四川省殡葬管理地方法规立法调研工作。四川省人大内司委办公室组成立法调研小组，在成都、绵阳、内江、泸州、自贡、乐山、甘孜、阿坝等市（地、州）和经济发达的外省城市，积极开展殡葬管理立法调研和收集相关资料的工作。在广泛、充分调查研究的基础上，完成《四川省殡葬管理条例（草案送审稿）》和《四川省公墓管理条例（草案送审稿）》。草案送审稿经多次修改形成《条例（草案）》。《条例（草案）》报送省政府后，经省政府常务会议讨论，同意将《条例（草案）》提请四川省人大常务委员会审议。1996 年 10 月 14 日，四川省第八届人民代表大会常务委员会第二十三次会议通过《四川省殡葬管理条例》。1997 年 7 月 11 日国务院《殡葬管理条例》出台施行后，同年 10 月 17 日根据国务院《殡葬管理条例》，四川省第八届人民代表大会常务委员会第二十九次会议，对颁布施行一年的《四川省殡葬管理条例》做了修改。同日，通过了修订后的《四川省公墓管理条例》，自 1998 年 1 月 1 日起施行。《四川省殡葬管理条例》《四川省公墓管理条例》的出台，为四川各地殡葬管理依法划定火葬区和土葬改革区，推行火葬提供了法律依据和执法保障。为广泛宣传、贯彻、落实国务院《殡葬管理条例》《四川省殡葬管理条例》《四川省公墓管理条例》等法规政策，提高广大群众对殡葬法规政策的知晓度，2001 年 4 月省民政厅组织驻蓉 8 所高等院校的大学生，开展殡葬改革辩论大赛，通过卫星电视、报纸、网络等媒介向观众直播，受教育人数达 10 多万人。

二、制订规划

1996 年，四川省人大审议通过、施行《四川省殡葬管理条例》后，1997 年 4 月，省政府印发《关于贯彻落实〈四川省殡葬管理条例〉有关问题的通知》，要求各地依据国务院《殡葬管理条例》《四川省殡葬管理条例》《四川省公墓管理条例》重新调整、划定火葬区与土葬改革区，强化殡葬管理，深入推进殡葬改革，加强殡葬行业管理，依法规范丧葬服务市场。1998 年省民政厅依据国务院《殡葬管理条例》《四川省殡葬管理条例》规定和各市（地、州）人民政府根据当地人口、民族、经济、文化、地势、环境、区划建制、交通道路等实际情况向省民政厅报送的辖区内火葬区和土葬改革区规划方案，向省政府上报了全省各市（地、州）火葬区和土葬改革区规划草案。1998 年 4 月 30 日，省政府向各市（地、州）人民政府印发《四川省人民政府关于同意自贡等 11 个市（地、州）划定火葬区和土葬改革区方案的批复》，将自贡市、攀枝花市、德阳市、广元市、南充市、广安市、达州市、巴中市、阿坝州、甘孜州划定为火葬区和土葬改革区。1999 年 5 月 28 日，《四川省人民政府关于同意成都等 10 个市（地、州）划定火葬区和土葬改革区方案的批复》，将成都、泸州、遂宁、内江、乐山、宜宾、雅安、眉山、资阳、凉山等 10 个市（地、州）划定为火葬区和土葬改革区。火葬区幅员面积合计为 108468 平方公里，涉及人口 4727 万人；土葬改革区幅员面积合计为 357578 平方公里，涉及人口 2721 万人。2001 年 6 月，按照省政府第六次殡葬工作会议精神，省政府制定下发《四川省人民政府办公厅关于印发四川省殡葬事业十年规划的通知》。到 2001 年 12 月，四川省划定的火葬区面积为11万平方公里，总人口5221万人，下辖3045个乡（镇）（街道），32763个村（居）委会。规划本着立足省情，推进社会主义精神文明建设，节约土地与森林资源，改善和保护生态环境及生存环境的目的，以加快殡葬事业基础设施建设，增强服务功能，推动四川省殡葬事业的全面发展。且按照统一规划，分类指导，合理布局的要求，根据不同的地理、人口、交通、环境等因素，因地制宜，合理规划殡葬设施；尊重少数民族的丧葬习俗，倡导实行火葬，因地制宜规划建设殡仪馆（火葬场）；坚持抓好殡葬设施的更新改造，提高殡葬事业单位设备设施的科技含量和现代化管理水平。其规划方案是交通发达、人口密度较大，且火葬区人口在未来10年内将达到50万人以上，年火化量达3000具以上的平坝地区县（市、区）、交通较发达、人口密度大、未来10年内总人口在80万人以上、火葬区人口达到50万人，且年火化遗体2500具以上丘陵地区县（市、区），原则上应分别按照国家二级、国家三级规划兴建一处殡仪馆（火葬场）；山区较多、人口少、但城镇人口相对集中，且有较好的交通辐射条件的县（市、区），可规划一处殡仪馆（火葬场）。2001—2010年，四川省规划新建殡仪馆（火葬场）7个，殡仪服务站25个，改造、扩建殡仪馆（火葬场）56个；建设国家一级殡仪馆（火葬场）8个，二级殡仪馆（火葬场）16个，三级殡仪馆（火葬场）25个，等级殡仪馆（火葬场）占全省殡仪馆（火葬场）总数的68%；遗体火化率目标2005年全省平均火化率达到45%，火葬区平均火化率达到80%。

三、实行火葬

遗体火葬是用油火、煤火或柴火焦化处理遗体。火葬分炉内火葬和炉外火葬。宗教教职人员死亡后，按照寺院教规，在寺院内的火葬场所，将遗体坐式，用柴火高温将遗体实行火葬，高温碳化后的遗体骨灰再按照寺院教规另行处理；部分藏族、彝族等少数民族人员死亡后，按照本民族的丧葬习俗实行炉外火葬；火葬区死亡的汉族人员遗体实行炉内火葬。国务院《殡葬管理条例》和《四川省殡葬管理条例》规定，少数民族和宗教教职人员死亡后，可按少数民族的丧葬习俗和宗教教职人员教规处理遗体，火葬区死亡的汉族人员，应将遗体实行火葬。四川省各级人民政府严格执行国务院《殡葬管理条例》和《四川省殡葬管理条例》规定，实行遗体火葬，殡葬改革工作不断推进。

1993年，由于四川省大范围内的乡镇建制调整，严重影响了殡葬改革工作的发展，导致全省各地土葬回潮，火化率下降，殡葬改革形势十分严峻。至1994年第一季度，仍有12个市、地火化率继续下降，全省火化率与1993年同期相比下降5%，引起民政部及省政府领导的高度重视。

1994年7月，省政府办公厅发出了第54号《政府工作通报》，对一些市、地殡葬改革出现反复，个别领导对殡葬改革的认识不高，重视不够等现象提出批评，要求各级领导进一步提高认识，坚定殡葬改革方向，把殡葬改革作为精神文明建设的大事，摆上应有的位置，纳入政府的目标管理，切实抓好殡葬改革综合治理，使殡葬改革工作尽快走出低谷。

1995年5月，省民政厅向殡葬改革工作仍在下滑或徘徊的市、地政府（行署）主要领导发出公开信，通报情况，建议这些市、地应加快殡葬改革步伐，扭转工作局面。为尽快扭转殡葬改革工作被动局面，大力提高火化率，各级地方政府进一步加强对殡改工作的领导，采取有力措施，有的地方调整、加强当地殡葬改革领导小组，有的市、县对殡葬改革工作实行了目标管理，纳入城乡社会主义精神文明建设范畴，加大宣传教育工作力度，使殡葬改革工作在一些市、地有了较大转机。成都、绵阳、自贡、德阳等市民政部门争取党政领导的重视，落实全国第十次民政会议和全省第十四次民政会议精神以及省政府的工作部署，加大推行火葬工作力度，狠抓火化率的提高，全省火化率和火化遗体数量在1995年后已开始全面回升并逐步增长，自贡市沿滩区、荣县、成都市双流县、温江县、郫县、德阳市、广汉市、绵竹县、什邡县、绵阳市的游仙区、涪城区等部分县、市、区推行火葬工作取得了较大突破，火化率达到95%以上，个别县、市已近100%，有的区、县火化率从10%以下猛升到90%以上，基本实现了火葬的普及。

1997年是全国殡葬系统最重要的一年，也是四川省殡葬改革发展中最具影响的一年。这一年，全国第三次殡葬工作会议在北京召开，会议规划了之后几年全国殡葬改革工作的发展目标、任务和要求；国务院《殡葬管理条例》也于当年7月颁布施行，标志着全国殡葬改革工作迈人了新的发展时期。同年，省人大常委会修订刚颁布一年的《四川省殡葬管理条例》，通过《四川省公墓管理条例》，逐步建立了四川省殡葬法制体系，为依法划定火葬区和土葬改革区，大力推行火葬提供了法律依据和执法保障。

1998年4月，四川省政府召开全省第五次殡葬工作会议，提出在今后五年内实现三个目标并分两步走的发展思路。2001年3月，省政府又召开全省第六次殡葬工作会议，会议强调并重申狠抓火化率的提高，公布下达今后五到十年的火化率目标任务，要求到2005年全省火化率达到45%，到2010年达到60%。在这两次会议上，省委、省人大、省政府、省政协的领导均到会作讲话，对深入推进殡葬改革，提高火化率，从社会经济发展的战略高度提出了新的更高要求。全省21个市（州）政府均对这两次会议作了部署和贯彻落实。2001年6月，省政府下发省民政厅提出的《四川省殡葬事业十年规划（2001—2010）》，对加大四川省殡葬改革力度，推进殡葬事业发展具有十分重要的意义。

各级地方政府还根据省政府办公厅《关于贯彻实施〈四川省殡葬管理条例〉有关问题的通知》划定、调整火葬区的标准要求依法划定了火葬区区域，报省政府审核，省政府于1998年和1999年分两批批准公布全省各地火葬区和土葬改革区方案，在全省第一次以法律的形式明确全省火葬区区域，为推行火葬严格执法奠定了基础。截至2001年底，四川省划定的火葬区面积11万平方公里，人口5221万人，下辖3045个乡镇（街道）、32763个村（居）委会。

自1998年以来，各级民政部门深入宣传贯彻国务院、省人大颁布的三个殡葬法规，按照省民政厅部署的在每年清明节前后组织开展殡葬改革宣传活动的要求，加强殡葬改革宣传教育工作措施和手段，强化殡葬法制宣传效果。省民政厅于2001年3月至4月创造性地开展驻蓉8所四川高校殡葬改革大学生辩论赛，并通过卫星、电视、报纸、网络媒介广泛宣传，受教育面达数10万人，增强了人民群众推行火葬观念和殡葬法制意识。各地还不断健全完善政府领导下的殡葬改革领导小组，加强部门协作，泸州、广元、宜宾、自贡、绵阳等市及部分县殡葬改革领导小组发挥了重要作用。自贡、攀枝花、南充、乐山、眉山等市政府强化目标管理机制，对火化率和火化遗体数量实行定期检查、定期通报制度。绵阳市三台县、安县、乐山市辖区、峨眉山市、广元市辖区、苍溪县、眉山市丹棱县、青神县、遂宁市射洪县、宜宾市南溪县、宜宾县、泸州市泸县等县、市、区在当地党政领导的高度重视下，民政部门积极协调其他相关部门坚决执行“火葬区一律实行火葬”的规定，在乡镇、街道的配合下，狠抓执法，依法查处火葬区违法土葬行为，实施强制起尸火化，确保火葬区无土葬遗体现象。据不完全统计，仅2000年全省强制起尸火化1535起，仅泸州市纳溪区和泸县、广元市苍溪县法院强制执行的殡葬行政处罚案件达300余件。1998—2001年，全省火化遗体数量和火化率每年分别以增加一万余具和两个百分点的速度上升。

1986—2005年，四川省各殡仪馆火化遗体3007758具，火化率提高10个百分点。节约土地4.5万余亩，节约上等木材280多万立方米，节约生产资金12亿多元。1986—2005年四川省火化遗体具数及火化率见表9－1。

1986—2005年四川省火化遗体具数及火化率统计表

表9－1　　单位：具、%

年　份	全年火化遗体数	全年火化率
1986	90269	12.86
1987	97757	13.93
1988	110525	13.96
1989	115451	16.45
1990	125673	17.90
1991	133372	18.20
1992	168943	24.07
1993	150542	21.45
1994	155436	22.14
1995	166049	23.65
1996	174594	24.66
1997	124537	24.14
1998	137193	26.59
1999	147011	28.49
2000	161990	31.39
2001	174174	33.75
2002	190585	36.94
2003	198128	38.39
2004	196558	38.09
2005	188971	36.62
合　计	3007758	

第三节　管理措施

一、丧葬管理

依据国务院《殡葬管理条例》《四川省殡葬管理条例》《四川省公墓管理条例》的规定，四川省各级民政部门根据当地各民族的丧葬习俗和土葬区、火葬区的情况规范丧家遗体的处理方式。土葬改革区倡导遗体火化，采用不占地的火葬、树林撒散骨灰、海葬，或少占丧葬用地的树葬、“竹棺岩墓”“小坟小墓”等骨灰处理方式；遗体土葬的，在指定的荒山脊地集中埋葬，节约丧葬用地。南充市仪陇县大多数乡（镇）都是小山、丘陵，山坡多，竹子多，人口多、耕地少。仪陇县民政局按照省民政厅的要求，根据殡葬法规政策和当地实际情况，推行了“竹棺岩墓”土葬遗体的方式。指导丧家用竹子做成棺材，将遗体入殓放入山洞之中。处理遗体不占耕地，节约土地资源，保护自然环境，解决死人与活人争地的矛盾，受到民政部的充分肯定。1997 年，民政部在全国第三次殡葬工作会议上，对仪陇县的“竹棺岩墓”做法进行表彰，对仪陇县的“竹棺岩墓”经验进行推广。

二、治理乱埋乱葬

国务院《殡葬管理条例》和《四川省公墓管理条例》规定，禁止在耕地、林地、城市公园、风景名胜区和河流边、水库边 200 米以内及铁路、公路主干线旁边等处建造坟墓。但由于受传统丧葬习俗的影响，较多地方的丧家在耕地、林地、城市周边、风景名胜区等处修建坟墓、乱埋乱葬，尤其是在城市城区周围、铁路旁边、公路主干线旁等处建造坟墓的现象较为突出，坟墓与环境严重不协调，严重影响当地城市形象和经济建设发展。根据省政府治理乱埋乱葬部署和省民政厅的具体要求，省内较多市（地、州）县（市、区）党委、政府，开展乱埋乱葬的专项治理。成都市开展了成都至乐山、成都至雅安、成都至绵阳、成都至重庆（四川段）高速公路沿线及城区的治理取得较好成效。1998 年 5 月，成乐高速公路沿线的夹江县，在乐山市委、市政府的支持下，民政、公安、国土、林业等部门开展“三道两区”乱埋乱葬专项治理。雅安市政府相关部门相互配合，各负其责，各司其职，通过向丧家宣传殡葬法规政策和做耐心细致的思想工作，顺利完成雅安市市区周围、辖区风景名胜区内、铁路两旁、公路两旁等处 10000 多座乱埋乱葬坟头的搬迁和平除工作，改善了雅安市辖区的人居环境和城市形象。2001 年 11 月，省民政厅在雅安市召开“四川省殡葬管理工作现场会”，会议总结和推广雅安市政府下大力气治理乱埋乱葬、还耕还林的经验。各市、州民政局分管领导在会上交流殡葬管理的工作经验。

三、丧事活动管理

依据国务院《殡葬管理条例》《四川省殡葬管理条例》《四川省公墓管理条例》的规定，省民政厅运用法律、行政手段，对全省殡葬事务进行指导、监督、规范和统一管理。1987 年 6 月，省民政厅、省委宣传部、省精神文明办公室、团省委、省妇联、省计生委、省司法厅、省文化厅下发《关于我省农村引导群众建立“红白喜事服务组”的通知》，要求各市（地、州），改革旧的丧葬习俗，倡导社会主义风尚。1989 年 3 月，省政府在成都召开全省第十三次民政工作会议，省民政厅提出 1989—1994 年殡葬管理工作的任务是依照国家法规政策，深化殡葬改革，规范殡葬管理。1989 年 12 月16 日，省民政厅对前 5 年殡葬管理取得的成绩作了总结，提出 1990—1995 年殡葬工作的指导思想和主要任务是落实殡葬法规，深化改革，强化管理，增加社会效益，提高服务水平，坚持火葬、改革土葬，大力破除丧葬陋习，进一步加强殡葬事业单位的经营管理。1991 年 8 月，省民政厅为划定丧葬用品和封建迷信用品的界线，规范丧葬用品的种类、生产和销售市场的管理，联合四川省工商局向各市州民政局、工商行政管理局下发《四川省民政厅、四川省工商行政管理局关于四川省殡葬用品生产、销售管理办法（试行）的通知》，将丧葬寿衣、寿帽、寿鞋、花圈、花篮、白花、黑纱、香烛等界定为丧葬用品；纸牛、纸马、纸人、纸钱、黄寿纸、冥币、金银锭、灵房及花样翻新的纸制车辆、楼房、家用电器及组合家具等均属封建迷信用品；规定鞭炮属于限制性用品，必须在指定的地点和时间内使用。2003年6月，省民政厅组织召开部分市殡葬工作座谈会议。泸州、遂宁、内江、资阳、广安等市民政局分管局长及事务科长参加会议，会议就殡葬管理执法提出严格要求，要求全省各级民政部门依照国家及四川省殡葬法规的相关规定，依法行政，严格执法，治理在城市小区、街边等处乱搭灵棚、设置灵堂等现象，规范丧家的治丧行为。

第四节　殡仪服务

殡仪服务是殡葬服务单位职工对丧家提供的丧葬服务。殡仪服务的主要内容，包括殡仪接待服务、遗体接运、遗体消毒、遗体防腐保存、遗体整容、遗体更衣化妆、遗体火化、悼唁礼厅租用、悼唁礼厅布置、丧葬用品租售、骨灰短期存放、设置灵堂、鲜花摆设、商品供应、骨灰安葬、餐饮服务、安全保障等服务项目。殡仪接待服务，是殡仪服务单位工作人员为服务对象提供的殡葬服务咨询、洽谈、活动策划等服务项目的总称。殡葬业务咨询服务，是通过电话、面谈、网络等多种途径向服务对象解答殡葬服务的有关问题；殡葬业务洽谈，是针对丧葬服务的具体项目、内容、费用等事项，与服务对象进行协商，达成双方意见的统一；活动策划服务，是为服务对象提供对殡葬活动的形式、内容、流程、时间等方面的规划服务。遗体接运，是殡仪馆（火葬场）、殡仪服务站得到服务对象或医疗机构人员死亡、需要接运遗体的信息后，派出遗体接运专用车和工作人员，到达服务对象或医疗机构指定的地点，依法验证死者死亡证明后，将死者遗体运回殡仪馆（火葬场）或殡仪服务站准备作火化处理的服务过程。遗体防腐保存，是指殡仪服务机构提供的通过物理（冷藏）或化学（注射防腐药水）方式延缓遗体变质、自溶腐烂的进程，以达到丧家对遗体短期或阶段性保存的服务。遗体整容，是对非正常死亡者遗体肢体、身躯、面部部位做复原、修补等服务。如对因车祸、火灾、爆炸等事故造成人头部、肢体或其他部位损坏致死的遗体，按照丧家的要求，殡仪服务机构工作人员为死者遗体损坏部位做缝合、修补、复原等处理。遗体更衣化妆，是殡仪服务机构工作人员为死者遗体更换干净整洁的衣服，按照死者生前的面部形象，用化妆品作面部涂脂、着色、描眉等服务，使逝者安详地走完人生的最后一程。殡葬服务单位职工通过对丧家提供殡仪系列服务，使死者得到安息，生者得到慰藉。

殡葬服务事业是殡葬管理的重要依托，是建立在殡葬改革基础上的适应建设有中国特色社会主义要求的社会公益事业。殡葬服务单位包括殡仪馆（火葬场）、殡仪服务站、社会公共墓地（骨灰堂、塔陵）。至2002年，四川省共有234个殡葬事业单位，其中殡仪馆（火葬场）68个，殡仪服务站39个，社会公共墓地（骨灰堂、塔陵）127个。近4000余家丧葬用品设备生产、经营、销售厂家、门市、摊点遍布全省各地，是全省殡葬服务市场中的重要组成部分，也是推动殡葬事业发展的重要力量。

为提高殡葬服务单位职工的工作积极性，稳定职工队伍，1986年10月，省民政厅、省劳动人事厅、省财政厅出台《四川省劳动人事厅、四川省财政厅、四川省民政厅关于殡葬事业单位工作人员实行特殊行业津贴的通知》，依据国务院工资制方式改革小组、劳动人事部《关于殡葬事业单位工作人员工资制度改革问题的通知》，调整了殡葬管理所、殡葬服务站、殡仪馆、火葬场、骨灰堂、公墓等殡葬事业单位职工的岗位津贴。调整标准：甲等：一级 40 元，二级 30 元，三级 25 元；乙等：一级 35 元，二级 30 元，三级 25 元。此后，随着物价上涨和国家工作人员工资标准调整，殡葬管理所、殡葬服务站、殡仪馆、火葬场、骨灰堂、公墓等殡葬事业单位职工的岗位工资与津贴相应提高，对提高职工工作积极性和稳定职工队伍起到了一定作用。

第二章 殡葬设施

殡葬设施是丧葬事务管理的重要载体。殡葬设施包括殡仪馆（火葬场）、殡仪服务站、社会公共墓地（塔陵）、农村公益性墓地等。殡葬设施的布局、设计建设是否合理，内部功能是否齐全，对殡葬管理有着十分重要的影响。

第一节 殡仪馆建设

殡仪馆（火葬场）是殡葬管理的基础设施之一，殡仪馆的分布、建设和基础设施的内部服务功能，对完善殡葬管理服务工作起着重要作用。省民政厅要求各级民政部门，建设殡仪馆（火葬场）、殡仪服务站，尽可能在设计、建设方面做到功能齐全，新（改、扩、迁）建要高起点、高标准，注重馆区内的绿化美化、殡葬文化、艺术等方面的建设。

1990 年民政部办公厅印发《殡仪馆等级标准（试行）》和《殡仪馆等级评定办法》后，四川省殡仪馆建设和管理进入了一个新的发展时期。根据民政部和省政府的要求，凡新建、迁建和改建殡仪馆（火葬场），必须按照国家等级殡仪馆的标准和要求进行，各地把殡仪馆的建设和内部管理纳入了争创国家等级殡仪馆的工作中，推动了殡仪馆（火葬场）的全面进步。

1994—2002 年间，四川省各地殡仪馆在各级财政的支持下先后筹资近 2 亿元改造建设殡仪馆，一批老场馆率先进行了改造、迁建，全面改善场馆面貌，一些新建殡仪馆也按要求完成了建设任务。1994 年宜宾市殡仪馆按照省民政厅的要求建设，工程竣工后经当地市、省和民政部的逐级评定，获得民政部授予的国家三级殡仪馆称号；广汉市民政局加大投入，迁建本市殡仪馆，购置消烟除尘火化设备，是四川省第一个拔掉高烟囱的殡仪馆，基本达到民政部“景观环境园林化、设备设施现代化、殡仪服务优质化、经营管理科学化”要求。1996 年被民政部组织的各省等级殡仪馆专家评定小组评定为国家二级殡仪馆。1998 年之后，成都、彭州、大邑、都江堰、绵竹、德阳、绵阳、三台、江油、广元、内江市中区、隆昌、资阳市雁江区、乐山、自贡、荣县、富顺、攀枝花、泸州、南充、合江、南溪等市、县（市、区）殡仪馆采取多渠道筹措建设资金办法，改善殡仪馆设施设备和服务设施，配置电脑、打印机、电子显示屏等服务设施，殡仪馆的社会形象有了很大改善。1999 年成都北郊、绵竹、绵阳、彭州、自贡等五个殡仪馆申报国家二级殡仪馆，省等级殡仪馆评定领导小组严格把关，从殡仪馆的整体规划、建筑设施，设备设施配置，职工队伍建设，管理水平等方面检评、打分，经民政部 101 研究所、环境检测站派出专家对殡仪馆的规划设计、火化设施、周围环境、内部管理等方面进行逐项检查测评，检查测评结果，全部达到国家二级殡仪馆的标准。2000 年初，民政部社会福利和社会事务司及中国殡葬协会测评认定成都市北郊殡仪馆、绵竹市殡仪馆、绵阳市殡仪馆、彭州市殡仪馆、自贡市殡仪馆达到国家二级馆要求。此外，内江市、泸州市、南充市、绵阳市、广元市等殡仪馆在迁建中坚持高标准、高起点原则，从设计、规划到施工管理、文化建设等方面提出争创国家一级馆的标准。

2002—2005 年，省级财政对殡葬设施投入近 300 万元，各级地方财政投入 2000 多万元，殡葬服务机构自筹资金 1 亿元，用于 50 多个国有殡仪馆的基础设施新建和改造。2005 年，四川省殡仪馆（火葬场）、殡仪服务站覆盖了除土葬区以外的县（市、区）以上城市，基本上能满足殡葬服务工作需要。成都、自贡、攀枝花、泸州、德阳、绵阳、广元、遂宁、内江、乐山、南充、宜宾、广安、达州、巴中、雅安、眉山、资阳、阿坝、甘孜、凉山等市州政府所在地的城市城区和彭州、大邑、都江堰、绵竹、三台、江油、隆昌、荣县、富顺、合江、南溪等县（市、区）的城区，都设置、建立了殡仪馆（火葬场）；其余的县（市、区）都建立了殡仪服务站。殡仪馆（火葬场）、殡仪服务站的基础设施，都配置有接等丧家亲属人员的接待厅（室）、悼唁厅、休息室、丧葬用品销价点、接运遗体车、冷藏遗体冰棺、遗体火化炉等设施，条件较好的殡仪馆（火葬场）和殡仪服务站设置有餐厅、茶房及娱乐设施。四川省建成殡仪馆 65 个，殡仪服务站 45 个，形成设施设备较完善、布局较合理的殡葬服务体系。运送遗体的车辆和死者亲友进入殡仪馆（火葬场）“人尸分道”，办理火化事务的接待服务厅、遗体告别厅、丧家亲属人员休息厅等功能齐全。按照民政部殡仪馆（火葬场）服务功能、环境、绿化等条件，四川省有 6 个殡仪馆（火葬场）被民政部评为国家二级殡仪馆（火葬场），有 4 个被评为三级殡仪馆。1986—2005 年，四川省共建有殡葬事业单位 258 个。1986—2005 年四川省殡仪馆建设情况见表 9－2。

1986—2005 年四川省殡仪馆建设情况表

表 9－2　　单位：家

年　份	殡仪馆（火葬场）	殡仪服务站
1986	81（其中重庆市 12）	无
1987	81（其中重庆市 12）	无
1988	81（其中重庆市 12）	无
1989	81（其中重庆市 12）	34
1990	81（其中重庆市 12）	36
1991	81（其中重庆市 12）	36
1992	81（其中重庆市 12）	36
1993	88（其中重庆市 12）	38
1994	88（其中重庆市 12）	38
1995	88（其中重庆市 12）	38
1996	88（其中重庆市 12）	39
1997	64	31
1998	65	32

续表 9－2

年　份	殡仪馆（火葬场）	殡仪服务站
1999	65	32
2000	68	43
2001	69	43
2002	69	43
2003	69	43
2004	75	43
2005	76	43

说明：1997 年数据含重庆市

第二节　公墓（塔陵）管理

一、公墓（塔陵）建设

公墓（塔陵），是为广大群众提供安葬骨灰或埋葬遗体的社会公共殡葬服务设施。是适应殡葬改革，实行多元化处理骨灰和遗体的过渡形式和制止乱埋乱葬、节约土地资源的必要措施。公墓（塔陵）包括社会公共墓地和农村公益性墓地及塔陵格位、骨灰堂等骨灰存放设施。依照国务院和四川省殡葬管理法规的规定：公墓（塔陵）建设，只能在荒山脊地；公墓建设的指导思想是，统筹规划，强化管理，控制发展，为保护土地资源和生存环境、促进社会主义物质文明和精神文明建设服务；公墓的建设标准，墓体离地面高度不得超过 50 厘米，墓碑离地面高度不得超过 1 米，单、双人墓地占地面积不得超过 1 平方米；严禁修建超标准大墓和在墓区内建设封建迷信活动设施，禁止使用白色大理石、花岗石等石材；墓区绿化的面积应达到可绿化面积的 90% 以上；提倡以少占土地的塔陵、地宫和节地环保的草坪葬、树葬、花葬等生态葬。经营性公墓（塔陵）建设审批权限，由县（市、区）民政部门和设区的市州民政部门逐级报省级民政部门审批。省级民政部门依法下达公墓（塔陵）建设的批准文件后方可开工建设。墓区建设竣工、经省民政厅依法验收合格后、给建设单位颁发《四川省社会公共墓地许可证》，建设单位持《四川省社会公共墓地许可证》正（副）本到工商、税务等部门完善相关登记手续后，凭丧家提供的死者死亡证明或火化证明依法对丧家销售墓穴。未经省民政厅竣工验收颁发许可证和办理工商、税务相关登记手续之前不得对社会销售墓穴。禁止预售、传销和炒买炒卖墓穴或利用墓位进行投资经营。农村公益性墓地（骨灰堂）的设置，经乡（镇）人民政府根据当地经济发展规划审核同意后，拟订相关文件报经县（市、区）民政部门批准建设，墓地建成后对本村镇居民销售，丧家购买使用农村公益性墓地的相关证件与经营性公墓（塔陵）相同。

1986 年至 2005 年 12 月，四川省兴建经营性墓地 151 家，兴建农村公益性墓地 720 家。为规范公墓的管理，1999 年 3 月，省政府办公厅向各市（州）人民政府、各地区行政公署、省级有关部门印发《四川省政府办公厅转发省民政厅关于进一步加强我省公墓管理工作意见的通知》，要求严格限制公墓发展，强化公墓单位内部管理和行政管理力度，依法清理整顿公墓，推行公墓服务规范，各市（地、州）民政部门必须严格控制公墓发展。按照民政部公墓规划原则和省民政厅制定的总体规划，除兴建树葬公墓（在荒山瘠地树葬、不建墓体墓碑）外，成都市、自贡市、德阳市、绵阳市（除平武县）、南充市（除西充县）、资阳地区不得再新建公墓；乐山市、泸州市、攀枝花市、内江市、广元市不得再新建公墓，其他市（州）政府、行政公署、地区所在地总量控制在1—2个，县（市、区）原则上只能建一个公墓。对建有1个公墓的县（市、区）不再报批新建。按照《四川省政府办公厅转发省民政厅关于进一步加强我省公墓管理工作意见的通知》和《四川省公墓管理条例》规定，省民政厅严格加强公墓（塔陵）的建设管理。2005年2月，省民政厅制定下发《关于公墓原址扩建和异址新建有关问题的通知》（以下简称《通知》），对经省民政厅依法批准建设的公墓（塔陵）的扩建和管理作出4项规定。公墓原址扩建和异地扩建的报批程序，经省民政厅批准建设的经营性公墓土地已用尽，需要在原址扩建或在本行政区域内异址扩建的，按法定程序报省民政厅批准后，方可动工建设。关于在异址扩建公墓后原公墓的管理问题，《通知》规定，公墓在异址新建后，所葬于原公墓的丧葬用户的权益必须得到尊重和维护。原公墓投资方或其权益继承方以及新建公墓投资方应在当地民政部门指导下，依法妥善解决原公墓墓区的管理与维修问题，在经济、法律等关系上明确权责，充分保证丧葬用户祭奠所需的一切服务和其合法权益；关于异址新建公墓的管理原则是异址新建公墓竣工后，必须在当地民政部门的指导和监督下，由老墓区管理者向社会公告停止对外销售。坚决禁止并严肃查处新老公墓同时销售行为；加强管理和督查，杜绝公墓的违法违规经营活动。《通知》要求各级民政部门一定依法加强对辖区内公墓的管理，加大监督查处工作力度，对公墓在报批、建设和管理等方面，特别是在宣传、销售等环节上，进一步健全、完善督查制度。

二、公墓（塔陵）经营

20世纪80年代末至90年代初，四川的公墓建设以较快的速度发展。公墓建设中不依法建设和管理不规范问题逐渐暴露出来，引起各级政府和民政部门领导的高度重视。1995年，为落实民政部和国家土地管理局《关于清理整顿非法经营性公墓的通知》精神，四川省各市（地、州）对公墓建设的整体规划、使用土地、占用林地、依法报批、建设等方面进行全面清理、整顿和规范。是年，四川省共清理非法经营性公墓25家，取缔非法公墓6家，归口民政部门管理的5家，封闭待处理的9家，查处、整改的4家，取缔非法从事经营的公益性公墓1家。

1996年、1999年，在全省范围内两次开展大规模的公墓年检和许可证的认证工作，年检和认证后，对公墓的年检和认证情况在《四川日报》等多家报刊进行公告。

1997年12月，省民政厅转发《民政部关于禁止利用骨灰存放设施进行不正当营销活动的通知》，强调公墓（塔陵）“不得预售、传销和炒买炒卖，墓穴、塔陵格位拥有者不得私自转让、买卖”。对“非法进行不正当营销活动的，要严令停止整顿”，“坚决依法予以查处，追究责任”。1998年3月4日，省政府召开的全省第五次殡葬工作会议强调：各级民政部门，要对利用公墓墓穴（塔陵格位）炒买炒卖的进行清理整顿，规范公墓（塔陵）的销售行为，指导公墓（塔陵）依法销售，规范管理。1998—1999年，为落实国务院和省政府分别在关于加强公墓管理的文件中对未按法定程序批准建设的非法公墓和公墓的非法经营行为进行整顿和查处的精神，四川省各级民政部门在争取当地党政领导的支持下，通过协调有关部门，查处非法公墓，取缔非法公墓的服务市场。1999年8月，针对全省塔陵的一些不规范销售行为，省民政厅向各市（地、州）民政局制定下发《关于加强塔陵销售管理的暂行规定》，要求塔陵的一切经营、管理、营销活动必须遵守国家、省有关法律法规和政策规定，纳入省及市（地、州）民政部门的行业管理；塔陵的销售，应严格按照法规和国家、省及市（地、州）民政部门的殡葬行业管理；并应严格按照国家、省有关规定办理购买和使用塔陵塔位的手续，不得预售塔陵塔位。严禁建立任何形式的家族、宗族塔位区；塔陵原则上不得在主管民政部门管辖的行政区域外设立分支办事机构（经营销售分部、宣传点等），确有必要的须经主管民政部门和设立分支机构地区的上一级民政部门批准，并接受当地民政部门的归口管理；塔陵在省外设立分支机构须履行严格的报批手续，由省民政厅审批，并持省民政厅审批的相关文件和塔陵有关材料到当地民政部门进行登记备案；塔陵工作人员，应由本单位进行政策法规和业务培训，培训合格后挂牌上岗，纳入人事部门统一管理；严禁利用塔位进行任何形式的传销，炒买炒卖等投资经营行为，塔位购买者不得骗取塔位，不得私自转让、出租、买卖塔位；塔陵策划、组织较大规模的营销、广告、宣传活动，其方案须报经民政部门核准，见诸报刊等新闻的稿件及宣传材料亦须经由主管民政部门审查后刊发。

2000 年，省民政厅组织举办全省公墓（塔陵）负责人培训班，对不依法销售、经营公墓（塔陵）的行为进行规范，遏制公墓（塔陵）的炒买炒卖行为，维护公民合法权益，保障公墓（塔陵）行业的健康发展。6 月，省民政厅领导姜保山、傅金凤深入成都宝光塔陵调研塔陵经营管理情况，要求塔陵依法经营管理，不得炒买炒卖。8 月，省民政厅召开新闻记者通气会，向《四川日报》等6 家新闻媒体通报成都福座公司违法违规经营行为，表明省民政厅依法管理塔陵的决心，重申塔陵不准宣传投资增值，不准回购，不准炒买炒卖塔位和搞封建迷信等有关规定。

针对个别公墓（塔陵）在经营管理中存在使用白色石材，销售超标准建大墓、“豪华墓”及墓碑超标准，租用土地建设墓穴，擅自扩大墓区范围，违规设立分墓区，经营性公墓经营者违规介入当地公益性公墓的经营销售、变相设置分墓区，销售中炒买炒卖，管理混乱，长期拒绝接受年检，公墓行业许可证书过期，许可后多年未开工建设等问题，依照国务院《殡葬管理条例》《四川省公墓管理条例》及省政府相关政策规定，统一安排部署，以“统一组织、分级负责、自查自纠、重点抽查”的原则，2004 年，省民政厅向各市（州）民政局制定了周密和切实有效的公墓年检方案，扎实推进全省公墓年检工作。通过年检，对每个公墓（塔陵）存在的问题进行通报，并责令存在问题的公墓（塔陵）限期整改，规范管理。当年省民政厅针对 2000 年整改不彻底的一些问题，如白色石材、修建超标准建大墓、“豪华墓”及墓碑超高，租用土地建设公墓等问题，按照《四川省公墓管理条例》及省政府的相关规定进行通报，责令限期整改和规范管理。

第十篇　民政机构与队伍

从1986年起，四川省从省到市（地、州）、县（市、区）各级政府均设民政机构，县以下区、乡（镇）设专兼职民政助理员，承办民政业务。主持省民政厅工作的领导干部为省民政厅厅长。1986—2005年，先后由省长提请省人大常委会或省政府任命的正、副厅长共19人。为保障民政工作决策落实，建立省民政厅党组，厅党组设纪检组，厅机关设党委。1986—2005年，党组成员共25人。

第一章 机 构

20 世纪 50 年代初，四川省设立民政厅，1995 年 12 月，省政府对民政厅职能配置、内设机构和人员编制调整后，省民政厅职能日益完善，各市（州）、县（市、区）均设有民政机构，县以下区、乡（镇）设专兼职民政助理员，承办民政业务。

第一节 省级机构

一、行政机关

省民政厅设立于 20 世纪 50 年代初。1952 年 9 月，川西、川北、川东、川南四个行署的民政厅合并组建省民政厅；至 1954 年正式设厅。1970 年 7 月改为四川省民政局。1980 年 5 月恢复省民政厅。1978 年，四川省民政局内设政治处、优抚处、救济处、民政处、办公室。1979 年 2 月，设四川省盲人聋哑人协会。1983 年 2 月，省民政厅内设优抚处、安置处、军退处、农救处、城救处、民政处、政治处、办公室、省民政厅干训班、省盲人聋哑人协会。1984 年 11 月，增设纪律检查组、政策研究室、计划财务处。1986 年 5 月，增设审计室。1988 年 10 月，政治处改设为人事教育处。1989 年，增设监察处、基层政权建设处。1990 年 3 月，增设社团管理处。1991 年 2 月，增设离退休干部管理处。

1995 年 12 月，省政府办公厅印发《关于印发省民政厅职能配置、内设机构和人员编制方案的通知》。根据党中央、国务院批准的《四川省党政机构改革方案》和省委、省政府《关于四川省党政机构改革方案的实施意见》，保留省民政厅本着转变职能、理顺关系、精兵简政、提高效率的指导思想和“精简、统一、效能”的原则，制定省民政厅职能配置、内设机构和人员编制方案。

将原政策研究室合并到办公室，强化办公室的综合协调职能；将原革命烈士史料编纂办公室合并到优抚处；将原民政处行政区划工作合并到地名办，设立区划地名处（保留省地名办公室牌子）；除厅机关行政经费外，将各处室的财务工作集中由计划财务处统一管理，使现有的民政经费发挥较大的社会、经济效益。

省民政厅是省政府主管社会行政事务的职能部门。主要任务包括部分社会保障工作、部分社会行政事务管理和基层政权建设工作。其主要职责是：根据国民经济和社会发展规划，编制全省民政事业中、长期发展规划，制订年度工作计划；研究起草全省民政工作法规草案，拟定有关政策并组织实施和监督检查。组织农村救灾工作，核定和上报灾情，拨发农村灾民救济救灾款物；负责全省性救灾捐赠活动的组织和国内外救灾捐赠的接收、分配；对救灾款物的使用情况进行检查监督，指导灾区生产自教，指导农村救灾合作保险；承担省国际减灾十年委员会办公室的工作，开展国际减灾活动。管理城乡社会救济，负责制定农村五保户供养和城乡社会困难户定期定量救济、临时救济以及其他特殊救济对象的救济政策、标准并监督实施；负责农村贫困户的扶持工作；指导救灾扶贫经济实体的工作。主管拥军优属、优待抚恤、革命烈士的审批和褒扬工作。负责管理退伍义务兵、转业志愿兵、复员干部和军队离退休干部、无军籍退休退职职工接收安置工作；协调指导全省军供站工作和移交地方管理的军队离退休干部休养所工作。主管农村（含乡镇企业）社会养老保险工作，推动各地建立和完善农村社会养老保险制度，指导和监督农村养老保险基金的管理和使用。组织实施社会福利发展规划，指导城市社会福利事业单位的管理和社区服务工作．推动社会化服务体系的建立与发展；指导老年人和残疾人的权益保护工作；会同有关部门制定并监督实施残疾人就业和社会福利生产的扶持保护政策，对城乡社会福利企业进行宏观管理；审批社会福利企业；主管社会福利有奖募工作。指导城乡基层政权建设和基层群众自治组织建设，推动农村开展村（居）民自治活动。承办省政府交办的行政区划的有关工作；负责市（地、州）、县（市、区）、乡（镇）的设立、撤销、更名和界限变更的审核报批；研究和修订行政区域规划；主管地名管理工作，制定地名管理办法。组织与邻省省际行政区域边界勘定工作；组织指导全省地、县、乡级行政区域界线勘定工作；承办省际和市（地、州）边界争议的调处工作，向省政府提出仲裁建议；指导县（市、区）行政区域边界争议塘处工作。负责全省性社团的审批登记和管理工作；指导市（地、州）、县（市、区）社团的登记管理工作；负责社团行政复议工作。主管婚姻登记和儿童收养工作，指导、承办全省涉外涉港、澳、台婚姻登记和跨国儿童收养登记工作；指导妇女儿童权益保护工作；推行殡葬改革，指导殡葬事业单位的管理，承办县以上经营性公墓的审批工作；负责流浪乞讨人员的收容遣送和安置农场的管理工作，协调和指导省内各地收容遣送工作。负责民政事业计划财务工作，指导、监督民政事业费的使用和管理。承办省政府交办的其他工作。

根据上述职责，省民政厅设15个职能处室和机关党委，即办公室、优抚处、退伍军人安置处、军队离退休干部管理处、救灾救济处、社会福利处、基层政权处、区划地名处、勘界及调节边界争议处、社团管理处、社会事务处、计划财务处、人事教育处、监察审计处、离退休人员工作处、直属机关党委。

民政厅机关行政编制为154名，单列行政编制1名，省双拥办行政编制6名，离退休工作人员编制7名（其中行政编制5名，事业编制2名），后勤服务人员事业编制14名（含省双拥办1名）。原核定给省民政厅革命烈士史料编纂办公室的10名事业编制不再使用，予以收回。领导职数：厅长1名，副厅长4名；机关党委书记、纪检组组长按省委规定配备；处级领导职数47名（含省双拥办2名，机关党委专职副书记2名）。

1996年1月15日，省政府办公厅通知，省民政厅内设上述机构。9月，增设农村社会保险处（1999年6月划入省劳动厅）。1999年9月，社团管理处更名为民间组织管理处，对外挂“民间组织管理局”牌子。

2000年7月6日，省政府办公厅通知，省民政厅内设11个职能处室和机关党委。即：办公室、民间组织管理处（民间组织管理局）、优抚处（四川省拥军优属拥政爱民领导小组办公室）、安置处、救灾救济处（四川省国际减灾十年委员会办公室）、基层政权处、区划地名处（挂“省勘界办公室”牌子）、社会福利处、社会事务处、计划财务处、人事教育处、机关党委。8月，增设离退休人员管理处。9 月，增设监察室。12 月，办公室增挂“政策法规处”牌子。2002 年 4 月 4 日，增设居民最低生活保障工作处。2003 年 10 月，社会事务处增挂“救助管理处”牌子。

2005 年底，省民政厅内设办公室（政策法规处）、民间组织管理处（民间组织管理局）、优抚处（四川省拥军优属拥政爱民领导小组办公室）、安置处、救灾救济处、基层政权处、区划地名处（挂“省勘界办公室”牌子）、社会福利处、社会事务处（救助管理处）、计划财务处、人事教育处、离退休人员管理处、居民最低生活保障工作处、监察室和机关党委。

二、事业单位

（一）四川省老龄工作委员会办公室

四川省老龄问题委员会成立于 1984 年 9 月，由四川省劳动人事厅代管，省政府办公厅发文确定委员会秘书处事业编制 10 人。1990 年 4 月，省委办公厅、省政府办公厅发文批准四川省老龄问题委员会更名为四川省老龄委员会，内设 3 个处（副县级）。1997 年 6 月，四川省编委发文批准《四川省老龄委员会机构编制方案》，确定四川省老龄委员会设秘书长 1 名（副厅级），副秘书长 2 名（正县级），下设 3 个处（副县级），由四川省劳动厅代管。

2001 年 3 月，省政府批准成立由 34 个成员单位组成的四川省老龄工作委员会，为省政府主管全省老龄工作的议事协调机构。四川省老龄工作委员会主任由省政府常务副省长担任，第一副主任由分管民政工作的副省长担任。四川省老龄工作委员会下设办公室，为四川省老龄工作委员会的办事机构，负责日常工作。四川省老龄工作委员会办公室成建制划归省民政厅管理。省民政厅厅长兼任办公室主任。

（二）四川省革命伤残军人休养院（医院）

四川省革命伤残军人休养院、四川省革命伤残军人医院是党和国家为历次革命战争和保卫祖国、建设祖国中负伤致残的 1—4 级残疾军人设立的正县级事业单位，财政全额拨款，隶属于省民政厅。休养院（医院）坐落在成都市新都区新繁镇龙藏寺，拥有 5 宗土地，总面积 342 亩。2005 年底，辖 13 个职能科室、4 个休养区和 26 个医疗科室。

20 世纪 80 年代起，医院由封闭型转变为开放型，由单功能转变为多功能。医院治疗床位 200 张，医疗科室（含专业组）49 个，医疗管理科室 4 个，业务管理委员会 8 个。2001 年，修建了荣军休养大楼，休养员的人均居住面积由原来的 10 平方米提高到 42.77 平方米，并配置了家具、电器等设施。先后修建了办公楼、门诊楼、急诊科、食堂、洗澡堂和职工住宅等各类房屋 39000 多平方米，建立了完备的供电系统和应急系统，建设了光彩工程和有相当供水能力的自来水厂，更新了锅炉设备，基本实现了办公设备现代化。

（三）四川省复员退伍军人医院

四川省复员退伍军人医院系省民政厅直属的优抚医院，是承担接收各个革命战争时期及社会主要建设和国防建设中负伤致残患精神、神经和心理疾病的复员退伍军人的集中供养、康复、治疗任务的专科医院，为全额拨款事业单位，是国家二级甲等精神病专科医院。医院地处崇州市元通镇长寿街 21 号（原长寿寺）。占地 80 余亩，建筑面积 25066 平方米，医疗用房 9276 平方米，总床位 400 张（含崇州门诊部 150 张），固定资产总值达 575 万元。

1953 年 11 月，四川省革命残废军人第三速成初等学校成立。1956 年改称四川省革命残废军人第一速成初级中学。1958 年改为四川省革命残废军人元通疗养所。此后，疗养所先后更名为四川省革命残废军人第一疗养所、四川省荣复军人疗养院元通疗养所、四川省荣复军人疗养院第一疗养所、四川省革命残废军人元通疗养所、四川省荣复退伍精神病人元通休养所。1984 年 1 月更名为“四川省复员退伍军人精神病院”。1985 年 9 月，四川省编制委员会批准定编，治疗床位 200 张、休养床位 50 张，单位级别为县团级。1994 年更名为四川省复员退伍军人医院。

医院配备有进口和国产的目前较先进的医疗设备，万元以上设备 20 件，如日本、韩国 B 超2 台，400、500MAX 光机 2 台，电解质仪 1 台，半自动生化分析仪 1 台，尿液分析仪 1 台。

（四）四川省革命伤残军人大邑休养院（第二医院）

四川省革命伤残军人大邑休养院（第二医院）是省民政厅直属优抚事业单位。坐落在成都平原西部大邑县苏家镇，占地面积 40 余亩，为正县级全额拨款事业单位。

1953 年 11 月，四川省残废军人第二速成初级小学校成立。1954 年更名为四川省残废军人学校休养所、四川省革命残废军人教养院附设复员军人教养所。1959 年更名为四川省革命残废军人医院第二休养所（其间先后更名为荣复军人疗养院苏场休养所、荣复军人疗养院大邑休养所、荣复军人疗养院第二休养所）。1969 年更名为四川省荣复军人疗养院第二休养所。1978 年更名为四川省革命残废军人休养院大邑休养所。1984 年更名为四川省革命伤残军人大邑休养院，2000 年增挂“四川省革命伤残军人第二医院”牌子。

自 1999 年起，省民政厅先后拨专款 570 余万元，新建了休养楼、门诊部、活动室、消毒供应室、洗浆房、污水处理系统等。拆除危旧房屋 5200 平方米，新建房屋 4142 平方米，改造混凝土路面 3450 平方米，维修房屋 4300 平方米，绿化 6000 多平方米。

（五）四川省民政干部学校（四川省志翔职业技术学校）

四川省民政干部学校是一所经四川省教育厅批准，由省民政厅直接领导和管理的中等职业技术学校，学制三年。正县级全额拨款事业单位。

学校成立于 1985 年，地处成都市金牛区金沙路 42 号，毗邻成都市沙湾国际会展中心。拥有 7200 平方米的教学中心和 3200 平方米的学生公寓楼，配备有图书室、微机室、多媒体语音室等教学设施。学校集成人中等学历教育、普通中专学历教育、干部岗位培训于一体。

（六）四川省残疾人职业教育培训中心

四川省残疾人职业教育培训中心成立于 1993 年，地址位于成都市金牛区金沙路 42 号，占地面积 10.8 亩，建筑面积 10400 平方米。中心与四川省民政干部学校系“两块牌子，一套班子”，同属省民政厅直属事业单位。

（七）四川省民政厅机关服务中心

2000 年 9 月 6 日，四川省机构编制委员会批准成立省民政厅机关服务中心，为正县级全额拨款事业单位。实行核定收支、定额补助的预算管理办法。

（八）四川省民间组织服务中心

2000 年 6 月 23 日，四川省机构编制委员会批准成立四川省民间组织服务中心，为正处级事业单位。

（九）四川省慈善总会办公室

四川省慈善总会是经省政府批准依法注册登记的全省性非营利公益社会团体，理事会是会员代表大会的执行机构。四川省慈善总会办公室是其日常办事机构。1995 年 7 月 7 日，召开四川省慈善总会成立大会。

（十）四川省成都军供站

四川省成都军供站是地方人民政府完成过往部队饮食、饮水和物资保障等军事供应任务的组织机构和战备设施，是国防和军队建设的重要组成部分，是军队后勤工作的延伸和补充。

成都军供站始建于1952年，总站地处成都火车北站，分站位于火车东站（青龙场镇）。保障点分由在成都市区及周边80公里铁路枢纽及重要铁路沿线。其中固定保障点2个，应急保障点8个。站区占地总面积16654.6平方米，建筑面积23466.83平方米，其中餐厅面积1491平方米，部队集结面积2800平方米；一次性接待能力1200人次，年均保障部队4万人次。附设床位503张，车辆8台，固定资产935万元。

（十一）四川省肢体伤残康复中心

四川省肢体伤残康复中心（四川省假肢矫形康复医院）的前身是四川省假肢厂。创建于1950年。是直属省民政厅领导的专门为革命伤残军人和社会残疾人服务的社会福利事业单位。

经过60多年的创业和发展，中心发展成为集科研、生产、经营、康复训练为一体的肢体康复中心。中心占地面积10万平方米，引进国内外先进的假肢生产设备和仪器，在硬件设施上居国内同行先进水平。其固定资产由1985年的117万元发展到2005年的1300余万元，成为全国假肢、矫形器专业化生产重点单位之一。

（十二）四川省社会福利有奖募捐委员会办公室（省福利彩票发行中心）

1987年12月22日，省政府批准成立四川省社会福利有奖募捐委员会筹备组；1988年8月，四川省社会福利有奖募捐委员会正式成立。省社会福利有奖募捐委员会由分管副省长任组长、各相关厅局主要领导任委员。委员会下设办公室，具体承担福利彩票各项业务工作。各市州先后设立社会福利有奖募捐委员会及办公室。1998年设立四川省福利彩票发行中心，与四川省社会福利有奖募捐委员会办公室实行一套班子、两块牌子。为正县级自收自支事业单位。

2002年，改革福彩系统内部管理体制，成立19个受省中心直接领导的市（州）网点管理站。各市州网点管理站负责当地电脑福利彩票的销售网点管理，主要受省中心管理；即开票发行延续过去的管理模式，以当地市州民政局管理为主。网点管理站的主要职能为：负责本地电脑票销售网点的基础管理，包括设备维护维修、耗材及宣传资料发放等。

2005年，省民政厅《关于进一步加强福利彩票发行和管理工作的意见》（以下简称为《意见》），对四川福彩的发行管理体制再次作出重大调整。《意见》规定“实行以省为主，条块结合，双重管理的领导体制，形成分工明确、职责清晰、配合协调、高效运转、规范安全的管理体系”。各市州先后在原网点管理站的基础上成立了福利彩票发行分中心。自此开始，四川福彩全面实行垂直管理。垂直管理体制下的分中心为省福利彩票发行中心的派出机构。

（十三）四川老年大学

四川老年大学于1985年5月经四川省老龄工作委员会批准设立。隶属四川省老龄办管理。后改由省民政厅、四川省老龄办两家主管。学校设校办公室、教务处、教研处3个职能处室。另附设艺术团和诗书画研究院。校址坐落在成都市方池街15号，与成都市人民公园一墙之隔。教学设施优良，教学环境舒适，教学氛围和谐温馨，年年都有成千上万的老年朋友在这里享受夕阳的学习生活。

学校遵循“老有所学、老有所乐、老有所为”的老龄工作方针，始终坚持“增长知识，陶冶情操，丰富生活，促进健康，服务社会”的办学宗旨，逐步发展壮大，至2005年有8个学系，30个专业，112个教学班，5000余名在读学员（6841人次）。先后有5万多名学员入校学习。

（十四）晚霞报社

1985年7月1日，继广东省的《老人报》和《中国老年报》之后，由四川省老龄问题委员会（后更名为四川省老龄工作委员会）和《四川日报》联合创办的全国第三家老年报——《晚霞报》正式创刊。报纸为4开4版的旬报。1986年7月1日，《晚霞报》由旬报改为周报，由四川省老龄问题委员会单独主办，仍为4开4版。1993年，改为周二报（逢周二周五出版）。1997年扩为周三报，仍为4开4版。1997—1998年期间，出过以文摘为主的月中版（即每月中旬的一期报纸为文摘）和以社会纪实及重大题材为主的月末版。此后出过周末版（开始为4开4版，后扩为4开8版）。2000年，《晚霞报》扩为周四4版。2005年扩为周四8版，每周二、三、四、五出版。

（十五）四川省永兴茶场

四川省永兴茶场是省民政厅直属的，从事安置无家可归并有劳动能力的被收容人员的安置农场，是差额拨款的民政福利事业单位。茶场坐落在宜宾市珙县石碑乡境内的川云山区，场部海拔1150米，常年云雾多，湿度大，以茶叶生产、加工、经营为主要产业。占地面积8500亩，其中茶园面积2000亩，人工林面积3800亩，楠竹林面积500亩。

至2002年，茶场有在岗干部职工140人（其中高、中、初级专业技术人员19人，高、中、初级技术工人106人，行管人员22人），离休干部1人，退休人员137人。在册被收容人员623人（其中留场安置135人）。管理上本着“分清职能，理顺关系、管理有序”的原则，机构设置有：党委、纪委、两部一科，即：行管事业部（辖：行政办公室、安置办公室、福利院、子弟校、卫生所、道路维修班、古宋干部休养所、巡场办事处8个事业管理部门）、生产经营部、财务科。

（十六）四川省军队离退休干部峨眉山接待站

四川省军队离退休干部峨眉山接待站（以下简称峨眉山接待站）1989年3月正式竣工开业。接待站地处“世界自然文化遗产”峨眉山下的峨眉山市市中心，占地面积1250平方米，建有主楼、附楼各一栋，有住宿床位150张，大小会议室各一个，大餐厅一个、小餐厅两个，250平方米的停车场，总建筑面积3090平方米，总投资145万元。2002年，接待站有固定资产260万元，在编职工9人，工作用车1辆。峨眉山接待站是省民政厅直属的自收自支事业单位。其主要任务是接待过往的军队离退休干部，开展军队离退休干部疗养等活动，并对外开放。

第二节　市县机构

四川省各市（州）、县（市、区）均设有民政机构，其组织形式、设置一般相对应。如成都市民政局内设基层政权处（挂“社区建设指导协调委员会办公室”牌子）、区划地名处、社会事务处、民间组织管理处、优抚处、安置处、社会福利处、执法大队、救灾救济处、低保处等。

有些市民政局下设科、办。如泸州市民政局设有民间组织管理科、殡葬管理科、优抚安置科、区划地名科、社会事务科、基层政权与社区建设科，以及双拥办、老龄办等。县（市、区）民政局内设机构与市州基本相同。

县以下区、乡（镇）设专兼职民政助理员，承办民政业务。

第二章 干部教育

四川各级民政部门十分重视民政队伍建设，每年分期分批培训机关干部，主要是组织党员干部开展政治理论学习，加强党纪政纪教育，引导党员干部树立正确的世界观、人生观和价值观。

通过经常性教育和专题教育的结合，提高了民政干部的思想道德素质和业务能力，推进了全省民政事业的发展繁荣。

第一节 经常性教育

20 世纪 80 年代末开始，省民政厅采取“小集中”的办法，每年分期分批培训机关和直属单位县处级以上干部。主要内容是组织党员干部开展政治理论学习，加强党纪政纪教育，引导党员干部树立正确的世界观、人生观和价值观。为提高学习效果，要求处以上干部每年结合工作实际，写出学习心得和述职述廉报告。为确保监督对象廉洁自律，省民政厅始终抓住两个层面：首先是各级领导干部，其次是管钱管物管人管事的关键部门的人员。教育选题抓住两个重点，即法律法规教育和正反两个方面典型教育，尤其是典型案件警示教育。强化推行“一岗双责”，按照“谁主管、谁负责”的原则，将反腐败教育任务分解到各有关单位。

1989—1994 年，各级民政部门十分重视加强民政队伍的建设：抓民政干部的配备；抓干部培训，经过四川省民政干校及各市（地、州）不同类型、不同层次培训人员达 8000 余人；加强民政职业道德教育，开展“办实事、送温暖、比贡献、争先进，做合格公仆、合格党员”的活动。广大干部职工在平凡的工作中，勤政廉洁，全心全意为人民服务的“孺子牛”精神进一步发扬光大。在全省范围内开展的民政工作争先创优活动，推动了民政工作整体效益的提高。7 个县（市）被评为全国民政工作先进县（市），11 个乡（镇）（街道）被评为全国民政工作全优乡（镇）（街道），10 人被评为全国民政系统先进工作者，1 人被评为全国民政系统劳动模范；1 人荣获民政部“孺子牛奖”。

1994 年以后，省民政厅陆续印发《关于机关工作人员不准接受可能影响公务的宴请和参加公款支付的营业性娱乐活动的规定》《关于严禁接受和赠送礼金有价证券的规定》《四川省民政厅关于领导干部勤政廉洁的规定》等。制定《四川省民政厅厅级干部遵守廉洁自律规定的四点承诺》，通过文件和民政厅社会公众网络向全省社会公开。厅党组利用专项治理领导干部收送现金、有价证券问题的工作会议，在会上播映中纪委、中组部、中宣部联合摄制的《立党为公，执政为民先进事迹报告》和四川省纪委摄制的《覆辙之鉴——领导干部收送钱物典型案件警示录》等专题教育片，开展生动直观的警示教育。厅机关随即有 3 名干部上缴现金 1.1 万元，受到省直机关工委检查组的肯定。

1995 年，省民政厅机关 3 名干部因受贿被判刑。庭审时，组织机关党员干部旁听；判决后，组织大家讨论分析犯罪原因，从中吸取教训。

1996 年起，重点进行党纪政纪教育。随着经济发展和物质生活条件改善，在一些领导干部中出现讲排场、比阔气、挥霍公款现象。为此，省民政厅党组组织党员干部到基层考察民政工作对象的生活状况，增强发扬艰苦奋斗优良传统必要性和重要性的认识。1997 年初，省民政厅内设机构和直属单位建立了 37 项廉政制度，并汇编成册正式印发，成为教育材料。从 1997 年开始，全省民政系统开展“政务公开、优质服务、树文明新风”活动。厅机关制作政务公开栏，设立监督举报电话，主动接受群众和社会各界的监督；并加快干部人事制度改革，实行干部交流和轮岗制度。从 1999 年开始，省民政厅党组对执行党风廉政责任制情况进行考核。开展以“讲学习、讲政治、讲正气”为主要内容的党性党风党纪教育；以及作风教育整顿活动，有针对性地进行反腐败形势教育。“三讲”教育后，根据群众反映的问题，制定了《关于进一步加强党风廉政建设的规定》。

2000 年，省民政厅党组反复强调，严禁收受“红包”和其他一切形式的礼金、礼品、有价证券等；严禁滥发钱物；不准以任何形式损公肥私、以权谋私；反对铺张浪费，不得巧立名目，借接待之名吃“工作餐”；不准到基层单位报销通信费用和其他应由个人负担的费用，不得增加基层单位的负担。同时，运用反面典型，进行警示教育，使党员干部增强拒腐防变的能力。省民政厅除利用全国发生的腐败大案要案进行警示教育外，并针对本系统发生的犯罪案件，剖析腐败分子蜕变过程，探索诱发腐败的原因及造成的危害。2001 年，达州市民政局局长胡某受贿案发生后，省民政厅及时在广安、西昌两市分片召开党风廉政建设座谈会，开展一系列警示教育活动。组织厅机关和直属单位干部职工观看反面典型专题片，联系实际，开展拒腐防变讨论会。2004 年 8 月中旬，省民政厅直属机关党委按照党章党纪，开除因犯受贿罪被判处有期徒刑的四川省老龄办副主任王某党籍。2005 年1 月，中央电视台《焦点访谈》以“艳舞跳进烈士陵园”为题，报道泸州市烈士陵园存在的管理问题。省民政厅即在全省民政系统开展“联系实际开展保先教育，切实加强行业作风建设”活动。

省民政厅着力改革行政审批、财务管理和干部人事制度，健全各项规章制度。厅机关各处室对各类审核审批项目和各类事业经费的分配划拨标准、原则、程序等，制定严密、详细的操作规程；规范个人行为。在全厅范围内，实施干部岗位轮换制度，重点对有人、财、物管理权的岗位工作人员，定期进行轮换交流；注重发挥纪检监察机关在干部选拔任用工作中的监督作用，驻厅监察室和厅直属机关纪委参与对拟提升职务干部的廉政考察。

按省委大规模开展干部教育培训的要求，四川省民政系统不断参与或举办各种培训活动，提高干部思想和业务水平。省民政厅及时申报了 2004 年县处级以上党政领导干部专题培训项目。2004 年 9 月，四川省民政干部学校被正式审批为公务员培训基地，成为全省专业技术人员继续教育施教机构。学校位于成都市金沙路，采取集中学习、自学、研讨、主题实践相结合的学习方式。要求全体党员干部个人每天自学不少于 1 小时，总学时不少于 40 个小时（其中集中学习不少于 30 小时），学员撰写学习心得不得少于 1 篇，强调边学习、边实践，撰写有份量的专题调研报告。在学习活动中采取“六抓”，即抓学习检查、抓专题辅导、抓典型引导、抓心得交流、抓实践促进、抓宣传报道，切实提高学习效果。

第二节 专题教育

一、共产党员先进性教育

2003 年 3 月 26 日至 8 月 29 日，省民政厅开展保持共产党员先进性教育活动。整个先进性教育活动坚持以邓小平理论和“三个代表”重要思想为指导，贯彻落实中共十六大精神，中央试点工作领导小组提出的“六个贯穿始终”，深入学习贯彻中共中央总书记胡锦涛视察四川时的讲话和“七一”讲话精神，把先进性教育活动与兴起学习贯彻“三个代表”重要思想新高潮有机地结合起来，紧紧围绕全面建设小康社会，实现四川发展新跨越和全省民政中心工作，密切联系省民政厅机关党的建设和党员队伍的实际，牢牢把握用“三个代表”重要思想武装全体党员这个核心，以学习实践“三个代表”重要思想，加强厅机关党组织和党员队伍建设为主线，以增强党员意识，提高党员整体素质，立党为公、执政为民，解决存在的突出问题为重点，以落实“三为民”“三个服务”、民政工作宗旨、“勤政为民，做百姓贴心人”为落脚点，进行了广泛深入、扎实有效的保持共产党员先进性教育活动。在先进性教育学习阶段，围绕省委、省民政厅党组的安排部署，省民政厅先教办先后组织骨干培训、请专家辅导、优秀党员作事迹报告、四个专题的学习，特别是通过省民政厅领导上党课、开展党员先进性标准具体要求和表现形式大讨论，进一步明确省民政厅党员先进性的基本要求，制定出省民政厅机关保持党员先进性的具体措施。在先进性教育分析评议阶段，在广泛征求意见的基础上，全体党员认真开展自我分析、撰写分析材料，对照先进性标准，联系自身存在的问题，找查思想根源，提出今后努力的方向。省民政厅党组和各支部召开民主生活会，离退休干部五个支部分别过了一次专题组织生活。省民政厅党组和各支部都开展了谈心交心活动，省民政厅机关党组织和党员个人分别接受了满意度测评。在先进性教育整改建设阶段，着重围绕基层乡（镇）殡葬管理违规收费等突出问题进行了行风整改，取得了较好效果，并围绕社团注册管理及服务、城市低保管理及宣传、机关作风建设等进行了整改，完善一系列的管理办法和机关党建工作的规章制度。在先进性教育巩固提高阶段，着重围绕先教活动的总结工作，广大党员以书面形式向党组织提出先进性承诺申请，各支部对党员进行了格次评定，并集体举行党员先进性承诺宣誓，进一步深化了先进性教育活动成果。全厅 227 名党员，通过上述四个阶段的保持共产党员先进性教育活动，作风有了明显的转变，工作效率有了进一步提高，民政部门的良好形象得到升华，先进性教育活动取得初步成效，广大人民群众感受到了省民政厅先进性教育活动的实际效果，四川电视台、《四川日报》《四川信息》先后 10 次采访、报道了省民政厅先进性教育活动情况，省委保持共产党员先进性教育活动领导小组办公室先后 5 次转发省民政厅的《工作简报》，省委书记张学忠、副书记刘鹏等省委领导对省民政厅先进教育活动取得的成效给予充分肯定。

二、学习“三个代表”重要思想

2004 年 6 月初，省民政厅转发《省委关于深入学习贯彻江泽民同志“三个代表”重要思想的通知》，以《全面加强党的建设的伟大纲领》一书和人民日报社论、省委文件为基本教材，结合学习贯彻省委七届七次全会精神，组织全厅党员、干部、职工进行专题学习讨论。8 月初，组织全体党员、干部、职工开展“学习‘三个代表’，深化民政改革”的大讨论。通过学习讨论，大家统一思想，一致认识到：“三个代表”重要思想是以江泽民同志为核心的党中央站在世纪交替的历史高度，着眼于中国改革开放和社会主义现代化建设全局，继承历史，立足现实，前瞻未来所做出的具有现实意义和未来指导意义的重要论述，是中国共产党在新形势下对毛泽东、邓小平党建思想的继承和发展，是党永远保持先进性、战斗力和创造力的行动指南，是党的立党之本、执政之基、力量之源。

“三个代表”重要思想是一个完整的科学体系，内涵十分丰富。民政系统全体干部职工把“三个代表”重要思想贯彻落实到民政工作改革和发展中去，做到“三个坚持”：民政工作始终坚持服从、服务于党的工作大局，保障人民群众的基本权益，维护社会稳定，促进社会公平，推动社会进步。民政工作始终坚持讲政治，所从事的民间组织管理、优抚安置、基层政权建设等工作，都是政治性很强的工作，要从讲政治的高度看待每一项民政工作，用讲政治的要求做好每一项民政工作。民政工作始终坚持党的宗旨，保持正确的发展方向。党的根本宗旨是为人民服务，体现在民政工作中，如救灾救济、城镇居民最低生活保障、婚姻、殡葬、社会福利、区划地名等工作，真正做到上为中央分忧，下为百姓解愁，充分体现党的宗旨，体现“三个代表”的要求。

四川省志·民政志

附　　录

一、名 录

（一）领导成员名录

1986—2005 年省民政厅正、副厅长名录

表附-1

职 务	姓 名	性 别	任职时间	免职时间
厅 长	张荣先	男	1988 年 8 月	1993 年 2 月
厅 长	李洪仁	男	1993 年 2 月	1996 年 6 月
厅 长	姜保山	男	1996 年 6 月	2004 年 12 月
厅 长	黄明全	男	2004 年 12 月	
副厅长	张荣先	男	1980 年 5 月	1988 年 8 月
副厅长	卜泰江	男	1981 年 10 月	1992 年 4 月
副厅长	姚洪德	男	1984 年 10 月	1988 年 9 月
副厅长	邹淑英	女	1984 年 10 月	1997 年 12 月
副厅长	石嘉平	男	1991 年 7 月	1994 年 11 月
副厅长	李天久	男	1992 年 10 月	2000 年 5 月
副厅长	李洪仁	男	1992 年 11 月	1993 年 2 月
副厅长	欧阳明远	男	1994 年 9 月	2000 年 7 月
副厅长	陈占英	男	1995 年 8 月	1996 年 6 月
副厅长	周登国	男	1996 年 6 月	2000 年 5 月
副厅长	傅金凤	女	1997 年 12 月	2003 年 3 月
副厅长	李 钢	男	1998 年 5 月	
副厅长	三躰木滚	男	1998 年 5 月	
副厅长	王宇坤	男	2000 年 7 月	
副厅长	高康健	男	2002 年 2 月	
副厅长	杜小炎	男	2003 年 6 月	

1990—2005 年省民政厅党组成员名录

表附－2

组织机构	职　务	姓　名	任职时间	免职时间
党　组	书　记	张荣先	1984 年 10 月	1993 年 6 月
党　组	书　记	李洪仁	1993 年 6 月	1996 年 6 月
党　组	书　记	姜保山	1996 年 6 月	2004 年 12 月
党　组	书　记	黄明全	2004 年 12 月	
党　组	副书记	卜泰江	1990 年 3 月	1992 年 4 月
党　组	副书记	李洪仁	1992 年 11 月	1993 年 2 月
党　组	副书记	邹淑英	1993 年 10 月	1997 年 12 月
党　组	副书记	傅金凤	1997 年 12 月	2003 年 4 月
党　组	成　员	邹淑英	1990 年 3 月	1997 年 12 月
党　组	成　员	姚洪德	1990 年 3 月	1991 年 12 月
党　组	成　员	石嘉平	1991 年 8 月	1994 年 7 月
党　组	成　员	李天久	1992 年 12 月	2001 年 8 月
党　组	成　员	李正均	1993 年 3 月	1997 年 5 月
党　组	成　员	陈占英	1995 年 8 月	1996 年 6 月
党　组	成　员	周登国	1996 年 6 月	2000 年 5 月
党　组	成　员	李　钢	1998 年 5 月	
党　组	成　员	三躲木滚	1998 年 5 月	
党　组	成　员	高康健	2002 年 2 月	
党　组	成　员	杜小炎	2003 年 6 月	
机关党委	专职书记	郭亚田	1990 年 4 月	1992 年 2 月
机关党委	书　记	王仁远	1992 年 2 月	1995 年 8 月
机关党委	书　记	王晏清	1995 年 8 月	1997 年 5 月
机关党委	书　记	曹栋才	1997 年 5 月	2000 年 1 月
机关党委	书　记	张家玉	2000 年 11 月	
纪检组	组　长	冯秉昭	1985 年 7 月	1992 年 10 月
纪检组	组　长	王晏清	1992 年 11 月	1995 年 8 月
纪检组	组　长	余继猷	1995 年 8 月	1998 年 5 月
纪检组	组　长	赵昌鉴	1998 年 6 月	2000 年 11 月
纪检组	组　长	向可亮	2000 年 12 月	

（二）先进集体、先进个人名录

1991—2006 年四川省民政系统获省部级表彰的先进集体名录

表附－3

获奖单位	荣誉称号	授奖单位	获奖时间
广元军供站	出色完成拉萨戒严部队输送途中饮食供应任务	民政部、总后勤部	1991 年 1 月
绵阳军供站	出色完成拉萨戒严部队输送途中饮食供应任务	民政部、总后勤部	1991 年 1 月
成都军供站	出色完成拉萨戒严部队输送途中饮食供应任务	民政部、总后勤部	1991 年 1 月
省民政厅	民族团结进步模范单位	国家民族事务委员会	1997 年
省民政厅	民族团结进步模范单位	省政府	1997 年
省民政厅	抗洪救灾先进集体	民政部	1998 年
省民政厅	省政府目标管理先进单位	省政府	2000 年
省民政厅	“三五”法制宣传教育先进集体	省委、省政府	2001 年 7 月
省民政厅	全省军队转业干部安置工作先进单位	省委、省政府	2001 年 7 月
省民政厅	实施九十年代妇女儿童纲要先进集体	省政府	2001 年 11 月
省民政厅	定点帮扶贫困县先进单位	省委、省政府	2001 年 8 月
省民政厅	全省同法轮功邪教组织斗争先进集体	省委、省政府	2001 年
省民政厅	四川省勘界工作先进集体	省政府	2002 年 1 月
四川省勘界办公室	四川省勘界工作先进集体	省政府	2002 年 1 月
省民政厅	全国残疾人康复工作先进集体	国务院残疾人工作协调委员会等 7 家单位	2002 年
省民政厅	2002 年度维护社会稳定工作先进单位	省委、省政府	2002 年
省民政厅	省民族团结进步先进集体	省政府	2002 年 10 月
省民政厅	省防治非典型肺炎工作先进集体	省委、省政府	2003 年
省民政厅	2002 年度民政统计工作一等奖	民政部	2003 年
省民政厅	目标管理先进单位	省委、省政府	2003 年
省民政厅	全省维护社会稳定工作先进集体	省委、省政府	2003 年
省民政厅	全国勘界工作先进集体	人事部、民政部	2003 年 1 月
省民政厅	第二次全国基本单位普查先进集体	第二次全国基本单位普查领导小组	2003 年
省民政厅	全国民政统计工作一等奖	民政部	2004 年
省民政厅	全省维护社会稳定工作先进集体	省委、省政府	2004 年
省民政厅	全国民政政务信息工作先进单位	民政部	2004 年
省民政厅	中国社会报民政宣传工作先进单位	民政部	2004 年
省民政厅	全省维护社会稳定工作受表扬集体	省委、省政府	2004 年
省民政厅	首届全国社区文明风采电视大赛选拔赛一等奖	民政部等 4 家单位	2004 年
省民政厅	省级部门计生“三结合”帮扶工作（2001—2003 年）先进单位	省政府	2005 年

续表附-3

获奖单位	荣 誉 称 号	授 奖 单 位	获奖时间
省民政厅	全国民族团结进步模范集体	国务院	2005 年
省民政厅	全国民政计财工作评比成绩优异	民政部	2005 年
省民政厅	第一次全国经济普查先进集体	省政府	2005 年
省民政厅	民政宣传工作先进单位	民政部	2006 年
省民政厅	2005 年度福利彩票组织工作一等奖	民政部	2006 年
省民政厅	2001—2005 全国民政法制宣传教育先进集体	民政部	2006 年
省民政厅	全国民政系统法制宣传教育先进集体	民政部	2006 年
省民政厅	中国社会报民政宣传工作先进单位	民政部	2006 年
省民政厅	四川省法制宣传教育先进集体	省政府	2006 年
省民政厅	目标先进管理单位	省委、省政府	2006 年
省民政厅	2001—2005 年四川省法制宣传教育先进集体	省委、省政府	2006 年
省民政厅	四川省十五期间人口和计划生育工作先进集体	省委、省政府	2006 年

1991—2003 年省民政厅系统获省部级表彰的先进人物

表附-4

姓 名	所 在 单 位	获 奖 名 称	授奖单位	获奖时间
宋毓秀	达县地区民政局	全国民政系统抗灾救灾模范个人	民政部	1991 年 12 月
张先国	遂宁市民政局	全国民政系统抗灾救灾模范个人	民政部	1991 年 12 月
龚胜全	云阳县云安镇民政助理员	全国民政系统抗灾救灾模范个人	民政部	1991 年 12 月
越太和	宜宾县民政局	全国民政系统抗灾救灾模范个人	民政部	1991 年 12 月
高明杰	平武县民政局	全国民政系统抗灾救灾模范个人	民政部	1991 年 12 月
徐贵华	夹江县民政局	全国民政系统抗灾救灾模范个人	民政部	1991 年 12 月
李成华	宣汉县清溪区民政助理员	全国民政系统抗灾救灾模范个人	民政部	1991 年 12 月
余才品	珙县上罗区民政助理员	全国民政系统抗灾救灾模范个人	民政部	1991 年 12 月
万永秋	彭水县民政局	全国民政系统抗灾救灾模范个人	民政部	1991 年 12 月
汪华章	井研县周坡办事处民政助理员	全国民政系统抗灾救灾模范个人	民政部	1991 年 12 月
董春先	阆中市构溪乡民政助理员	全国民政系统抗灾救灾模范个人	民政部	1991 年 12 月
张　建	雅安地区民政局	全国民政系统抗灾救灾模范个人	民政部	1991 年 12 月
王兴贵	苍溪县民政局	全国民政系统抗灾救灾模范个人	民政部	1991 年 12 月
杨海平	泸州市民政局	全国民政系统抗灾救灾模范个人	民政部	1991 年 12 月
郝付元	米易县胜利乡民政助理员	全国民政系统抗灾救灾模范个人	民政部	1991 年 12 月
李成元	广元市朝天区李家乡民政助理员	全国民政系统抗灾救灾模范个人	民政部	1991 年 12 月
魏光成	内江市资阳精神病院	孺子牛奖	民政部	1994 年 5 月
魏光成	内江市资阳精神病院	全国民政系统先进工作者	民政部	1994 年 5 月
张国蜀	长寿县民政局	全国民政系统先进工作者	民政部	1994 年 5 月

续表附－4

姓　名	所 在 单 位	获 奖 名 称	授奖单位	获奖时间
张崇德	成都市武侯区民政局	全国民政系统先进工作者	民政部	1994 年 5 月
涂家绪	南充地区民政局	全国民政系统先进工作者	民政部	1994 年 5 月
冯汝贤	开县民政局	全国民政系统先进工作者	民政部	1994 年 5 月
邹星长	荣县民政局	全国民政系统先进工作者	民政部	1994 年 5 月
郑从全	攀枝花市仁和区总发乡民政助理员	全国民政系统先进工作者	民政部	1994 年 5 月
王兴贵	苍溪县民政局	全国民政系统先进工作者	民政部	1994 年 5 月
屈木里聪	普格县民政局	全国民政系统先进工作者	民政部	1994 年 5 月
李海浪	省革命伤残军人休养院	全国民政系统先进工作者	民政部	1994 年 5 月
刘明英	射洪县殡仪馆	全国民政系统劳动模范	民政部	1994 年 5 月
张华芬	彭州市民政局	全国民政系统先进工作者	人事部、民政部	2002 年 3 月
黄丽蓉	省革命伤残军人休养院	全国民政系统先进工作者	人事部、民政部	2002 年 3 月
欧泽高	省人民政府	全国勘界工作一等功	人事部、民政部	2003 年 1 月
李纯达	省勘界办公室	全国勘界工作一等功	人事部、民政部	2003 年 1 月

（三）烈士名录

1986—2005 年省政府追认的烈士名录

表附－5

烈士姓名	主 要 事 迹	追认时间	批准单位
郑帮新	1943 年因执行革命任务被敌人逮捕杀害	1986 年 1 月 7 日	省政府
吴而笃、苏　俊	1930 年在执行革命任务中被敌人杀害 1933 年在执行革命任务中被敌人杀害	1986 年 1 月 7 日	省政府
张民宽	1928 参加绵竹农民暴动被敌人杀害	1986 年 1 月 7 日	省政府
张芝花	因执行革命任务被敌人杀害	1986 年 1 月 7 日	省政府
张维丰	成都十二桥殉难的革命烈士	1986 年 1 月 9 日	省政府
谢大熏	1938 年在藤县对日作战中牺牲	1986 年 1 月 9 日	省政府
周鼎铭	1944 年在河南对日作战中牺牲	1986 年 1 月 10 日	省政府
赵丁贵、王虎才	1956 年在执行革命任务中被敌人杀害	1986 年 1 月 14 日	省政府
莫克沙达	1984 年为抢救落水战友牺牲	1986 年 1 月 14 日	省政府
阿　志、杨格西	1952 年、1956 年执行革命任务中被叛匪杀害	1986 年 3 月 1 日	省政府
杨绍卿	1938 年在江苏对日作战中牺牲	1986 年 3 月 1 日	省政府
叶子章、陈怀生	因执行革命任务被敌人杀害	1986 年 3 月 1 日	省政府
谢克情	1941 年在对日作战中牺牲	1986 年 3 月 1 日	省政府
吴政武	1947 年在对敌斗争中牺牲	1986 年 3 月 3 日	省政府
欧君齐	1949 年在对敌斗争中牺牲	1986 年 3 月 3 日	省政府
欧孝乐	1949 年在对敌斗争中牺牲	1986 年 3 月 3 日	省政府

续表附－5

烈士姓名	主要事迹	追认时间	批准单位
欧孝伦	1949 年在对敌斗争中牺牲	1986 年 3 月 3 日	省政府
欧君录	1949 年在对敌斗争中牺牲	1986 年 3 月 3 日	省政府
欧君成	1949 年在对敌斗争中牺牲	1986 年 3 月 3 日	省政府
吴政学	1949 年在对敌斗争中牺牲	1986 年 3 月 3 日	省政府
张毛子	1949 年在对敌斗争中牺牲	1986 年 3 月 3 日	省政府
杨月友	1949 年在对敌斗争中牺牲	1986 年 3 月 3 日	省政府
潘路长	1949 年在对敌斗争中牺牲	1986 年 3 月 3 日	省政府
郑洪儒	1949 年在对敌斗争中牺牲	1986 年 3 月 3 日	省政府
刘祥然	1949 年在对敌斗争中牺牲	1986 年 3 月 3 日	省政府
魏善平	1949 年在对敌斗争中牺牲	1986 年 3 月 3 日	省政府
张世立	1949 年在对敌斗争中牺牲	1986 年 3 月 3 日	省政府
麦发云	1949 年在对敌斗争中牺牲	1986 年 3 月 3 日	省政府
毛启荣	1949 年在对敌斗争中牺牲	1986 年 3 月 3 日	省政府
黄世清	1949 年在对敌斗争中牺牲	1986 年 3 月 3 日	省政府
练方荣	1949 年在对敌斗争中牺牲	1986 年 3 月 3 日	省政府
雷述林	1949 年在对敌斗争中牺牲	1986 年 3 月 3 日	省政府
欧东林	1949 年在对敌斗争中牺牲	1986 年 3 月 3 日	省政府
张树林	1949 年在对敌斗争中牺牲	1986 年 3 月 3 日	省政府
黄兴述	1949 年在对敌斗争中牺牲	1986 年 3 月 3 日	省政府
黄世万	1949 年在对敌斗争中牺牲	1986 年 3 月 3 日	省政府
黄泽华	1949 年在对敌斗争中牺牲	1986 年 3 月 3 日	省政府
刘立平	1949 年因执行革命任务被敌人逮捕杀害	1986 年 3 月 28 日	省政府
赵均摸、钟鼎万	1948 年因执行革命任务被敌人杀害 1949 年因执行革命任务被敌人杀害	1986 年 4 月 12 日	省政府
蒋万银	1985 年为保卫国家财产同歹徒搏斗壮烈牺牲	1986 年 5 月 3 日	省政府
冯永年、周亲锶	因执行革命任务被敌人逮逋后折磨致死	1986 年 5 月 8 日	省政府
杨少康	1928 年对敌斗争中牺牲	1986 年 5 月 19 日	省政府
陈光鑫	1933 年对敌斗争中牺牲	1986 年 5 月 19 日	省政府
何安然	1933 年对敌斗争中牺牲	1986 年 5 月 19 日	省政府
唐仕才	1933 年对敌斗争中牺牲	1986 年 5 月 19 日	省政府
秦会丰	1933 年对敌斗争中牺牲	1986 年 5 月 19 日	省政府
秦笃恒	1933 年对敌斗争中牺牲	1986 年 5 月 19 日	省政府
吴吉山	1933 年对敌斗争中牺牲	1986 年 5 月 19 日	省政府
江采龙	1933 年对敌斗争中牺牲	1986 年 5 月 19 日	省政府
向少怀	1933 年对敌斗争中牺牲	1986 年 5 月 19 日	省政府
李键如	1933 年对敌斗争中牺牲	1986 年 5 月 19 日	省政府

续表附－5

烈士姓名	主 要 事 迹	追认时间	批准单位
王顺廷	1933 年对敌斗争中牺牲	1986 年 5 月 19 日	省政府
秦家都	1933 年对敌斗争中牺牲	1986 年 5 月 19 日	省政府
谭保廷	1933 年对敌斗争中牺牲	1986 年 5 月 19 日	省政府
刘朝佐	1933 年对敌斗争中牺牲	1986 年 5 月 19 日	省政府
谭正位	1933 年对敌斗争中牺牲	1986 年 5 月 19 日	省政府
唐仕元	1933 年对敌斗争中牺牲	1986 年 5 月 19 日	省政府
黄 煜	1929 年在雅安组织农民武装起义被敌人杀害	1986 年 5 月 21 日	省政府
罗 钺	1938 年在山东对日作战中牺牲	1986 年 5 月 31 日	省政府
吴 杰	1949 年对敌斗争中牺牲	1986 年 6 月 6 日	省政府
文海清	1947 年对敌斗争中牺牲	1986 年 6 月 6 日	省政府
李开国	1949 年对敌斗争中牺牲	1986 年 6 月 6 日	省政府
姜渭川	1949 年对敌斗争中牺牲	1986 年 6 月 6 日	省政府
苏亦吾	1949 年对敌斗争中牺牲	1986 年 6 月 6 日	省政府
吴文焕	1949 年在对敌斗争中牺牲	1986 年 6 月 6 日	省政府
吴 祺	1949 年在对敌斗争中牺牲	1986 年 6 月 6 日	省政府
卢从军	1986 年为抢救落水妇女光荣牺牲	1986 年 6 月 12 日	省政府
熊圣林	1949 年在对敌斗争中牺牲	1986 年 6 月 12 日	省政府
袁化鹏	1932 年在对敌斗争中牺牲	1986 年 6 月 21 日	省政府
袁朝佐	1932 年在对敌斗争中牺牲	1986 年 6 月 21 日	省政府
蒲治元	1932 年在对敌斗争中牺牲	1986 年 6 月 21 日	省政府
袁朝俭	1932 年在对敌斗争中牺牲	1986 年 6 月 21 日	省政府
袁文智	1932 年在对敌斗争中牺牲	1986 年 6 月 21 日	省政府
袁体金	1932 年在对敌斗争中牺牲	1986 年 6 月 21 日	省政府
袁体福	1932 年在对敌斗争中牺牲	1986 年 6 月 21 日	省政府
袁怀芹	1932 年在对敌斗争中牺牲	1986 年 6 月 21 日	省政府
袁体伟	1933 年在对敌斗争中牺牲	1986 年 6 月 21 日	省政府
冉从英	1933 年在对敌斗争中牺牲	1986 年 6 月 21 日	省政府
袁文成	1933 年在对敌斗争中牺牲	1986 年 6 月 21 日	省政府
袁登民	1933 年在对敌斗争中牺牲	1986 年 6 月 21 日	省政府
袁朝明	1933 年在对敌斗争中牺牲	1986 年 6 月 21 日	省政府
袁正文	1933 年在对敌斗争中牺牲	1986 年 6 月 21 日	省政府
袁正贵	1933 年在对敌斗争中牺牲	1986 年 6 月 21 日	省政府
袁朝勤	1933 年在对敌斗争中牺牲	1986 年 6 月 21 日	省政府
何金荣	1933 年在对敌斗争中牺牲	1986 年 6 月 21 日	省政府
舒兆才	1933 年在对敌斗争中牺牲	1986 年 6 月 21 日	省政府
袁大贤	1933 年在对敌斗争中牺牲	1986 年 6 月 21 日	省政府

续表附-5

烈士姓名	主 要 事 迹	追认时间	批准单位
袁石儿	1933 年在对敌斗争中牺牲	1986 年 6 月 21 日	省政府
袁安海	1933 年在对敌斗争中牺牲	1986 年 6 月 21 日	省政府
李云凡	1933 年在对敌斗争中牺牲	1986 年 6 月 21 日	省政府
梁福德	1933 年在对敌斗争中牺牲	1986 年 6 月 21 日	省政府
李再德	1933 年在对敌斗争中牺牲	1986 年 6 月 21 日	省政府
李再发	1933 年在对敌斗争中牺牲	1986 年 6 月 21 日	省政府
徐代梁	1948 年在对敌斗争中牺牲	1986 年 6 月 26 日	省政府
李宗福	1930 年在对敌斗争中牺牲	1986 年 7 月 5 日	省政府
袁君茂	1932 年在对敌斗争中牺牲	1986 年 7 月 5 日	省政府
施兴祥	1932 年在对敌斗争中牺牲	1986 年 7 月 5 日	省政府
施传德	1932 年在对敌斗争中牺牲	1986 年 7 月 5 日	省政府
刘景太、谭国宝	1948 年在对敌作战中牺牲	1986 年 7 月 5 日	省政府
陈木春	1985 年为抢救落水学生而牺牲	1986 年 7 月 5 日	省政府
杨焯卿	1948 年在对敌斗争中牺牲	1986 年 8 月 1 日	省政府
牟家忠	1985 年为抢救落井儿童光荣牺牲	1986 年 8 月 1 日	省政府
张　瑛	1934 年在执行革命任务中被敌人逮捕杀害	1986 年 8 月 1 日	省政府
彭德明	1937 年在浙江对日作战中牺牲	1986 年 8 月 1 日	省政府
胡志良	1941 年在湖北对日作战中牺牲	1986 年 8 月 1 日	省政府
吴季蟠	1933 年在执行革命任务被敌人逮逋杀害	1986 年 8 月 11 日	省政府
何行善	1928 年在广东对敌作战中牺牲	1986 年 8 月 11 日	省政府
古荣华	1968 年为保护国家财产被土匪杀害	1986 年 8 月 11 日	省政府
杨奇勋	1928 年在广东对敌作战中牺牲	1986 年 8 月 14 日	省政府
黄淑华	1930 年在执行革命任务被敌人逮逋杀害	1986 年 8 月 14 日	省政府
彭载章	1935 年在对敌斗争中牺牲	1986 年 8 月 25 日	省政府
朱德安	1935 年在对敌斗争中牺牲	1986 年 8 月 25 日	省政府
刘　彬	1935 年在对敌斗争中牺牲	1986 年 8 月 25 日	省政府
丁成顺	1935 年在对敌斗争中牺牲	1986 年 8 月 25 日	省政府
李正禄	1935 年在对敌斗争中牺牲	1986 年 8 月 25 日	省政府
赵保安	1935 年在对敌斗争中牺牲	1986 年 8 月 25 日	省政府
黄兴茂	1935 年在对敌斗争中牺牲	1986 年 8 月 25 日	省政府
龙志庭	1935 年在对敌斗争中牺牲	1986 年 8 月 25 日	省政府
赵万云	1935 年在对敌斗争中牺牲	1986 年 8 月 25 日	省政府
孙登云	1935 年在对敌斗争中牺牲	1986 年 8 月 25 日	省政府
孙登明	1935 年在对敌斗争中牺牲	1986 年 8 月 25 日	省政府
龙小开	1935 年在对敌斗争中牺牲	1986 年 8 月 25 日	省政府
赵有兴	1935 年在对敌斗争中牺牲	1986 年 8 月 25 日	省政府

续表附－5

烈士姓名	主要事迹	追认时间	批准单位
邓宇华	1935 年在对敌斗争中牺牲	1986 年 8 月 25 日	省政府
刘学谦	1935 年在对敌斗争中牺牲	1986 年 8 月 25 日	省政府
朱发鼎	1935 年在对敌斗争中牺牲	1986 年 8 月 25 日	省政府
邓德高	1935 年在对敌斗争中牺牲	1986 年 8 月 25 日	省政府
王仕海	1935 年在对敌斗争中牺牲	1986 年 8 月 25 日	省政府
赵有志	1935 年在对敌斗争中牺牲	1986 年 8 月 25 日	省政府
吴万法	1935 年在对敌斗争中牺牲	1986 年 8 月 25 日	省政府
陈文清	1935 年在对敌斗争中牺牲	1986 年 8 月 25 日	省政府
陈远荣	1933 年因执行革命任务被敌人杀害	1986 年 9 月 16 日	省政府
熊永顺	1932 年在湖北对敌作战中牺牲	1986 年 9 月 16 日	省政府
周有义	1931 年因执行革命任务被敌人逮捕折磨致死	1986 年 9 月 16 日	省政府
黄天元	1933 年因执行革命任务被敌人逮捕杀害	1986 年 9 月 16 日	省政府
邹　骏	1926 年参加东征在广州茭塘战斗中牺牲	1986 年 9 月 16	省政府
骆建郎	1932 年在上海对日作战中牺牲	1986 年 9 月 16	省政府
肖瑞廷	1948 年在对敌斗争中牺牲	1986 年 11 月 5 日	省政府
何德全	1950 在崇庆县被叛匪杀害	1986 年 11 月 5 日	省政府
易明道	1937 年在对日作战中牺牲	1986 年 11 月 5 日	省政府
郑文舫	1943 年在对敌斗争中牺牲	1986 年 11 月 6 日	省政府
龙德成	1943 年在对敌斗争中牺牲	1986 年 11 月 6 日	省政府
郑祥太	1948 年在对敌斗争中牺牲	1986 年 11 月 6 日	省政府
程辉清	1949 年因执行革命任务被敌人逮捕折磨致死	1986 年 11 月 6 日	省政府
傅汝林	1950 年在征粮工作中被土匪杀害	1986 年 11 月 6 日	省政府
谢　明	1949 年在罗江遭敌人伏击而牺牲	1986 年 11 月 18 日	省政府
谭　鸿	1984 年在抗洪抢险中牺牲	1986 年 11 月 12 日	省政府
康烈光	1937 年在对日作战中牺牲	1986 年 11 月 18 日	省政府
杨仲华	1986 年被犯罪分子报复杀害	1986 年 11 月	省政府
雷　震	1937 年在南京对日作战中牺牲	1986 年 11 月 25 日	省政府
车永辉	1940 年在山西对日作战中牺牲	1986 年 11 月 25 日	省政府
王建军、王　振、杨前明、尧茂书、万　明	在长江科学考察漂流探险中牺牲	1986 年 12 月 22 日	省政府报请民政部批准
黄永淮	1943 年在对日作战中牺牲	1986 年 12 月 22 日	省政府
邓光兴	1949 年因执行革命任务被敌人逮捕杀害	1986 年 12 月 22 日	省政府
王昌富	1985 年因抢救掉进沼气池的村民生命牺牲	1986 年 12 月 22 日	省政府
张德沛	1948 年在对敌斗争中牺牲	1986 年 12 月 23 日	省政府
张培新	1948 年在对敌斗争中牺牲	1986 年 12 月 23 日	省政府
李财文	1948 年在对敌斗争中牺牲	1986 年 12 月 23 日	省政府

续表附-5

烈士姓名	主 要 事 迹	追认时间	批准单位
龚代弟	1948 年在对敌斗争中牺牲	1986 年 12 月 23 日	省政府
邓昌连	1949 年在对敌斗争中牺牲	1986 年 12 月 23 日	省政府
黄光品	1950 年 6 月在执行革命任务中被土匪杀害	1988 年 2 月 8 日	省政府
木 他	1986 年 8 月保护国家森林、扑灭山火中牺牲	1988 年 2 月 8 日	省政府
黄树清	1950 年 5 月执行征粮剿匪任务中被土匪杀害	1988 年 2 月 8 日	省政府
陈兆鹏	1944 年 5 月在河南对日作战中牺牲	1988 年 2 月 8 日	省政府
唐 杰、素家祥	1935 年 2 月参加峨眉武装起义被敌人杀害	1988 年 4 月 5 日	省政府
张玉清、朱成之	1935 年在对敌斗争中负伤牺牲 1936 在对敌斗争中被敌人逮捕后折磨致死	1988 年 4 月 5 日	省政府
彭新明	1987 年 10 月为抢救人民生命光荣牺牲	1988 年 5 月 9 日	省政府
白家清	1935 年在执行革命任务时被敌人杀害	1988 年 5 月 9 日	省政府
何志富	1935 年在执行革命任务时被敌人杀害	1988 年 5 月 9 日	省政府
王文高	1935 年在执行革命任务时被敌人杀害	1988 年 5 月 9 日	省政府
杨金山	1935 年在执行革命任务时被敌人杀害	1988 年 5 月 9 日	省政府
王开明	1935 年在执行革命任务时被敌人杀害	1988 年 5 月 9 日	省政府
陈仁友	1938 年在执行革命任务时被敌人杀害	1988 年 5 月 9 日	省政府
汪光荣	1949 年 5 月执行革命任务时被敌人逮捕杀害	1988 年 5 月 9 日	省政府
王世贵	1949 年 5 月执行革命任务时被敌人逮捕杀害	1988 年 5 月 9 日	省政府
王海尔	1949 年 5 月执行革命任务时被敌人逮捕杀害	1988 年 5 月 9 日	省政府
周在荣	1949 年 5 月执行革命任务时被敌人逮捕杀害	1988 年 5 月 9 日	省政府
邓国儒	1949 年 5 月执行革命任务时被敌人逮捕杀害	1988 年 5 月 9 日	省政府
冷俊德	1949 年 6 月在对敌斗争中被敌人杀害	1988 年 5 月 9 日	省政府
张卓成	1949 年 6 月在对敌斗争中被敌人杀害	1988 年 5 月 9 日	省政府
温世明	1949 年 6 月在对敌斗争中被敌人杀害	1988 年 5 月 9 日	省政府
何诗元	1949 年 6 月在对敌斗争中被敌人杀害	1988 年 5 月 9 日	省政府
顾立荣	1950 年 3 月在执行革命任务时被土匪杀害	1988 年 6 月 7 日	省政府
季胜利	1950 年 3 月在执行革命任务时被土匪杀害	1988 年 6 月 7 日	省政府
鲍宾通	1950 年 3 月在执行革命任务时被土匪杀害	1988 年 6 月 7 日	省政府
冯国铭	1950 年 3 月在执行革命任务时被土匪杀害	1988 年 6 月 7 日	省政府
顾 枬	1950 年 3 月在执行革命任务时被土匪杀害	1988 年 6 月 7 日	省政府
徐金全	1987 年为抢救人民生命与凶犯搏斗英勇牺牲	1988 年 6 月 10 日	省政府
李云清	1944 年在河南对日作战中牺牲	1988 年 6 月 11 日	省政府
舒汉壁	1940 年 12 月在江西对日作战中牺牲	1988 年 6 月 17 日	省政府
胡发万	1950 年 3 月为保卫民主政权被土匪逮捕杀害	1988 年 6 月 17 日	省政府
石万文	1934 年 1 月执行革命任务时被敌人逮捕杀害	1988 年 6 月 17 日	省政府
李键银	1944 年 5 月在密支那对日作战中牺牲	1988 年 6 月 17 日	省政府

续表附－5

烈士姓名	主 要 事 迹	追认时间	批准单位
李元培、黄建文	1988 年为抢救落水妇女壮烈牺牲	1988 年 6 月 17 日	省政府
王清和	1935 年 9 月在执行革命任务中被叛徒杀害	1988 年 8 月 12 日	省政府
龙献福	1935 年冬在对敌斗争中被敌人杀害	1988 年 8 月 12 日	省政府
黄金轩	1935 年冬在对敌斗争中被敌人杀害	1988 年 8 月 12 日	省政府
王正品	1935 年冬在对敌斗争中被敌人杀害	1988 年 8 月 12 日	省政府
贾成伍	1935 年冬在对敌斗争中被敌人杀害	1988 年 8 月 12 日	省政府
周曾氏	1935 年冬在对敌斗争中被敌人杀害	1988 年 8 月 12 日	省政府
甘立正	1988 年 1 月为保护国家财产光荣牺牲	1988 年 9 月 2 日	省政府
舒吉良	1950 年在执行征粮任务中被土匪杀害	1988 年 9 月 2 日	省政府
胡昌平、岳永忠	1987 年 10 月在执行公安任务中被歹徒杀害	1988 年 9 月 2 日	省政府
张　吉	1949 年 7 月在对敌作战中牺牲	1988 年 9 月 7 日	省政府
蒋光远	1988 年 7 月为抢救落水青年壮烈牺牲	1988 年 11 月 8 日	省政府
任建操	1988 年 7 月为抢救被洪水围困妇女壮烈牺牲	1988 年 11 月 8 日	省政府
黄明华、赖　宁	1988 年 3 月保卫国家财产、扑灭山火中牺牲	1988 年 11 月 24 日	省政府
魏华全	1988 年为维护社会治安同犯罪分子斗争被赌徒杀害	1988 年 11 月 30 日	省政府
闵乐山	1937 年在对敌斗争中被敌人逮捕后折磨致死	1988 年 11 月 30 日	省政府
周执中	1937 年在对敌斗争中被敌人逮捕后折磨致死	1988 年 11 月 30 日	省政府
周振华	1933 年 2 月在对敌斗争中牺牲	1988 年 11 月 30 日	省政府
许邦宁	1942 年在山西对日作战中牺牲	1988 年 11 月 30 日	省政府
陈永安	1933 年 10 月在对敌斗争中被敌人杀害	1988 年 11 月 30 日	省政府
向桂平	1988 年 1 月见义勇为与歹徒搏斗，壮烈牺牲	1988 年 11 月 30 日	省政府
肖国强	1988 年 4 月保卫国家财产、扑灭山火中牺牲	1988 年 12 月 3 日	省政府
罗永祥	1988 年 10 月在追捕凶犯时壮烈牺牲	1988 年 12 月 6 日	省政府
罗佐元	1988 年 11 月因追捕持枪杀人凶犯壮烈牺牲	1988 年 12 月 7 日	省政府
左建军	1988 年 11 月因追捕持枪杀人凶犯壮烈牺牲	1988 年 12 月 7 日	省政府
李学荣	1988 年 11 月因追捕持枪杀人凶犯壮烈牺牲	1988 年 12 月 7 日	省政府
林相侯	1937 年在上海对日作战中牺牲	1988 年 12 月 29 日	省政府
符从军、罗　宏	1988 年 10 月在追捕持枪杀人凶犯壮烈牺牲	1988 年 12 月 1 日	省政府
左明海、张安廷	1989 年 1 月在追捕盗枪犯罪分子中光荣牺牲	1989 年 1 月 14 日	省政府
潘富林	1934 年在缅甸对日作战中牺牲	1989 年 2 月 12 日	省政府
余德荣	1945 年 8 月在执行革命任务中被敌人杀害	1989 年 2 月	省政府
张久福、杨　林	1950 年 10 月在执行革命任务中被敌人杀害	1989 年 4 月 5 日	省政府
刘见恒	1935 年 3 月在执行革命任务中被敌人杀害	1989 年 4 月 5 日	省政府
巫德权	1988 年 11 月与持枪歹徒搏斗英勇牺牲	1989 年 4 月 5 日	省政府
郑瑞洋	1927 年参加广州起义中英勇牺牲	1989 年 4 月 5 日	省政府
陈昌其	1946 年在河北对敌作战中牺牲	1989 年 4 月 12 日	省政府

续表附－5

烈士姓名	主 要 事 迹	追认时间	批准单位
诸发云	1988年9月保卫国家财产与洪水搏斗英勇牺牲	1989年4月28日	省政府
觉咯加加	1988年8月保卫国家财产抗洪抢险中英勇牺牲	1989年4月28日	省政府
周永林	1988年9月维护国家利益被犯罪分子报复杀害	1989年4月28日	省政府
邓德三	1934年在对敌作战中牺牲	1989年5月30日	省政府
王炳银	1950年在对敌作战中牺牲	989年5月30日	省政府
陈 良	1950年在执行革命任务中被土匪杀害	989年5月30日	省政府
车远明	1950年在执行革命任务中被土匪杀害	989年5月30日	省政府
泰世禄	1950年在执行革命任务中被土匪杀害	989年5月30日	省政府
唐行江	1988年7月在截查非法贩运卷烟过境车辆中与犯罪分子作斗争光荣牺牲	1989年5月30日	省政府
鲁尧全	1986年6月为抢救落水群众光荣牺牲	1989年6月24日	省政府
袁俊才	1988年7月为抢救井下中毒的群众关荣牺牲	1989年6月24日	省政府
高成封	1989年8月在索马里援外工程中为保护国家财产，与歹徒斗争光荣牺牲	1989年7月26日	省政府
欧明江	1988年9月为维护社会治安与犯罪分子搏斗壮烈牺牲	1989年7月26日	省政府
周国新	1925年5月在执行革命任务中被敌人逮捕杀害	1989年7月26日	省政府
郭兴发	1949年12月在对敌斗争中牺牲	1989年9月5日	省政府
李海清	1950年2月在对敌斗争中牺牲	1989年9月5日	省政府
黄少仪	1950年2月在对敌斗争中牺牲	1989年9月5日	省政府
周宗甲	1950年2月在对敌斗争中牺牲	1989年9月5日	省政府
王华安	1988年7月为抢救井下中毒的群众关荣牺牲	1989年10月23日	省政府
杨永俊	1987年9月保卫国家库款与歹徒搏斗光荣牺牲	1989年10月24日	省政府
黄立科、黄九江	1989年7月在抗洪抢险中英勇牺牲	1989年10月28日	省政府
罗永忠	1947年在对敌斗争中牺牲	1989年10月28日	省政府
罗树成	1948年在对敌斗争中牺牲	1989年10月28日	省政府
唐海云	1939年在湖北对日作战中牺牲	1989年12月8日	省政府
徐植良	1938年在安徽对日作战中牺牲	1989年12月8日	省政府
王 杰	1935年在对敌斗争中牺牲	1989年12月18日	省政府
吴孝保	1935年在对敌斗争中牺牲	1989年12月18日	省政府
任真甲	1935年在对敌斗争中牺牲	1989年12月18日	省政府
王四尔甲	1935年在对敌斗争中牺牲	1989年12月18日	省政府
聂少怀	1935年在对敌斗争中牺牲	1989年12月18日	省政府
李子良	1936年在对敌斗争中牺牲	1989年12月18日	省政府
吕炳林	1936年在对敌斗争中牺牲	1989年12月18日	省政府
尹布利	1936年在对敌斗争中牺牲	1989年12月18日	省政府
朱万兴	1936年在对敌斗争中牺牲	1989年12月18日	省政府

续表附-5

烈士姓名	主要事迹	追认时间	批准单位
唐志全	1936年在对敌斗争中牺牲	1989年12月18日	省政府
宋朝真	1936年在对敌斗争中牺牲	1989年12月18日	省政府
周洪才	1936年在对敌斗争中牺牲	1989年12月18日	省政府
熊秉乾	1949年7月在执行革命任务中被敌人逮捕杀害	1990年3月1日	省政府
万建昌	1989年10月为抢救国家中重要机密材料而壮烈牺牲	1990年3月5日	省政府
付清源	1950年在征粮剿匪中被土匪杀害	1990年3月20日	省政府
八郎娘中沙堆	1956年9月在执行革命任务中被土匪杀害	1990年3月27日	省政府
陈中布	1989年12月在追捕盗枪行凶犯中牺牲	1990年4月10日	省政府
何英杰	1938年5月在山东对日作战中牺牲	1990年4月11日	省政府
李友全	1988年3月在组织民兵实弹训练中为保护同志英勇牺牲	1990年4月11日	省政府
金正才	1989年7月为维护社会治安，在执行任务中被犯罪分子杀害	1990年4月11日	省政府
刘安松	1988年12月为维护社会治安，同歹徒搏斗中光荣牺牲	1990年4月26日	省政府
徐建华、赵永明	1950年在洪雅县平叛战斗中牺牲	1990年5月22日	省政府
余纯净	1957年在乾宁县平叛战斗中牺牲	1990年5月22日	省政府
杨进奎、郑刚义	1989年7月为抢救掉进沼气池的两位农民而牺牲	1990年6月30日	省政府
张盛莲	1986年1月为抢救国家财产光荣牺牲	1990年8月15日	省政府
胡启君	1988年12月为为抢救落水儿童光荣牺牲	1990年8月15日	省政府
李　君	1989年6月为保护国家巨款同歹徒英勇搏斗壮烈牺牲	1990年8月15日	省政府
黄永清	1990年7月为为抢救落水人员光荣牺牲	1990年8月30日	省政府
白马足	1990年6月保护国家巨款与抢劫犯英勇搏斗壮烈牺牲	1990年8月30日	省政府
陈宝山、刘泽武	1950年2月在执行革命任务中牺牲	1990年9月21日	省政府
叶泽忠	1950年2月在对敌作战中牺牲	1990年9月21日	省政府
曾松盛、曾松富	1947年4月在对敌斗争中牺牲	1990年9月21日	省政府
周继红	1989年7月为为抢救落水儿童光荣牺牲	1990年9月24日	省政府
杨兴华	1983年8月为为抢救落水人员光荣牺牲	1990年9月24日	省政府
宋道兴	1988年5月为保卫国家财产，在扑灭山火中身负重伤经抢救无效而牺牲	1990年9月24日	省政府
赵明富	1990年6月为保护人民财产安全与抢劫犯英勇搏斗壮烈牺牲	1990年10月4日	省政府
张友仁	1990年7月为保护人民生命财产安全与歹徒英勇搏斗壮烈牺牲	1990年12月17日	省政府
王殿盛	1989年7月在抗洪抢险中光荣牺牲	1990年12月17日	省政府
王　勇	1989年7月在抗洪抢险中光荣牺牲	1990年12月17日	省政府
冯玉林	1989年7月在抗洪抢险中光荣牺牲	1990年12月17日	省政府
姚　乾	1937年1月在对敌斗争中被敌人逮捕后折磨致死	1990年12月20日	省政府

续表附－5

烈士姓名	主 要 事 迹	追认时间	批准单位
蒲先云	坚持用地审批原则，制止亲友违法占地建房，在1990年11月被歹徒杀害	1990年12月28日	省政府
杨 东	1990年4月在执行巡逻任务中被凶犯杀成重伤，经抢救无效牺牲	1991年3月28日	省政府
黄世松	1989年9月为抢救落水儿童光荣牺牲	1991年3月29日	省政府
杜国贞	1950年3月在征粮剿匪中被土匪杀害	1991年3月29日	省政府
柳德发	1990年1月为保护国家财产和人民生命安全光荣牺牲	1991年4月15日	省政府
蒋 权	1938年10月在河南对日作战中牺牲	1991年5月24日	省政府
曲比尾古、王 刚	1988年7月在执行公安任务中被凶犯报复杀害	1991年5月24日	省政府
马仕元	1989年10月保护国家财产与歹徒英勇搏斗壮烈牺牲	1991年5月25日	省政府
莫永红	1990年6月为抢救落水学生光荣牺牲	1991年5月25日	省政府
胡中行	1940年10月在湖北对日作战中牺牲	1991年5月25日	省政府
王成桂	1937年10月在湖河北对日作战中牺牲	1991年5月25日	省政府
李忠明	1989年9月在执行逮捕押解罪犯任务中光荣牺牲	1991年5月25日	省政府
乐绍明	1990年8月为抢救人民生命光荣牺牲	1991年5月25日	省政府
何国治	1991年5月为抢救3名落水儿童光荣牺牲	1991年5月29日	省政府
代清品	1930年在对敌斗争中被敌人杀害	1991年5月29日	省政府
刘康之	1930年在对敌斗争中被敌人杀害	1991年5月29日	1991年5月29日
彭章联	1934年在对敌斗争中被敌人杀害	1991年5月29日	1991年5月29日
李玉文	1934年在对敌斗争中被敌人杀害	1991年5月29日	1991年5月29日
颜 恒	1935年在对敌斗争中被敌人杀害	1991年5月29日	1991年5月29日
梅大帮	1935年在对敌斗争中被敌人杀害	1991年5月29日	1991年5月29日
黄永前	1938年在对敌斗争中被敌人杀害	1991年5月29日	1991年5月29日
肖作屏	1938年在对敌斗争中被敌人杀害	1991年5月29日	1991年5月29日
许 彬	1930年10月在对敌斗争中被敌人逮捕杀害	1991年5月29日	省政府
刘道盛	1931年在对敌斗争中牺牲	1991年5月30日	省政府
宋远康	1990年8月为抢救落水儿童英勇牺牲	1991年7月5日	省政府
蒲先成	1989年12月为保护人民生命安全壮烈牺牲	1991年7月5日	省政府
杨 咏	1990年1月为保护人民生命财产安全，在灭火中英勇牺牲	1991年7月5日	省政府
徐志平	1990年1月为维护社会治安，被歹徒杀害	1991年7月5日	省政府
朱一林	1994年7月在对敌斗争中被敌人逮捕后杀害	1991年7月5日	省政府
谢汉国	1994年7月在对敌斗争中被敌人逮捕后杀害	1991年7月5日	省政府
朱品江	1994年7月在对敌斗争中被敌人逮捕后杀害	1991年7月5日	省政府
朱品超	1994年7月在对敌斗争中被敌人逮捕后杀害	1991年7月5日	省政府
朱一清	1994年7月在对敌斗争中被敌人逮捕后杀害	1991年7月5日	省政府
谢长礼	1994年7月在对敌斗争中被敌人逮捕后杀害	1991年7月5日	省政府

续表附－5

烈士姓名	主 要 事 迹	追认时间	批准单位
朱一诗	1994 年 7 月在对敌斗争中被敌人逮捕后杀害	1991 年 7 月 5 日	省政府
谢汉禄	1994 年 7 月在对敌斗争中被敌人逮捕后杀害	1991 年 7 月 5 日	省政府
谢传成	1994 年 7 月在对敌斗争中被敌人逮捕后杀害	1991 年 7 月 5 日	省政府
谢汉和	1994 年 7 月在对敌斗争中被敌人逮捕后杀害	1991 年 7 月 5 日	省政府
谢传荣	1994 年 7 月在对敌斗争中被敌人逮捕后杀害	1991 年 7 月 5 日	省政府
谢传伯	1994 年 7 月在对敌斗争中被敌人逮捕后杀害	1991 年 7 月 5 日	省政府
谢觉义	1994 年 7 月在对敌斗争中被敌人逮捕后杀害	1991 年 7 月 5 日	省政府
谢觉应	1994 年 7 月在对敌斗争中被敌人逮捕后杀害	1991 年 7 月 5 日	省政府
谢觉晏	1994 年 7 月在对敌斗争中被敌人逮捕后杀害	1991 年 7 月 5 日	省政府
谢觉华	1994 年 7 月在对敌斗争中被敌人逮捕后杀害	1991 年 7 月 5 日	省政府
谢觉明	1994 年 7 月在对敌斗争中被敌人逮捕后杀害	1991 年 7 月 5 日	省政府
袁洪兴	1994 年 7 月在对敌斗争中被敌人逮捕后杀害	1991 年 7 月 5 日	省政府
朱品玉	1994 年 7 月在对敌斗争中被敌人逮捕后杀害	1991 年 7 月 5 日	省政府
陈道东	1950 年 11 月因执行革命任务被敌人杀害	1991 年 7 月 11 日	国家民政部
陈昌献	1950 年 11 月因执行革命任务被敌人杀害	1991 年 7 月 11 日	国家民政部
粟岁丰	1950 年 11 月因执行革命任务被敌人杀害	1991 年 7 月 11 日	国家民政部
胡宗国	1990 年 6 月为抢救落水儿童光荣牺牲	1991 年 7 月 31 日	省政府
刘廷军	1990 年 7 月为抢救落水人员光荣牺牲	1991 年 7 月 31 日	省政府
徐建枫	1989 年 10 月为抢救落水青年光荣牺牲	1991 年 8 月 1 日	省政府
任开国	1928 年 3 月在武汉从事革命斗争被国民党逮捕杀害	1991 年 8 月 16 日	省政府
张　英	1990 年 6 月为保护国家库款，与两名歹徒搏斗壮烈牺牲	1991 年 8 月 16 日	省政府
赖　超	1990 年 4 月为抢救落水人员光荣牺牲	1991 年 8 月 16 日	省政府
叶　云	1990 年 4 月为抢救落水妇女关荣牺牲	1991 年 10 月 8 日	省政府
杨清文	1989 年 7 月在抗洪抢险中牺牲	1991 年 11 月 11 日	省政府
何玉明	1990 年 8 月保护两名妇女不受侵害，与歹徒搏斗中光荣牺牲	1991 年 11 月 12 日	省政府
斯达尔甲	1935 年在对敌斗争中被敌人杀害	1991 年 11 月 27 日	省政府
曾国春	1990 年 3 月保护群众生命安全，在与歹徒搏斗中被凶犯杀害	1992 年 1 月 7 日	省政府
田明清	1990 年 12 月为维护社会治安，在与歹徒搏斗中被凶犯杀害	1992 年 3 月 11 日	省政府
胡永东	1991 年 5 月为抢救落水学生光荣牺牲	1992 年 3 月 11 日	省政府
王科银	1991 年 7 月为保护国家财产和人民生命安全，在抗洪抢险中光荣牺牲	1992 年 3 月 11 日	省政府
傅　霖	1937 年 10 月在河南对日作战中牺牲	1992 年 4 月 6 日	省政府
刘照东	1991 年 8 月在与持刀抢劫歹徒搏斗中英勇牺牲	1992 年 4 月 6 日	省政府
张友铭	1991 年 7 月坚持革命原则，正确执行计划生育政策，被凶犯报复杀害	1992 年 5 月 29 日	省政府

续表附－5

烈士姓名	主 要 事 迹	追认时间	批准单位
任 勇	1991 年 6 月为保护国家财产，在抗洪抢险中光荣牺牲	1992 年 5 月 20 日	省政府
张发扬	1990 年 11 月在协助公安侦破案件中，被凶犯炸成重伤，经抢救无效而牺牲	1992 年 5 月 20 日	省政府
张进学	1989 年 9 月为抢救他人生命关荣牺牲	1992 年 5 月 29 日	省政府
姚书芪	1991 年 8 月为抢救残墙倒塌遇害的学生光荣牺牲	1992 年 6 月 3 日	省政府
范 易	1928 年 3 月在河南领导农民大暴动时被敌人逮捕杀害	1992 年 6 月 11 日	省政府
杜芪忠	1989 年 7 月在执行公安任务中，与犯罪分子英勇搏斗壮烈牺牲	1992 年 9 月 5 日	省政府
王素华	1991 年 8 月为保护集体财产在与盗窃犯英勇搏斗中被杀害	1992 年 9 月 11 日	省政府
邹忠孝	1992 年 5 月为维护群众利益，在执行工作任务中被凶犯报复杀害	1992 年 10 月 16 日	省政府
张吉春	1992 年 6 月为抢救落水女青年壮烈牺牲	1992 年 11 月 10 日	省政府
谢绪珍	1933 年 10 月在对敌斗争中被敌人杀害	1992 年 12 月 12 日	省政府
黄志鼎	1933 年 10 月在对敌斗争突围中英勇牺牲	1992 年 12 月 28 日	省政府
艾荣先	1934 年在对敌斗争中被杀害	1992 年 12 月 28 日	省政府
张荣昌	1935 年在对敌斗争中被杀害	1992 年 12 月 28 日	省政府
黄于龙	1941 年 7 月在从事武装革命斗争中被敌人逮捕杀害	1993 年 2 月 15 日	省政府
伍崇兴	1992 年 5 月为抢救两名落水同学壮烈牺牲	1993 年 2 月 15 日	省政府
蔡 仲	1950 年 2 月在执行革命任务中被土匪杀害	1993 年 2 月 15 日	省政府
徐亚西	1990 年 10 月保护集体财产与歹徒搏斗中被凶犯杀害	1993 年 2 月 15 日	省政府
吴博爱	1949 年 11 月在反对三大敌人的革命活动中被敌人逮捕杀害	1993 年 2 月 15 日	省政府
曹水全	1992 年 6 月为抢救落入沼气池的群众光荣牺牲	1993 年 2 月 15 日	省政府
甘地甲呷等 30 人	1936 年在对敌作战中牺牲	1993 年 3 月 8 日	省政府
班太甲呷泽躲	1936 年在对敌作战中牺牲	1993 年 3 月 8 日	省政府
班马多吉	1936 年在对敌作战中牺牲	1993 年 3 月 8 日	省政府
业尔巴戈热	1936 年在对敌作战中牺牲	1993 年 3 月 8 日	省政府
交都丹巴仁青	1936 年在对敌作战中牺牲	1993 年 3 月 8 日	省政府
汪长班底	1936 年在对敌作战中牺牲	1993 年 3 月 8 日	省政府
桑多热	1936 年在对敌作战中牺牲	1993 年 3 月 8 日	省政府
大哥天长	1936 年在对敌作战中牺牲	1993 年 3 月 8 日	省政府
吾卡达哥瓦	1936 年在对敌作战中牺牲	1993 年 3 月 8 日	省政府
呷拉戈热	1936 年在对敌作战中牺牲	1993 年 3 月 8 日	省政府
汪母戈热	1936 年在对敌作战中牺牲	1993 年 3 月 8 日	省政府
卡拉忠达爷	1936 年在对敌作战中牺牲	1993 年 3 月 8 日	省政府
扎瓦多安	1936 年在对敌作战中牺牲	1993 年 3 月 8 日	省政府

续表附－5

烈士姓名	主要事迹	追认时间	批准单位
杨文达	1936年在对敌作战中牺牲	1993年3月8日	省政府
伯打生打	1936年在对敌作战中牺牲	1993年3月8日	省政府
杜吉东周	1936年在对敌作战中牺牲	1993年3月8日	省政府
学家泽躬	1936年在对敌作战中牺牲	1993年3月8日	省政府
走普降初	1936年在对敌作战中牺牲	1993年3月8日	省政府
南卡阿支拉	1936年在对敌作战中牺牲	1993年3月8日	省政府
强布勒郎太	1936年在对敌作战中牺牲	1993年3月8日	省政府
捌地贡布	1936年在对敌作战中牺牲	1993年3月8日	省政府
罗沟扎西	1936年在对敌作战中牺牲	1993年3月8日	省政府
无大加太	1936年在对敌作战中牺牲	1993年3月8日	省政府
加洼阿布	1936年在对敌作战中牺牲	1993年3月8日	省政府
多罗登巴	1936年在对敌作战中牺牲	1993年3月8日	省政府
阿巴几锅	1936年在对敌作战中牺牲	1993年3月8日	省政府
站太泽旺	1936年在对敌作战中牺牲	1993年3月8日	省政府
张江更布	1936年在对敌作战中牺牲	1993年3月8日	省政府
夏巴更基	1936年在对敌作战中牺牲	1993年3月8日	省政府
毛西泽躬拉尔吾	1936年在对敌作战中牺牲	1993年3月8日	省政府
羊本明	1991年6月为抢救任命财产而献身	1993年3月8日	省政府
王佩楚	1951年8月在对敌斗争中牺牲	1993年3月8日	省政府
苟浪平	1946年8月在内蒙古突泉县对敌斗争中壮烈牺牲	1993年3月8日	省政府
徐朝惠	1992年1月为抢救落水女青年英勇牺牲	1993年3月8日	省政府
胥勋树	1991年12月为保卫国家财产在同盗窃金库的犯罪分子英勇斗争中壮烈牺牲	1993年4月9日	省政府
田永智	1991年10月维护社会治安在同犯罪分子斗争中被害	1993年4月9日	省政府
向　东	1991年10月为维护正常生产秩序在同凶犯作斗争中被害	1993年4月10日	省政府
戴中华	1991年3月在与非法占用耕地的不法分子的斗争中被害	1993年4月16日	省政府
范加林	1992年2月为维护社会治安在与凶犯英勇搏斗中被害	1993年4月29日	省政府
宋华富	1992年9月为保卫国家利益，在执行公务中被犯罪分子所杀害	1993年4月29日	省政府
曾福兴	1993年3月在执行公安任务中，为保护六名战友生命安全，被罪犯引爆的手榴弹炸成重伤而壮烈牺牲	1993年5月12日	省政府
何克军	1992年10月为维护社会治安，保护群众利益被凶犯杀害	1992年5月24日	省政府
梁友明	1950年在征粮剿匪中牺牲	1993年5月13日	省政府
梁思久	1950年在征粮剿匪中牺牲	1993年5月13日	省政府
易先伯	1950年在征粮剿匪中牺牲	1993年5月13日	省政府
韦耀庭	1950年在征粮剿匪中牺牲	1993年5月13日	省政府
冯　俊	1950年在征粮剿匪中牺牲	1993年5月13日	省政府

续表附－5

烈士姓名	主 要 事 迹	追认时间	批准单位
王仕发	1950 年在征粮剿匪中牺牲	1993 年 5 月 13 日	省政府
曾建文	1950 年在征粮剿匪中牺牲	1993 年 5 月 13 日	省政府
郭怀之	1950 年在征粮剿匪中牺牲	1993 年 5 月 13 日	省政府
陈德洪	1950 年在征粮剿匪中牺牲	1993 年 5 月 13 日	省政府
王合全	1992 年 8 月工作中坚持革命原则，被凶犯报复杀害	1993 年 5 月 24 日	省政府
朱灼文	1993 年 6 月为抢救落水儿童光荣献身	1993 年 6 月 26 日	省政府
陈信余	1940 年 1 月在湖北省对日作战中牺牲	1993 年 7 月 3 日	省政府
刘传喜	1991 年 8 月在抗洪抢险中抢救国家和人民生命财产牺牲	1993 年 7 月 26 日	省政府
邹　曙	1950 年 10 月因执行革命任务被敌杀害	1993 年 7 月 30 日	民政部
陆向东	1992 年 10 月维护社会治安同歹徒英勇搏斗中被凶犯杀害	1993 年 8 月 18 日	省政府
项建文、叶玉明	1991 年 6 月为抢救遇难职工而光荣牺牲	1993 年 9 月 2 日	省政府
秦崇兵	1993 年 4 月为救两名落水同学而壮烈牺牲	1993 年 10 月 9 日	省政府
朱跃权	1992 年 9 月在拘捕押送犯罪分子途中被歹徒杀害	1993 年 11 月 6 日	省政府
吴显强	1992 年 8 月为执行计划生育政策，在解救被罪犯扣押的人质过程中牺牲	1993 年 11 月 23 日	省政府
张　辉	1992 年 7 月 7 日为抢救落水青年而牺牲	1993 年 11 月 23 日	省政府
段开芝	1992 年 8 月因抢救落水儿童而英勇献身	1993 年 12 月 21 日	省政府
张兆麟	1935 年在对敌斗争中被敌人逮捕后光荣牺牲	1993 年 12 月 31 日	省政府
魏刚跃	1992 年 5 月为抢救落水群众光荣献身	1993 年 12 月 31 日	省政府
扶江平	1992 年 4 月为抢救国家财产和保护人民生命而光荣献身	1993 年 12 月 31 日	省政府
夏春兰	1993 年 6 月为抢救落水学生而光荣献身	1994 年 1 月 18 日	省政府
夏先惠	1993 年 6 月在执行审判任务途中为抢救江中的重要刑事案卷而光荣献身	1994 年 3 月 4 日	省政府
陈竟筠	1942 年 1 月在越南境内执行对日作战任务中牺牲	1994 年 3 月 7 日	省政府
温相和	1992 年 5 月为维护社会治安被凶犯杀害	1994 年 3 月 7 日	省政府
石鸣岗	1941 年在执行战勤任务中致伤抢救无效而牺牲	1994 年 3 月 7 日	省政府
岑维华	1931 年 1 月维护社会治安、阻止犯罪行凶，被罪犯杀害	1994 年 5 月 16 日	省政府
欧亚帮	1950 年 2 月在雅安岩烟坪对敌作战中牺牲	1994 年 4 月 14 日	省政府
李胜富	1993 年 7 月 8 日为抢救落水儿童而光荣献身	1994 年 5 月 16 日	省政府
张顺海	1993 年 6 月为抢救他人生命而光荣献身	1994 年 5 月 16 日	省政府
田正文	1994 年 5 月在执行公务，押解罪犯中被凶犯杀害	1994 年 5 月 17 日	省政府
余　良	1993 年 6 月为抢救溺水儿童献身	1994 年 6 月 24 日	省政府
董兴恒	1993 年 9 月为抢救落水妇女光荣献身	1994 年 6 月 24 日	省政府
康明清、郭银富	1993 年 3 月抢救国家森林资源、扑灭山火过程中光荣献身	1994 年 6 月 30 日	省政府
秦泽仁	1993 年 5 月为抢救溺水儿童而献身	1994 年 7 月 1 日	省政府

续表附－5

烈士姓名	主 要 事 迹	追认时间	批准单位
王　卫	1993 年 1 月为保护人民生命、制止歹徒行凶杀人过程中被杀害	1994 年 9 月 8 日	省政府
游　进	1990 年二月为保护群众生命与歹徒进行搏斗中被凶犯杀害	1994 年 9 月 8 日	省政府
刘全华	1993 年 8 月为抢救溺水儿童而献身	1994 年 11 月 7 日	省政府
郭王春	1993 年为阻止犯人脱逃，搏斗中被凶犯杀害	1994 年 11 月 7 日	省政府
杜家华、陈建国、王　波	1994 年 7 月押解犯罪分子途中，与歹徒英勇搏斗光荣牺牲	1994 年 11 月 11 日	省政府
贺门瑞	1935 年在对敌斗争中被敌人逮捕，在狱中被害	1994 年 11 月 11 日	省政府
陈发生	1992 年 6 月在抗洪抢险中，为抢救他人生命和财产而光荣牺牲	1994 年 10 月 11 日	省政府
任先成	1994 年 11 月执行公安任务，与持枪歹徒搏斗中牺牲	1994 年 11 月 28 日	省政府
陈志全	1994 年 2 月为抢救落水儿童而牺牲	1994 年 11 月 28 日	省政府
吕新民	1996 年 2 月在追捕持枪抢劫犯中被歹徒杀害	1996 年 2 月 12 日	省政府
刘　彬	1994 年 9 月在执行生猪检疫过程中，坚持原则，执行政策，被凶犯持刀杀害	1996 年 4 月 19 日	省政府
李泽光	1992 年 8 月带领乡兽防站检查生猪屠宰税收工作中，被凶犯持刀杀害	1996 年 4 月 19 日	省政府
周传义	1994 年 3 月被劳改释放犯报复杀害	1996 年 4 月 19 日	省政府
王启龙	1995 年 5 月参加抗洪抢险，转送群众转移排险，光荣牺牲	1996 年 4 月 19 日	省政府
陈天福	1994 年 7 月为抢救两名落水儿童而光荣牺牲	1996 年 4 月 19 日	省政府
胡传清	1995 年 7 月为抢救被洪水围困的四名学生，光荣牺牲	1996 年 4 月 19 日	省政府
王崇德	1994 年 12 月见义勇为与凶残的罪犯作斗争，被凶犯杀伤致死	1996 年 4 月 19 日	省政府
徐　波	1996 年 4 月在执行“严打”任务中，被凶犯开枪杀害壮烈牺牲	1996 年 5 月 31 日	省政府
刘功序	1993 年 10 月晚与广顺镇派出所在赖溪河参加“严打”检查中，与犯罪分子搏斗壮烈牺牲	1996 年 5 月 31 日	省政府
张长春	1993 年 6 月为维护农贸市场经济秩序和保护人民生命安全，与持刀杀人犯杨银海搏斗中壮烈牺牲	1996 年 7 月 18 日	省政府
陈光志	1995 年 7 月为保护国家财产安全，在与盗贼马远俊搏斗中光荣牺牲	1996 年 8 月 26 日	省政府
鄢世春	1994 年 3 月为维护社会治安，在制止青年蒋清与邓先陶打假斗殴过程中牺牲	1996 年 8 月 26 日	省政府
蔡　辉	1995 年 8 月在协助公安干警捕捉逃犯过程中牺牲	1996 年 8 月 26 日	省政府
王化久	1993 年 10 月为正确执行国家农税提留收取政策，被不法分子张文报复杀害	1996 年 8 月 26 日	省政府
黄　勇	1994 年 7 月在抗洪抢险过程中，为抢救落水儿童而牺牲	1996 年 9 月 6 日	省政府

续表附-5

烈士姓名	主 要 事 迹	追认时间	批准单位
刘先火	1996年5月为抢救三轮摩托车坠入东风渠中的落水者而光荣牺牲	1996年9月6日	省政府
尤治福	1994年4月在抢救国家财产扑灭森林火灾中牺牲	1996年10月13日	省政府
杨正山、杨洪高	1937年6月红军撤离后，被当地“还乡团”诱骗抓获并杀害	1996年12月17日	省政府
苏　郎	1992年4月为维护社会治安，保卫人民生命安全，制止歹徒行凶，被凶犯杀伤致死而牺牲	1997年3月7日	省政府
罗　让	1995年3月在执行公安任务，紧急处置重大治安事件，掩护群众转移过程中光荣牺牲	1997年4月22日	省政府
唐道友	1994年9月为抢救群众的财产，在奋力扑灭火灾时，光荣牺牲	1997年9月3日	省政府
曾良元	1994年4月为抢救溺水女青年而光荣牺牲	1997年9月3日	省政府
杨德林	1997年5月27日为抢救被困在狂风大雨中的铁锁吊桥上的两名学生壮烈牺牲	1997年9月3日	省政府
张奉德	1996年8月在沙溪乡场镇河畔为抢救溺水儿童光荣牺牲	1997年7月8日	省政府
冯燕飞	1996年8月6日为抢救两名落水女青年而光荣牺牲	1997年5月13日	省政府
陈昌明	1996年7月在执行公安抓捕罪犯坤富尧过程中，被杀伤经抢救无效光荣牺牲	1997年5月13日	省政府
付尚彬	1997年5月在与行凶杀人罪犯搏斗中英勇牺牲	1997年9月18日	省政府
陈万顺	1995年8月为抢救溺水同学而光荣牺牲	1997年9月18日	省政府
黄　涛	1950年2月在执行革命任务过程中被敌人杀害	1997年9月18日	省政府
范次希	1942年6月在河北冀中平原与日寇搏斗中壮烈牺牲	1997年9月18日	省政府
陈雪峰	1995年8月为抢救溺水教师而光荣牺牲	1997年9月18日	省政府
李建军	1995年12月在配合公安干警执行任务同罪犯斗争中，临危不惧、被犯罪分子杀伤，而光荣牺牲	1997年5月13日	省政府
祝打铁	1997年3月为抢救溺水群众而光荣牺牲	1997年10月10日	省政府
康松明	1997年4月在执行公安任务追捕抢劫嫌疑犯罪分子时光荣牺牲	1998年1月5日	省政府
徐胜明	1981年1月在组织指挥民兵投掷手榴弹实战训练中，为掩护同志光荣牺牲	1998年1月5日	省政府
陈　建	1997年6月在卢旺达执行援外任务中，为保卫国家财产，与匪徒英勇搏斗而壮烈牺牲	1998年4月7日	省政府
王山华	1996年6月为抢救落水儿童而光荣牺牲	1998年4月5日	省政府
李大公	1937年9月在上海对日作战中牺牲	1998年7月6日	省政府
黄佑斌	1998年1月在执行治安任务，抓捕持枪歹徒时被歹徒杀害英勇牺牲	1998年7月12日	省政府
杨文超	1997年3月为抢救落水女青年而英勇牺牲	1998年8月24日	省政府
顾小芳	1997年7月为抢救落水儿童而光荣牺牲	1998年8月24日	省政府

续表附－5

烈士姓名	主要事迹	追认时间	批准单位
睢朝兵	1997 在与罪犯搏斗过程中被罪犯杀伤，经抢救无效而光荣牺牲	1998 年 8 月 24 日	省政府
郭长安	1996 年 6 月为抢救在沼气池内的人民群众而光荣牺牲	1998 年 8 月 24 日	省政府
胡安国	1997 年 10 月为保护 3 名学生生命安全被肇事车碾伤，因抢救无效而光荣牺牲	1998 年 8 月 25 日	省政府
赵相林	1998 年 2 月为抢救国家财产而光荣牺牲	1998 年 8 月 25 日	省政府
彭端飞	1997 年 7 月在贵阳市见义勇为，在与歹徒搏斗中被杀伤，经抢救无效而光荣牺牲	1998 年 9 月 29 日	省政府
刘　彬	1998 年 7 月为抢救两名落水学生而光荣牺牲	1998 年 11 月 9 日	省政府
罗华平	1998 年 1 月为抢救一名学会而光荣牺牲	1998 年 11 月 27 日	省政府
刘光荣	1998 年 8 月抢救同时参与抢救车祸的少年被车撞击碾压而光荣牺牲	1999 年 1 月 27 日	省政府
罗光升	1998 年 8 月在执行猪肉检疫监督检查时，被罪犯杀伤，经抢救无效而光荣牺牲	1999 年 2 月 3 日	省政府
刘　辉	1998 年 11 月执行公安任务中被凶犯开枪，经抢救无效而光荣牺牲	1999 年 2 月 12 日	省政府
张　勇	1998 年 7 月在成都市府南河万福桥为抢救掉入河中的年轻妇女而光荣牺牲	1999 年 6 月 11 日	省政府
廖文明	1998 年 6 月在抗洪抢险中，为抢救村民的生命财产而光荣牺牲	1999 年 8 月 20 日	省政府
舒自翔	1998 年 7 月在成都市府南河万福桥为抢救掉入河中的年轻妇女而光荣牺牲	1999 年 6 月 11 日	省政府
刘道清	1998 年 7 月在成都市府南河万福桥为抢救掉入河中的年轻妇女而光荣牺牲	1999 年 6 月 11 日	省政府
吴　波	1999 年 4 月为制止两名在押罪犯逃脱时，与之搏斗而壮烈牺牲	1999 年 8 月 30 日	省政府
冯　勇	1998 年 9 月在执行公安任务追捕两名逃犯中，跳入河中与罪犯搏斗而英勇牺牲	1999 年 11 月 2 日	省政府
陈　英	1999 年 11 月为抢救两名儿童而英勇牺牲	1999 年 12 月 28 日	省政府
熊李科	1999 年 4 月为抢救落水儿童英勇牺牲	1999 年 12 月 28 日	省政府
袁国太	1944 年 5 月在河南对日作战中英勇牺牲	2000 年 1 月 27 日	省政府
迟绍春	1952 年 6 月因执行革命任务牺牲	2000 年 2 月 29 日	民政部
李　明	1999 年 1 月为维护社会治安与犯罪分子搏斗中英勇牺牲	2000 年 7 月 3 日	省政府
陈　伟	1998 年 1 月在成都务工期间，为维护社会治安，在与持刀歹徒搏斗中壮烈牺牲	2000 年 12 月 29 日	省政府
莫云富	1997 年 7 月配合公安干警执行任务中，被犯罪分子杀害而光荣牺牲	2000 年 12 月 29 日	省政府
邓文叙	1993 年 3 月在执行任务中为制止凶手继续犯罪挺身而出被凶犯杀害	2000 年 12 月 29 日	省政府

续表附－5

烈士姓名	主 要 事 迹	追认时间	批准单位
向中怀	1999年9月为抢救落水儿童光荣牺牲	2000年3月28日	省政府
阳明生	1995年7月为抢救一名落水青年光荣牺牲	2000年7月13日	省政府
郭开来	1999年8月为抢救落水儿童而光荣牺牲	2000年10月10日	省政府
瞿朝良	1999年6月在执行公务中与犯罪分子英勇搏斗而光荣牺牲	2000年10月10日	省政府
汪富勋	1999年7月为抢救群众生命而光荣牺牲	2000年11月29日	省政府
何　勇	2000年7月为抢救落水学生光荣牺牲	2000年11月27日	省政府
代广金	1999年10月为抢救人民生命而光荣牺牲	2000年12月5日	省政府
张炬强	2000年5月为抢救落水者而光荣牺牲	2000年7月3日	省政府
董金武	1999年6月为抢救落水学生而光荣牺牲	2000年7月13日	省政府
白　佳	1958年12月在执行革命任务中遭叛匪报复杀害	2000年11月27日	省政府
多吉四郎	1995年9月在执行逮捕犯罪分子的任务中，被凶犯枪击受伤，经抢救无效牺牲	2000年4月24日	省政府
何应树	1999年2月为保护国家和集体财产光荣牺牲	2000年5月31日	省政府
杨正良	为维护社会治安同歹徒英勇斗争而光荣牺牲	2001年4月10日	省政府
罗维斌	为抢救落水妇女而光荣牺牲	2001年4月10日	省政府
沈伍力	为抢救一名落水妇女而光荣牺牲	2001年4月10日	省政府
包维超	在执行打击盗割通信线路的“夜鹰”行动，追捕犯罪嫌疑人的任务时，被凶犯开枪而光荣牺牲	2001年4月29日	省政府
贾兴文	为抢救落水儿童而光荣牺牲	2001年4月30日	省政府
罗成毅	在配合公安干警执行追捕犯罪嫌疑人的任务时，与凶犯英勇斗争而光荣牺牲	2001年4月30日	省政府
龚守权	在交通事故排险中，为抢救人民生命而光荣牺牲	2001年5月11日	省政府
周祖琴	为抢救人民群众的生命而光荣牺牲	2001年7月18日	省政府
杨　勇	在成都务工期间，配合公安干警抓捕犯罪嫌疑人，在与罪犯搏斗中负伤而光荣牺牲	2001年7月18日	省政府
杨永志	为抢救人民群众的生命而光荣牺牲	2001年7月18日	省政府
李兴华	为抢救落水儿童而光荣牺牲	2001年8月1日	省政府
程玉兰	在抗洪抢险中，为抢救国家财产而光荣牺牲	2001年8月1日	省政府
感　敏	为抢救两名落水者而光荣牺牲	2001年8月1日	省政府
吉克木曲	为保护集体财产而光荣牺牲	2001年9月21日	省政府
周登武	为抢救落水儿童壮烈牺牲	2001年9月21日	省政府
姜周强	在配合公安干警执行治安任务时，被凶犯开车撞伤抢救无效而光荣牺牲	2001年9月24日	省政府
欧树贵	为抢救落水妇女而光荣牺牲	2001年9月24日	省政府
贾春利	与入室抢劫信用社的四名歹徒英勇斗争中，为保护国家财产壮烈牺牲	2001年11月9日	省政府

续表附-5

烈士姓名	主要事迹	追认时间	批准单位
陈德勋	在追捕越狱潜逃罪犯中，与罪犯英勇搏斗，身负重伤，抢救无效而光荣牺牲	2001年12月6日	省政府
杨　剑	在新疆自治区新源县务工期间，为抢救人民群众的生命而壮烈牺牲	2001年12月19日	省政府
温村名	在执行治安巡逻任务时，与四名犯罪嫌疑分子搏斗中而光荣牺牲	2001年12月26日	省政府
何　文	为抢救落水儿童而光荣牺牲	2001年12月26日	省政府
李永成	为维护社会治安而英勇牺牲	2002年4月11日	省政府
张富金	与罪犯搏斗负伤、经抢救无效而英勇牺牲	2002年10月16日	省政府
林云志	为协助公安干警维护社会治安而英勇牺牲	2002年10月16日	省政府
冯　强	为抢救落水儿童而英勇牺牲	2002年11月8日	省政府
陈万里	为抢救人民群众生命而英勇牺牲	2002年11月8日	省政府
王　峰	在执行严打任务是与犯罪分子英勇搏斗牺牲	2002年12月2日	省政府
殷卓清	为保护和抢救人民生命而光荣牺牲	2002年12月2日	省政府
王中元	配合公安干警抓捕嫌疑人时被嫌疑人火药枪击伤，经抢救无效牺牲	2002年12月2日	省政府
张　勇	为抢救落水群众而牺牲	2003年1月	省政府
代　英	为保护国家财产而牺牲	2003年1月	省政府
昌　珠	在扑灭森林火灾而牺牲	2003年1月	省政府
达　瓦	在扑灭森林火灾而牺牲	2003年1月	省政府
梁远桥	在抗洪抢险中而牺牲	2003年1月	省政府
吕凤鸣	在维护社会治安中同歹徒英勇斗争而光荣牺牲	2003年3月13日	省政府
唐　成	在抢救落水群众生命而牺牲	2003年3月13日	省政府
龚满明	因维护社会治安，在与持刀歹徒英勇搏斗中光荣牺牲	2003年7月11日	省政府
邹　霞	为抢救落水同学光荣牺牲	2003年12月15日	省政府
向永远	在抗洪抢险中，为抢救被洪水围困群众光荣牺牲	2003年12月26日	省政府
谢富强	为抢救翻越铁轨儿童光荣牺牲	2003年12月30日	省政府
杨万龙	为抢救落水儿童光荣牺牲	2003年12月30日	省政府
邓长青	在抗洪抢险中为救落水少年光荣牺牲	2003年12月30日	省政府
彭德富	为保护人民群众的生命财产安全而光荣牺牲	2004年2月4日	省政府
叶贵银	为抢救人民群众的生命财产安全而光荣牺牲	2004年3月31日	省政府
曾　庆	在执行巡逻任务中光荣牺牲	2004年4月19日	省政府
何义家	为抢救溺水少年的生命而光荣牺牲	2004年4月26日	省政府
张富刚	为维护社会治安，与罪犯英勇搏斗而光荣牺牲	2004年4月26日	省政府
罗德轩	在抗洪抢险中光荣牺牲	2004年5月28日	省政府
唐辉武	在执行征粮剿匪革命任务中，被敌人报复杀害而光荣牺牲	2004年5月28日	省政府

续表附－5

烈士姓名	主 要 事 迹	追认时间	批准单位
毛文芬	在泥石流冲来的紧要关头，保护高坪村村民的生命安全而光荣牺牲	2004 年 7 月 9 日	省政府
张科跃	在抢救因沼气中毒倒在排污池内管道工人的生命而光荣牺牲	2004 年 8 月 5 日	省政府
刘金芝	为抢救落水儿童的生命而光荣牺牲	2004 年 8 月 5 日	省政府
杨　辉	为抢救落水儿童的生命而光荣牺牲	2004 年 8 月 6 日	省政府
谢兴明	为抢救因缺氧窒息倒在红苕窖里的群众而光荣牺牲	2004 年 9 月 21 日	省政府
刘文光、赵德渊	被敌人逮捕后杀害光荣牺牲	2004 年 9 月 21 日	省政府
陈　力	勘查和交通事故现场时，为保护同志的生命安全而光荣牺牲	2004 年 9 月 30 日	省政府
唐文春	为抢救落水少年而光荣牺牲	2004 年 9 月 30 日	省政府
张志明	在汉源县执行年置大规模群体性事件中光荣牺牲	2004 年 11 月 17 日	省政府
李元伟	在宣汉县天台乡参加抗洪抢险时光荣牺牲	2004 年 11 月 30 日	省政府
朱明其、王淑桂	在运输旅客过程中，为维护社会治安同歹徒英勇斗争被杀害	2005 年 1 月 28 日	省政府
周长友	为抢救落水儿童生命而光荣牺牲	2005 年 4 月 21 日	省政府
多吉曲宁	在抓捕持枪歹徒的战中壮烈牺牲	2005 年 4 月 27 日	省政府
王开贵	为制止罪犯越狱，同罪犯进行搏斗，不幸英勇牺牲	2005 年 4 月 27 日	省政府
唐德军	为维护社会治安同歹徒英勇搏斗而光荣牺牲	2005 年 6 月 3 日	省政府
杨　勇	为抢救落水儿童而光荣牺牲	2005 年 6 月 10 日	省政府
陈　斌、刘湘云	在平武县坝子乡抗洪过程中，为保护人民群众生命财产而壮烈牺牲	2005 年 10 月 12 日	省政府

二、大　事　记

1986 年

5 月 6 日至 6 月 14 日　入滇轮战部队某集团军和汽车某团班师回防，途经金江、普雄、西昌、燕岗、成都、绵阳、广元、内江、永川、重庆等 10 个军供站，各军供站热情接待和迎送，先后接待过往部队 3.2 万多人，完成“705”运输饮食供应任务。

6 月 6 日　国务院批复，撤销西昌县，其行政区域并入西昌市。

6 月　国务院划定四川省色达县与青海省达日县行政区域界线。

11 月　四川省人民政府（以下简称省政府）下发《四川省民政事业第七个五年计划》的通知。

1987 年

1 月 23 日　国务院批复，渡口市更名为攀枝花市。

5 月 30 日　国务院批复，调整乐山市行政区划，设立眉山地区。眉山地区辖原乐山市的眉山县、仁寿县、彭山县、洪雅县、丹棱县、青神县，地区行政公署驻眉山县东坡镇。

6 月　四川省民政厅（以下简称“省民政厅”）下发《四川省地名管理办法》。

7 月 17 日　达县地区收容遣送站收容遣送车因发生火灾造成翻车重大事故，导致 14 人死亡。

7 月 24 日　国务院批复，阿坝藏族自治州更名为阿坝藏族羌族自治州；撤销茂汶羌族自治县，恢复茂县，以原茂汶羌族自治县的行政区域为茂县的行政区域。

7 月　四川省开始发行福利彩票，名为“中国社会福利有奖募捐券”。

11 月　国务院批复关于贵州省赤水县与四川省合江县部分接壤地段行政区域界线。

12 月 10 日　四川省民政厅依据民政部《关于颁布试行〈殡葬事业单位暂行办法〉的通知》，印发《四川省殡葬事业单位管理实施细则》。

1988 年

2 月 24 日　国务院批复，撤销江油县，设立江油市（县级）；撤销广汉县，设立广汉市（县级）。

3 月 3 日 国务院国批复，撤销灌县，设立都江堰市（县级）。

3 月 31 日 中共四川省委宣传部、四川省民政厅、四川省计划生育委员会、四川省精神文明建设办公室、四川省妇女联合会联合召开四川省红白事理事会现场经验交流会。会议先后在内江市威远县和成都市温江县举行。各市（地、州）民政局、计划生育委员会、精神文明建设办公室、妇女联合会和部分县、乡负责人 210 人参会。中共四川省委书记杨汝岱，中共四川省委常委、宣传部部长许川，四川省人民政府副省长罗通达出席会议。

3 月 四川省民政厅与成都军区后勤部联合检查验收全省 17 个军供站。

4 月 5—6 日 四川省市（地、州）民政局长会议在成都市温江县召开。省政府副省长罗通达出席会议并讲话，省民政厅副厅长姚洪德就学习、宣传、贯彻《中华人民共和国村民委员会组织法》进行部署，四川省人大常委会副秘书长、中共四川省委政法委副主任孙致孚到会讲话。

5 月 18 日 国务院批复，将石柱土家族自治县、秀山土家族苗族自治县、黔江土家族苗族自治县、酉阳土家族苗族自治县和彭水苗族土家族自治县从涪陵地区划出，设立黔江地区，地区行政公署驻黔江土家族苗族自治县联合镇。

7 月 四川省各地开展社会福利有奖募捐工作。

9 月 14 日 国务院批复，撤销峨眉县，设立峨眉山市（县级）。

1989 年

2 月 达县地区大竹县率先实行义务兵家属优待金社会统筹。

3 月 30 日 四川省人民政府在成都市召开全省第十三次民政工作会议。民政部顾问章明，四川省人民政府副省长罗通达、四川省人民政府顾问乔志敏、四川省人民政府副秘书长高朴实出席会议。四川省民政厅厅长张荣先总结前 5 年四川省民政工作，提出后 5 年工作任务。会议以四川省人民政府名义表彰了 250 名先进集体和先进个人。

4 月 13 日 四川省人民政府印发《关于进一步做好拥军优属优抚安置工作的通知》。

4 月 26—30 日 民政部部长崔乃夫率国务院慰问团到泸州、自贡灾区慰问受灾群众，并在成都听取全省灾情汇报。

7 月 7 日 民政部批复，撤销内江县，设立内江市东兴区，将市中区的东兴乡、东兴街道办事处和城西街道办事处的桐子坝底片以及原内江县的 54 个乡、5 个镇划归东兴区管辖，东兴区驻原东兴镇；将原内江县的四合乡、史家镇划归市中区管辖。

7 月 15 日 四川省人民政府颁发《四川省退伍义务兵安置实施细则》。

8 月 15 日 民政部批复，广元市设立元坝、朝天区（县级）。元坝区驻元坝镇，管辖原市中区的元坝、卫子等 6 个镇和 35 个乡；朝天区驻朝天镇，管辖原市中区的朝天、元吉 2 个镇和 27 个乡。

1990 年

3 月 22 日 中共四川省委组织部印发《关于建立省民政厅党组及组成人员的通知》。经中共四川省委批准：省民政厅建立党组，由张荣先、卜泰江、邹淑英、冯秉昭、姚洪德、赵应喜、郭亚田组成，张荣先任党组书记，卜泰江任党组副书记。

3月24日 省政府批复，攀枝花市仁和区所辖的红格、安宁、新民、新九、和爱5个乡划归盐边县管辖。

9月3日 四川省人民政府下发《四川省人民政府关于开展创建村民自治示范村活动的通知》。

9月4日 民政部批复，撤销成都市东城区、西城区、金牛区，新建锦江区、青羊区、金牛区、武侯区、成华区。

11月21—25日 四川省城市扶贫工作会议在涪陵地区召开，会议总结和交流了各地城市扶贫工作经验和做法。

12月 省政府命名江津县、洪雅县、雅安市、什邡县4县（市）为四川省双拥模范城（县）。

1991年

1月12日 民政部批复，撤销阆中县，新建阆中市（县级）。

2月8日 四川省暨成都市人民政府、中国人民解放军成都军区拥军优属、拥政爱民联欢晚会召开。省政府省长张皓若出席并讲话。

4月29日 四川省民政厅印发《四川省民政事业发展十年规划和“八五”计划纲要》。

4月 省政府决定，划定重庆市江津县与泸州市合江县木瓜山至烟土段行政区域边界线。

5月3日 民政部批复，盐边县人民政府驻地由健康镇迁至安宁乡大坪地。

10月6—11日 南方9省（区）民政厅（局）长联系会议在成都市召开。各省（区）民政厅（局）长在会上交流工作经验；参观了四川省假肢厂、成都市金牛敬老院、乐山市福利企业。

1992年

3月9日 民政部批复，撤销永川县，设立永川市（县级）。

8月4日 民政部批复，撤销江津县，设立江津市（县级）。

10月30日 民政部批复，撤销合川县，设立合川市（县级）；撤销绵阳市市中区，设立绵阳市涪城区、游仙区。涪城区辖城厢、城北、工农、南山、朝阳5个街道办事处和石塘、丰谷、塘汛、永兴、吴家、杨家、青义、城郊、金峰9个乡（镇），区人民政府驻原绵阳市市中区人民政府驻地；游仙区辖涪江街道办事处和游仙、石马、忠兴、新桥、石板、魏城、徐家、沉抗、刘家、玉河、小枧沟、柏林、松垭、太平14个乡（镇），区人民政府驻开元。

11月23日 四川省民政厅印发《四川省军队离退休干部休养所服务管理办法》，全省军队离退休干部的服务管理工作进入法制化轨道。

12月21日 国务院批复，撤销万县地区及万县市、万县，设立万县市（地级），辖原万县地区的开县、忠县、梁平、云阳、奉节、巫山、巫溪、城口8县。新设万县市，设龙宝区、天城区、五桥区，万县市人民政府驻龙宝区。

1993 年

1 月 16 日 民政部批复，撤销资阳县，设立资阳市（县级）。

2 月 13 日 四川省第八届人民代表大会常务委员会第一次会议通过，决定任命李洪仁为四川省民政厅厅长。

4 月 12 日 省政府批复，苍溪县小新乡划归元坝区管辖。

6 月 18 日 中共四川省委组织部通知，李洪仁任省民政厅党组书记，免去张荣先省民政厅党组书记职务。

7 月 2 日 国务院批复，设立广安地区，辖华蓥市、广安县、岳池县、武胜县和达县地区的邻水县。

同日 国务院批复，撤销南充地区，设立南充市（地级）；撤销南充市（县级）和南充县，设立顺庆区、高坪区、嘉陵区。南充市辖高坪区、顺庆区、嘉陵区和原南充地区的南部县、营山县、蓬安县、仪陇县、西充县。原南充地区的阆中市由省直辖，委托南充市代管。

同日 民政部批复，撤销巴中县，设立巴中市（县级）。

7 月 5 日 国务院批复，设立巴中地区，巴中地区辖巴中市、通江县、南江县和平昌县。巴中地区行署驻巴中市。

7 月 14 日 民政部批复，撤销万源县和白沙工农区，设立万源市（县级）。

11 月 8 日 民政部批复，撤销彭县，设立彭州市（县级）。

1994 年

2 月 四川省民政厅、四川省财政厅、四川省物价局针对各地借办理婚姻登记“搭车”收费项目多达 20 多种的情况，明令加以禁止，婚姻登记只收取工本费。

同月 省政府规定办理涉外收养登记公证的公证机关为四川省公证处和重庆市公证处、成都市公证处。

4 月 5 日 民政部批复，撤销简阳县，设立简阳市（县级）；撤销南川县，设立南川市（县级）。

4 月 资阳、大竹、营山三所精神病院被命名为四川省一级城市社会福利事业单位。

6 月 6 日 民政部批复，撤销邛崃县，设立邛崃市（县级）。

6 月 10 日 民政部批复，撤销崇庆县，设立崇州市（县级）。

9 月 2 日 民政部复函成都市人民政府，同意在成都建立中国第五所儿童村——成都市 SOS 儿童村，收养西南地区的孤儿。

10 月 15—18 日 省政府在成都金牛宾馆召开全省第十四次民政会议。会议学习贯彻第十次全国民政会议精神，总结全省民政工作经验，分析形势，研究确定今后一个时期乃至本世纪末全省民政工作改革和发展的指导思想，表彰先进。中共四川省委书记谢世杰、中共四川省委副书记蒲海清、四川省人民政府副省长欧泽高、四川省民政厅厅长李洪仁对民政工作改革和发展提出要求。各市（州）人民政府、地区行署主管民政工作的市长、专员，各市（地、州）民政局局长、办公室主任，各县（市、区）民政局局长，全国民政工作全优乡（镇）长，省直有关部门和成都军区、成都军区空军、省军区、省武警总队参会。

10 月 16 日 四川省人民政府办公厅下发《关于部门领导同志不兼任社会团体领导职务的通知》，要求省政府各部门领导不再兼任全省性社团领导职务；如因特殊情况确需兼任的，经省政府批准后方可兼任。

10 月 彭山县被省政府授予“村民自治示范县”称号，成为四川第一个村民自治示范县。

12 月 3 日 四川省第八届人民代表大会常务委员会第十二次会议通过《四川省〈中华人民共和国城市居民委员会组织法〉实施办法》。

12 月 17 日 国务院批复，重庆市市中区更名为渝中区；撤销江北县、巴县，设立渝北区、巴南区。

是年 四川省军供系统共接待 178 个军列、26 机驾次、1000 台军用车次的新老兵计 15.3 万余人次，其中军用饮食供应 13 万人次，住宿 2.3 万多人次。各军供站按照《军用饮食供应水站管理办法》和正规化建设的要求，完成本年度军供任务。

1995 年

3 月 3 日 民政部批复，丰都县人民政府驻地由名山镇迁至汇南乡秀才湾。

5 月中旬 西南退役士兵安置工作研讨会在成都市召开。民政部副部长杨衍银、司长罗平飞，成都军区副司令员朱友成，四川省人大常委会副主任罗通达，四川省人民政府副省长兼四川省人民政府秘书长甘宇平、四川省人民政府副秘书长侯更新出席会议并讲话。云南、贵州、四川、西藏、湖南、湖北省（自治区）军安办主任和云南、贵州、四川 3 省部分市（地）州安置处（科）长 30 多人参会。

10 月 27 日 民政部批复，撤销什邡县，设立什邡市（县级）。

11 月 5 日 国务院批复，撤销涪陵地区、涪陵市，设立地级涪陵市，辖原涪陵地区的垫江、武隆、丰都 3 个县和新设枳城、李渡 2 市辖区。原涪陵地区的南川市（县级）由省直辖，省政府委托涪陵市代管。涪陵市人民政府驻枳城区。

12 月 20 日 成都市成华区圣灯乡敬老院等 7 所敬老院被民政部命名为“全国模范敬老院”。

12 月 24 日 国务院批复，泸州市市中区更名为江阳区，辖 4 个街道办事处和 8 镇 6 乡，区人民政府驻市府路；新设龙马潭区，辖原市中区的 2 个街道办事处和 5 镇 6 乡，区人民政府驻新街子街；撤销纳溪县，新建纳溪区，辖原市中区的 1 个街道办事处和原纳溪县的 8 镇 5 乡，区人民政府驻安富友谊街。泸县人民政府驻地迁至泸县富集镇，辖 16 镇 8 乡。经调整变更，泸州市辖江阳、纳溪、龙马潭 3 个区，泸县、合江、古蔺、叙永 4 个县。

12 月 四川省人民政府办公厅下发《关于印发〈四川省民政厅职能配置、内设机构和人员编制方案〉的通知》。民政厅设15个职能处室和机关党委。核定行政编制154名，单列行政编制1名，四川省双拥办行政编制6名，离退休工作人员编制7名，后勤服务人员事业编制14名（含双拥办1名），原核定革命烈士史料编纂办公室的10名事业编制收回不再使用。领导职数：厅长1名，副厅长4名；机关党委书记、纪检组组长按省委规定的配置；处级领导职数47名（含省双拥办2名，机关党委专职副书记2名）。

1996年

1月3日 《四川省收容遣送条例》新闻发布会召开。四川省人大常委会副主任任凌云、四川省人民政府副省长欧泽高到会并讲话。

6月12日 中共四川省委组织部通知，姜保山任省民政厅党组书记。

6月18日 四川省第八届人民代表大会常务委员会第21次会议通过，决定任命姜保山为四川省民政厅厅长。

7月22日 四川省民政厅制定出台《四川省防震减灾工作预案》。

8月3日 国务院批复，撤销德阳市市中区，设立旌阳区和罗江县。旌阳区辖原市中区的旌阳、红旗、建设、工农村、工农桥5个街道办事处和八角井、天元、扬嘉、景福、孝感、孝泉、柏隆、黄许、德新、寿丰、通江、新中、双东13个镇，城区、旌阳、东河、和兴、东泰、袁家、孟家7个乡。区人民政府驻暑前街。罗江县辖原市中区的罗江、略坪、金山、鄢家、蟠龙、德安、新盛、慧觉、御营、文星10个镇，大井、广富、回龙、白马关4个乡。县人民政府驻罗江镇。

10月5日 国务院批复，撤销宜宾地区和县级宜宾市，设立地级宜宾市，市人民政府驻新设立的翠屏区；设立宜宾市翠屏区，以原县级宜宾市的行政区域为翠屏区的行政区域，区人民政府驻人民路。宜宾市辖原宜宾地区的宜宾县、南溪县、江安县、长宁县、高县、珙县、筠连县、兴文县、屏山县和新设立的翠屏区。

10月8日 民政部批复，撤销绵竹县，设立绵竹市（县级）。

10月 从本月起，军队离退休干部按原职务等级发给生活补贴。每人每月标准为：正军职205元、副军职195元、正师职185元、副师职175元、正团职165元、副团职155元、正营职以下150元；退休志愿兵每人每月发给生活补贴150元。

12月 “孤残儿童康复工程”启动。

1997年

3月14日 第八届全国人民代表大会第五次会议批准，撤销重庆市，设立重庆市直辖市。重庆直辖市管辖原重庆市、万县市、涪陵市和黔江地区所辖行政区域。

4月25日 四川省人民政府下发《关于贯彻落实〈四川省殡葬管理条例〉有关问题的通知》，要求各地重新调整、划定火葬区与土葬改革区，强化殡葬管理，深入推进殡葬改革，加强殡葬行业管理，依法规范丧葬服务市场等。

4月 中国第五所SOS儿童村在成都市建成。

5月 国务院批复，调整乐山市行政区划，设立眉山地区。眉山地区辖从原乐山市划出的眉山、洪雅、丹棱、彭山、仁寿、青神6个县。

9月25日 四川省人民政府印发《省军转工作小组〈关于军队转业干部进入成都安置条件的暂行规定〉的通知》，对进入成都市安置的军队转业干部的条件作出具体规定。

10月31日 民政部批复，调整蓬溪县行政区划，设立大英县。大英县辖原蓬溪县的通仙、金元、智水3个乡和玉峰、象山、卓筒井、天保、蓬莱、河边、隆盛、回马8个镇以及红江镇的文武、永和、夏家沟3个村所属的行政区域，县人民政府驻蓬莱镇。

12月3日 四川省民政厅印发《行政执法责任制实施方案》，规定全省民政部门行政处罚必须以《四川省殡葬管理条例》《四川省收容遣送条例》《四川省婚姻登记管理实施细则》和其他法律、行政法规、地方性法规及民政部、四川省人民政府的有关规定为依据。

12月10日 四川省民政系统纪检监察工作会议召开。民政部党组成员、中纪委驻民政部纪检组组长李惠仁，审计署驻民政部审计局局长赵有长，中共四川省纪委常委马来富，四川省审计厅管理处审计专员王新甫出席会议，四川省民政厅党组书记、厅长姜保山讲话。

12月15日 民政部批复，南坪县更名为九寨沟县。

12月20日 中共中央办公厅、国务院办公厅批复，撤销重庆市，设立重庆直辖市，将原重庆市、万县市、涪陵市、黔江地区及所属43区、市、县划归重庆直辖市管辖。

12月 四川开始清理整顿省内社会团体。经各级民政部门注册登记的各级各类社团，均进入电脑网络管理，建立数据库。

是年 成都建立四川寻人服务中心，省内各城市建立28个分中心。

1998年

2月18日 中共四川省委办公厅、四川省人民政府办公厅印发《关于在全省农村开展“村务公开、民主管理”工作的通知》。

2月26日 国务院批复，调整内江市行政区划，设立资阳地区。资阳地区辖原内江市的安岳、乐至2个县，代管资阳、简阳2个市（县级）。

2月 四川省农村开展“村务公开、民主管理”。

3月20日 《四川省城市居民最低生活保障制度实施暂行办法》印发，城市低保工作走上规范化、制度化管理轨道。

7月31日 国务院批复，撤销广安地区和广安县，设立地级广安市，市人民政府驻新设立的广安区广福镇。辖原广安地区的岳池、武胜、邻水3县和新设立的广安区，代管华蓥市（县级）。广安市新设立的广安区，以原广安县的行政区域为广安区的行政区域，区人民政府驻浓洄镇。

8月20日至9月10日 全军各大单位向四川省民政厅移交撤销部队和部分改编部队转业回川的500余名志愿兵档案。

11 月 省政府决定，划定平武县与青川县大地里地段行政区域边界线，划定万源市与通江县佛爷山破屋至九道拐地段行政区域边界线。

1999 年

1 月 1 日 即日起，四川省老复员军人每人每月增加 10 元生活补助费。

1 月 25 日 四川省民政厅印发《关于进一步做好城市居民最低生活保障工作的通知》，要求各地要落实保障城市贫困居民基本生活政策，四川省所有县级以上城市和县政府所在地的镇都要建立城市居民最低生活保障制度。

4 月 省政府决定，划定雅安地区石棉县与甘孜州九龙县白水河地段行政区域边界线，划定德阳什邡市与阿坝州茂县行政区域边界线，划定南充市高坪区与广安市岳池县半边寨至中石门地段行政区域边界线，划定雅安地区天全县与甘孜州泸定县马鞍腰至大跃塘地段行政区域边界线。

5 月 省政府决定，划定雅安地区荥经县与甘孜州泸定县行政区域边界线。

6 月 8 日 四川省人民政府《关于贯彻执行〈中华人民共和国兵役法〉的几个问题的通知》规定：城镇义务兵待分配期间，由接收安置地政府按照不低于当地最低生活水平的原则，按月发给生活补助费；鼓励城镇退伍义务兵和转业志愿兵自谋职业；实行安置任务有偿转移；强化行政手段，确保城镇退伍义务兵和转业志愿兵安置工作顺利进行。

6 月 20 日 国务院批复，撤销达县地区和达川市（县级），设立地级达州市，市人民政府驻新设立的通川区荷叶街，达州市新设立通川区，以原达川市（县级）的行政区域为通川区的行政区域，将达县的双龙乡划归通川区管辖，区人民政府驻西外镇。达州市管辖的万源市（县级）由省直辖，省政府委托达州市代管。

6 月 22 日 四川省民政厅、四川省财政厅印发《四川省省级救灾储备物资使用管理办法》。

6 月 省政府决定，划定甘孜州稻城县与凉山州木里县 4922 高地至色苦地段行政区域边界线，划定甘孜州九龙县与凉山州木里县行政区域边界线，划定攀枝花市盐边县与凉山州会理县雷打石至巴巴吊西侧小路交叉处地段行政区域边界线。

7 月 1 日 即日起，享受城市居民最低生活保障的对象，在现行标准基础上提高 30%；享受实物救助的对象，每人每月增加 6 元补助。

8 月 6 日 省政府批复，宜宾市人民政府机关驻地由翠坪区中山街 142 号迁至翠坪区蜀南大道 8 号。

9 月 6 日 四川省民政厅印发《关于做好提高城镇居民最低生活保障水平工作的通知》，要求从 7 月 1 日起，城镇居民最低生活保障在当地（县、市、区）现行标准的基础上提高 30%；享受实物救助的对象，从 1999 年 7 月 1 日起，每人每月增加 6 元补助。

10 月 19 日 解放军总后勤部、民政部、铁道部、交通部联合检查组，到成都军供站考评该站正规化建设情况。检查组对军供站进行了逐项考评，对成都军供站的工作表示满意。

12 月 28 日 省政府批准绵阳市涪城区为全省村民自治示范区。

是年 成都新蓉新股份有限公司与四川省军区结对共建，首开军民共建先河。

是年 成都北郊殡仪馆、绵竹殡仪馆、绵阳殡仪馆、彭州殡仪馆、自贡殡仪馆，被评为国家二级殡仪馆。

2000 年

1 月 18—21 日 民政部副部长范宝俊一行到宜宾市慰问受灾群众、贫困户、城市低保对象、敬老院及其工作人员；到成都市考察成都市 SOS 儿童村。四川省民政厅厅长姜保山、副厅长李钢陪同。

年初 省民政厅在成都、自贡、绵阳、乐山、南充等城市开展社区建设试点。

4 月 4 日 四川省人民政府办公厅、四川省民政厅召开殡葬改革座谈会，四川省人大常委会、省政府有关领导参会并讲话。

4 月 14 日 省政府召开中央驻川单位和省属单位退役士兵安置工作会议。省政府副省长、四川省军安领导小组组长欧泽高出席会议并讲话。省民政厅副厅长李天久传达国务院、中央军委和省政府、省军区关于做好退役士兵安置工作的通知，省民政厅厅长姜保山介绍全省退役士兵安置工作情况，部署安置工作任务。省政府副秘书长陈信远主持会议。

6 月 5 日 四川省人民政府省长张中伟、四川省人民政府秘书长李洪仁到民政部汇报灾情。省民政厅副厅长李钢陪同。

6 月 国务院批复，撤销眉山地区和眉山市（县级），设立地级眉山市；撤销雅安地区和雅安市（县级），设立地级雅安市；撤销巴中地区和巴中市（县级），设立地级巴中市；撤销资阳地区和资阳市（县级），设立地级资阳市。

6—8 月 省民政厅完成厅机关机构改革。内设处室由原 16 个减少为 14 个，行政编制由原 156 名减少为 102 人。

9 月 25 日 财政部通过新华社发布《财政部查处四川省福利彩票发行中心违规行为》的通报。9 月 30 日，省政府副省长欧泽高到省民政厅主持厅党组扩大会议。省民政厅党组成员、四川省福利彩票发行中心主任张浦，省财政厅机关党委书记张兴德及财政厅政策法规处、监察局负责人学习财政部给四川省人民政府《关于建议追究四川省福利彩票发行中心主要负责人违规责任的函》，总结教训，拟定整改措施。欧泽高要求省民政厅、省财政厅向省政府写出处理意见报告，届时提交省长办公会讨论处理决定。

11 月 23 日 省政府副省长欧泽高到省民政厅召开厅长办公会。按中共四川省委要求，学习中共中央办公厅、国务院办公厅转发《民政部关于在全国推进城市建设的意见》的通知，研究四川省社区建设和管理问题。省民政厅厅长姜保山，副厅长李钢、三躲木滚参会。省政府有关人员和省民政厅社会福利处、基层政权处的负责人参会。

12 月 26 日 四川省安置领导小组召开会议，通报 2000 年安置工作情况和研究 2001 年安置工作意见。四川省人民政府副省长欧泽高出席会议并讲话。会议宣布了新的“双退”安置领导小组，欧泽高任组长，四川省军区副司令员邹云华、四川省人民政府副秘书长唐建军、四川省民政厅厅长姜保山任副组长，四川省民政厅副厅长李钢任办公室主任。

是年 四川省五保供养从农民互助共济转为国家财政供养为主，集体保障、土地保障和社会帮扶为辅。

是年 福利彩票实行电脑销售。

2001 年

2 月 甘孜州雅江县发生里氏 6 级破坏性地震。

3 月 20 日 四川省人民政府以第 148 号省长令发布《四川省社会福利机构管理办法》。明确社会福利机构的举办条件、申办程序、权利和义务以及一系列扶持保护政策。

是日 中共四川省纪委、四川省监察厅、中共省委组织部、四川省民政厅召开“乡（镇）政务公开工作协调会议”，中共四川省纪委副书记、四川省监察厅厅长向阳，四川省民政厅厅长姜保山等参会。

3 月 21 日 《四川省社会福利事业“十五”发展计划》印发，明确全省社会福利事业发展的指导思想和未来五年的奋斗目标及对策措施。

3 月 25 日 省政府召开全省民办非企业单位复查登记工作会议，传达贯彻全国民间组织管理经验交流会精神，安排部署全省民办非企业单位复查登记工作。省政府副省长马开明、省政府副秘书长唐建军，省民政厅厅长姜保山、副厅长李钢出席会议并讲话。

3 月 四川省第六次殡葬工作会议召开。民政部社会福利和社会事务司司长窦玉沛出席会议，四川省人大常委会副主任张宗源、四川省人民政府副省长马开明等出席会议并讲话。

是月 四川省 73 个县发生春旱，有 37 个县冬春夏伏连旱。

4 月 28 日 四川省人民政府印发《四川省人民政府关于做好村居民委员会换届选举工作的通知》。

4 月下旬至 5 月上旬 按省政府要求，省政府督办室牵头，与省民政厅组成省政府低保工作督查组，对宜宾市、自贡市、资阳市、德阳市、雅安市、成都市、眉山市的城市低保工作进行抽查、督查。

5 月 3—9 日 中华慈善总会会长阎明复一行 3 人到成都市参加第二届“微笑列车”国际唇腭裂学术研讨会。其间，阎明复一行前往成都、乐山、德阳等市考察社会福利和慈善事业。

5 月 9 日 中央驻川和省属单位退役士兵安置工作会召开，部署中央驻川和省属单位退役士兵安置工作。省政府副省长马开明出席会议并讲话。

5 月 16—20 日 民政部监察局局长朱存方率检查组到四川，对 2000 年度救灾款管理使用情况进行检查，并对阿坝、乐山两地进行抽查。

5 月 23 日 省政府省长张中伟在四川省人民政府督办室《关于抽查全省部分城市居民最低保障工作情况的报告》上批示：同意督查建议，请民政厅将各地落实情况以及存在的问题，及时通报，把此项工作抓紧、抓细、抓实。

5 月 29 日至 6 月 5 日 四川省人大内务司法委员会组织 4 个检查组对 16 个市（州）殡葬工作进行执法检查，省直有关部门参加。省人大常委会副主任张宗源到川东北地区检查、调研。

5 月 凉山州盐源县发生里氏 5. 8 级破坏性地震。

6月 四川省民政厅完成《中华著名烈士》丛书140名四川籍著名烈士事迹编纂整理工作，并上报民政部。

7月21日 四川省九届人大常委会第二十四次会议审议通过《四川省〈中华人民共和国村民委员会组织法〉实施办法》。

7月23—27日 川藏线边界线管理协定在西藏签定。

7月29日 中共四川省委、四川省人民政府、四川省军区召开新一届四川省双拥模范城（县、区）和20个县（市、区）为双拥先进单位表彰会议。中共四川省委副书记、四川省人民政府省长张中伟，四川省人大常委会主任谢世杰，四川省政协主席聂荣贵，四川省人民政府副省长马开明和成都军区、成都军区空军、四川省军区、武警四川省总队领导出席大会。

8月22日 省政府副省长马开明到遂宁市检查救灾款物的管理使用情况，省民政厅副厅长三躲木滚陪同前往。

8月23—27日 川黔线边界线管理协定在贵州省签定。

8月31日 省政府召开四川省第五届村居民委员会换届选举会议。四川省人大常委会副主任张宗源、四川省人民政府副省长马开明、中共四川省委组织部秘书长韩凯明、四川省民政厅厅长姜保山分别讲话。全省各市（州）政府分管民政的副市（州）长、民政局长及政权科长参会。

9月3日 四川省人民政府办公厅下发《关于宣传贯彻四川省〈中华人民共和国村民委员会组织法〉实施办法的通知》。

9月11日 省政府第64常务会议通过《四川省城市居民最低生活保障实施办法》。10月12日省长张中伟签署第156号省长令，颁布实施《四川省城市居民最低生活保障实施办法》。

9月18—23日 绵阳、德阳两市大部分县区普降暴雨，发生洪灾，造成28人死亡、22人失踪，直接经济损失25亿元。9月22日民政部救灾救济司副司长邹铭到金堂县、德阳市、绵阳市检查洪灾情况。四川省民政厅厅长姜保山、副厅长三躲木滚陪同。9月30日，四川省人民政府省长张中伟到德阳市、绵阳市查看水灾。四川省民政厅厅长姜保山陪同。

9月27日 省政府召开全省城市低保工作会议。省政府副省长马开明就全省贯彻落实全国低保工作会议精神作出具体安排和部署。

9月 四川完成5471个乡以上政区名称的用字读音审核工作。

同月 四川省内县界勘定工作全线完成，并与重庆市、青海省、云南省联合勘定省界。省政府批准攀枝花市仁和区调整部分行政区划。

10月13—17日 国家城市低保工作督察组到乐山、绵阳、成都等地就低保扩面工作进行督察。

10月20日止 四川省在已保28万人基础上，新增低保对象101.4万人，实现城市低保对象全覆盖。

10月25—27日 省政府副省长马开明赴宜宾市、泸州市检查城市低保、救灾和村委会选举工作。

11月16—19日 省政府省长张中伟到成都市、广元市调研城市低保工作。省民政厅副厅长三躲木滚陪同。

11月26—28日 四川省殡葬工作现场会在雅安市召开。省人大常委会副主任张宗源，省政府副省长马开明出席会议并讲话。会议着重研究了治理乱埋乱葬和平坟还耕还林等问题。

11 月 28 日至 12 月 3 日 省政府副省长马开明在德阳、南充、巴中、广元、绵阳等地检查低保、救灾工作。省民政厅副厅长三躲木滚陪同。

11 月 四川取缔非法民间组织“四川工商联湖北孝感地区商会”。

同月 省政府批复，撤销新都县，设立成都市新都区。省政府批准，同意南充市高坪区、达州万源市政府机关办公驻地迁址；批准同意成都市双流县桂溪乡划归武候区管辖，成都市武侯区撤销石羊场乡、桂溪乡，泸州市纳溪区渠坝乡撤乡建镇，泸州市合江县虎头乡政府迁址，眉山市洪雅县竹箐镇更名为槽渔滩镇。

2002 年

1 月 19—24 日 国务院办公厅、水利部、民政部、国家防汛抗旱总指挥办公室组成的国务院工作组到南充、广元、德阳检查了解灾区、贫困地区生产和群众生活安排情况。

1 月 22 日 中共四川省委副书记陶武先赴广元市慰问灾区和贫困群众，同时到广元市收容遣送站、广元市殡仪馆和社会福利院调研。四川省民政厅厅长姜保山陪同。

1 月 25 日 四川省人民政府下发《四川省城市社区建设五年发展规划的通知》，提出全省 2002—2006 年社区建设的指导思想、基本原则、目标任务和保障措施。

1 月 29 日 省政府在成都金牛宾馆召开全省勘界工作总结表彰大会。省人大常委会、省政府、省政协领导和省直相关部门负责人出席会议，省政府副省长马开明等领导讲话。会议表彰了 50 个“四川省全面勘界工作先进集体”、80 个“四川省全面勘界工作先进个人”。

2 月 25 日 省政府副省长马开明到省民政厅调研。姜保山、傅金凤、李钢、三躲木滚、邹淑英、赵昌鉴等厅领导参加会议。

2 月 四川取缔非法社会团体“中国保健科技学会心理医生专业委员会”。

同月 巴中市通江县王坪烈士陵园更名为“川陕革命根据地红军烈士陵园”。

3 月 21 日 省政府副省长马开明在省民政厅厅长姜保山陪同下，赴都江堰考察塔陵管理工作。

3 月 22 日 中共四川省委、四川省人民政府召开专题会议，听取四川省民政厅关于农村灾区群众生活安排落实情况汇报，研究如何进一步安排好农村灾区群众生活问题。

3 月 26 日 省政府召集省民政厅、省劳动和社会保障厅等部门，专题研究部署在全省范围内开展城市低保督查工作。会议决定，省政府派出 7 个工作组，按中央、省有关通知要求，赴全省 21 个市（州）进行督查。

4 月 12 日 全省乡（镇）政务公开暨村民自治工作座谈会召开。四川省人民政府副省长马开明出席会议并讲话。中共四川省纪委副书记、四川省监察厅厅长向阳到会并讲话。四川省民政厅厅长姜保山就全省开展乡（镇）政务公开作安排部署。

4 月 23—27 日 国务院办公厅秘书三局副局长傅绍林、民政部优抚安置局局长孙绍骋、解放军总参谋部动员部征集局副局长张汝涛等组成的联合调研组对四川省退役士兵安置工作进行调研。24 日，调研组在成都听取四川省人民政府、四川省军区汇报。四川省人民政府副省长马开明、四川省军区司令员罗烈文、四川省人民政府副秘书长唐建军、四川省军区副参谋长杨志荣、四川省民政厅副厅长李钢及省直有关部门负责人参加汇报。25—26日，调研组到绵阳市、三台县调研。

4月 省政府批复，撤销温江县，设立成都市温江区。

同月 省政府副省长马开明听取7个低保工作督查组对21个市（州）、68个县（市、区）、72个乡（镇）和街道办事处、27个企业、45个居委会督查的情况汇报。

5月13日 中共中央总书记、国家主席胡锦涛视察成都市水井坊社区，了解社区建设情况。

5月21日 省政府副省长马开明先后到锦江区合江亭办事处水井坊社区服务中心、莲心办事处莲花村社区、双桂路办事处双桂社区和金牛区青羊北街社区服务中心就社区建设工作进行调研。省民政厅副厅长王宇坤陪同。

5月26—28日 省政府副省长马开明，省民政厅厅长姜保山等参加国务院召开的第十一次全国民政会议。

5月 成都市金牛区、南充市顺庆区、自贡市荣县、凉山州西昌市、眉山市东坡区、绵阳市涪城区、宜宾市宜宾县、乐山市五通桥区、广元市苍溪县、德阳绵竹市、资阳市雁江区被民政部命名为“全国民政工作先进县（市、区）”；张华芬、李玉华、周光荣、蔡绍福、周永、陈素蓉、王德贵、杨桂涛、阿达、黄丽蓉被人事部、民政部授予“全国民政系统先进工作者”称号；蔡绍福获民政部最高荣誉奖“孺子牛”奖。

同月 四川省老龄工作委员会第二次全体会议在成都市召开。省政府副省长马开明主持会议并讲话。

6月13—19日 民政部监察局、优安局组成的执法监察组对宜宾、泸州两地的优抚政策落实、优抚经费的管理使用及各类优抚对象抚恤补助标准落实兑现等情况进行抽查。四川省民政厅纪检组长向可亮陪同。

6月14日 四川省乡（镇）政务公开现场会在资阳市召开。省政府副省长马开明出席会议并讲话。会议就乡（镇）政务公开如何结合当地实际搞好规范化试点提出具体意见和要求。

6月25—26日 全省民政工作会议在绵阳市召开。中共四川省委副书记、四川省人民政府省长张中伟，中共四川省委副书记、四川省人民政府常务副省长蒋巨峰，中共四川省委常委、省委企工委书记甘道明，四川省人民政府副省长马开明出席会议并讲话。蒋巨峰主持会议。各市（州）分管民政工作的市（州）长、民政局局长和办公室主任，以及省级11个社区建设示范城区的政府领导和11个全国民政工作先进县（市、区）的民政局长参会。会议期间，与会代表参观了绵阳市涪城区4个社区建设示范点，并就社区建设进行交流。

6月28日 中共四川省委办公厅、四川省人民政府办公厅下发《关于进一步做好我省乡（镇）政务公开工作的通知》。

7月27日 中共四川省委副书记、四川省人民政府省长张中伟，中共四川省委副书记、四川省人民政府常务副省长蒋巨峰，四川省人民政府副省长马开明到成都市新都区新繁休养院走访慰问，同时参加休养员病房楼的竣工典礼。四川省民政厅厅长姜保山、副厅长李钢陪同。

7月29日 中共四川省委副书记、四川省人民政府省长张中伟，中共四川省委副书记刘鹏分别走访慰问成都地区转业复员退伍军人。四川省民政厅厅长姜保山，副厅长傅金凤、李钢分别陪同。

同日 国务院社保调研组一行4人，由国务院经济体制改革办公室秘书长宋晓梧带队，到四川调查城镇居民最低生活保障制度和下岗、失业、养老保险等方面的基本情况。四川省民政厅副厅长三躲木滚向调研组作汇报。

8月13日 中共四川省委副书记、四川省人民政府常务副省长蒋巨峰，四川省人民政府秘书长李洪仁，四川省人民政府驻北京办事处主任张晋川等到民政部汇报工作。民政部党组副书记、副部长李学举，部办公厅副主任李进国、救灾司司长王振耀听取蒋巨峰一行的汇报，并充分肯定四川省民政工作。蒋巨峰一行还拜会了民政部部长多吉才让、副部长罗平飞。四川省民政厅厅长姜保山随行。

9月12日 根据中共四川省委、四川省人民政府领导要求，四川省人民政府、四川省民政厅、四川省财政厅向四川省革命伤残军人休养院赠送5台背投彩电。四川省人民政府秘书长李洪仁、四川省民政厅厅长姜保山、四川省财政厅副厅长高仁全、四川省人民政府办公厅机关党委书记赵渝建等出席捐赠仪式并看望在职休养员。

9月16—20日 劳动部、民政部、国家经济贸易委员会、全国总工会组成联合检查组对四川省社会保障政策落实情况进行检查。四川省民政厅副厅长三躲木滚陪同检查组抽查了成都、南充两市的低保工作。

9月24日 中共四川省委组织部、四川省民政厅召开全省街道社区党的建设工作会议。会议围绕全省社区建设工作形势和今后一个时期全省社区建设的工作重点，以及通过社区建设整合民政工作提出要求。

9月26—27日 民政部组织开展的“百城万户低保对象抽查活动”对乐山市中区、雅安市雨城区、资阳市雁江区和德阳绵竹市、南充阆中市的120户低保对象进行入户调查。

10月15—18日 民政部基层政权和社区建设司在成都市召开部分省（市）婚姻管理工作座谈会。

10月 眉山市青神县、眉山市东坡区、南充市顺庆区、达州市大竹县、达州市通川区、乐山市五通桥区、宜宾市宜宾县、成都市双流县、绵阳市涪城区、泸州市龙马潭区、遂宁市射洪县、巴中市通江县被民政部评为“全国村民自治模范县（区）”。

12月5—6日 民政部在乐山市召开民政基层窗口单位民主评议行风工作研讨会。民政部监察局纪检组长张印忠参会并讲话。四川省民政厅党组书记、厅长姜保山致辞，四川省民政厅纪检组长向可亮汇报党风廉政建设情况，资阳市民政局介绍中共资阳市委、资阳市人民政府开展民主评议行风活动情况。

12月10日 省政府在宜宾市召开全省社区建设和低保工作现场会。中共四川省委常委甘道明、四川省人民政府副省长马开明、四川省人民政府副秘书长唐建军出席会议，甘道明、马开明讲话，四川省民政厅厅长姜保山传达全国社区建设和低保工作会议精神。四川省民政厅副厅长三躲木滚参会。

12月27日 中共四川省委书记张学忠，中共四川省委副书记、四川省人民政府常务副省长蒋巨峰，中共四川省委常委甘道明等考察成都市社会保障工作。四川省民政厅厅长姜保山陪同并就全省低保工作作专题汇报。

同日 省政府省长张中伟、副省长马开明、秘书长李洪仁到新繁休养院慰问看望全体休养员和工作人员，省民政厅厅长姜保山、副厅长李钢陪同前往。

2003 年

1 月 7 日　中共四川省委副书记、四川省人民政府常务副省长蒋巨峰带领四川省、成都市慰问团，到四川省复员退伍军人医院看望并慰问在院的休养员及医护人员，四川省民政厅厅长姜保山等参加慰问。

1 月 8 日　省政府副省长马开明带领四川省、乐山市慰问团到乐山市武警医院，看望并慰问在院的伤病员及医护人员。省民政厅副厅长李钢等参加慰问。

3 月 17 日　省政府副省长张作哈在省民政厅厅长姜保山、副厅长李钢陪同下到成都市新都区参加抗日将领王铭章烈士塑像揭幕仪式，并到省民政厅三所直属休养院检查指导工作。

4 月 8 日　四川省人事厅、四川省民政厅印发《关于表彰全省民政工作先进县（市、区）和先进工作者的决定》，对成都市金牛区等 30 个先进县（市、区）和沈崇庆等 66 名先进工作者进行表彰。

4 月 29 日　四川省第十五次民政会议在成都金牛宾馆召开。中共四川省委书记、四川省人大常委会主任张学忠，中共四川省委副书记、四川省人民政府省长张中伟会见与会代表并讲话。四川省人民政府秘书长李洪仁主持会议，四川省人民政府副省长张作哈作主题报告，四川省民政厅厅长姜保山作总结讲话。各市（州）分管民政工作的政府领导、民政局长，30 个先进单位代表，33 个省直机关负责人参会。

4 月下旬至 5 月中旬　按省政府要求，省政府督办室牵头，与省民政厅组成省政府低保工作督查组，对成都市、宜宾市、自贡市、资阳市、德阳市、雅安市、眉山市的城市低保工作进行抽查、督查。

4 月　省政府副省长张作哈到乐山市金口河区、马边县、峨边县进行调研。

5 月 13—16 日　省政府副省长张作哈在省民政厅厅长姜保山、省民政厅纪检组组长向可亮陪同下先后率救灾救济处、社会事务处、厅办公室负责人赴成都、泸州、广元、内江、乐山等地，深入殡仪馆、收容遣送站和“非典”定点医院、慰问殡葬、收容遣送职工和医护人员，并赠送慰问金和慰问品。

6 月 23 日　四川省人大常委会副主任张宗源听取四川省民政厅民政法制工作汇报，就废止 1982 年《城市流浪乞讨人员收容遣送办法》和新颁布的《城市生活无着的流浪乞讨人员救助管理办法》进行讨论，并就废止《四川省收容遣送条例》达成共识，对殡葬改革中贯彻执行《四川省殡葬管理条例》《四川省公墓管理条例》中的问题进行探讨。四川省人大内务司法委员会副主任蒋民政、李锋，四川省人大常委会法制工作委员会副主任陈双全参会。四川省民政厅厅长姜保山、四川省民政厅纪检组长向可亮等参加汇报。

6 月　1982 年《城市流浪乞讨人员收容遣送办法》废止，执行新颁布的《城市生活无着的流浪乞讨人员救助管理办法》。废除收容遣送制度，建立救助管理站，对流浪乞讨人员提供生活救助。

7 月　省政府批复，撤销北川县，设立北川羌族自治县。

10 月 19 日　四川省纪念《中华人民共和国村民委员会组织法》颁布实施 5 周年座谈会召开。省政府副省长张作哈出席会议并讲话，省民政厅厅长姜保山作主题发言。

11 月 28 日 四川省十届人大常委会第六次会议通过并颁布实施《四川省村民委员会选举条例》。

2004 年

1 月 7 日 国务院批复，调整遂宁市部分行政区划。即：撤销遂宁市市中区，以原市中区的行政区域设立遂宁市船山区和安居区；船山区辖原市中区的唐家、北固、西宁、保升、老池 5 个乡和桂花、新桥、南强、复桥、仁里、永兴、河沙 7 个镇以及高升、南津、凯旋、镇江寺、介福、育才、富源路、广德、嘉禾 9 个街道，区人民政府驻北辰街；安居区辖原市中区的聚贤、常理、大安、马家、莲花、观音、步云 7 个乡和安居、横山、会龙、东禅、分水、石洞、三家、玉丰、西眉、磨溪、拦江、保石、白马、中兴 14 个镇，区人民政府驻安居镇。

1 月 16 日 省政府副省长张作哈、副秘书长敖玉明在省民政厅厅长姜保山、副厅长李钢的陪同下，到成都市金牛区抚琴军休所看望慰问军休干部和工作人员。

1 月 18 日 中共四川省委副书记、四川省人民政府省长张中伟等有关领导组成的四川省暨成都市拥军优属慰问团，先后到成都军区总医院、四川省革命伤残军人休养院看望慰问在院的伤病员、休养员和工作人员。四川省民政厅厅长姜保山、副厅长李钢参加。

2 月 23 日 省政府同意长宁县人民政府机关办公驻地由长宁镇新华街 124 号迁至长宁镇竹都大道一段 166 号；同意彭州市人民政府机关办公驻地由天彭镇政府街迁至天彭镇金彭东路 8 号。

3 月 22 日至 4 月 9 日 四川省民政厅会同四川省监察厅、四川省财政厅和四川省人民政府法制办组成 10 个检查组，对全省 21 个市（州）民政系统贯彻落实《四川省民政系统行政行为规范（试行)》的情况和开展行政执法自查及整改工作进行检查。检查组采取听汇报、召开座谈会、走访民政服务对象、检查制度建设及民政资金使用情况，检查组内部评议与市县民政部门交换意见等方式，重点检查了殡葬管理、婚姻登记、城市低保、救灾救济、社会福利、优抚安置以及专项资金的管理使用情况。

3 月 26 日 民政部、财政部、解放军总后勤部组成的联合调研组就军队无军籍职工接收安置问题进行调研。联合调研组在川期间，召集成都军区联勤部、四川省军区后勤部、四川省民政厅、四川省财政厅，成都市、绵阳市、成都市青羊区民政、财政、劳动和社会保障部门的工作人员，就军队无军籍职工接收安置工作的现状、面临的困难和问题以及解决的办法和建议等进行座谈交流。

4 月 12 日 四川省退伍军人和军队离休退休干部安置领导小组全体会议在四川省人民政府会议室召开。四川省人民政府副省长、四川省退伍军人和军队离休退休干部安置领导小组（以下简称四川省军安领导小组）组长张作哈，四川省军区副司令员、四川省军安领导小组副组长王炳文，四川省民政厅厅长、四川省军安领导小组副组长姜保山出席会议，四川省人民政府副秘书长敖玉明主持会议。会上，张作哈讲话，姜保山传达了《中共中央办公厅、国务院办公厅、中央军委办公厅关于进一步做好军队离休退休干部移交政府安置管理工作的意见》，四川省民政厅副厅长、四川省军安办主任李钢汇报了全国军队离休退休干部安置工作会议精神和四川省安置工作情况及下一步安置工作意见，四川省军安领导小组成员单位分别就安置工作提出了意见建议。

6月1—4日 民政部优抚安置局在乐山、成都调研军休所建设情况，并在成都组织召开军休服务管理工作片区会议。民政部优安局军休处处长欧阳国富等一行4人，天津、重庆、云南、贵州等省（市）民政厅安置处负责人和四川省部分市（州）分管安置工作的局长和军休科（处）长、军休所长及部分老同志参会。四川省民政厅副厅长李钢等陪同调研并参会。

6月24日 民政部、铁道部、交通部、民航总局和解放军总后勤部联合检查组在四川省人民政府副秘书长敖玉明、四川省民政厅副厅长李钢、成都军区联勤部军事交通运输部部长张军陪同下，对成都军供站正规化建设情况进行检查验收。解放军总后勤部军事交通运输部副部长赵占平对成都军供站建设给予高度评价。

7月26日 四川省双拥工作领导小组全体会议召开。中共四川省委副书记、四川省人民政府省长张中伟，中共四川省委常委、四川省军区政委周光荣出席会议并讲话。四川省人民政府副省长张作哈主持会议并传达全国双拥工作会议精神，四川省民政厅副厅长、四川省双拥办主任李钢汇报全省创建全国双拥模范城（县）活动情况。

7月27日 四川省人民政府副省长张作哈率四川省暨成都市拥军慰问团，走访慰问四川省军区警卫连和成都军区空军通信总站官兵。四川省民政厅副厅长李钢等参加慰问活动。

7月28日 四川省人大常委会副主任张宗源、四川省人民政府副省长张作哈率四川省暨成都市拥军慰问团，走访慰问成都军区战旗文工团和武警四川省总队一支队官兵。四川省民政厅副厅长李钢等参加慰问。

7月30日 四川省人民政府副省长张作哈在四川省民政厅厅长姜保山、四川省林业厅厅长杨冬生、四川省民政厅副厅长李钢陪同下，前往武警四川省森林总队驻地看望慰问指战员。

同日 四川省民政厅和中共四川省委常委办公室在成都金牛宾馆举办四川省庆“八一”军地领导联谊活动。中共四川省委书记、四川省人大常委会主任张学忠，成都军区司令员王建民、政委刘书田，中共四川省委副书记、四川省人民政府省长张中伟，中共四川省委副书记刘鹏、蒋巨峰，中共成都市委负责人，成都军区副司令员陈世俊、桂全智，成都军区副政委马子龙，成都军区空军司令员方殿荣、政委王玉发，四川省军区司令员石香元，四川省人民政府副省长柯尊平、王怀臣、张作哈，四川省人民政府秘书长李洪仁，成都市人民政府市长葛红林，武警四川省总队和中共四川省委、四川省人大、四川省人民政府、四川省政协、四川省高级人民法院、四川省人民检察院、成都市的有关领导及四川省民政厅厅长姜保山、副厅长李钢出席活动。

8月4日 四川省退伍军人和军队离休退休干部安置领导小组在成都召开全省安置工作会议。四川省人民政府副省长、四川省军安领导小组组长张作哈，成都军区政治部副主任田义功，四川省军区副司令员、四川省军安领导小组副组长王炳文，四川省军区政治部主任黎明，四川省民政厅厅长、四川省军安领导小组副组长姜保山，四川省民政厅副厅长、四川省军安领导小组办公室主任李钢出席会议，四川省人民政府副秘书长敖玉明主持会议。张作哈讲话，姜保山在会上作《近年来安置工作的基本情况和今后一个时期安置工作的基本任务》的报告。

8月22日 首届全国社区文明风采电视大赛西南赛区选拔赛在成都市举行，四川省成都市成华区代表队获一等奖。国家新闻出版总署图书司副司长李宝中，中国社会出版社总编米有录、社长王爱平等一行到四川对选拔赛进行指导并担任评委；四川省民政厅厅长姜保山、副厅长杜小炎，中共成都市委副书记黄忠莹、成都市人民政府副市长蒋显伦等到场观看比赛。

9月3日 省政府批复，将南部县柴井乡和度门镇划归仪陇县管辖。

9月30日 省政府批复，南部县人民政府机关办公驻地由南隆镇文庙街8号迁至该镇金葫路8号。

10月11—13日 民政部优抚安置局、解放军总政治部干部部、解放军总后勤部营房部组成联合工作组，对四川省第五批军休干部接收安置情况进行检查。

12月1日 中共四川省委书记张学忠、四川省人民政府省长张中伟在四川省民政厅厅长姜保山陪同下，到内江市资中县公民镇看望慰问艾滋病患者。

12月1—2日 以法国共产党全国书记玛丽—乔治·比费为团长的法国共产党代表团一行6人访问四川，主要了解四川农村基层民主建设情况和西部大开发战略。中共四川省委书记张学忠在成都会见代表团。

12月12日 中共四川省委组织部通知，黄明全任四川省民政厅党组书记。

2005年

1月8日 美国驻成都总领事馆领事官员在成都崇州市锦江乡乌油村观摩村委会换届选举。

1月18日 四川省第十届人民代表大会第13次会议通过，决定任命黄明全为四川省民政厅厅长。

1月31日 中共四川省委副书记、四川省人民政府省长张中伟，四川省政协副主席肖光成，四川省人民政府秘书长李洪仁，四川省民政厅厅长黄明全等，到四川省革命伤残军人休养院慰问在院休养员和工作人员。

同日 四川省人大常委会副主任张宗源、四川省人民政府副省长张作哈分别带领四川省暨成都拥军优属慰问团到四川省大邑休养院和四川省武警成都医院慰问。四川省人民政府副省长刘晓峰、四川省政协副主席苟建丽，四川省民政厅副厅长李钢、三躰木滚，成都市和省直有关部门负责人参加慰问。

2月5日 四川省人民政府副省长张作哈到四川省复员退伍军人医院、成都市百花干休所和成都军供站慰问。省民政厅副厅长李钢陪同。

2月23日 省政府批复，南江县人民政府机关办公驻地由南江镇红星街37号迁至光雾山大道朝阳段6号；雅安市人民政府机关办公驻地由雨城区上坝路89号迁至雨城区汉碑路6号；广汉市人民政府机关办公驻地由雒城镇汉口路102号迁至雒城镇天津路108号。

2月 中共四川省委、四川省人民政府召开全省社区建设工作会议。会议提出建设和谐社区、整体快速推进全省社区建设的工作思路。

3月25日 省政府批复，巴州区乡（镇）行政区划建制由原来的23个镇、53个乡调整为23个镇、25个乡。

同日 省政府批复，通江县乡（镇）行政区划建制由原来的15个镇、59个乡调整为14个镇、35个乡。

同日 省政府批复，南江县乡（镇）行政区划建制由原来的73个乡（镇）调整为48个乡（镇）（其中11个镇、37个乡）。

4月4日 四川省人民政府召开全省民间组织工作会议。民政部副部长姜力、民间组织管理局副局长杨岳，四川省人民政府副省长张作哈、四川省人民政府副秘书长敖玉明，四川省民政厅厅长黄明全、副厅长高康健，四川省人事厅副厅长陈其金及四川省发展和改革委员会等14家省直有关部门负责人，全省21个市（州）分管民政工作的副市（州）长、民政局分管局长、民间组织管理科（处）长及全省先进民间组织的代表等170余人参会。姜力、张作哈发表讲话。

同日 省政府批复，绵阳市人民政府机关办公驻地由涪城区城郊乡临园路东段76号迁至城郊乡园艺片区迎宾大道。

4月21日 四川省双拥模范城（县、区）电视电话会议召开。中共四川省委副书记、四川省人民政府省长张中伟主持会议，四川省政协主席秦玉琴、四川省人大常委会副主任徐世群、四川省人民政府副省长张作哈、成都军区空军副政委龚德宏、四川省军区副政委肖明惠、武警四川省总队副总队长陈明乐和省双拥工作领导小组全体成员、驻蓉部队（武警）官兵以及成都市干部群众代表220余人出席成都主会场会议。会上，肖明惠宣读全国双拥办发来的贺电，张作哈宣读中共四川省委、四川省人民政府、四川省军区和四川省双拥工作领导小组命名（表彰）四川省双拥模范城（县、区）及双拥先进市（县、区）、双拥先进集体（个人）的通报（决定）。与会领导向代表此次被命名的86个双拥模范城（县、区）的成都市锦江区、金牛区、温江区、都江堰市、双流县军政领导授牌和颁发荣誉证书。成都市人民政府市长助理、中共成都市金牛区委书记文登来，阿坝州壤塘县人民武装部政委黄发刚分别代表双拥模范城（县、区）和双拥先进集体发言。四川省民政厅厅长黄明全、副厅长李钢参会。全省21个市（州）设了分会场。

4月24日 中共中央政治局常委、国务院总理温家宝率国务院办公厅、国家发展和改革委员会、财政部等有关部门负责人视察通江县民政局。

4月25日 省政府批复，遂宁市人民政府机关办公驻地由船山区嘉禾东路135号迁至船山区东盛路39号。

4月30日 省政府批复，眉山市东坡区调整乡（镇）行政区划。调整后，东坡区由2街道办事处、17镇、15乡，调整为2街道办事处、15镇、8乡。

同日 省政府批复，洪雅县调整乡（镇）行政区划。调整后，洪雅县辖11镇、4乡。

同日 省政府批复，青神县调整乡（镇）行政区划。调整后，青神县辖7镇、3乡。撤销青城、青竹、天池、天庙、瓮家、罗弯、观金、桂花8个乡。

同日 省政府批复，仁寿县乡（镇）行政区划建制由原来的23个镇、87个乡调整为22个镇、38个乡。

同日 省政府批复，彭山县调整乡（镇）行政区划。调整后，彭山县辖9镇、4乡。

是日 省政府批复，丹棱县调整乡（镇）行政区划。调整后，丹棱县辖5镇、2乡。

5月10日 省政府批复，成都市府河金牛区洞子口至彭山县江口镇约97.3千米河段更名为锦江。

6月15日 经四川省人民政府报国务院批准，同意调整自贡市部分行政区划。将自贡市大安区的红旗乡，沿滩区的仲权镇、舒坪镇、高峰乡、农团乡、漆树乡和贡井区的荣边镇划归自贡市自流井区管辖。将荣县的龙潭镇、桥头镇、五宝镇、莲花镇、成佳镇、白庙镇、章佳乡、牛尾乡划归贡井区管辖。将富顺县的庙坝镇、牛佛镇、回龙镇划归大安区管辖。将富顺县的仙市镇、瓦市镇划归沿滩区管辖。

7月6日 省政府批复，名山县人民政府机关办公驻地由蒙阳镇县前街3号迁至蒙阳镇茶都大道481号。

7月22日 解放军总后勤部副政委刘源专程到四川会见四川省人民政府副省长张作哈和四川省民政厅厅长黄明全，对四川省如期、圆满完成军队移交地方院校离退休干部交接安置工作和对全省各级民政部门的辛勤工作、大力支持表示感谢。

7月29日 中共四川省委、四川省人民政府举行庆“八一”军地领导联谊活动。中共四川省委书记、四川省人大常委会主任张学忠，中共四川省委副书记、四川省人民政府省长张中伟，四川省政协主席秦玉琴，成都军区司令员王建民出席。中共四川省委、四川省人大常委会、四川省人民政府、四川省政协、成都军区、成都军区空军、四川省军区、武警四川省总队、四川省高级人民法院、成都市的部分军地领导参加活动。联谊活动由中共四川省委常委办公室、中共四川省委宣传部、四川省体育局、四川省民政厅等部门组织实施。四川省民政厅厅长黄明全参加活动。

7月30日 四川省人民政府副省长张作哈率四川省暨成都市拥军慰问团，走访慰问成都军区联勤部汽车独立营一连和四川省军区独立连。四川省人民政府副秘书长敖玉明、四川省政协副秘书长赵勇、成都市人民政府副市长赵小维、四川省军区参谋长谭玉龙、成都军区联勤部政委郭正新、四川省民政厅厅长黄明全和省市双拥工作领导小组有关成员单位领导参加慰问。

9月23日 省政府批复，平昌县人民政府机关办公驻地由江口镇新平街128号迁至江口镇信义大道268号；泸州市江阳区人民政府机关办公驻地由市府路6号迁至星光路6号；荣县人民政府机关办公驻地由旭阳镇东街106号迁至旭阳镇荣州大道一段1号；彭山县人民政府机关办公驻地由凤鸣镇西街98号迁至凤鸣镇小西街56号。

9—12月 四川省民政厅在全省民政系统开展民主评议政风行风工作。四川省民政厅、中共四川省纪委联合聘请9名四川省民政系统民主评议政风行风监督员。

11月3日 省政府召开四川慈善大会暨’2005四川慈善发展高层论坛新闻发布会。省政协副主席、省工商联会长何志尧，省政府副秘书长敖玉明和四川省人民政府新闻办公室、四川省民政厅、四川省国有资产管理委员会、四川省工商联、四川省慈善总会等部门（组织）负责人出席新闻发布会。省民政厅厅长黄明全主持会议。

11月20—21日 民政部、解放军总政治部、解放军总后勤部联合工作组，对四川省2005年度军休干部接收安置情况进行了检查。工作组听取了四川省民政厅，成都市及青羊区、武侯区、绵阳市民政局和成都军区、四川省军区、西藏军区、武警四川总队等单位的情况汇报，并针对成都市军休干部上访问题与有关人员进行交流沟通和政策解释工作。四川省民政厅副厅长李钢等参加座谈会并介绍军休工作情况。

11月21日 解放军总参谋部军务部兵员局副局长吴文国率民政部、劳动和社会保障部、国务院法判办组成的联合检查组，到四川就退役士兵安置改革问题进行调研论证。四川省民政厅副厅长李钢等参加座谈会并就调整退役士兵安置政策提出意见和建议。

11月29—30日 全国双拥工作理论研讨会在成都市召开。全国双拥工作领导小组副组长兼办公室主任、民政部副部长罗平飞出席会议并讲话，全国双拥工作领导小组成员兼办公室副主任、解放军总政治部群众工作办公室主任常升荣作会议总结。四川省人民政府副省长张作哈、成都军区政治部副主任张国栋到会祝贺，全国双拥办副主任董华中、解放军总政群众工作办公室副主任杨庆堂出席会议。

11 月 29 日 民政部副部长罗平飞在四川省人民政府副省长张作哈、四川省人民政府副秘书长敖玉明、四川省民政厅厅长黄明全的陪同下，到四川省革命伤残军人大邑休养院和四川省复员退伍军人医院考察。

11 月 30 日 省政府批复，青川县洞水乡划归广元市市中区管辖。广元市市中区撤销洞水乡建制，将原洞水乡所属行政区域并入金洞乡。

12 月 12 日 省政府副省长张作哈在省政府会议室召集部分省人大代表、省政协委员和省直有关部门负责人座谈民政工作。省民政厅厅长黄明全参加座谈。

三、文献辑存

四川省老年人合法权益保护条例

（1989年3月10日四川省第七届人民代表大会常务委员会
第八次会议通过，1989年3月13日公布施行）

第一条 为保护老年人的合法权益，发扬尊老、爱老、养老的美德，树立良好的社会风尚，实现老有所养、老有所为、老有所医、老有所学、老有所乐，根据《中华人民共和国宪法》、《中华人民共和国婚姻法》、《中华人民共和国继承法》等法律规定，结合本省实际情况，制定本条例。

第二条 本条例所称老年人，是指六十周岁以上的公民。

第三条 本条例所称的老年人的合法权益，是指宪法和法律规定老年人应享有的政治权利、人身自由权、受赡养扶助权、婚姻自由权、财产权、继承权、居住权和从国家、社会获得物质帮助权等权利。

第四条 保护老年人合法权益是全社会的共同责任。每个公民都应当尊敬爱护老年人，依法履行对老年人应尽的义务，使老年人在社会、家庭生活中的合法权益得到保障。

第五条 地方各级人民政府负责领导和组织老年人保护工作。地方各级人民政府的民政部门主管本条例的实施，负责检查、督促、协调老年人合法权益的保护工作。地方各级人民政府的劳动、人事部门，以及各级老龄组织机构予以协助。地方各级国家机关、社会团体、企业事业组织、基层群众性自治组织要按照各自的职责，负责本单位、本系统、本地区的老年人保护工作。工会、共产主义青年团、妇女联合会和有关的组织应当反映老年人的合理要求，协助各级人民政府做好老年人合法权益的保护工作。

第六条 保护老年人的政治权利。任何单位和个人都不得歧视老年人，不得限制老年人享有参加政治活动和社会活动的权利。

第七条 老年人的人身自由和人格尊严不受侵犯。严禁侮辱、虐待、遗弃老年人。

第八条 老年人有受赡养扶助的权利，依法负有赡养义务的子女或孙子女，外孙子女等，必须赡养扶助父母或者祖父母、外祖父母：

（一）赡养人必须保证老年人的基本生活不低于赡养人家庭的平均水平；与老年人同地生活的赡养人应承担老年人力不能及的家务劳动；与老年人异地生活的赡养人应对老年人的生活给以妥善安排，使其生活得到保障。

（二）农村中与缺乏或者丧失劳动能力的老年人分居的赡养人，应帮助或负责耕种老年人的承包地、自留地、收益归老年人，不得强行索要或扣留。

（三）当老年人患病时，赡养人应及时给予治疗；老年人丧失生活自理能力的，赡养人应负责照料。

（四）赡养人不得强迫老年人去做力不能及的劳动。家庭的其他成员或者亲属应当支持、帮助赡养人履行赡养扶助的义务。

赡养人不得以放弃继承权或其他任何理由，拒绝履行赡养老年人的义务。赡养人不履行赡养义务时，无劳动能力或者生活困难的老年人，有要求赡养人给付赡养费的权利。赡养人拒不付给赡养费的，老年人有权要求赡养人所在单位负责扣付；是农民或者城镇居民的，由所在乡（镇）人民政府或者街道办事处责令其付给，村民委员会（居民委员会）应予协助。

第九条 老年人的合法收入、房屋、储蓄、生活用品、文物、图书资料、林木、牲畜和法律允许公民所有的生产资料及其合法财产受法律保护，任何组织和个人不得侵占、挪用和破坏。老年人有权依法处分自己的财产，任何组织和个人不得干涉。老年人可以拒绝有独立生活能力的成年子女提出的经济资助的要求。

第十条 老年人的住房，产权属老年人的，任何人不得强占，非经老年人授权，子女或者其他亲属不得将房屋变卖、出租、拆除或者非法改变老年人的住房条件；经老年人同意，由子女或者其他亲属出资改建或扩建新房的，应事先订立协议，明确老年人享有的房产权份额和使用权。老年人的住房属赡养人的，赡养人应照顾老年人的特殊需要，妥善安排老年人的住房，不得强迫老年人迁居条件低劣的房屋。

第十一条 保护老年人婚姻自由的权利。任何人不得干涉老年人离婚、再婚的自由，不得妨碍老年人再婚后的家庭生活。再婚的老年人有权选择住址和支配个人财产，任何人不得干涉。

第十二条 老年人有依法继承配偶、子女等亲属遗产的权利，也有权依法用遗嘱等方式处分自己的财产。赡养人遗弃老年人，或者虐待老年人情节严重的，依法丧失继承老年人遗产的权利。

第十三条 离休退休人员按国家规定享有的政治、经济、文化、医疗、福利以及其他方面的待遇必须切实得到保障，不得随意降低或取消。离休退休人员的离休工资或退休费，以及离休退休人员应享有的各种补贴费，其所在单位必须按规定按时付给，不得拖延、克扣或者移作他用。

第十四条 按照国家有关规定，老年人可以从事力所能及的社会劳动或社会公益活动，他们取得的合法收入受法律保护。鼓励老年人建立自助组织。有条件的地方可以建立老年基金会。

第十五条 发展老年人福利事业，加强社会保障工作。鼓励各种途径筹集资金兴办养老（敬老）院、老年公寓、社会福利院等老年人福利设施；鼓励有条件的单位或个人集资兴办老年人文化活动中心等文化服务设施。规划、建设城镇居民区，应设置为老年人服务的设施。

第十六条 没有经济收入的城镇孤寡老年人，由民政部门进行社会救济，保障其基本生活。农村孤寡老年人的供养，由乡（镇）人民政府统筹安排，并落实到村组，其生活标准不得低于当地农民的中等生活水平，并认真落实保吃、保穿、保住、保医、保葬的供养制度。

第十七条 医疗卫生单位要为老年人看病提供方便。医疗单位要积极创造条件，设立老年门诊、老年病床或家庭病床，要为患有疾病行动不便的老年人出诊到户。

第十八条 发展老年人文化、教育、体育事业。文化、娱乐、公园、体育场所应为老年人开展文体活动提供方便和优惠服务。

第十九条 公共交通部门要为老年人乘车、乘船等提供便利，建立和健全为老年乘客特殊服务的设施和制度。

第二十条 工业、商业、服务部门要重视生产、经营老年人需要的用品，设立为老年人服务的项目，方便老年人的生活。

第二十一条 每年“重阳节”（农历九月初九）为我省敬老日。社会各方面要组织广泛的、各种形式的敬老、爱老活动。

第二十二条 机关、社会团体、企业事业单位、基层群众性自治组织对尊老、爱老、养老和保护老年人合法权益成绩显著的单位和个人，应当给予表彰或奖励。

第二十三条 报刊、广播、电视等新闻单位和文化艺术部门要提倡和发扬尊老、爱老、养老的社会风尚，揭露和反对侵犯老年人合法权益的行为。

第二十四条 老年人应学习法律、遵守法律，依法维护自身权益，履行法律规定的义务，正确处理与子女、亲属、邻里的关系。

第二十五条 对侵犯老年人合法权益的行为，老年人有权向有关部门反映、控告或者向人民法院提起诉讼，任何人不得压制或阻挠。

在处理老年人利益的家庭纠纷时，应注重调解，妥善解决。人民调解委员会或者有关部门应老年人要求进行调解达成协议的，协议书除送达双方当事人，还可送履行义务人所在单位督促履行；或交居民委员会、村民委员会督促履行。

第二十六条 对侵犯老年人合法权益的行为，任何组织和公民都有权制止、检举、揭发。有关机关、社会团体、企业事业单位、基层群众性自治组织、农村经济合作组织和人民法院对侵犯老年人合法权益行为的揭发、检举、起诉应当及时处理，不得推诿、搪塞，因玩忽职守造成严重后果的，应依法追究有关人员的责任。

第二十七条 违反本条例规定，情节轻微的，由所在单位或者基层群众性自治组织予以批评教育，并责令其改正；情节较重或经批评教育仍不改正的，由所在单位或者有关组织给予适当处分；情节严重的，从重处分，直至依法追究刑事责任。违反本条例规定的单位，当地政府和主管部门应督促其纠正，经教育不改的，应追究单位领导人的责任。违反本条例，侵犯老年人合法权益的行为，凡属国家法律、法规有处理、制裁规定的，按国家法律、法规的规定处理。

第二十八条 本条例自公布之日起施行。

四川省收容遣送条例

（1995 年 12 月 20 日四川省第八届人民代表大会常务委员会第十八次会议通过）

第一章 总 则

第一条 为了维护社会秩序，促进社会稳定，根据国家有关法规，结合我省实际，制定本条例。

第二条 收容遣送是一项社会行政管理工作，应坚持收容遣送和教育救助相结合的原则。

第三条 民政部门是收容遣送工作的行政主管部门。收容遣送的具体工作由民政、公安部门共同承担，政府其他有关部门、社会各方面应支持配合。

收容遣送机构的设立、变更、撤销由省人民政府批准。

第四条 省、市（地、州）、县（市、区）各级人民政府应切实保障收容遣送工作必需的经费。

第五条 被收容人员的合法权益受法律保护。被收容人员对收容遣送机构及收容遣送工作人员的侵权行为，有权向有关部门检举、控告。

第六条 四川省行政区域内的收容遣送工作，按照本条例执行。

第二章 职　责

第七条 公安机关负责城市市区、县级人民政府所在地的镇和非城市风景名胜旅游区收容对象的收容，民政部门予以协助。

第八条 民政部门的收容遣送机构具体负责被收容人员的接收、审查、管理和遣送。收容遣送工作人员应有统一的证件和标志。

公安机关协助民政部门对被收容遣送人员进行审查、管理和遣送；公安机关应在收容遣送机构设立公安派出机构或派驻人民警察，负责收容遣送中的治安管理。

第九条 卫生行政部门负责落实医疗机构对被收容人员中的危重病人、急性传染病人、精神病人的治疗。民政部门设立的精神病医院应协助卫生行政部门对被收容人员中的精神病人的治疗。

铁路、交通运输主管部门应为收容遣送工作提供购票、进出站（港）、上下车（船）的便利条件。

粮食主管部门应按国家政策规定负责解决被收容人员的粮油供应。

第十条 收容遣送工作所需业务经费应纳入同级财政预算，由同级民政、公安部门专款专用，年终经同级财政审核报销。

第十一条 被收容人员户籍所在地的县（市、区）人民政府负责领导、监督被遣返人员的接收、安置工作。

第三章 收　容

第十二条 下列人员属收容对象，应当收容：

（一）乞讨或者变相乞讨的；

（二）露宿街头生活无着的；

（三）无正常居所、无合法证件、无正当生活来源而流浪的；

（四）根据有关政策规定应当收容的。

第十三条 公安机关应当及时将收容对象移交收容遣送机构。民政部门应当在接收收容对象后24小时内作出是否收容的决定。

第十四条 收容遣送机构对被收容人员非法携带的危险、有毒、有害物品和其他违禁物品，予以收缴；对其贵重财物及不宜带入待遣场所内的物品，出具收据后代为妥善保管。

第四章　管　理

第十五条　收容遣送机构对待遣的被收容人员实行集中管理。

对待遣的女性被收容人员，由女性工作人员负责生活管理。

对待遣的未成年人或有残疾的被收容人员，实行保护性管理。

第十六条　收容遣送机构应当加强对被收容人员的思想教育和法纪教育。

第十七条　有劳动能力的被收容人员在待遣期间，收容遣送机构应当组织其参加自筹食宿和交通等费用的劳动。被收容人员参加劳动的报酬标准，按照省劳动行政部门和省民政部门规定执行。

第十八条　收容遣送机构对被收容人员应当进行文明管理，按规定标准安排被收容人员的生活，配置必要的生活、卫生、教育设施，照顾老幼病残和孕妇，尊重少数民族生活习惯，对患病者应当及时给予治疗。

第十九条　被收容人员不得有下列行为：

（一）阻挠人民警察、收容遣送工作人员执行公务；

（二）侵犯其他被收容人员的人身权利、财产权益；

（三）毁损公共财物；

（四）违反收容遣送机构的规章制度。

第二十条　收容遣送工作人员，不得对被收容人员有下列行为：

（一）打骂、体罚、虐待、侮辱；

（二）敲诈、勒索、侵吞或收受财物；

（三）克扣生活供应品，非法收缴财物；

（四）差遣其为管理人员服务；

（五）非法检查私人信件；

（六）扣压申诉、控告材料；

（七）故意丢弃被遣送人员。

第二十一条　被收容人员在收容遣送期间的食宿、交通、医疗等费用，由本人或其监护人支付，本人或监护人确有困难或无力支付的，可向民政部门申请补助。

第二十二条　被收容人员在收容遣送期间因病死亡的，收容遣送机构应及时通知其配偶、监护人、直系亲属或者所在单位，无法通知的，应登报公告。

被收容人员在收容遣送期间非正常死亡的，收容遣送机构应当及时向公安机关报告。

第五章　遣　送

第二十三条　收容遣送机构应及时组织遣送被收容人员。

被收容人员的待遣时间，省内的不得超过 15 日，省外的不得超过 30 日。对屡遣屡返、长期外流乞讨或变相乞讨和以乞讨为手段骗取财物的人员，经主管民政部门批准，可以适当延长待遣时间，但延长的待遣时间不得超过60日。

有下列情形之一的，经主管的民政部门批准并作出书面决定，可以延长待遣时间，但下列情形消失后，必须立即遣送：

（一）经医生证明，需要住院治疗或者留站观察病情；

（二）交通受阻；

（三）其他特殊情况。

第二十四条 收容遣送机构应当指派专人按照下列规定遣送被收容人员：

（一）被收容人员属本县（市、区）的，送达到户籍地的乡镇人民政府或城市街道办事处；

（二）被收容人员不属本县（市、区）的，送达到国家和省规定的外地收容遣送机构。

收容遣送机构将被收容人员送达到规定的目的地后，接收单位应当填写回执。

第二十五条 被收容人员的配偶、直系亲属、监护人或者所在单位到收容遣送机构认领被收容人员的，应予准许。

要求自行返回或主动到民政部门求助、有返回原籍能力的被收容人员，经收容遣送机构批准，可以让其自行返回原籍。

第二十六条 收容遣送机构发现被收容遣送人员有违法犯罪事实的，应及时移送公安、司法机关处理。

第六章　安　置

第二十七条 对被遣返人员的安置，以所在单位或家庭为主，国家和社会为辅。

第二十八条 被遣返人员户籍所在地的乡、镇人民政府或城市街道办事处负责被遣返人员的接受工作。

被遣返人员有工作单位的，由所在单位接收安置；无工作单位的，由家庭或监护人接收。

第二十九条 被遣返人员无工作单位、无家可归、无依无靠，但有劳动能力的，由流出地乡、镇人民政府或城市街道办事处安置；无劳动能力的，城镇的经民政部门批准，由流出地社会福利机构收养，农村中符合五保供养条件的，按五保供养对象对待。

对屡遣屡返、无家可归而又有劳动能力的被收容人员，经省民政厅批准后，可以送安置农场，予以安置。

第三十条 被收容人员住址不清的，由流入地民政部门视不同情况分别处理。

第三十一条 被遣返人员户籍已被注销的，遣返后公安机关应予重新落户。

第七章　法律责任

第三十二条 被收容人员违反本条例第十九条规定的，收容遣送机构可以予以训诫；违反《中华人民共和国治安管理处罚条例》的，由公安机关给予处罚；构成犯罪的，依法追究刑事责任。

第三十三条 被收容人员对收容决定、收缴违禁物品决定、延长待遣时间决定或者超过待遣时间未予遣送不服的，可以依法申请行政复议或者提起行政诉讼。

第三十四条 收容遣送工作人员违反本条例第二十条规定的，由主管机关视情节给予批评教育、行政处分；构成犯罪的，依法追究刑事责任。

第三十五条 对违反本条例第二十八条、第二十九条规定的，县（市、区）以上人民政府可视情节轻重，对直接责任人员、单位负责人或者监护人给予批评教育或行政处分。

第八章 附 则

第三十六条 本条例应用中的问题由省民政厅负责解释。

第三十七条 本条例自公布之日起施行。

四川省收容遣送条例

（1996年10月24日四川省第八届人民代表大会常务委员会第二十三次会议通过。根据1997年10月17日四川省第八届人民代表大会常务委员会第二十九次会议《关于修改〈四川省殡葬管理条例〉的决定》修正。根据2004年9月24日四川省十届人民代表大会常务委员会第十一次会议《关于修改〈四川省殡葬管理条例〉的决定》修正）

第一章 总 则

第一条 为推动殡葬改革，加强殡葬管理、引导、规范公民的丧事活动，提倡移风易俗，促进社会主义精神文明建设，根据国家有关法律、法规，结合四川实际，制定本条例。

第二条 本条例适用于四川省行政区域内的丧葬活动、殡葬服务和殡葬管理。

第三条 殡葬管理工作应坚持推行火葬，改革土葬，破除封建迷信和丧葬陋习，提倡文明节俭办丧事。

第四条 各级人民政府应加强对殡葬工作的领导，把殡葬工作列入国民经济和社会发展计划。

第五条 各级民政部门是殡葬事务的行政主管部门，负责殡葬事务的管理、监督和检查工作。全省对殡葬行业实行统一管理。各级公安、工商、国土、卫生、城市规划、环境卫生及环境保护等行政管理部门应按各自职责，共同做好有关殡葬事务的管理工作。

第六条 机关、团体、学校、企业事业单位和村（居）民委员会应当宣传殡葬改革，引导公民文明节俭办丧事。

第七条 人口稠密和交通方便的区域为火葬区，其他区域为土葬改革区。火葬区和土葬改革区的划定，由所在县（市、区）人民政府提出意见，经市（州）人民政府同意，报省人民政府批准并公布。划定的具体标准，由省民政厅制定，报省人民政府核准。

第二章　火葬管理

第八条　公民在火葬区死亡的，除下列情形之外，一律实行火化：

（一）尊重少数民族的丧葬习俗。实行土葬的，应在当地人民政府划定的区域内土葬。自愿实行火葬的，依照本条例执行，他人不得干涉。

（二）宗教教职人员死亡后，可以按宗教习俗安置、处理遗体。但应遵守国家有关规定。

第九条　公民在火葬区死亡后，其家属或所在单位应及时通知殡仪馆、火葬场或殡葬服务站接运遗体。死者家属或所在单位有运送条件的，也可直接将遗体运送到殡仪馆、火葬场或殡葬服务站。在医院死亡的，医疗机构应及时通知殡仪馆、火葬场或殡葬服务站接运遗体，并办理遗体移交手续。因患传染病死亡的，按照《中华人民共和国传染病防治法》的有关规定处理。

第十条　遗体的运送、防腐、整容、冷藏及火化应由殡仪馆、火葬场、殡葬服务站承办，其他任何单位和个人不得从事经营性的殡葬服务业务。

第十一条　医学教学、科研等单位需要利用遗体进行教学、科研的，由死者亲属和使用遗体的单位到县（市、区）以上民政部门办理手续。

第十二条　正常死亡者的遗体火化，应提交由死者所在单位或医疗机构出具的死亡证明；死者生前无固定单位的，应提交由居住地的乡（镇）人民政府或街道办事处出具的死亡证明。非正常死亡者的遗体或无名尸体的火化，由县（市、区）以上司法机关出具火化通知。

第十三条　正常死亡者的遗体在殡仪馆或火葬场的保存期限，不得超过 5 日。逾期应经殡葬管理机构批准。

第十四条　火化后的骨灰，倡导以深埋、播撒、植树、存放等方式安置，禁止将骨灰装棺埋葬。无名尸体火化后的骨灰，30 日内无人认领的，由殡仪馆或火葬场自行处理。

第十五条　火葬区的公民在异地死亡后，应当就近火化。因特殊原因确需将遗体运回户籍地或居住地的，应当由殡仪馆、殡仪服务站的殡葬专用车接运，并报死亡地公安机关备案。

第三章　土葬管理

第十六条　土葬改革区内的公民死亡后，可以实行土葬。各级人民政府应在土葬改革区宣传、提倡殡葬改革，并创造条件完善殡葬服务设施，逐步推行火葬。对自愿实行火葬的，应当给予支持，他人不得干涉。

第十七条　土葬改革区所在地的县（市、区）人民政府应当合理规划土葬用地。已建立公墓的，提倡将遗体埋入公墓。未建立公墓的，遗体应在县（市、区）人民政府划定的荒山、瘠地埋葬；也可平地深埋，不留坟头。

第十八条　国家保护的革命烈士墓、著名人士墓、华侨祖墓和具有历史、艺术、科学考察价值的古墓，因国家建设用地需要迁移的，按照国家有关规定办理。

第十九条　国家建设用地中需要占用墓地的，建设单位应在开工 30 日前通知墓主在规定的期限内迁葬，迁葬补偿按照国家有关规定执行。对逾期拒不迁葬的或无主坟墓由建设单位处理。

第二十条 禁止下列行为：

（一）占用耕地作墓地；

（二）买卖、出租社会公共墓地以外的土地作墓地、墓穴的；

（三）恢复或建立宗族墓地的；

（四）对国家建设或农田基本建设中已迁移坟墓进行返迁或重建的。

第二十一条 禁止在文物保护区、风景名胜区、自然保护区、城市公园、饮用水源保护区内和水库周围、河流两岸200米内以及铁路、公路隔离带内建坟墓。

第四章 丧葬管理

第二十二条 禁止生产、销售丧葬迷信用品。火葬区禁止生产、销售棺材等土葬用品。

第二十三条 在丧葬活动中，应遵守城市市容、环境卫生和交通管理的规定，不得妨害社会公共秩序，不得侵犯他人合法权益。禁止从事封建迷信活动。禁止在城镇街道、公共场所停放遗体、搭设灵棚（堂）、摆设花圈。信教群众在丧葬活动中举行宗教仪式，应在宗教活动场所内进行。

第二十四条 各级人民政府应根据当地实际情况，合理布局、统筹规划，建立为火葬或土葬服务的殡仪馆、火葬场、殡葬服务站、公墓等殡葬服务设施。

第二十五条 殡仪馆、火葬场、殡葬服务站、社会公共墓地是社会公共服务设施，属于殡葬事业单位。由县（市、区）以上民政部门根据需要设置和管理。其他任何单位和个人不得兴办和经营。兴办公益性公墓，应经乡（镇）人民政府同意后报县（市、区）民政局批准。公益性公墓为本乡（镇）村民提供服务，不得从事经营活动。建设殡仪馆、火葬场，根据省民政厅的布局规划，由县级人民政府和市（州）民政局提出方案，报市、州人民政府审批；建设殡仪服务站、骨灰堂，根据省民政厅的布局规划，由县级人民政府和市（州）民政局审批；建设公墓，经县级人民政府和市（州）民政局审核同意后，报省民政厅审批。

第二十六条 埋葬骨灰的墓位用地面积不得超过1平方米，埋葬遗体的墓位用地面积不得超过3平方米。

第二十七条 殡葬服务人员应遵守职业道德，实行规范、文明服务，不得利用工作之便谋取私利、索要或收受他人财物，不得刁难死者亲属。

第二十八条 殡仪馆、火葬场、殡葬服务站、社会公共墓地不得以营利为目的，其收费项目和标准应当按照国家和本省的有关规定执行。

第五章 法律责任

第二十九条 违反本条例第八条规定的，由县（市、区）以上民政部门责令当事人在限期内将遗体火化。逾期拒不火化的，由殡葬管理机构会同乡（镇）人民政府或城市街道办事处组织将遗体强行火化，其费用由责任人承担，县（市、区）民政部门可并处300元至1000元罚款。

第三十条 违反本条例第十条规定的，由县（市、区）以上民政部门予以取缔，没收违法所得，并处1000元至5000元罚款。违反本条例第二十五条规定的，由县级以上民政部门会同建设、土地行政管理部门予以取缔，责令恢复原状，没收违法所得，可以并处违法所得1倍以上3倍以下罚款。

第三十一条 违反本条例第二十二条第一款规定的，由县级以上民政部门会同工商行政管理部门予以没收，可以并处生产、销售金额1倍以上3倍以下罚款。

第三十二条 违反本条例第二十三条规定的，由民政部门和交通、城市环卫部门予以制止。违反《中华人民共和国治安管理处罚条例》的，由公安机关依法处理；构成犯罪的，依法追究刑事责任。

第三十三条 殡仪馆、火葬场、殡葬服务站、社会公共墓地违反本条例规定乱设项目、乱收费用的，由物价部门依法处理。

第三十四条 违反本条例第二十六条规定的，由县级以上民政部门责令限期改正，没收违法所得，可以并处违法所得1倍以上3倍以下罚款。

违反本条例第十九条、第二十条、第二十一条规定的，由有关行政主管部门依法处理。

第三十五条 罚没款的上缴，依照《中华人民共和国行政处罚法》执行。

第三十六条 违反本条例第二十九条规定或殡葬管理工作人员玩忽职守、滥用职权、徇私舞弊的，由所在单位或上级主管部门根据情节轻重给予行政处分。构成犯罪的，依法追究刑事责任。

第三十七条 对拒绝、阻碍殡葬管理工作人员依法执行公务或者侮辱、殴打管理工作人员的，由公安机关依照《中华人民共和国治安管理处罚条例》给予处理；构成犯罪的，依法追究刑事责任。

第三十八条 国家机关工作人员和企业事业单位职工在丧葬活动中不遵守本条例规定的，除按本条例执行外，并由所在单位或上级主管部门视其情节轻重给予批评教育或行政处分。

第三十九条 当事人对行政处罚不服的，可以依法申请行政复议或向人民法院提起诉讼。当事人逾期不申请复议，也不提起诉讼，又不履行处罚决定的，由作出处罚决定的机关申请人民法院强制执行。

第六章　附　则

第四十条 华侨、港澳台同胞以及外国人的丧葬事宜，按国家有关规定执行。

第四十一条 民族自治州和自治县人民代表大会常务委员会，可根据本条例制定变通办法，报四川省人民代表大会常务委员会批准。

第四十二条 本条例在应用中的具体问题，由四川省民政厅负责解释。

第四十三条 本条例自2004年9月24日起施行。

四川省公墓管理条例

（1997 年 10 月 17 日四川省第八届人民代表大会常务委员会第二十九次会议通过，1997 年 10 月 17 日四川省人民代表大会常务委员会公布，1998 年1 月1 日起施行）

第一章 总 则

第一条 为加强公墓管理，保护土地资源和生态环境，规范、引导公民丧葬活根据国务院《殡葬管理条例》，结合四川实际，制定本条例。

本条例适用于四川省行政区域内公墓的建设管理活动。

第二条 公墓是为公民提供安葬骨灰或遗体的社会公共服务设施，包括社会公共墓地和农村公益性墓地。

第三条 尊重少数民族的丧葬习俗。少数民族自愿改革丧葬习俗的，任何单位和个人不得干涉。

第四条 县级以上人民政府应加强对公墓管理工作的领导，把公墓建设纳入城乡建设规划。

县级以上民政部门主管本行政区域内的公墓管理、监督工作。

国土、城乡规划、环境保护、卫生、公安等行政管理部门应按各自职责，协同做好公墓管理工作。

第二章 公墓建设

第五条 公墓建设应坚持统一规划、合理布局、节约土地、保护环境和方便群众的原则。

第六条 公墓应建设在荒山、瘠地。禁止在耕地、林地、革命烈士墓园、文物保护区、城市公园、风景名胜区、水源保护区内和水库周围、河流两岸 200 米内以及铁路、公路隔离带内建设公墓。前款规定区域内现有的坟墓，按国务院《殡葬管理条例》的规定执行。

第七条 建设社会公共墓地，经县（市、区）人民政府和市（地、州）民政部门审核同意后，报省人民政府民政部门审批。利用外资建设社会公共墓地，经省人民政府民政部门同意后，报国务院民政部门审批。

经民政部门批准建设的社会公共墓地，还应依法向城乡规划、土地行政管理部门申办定点、用地等手续。

第八条 申请建设社会公共墓地，须提交下列材料：

（一）申请报告；

（二）可行性报告；

（三）墓地规划示意图等有关资料；

（四）省民政部门规定的其他材料。

第九条 社会公共墓地整体规划应科学合理，建筑设施与整体布局。自然景观应和谐一致，绿化面积应达可绿化面积的 90% 以上。

第十条 设置农村公益性墓地，经乡（镇）人民政府审核同意后报县（市、区）人民政府民政部门审批。

第十一条 任何单位和个人未经批准，不得擅自兴建公墓。禁止社会公共墓地另设分墓区，禁止设立家族、宗族墓园。实行火葬的地区，公墓内不得设立安葬遗体的墓穴。允许土葬的地区公墓内应设立安葬骨灰的墓穴或骨灰堂。

第十二条 公墓内安葬骨灰的单人墓占地面积不得超过1平方米，夫妻合墓占地面积不得超过1.5平方米；允许土葬的地区安葬遗体的墓地占地面积不得超过3平方米。墓堆不得高于地面50厘米，墓碑不得高于地面100厘米。

第十三条 因国家建设需要征用公墓用地，给公墓管理组织和个人造成损失的，建设单位应按国家有关规定给予补偿。

第三章 公墓管理

第十四条 社会公共墓地管理组织提供墓位、墓穴实行有偿服务，具体收费项目标准，按国家和省的有关规定执行，并予公布。

第十五条 公墓管理组织凭死亡证明书或火化通知书，办理安葬事宜。

第十六条 社会公共墓地工作人员，应当遵守职业道德，做到规范文明服务，不得利用工作之便索要或收受他人财物。

第十七条 农村公益性墓地不得向村民以外的其他人员提供墓穴用地。管理工作接受县（市、区）人民政府民政部门的指导、监督。

第十八条 社会公共墓地管理组织及任何个人，不得炒买炒卖墓位、墓穴，除一方已入墓的夫妻合墓外，不得预售墓位、墓穴。

第十九条 严格限制公墓墓位、墓穴的使用年限，具体期限由省人民政府规定。

第四章 法律责任

第二十条 违反本条例第七条、第十条、第十一条规定的，由县（市、区）以上民政部门会同城乡规划、土地行政管理等有关部门予以取缔，责令恢复原状，没收违法所得，可以并处违法所得1倍以上3倍以下罚款。

第二十一条 违反本条例第十二条规定的，由县级以上民政部门责令限期改正，没收违法所得，可以并处违法所得1倍以上3倍以下罚款。

第二十二条 违反本条例第十四条，第十五条规定的，由有关行政管理部门依法处理。

第二十三条 违反本条例第十六条规定的，由民政部门责令退赔，并视其情节由所在单位或上级主管部门予以处分；构成犯罪的，由司法机关依法追究刑事责任。

第二十四条 违反本条例第十八条规定的，由县（市、区）民政部门会同物价等有关部门没收违法所得，可以并处违法所得1倍以上3倍以下罚款。

第二十五条 拒绝、阻碍公墓管理工作人员依法执行公务构成违反治安管理行为的，由公安机关依照《中华人民共和国治安管理处罚条例》处理；构成犯罪的，由司法机关依法追究刑事责任。

第二十六条 当事人对依照本条例规定作出的行政处罚决定不服的，可依法申请行政复议或提起行政诉讼，当享人逾期不申请行政复议或不提起行政诉讼又不履行行政处罚决定的，由作出处罚决定的机关申请人民法院强制执行。

第五章 附 则

第二十七条 革命烈士墓，知名人士墓，华侨祖墓，具有历史、艺术、科学价值的古墓以及外国人在华墓地的管理，按照国家有关规定执行。

第二十八条 民族自治州、自治县人民代表大会可根据本条例制定变通办法，报省人民代表大会常务委员会批准。

第二十九条 本条例具体应用中的问题，由省人民政府民政部门负责解释。

第三十条 本条例自 1998 年 1 月 1 日起施行。

四川省村民委员会选举条例

（2003 年 11 月 28 日四川省第十届人民代表大会常务委员会第六次会议通过）

第一章 总 则

第一条 为了规范和完善村民委员会的选举制度保障村民依法进行民主选举，加强村民委员会建设，根据《中华人民共和国村民委员会组织法》，结合四川省实际，制定本条例。

第二条 村民委员会由全村选民直接选举产生。选举应坚持公开、公平、公正的原则，实行差额选举和无记名投票。任何组织和个人不得指定、委派或者撤换村民委员会成员。

第三条 村民委员会由主任、副主任和委员共三至七人组成。其成员的具体数额和职位设置，由村民会议或者村民代表会议根据本村实际情况讨论决定。村民委员会成员中，应当有妇女成员，多民族村民居住的村应当有人数较少的民族的成员。村民委员会成员之间不得有近亲属关系。

第四条 村民委员会每届任期三年，届满应当及时进行换届选举。村民委员会成员可以连选连任。村民委员会因特殊情况需要提前或者延期换届的，由乡（镇）人民政府报县级人民政府批准，并报同级人民代表大会常务委员会备案。

第五条 村民委员会的换届选举由省人民政府统一部署，省以下各级人民政府组织实施。县级以上各级人民政府民政主管部门负责本行政区域内村民委员会选举的日常工作。

第六条 县级以上地方各级人民代表大会及其常务委员会和乡（镇）人民代表大会主席团，对村民委员会的选举工作依法实行监督。

第二章 选举工作机构及职责

第七条 村民委员会在换届选举期间，地方各级人民政府应成立村民委员会换届选举工作指导小组，负责组织实施本行政区域内村民委员会的换届选举工作，其成员由同级人民政府及有关部门负责人组成。换届选举工作指导小组办公室设在同级人民政府民政主管部门。

第八条 村民委员会换届选举工作指导小组的主要职责：

（一）宣传有关的法律、法规、政策；

（二）部署选举工作，制定选举工作方案；

（三）组织培训选举工作人员；

（四）总结、推广选举工作经验；

（五）建立选举工作档案和上报有关选举工作材料；

（六）受理有关选举的来信来访，并进行调查处理；

（七）指导选举工作中的其他事项。

第九条 村民委员会换届选举的日期，由县级村民委员会换届选举工作指导小组确定。

第十条 村成立村民选举委员会。村民选举委员会成员由主任、副主任、委员共五至九人组成，成员应有一定代表性。村民选举委员会成员由村民代表会议或者各村民小组推选产生，报乡（镇）村民委员会换届选举工作指导小组备案。村民选举委员会在乡（镇）村民委员会换届选举工作指导小组指导下，主持本村村民委员会的换届选举工作。村民选举委员会应推选一人担任主任，主持村民选举委员会工作。

第十一条 村民选举委员会履行下列职责：

（一）开展选举的宣传、动员工作，解答选民提出的有关选举方面的问题；

（二）制定选举工作实施方案；

（三）确定和培训选举工作人员；

（四）组织选民登记，审查选民资格，公布选民名单；

（五）组织选民依法产生候选人，公布候选人名单；

（六）公布选举时间、地点和程序；

（七）推选计票人、监票人和唱票人，组织投票选举，公布选举结果，并报乡（镇）村民委员会换届选举工作指导小组备案；

（八）总结和上报选举工作情况，整理、建立选举工作档案；

（九）受理选民意见和申诉；

（十）负责处理其他有关选举的事项。

第十二条 村民委员会任期届满后，应当按照县级村民委员会换届选举工作指导小组确定的日期进行换届选举。村民委员会拖延换届选举超过三个月的，由乡（镇）人民政府负责召集村民会议，由村民会议推选出村民选举委员会，依法举行换届选举。

第十三条 省、市、州和县（市、区）、乡（镇）地方各级人民政府指导村民委员会选举工作的经费，按财政管理体制由财政列支。

第三章　选民登记

第十四条　年满十八周岁的村民，除依照法律被剥夺政治权利的外，都有选举权和被选举权。

第十五条　具有选民资格的村民一般在户籍所在地的村进行选民登记。居住地与户籍所在地不一致、要求在居住地参加选举的，须出具户籍所在地村民委员会对其未进行选民登记的证明，经居住地所在村的村民选举委员会确认，可以进行选民登记。村民不得在两个以上的村重复登记。不能表达自己意志的精神病患者或者其他智力残疾者，经确认不列入选民名单。选民的年龄计算以选举日为截至日期，出生日期以居民身份证记载的日期为准，无身份证的以户口簿记载的日期为准。

第十六条　村民委员会每次换届选举前，应当对上届选民登记情况进行确认。对迁出本村的、死亡的不予登记，对被依法剥夺政治权利的予以除名，对新增选民予以补充登记。

第十七条　选民外出，村民选举委员会无法与本人取得联系或者联系后本人在选举日未能回村参加选举的，又没有书面委托他人代为投票的，可以不计算在本届选民总数内。

第十八条　村民选举委员会应当在选举日的二十日前，以村或者村民小组为单位张榜公布选民名单，并发放选民证。

因故推迟选举超过三十日的，应当对选民名单重新核实并公布。

第十九条　村民对公布的选民名单有异议的，可以在选举日的十日前向村民选举委员会提出，村民选举委员会应当在三日内依法作出处理决定。

第四章　候选人的产生

第二十条　村民委员会成员候选人由选民以单独或者联名的方式直接提名。每一选民提出的候选人人数不得多于应选人数。一人同时被提名为两项以上职务的候选人时，按提名人数最多的一项进行确定。

第二十一条　村民委员会主任、副主任候选人应当分别比应选名额多一人，委员候选人应当比应选名额多一至三人。

第二十二条　村民选举委员会应当提倡选民将那些遵守国家法律、法规、政策，品行端正，办事公道，廉洁奉公，作风民主，身体健康，工作能力较强，热心为村民服务的选民，提名为村民委员会成员候选人。

第二十三条　提名为村民委员会成员候选人的名单由村民选举委员会于选举日的十五日前按姓氏笔画顺序公布。

第二十四条　提名为村民委员会成员候选人的人数超过规定差额数的，村民选举委员会应当召开村民会议或者村民代表会议决定是否预选。决定预选的，以无记名投票方式进行预选，按得票多少确定正式候选人名单。决定不预选或者提名为村民委员会成员候选人的人数符合规定差额数的，被提名的候选人即为正式候选人。村民委员会成员正式候选人名单应当在选举日的五日前张榜公布。

第二十五条　村民选举委员会成员被确定为村民委员会成员正式候选人的，其所在村民选举委员会中的职务自行终止。由此造成村民选举委员会组成人员缺额需要补充的，由村民代表会议或村民小组另行推选。

第二十六条 村民委员会成员正式候选人确定后，由村民选举委员会在选举日前，按照平等、客观、公开的原则，组织村民委员会成员候选人与选民见面，向选民陈述任期内履行职责的打算，回答选民的询问。村民委员会成员正式候选人自愿放弃候选人资格的，应向村民选举委员会提出书面申请。由此造成正式候选人差额数不足的，由村民选举委员会在原提名的候选人中按预选时得票多少的顺序递补；未进行预选的，组织选民重新提名。调整后的正式候选人名单应当及时予以公布。

第五章 选举程序

第二十七条 村民选举委员会在投票选举前应做如下工作：

（一）核实参加选举的人数；

（二）选举日五日前公布投票选举的具体时间、地点；

（三）准备票箱和选票，设立选举会场和投票站；

（四）培训监票人、计票人和唱票人等工作人员；

（五）其他与选举有关的事务性工作。

第二十八条 村民委员会选举时，应当召开选举大会。村民选举委员会根据便于选民选举的原则，设立选举大会的会场。还可设若干投票站，每个投票站必须有三名以上选举工作人员负责，在选举日规定时间内完成投票。村民委员会成员正式候选人不得参与选举大会的组织工作，其近亲属不得担任监票人、计票人和唱票人。

第二十九条 村民委员会选举，可以按主任、副主任、委员的顺序分别进行，也可以一次性投票选举主任、副主任和委员。

第三十条 村民委员会选举采取无记名投票方式。选举会场应当设立秘密写票处和公共代写处。文盲或因其他原因不能填写选票的，可以委托他人代写，代写人不得违背选民的意愿。选民如果在选举期间外出，可以书面委托除正式候选人外的其他选民代为投票。每一选民接受委托投票不得超过 3 人。选民对候选人可以投赞成票、反对票或者弃权票，也可以另选本村其他选民。

第三十一条 选民投票结束后，所有投票箱应于当日集中到中心会场，并当众开箱，由监票、计票人员清理选票，由唱票人公开唱票，作出记录，并由计票人、监票人签字。

村民选举委员会应当场确认选举是否有效并将选票封存，移交乡（镇）人民政府存档。

第三十二条 选举村民委员会，有全体选民的过半数参加投票，选举有效。每次选举所投票数多于发出票数的，选举无效；等于或少于发出票数的，选举有效。每一选票上所选的每项职务人数多于应选人数的，选票无效，等于或少于应选人数的，选票有效。选票书写模糊无法辨认或者不按规定符号填写的，经两名以上监票人认定，对相应部分作废票处理。废票应当计入选票总数。

第三十三条 村民委员会正式候选人获得参加投票的选民的过半数的选票，始得当选。获得半数以上选票候选人人数多于应选名额时，以得票多的当选；如果票数相同，不能确定当选人时，应当就票数相同的候选人再次投票，以得票多的当选。村民委员会候选人以威胁、贿赂、伪造选票等不正当手段当选的，其当选无效。

第三十四条 获得过半数选票的候选人人数少于应选名额时，不足的名额应在没有当选的候选人中另行选举。另行选举时，根据第一次选举得票多少的顺序，按照本条例第二十一条规定的差额数，确定另行选举候选人名单。另行选举候选人以得票多者当选，但得票数不得少于投票数的三分之一。

第三十五条 村民委员会经过两次投票选举，当选人已达三人以上但仍不足应选人数时，不足的名额可以暂缺。当主任暂缺时，由副主任代理主任工作；当主任、副主任都暂缺时，从当选的村民委员会委员中协商推选一人主持工作，并在三十日内召开村民会议另行选举，直至选出主任为止。当选人数不足三人，不能组成新一届村民委员会的，应当在五日内就不足的名额另行选举。

第三十六条 村民委员会选举结果经村民选举委员会确认有效后，当场公布，并报乡（镇）村民委员会选举工作指导小组和县级人民政府民政主管部门备案。县级人民政府民政主管部门应及时会同所在的乡（镇）人民政府颁发当选证书。

第三十七条 村民委员会成员全部选举产生后，村民选举委员会主持选举的职责自行终止。新一届村民委员会第一次会议应当在选举结果公布后及时召开。

第三十八条 新一届村民委员会产生后，上一届村民委员会的职责自行终止。上一届村民委员会应当在十日内办完公章、财务帐目、资料档案和有关集体资产的移交手续。

第三十九条 新一届村民委员会应当在十日内组织推选村民小组长和村民代表。村民小组长在村民委员会主持下，由村民小组会议推选产生。村民代表由选民按每五户到十五户推选一人，或者由各村民小组推选若干人，总数由村民委员会确定，但是不得少于二十人。村民代表名单应予公示。村民小组长、村民代表的任期与村民委员会任期相同。每届任期三年，可连选连任。上一届的村民小组长、村民代表在新一届村民小组长、村民代表产生后，其职务自行终止。

第六章 罢免、辞职和补选

第四十条 村民委员会及其成员受村民监督。本村五分之一以上有选举权的村民联名，可以要求罢免村民委员会成员。罢免要求及理由应当以书面形式向村民委员会提出。村民委员会应当在接到罢免要求三个月内召开村民会议进行投票表决。村民委员会成员违反国家法律、法规被行政拘留、劳动教养和追究刑事责任的、或者不履行职责造成不良后果的，乡（镇）人民政府或者乡（镇）人民代表大会主席团可以向村民委员会提出书面罢免建议，村民委员会应当在三个月内召开村民会议进行投票表决。对村民委员会副主任、委员提出罢免要求的，村民会议由村民委员会主任主持；对村民委员会主任或者多数村民委员会成员提出罢免要求的，或者村民委员会在接到罢免要求后拒绝召开村民会议表决罢免要求的，由乡（镇）人民政府指导村民委员会主持村民会议进行投票表决。

第四十一条 村民会议在表决罢免要求时，被提出罢免的村民委员会成员有权出席会议并提出申辩意见。罢免村民委员会成员，须经过有选举权的村民过半数通过。

第四十二条 村民委员会成员要求辞去职务的，应当以书面形式向村民委员会提出，由村民会议或者村民代表会议通过。对迁出本村或连续六个月以上不履行职责的村民委员会成员，经村民会议或村民代表会议认定，按自动辞职处理。

第四十三条 村民委员会成员出现缺额时，应当在三个月内补选。补选村民委员会的主任或者两名以上村民委员会成员，应当按照本条例规定的选举程序和方法进行。补选村民委员会一名成员，补选方法由村民委员会根据多数选民的意见确定。补选的村民委员会成员，其任期到本届村民委员会任期届满为止。村民小组长的罢免和补选由村民委员会主持，其程序参照村民委员会成员的罢免和补选程序办理。

第四十四条 罢免、补选村民委员会成员或者村民委员会成员辞职，村民委员会应及时向全体村民公告，并报乡（镇）人民政府和县级人民政府民政主管部门备案。

第七章 法律责任

第四十五条 违反本条例规定进行村民委员会选举的，村民有权向乡（镇）人民代表大会主席团和人民政府举报，也可以向县级人民代表大会常务委员会或者人民政府及其主管部门举报。有关机关应当负责调查，并依法处理。

第四十六条 违反本条例规定，有下列情形之一的，由乡（镇）以上主管机关予以纠正，并视情节轻重对直接责任人给予批评教育或者行政处分：

（一）无正当理由拖延村民委员会、村民小组长选举或罢免，超过规定时限的；

（二）未经法定程序调整、变更村民委员会成员候选人的；

（三）随意增加或减少村民委员会成员职数的；

（四）未经村民会议通过，罢免村民委员会成员的；

（五）指定、委派、撤换、调离村民委员会成员的。

第四十七条 违反本条例规定，有下列情形之一的，各级人民政府及其有关部门应当依法予以制止、纠正；构成犯罪的，由司法机关依法追究刑事责任：

（一）违法剥夺村民选举权和被选举权的；

（二）对控告、检举选举中的违法行为或者提出罢免要求的村民进行报复的；

（三）以暴力威胁、欺骗、贿赂、伪造选票、毁坏选票或者票箱等手段破坏选举工作正常进行或者妨碍选民行使选举权和被选举权的；

（四）以其他不正当方式阻碍选举工作正常进行的；

（五）违反治安管理规定的。

第四十八条 村民对选举程序、办法或者选举结果有异议的，可以向乡（镇）人民政府或者县级人民政府民政主管部门提出书面申诉。乡（镇）人民政府或者县级人民政府民政主管部门应当在接到申诉后三十日内，作出书面处理决定。当事人对处理决定不服的，可以在接到处理决定书后十五日内向上一级人民政府民政主管部门提出书面申诉。

第八章 附 则

第四十九条 本办法自2004年1月1日起施行。

四川省《中华人民共和国村民委员会组织法》实施办法

（2001 年 7 月 21 日四川省第八届人民代表大会常务委员会第二十四次会议通过）

第一条　为发展农村基层民主，保障农村村民依法实行自治，根据《中华人民共和国村民委员会组织法》的规定，结合四川实际，制定本办法。

第二条　村民委员会是村民自我管理、自我教育、自我服务的基层群众性自治组织，实行民主选举、民主决策、民主管理、民主监督。

第三条　中国共产党在农村的基层组织，按照中国共产党章程进行工作，发挥领导核心作用；依照宪法和法律，支持和保障村民开展自治活动、直接行使民主权利。

第四条　乡、民族乡、镇人民政府对村民委员会的工作给予指导、支持和帮助，但不得干预依法属于村民自治范围内的事务。村民委员会应协助乡、民族乡、镇人民政府开展工作。

第五条　村民委员会的主要职责：

（一）召集主持村民会议、村民代表会议并报告工作；

（二）执行村民会议、村民代表会议的决议、决定，接受村民的监督；

（三）编制并组织实施本村经济、社会发展规划和年度计划；

（四）组织发展多种形式的合作经济和其他经济，依法管理财务和属于村农民集体所有的土地、草场、森林及其他财产，合理利用自然资源，保护和改善生态环境；

（五）教育村民遵守法律法规以及村民自治章程和村规民约、自觉履行服兵役、义务教育、依法纳税、计划生育、优待烈军属、供养五保户、扶助残疾人等应尽的义务；

（六）组织推广先进技术，普及科学文化知识，反对封建迷信，开展多种形式的社会主义精神文明建设活动；

（七）调解民间纠纷，协助维护社会治安；

（八）因地制宜地兴办本村的公共事务和公益事业；

（九）向人民政府反映村民意见、要求和提出建议；

（十）妥善处理与邻村和驻本村其他单位的关系；

（十一）法律法规规定的其他职责。

第六条　村民委员会的设立、撤销或范围调整，由乡、民族乡、镇人民政府提出，经村民会议讨论同意后，由乡、民族乡、镇人民政府报县级人民政府批准。村民委员会分设若干村民小组。村民小组的设立、撤销或范围调整，由村民委员会提出，经村民小组讨论同意后，报乡、民族乡、镇人民政府批准，并报县级人民政府备案。

第七条　村民委员会由主任、副主任和委员共三至七人组成，妇女应有适当的名额。村民委员会根据需要设立人民调解、治安等委员会。也可以不设下属委员会，由村民委员会成员分工负责有关工作。村民委员会主任、副主任与村财会人员之间不得有配偶和直系亲属关系。

第八条　村民委员会成员实行任职补贴。补贴标准和办法由乡、民族乡、镇人民政府按有关规定提出指导意见，交由村民会议或村民代表会议根据本村经济状况和村民委员会成员的工作情况讨论决定。补贴经费从村办经济的收益和符合国家有关规定的其他收益中解决，县、乡两级财政给予适当补助，并根据本地情况合理调整。

第九条 村民委员会成员由本村有选举权的村民直接选举产生。任何组织或者个人不得指定、委派或者撤换村民委员会成员。村民委员会每届任期三年。村民委员会成员可以连选连任。村民委员会因特殊情况需要提前或者延期换届的，经村民会议讨论同意后，由乡、民族乡、镇人民政府报县级人民政府批准，并报县人民代表大会常务委员会备案。

第十条 年满十八周岁的村民，除依照法律被剥夺政治权利的人外，都有选举权和被选举权。有选举权和被选举权的村民名单，村民选举委员会应当在选举日的20日以前公布。

第十一条 村民委员会的选举，由村民选举委员会主持。村民选举委员会由主任一人和成员若干人组成，由村民会议或村民小组推选产生，并报乡、民族乡、镇人民政府备案。村民委员会选举工作接受县级和乡级人民政府的指导。

第十二条 村民委员会成员的候选人由本村有选举权的村民直接提名产生。每一村民所提候选人不得多于应选人数。提名的候选人数超过规定的差额时，由村民会议或村民代表会议以无记名投票方式进行预选，按照得票多少确定正式候选人；也可以不预选，直接投票选举。正式候选人的名额应当比应选名额多1至3人。正式候选人名单应当在选举日5日以前张榜公布。

第十三条 选举村民委员会，有选举权的村民过半数投票，选举有效；候选人获得参加投票的村民的过半数的选票，始得当选。获得过半数选票的候选人超过应选名额时，以得票多的当选。得票数相等不能确定当选人时，应就票数相等的候选人重新投票。获得过半数选票的当选人少于应选名额时，不足的名额应当在没有当选的候选人中另行投票选举，以得票多的当选。选举可以按主任、副主任、委员的顺序分别进行，也可以同时进行。选举实行无记名投票、公开记票的方法，选举结果应当场公布。选举时，设立秘密写票处和代写处。

第十四条 投票选举应召开选举大会，根据需要可以设立中心投票会场和若干投票站。有选举权的村民可以书面委托除正式候选人之外的其他有选举权的村民代为投票，但每一村民接受委托投票不得超过三人。

第十五条 以威胁、贿赂、伪造选票等不正当手段，妨害村民行使选举权、被选举权，破坏村民委员会选举的，村民有权向乡、民族乡、镇人民代表大会主席团和人民政府或者县级人民代表大会常务委员会和县级人民政府及其有关主管部门举报，有关机关应当负责调查并依法处理。以威胁、贿赂、伪造选票等不正当手段当选的，其当选无效。

第十六条 新一届村民委员会产生后，上一届村民委员会应在十日内将公章、财务帐目、资料档案和办公设施，设备以及其他集体资产移交完毕。新一届村民委员会应当及时组织推选村民代表、推举或选举村民小组长。村民代表、村民小组长的任期与村民委员会的任期相同，可以连选连任。

第十七条 本村五分之一以上有选举权的村民联名，可以要求罢免村民委员会成员。罢免要求应当提出罢免理由。被提出罢免的村民委员会成员有权提出申辩意见。村民委员会应当在三个月内召开村民会议，投票表决罢免要求。罢免村民委员会主任的，应告知乡级人民政府，乡级人民政府应派员指导。罢免村民委员会成员须经有选举权的村民过半数通过。

第十八条 村民委员会成员要求辞去职务的，应当以书面形式向村民委员会提出，由村民会议或村民代表会议通过并向村民公告。村民委员会主任不履行职务在六个月以上的，由村民会议或村民代表会议决定，按其自动辞职处理。

第十九条 村民会议由本村十八周岁以上的村民组成。村民会议由村民委员会召集。每半年举行一次。因特殊情况需要或有十分之一以上有选举权的村民提议，应当召集村民会议。召开村民会议，应当有本村十八周岁以上村民的过半数参加，或者有本村三分之二以上的户的代表参加；所作决定，应当经到会人员的过半数通过。召开村民会议时，可以邀请驻在本村的企业、事业单位和群众组织派代表列席会议。

第二十条 涉及村民利益的下列事项，村民委员会应提请村民会议决定。

（一）《中华人民共和国村民委员会组织法》规定的应由村民会议讨论决定的事项；

（二）村经济与社会发展规划和年度工作计划；

（三）听取和审议村民委员会的年度工作报告，村财务预算、决算和收支情况的报告；

（四）评议村民委员会和村民委员会成员的工作；

（五）依法制定和修改村民自治章程、村规民约；

（六）罢免和补选村民委员会成员；

（七）审议批准村民委员会成员的辞职申请；

（八）撤销、变更村民代表会议和村民委员会不适当的决议、决定。

第二十一条 人数较多或居住分散的村设立村民代表会议。村民代表会议由村民委员会成员、村民小组长、村民代表组成。村民代表会议由村民委员会召集。村民代表会议经村民会议授权，可以决定前条（二）项、（三）项、（四）项、（七）项规定的事项及其他授权的事项。村民代表由村民按每五户至十五户推选一人，或者由各村民小组推选若干人产生。村民代表中妇女应当有适当的名额；多民族村民居住的村，应当有人数较少民族的代表。村民代表由原推选的户或村民小组更换。其他任何组织和个人不得指定、委派或者更换村民代表。

第二十二条 村民代表会议一般每三个月召开一次。特殊情况或有三分之一以上村民代表会议成员提议，应当召开村民代表会议。召开村民代表会议必须有三分之二以上的村民代表会议成员参加，所作决定，由村民代表会议全体成员的过半数通过；村民代表会议的决定不得与村民会议的决定、决议相抵触。村民自治章程、村规民约以及村民会议或者村民代表会议讨论决定的事项不得与宪法、法律、法规和国家政策相抵触，不得有侵犯村民的人身权利、民主权利和合法财产权利的内容。

第二十三条 村民小组长由村民小组会议推举产生或由村民小组会议选举产生。村民小组长的选举、罢免适用本办法规定的村民委员会成员的选举、罢免程序。

第二十四条 村民小组长履行以下职责：

（一）依法组织本组村民管理属于农民集体所有的土地和其他财产；

（二）依法组织本组村民发展多种形式的合作经济和其他经济；

（三）执行村民会议和村民代表会议的决议、决定；

（四）办理村民委员会布置的工作；

（五）反映本组村民的意见、建议。村民小组可以参照村务公开的形式，实行组务公开。

第二十五条 村民委员会实行村务公开制度。对以下事项，应当通过会议或设立村务公开栏等形式及时公布，涉及财务的事项至少每六个月公布一次，并接受村民和有关部门的监督：

（一）本实施办法第二十条规定的由村民会议或村民代表会议讨论决定的事项及其实施情况；

（二）村的主要财产和债权债务；

（三）村财务收支情况；

（四）农村社会养老保险投保和发放情况；

（五）本村享受误工补贴的人数及补贴标准；

（六）集体拖欠村民资金和村民拖欠集体资金情况；

（七）优抚、救灾、救济款物的发放情况；

（八）村民普遍关心的涉及本村村民利益的其他事项。

第二十六条 村民委员会应当保证公布内容的真实性，接受村民的查询。村民委员会不及时公布应当公布的事项或者公布的事项不真实的，村民有权向乡、民族乡、镇人民政府或者县级人民政府及其有关主管部门反映，政府有关部门应当负责调查核实，责令公布；经查证确有违法行为的，有关人员应当依法承担法律责任。

第二十七条 公民、法人和社会组织发现违反本实施办法的行为，有权向各级人民代表大会和县级以上人民代表大会常务委员会或者各级人民政府及其民政部门反映。对违反本实施办法的行为，各级人民代表大会和县级以上人民代表大会常务委员会应当监督同级人民政府及其有关机关及时调查处理。

第二十八条 本办法由各级人民政府指导实施，具体工作由民政部门负责。

第二十九条 县级人民政府的民政部门和乡、民族乡、镇人民政府负责对村民委员会成员的培训，每届村民委员会成员任期内至少应当培训一次。

第三十条 街道办事处管辖的村，适用本实施办法。

第三十一条 本实施办法自公布之日起施行。1991 年 5 月 28 日四川省第七届人民代表大会常务委员会第二十三次会议通过的《四川省〈中华人民共和国村民委员会组织法〉（试行）实施办法》同时废止。

四川省成都市（地）名管理规定

（2002 年 1 月 17 日成都市第十三届人民代表大会常务委员会第二十六次会议通过，2002 年 3 月 30 日四川省第九届人民代表大会常务委员会第二十八次会议批准）

第一章　总　则

第一条 为保障地名标准化、规范化，根据国务院《地名管理条例》，结合成都市实际，制定本规定。

第二条 本市行政区域内的地名命名、更名和注销，标准地名的使用，地名标志的设置和管理适用本规定。

第三条 本规定所称地名包括：

（一）山、河、湖、岛等自然地理实体名称；

（二）区（市）县、乡（镇）、街道办事处等行政区划名称及居民委员会、村民委员会等名称；

（三）城市道路、城市桥梁、场镇、自然村、区片等名称；

（四）公路、铁路、机场、隧道、车站、码头、水库以及名胜古迹、纪念地、游览地等专业部门使用的具有地名意义的名称；

（五）住宅小区、高层建筑、大型楼群等建筑物名称。

第四条 市民政部门是全市（地）名管理的主管部门，区（市）县民政部门负责本行政区域内的地名管理工作。计划、建设、规划、市政公用、公安、交通、文化、质量技术监督、档案等相关部门和新闻媒体以及乡（镇）人民政府、街道办事处应按照各自职责，配合民政部门做好地名管理工作。

第五条 地名档案管理由市民政部门统一指导，市和区（市）县民政部门分级管理，业务上接受同级档案管理部门的指导和监督。

第二章 地名的命名、更名和注销

第六条 地名命名除遵循国务院《地名管理条例》第四条的规定外，还应遵循下列规定：

（一）符合城乡规划和地名规划要求，反映当地历史文化和地理特征，用字规范，含义健康；

（二）城区内及其他一个区（市）县内的道路、居民住宅区、建筑物名称，乡（镇）、街道办事处的名称，一个乡（镇）内的村和居民委员会的名称，市内重要的自然地理实体的名称不得重名，并避免同音；

（三）乡（镇）、村民委员会名称，一般应以乡（镇）人民政府及村民委员会驻地命名；街道办事处及居民委员会名称，一般应以所管辖范围内的街、巷名命名；

（四）住宅小区、高层建筑、大型楼群等建筑物的命名应符合公布的建筑物的命名标准。

第七条 重要的地名规划、命名应广泛征求意见。

第八条 地名更名除遵循国务院《地名管理条例》第五条规定外，凡不符合本规定第六条规定，以及与社会发展和城市建设现状不相适应的地名，应当更名。

第九条 因自然变化、行政区划调整和城市建设而消失的地名，应当注销。

第十条 地名命名、更名、注销的申报、审批和备案应遵循下列规定：

（一）行政区划名称的命名、更名按照国务院《关于行政区划管理的规定》办理；

（二）自然地理实体名称、涉及两个以上区（市）县的，由相关区（市）县民政部门提出意见，区（市）县人民政府联名上报，经市民政部门审核后，报市人民政府审批。区（市）县境内的，由乡（镇）人民政府、街道办事处申报，经区（市）县民政部门审核后，报区（市）县人民政府审批，并报市民政部门备案；

（三）城区内的城市道路、桥梁名称，由计划部门在受理建设工程立项报告后，告知市民政部门，由市民政部门提出命名方案，报市人民政府审批；

（四）城区住宅小区道路名称，由计划部门在受理建设工程项目立项报告后，告知工程所在地的区民政部门，由区民政部门提出命名方案，报市民政部门审批；

（五）其他区（市）县的城镇道路名称，由乡（镇）人民政府申报经区（市）县民政部门审核后，报区（市）县人民政府审批，并报市民政部门备案；

（六）住宅小区、高层建筑、大型楼群等建筑物名称，由建筑物的产权所有者按照公布的命名标准命名，在批准立项之日起15日内，城区的报市民政部门备案，其他区（市）县的报当地民政部门备案；

（七）专业部门使用的具有地名意义的名称，由市、区（市）县专业部门报上级专业主管部门审批，并报市民政部门备案；

（八）地名注销参照地名命名、更名的程序办理。

第十一条 民政部门自受理地名申报或告知之日起，对城市道路、桥梁应在15个工作日内（除需要广泛征求意见的外）作出审批、报批的决定。区（市）县人民政府审批命名、更名和注销的各类地名，应当自审批之日起15个工作日内将审批文件报送市民政部门备案。

第十二条 任何单位和个人不得擅自命名或者更改地名。

第三章 标准地名的使用

第十三条 按地名命名、更名的申报程序和审批权限，经审核批准的地名为标准地名。

第十四条 标准地名由市或区（市）县民政部门公告。

四川省地名管理办法

川府发〔1987〕108号 1987年6月2日发布

第一条 为加强地名管理，适应社会主义现代化建设和国际交往的需要，根据国务院《地名管理条例》，结合四川实际，制定本办法。

第二条 本办法所称地名，包括：自然地理实体名称，行政区划名称，居民地名称，各专业部门使用的具有地名意义的台、站、港、场、桥梁、水库、浏览地及其他人工建筑等名称。

第三条 各级地名管理机构主管本辖区地名工作，负责本办法的组织实施。主要职责是：

（一）贯彻执行有关地名工作的法律、法规、规章和政策；

（二）指导、协调各专业部门的地名工作；

（三）承办地名的命名、更名，推广标准标准地名的使用；

（四）组织、检查地名标志的设置、管理；

（五）收集、整理地名资料，管理地名档案；

（六）组织地名学理论研究。

第四条　地名管理应当从地名的历史和现状出发，保持地名的相对稳定性。地名的命名和更名，应按照本办法规定报批，未经批准，任何单位和个人不得擅自决定。

第五条　地名的命名应遵循下列规定：

（一）有利于人民团结和社会主义现代化建设，尊重当地群众意愿，与有关方面协商一致。

（二）科学、简明，方便使用，注意反映当地历史、文化、地理特征。

（三）一般不以人名作地名，禁止用国家领导人的名字作地名。

（四）县（市、区）以上名称，县（市、区）内的乡（镇）名称，城镇内的街道名称，乡（镇）内的村名称，不应重名，并避免同音，省内著名的山、河、湖泊等自然地理实体名称，也应避免重名、同音。

（五）乡、镇名称应与其政府所在地名称统一，专业部门使用的具有地名意义的台、站、港、场、桥梁、水库、浏览地及其他人工建筑等名称，应与当地地名统一。

第六条　地名的更名应遵循下列规定：

（一）凡有损我国领土主权和民族尊严的，带有民族歧视性质和妨碍民族团结的，带有侮辱劳动人民性质和极端庸俗的，以及其他违背国家方针、政策的地名、必须更名。

（二）不符合本办法第五条规定的地名，在征得有关方面和当地群众同意后，予以更名。

（三）一地多名的，应确定一个名称。

（四）不明显属于上述范围的、可改可不改的和当地群众不同意改的地名，可不更改。

第七条　地名命名、更名的审批权限和程序：

（一）自然地理实体名称，本省境内在国内外著名或涉及邻省（自治区）的，由省人民政府提出意见，报国务院审批；跨市（地、州）的，由相关市、州人民政府或地区行政公署提出意见，联名报省人民政府审批；跨县（市、区）的，由相关县（市、区）人民政府提出意见，联名报市、州人民政府或地区行政公署审批；县（市、区）境内的由县（市、区）人民政府审批。

（二）行政区划名称由民政部门同地名管理机构洽商，按照国务院和省人民政府有关行政区划管理的规定办理。

（三）居民地（包括街道）名称，一般由乡（镇）人民政府、街道办事处提出意见，报县（市）人民政府审批；其中设区的市的居民地（包括街道）名称，由区人民政府提出意见，报市人民政府审批。

（四）各专业部门使用的具有地名意义的台、站、港、场、桥梁、水库、游览地及其他人工建筑名称，由各专业部门提出意见，征得当地人民政府同意后，报上一级专业主管部门审批，送当地和省地名管理机构备案。

地名的命名、更名应写出文字报告，并附《四川省地名命名、更名审核意见表》。注销、恢复地名，按地名命名、更名的审批权限和程序办理。市、州、县人民政府和地区行政公署批准的地名，应报省地名管理机构备案，其中行政区划名称，并应报省民政部门备案。

第八条　地名用字要规范，避免使用生僻字。汉字字形以1965年文化部和中国文字改革委员会发布的《印刷通用汉字字形表》为准，字音以国家规定的标音为准。

地名的汉语拼音字母拼写，应遵守《中国地名汉语拼音字母拼写规则（汉语地名部分）》；少数民族语地名的拼写，应遵守《少数民族语地名汉语拼音字母音译转写法》。

一名多写的，应确定统一的用字。

第九条 经地方人民政府批准的地名，由地名管理机构负责汇集出版，其中行政区划名称，民政部门可以汇集出版单行本。地名管理机构编辑出版标准地名图书时，应报上一级地名管理机构审定。出版外国地名译名书籍，需经中国地名委员会审定。使用地名，应以地名管理机构或民政部门编辑出版的地名书籍为准。

第十条 各级地名管理机构应按照《全国地名档案管理暂行办法》和档案管理机关的有关规定，加强地名档案资料的管理。

第十一条 地名标志的设置、管理，应遵循下列规定：

（一）城市及街道地名标志，由城建、公安部门负责；乡（镇）及街道地名标志，由乡（镇）人民政府负责。

（二）铁路、公路的车站、岔口和码头等地名标志，分别由铁路、公安、交通等部门负责。

（三）各专业部门使用的具有地名意义的台、站、港、场、桥梁、水库、游览地及其他人工建筑的名称标志，由有关部门负责。

第十二条 违反本办法规定，擅自命名、更名的，由地名管理机构给予批评教育，责令纠正。擅自涂改、移动和毁坏地名标志的，由标志管理部门、单位给予批评教育或责令赔偿；情节严重的，由公安机关按《中华人民共和国治安管理处罚条例》第二十五条（五）项的规定处罚。

第十三条 本办法由省地名管理机构负责解释。

第十四条 本办法自发布之日起执行。

四川省退伍义务兵安置实施细则

省政府令第 11 号　1989 年 7 月 15 日

第一条 为了做好退伍义务兵的安置工作，根据国务院《退伍义务兵安置条例》，结合四川实际，制定本细则。

第二条 本细则所称退伍义务兵，是指中国人民解放军和中国人民武装警察部队的下列人员：

（一）服现役期满（包括超期服役）退出现役的；

（二）服役期未满，因下列原因之一，经部队师级以上机关批准提前退出现役的：

1. 因战、因公负伤（包括因病）致残，部队发给《革命伤残军人抚恤证》的；

2. 经驻军医院证明，患病基本治愈，但不适应部队继续服现役，以及精神病患者经治疗半年未愈的；

3. 部队编制员额缩减需要退出现役的；

4. 家庭发生重大变故，经家庭所在地的县（市、区）民政部门和人民武装部证明，需要退出现役的；

5. 国家建设需要调出部队的；

6. 因其他原因需要提前退出现役的。

第三条 退伍义务兵安置工作必须贯彻从哪里来回哪里去的原则和妥善安置、各得其所的方针。

第四条 退伍义务兵安置工作，在地方各级人民政府领导下进行。地方各级人民政府和地区行政公署可根据安置工作的情况设置退伍军人安置机构或指定工作人员负责办理退伍义务兵安置的日常工作。退伍军人安置机构设在民政部门。人民武装、计划、劳动、人事、公安、粮食、财政、教育、卫生、交通等有关部门应当协助民政部门做好退伍义务兵的接收安置工作。

第五条 安置工作所需经费，由各级财政拨出专款解决。

第六条 接收退伍义务兵时间，按照国务院、中央军委当年的规定执行。因气候或地理原因，按国防部批准提前或者推迟退伍的时间接收。

第七条 退伍义务兵返回原征集地途中，军供、接待站应做好接待、转运工作，铁路、交通等运输部门应给予优先。

第八条 退伍义务兵回到原征集地时，当地人民政府应当认真组织接待。

第九条 退伍义务兵回到原征集地三十天内，持退伍证和部队介绍信到县（市、区）兵役机关办理预备役登记，然后向退伍军人安置机构报到，凭退伍军人安置机构介绍信办理落户手续。退伍义务兵的档案，按规定由部队邮寄或派人送交原征集地（市、区）退伍军人安置机构。凡本人自带档案的，安置机构可不予接收。

第十条 退伍义务兵原是农业户口的，由当地退伍军人安置机构按下列规定安置：

（一）确无住房或严重缺房而自建和靠集体帮助又确有困难的，应当按照国家规定安排一定数量的建筑材料和经费帮助解决；

（二）有一定专长的，应积极扶持其从事种植、养殖、加工业，兴办经济实体，或向有关单位推荐录用；

（三）用人单位向农村招工、招聘干部时，在同等条件下应当优先录用退伍义务兵，对服役期间荣立三等功、超期服役和女性退伍义务兵，应当给予适当照顾；

（四）服役期间荣立二等功（含二等功，下同）以上，立功证件齐全，审批手续完备的退伍义务兵，应当安排工作；

（五）无线电技术侦察部队掌握核心和重要机密，经师级以上政治机关批准退役的，或空军停飞人员退役的，或服役期间，父母经批准迁入城镇、转为非农业户口，原征集地已无直系亲属，回农村安置确有困难，经省退伍军人安置机构审查批准的，安排适当工作。

第十一条 原是城镇户口的退伍义务兵，服役前没有参加工作的，根据生产建设需要，由政府统一分配工作，按系统分配任务、包干安置，各单位必须接收，妥善安排。

具体安置按下列规定办理：

（一）每年退伍义务兵回到原征集地后，各地按预分的劳动指标先行安置，待国家计划指标下达后，由市（地、州）向省统一结算。部分中央、省属单位，由省直接划拨劳动指标；

（二）对获得大军区以上单位（含大军区）授予的荣誉称号和立二等功以上的，安排工作时，应优先照顾本人自愿；

（三）在部队荣立三等功和超期服役的，安排工作时，在条件允许的情况下，应照顾本人特长和自愿；

（四）在部队被培养成为有一定专业和特长的，安排工作时，应尽量做到专业对口；

（五）城镇用人单位招干时，在同等条件下，对待安置期间的退伍义务兵优先录用。

对下列人员，退伍军人安置机构不负责安置工作，按社会待业人员对待：

1. 无正当理由，本人要求中途退伍的；

2. 被部队开除军籍或除名的；

3. 在部队或者退伍后待安排期间犯有刑事罪（过失罪除外）被判处有期徒刑以上处罚的；

4. 非户口所在地入伍的；

5. 有关政策、法规规定其他不安排工作的。

第十二条 义务兵入伍前，原是国家机关、人民团体、企业事业单位正式职工（包括劳动合同制职工），退伍后原则上回原单位复工复职。对于因残、因病不能坚持八小时工作的，原工作单位应当按照对具有同样情况的一般工作人员的安排原则予以妥善安置。退伍义务兵原工作单位已撤销或合并的，由上一级机关或合并后的单位负责安置。

第十三条 义务兵入伍前原是学校（含中等专业学校和技术学校）未毕业的学生，退伍后要求继续学习而本人又符合学习条件的，在年龄上可适当放宽，原学校应在他们退伍后的下一学期准予复习。如果原学校已经撤销、合并或者由于其他原因在原学校复学确有困难，可以由本人或者原学校申请县（市、区）以上教育部门另行安排他们到相应的学校学习。

第十四条 退伍义务兵报考高等院校和中等专业学校，在与其他考生同等条件下，优先录取。

第十五条 允许原是城镇户口的退伍义务兵自谋职业，有关部门应予支持。退伍军人安置机构不再为其安排工作。

第十六条 退役的特等、一等革命伤残军人，由其原籍或配偶、父母所在地的县（市、区）退伍军人安置机构接收安置，由国家供养终身，其配偶和十六周岁以下子女以及十六周岁以上在校读书子女原是农业户口的，可转为非农业户口，供应平价粮。需建房的，按有关规定办理；需入休养院休养的，所在县（市、区）退伍军人安置机构应报省民政厅审批。（省政府已经取消该审批事项）

退役的二等、三等革命伤残军人，原是城市户口的，由原征集地的退伍军人安置机构安排力所能及的工作。原是农业户口，原征集地区有条件的，可以在企业事业单位安排适当工作；因身体坚持不了正常工作而不能安排的，经县（市、区）退伍军人安置机构批准，可就地转为非农业户口，供应平价粮，按规定发给在乡伤残抚恤金，保障他们的生活。

第十七条 对患精神病的退伍义务兵，由其原籍或配偶、父母所在地的县（市、区）退伍军人安置机构接收安置。病情较轻的，分散回家休养，对其生活、治疗方面的实际困难，当地政府应给予群众优待，民政部门予以适当补助；需住院治疗的，当地卫生、民政部门应及时安排住院治疗；病情特别严重，当地无法治疗的，由县（市、区）民政、卫生部门报上级卫生主管部门指定医院治疗。上述住院期间所需医疗费、生活费，由当地民政部门负责解决。对患其他慢性疾病的农村退伍义务兵，当地政府应在生产、生活上给予适当照顾；旧病复发治疗无力支付医疗费的，由当地卫生部门酌情给予减免，民政部门适当给予补助。

退伍义务兵返回征集地途中和向退伍军人安置机构报到前，因遇意外事故、患重病、急病需入院治疗或死亡的，交通运输部门、军供站和当地兵役机关应即送医院治疗或送殡仪馆，当地兵役机关及时通知原部队按有关规定处理；违反纪律情节严重构成犯罪的，由当地司法机关依法处理。

第十八条　对在服役期间家庭住址变迁，退伍时要求到父母所在地落户安置的，经父母所在单位和当地公安机关证明，应当允许。但国家另有规定的除外。

第十九条　凡符合有关规定需跨市（地、州）、县安置的，由市（地、州）、县协商办理。

第二十条　退伍义务兵接到安排工作的通知后，逾期半年无正当理由，并经多次教育仍不报到的，退伍军人安置机构不再负责安排工作，由当地人民政府按社会待业人员对待。

第二十一条　义务兵从兵役机关批准入伍之日起至部队批准退出现役止，为服现役的军龄，满十个月的，按周年计算。退伍后新分配参加工作的，其军龄和待分配的时间应计算为连续工龄。入伍前原是国家机关、企业事业单位的职工，其入伍前的工龄和军龄连同待分配的时间一并计算为连续工龄，享受与所在单位职工同等待遇。农村退伍义务兵回农村安置后，被招工、招干参加工作的，其军龄与参加工作后的工龄合并计算为连续工龄。

第二十二条　认真执行《退伍义务兵安置条例》和本细则，安置工作做得好的单位和个人，由有关单位、部门或人民政府予以表彰；对违反《退伍义务兵安置条例》和本细则，造成不良后果的单位和个人，由有关单位、部门或人民政府追究直接责任人、单位领导人的行政责任。

第二十三条　本细则由四川省民政厅负责解释。

第二十四条　本细则自发布之日起施行。以往有关规定与本细则相抵触的，一律废止。

四川省社会福利机构管理办法

省政府令第148号　2001年2月23日发布

第一条　为依法管理社会福利机构，发展社会福利事业，促进社会福利社会化，根据国家有关法律规定，结合四川实际，制定本办法。

第二条　在四川省行政区域内，社会福利机构的管理适用本办法。本办法所称社会福利机构，是指国家或社会力量举办的为老年人、残疾人、精神病人、孤儿和弃婴提供养护、康复、托管等生活服务的公益性非营利机构。本办法所称收养人员，是指社会福利机构中无劳动能力、无生活来源、无法定抚养人或赡养人的福利服务对象；休养人员是指与社会福利机构签订服务协议，接受社会福利机构福利服务的对象。

第三条　发挥国家兴办的社会福利机构的示范作用，倡导、鼓励各类投资主体兴办社会福利机构。社会力量兴办的社会福利机构是本省社会福利事业的重要组成部分，其合法权益受法律保护。

第四条　各级人民政府应将社会福利事业纳入同级国民经济和社会发展计划，统筹规划社会福利事业的发展，合理确定社会福利事业的发展目标并组织实施，逐步增加社会福利事业的投入，统筹安排社会福利设施建设。

第五条 县级以上人民政府民政部门负责对社会福利机构的管理、监督和检查。其他有关部门应给予支持，并在各自的职责范围内做好有关工作。

第六条 兴办社会福利机构，应具备下列条件：

（一）有与兴办社会福利机构服务内容和规模相适应的资金保障；

（二）选址应符合城乡建设规划要求，靠近社区、交通便利、环境良好；

（三）符合国家规定的兴办社会福利机构的有关规范、标准和其他条件。

第七条 申办社会福利机构，申办人应当向县级以上民政部门提出申请并提交下列文件：

（一）可行性研究报告；

（二）申办人名称或姓名等基本情况和章程；

（三）第六条规定的有关兴办条件的说明及有关证明材料。民政部门应在收到申请书之日起30日内，根据国家规定和管理权限，作出同意筹办或不同意筹办的决定，并书面通知申办人。

第八条 社会福利机构筹办人具备下列条件时，方可向县级以上民政部门申领执业批准证书并依法办理登记手续。

（一）社会福利机构建设项目经有关部门验收符合国家建筑设计、消防安全要求和卫生防疫标准；

（二）基本生活、康复医疗设施齐备；

（三）工作人员与生活能够自理的收养人员和休养人员的比例不低于1∶6；与生活不能够自理的收养人员和休养人员的比例不低于1∶3；

（四）医疗、护理、特教人员不低于工作人员总数的50%。

第九条 社会福利机构基础设施建设用地纳入本地区土地利用年度计划统筹安排。按照法律、法规和国家有关规定采用行政划拨方式供地的，应划拨供地；采取有偿方式供地的，在地价上应给予优惠；属出让土地的，土地出让金收取标准应适当降低。

第十条 城市人民政府进行新区建设或旧区改造时，应按国家有关规定，将社会福利设施特别是老年人服务设施纳入公共设施统一规划，并组织实施。新建、改建、扩建社会福利机构建设工程，应按国家规定免收或减收城市建设和房屋建设的有关收费。

第十一条 社会福利机构依照国家规定享受税收优惠。除国家和省明确规定的行政事业性收费项目外，任何单位和个人不得向社会福利机构摊派、收取费用。

第十二条 社会福利机构应当按照核准登记的服务范围和项目执业，不得擅自开业或改变社会福利机构的性质。社会福利机构改变名称、场所、投资主体、主要负责人、服务项目，扩大服务范围，应向原登记机关办理变更登记。社会福利机构歇业或者改变社会福利机构性质，应提前3个月向县级以上民政部门报告，并妥善安置收养人员和休养人员，依法办理有关手续。

第十三条 对收养人员，社会福利机构应与民政部门或收养人员的监护人签订收养协议书；收养孤儿或者弃婴，社会福利机构必须经当地县级以上民政部门审核，并与民政部门签订代养协议书。

第十四条 休养人员享受社会福利机构提供的生活服务，双方应签订书面协议。社会福利机构收取休养费用，应按国家有关规定执行。休养人员或其赡养人、抚养人应及时交纳有关费用。社会福利机构不得一次性收取终身服务费。

第十五条 社会福利机构应按照服务职责、服务规范和协议约定内容提供福利服务，作好本单位安全、卫生工作；善待服务对象，不得歧视、虐待、打骂、遗弃收养人员和休养人员。

第十六条　社会福利机构应保证收养人员的生活水平，不低于所在地的最低生活保障水平，并做到定期为收养人员和休养人员进行身体检查，建立健康档案或病历档案，儿童社会福利机构还需指定和实施特殊教育计划，开展康复和特殊教育工作。

第十七条　社会福利机构收养的学龄儿童和青少年，依法享有接受义务教育的权利。就读于小学、初中的孤儿，应按国家规定免收杂费，书本费；就读于高中（含职业高中）、技校、中专、高等院校的孤儿，免收学费和住宿费。读小学、初中的孤儿，采取就近学校入读的方式，无正当理由，学校不得拒绝。鼓励有条件的学校免收各项费用。社会福利机构收养的儿童和青少年寄养在居民家中的，享受前款规定的就学优惠待遇。

第十八条　鼓励向社会福利机构捐赠和提供各种方便条件。社会福利机构对捐赠款物，必须根据与捐赠人、资助人约定的期限、方式和合法用途使用；捐赠人、资助人未明确用途的，应全部用于改善自身设施条件和服务对象的生活。社会福利机构应将接受的捐赠款物登记备查。

第十九条　社会福利机构将国有的不动产出租、抵押时，须征得民政部门和国有资产管理部门同意。

第二十条　经民政部门同意，社会福利机构可以依法开展多种经营活动，符合国家规定的，可以享受国家优惠政策，所得收入用于改善社会福利机构服务的生活条件。社会福利机构兴办经济实体或举办社会福利企业，应依法办理登记手续，依法经营。凡符合国家有关规定的，均可享受税收优惠。

第二十一条　社会福利机构的涉外活动应遵守国家的有关法律和有关部门的规定，严格履行报批手续。

第二十二条　擅自开办社会福利机构，或改变社会福利机构性质，或社会福利机构不按规定提供服务、损害收养人员或休养人员权利的，由县级以上民政部门责令限期改正；逾期不改正的，可视情节轻重处1000元以上2000以下罚款，取消执业资格，由登记机关注销登记。造成经济损失的，应依法赔偿；构成犯罪的，依法追究有关人员的刑事责任。

第二十三条　假冒社会福利机构非法筹集款物或以合法社会福利机构名义，骗取他人财物的，由县级以上民政部门会同公安机关依法予以查处和取缔。

第二十四条　民政部门工作人员在社会福利机构管理工作中滥用职权、玩忽职守、徇私舞弊的，由主管机关对负责人给予行政处分；构成犯罪的，依法追究刑事责任。向社会福利机构摊派、收取费用的违法行为，由主管机关责令其改正，并对有关责任单位和责任人员给予行政处分。

第二十五条　当事人对行政处罚决定不服的，可以依法向同级人民政府或上一级行政主管部门申请行政复议，也可以直接向人民法院提起行政诉讼。当事人逾期不申请行政复议又不提起行政诉讼，也不履行处罚决定的，作出处罚决定的机关可以申请人民法院强制执行。

第二十六条　本办法自发布之日起施行。

四川省人民政府令

第156号

《四川省城市居民最低生活保障实施办法》已经2001年9月11日省人民政府第64常务会议通过，现予发布施行。

省长　张中伟

2001年9月18日

四川省城市居民最低生活保障实施办法

第一章　总　则

第一条　为保障城市贫困居民的基本生活，落实城市居民最低生活保障制度，根据国务院《城市居民最低生活保障条例》，结合四川实际，制定本实施办法。

第二条　在四川省行政区域内城市居民最低生活保障适用《城市居民最低生活保障条例》和本实施办法。

本实施办法所称城市居民最低生活保障，是指各级人民政府对生活在最低生活保障标准以下的城市居民，主要以货币补助形式，保障其达到最低生活标准的行政行为。

第三条　城市居民最低生活保障制度遵循保障城市居民基本生活的原则，坚持国家保障与社会帮扶相结合、鼓励劳动自救的方针。

城市居民最低生活保障必须坚持公开、公平和公正的原则，保障工作应便民和及时。

第四条　各级人民政府及其有关部门应对享受城市居民最低生活保障待遇人员在就业、就医、入学、居住、交通等方面，制定相关的优惠措施。

在改善城市贫困居民生活方面做出显著成绩的单位和个人，由人民政府和有关部门给予表彰。

第二章　保障职责

第五条　各级人民政府负责领导本行政区域内城市居民最低生活保障工作，实行政府分级负责制。城市居民最低生活保障工作应纳入各级人民政府的目标责任管理。

第六条　城市居民最低生活保障所需资金，由各级人民政府列入同级财政预算，划拨民政部门后，实行专户管理。省、市（州）人民政府每年还应专项安排城市居民最低生活保障补助资金，用于对本行政区域内财政困难和保障任务重的地区的补助。

第七条 县级以上人民政府民政部门是本行政区域内主管城市居民最低生活保障工作的部门。城市居民最低生活保障工作力量应予充实和加强。

街道办事处、镇（乡）人民政府以及社区居民委员会应依法协助民政部门及其所属的城市居民最低生活保障工作机构开展保障工作。

第八条 财政部门应按照有关规定，及时、足额划拨城市居民最低生活保障资金，安排必要的城市居民最低生活保障工作经费；统计、物价部门应提供当地生活必需品的种类、物价水平等方面的资料；劳动和社会保障、人事部门应提供本部门掌握的城市居民就业及收入情况。

第九条 设区的市的民政部门会同财政、统计、物价等部门，根据当地维持城市居民基本生活所必需的衣、食、住等费用，制定城市居民最低生活保障标准，报本级人民政府批准并公布执行；县（县级市）的民政部门会同财政、统计、物价等部门，根据当地维持城市居民基本生活所必需的衣、食、住等费用，制定城市居民最低生活保障标准，报本级人民政府批准并报上一级人民政府备案后公布执行。调整城市居民最低生活保障标准，设区的市、县（县级市）人民政府应及时向社会公布。

第三章 保障范围

第十条 凡持有本省非农业户口的城市居民，其共同生活的家庭成员人均月收入低于当地城市居民最低生活保障标准的，可申请享受当地城市居民最低生活保障待遇。家庭成员根据《中华人民共和国婚姻法》中的有关规定确定，并应依法履行相互间的扶养、抚养、赡养义务。

第十一条 城市居民家庭收入指家庭所有成员下列各项收入的总和：

（一）工资、津贴、补贴等劳动收入；

（二）基本生活费、遗属生活费、困难生活补助费等各类补助、补偿费；

（三）退休金、养老金、救济金、退职金、辞职金；

（四）赡养费、扶养费、抚养费，参加储蓄式养老保险后领取的生活补助费，以及退出储蓄式保险后获得的收入；

（五）各类博彩、财产继承、受赠及存款本息、红利、有价证券，房屋出租、交易等收入；

（六）其他实际所得。

第十二条 下列情况不计入家庭收入：

（一）优抚对象享受的抚恤金、补助金、护理费及保健金，义务兵家属优待金；

（二）因公（工）负伤职工的护理费及死亡职工亲属享受的一次性抚恤金；

（三）见义勇为奖励金。

第十三条 家庭中凡在法定劳动年龄内，有劳动能力人员所从事劳动的收入，按实际收入计算。如实际收入难以核定的，按当地最低工资标准计算。有劳动能力，经有关机构介绍两次就业而拒不就业或无正当理由拒绝参加社区公益性服务劳动的，暂缓享受城市居民最低生活保障待遇。

第十四条 核定家庭收入时，家庭中有接受义务教育的，应扣减学生学杂费。

第四章 保障金的申请和核发

第十五条 申请享受城市居民最低生活保障待遇，按属地管理的原则，以家庭为单位，向户籍所在地的街道办事处或镇（乡）人民政府提出书面申请，并提交下列材料：

（一）申请书；

（二）户口簿、居民身份证；

（三）出具有效的家庭成员收入及赡养、扶养或抚养义务人收入证明。

共同生活的家庭成员，户籍不在同一地方的，在共同居住地提出申请，并提供其他成员户籍所在地街道办事处、镇（乡）人民政府出具的证明。

机关、企业事业单位和社会团体应为本单位困难职工出具真实、准确的收入证明。社区居民委员会应协助做好申请受理工作。

第十六条 申请人持本实施办法第十五条第一款所列材料，如实填写《城市居民最低生活保障待遇审批表》，由社区居民委员会在收到申请书之日起5个工作日内采取张榜公布的形式，征求群众意见，核实后上报街道办事处或（乡）人民政府。

第十七条 街道办事处或镇（乡）人民政府对上报材料进行审查核实后，及时将有关材料和初审意见报县级人民政府民政部门，并张榜公布初审结果。街道办事处、镇（乡）人民政府以及社区居民委员会应掌握最低生活保障对象收入变化情况。城市居民最低生活保障对象有义务及时报告收入变化情况。

第十八条 县级人民政府民政部门及其保障工作机构应对街道办事处、镇（乡）人民政府初审上报的城市居民最低生活保障对象情况进行全面审查，自居民递交申请之日起20个工作日内作出决定。对决定不给予最低生活保障待遇的，应书面通知申请人并说明理由；对决定给予最低生活保障待遇的，由街道办事处、镇（乡）人民政府张榜公布。

第十九条 城市居民最低生活保障金由县级人民政府民政部门保障工作机构或者街道办事处、镇（乡）人民政府按月发放。发放保障金，应按规定在保障金领取证上填写有关内容，完备发放手续。

第二十条 城市居民最低生活保障对象，应按时领取保障金。无正当理由超过40个工作日未领取保障金的，视为自动放弃，此后要求再享受城市居民最低生活保障待遇的，重新申请。

第二十一条 无生活来源，无劳动能力，无法定赡养人、扶养人或抚养人的城市贫困居民，按城市居民最低生活保障标准全额发放最低生活保障金；如其原来享受生活救济标准高于城市居民最低生活保障标准的，仍执行原标准；其他保障对象按家庭人均收入与当地城市居民最低生活保障标准的差额发放。

第二十二条 确定、审核、发放保障金，实行政务公开和动态管理，保障对象、保障标准、保障资金等情况应向社会公开。

第五章 监督管理

第二十三条 实施城市居民最低生活保障制度的情况上级人民政府对下级人民政府、人民政府对所属部门及上级民政部门对下级民政部门应定期进行监督检查和通报情况。

第二十四条 保障资金实行专项管理，专款专用。严禁截留、挤占、挪用保障资金，确保城市居民最低生活保障资金按时足额支付到位。

第二十五条 财政、审计、监察等相关部门应加强对城市居民最低生活保障资金管理使用情况的监督和检查。

第二十六条 县级人民政府民政部门和街道办事处、镇（乡）人民政府在城市居民最低生活保障工作中，应接受群众监督。任何人对不符合法定条件而享受城市居民最低生活保障待遇的，都有权举报，有关机关应认真核查。对情况属实的，应当予以纠正。

第六章 法律责任

第二十七条 负有保障职责的行政机关和有关单位不履行规定职责，影响依法开展城市居民最低生活保障工作，造成严重社会后果的，对该机关负责人和直接责任人，由上级主管机关或纪检监察部门给予行政处分。

第二十八条 负责城市居民最低生活保障管理工作的工作人员，有下列行为之一的，给予批评教育、调离保障工作岗位直至依法给予行政处分：

（一）对符合条件享受城市居民最低生活保障待遇的对象，拒不签署同意享受城市居民最低生活保障待遇意见的；或者对不符合条件的对象，故意签署同意享受城市居民最低生活保障待遇意见的；

（二）擅自改变享受城市居民最低生活保障待遇范围和标准的；

（三）故意扣压、拖欠城市居民最低生活保障金的。保障工作人员有犯罪行为的，依法追究刑事责任。

第二十九条 享受城市居民最低生活保障待遇的人员，有下列行为之一的，由县级人民政府民政部门给予批评教育或者警告，追回其违反规定领取的保障金，情节恶劣的，处冒领金额1倍以上3倍以下的罚款：

（一）采取虚报、隐瞒、伪造等手段，骗取享受城市居民最低生活保障待遇的；

（二）在享受城市居民最低生活保障待遇期间，家庭收入已达到当地城市居民最低生活保障标准，故意不按规定告知街道办事处、镇（乡）人民政府或县级人民政府民政部门，继续享受城市居民最低生活保障待遇的。

第三十条 违反本实施办法第十五条第三款规定，拒绝出具证明或者出具虚假证明的，由县级以上人民政府民政部门对单位负责人和直接责任人责令改正，并处以200元以上1000元以下的罚款。

第三十一条 城市居民对主管机关作出的不批准享受城市居民最低生活保障待遇或减发、停发城市居民最低生活保障金的决定不服，或对根据本实施办法给予的行政处罚不服，可依法申请行政复议；对复议决定仍不服的，可以依法提起行政诉讼。

第七章 附 则

第三十二条 国家机关、社会团体等单位筹集的城市扶贫、救助款项，统一由民政部门组织发放。慈善机构、服务于贫困家庭的基金会等非营利机构用于扶助城市贫困居民的支出，社会团体、企业和个人向慈善机构救济性捐赠，可依法实行税基扣除。

第三十三条 本实施办法自发布之日起施行。

中共四川省委 四川省人民政府 关于推进城乡社会救助体系建设的意见

川委发〔2005〕9号

各市（州）、县（市、区）党委和人民政府，省级各部门：

为进一步加强社会救助工作，建立和完善社会救助体系，切实保障困难群众的基本生活，现就推进我省城乡社会救助体系建设提出如下意见。

一、充分认识推进城乡社会救助体系建设的重大意义

改革开放以来特别是近几年来，各级党委、政府在开展城乡社会救助、保障困难群众的基本生活方面做了大量工作，初步建立起了与经济社会发展相适应的社会救助基本框架。但是，全省社会救助体系还不够完善，救助能力不强，水平较低，覆盖面较窄，建立和完善社会救助体系的任务还十分艰巨。

推进城乡社会救助体系建设，是实践“三个代表”重要思想和坚持“立党为公、执政为民”要求的具体体现，是坚持以人为本、树立和落实科学发展观的必然要求，是构建社会主义和谐社会、维护社会稳定的迫切需要，是推进改革开放和现代化建设、全面建设小康社会的重要保证。各级党委、政府要从全局和战略的高度充分认识推进城乡社会救助体系建设的重大意义，增强紧迫感和责任感，加大工作力度，不断提高社会救助的能力和水平。

二、明确推进城乡社会救助体系建设的指导思想、目标任务和基本原则

（一）指导思想。以邓小平理论和“三个代表”重要思想为指导，用科学发展观统领全局，认真贯彻落实党的十六大和十六届三中、四中全会精神，按照城乡统筹、分类指导的要求，以最低生活保障为基础，以医疗、教育、住房、司法等专项救助为辅助，以其他救助、救济和社会互助为补充，使社会救助水平与经济社会发展水平相适应，努力构建社会主义和谐社会。

（二）目标任务。用3年时间在农村建立起以最低生活保障、“五保”供养、医疗救助和教育救助为重点的社会救助制度，在城市建立起以比较完善的最低生活保障、流浪乞讨人员救助、医疗救助为重点的社会救助制度，实现社会救助由分散、单一的模式向统一、综合的模式转变。到2010年，在全省建立起覆盖城乡、科学规范、运转协调、保障有效的新型社会救助体系。

（三）基本原则。一是政府主体，社会参与。做好社会救助工作是各级政府的重要职责。各市（州）、县（市、区）政府要充分发挥社会救助工作的主体作用，鼓励社会力量参与社会救助工作，

形成多元化的社会救助格局。二是城乡统筹，整体推进。社会救助标准既要城乡有别又要相互照应，社会救助资源既要城乡共享又要逐步向农村倾斜，社会救助方式既要考虑城乡共性又要突出各自特点。三是重在建制，低步入轨。从实际出发，量力而行，尽力而为，把工作重点放在建立健全制度、完善救助机制上。对特困群众要从建立最基本的单项救助制度做起，首先解决最急迫的问题，优先救助最需要救助的群体。四是法制保障，规范运作。制定和完善社会救助的各项政策法规，建立健全社会救助工作程序，公开、公平、公正地实施各项社会救助，将社会救助逐步纳入规范化、制度化、法制化的轨道。

三、抓好城乡社会救助体系建设的重点工作

（一）健全灾害应急救助体系。完善灾害防范机制，搞好预警预报、物资储备、社会动员工作，提高预测预报水平，增强防灾抗灾能力。完善应急处理机制，提高灾害紧急救援能力，一般要在重大自然灾害发生后的24小时内做到受灾群众的吃、穿、住、饮用水、医疗等救助措施到位。完善灾后重建机制，实行生活救灾、生产救灾和工程救灾相结合，切实搞好灾后重建。

（二）完善城市最低生活保障制度。坚持动态管理，做到应保尽保，把符合条件的城镇居民全部纳入低保，对不符合条件的及时调整。实行分类施保，对低保家庭中因大病、重残、年老等丧失劳动能力的人员给予重点救助。科学制订低保标准，既要确保低保对象的基本生活，又要有利于促进其自主创业。

（三）抓紧建立农村最低生活保障制度。在全省农村启动最低生活保障制度建设工作，年内先将因病、因残、因灾导致家庭丧失主要劳动力和难以维持日常基本生活的农村家庭纳入保障范围，实行低标准起步。随着经济的发展，逐步扩大低保范围和提高低保标准。低保的具体标准和对象由市（州）、县（市、区）政府根据自身实际情况确定。对享受低保后仍有特殊困难的家庭实施临时救济。把开发式扶贫与救济式扶贫结合起来，促进农村贫困群众尽快脱贫。切实抓好农村部分计划生育家庭奖励扶助试点和“少生快富”工程。

（四）落实好农村“五保”供养政策。各级政府要把符合条件的“五保”对象全部纳入供养范围，确保“五保”供养资金按月足额发放。村组织要为“五保”对象提供必要的照顾和帮助。“五保”供养实际标准应不低于当地村民平均生活水平。整合利用农村集体房屋资源，加大“五保”对象的危房改造力度，加快敬老院建设，着力解决农村“五保”对象的住房困难。鼓励社会资本和慈善机构投资兴办农村敬老院或资助农村“五保”供养事业。

（五）推行城乡医疗救助制度。今年建立和完善农村医疗救助制度并启动城市医疗救助试点。到2007年，在全省建立起规范的城乡医疗救助制度。各地要管好用好中央和省医疗补助经费并落实配套资金，扩大基金规模，加大医疗救助尤其是大病医疗救助的力度。卫生、药监和物价部门要负责制定各类公办医疗机构对城乡医疗救助对象的医疗费用减免和基本药物的优惠政策。

（六）加大教育救助力度。对农村困难家庭的子女在义务教育阶段实行“两免一补”（即免杂费、免书本费，补助寄宿生活费）。对享受城乡最低生活保障家庭的贫困学生按照有关政策予以资助。继续做好贫困大学生资助工作。

（七）着力推广廉租住房制度。对符合城镇居民最低生活保障标准且住房困难的家庭实行廉租住房制度。各级政府可根据实际，采取发放租金补贴、实物配租和租金核减的方式落实该项制度。有规划、有步骤地解决城镇其他特困户的无房及危房改造问题。

（八）扎实抓好就业援助。积极扶持困难群众就业，认真落实各项帮扶政策，免费提供就业培训和职业介绍。着力抓好贫困地区劳动力的就业培训，从源头上实施救助。

（九）积极实施法律援助。鼓励法律服务机构积极开展法律援助活动，及时为困难群众提供法律援助。

（十）完善流浪乞讨人员救助制度。坚持自愿受助、无偿救助的原则，切实做好流浪乞讨人员的救助工作，保障流浪乞讨人员的合法权益。加强救助管理站建设，建立完善的救助管理网络和部门协调机制，形成齐抓共管、相互联动的工作格局。

（十一）多渠道增加社会救助投入。随着经济的发展和财力的增长，各级财政要逐步加大对社会救助的投入。省财政要加大对贫困地区的转移支付力度，发挥财政投入的导向作用。各市（州）、县（市、区）要将社会救助资金纳入同级财政预算，确保社会救助需要。各级政府要将土地收益中一定比例的资金用于失地无业农民的最低生活保障支出。支持和鼓励贫困群众参加社会保障。大力弘扬社会互助新风，广泛发动社会力量参与社会救助，积极开展社会捐助活动。鼓励企业、个人和其他社会团体创办民间慈善机构。

四、切实加强对城乡社会救助工作的领导

各级党委、政府要将城乡社会救助体系建设列入重要议事日程，纳入经济社会发展规划，高度重视，统筹安排，加快推进，务求实效。

（一）建立领导协调机制。各市（州）、县（市、区）政府要由主要领导或常务副职牵头，切实加强领导，统一动员、组织、协调本地的社会救助工作。各级民政部门是城乡社会救助工作的主管部门，要认真履行好综合管理、协调服务职能。有关部门要密切配合，各司其职，各负其责。要重视发挥工会、共青团、妇联、残联等群众组织及慈善机构、公益协会等社团组织在社会救助中的积极作用。

（二）加强基层基础工作。各级政府对社会救助工作必需的机构、人员和经费要给予保证。充分发挥街道办事处、乡（镇）政府以及社区、村（居）民委员会的作用，建立健全基层社会救助管理服务网络。各县（市、区）政府要全面掌握当地各类救助对象的情况，加强数据库建设，建立和完善科学准确的社会救助信息报送制度。各级民政部门要及时开展业务培训，不断提高社会救助队伍的整体素质。

（三）强化监督检查机制。要依法对社会救助工作实施监督，加大纪律监督、审计监督、群众监督和舆论监督力度。全面推行政务公开、村务公开，建立健全城乡社会救助的公示制度，将救助标准、救助金额、救助对象及时向社会公示。加强对社会救助资金的监督管理，严防挪用和流失。

各级党委、政府和有关部门要根据本《意见》精神抓紧制订和完善配套政策措施和实施办法。

2005年6月21日

中共四川省委办公厅 四川省人民政府办公厅
关于加快勘界工作维护边界地区稳定的通知

川委办〔1999〕47号

各市（地、州）委，各市、州人民政府，各地区行政公署，省级有关部门：

国务院决定从1996年起在全国开展勘定省、县两级行政区域界线（以下简称勘界）以来，我省勘界工作取得了成效。全省县界共计479条，截至1999年6月底，已实际贯通370条，贯通率为772%，已经勘定的边界再未发生争议。但是，少数地方对勘界工作重视不够，行动较慢，不时发生边界纠纷，有的甚至引发大规模械斗，造成人员伤亡和财产损失，严重影响了全省勘界工作的开展和社会稳定。最近，朱镕基总理对勘界和维护边界地区稳定工作作了重要指示，要求各级党委、政府要高度重视这项工作。国务院办公厅也为此下发了《关于抓紧做好勘界工作维护边界地区稳定的通知》（国办发〔1999〕48号）。为确保在2000年底以前全面完成我省的勘界工作任务，切实维护边界地区社会稳定，经省委、省政府同意，现就有关问题通知如下，请认真贯彻执行。

一、各级党委、政府务必高度重视勘界工作，确保边界地区稳定

全面勘界是关系到社会稳定、经济发展和民族团结的一件大事。各地、各有关部门要从维护社会稳定、维护民族团结、促进经济发展的大局出发，高度重视勘界工作，切实加强领导，建立党政领导负责制，把勘界和维护边界地区稳定列入重要工作日程，纳入目标考核。党委、政府一把手要亲自过问，亲自协调解决勘界中的难点、热难问题，对勘界工作必要的经费和其他工作条件，要给予保障。确保完成省政府年初下达的目标任务，实现省内县界在今年内全部贯通，在2000年底前全面完成我省的勘界任务。

二、严肃勘界纪律，严格遵守勘界有关法规和政策

勘界工作政策性强，必须坚持“以大局为重、以维护边界地区安定团结为重、以促成签定和执行协议为重”的原则，讲政治、顾大局、抓进度、重质量、保稳定。凡是上级人民政府已明确划定的边界线以及双方政府协商划定的边界线，在勘界中必须维护和严格遵守，并按相关文件、协议或地图予以核定。要巩固勘界成果。对尚未划定的边界，特别是有争议的边界，在勘界期间要维持我省1995年11月15日全面勘界前的边界现状，并按有关法律、法规和政策予以勘界。任何一方不得向争议地区移民、设置政权组织和管理机构，不准破坏自然资源。严禁聚众闹事、挑起事端、械斗伤人，严禁破坏国家、集体和个人财产。对违反上述规定的，除依照有关法律、法规追究直接责任者的责任外，还要追究有关地方党政主要负责人的责任；对造成严重后果、构成犯罪的，要依法追究有关人员的刑事责任。

三、分级负责，密切配合，全面做好勘界工作

勘界工作量大、面广，是一项艰苦细致的工作。各级、各有关部门要严格坚持分级负责的原则，认真履行职责。既要处理好本地的县界勘界工作，又要处理好地区间的县界勘界工作；既要注意加强上下之间的联系，又要注意加强地区之间、部门之间的密切配合。特别是有边界争议的地方的有

关市（地、州）、县（市、区）要建立联席制度，及时沟通情况，共同采取措施，创造良好的勘界工作环境。工作进度慢的地区，要分析原因，批准问题，突破难点，切实解决存在的问题。对工作不力的，上一级党委、政府要及时指导、督促，确保工作的正常开展。要坚持信息报送制度。省级有关部门要按照各自的职能，加强协调配合，认真督促、检查和指导各地勘界工作。省勘界工作领导小组办公室在日常工作中要及时掌握工作进度，加强通报制度，认真完成各项任务。

1999 年 7 月 5 日

四川省人民政府
关于加强城镇居民委员会建设的通知

川府发（1987）19 号

各市、州、县人民政府，各地区行政公署，省府各部门：

为了加强城镇居民委员会建设，根据中共中央、国务院中发（1986）22 号文件和 1986 年全国城市街道居民委员会工作座谈会的精神，特作如下通知：

一、居民委员会是基层群众性自治组织，要把加强社会主义精神文明建设作为自己的首要任务，抓紧抓好。要认真宣传党和政府的方针、政策，动员居民积极响应党和政府的号召，倾听群众的呼声，及时向政府反映居民的意见和要求—要配合政法机关打击各种犯罪活动，做好帮教失足青少年及刊满释放、解除劳教人员的工作，维护社会治安和社会秩序。要及时调解民间纠纷，做好疏导工作，防止矛盾激化。要发动群众、制定居民公约，搞好公共卫生，兴办公共福利事业。驻在居民委员会管辖地区的机关、团体、部队、企事业单位，要协同居民委员会对居民进行社会主义法制、道德和纪律教育，教育居民做“有理想、有道德、有文化、有纪律”的公民，努力把本居住区建设成为团结、和睦、安全、整洁的文明区域。

二、各地要切实加强居民委员会的队伍建设，提高居委会干部素质。按照中，共中央、国务院中发（1986）22 号文件的要求，由民政部门负责培训居民委员会干部。

三、各地和有关部门要按规定切实解决居民委员会干部的生活补贴和工作用房问题。

目前，市和市辖区所辖的居民委员会干部的生活补贴，每个居委会可调至每月一百元（含办公费十元，三个主要干部共九十元），县、镇、乡所辖的居民委员会，每个居委会每月七十五元（含办公费九元，三个主要干部共六十六元）。补贴费由省、地（、市、州）、县（市、区，）三级分担，其中省负担百分之四十，地（市、州）和县（市、区）负担百分之六十。

居民委员会的办公用房，由各级政府统筹安排。原有房屋被占用的，由占用单位负责解决。可将收归公有的绝户房，经批准后给居民委员会使用。厂矿企业区内的居民委员会，其生活补贴和办公用房由其所在单位负责解决。

四、对居民委员会兴办的公益福利事业，有关部门要在审批场地、办理证照、技术指导、物资供应等方面给予积极支持和优惠待遇，并酌情减免税收。任何部门不得再无偿平调其资产和利润。

五、各级人民政府特别是市辖区和不设区的市人民政府要切实加强对居民委员会工作的领导。确定专人负责，解决工作中存在的问题。街道办事处有直接指导居民委员会工作的职责，要采取有力措施，加强对居民委员会工作的具体指导和帮助。

各级民政部门要把城乡基层政权建设工作纳入议事日程，当好政府的参谋和助手。各级政府要在现有编制内给各级民政部门调剂必要的干部。开展这项工作所需的经费（含表彰、培训等费），由各级民政部门编制计划，送同级财政部门审核划拨。

1987年3月16日

四川省人民政府
关于认真做好全省全面勘界工作的通知

川府发〔1996〕51号

各市、州、县人民政府，各地区行政公署，省政府各部门：

遵照国务院关于在全国开展全面勘界工作的决定和李鹏总理在八届全国人大四次会议上提出的“九五”期间完成省、县两级勘界工作任务的要求，我省将从1996年起，全面开展行政区域界线勘定工作，用5年时间完成省界、县界勘定任务。为了切实做好这项工作，现将有关问题通知如下：

一、充分认识全面勘界工作的重大意义，切实加强对勘界工作的领导

全面勘界是各级政府行政管理的一项基础工作，对于各级政府依法实施有效的行政管理，保持国家长治久安，维护社会稳定，促进经济发展具有重要的现实意义和深远的历史意义。各级政府必须认清勘界工作的重要性和紧迫性，务必把勘界工作列入重要议事日程，认真研究，精心部署，积极推进，妥善实施。各地要建立健全勘界工作的组织领导机构，领导要做到既挂帅又出征，加强责任，大胆负责，切实解决工作中的重大疑难问题。各地要结合机构改革工作，抽调人员组成强有力的勘界工作班子，并保持勘界队伍的相对稳定。有关部门要密切配合，通力协作，根据所承担的勘界任务，抓紧制定勘界计划，落实经费等有关事宜，为顺利开展全面勘界工作创造良好的条件。

二、加强思想政治工作，严格遵守勘界纪律

勘界是一项政策性强、涉及面广的新工作。各地要采取多种形式，加强思想政治工作，大力开展宣传教育，使广大干部、群众都能正确认识和对待勘界工作，明确这次勘界是在国务院和省人民政府领导下，依照有关法规和政策，与相邻的人民政府一道明确划定毗邻之间的行政区域界线，即核定法定线、法定习惯线、解决争议线。要教育广大干部、群众以国家和人民的根本利益为重，坚持实事求是、顾全大局、团结协商、互谅互让的原则，妥善解决边界争议问题。要严格遵守勘界纪

律，坚决克服本位主义、无政府主义，采取有力措施，维护边界地区稳定。绝不允许任何人以任何借口乘勘界之机挑起或扩大新的边界争议。存在边界争议的地区，双方人民政府必须采取有效措施防止事态扩大。任何一方都不得往争议地区迁移居民，不得在争议地区设置政权组织，不准破坏自然资源。严禁聚众闹事、械斗伤人，严禁抢夺破坏国家、集体和个人财产。对借机制造矛盾、设置障碍干扰勘界工作正常进行，又不听招呼，挑起冲突的人，要给予必要的纪律处分，严肃处理。构成犯罪的，移交司法部门追究刑事责任。

三、认真执行勘界有关规定，努力提高勘界工作质量

为了保证所勘定的行政区域界线的科学性，国家和省将陆续颁发省、县界勘定办法、测绘技术规定和档案管理规定。这些办法和规定是勘界工作的基本依据，对指导我们开展全面勘界工作具有重要作用。各地、各部门一定要结合本地实际，抓紧制定贯彻措施及实施方案，并认真贯彻执行。要严格按照勘界技术规定，各司其职，各负其责，切实做好勘界工作，保质保量如期完成勘界任务。

四、提供必要的经费支持，保证勘界工作顺利进行

勘界工作必须有财力、物力作保障。为了保证勘界工作顺利进行，各市（地、州）、县要按照分级负责、分级负担的原则，提供必要的勘界经费，纳入财政预算。对勘界经费，各地一定要本着专款专用的原则，精打细算，从严管理，不得挪作他用，不准铺张浪费，确保有限的资金真正用在勘界工作上。

1996年5月22日

四川省人民政府
关于开展勘定省县两级行政区域界线工作实施意见的通知

川府发〔1996〕149号

各市、州人民政府，各地区行政公署，省政府各部门：

遵照《国务院关于开展勘定省、县两级行政区域界线工作有关问题的通知》（国发〔1996〕32号，以下简称《通知》，已翻印发至县）精神和李鹏总理在八届全国人大四次会议上提出的“九五”期间要完成省、县两级勘界工作任务的要求，省人民政府于今年3月初召开了全省勘界工作会议，5月又发出《关于认真做好全省全面勘界工作的通知》（川府发〔1996〕51号）。目前全省绝大多数地区领导重视，认识统一，行动迅速，勘界工作进展顺利，但各地工作开展尚不平衡，少数地区存在滞后现象。为进一步贯彻落实国务院和省政府关于勘界工作的各项要求和规定，现将有关问题通知如下：

一、各级人民政府和各有关部门要高度重视全面勘界工作，进一步加强领导，提高认识，将勘

界工作真正列入工作日程。要坚持实事求是、顾全大局、互谅互让的原则，确保勘界工作依法、顺利进行。目前勘界工作滞后的地区，要尽快充实、健全勘界机构，抓紧制定勘界规划，落实勘界经费，配合相邻地区搞好勘界工作。

二、这次全面勘界，不是重新调整行政区划，而是以行政区域管辖的现状为基础，依照有关规定，明确行政区域界线走向的位置，即核定法定线、勘定习惯线、解决争议线。通过勘界，在实地树立界桩，形成准确反映实际边界线走向的文件、资料和地形图，按照规定的程序将省、县两级行政区域界线确定下来，作为国家实施有效行政管理的法定依据。

三、国务院要求用5年时间完成省、县两级行政区域界线的勘定，任务十分艰巨。因此，勘界工作只能加强，不能削弱，在时限上只能赶前，不能延后。各地要积极创造条件，精心组织，主动协调配合，力争提前完成省下达的勘界任务。

勘界工作应采取分级负责、分步实施、先易后难的方法进行。市（地、州）间县级行政区域界线，由省人民政府组织勘定；市（地、州）内县级行政区域界线，由市、州人民政府、地区行政公署组织勘定。县级行政区域界线勘定后，边界协议书和所附边界线地形图，由毗邻两县人民政府联合逐级上报省人民政府审批。

四、勘界中确定边界线的要求，除严格执行国务院《通知》规定外，结合我省实际，补充规定如下：

（一）已明确划定或者核定的边界线，按照有关文件、协议、地图予以核定。已明确划定或者核定的边界线是指：根据行政区划管理的权限，上级人民政府在确定行政区划时明确划定的界线；由双方人民政府或者上级人民政府明确划定的争议地区的界线；发生边界争议之前，由双方人民政府核定一致的界线。过去粗略划分过但未落实的边界线，以有关文件、协议、地图为基础，协商确定边界线。

（二）在国家土地利用现状调查中，经双方县人民政府（含政府国土主管部门）核定一致无争议的界线，应予认定。

（三）过去未明确划定过的边界线，以1988年经省人民政府批准、省测绘局组织编制的我省市（地、州）、县行政区划挂图的区域界线为基础确定边界线。其中，各县标绘或认定界线双方画法一致且与实际行政管辖相符的地段，以双方一致的画法为基础确定边界线；双方标绘或认定界线虽不一致，但双方目前的实际管辖无争议的地段，根据实地的行政区域管辖情况确定边界线；双方标绘的边界线不一致，对于实际的管辖情况又有争议的地段，按照《行政区域边界争议处理条例》解决争议并确定边界线。

行政区域界线的勘定，原则上要与自然资源权属相一致。特殊情况必须分开的，在划定边界线的同时，要明确跨越边界线的自然资源权属。对骑线的地物、文物、自然保护区及不可分割的自然资源，在划分边界线的同时，要根据有关法律、法规和政策的规定，明确管理和使用的办法。

五、作好财政年度安排，保证勘界经费落实。根据国务院关于勘定县级行政区域界线的经费由地方财政解决的规定，市（地、州）间县级行政区域界线的勘定经费，由省、市（地、州）、县财政共同负责，纳入年度预算，予以落实；市（地、州）内县级行政区域界线的勘定经费，由市（地、州）和县财政共同负担。省财政对三州勘界经费可视情况予以适当补助。

六、关于乡界勘定，由各县（市、区）人民政府在确保完成县界勘定的前提下，根据实际情况自行安排组织实施。乡级行政区域界线勘定方法，可适当参考县界勘定办法从简进行。乡级行政区域界线勘定后，由县（市、区）人民政府审批，报省民政厅备案。

七、各地必须严格遵守和执行勘界纪律。自国务院和省人民政府决定全面勘界之日起，各地必须维持勘界前边界地区的现状，不得挑起新的边界争议。存在边界争议的地区，当地人民政府必须采取有效措施，层层负起责任，做好工作，防止事态扩大。任何一方都不得往争议地区迁移居民，不得在争议地区设置政权组织，不准破坏自然资源。严禁聚众闹事、械斗伤人，严禁抢夺、破坏国家、集体、个人财产。对借机制造矛盾、设置障碍、干扰勘界工作正常进行、挑起冲突的，要依照有关规定严肃处理。对造成严重后果、构成犯罪的，要移交司法部门依法追究其刑事责任。

今后，边界地区发生争议时，必须按下列程序办理：

（一）相邻两县政府的负责同志要立即到现场调查了解情况，并采取有力措施，平息事态或防止事态扩大。

（二）相邻两县政府要主动联系，互通情况，本着实事求是、顾全大局、互谅互让的精神，友好协商，妥善处理。

（三）相邻两县政府通过协商解决不了的，应各自向上一级（市、州）人民政府、地区行政公署和业务主管部门报告，由上一级（市、州）人民政府、地区行政公署协调处理。

（四）各市（地、州）行政区域内两县之间发生的边界争议问题，应各自处理好，不得上交矛盾。两市（地、州）相邻县发生的边界争议问题，通过两县、市（地、州）协商解决不了的，可向省级业务主管部门报告，由省级业务主管部门协调处理。

（五）为确保政令畅通和勘界工作的顺利进行，凡已经省政府裁决的边界争议问题，有关地区和部门必须坚决执行。

1996年12月2日

四川省民政厅　四川省机构编制委员会办公室
四川省经济体制改革办公室　四川省建设厅
四川省财政厅　四川省国土资源厅　四川省农业厅
关于进一步做好乡（镇）行政区划调整工作的通知

川民地〔2001〕428号

各市、州人民政府，省级各部门：

为了认真贯彻执行中央、国家机关七部门《关于乡（镇）行政区划调整工作的指导意见》（民发〔2001〕196号）文件精神，进一步做好乡（镇）行政区划调整工作，推动我省农村经济社会实现追赶型、跨越式发展，经省人民政府同意，现结合我省实际，提出如下意见，望各地认真执行。

一、充分认识乡（镇）行政区划调整工作的重大战略意义

适时、合理地调整乡（镇）行政区划建制，是贯彻党的十五届三中全会和中共中央中发〔1999〕2号文件精神，适应和促进生产力发展，繁荣农村经济的一项重大措施，也是深化农村体制改革，加强基层政权建设的一个实际步骤。1992年以来，根据省委、省政府川委发〔1992〕16号、18号文件精神，我省绝大部分地方进行了乡（镇）行政区划调整完善工作，1997年以后，全省乡（镇）行政区划调整工作转入正常运行。实践证明，各地根据经济和社会发展的需要，适时、合理地调整乡（镇）规模和布局是十分必要的，有利于精简机构，减少乡（镇）行政人员和财政开支，减轻农村负担；有利于优化资源配置，促进乡（镇）经济和社会事业的发展；有利于优化小城镇体系结构，促进小城镇建设。目前，全省乡（镇）总数为5058个，乡、镇比例为63.4∶36.6，平均幅员面积94.01平方公里，平均人口为1.51万人，总的情况是好的，乡（镇）行政区划建制布局基本合理，符合四川实际，也符合党的十五大精神。但是，随着社会主义市场经济体制逐步完善，我省经济和社会事业跨越式发展，乡（镇）行政区划建制仍不同程度地存在着一些问题：一是乡（镇）行政区划已进行调整和完善的部分地方与乡（镇）、乡（镇）与村之间仍存在中间机构（如：区公所、片区、办事处、管辖乡的镇等）；二是少数地方尚未进行乡（镇）行政区划调整工作；三是一些地方仍存在乡（镇）数量多、规模小、无集镇、难以形成规模经济；四是一些地方的建制镇比例、城镇化水平低于全省平均水平，且政府驻地缺乏长远规划等。因此，各地要充分认识这项工作的重大意义，高度重视，精心组织，积极稳妥有序地推进此项工作的健康顺利进行。

二、乡（镇）行政区划调整工作的指导思想、原则和重点

乡（镇）行政区划调整要以党的十五大精神、江泽民总书记“三个代表”为指针，围绕贯彻落实中央关于加强农业和农村工作的决定，按照经济和社会发展需要，加大改革力度，减少中间环节，适时、合理调整乡（镇）布局，进一步加强乡（镇）统筹协调能力，完善城镇化网络体系，促进生产力资源优化配置和县域经济的持续、快速、健康发展。

按照上述指导思想，我省乡（镇）行政区划调整和完善工作应坚持以下原则：

（一）经济主导，促进发展的原则。乡（镇）行政区划调整和完善的出发点和目的是加快农村经济发展。调整完善后的乡（镇）行政区划要有利于强化中心镇实力，加快农村城镇化步伐；有利于乡（镇）资源的优化配置，形成有竞争力的支柱产业；要有利于以强带弱，以近带远，激活偏远贫困乡（镇）的发展。

（二）科学规划、合理布局的原则。要加快县域城镇体系规划的编制，并依据县域城镇体系规划中的生产力布局规划和经济分区，立足于区域经济的长远发展，确定重点中心镇，建立规模、等级、职能结构合理的城镇体系。在此基础上，制定合理的行政区划调整方案，行政区划调整要符合经济规律，便于管理，强化服务，促进农村经济、社会持续协调发展。

（三）实事求是、因地制宜的原则。乡（镇）行政区划调整涉及面广，政策性强，关系地方改革、发展和稳定大局，要充分考虑历史习俗、经济流向、地理条件、自然资源、群众意愿等实际情况，分类指导，综合平衡，宜撤则撤，宜并则并，不搞一刀切，不一哄而起。

（四）协调发展，提高小城镇素质的原则。农村市场经济发展，小城镇是依托和载体。要通过调整乡（镇）建制规模，优化和协调小城镇的发展，集中有限资金，突出和加强区域中心重点镇建设，

提高小城镇素质。形成特色鲜明、分工明确、优势互补的各类小城镇。发达地区要在重要交通干线创建城镇带（群），完善城镇体系，加快城镇化进程。

（五）稳妥有序、确保稳定的原则。乡（镇）行政区划调整与基层干部群众利益息息相关，容易引发各种矛盾，必须待条件成熟以后，严格按规定、按程序稳妥、有序地逐步推进。今后，乡（镇）行政区划调整原则上坚持一事一报、成熟一个报批一个的办法。要妥善处理调整中出现的各种问题，并在较长时期内保持相对稳定。

当前，我省乡（镇）建制调整完善工作的重点是：

（一）1992 年以来尚未进行乡（镇）建制调整的少数地区，根据省委、省政府《关于四川省市县乡机构改革的意见》（川委发〔2001〕12 号）精神，结合乡（镇）机构改革，撤销区公所，着力解决乡（镇）规模偏小、布局结构不合理等问题。

（二）已进行了乡（镇）行政区划调整的地区，要进一步做好乡（镇）建制的巩固、完善和提高工作，一律撤销在被撤乡、镇政府驻地设立的临时机构（如：片区、工委、办事处、管委会、辖乡的镇等），今后，一律不得在县与乡（镇）、乡（镇）与村之间设置中间机构。

（三）对人口少、规模小、区位条件差、可持续发展能力弱的小乡小镇，可以合并于区位条件好、交通便利、发展后劲足但因人口少、面积小、发展受到制约并有潜力的镇；对近年来因经济发展较快、建成区已相连或相距很近的乡（镇），应适当合并，扩大规模，增强其集聚力和辐射力，实现基础设施和服务设施共享。

（四）一些发达地区以扩大中心镇的规模为主，重点发展区位条件好、已成为区域经济中心并具有一定规模和城镇功能的建制镇。

（五）一些欠发达地区适量增加具有一定政治、经济和社会地位与作用的、对周围地区有一定带动力和辐射力的建制镇，形成规模适度、布局合理的城镇网络体系。

在具体实施过程中，各地主要应采取整建制调整的办法，坚持四个“有利于”：一是要有利于资源的合理配置，促进社会生产力的发展；二是要方便群众，有利于群众的生产生活和政治文化活动；三是要优化小城镇体系结构，有利于推进全省城镇化的发展；四是要考虑历史沿革，注意区分平坝、浅丘、深丘、大山区和高原等不同的自然地理环境特点，有利于社会稳定。

三、在乡（镇）行政区划调整和完善工作中应注意的问题

为保证乡（镇）行政区划调整真正达到精兵简政、提高办事效率、促进发展的目的，各市、州应注意处理好以下问题：

（一）切实加强领导，精心组织实施。各级政府要高度重视乡（镇）行政区划调整工作，集思广益，调整方案一经批准，要认真组织实施，严格各项纪律，特别是组织人事纪律、财经纪律和廉政纪律。凡被撤并乡（镇），要一律按党政干部离任审计制度全部进行审计。要有针对性地做好干部群众思想政治工作，维护行政区划调整前后的社会稳定。要加强法制观念，严格履行审批手续，按国家规定的法定程序和权限办理乡（镇）行政区划调整，不得超越职权调整行政区划。

（二）妥善处理乡（镇）国有和集体资产，做好档案移交工作，凡涉及集体财产管理的重要事项要经民主讨论通过，对合并乡（镇）的集体资产要实行统一审计、统一并帐、统一管理。应明确转移被撤并乡（镇）政府的债权债务关系，切实保护农民的合法权益，严肃查处在区划调整过程中出现的违法违纪行为。

（三）做好调整撤并后的乡（镇）政府机构改革工作，切实转变政府职能，理顺县乡（镇）关系，全面加强基层政权建设，尽力做好分流人员的思想稳定和妥善安置工作。

（四）科学确定调整后新乡（镇）名称和政府驻地，妥善处理被撤乡（镇）政府驻地管理问题。要按照国务院《地名管理条例》有关规定，综合考虑各方面的情况，确定调整后新乡（镇）名称和政府驻地。新乡（镇）政府驻地应设在交通便利、公共基础和社会服务设施较好、经济辐射力较强、已形成一定规模集市的地方。要把被撤乡（镇）政府驻地作为新镇域的重要组成部分，采取措施，保持其经济发展和招商引资的势头，推动被撤乡（镇）政府驻地的发展。要按照国家土地管理的有关法律和政策，切实加强对被撤乡（镇）政府驻地的土地管理，防止借机擅自非法转让或转卖土地。

（五）已经完成乡（镇）行政区划调整的地方，应严格控制建设用地总规模，保护耕地、保护生态环境和基本农田，高起点、高标准搞好乡（镇）经济社会发展总体规划、土地利用总体规划和乡（镇）建设规划，加快乡（镇）基础设施发展，不断提高城镇化水平。

2001 年 12 月 24 日

四川省民政厅　四川省财政厅
关于在全省启动和建立农村居民最低生活保障制度的通知

川民发〔2005〕254 号

各市（州）民政局、财政局：

为建立和完善我省社会救助体系，切实保障农村特困群众的基本生活，认真贯彻《中共四川省委四川省人民政府关于推进城乡社会救助体系的意见》（川委发〔2005〕9 号），从 2005 年起，在全省全面启动并建立农村居民最低生活保障制度。现就有关问题通知如下：

一、农村居民最低生活保障工作指导思想和基本原则

以“三个代表”重要思想和党的十六大精神为指导，以保障农村特困群众的基本生活权益，建立和谐社会为目标，从各地实际情况出发，逐步建立起规范、完善的农村居民最低生活保障制度，促进城乡社会经济协调发展，维护社会的稳定。

农村居民最低生活保障制度应坚持如下原则：一是农村居民最低生活保障与经济社会发展水平相适应，既要尽力而为，又要量力而行；二是以生活保障为基础，医疗、教育、灾后救助等专项救助相配套，整合救助资源，有效地保障困难群众的基本生活权益。三是坚持稳定土地政策的原则，充分发挥土地在农村居民生存和生活保障中的基础性作用；四是鼓励劳动自救的原则，对有劳动能力的农村居民，通过扶贫帮困改善其生产条件，提高劳动技能，鼓励和促进其劳动致富；五是国家保障与社会帮扶相结合，政府救济与法定赡养、扶养和抚养相结合；六是坚持公开，平等、民主的原则，做到保障政策、保障对象、保障标准、保障金额四公开，接受社会和群众的监督。

二、合理确定农村居民最低生活保障对象和标准

凡具有本省农业户口、家庭年人均收入低于户籍所在县（市、区）确定的农村居民最低生活保障标准的农村居民，均纳入当地农村居民最低生活保障范围。农村五保对象仍然按照《农村五保供养工作条例》和《四川省人民政府办公厅关于切实做好农村五保供养工作的通知》（川办发〔2004〕31号）规定进行供养，不纳入农村居民最低生活保障范围。具有正常劳动能力，无正当理由拒绝劳动而造成生活困难的人员不属于农村居民最低生活保障范围。

农村居民最低生活保障标准由各县（市、区）政府根据当地保持农村居民基本生活所必需的衣、食、住等费用，并适当考虑水电、燃料及未成年人的义务教育等因素确定。保障标准的确定要与当地社会经济发展水平和财政承受能力相适应。具体标准由各县（市、区）民政部门会同当地财政、农业、统计、物价等部门提出保障标准方案，经县（市、区）政府批准后向社会公布，并随着当地社会经济发展、人民生活水平和物价指数的变化情况，适时进行调整。

农村居民家庭收入按照家庭所有成员全年农副业生产及其他合法劳动经营所获纯收入的总和计算。农村优抚对象享受的抚恤金、护理费及保健金，义务兵家属优待金，见义勇为奖励金，外出打工农民工负伤的护理费及死亡农民工家属享受的一次性抚恤金，以及临时社会救助金等不计入家庭收入。

三、规范农村居民最低生活保障对象的申请、审批程序和保障金发放办法

申请享受农村居民最低生活保障，按属地管理的原则，以家庭为单位，由申请人向户籍所在地的村委会提出书面申请，并出具有关证明材料。经村委会征求村民小组意见、核实申请人家庭收入情况、提交村民代表大会讨论、张榜公示后，确认其符合申请条件的，填写《四川省农村居民最低生活保障待遇审批表》，报乡、镇政府审核。乡（镇）政府负责将有关材料和审核意见报送所在县（市、区）民政部门审批。县级民政部门审批同意后，委托所在的村委会在村务公开栏公示。公示一周后无异议的，正式发放《四川省农村居民最低生活保障金领取证》，农村居民最低生活保障对象凭证领取最低生活保障金。公示有异议的，重新调查核实。

农村居民最低生活保障金，由县级财政统一管理，纳入专户封闭运行，由县级民政部门或乡（镇）政府通过社会化方式按月或按季发放。

农村居民最低生活保障实行动态管理。享受农村居民最低生活保障待遇的农村居民，当家庭人均收入情况发生变化时，应当及时、主动地告知村委会，村委会负责报告审核审批机关，及时办理停发、减发或者增发保障金的手续。民政部门每年应对享受农村居民最低生活保障待遇家庭的收入情况进行复审。

四、积极筹集农村居民最低生活保障资金

实施农村居民最低生活保障制度所需资金，由省、市、县三级财政分别负担，列入当地财政预算，纳入社会救济专项资金支出科目，专账管理，专款专用。省财政列支的农村居民最低生活保障金主要用于补助财政困难地区。

每年年底前，由各县（市、区）民政部门在核查统计农村居民最低生活保障对象所需保障金的基础上，向同级财政部门提出下一年度的用款计划。财政部门审核后列入财政预算，并按照民政部门提出的用款计划及时核拨，年终根据实际支出情况编制决算。2005年未预算农村居民最低生活保

障金的地方，启动农村居民最低生活保障工作所需资金通过调整本级财政支出结构解决。

要广泛动员社会民间组织和个人以捐赠、资助等形式，支持农村居民最低生活保障制度的实施，逐步建立多元化投入机制，增强保障实力。

五、明确目标任务，分步推进，逐步解决农村特困群众的生活困难

我省农村居民最低生活保障工作的目标任务是：从2005年下半年开始全面启动，用3年时间，在全省基本建立起规范完善的农村最低生活保障制度，切实缓解农村特困群众的生活困难。各地在2005年8月前要对所辖农村特困群众进行一次全面的摸底调查，按其困难程度列出首先需要纳入的保障对象。2005年10月底前各市、州及其2/3以上的县（市、区）要出台农村居民最低生活保障的具体办法，并发证兑现。2006年9月底前全省所有的县（市、区）全部建立农村居民最低生活保障制度并正式运行，2007年将符合最低生活保障条件的农村特困群众全部纳入保障范围。

为保证我省农村居民最低生活保障工作目标的实现，当前要重点做好以下几个方面的工作：一是低标准小范围起步。先将因病、因残、因灾导致家庭丧失主要劳动力和难以维持日常基本生活的农村家庭纳入保障范围。农村优抚对象和60年代初精简退职老职工中的困难户在同等条件下优先纳入保障范围。随着当地社会经济发展和人民生活水平的提高，逐步扩大保障范围和提高保障标准。二是重在建章立制。各地要根据《中共四川省委四川省人民政府关于推进城乡社会救助体系的意见》和本通知规定，尽快制定具体的实施办法，规范申请、调查、审核、和发放等程序，实行动态管理，实现制度化和程序化。三是建立农村居民最低生活保障工作平台和基础数据。各地要尽快解决从事农村居民最低生活保障工作所需的工作人员和工作经费，建立健全农村基层低保管理服务网络，保证工作的顺利推进。有条件的地方可建立城乡救助中心，统一管理城乡居民最低生活保障工作。要对辖区内的农村特困群众进行一次认真深入的摸底调查，准确掌握农村特困群众的基本情况，将农村特困群众基本情况分类建档上卡。四是以点带面，典型示范。各地在推进农村居民最低生活保障工作的过程中，可选择2～3个已经开展农村居民最低生活保障工作的县（市、区）作为试范点，通过总结和推广，逐步扩大农村居民最低生活保障的覆盖范围，不断完善农村居民最低生活保障制度。

六、统一认识，加强领导，确保农村居民最低生活保障工作的顺利开展

在全省全面开展农村居民最低生活保障工作，时间紧，任务重。各地要从实践“三个代表”重要思想、落实科学发展观的高度，从提高党的执政能力和构建社会主义和谐社会的高度，充分认识建立农村居民最低生活保障制度的重要性和迫切性，增强责任感和紧迫感，要高度重视，切实负起责任。要把农村居民最低生活保障纳入当地经济社会发展、农村工作和社会救助制度建设的整体规划，列入重要议事日程。

各级民政部门要充分发挥职能作用，认真调查研究，精心组织，严格审批，规范管理，完善程序，确保农村居民最低生活保障制度落到实处。财政部门要认真落实保障资金和工作经费，确保低保资金按时拨付和合理使用。审计部门要定期检查、监督、审计农村居民最低生活保障资金使用和管理情况，杜绝挤占挪用等现象的发生。扶贫、农业、物价、统计、卫生、教育等部门要积极支持、密切配合民政部门做好有关工作。

各地要切实采取措施，对有劳动能力的保障对象给予劳动生产扶持，教育、鼓励和支持他们自食其力，通过生产劳动脱贫致富，逐步改善生活状况。要弘扬扶贫济困、团结互助的传统美德，倡

导邻里互助、社会帮扶、单位结对帮扶，大力开展扶贫济困送温暖等活动，提高困难群众的生活保障水平。

各地上报农村居民最低生活保障人数要做到准确无误，对虚报数字骗取上级补助的，除责令立即纠正，追究有关单位和人员的责任外，将根据情况减拨或停拨上级补助资金。采取虚报、隐瞒、伪造等手段，骗取享受低保待遇的由县级民政部门给予批评教育和警告，并在有关部门的协助下追回冒领的款物。对为申请享受农村居民最低生活保障待遇对象出具虚假证明的有关单位人员，单位和上级主管部门要视情节轻重给予批评教育或行政处分。要加强对从事农村居民最低生活保障工作人员的培训、教育和管理，建立工作人员责任追究制度，切实维护农村特困群众的权益。

2005 年 8 月 2 日

四、专题记述

1998年抗洪救灾纪实

一、灾情

1998年，四川暴雨洪涝灾害居建国以来仅次于1981年的第二位。其明显特点表现在：一是发生时间早。二是发生频率高。整个汛期发生较明显的暴雨天气过程达18次，其中，影响大、造成重大损失的就有12次。三是滑坡，泥石流等次生灾害多发。四是特大暴雨袭击“一贫一富”，造成前者雪上加霜，后者损失重大。五是降雨强度大，受灾范围广，灾害损失巨大。据统计，全年全省21个市（地、州）有175个县（市、区）受灾，受灾县次达320个，受灾乡（镇）5832个（次），受灾人口2995万人。因灾死亡488人、失踪33人、受伤2353人，死亡牲畜49.91万头（只）；损坏房屋67.2万间，倒塌房屋23.7万间；农作物受灾面积2667万亩，成灾面积1162.9万亩，绝收面积253.9万亩，有74.1万亩耕地被毁坏；有21座县城、561个场镇进水被淹；一度被洪水围困46.26万人（次），紧急转移安置40.15万人，有19.12万人无家可归。

8月19日8时至21日8时，省内发生了一次从盆地西北到东北的大暴雨天气过程。暴雨主要分布在绵阳、广元、德阳、成都、资阳、遂宁等地市。暴雨中心在安县、北川、江油、青川一带。在两天的降雨过程中，全省有35个县（市）降雨50毫米以上，有17个县（市）降雨100毫米以上，其中，安县、北川、江油、青川4县（市）雨量分别为343.5毫米、316.5毫米、300.6毫米和234.9毫米。受大暴雨的影响，涪江、沱江、嘉陵江出现了大洪水。绵阳涪江桥水文站20日16时42分出现洪峰水位98.66米，超出保证水位1.66米，相应流量9190立方米每秒；三台潼川站20日23时30分出现洪峰水位376.76米，超保证水位0.26米，相应流量12000立方米美妙；中游射洪站21日6时洪峰水位330.42米，超保证水位2.42米，相应流量17300立方米每秒，为建国以来第二大洪水；下游遂宁南北堰21日7时洪峰水位107.42米，超保证水位1.42米，相应流量17600立方米每秒。嘉陵江广元昭化站21日2时洪峰水位465.10米，超保证水位2.10米，相应流量16900立方米每秒；苍溪县亭子口站21日12时洪峰水位393.64米，相应流量17400立方米每秒。沱江资中登瀛站21日5时洪峰水位331.90米，超警戒水位0.90米，相应流量6650立方米每秒。嘉陵江南充站22日7时洪峰水位达到272.50米，下游武胜站23日2时洪峰水位达到225.90米，超保证水位1.9米，相应流量19900立方米每秒。

此次灾害主要发生在涪江中上游、嘉陵江上中游、沱江中游。据统计，绵阳、南充、资阳、德阳、成都、遂宁、广元7市（地）有34个县（市、区）、727个乡（镇）、698万余人受灾。进水县城5个（顺庆区、阆中市、南部县、盐亭县、朝天区）、进水场镇179个，一度被洪水围困31695

人，转移安置71500人，因灾死亡33人，受伤698人，失踪8人，损坏房屋143048间、倒塌房屋38352间，农作物受灾面积329.9万亩，减产粮食4.45亿公斤，损失现粮126万公斤，灾害造成的直接经济损失达22.1亿元。

绵阳市受灾乡（镇）198个、180.5万人，进水场镇48个。盐亭县城部分街道被淹，因灾死亡8人，失踪1人；农作物成灾47万亩，绝收15万亩；损坏房屋2.78万间，倒塌1.3万间；冲毁公路路基255公里；通讯、输电倒杆断线50.3千米；冲毁提防36.3公里。直接经济损失7.15亿元。

南充市在8月21日发生了自1981年以来最为严重的特大洪涝灾害，嘉陵江南元段水位在10—20小时，全部超过警戒水位（阆中达到357.5米、超3.2米，南部达到338.64米、超4.72米，南充站达到72.4米、超3.44米）。沿江的阆中、南部、仪陇、蓬安、顺庆、高坪、嘉陵7县（市、区）共有160个乡（镇），935个村、29.5万户、113.02万人遭受洪涝灾害。其中，阆中、南部、顺庆城区进水，43条街道被淹，进水的场镇达58个。此次洪灾造成全市共损毁房屋66221间，其中倒塌21400间，造成13700人无家可归。洪水淹没农作物59.6万亩，其中粮食作物41.4万亩。农作物绝收面积达46.3万亩，其中粮食绝收34.25万亩，减产粮食1.31亿公斤。死亡牲畜4460头。沿江提防损坏14.3公里，堤防决口达46处，损坏护岸145处、机电泵站190座；损坏供电线路33万多米，公路中断9条。洪水还致使工矿企业125个全部停产、10多个部分停产，大量商场和营业门面进水或被淹，被迫停止营业。南充最大的小商品批发市场——西门市场均因水淹被迫关闭。整个洪灾造成的直接经济损失7.21亿元。

广元市有157个乡（镇）、72.89万人受灾，进水场镇15个，朝天区政府大楼和40余个单位、4000多间民房进水；因灾死亡4人；损坏房屋1.8万间；冲毁水利工程300余处，多处交通、通讯一度中断。直接经济损失2.33亿元。

遂宁市受灾乡（镇）30个、23.17万人，进水场镇12个，紧急转移5.5万人，一度被洪水围困7892人；因灾死亡3人，伤1人，失踪7人；农作物成灾38.49万亩，减少粮食产量1.07亿公斤；损坏房屋8479间，倒塌842间；交通、通讯、输电多处中断，水利设施多处损毁。直接经济损失2.55万元。

资阳地区受灾乡（镇）120个、251.6万人，进水场镇25个；因灾死亡15人，受伤120人；农作物受灾面积52.7万亩，粮食减产1亿公斤；倒塌房屋8580间。直接经济损失2.4亿元。

二、抗洪抢险措施

（一）及时预测预报雨情、水情。气象、水文部门根据省委、省政府的要求，密切注视雨情水情的变化，做好预测预报。事前提供了8月19日始的降雨天气过程及水文情况。省救灾办、防汛办据此及时向有关领导和有关部门作了汇报、通报，为抗御灾害创造了条件。

（二）各级党政领导高度重视，亲自指挥。省委书记谢世杰、省长宋宝瑞多次询问雨情、水情、灾情。副省长张中伟、敬正书于8月20日晚召开省防汛抗旱指挥部紧急会议，研究部署抗洪抢险工作。要求：①地处已发洪水的涪江、沱江、嘉陵江流城的绵阳、广元、广安、资阳、遂宁、南充等市（地），进入抗洪抢险的实战，“三江”沿江河地区的主要党政领导要上岗上阵，亲自指挥，组织群众抗洪抢险，确保安全渡汛。②要千方百计保证群众生命安全，尽量组织群众撤上救生高台或向高地疏散转移，做到万无一失，确保不死人。③要突出重点。一是险工险段加强守护、监视，一旦出险及时抢修；二是对水利、水电工程在确保安全的前提下搞好滞洪，对长江中下游减轻压力；三是对“三江”的漂浮物特别是船只加强管理。④要加强值班，领导要带班，保证信息灵、情况清，指挥高效，处理及时。紧急会议后，副省长敬正书立即带工作组赶赴洪灾现场，指挥抗洪抢险。省防汛指挥部随即向有关地市发出了做好“三江”抗洪抢险工作的紧急通知，及时传达了省领导指示。

（三）解放军和武警部队发挥主力军作用，及时出兵，赶赴灾区抗洪抢险。哪里最紧急、最危险，啊里就有子弟兵出现。在被洪水围困群众最多的简阳、三台、遂宁等地，省军区和省武警总队分别调派兵力，投入抗洪抢险，紧急转移被困群众和物资，避免了因洪灾造成更大伤亡和损失。

（四）灾区全民动员，紧急行动，全力抗洪抢险。各级领导上岗到位，组织带领群众疏散人员，抢运物资，加固堤防，安置受灾群众，查险排危，抢修恢复被洪水破坏的交通、通讯、输电、水利工程等基础设施，尽量把暴雨洪灾造成的损失减少到最低限度。

编后记

按《地方志工作条例》规定和中共四川省委、四川省人民政府统一部署，《四川省志·民政志（1986—2005）》（以下简称《民政志》）编纂工作自2006年启动。省民政厅成立《民政志》编纂机构，负责实施《民政志》编纂工作。

《民政志》编纂工作经过两年的前期准备（制定方案、组建机构、确立纲目、收集资料），2008年开始实施编纂。在编纂与其后的修改过程中，一直得到省民政厅领导的高度重视与关心支持，省民政厅为编纂人员创造了良好的工作条件。编辑室全体同志齐心协力、分工合作，对原收集的约200万字资料，根据横排门类、纵述史实的要求，进行严格筛选和科学分类。经认真整理与适当归纳，2012年8月形成约60万字的初稿，打印成册，分送厅机关各处室初审。编辑室按《〈四川省志〉编写细则》，结合各处室提出的修改意见，对初稿进行多次修改，压缩到42万字。10月，将修改后的第二稿呈该志初评领导小组评审。12月，报《民政志》责任编辑、责任总编审查。此后，编辑室根据省民政厅领导和省地方志办专家对志稿提出的建议和意见，对志稿再次进行增、删、纠、调和贯通处理。

现在呈现在读者面前的《民政志》，较为全面地记载了1986—2005年四川省民政事业和民政工作的基本情况。但由于四川省域面积大，民政工作面宽量大，要全面收集1986—2005年民政事业发展的所有情况，实属不易。为避免与前志重复，除部分内容必须连接外，原则上前志已作记载的，本志不再赘述。

《民政志》作为资料性文献，它的编纂出版将为后世了解四川民政事业的发展概貌提供一个历史文本，从而让后人去认识、思考、借鉴和研究民政工作，总结经验，吸取教训。

《民政志》是集体智慧的结晶，是省民政厅全体干部职工共同努力的结果。在编修过程中，相关部门积极配合提供资料，有关部门和专家参与审查修改，对志书质量的提升起到重要作用。在此，我们向一直高度重视并给予精心指导的省民政厅领导和省地方志办专家致以崇高的敬意！向所有关心支持该志编纂工作的同志和朋友，表示衷心的感谢！

由于编纂经验不足，志书错漏在所难免，恳请读者赐教，以求补正和完善。

《四川省志·民政志（1986—2005）》编辑室

2019年4月